中国产业研究报告·物流与采购

·中国物流与采购联合会系列报告·

中国物流学术前沿报告

2013—2014

中国物流学会
China Society of Logistics
中国物流与采购联合会
China Federation of Logistics & Purchasing

China Logistics Academy Frontier Report (2013-2014)

支持单位：法布劳格物流咨询（中国）有限公司

中国财富出版社
CHINA FORTUNE PRESS

图书在版编目（CIP）数据

中国物流学术前沿报告．2013—2014／中国物流学会，中国物流与采购联合会主编．—北京：中国财富出版社，2013.11

ISBN 978-7-5047-4961-1

Ⅰ.①中… Ⅱ.①中…②中… Ⅲ.①物流—研究报告—中国—2013—2014 Ⅳ.①F259.22

中国版本图书馆 CIP 数据核字（2013）第 248214 号

策划编辑	马 军	责任印制	何崇杭
责任编辑	王 琳 杨 璐	责任校对	饶莉莉

出版发行	中国财富出版社（原中国物资出版社）		
社 址	北京市丰台区南四环西路 188 号 5 区 20 楼	邮政编码	100070
电 话	010-52227568（发行部）		010-52227588 转 307（总编室）
	010-68589540（读者服务部）		010-52227588 转 305（质检部）
网 址	http://www.cfpress.com.cn		
经 销	新华书店		
印 刷	中国农业出版社印刷厂		
书 号	ISBN 978-7-5047-4961-1/F·2034		
开 本	787mm×1092mm 1/16	版 次	2013 年 11 月第 1 版
印 张	33.75 彩插 1	印 次	2013 年 11 月第 1 次印刷
字 数	802 千字	定 价	160.00 元

《中国物流学术前沿报告》（2013—2014）

编　委　会

《中国物流学术前沿报告》（2013—2014）

编辑人员

主　　编：贺登才

成　　员：黄　萍　周志成　吕　杨

联系方式：

中国物流与采购联合会　学会工作部

电　话：010－58566588 转 133、135、137

传　真：010－58566588－128、138

邮　箱：CSL56@ vip. 163. com

网　址：中国物流学会（csl. chinawuliu. com. cn）

中国物流与采购联合会（www. chinawuliu. com. cn）

前 言

金秋十月，又到了收获的季节。物流业界各路精英再度齐聚北京，对一年来的研究成果进行了评审验收。按照历年惯例，我们从本次年会的获奖论文中遴选30余篇结集成书，作为第十二次中国物流学术年会展示交流的重要成果，这也是一年来产学研各界辛苦劳作的集中体现。

评审结果，令人欣慰。一是数量上又有新的增长，并且来源更加广泛。在学界持续参与的同时，来自企业界的论文呈上升势头；高等院校师生热情未减，大专、中专、职高、高职院校踊跃参评；社科院、国研中心等国家级研究机构热衷物流研究，社会民营研究咨询机构也参与进来，从一个侧面反映出物流业地位的提升和中国物流学会影响力的扩大。二是从作者队伍来看，一代新人在成长。老专家、老教授、老前辈身体力行、言传身教，年轻的教师、研究人员和学生后来居上。大学生组、英文组今年参评数量急剧攀升，有不少进入获奖行列，表明物流研究队伍新老传承，后继有人。三是研究质量有所提升。尽管原创性、突破性的成果还不多见，但从选题、方法、结论以至于应用性和规范性等方面，还是有不同程度的提升。许多连续多年参加评审的专家普遍反映，2013 年的成果质量从总体上看高于以往任何一年。

存在问题，毋庸讳言。中国物流学术年会自2002 年创办，已征集物流研究论文数千篇。《中国物流学术前沿报告》自2005 年首次出版，本书已是第九本。其地位和作用有目共睹，成绩无须赘言，但存在问题不应忽视。首先，论文的选题“慢了半拍”。当前，经济增速放缓趋稳，转变方式任务艰巨。物流业在高速增长条件下积累的深层次矛盾远未解决，新的困难和问题又带来严峻挑战。而我们的参评论文很少涉及具有这些时代特点的行业发展矛盾、难点和热点问题，与当前行业发展的实际联系不够紧密。其次，研究方法有些“循规蹈矩”。有不少论文采用了许多数据分析、模型构建，过于注重方法的新颖，而选题和结论的创新明显不足。第三，研究成果还缺少重大突破。有的研究结论证实的只是常识性问题，有的“模棱两可”，也有的重复了前人的研究成果。第四，学术研究的合作交流还有待进一步提升。主要表现在低水平重复研究的问题没有从根本上解决，产学研结合不够深入，缺乏理论体系的建设和引导。解决这些问题，将是今后学会工作的目标，更需要产学研各界共同努力，联合攻关。

发展前景，任重道远。无论实践发展，还是理论体系构建，我国物流业都站在一个新的起点上。政府、企业和行业都有一系列待解难题。如制造业物流转型升级问题，商贸业物流模式创新问题，城乡物流统筹问题，电子商务物流快速适应问题，自由贸易区对物流的影响问题，物流资源整合问题，综合运输体系构建问题，铁路货运改革问题，物流园区健康发展问题，金融物流风险防控问题，区域物流协调发展问题，国际物流创新问题，大数据、云计算对物流业的影响问题，绿色物流问题，物流市场秩序与诚信体系建设问题，政府物流管理体制与政策问题，物流业法律法规问题，物流学科体系、理论体系和现代物流服务体系问题等。如何在这些方面突破与创新，是物流行业面临的紧迫问题，物流理论研究领域更应该先行一步。在规模扩大的同时，如何提高研究的质量和水平，减少和避免低水平重复研究。在继续搞好基础性研究的同时，如何关注行业发展的重点、难点和热点问题。来自院校的研究如何能够更紧密地贴近实际，以解决实际问题为第一要务；来自企业的研究在注重实际的同时，怎样提高规范性和科学性。如何深化物流领域产学研结合，构建学术创新与成果应用体系，切实推动学术研究成果转化为物流行业实际生产力。

书稿编辑，值得期待。本书所选篇目，全部出自本次年会获奖论文。其中相当一部分获得了国家或省部级科研基金资助，有的进入国际检索系统或在国内外知名刊物发表。这些论文联系行业实际较为紧密，或从理念上指导行业进步，或从方法上引领企业发展，或从技术上促进业务水平提升，均具有较强的实用性和一定的学术高度。我们按照研究领域，将其分为物流经济篇、物流管理篇、采购与供应管理篇、供应链管理篇和物流技术与工程篇，以方便参阅。后附“第十二次中国物流学术年会获奖论文名单”和上海海事大学物流情报研究所提供的“物流文献检索”，以备查询。本书可供政府物流工作主管部门、行业协会、物流企业及企业物流部门，研究咨询机构等关心物流工作的各界人士参阅，也可作为大专院校物流及相关专业的教学参考用书。

《中国物流学术前沿报告》能够连续九年出版，是各地物流教学、研究、咨询机构及相关企事业单位、行业协会、物流媒体等支持的结果。在此，我们向广大作者朋友、各位评委以及所有关心、支持和参与本书编辑出版的各方面人士表示衷心的感谢！

由于时间和篇幅所限，还有许多优秀成果未能编入本书，入选论文尚有雕琢余地。对于本书的不足以至于中国物流学会的工作，恳请读者朋友提出意见和建议，以便我们在今后工作中改进提高。

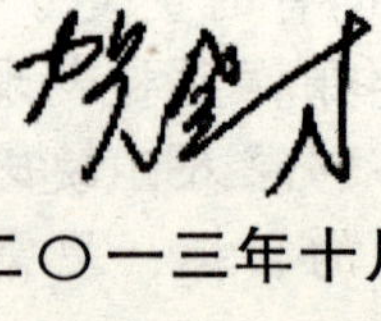

二〇一三年十月

目　录

供应链管理

物流技术与工程

附　录

物流经济

物流业与制造业的产业关联研究*

——基于投入产出表的比较分析

梁红艳　王　健

摘　要：基于 OECD－STAN 数据库投入产出数据，本文采用投入产出法与比较分析法，分析了8个典型国家（或地区）1995年、2000年和2005年三个年度的物流业发展水平及其与制造业的产业关联。研究结果表明，发达国家物流业发展平缓，而发展中国家物流业仍处于快速发展阶段，但是发达国家信息业与物流业的融合度明显高于发展中国家。随着经济发展水平与服务业发展水平的提高，第三产业成为物流业的主要服务对象。制造业对物流业的拉动作用大于物流业对制造业的促进作用，物流业对制造业的中间投入率呈上升趋势。从国家或地区层面看，发达国家的制造业物流外包水平及物流业对制造业的中间投入率明显高于发展中国家；从产业层面看，中高技术制造业的物流业中间需求率与物流业中间投入率都不高。

关键词：物流业　制造业　产业关联　投入产出分析

随着企业竞争的日益加剧和客户需求的多样化，制造业越来越重视服务对其竞争优势的影响。物流服务贯穿于企业的各个环节，为生产链的顺利运转提供了保障，已成为提升制造业生产率及竞争力的重要战略资源。制造业与物流业有机融合、联动发展有利于优化产业结构，促进经济发展方式转变。新形势下，归纳制造业与物流业联动特征，探索在不同的地区及不同的经济发展水平下制造业与物流业的互动关系与发展态势对把握我国物流业的发展水平、制造业与物流业联动发展的实际状况以及有效推动二者的联动发展具有重要的意义。

一、文献综述

理论层面上，既有文献主要对物流业与制造业的互动机理展开研究，主要从核心竞争力理论（Spear，1997）[1]、交易成本理论（Aertsen，1993）[2]、供应链管理（Hoek，2001）[3]以及系统论、委托代理理论、市场营销（Bolumole et al，2007）[4]等视

* 作者简介：梁红艳，福州大学八方物流学院，讲师；王健，福州大学副校长、教授、博士生导师。
发表情况：福建师范大学学报（哲学社会科学版）（CSSCI 刊物），2013（2）：70－78。

角进行分析。

实证研究主要体现在三个层面，一是企业层面，利用企业案例分析制造业与物流业如何实现联动发展，如 Chan（2003）[5]，Mortensen 和 Lemoine（2007）[6]。二是产业层面，利用投入产出分析法、共生理论、灰色关联理论等测算制造业与物流业的产业互动程度。三是地区层面，测算各地区制造业与物流业发展的协调度，如伊俊敏和周晶（2007）[7]。其中，因企业与地区层面的数据较难获得，既有文献多从产业层面展开分析。投入产出法是刻画产业关联的普遍方法，较多学者利用该方法展开了分析。张艳和苏秦（2011）基于中美 1997 年、2002 年和 2007 年投入产出表，比较分析了两国物流业与制造业、其他服务业的产业关联，发现我国物流业的发展对制造业具有较强的中间依赖，而美国物流业对其他服务业的依赖更强[8]。苏秦和张艳（2011）分析了中国、韩国及美国、英国、法国、德国、加拿大和日本等 G7 国家物流业与制造业之间的互动现状及其动态变化规律，发现大多数国家制造业与物流业之间处于非均衡融合状态，制造业对物流业融合较大，而物流业对制造业融合度较小[9]。张江华和李晓晨（2010）基于 2007 年投入产出表，发现我国物流业对工业、服务业等都具有明显的带动作用，依赖产业自身发展的潜力也较大。此外，共生理论也被广泛应用于制造业与物流业互动关系的研究中[10]。聂娜等（2007）运用共生理论及供求分析方法，分析了影响制造企业与物流企业共生关系形成的因素、条件，以及双方共生关系的演化规律，结果表明专业化分工的要求是双方最初形成供需型共生关系的动因，摆脱“囚徒困境”的途径是解决社会化物流需求不足与专业化物流供给不足的结构性矛盾[11]。

上述文献对制造业与物流业互动关系进行了有益的探索性研究，但既有文献还没有系统回答：①信息产业对物流业的投入在不同的地区呈现怎样的差异性？②不同地区在不同条件下，物流业的需求结构及物流业与制造业的互动关系具有怎样的差异性？③不同性质的制造业产业与物流业的互动关系具有怎样的差异性？

鉴于此，本文拟选择代表不同发展水平的 8 个典型国家（或地区），具体为美国、英国、日本、德国、韩国、中国台湾地区、中国大陆、巴西，根据最新版的 OECD 结构化分析数据库（OECD - STAN Database）提供的国内外 1995 年、2000 年和 2005 年的投入产出数据，系统地从物流业的发展水平、物流业的需求结构、物流业与制造业的影响力系数和感应度系数、制造业对物流业的中间需求以及物流业对制造业的中间投入五个方面，归纳制造业与物流业联动特征，探索在不同的地区及不同的经济发展水平下，制造业与物流业的互动关系与发展态势。

二、方法与数据说明

（一）投入产出法与相关指标

投入产出分析法最早由美国经济学家列昂惕夫提出，是一种研究经济系统中各个部门之间投入产出关系的经济数量分析方法。完整的价值型投入产出表包括中间使用、最终使用、中间投入和增加值四部分。本文分析过程中涉及的指标主要有：

（1）增加值（m_i），反映了 i 产业的产业规模和发展水平。

（2）中间需求率，指国民经济各产业对 i 产业的中间需求量之和与 i 产业的总需求之比。

①物流业的中间需求率的计算公式为：$H_i = \sum_{j=1}^{n} x_{ij} / (\sum_{j=1}^{n} x_{ij} + Y_i)$ $(i = 1, 2, \cdots, n)$，其中，$\sum_{j=1}^{n} x_{ij}$，Y_i 分别为物流业的中间使用和最终使用。

②制造业对物流业的中间需求率 = 物流业被制造业消耗的部分/物流业的总使用。其他产业对物流业的中间需求率的计算方法以此类推。

（3）中间投入率，指各产业部门在生产过程中的中间投入和总投入之比。

①物流业的中间投入率的计算公式为：$F_j = \sum_{i=1}^{n} x_{ij} / (\sum_{j=1}^{n} x_{ij} + N_j)$ $(j = 1, 2, \cdots, n)$，其中，$\sum_{i=1}^{n} x_{ij}$，N_j 分别表示物流业的中间投入和增加值。

②物流业对制造业的中间投入率 = 制造业中物流业的投入/制造业的总投入。

③信息业对物流业的中间投入率 = 物流业中信息业的投入/物流业的总投入。

（4）影响力系数和感应度系数。影响力系数是指国民经济某一部门增加一个单位的最终需求时，对各部门所产生的需求波及程度。感应度系数是指国民经济各部门的最终需求都增加一个单位时，某一部门由此而受到的需求感应程度。物流业影响力系数的计算公式为：$T_j = \frac{1}{n}\sum_{i=1}^{n} A_{ij} / \frac{1}{n^2}\sum_{i=1}^{n}\sum_{j=1}^{n} A_{ij}$ $(i, j = 1, 2, \cdots, n)$；物流业感应度系数的计算公式为：$S_i = \frac{1}{n}\sum_{j=1}^{n} A_{ij} / \frac{1}{n^2}\sum_{i=1}^{n}\sum_{j=1}^{n} A_{ij}$ $(i, j = 1, 2, \cdots, n)$，其中 A_{ij} 为里昂惕夫逆矩阵 $(\boldsymbol{I} - \boldsymbol{A})^{-1}$ 的第 i 行第 j 列的系数。

（二）数据来源

本文利用 OECD 结构化分析数据库（OECD - STAN Database）的投入产出数据，分析美国、英国、日本、德国、韩国、中国台湾地区、中国大陆、巴西 8 个代表国家（或地区）的物流业与制造业的产业关联。最新版的 OECD - STAN 投入产出数据库提供了 1995 年、2000 年和 2005 年三个年度 33 个 OECD 国家和 15 个非 OECD 国家的投入产出表①。这些投入产出表以国际标准产业分类第三版（ISIC Rev. 3）为基础编制，其中，制造业部门包括 18 个产业；信息业包括电子设备和电子仪器，无线电、电视和通信设备，邮电业，计算机服务业 4 个部门；物流业用交通运输仓储业表示。

本文借鉴魏江和周丹（2010）[12] 的思路，以每两个国家（或地区）来代表不同发展水平，依据人均 GDP（经济发展水平）及第三产业的比重（服务业发展水平），将所研究的国家（或地区）分为四种类型：①美国与英国，最早进入服务经济时代，经济发达，第三产业比例高；②日本与德国，人均 GDP、第三产业比重仅次于美国、英国；③韩国与中国台湾地区，属亚洲四小龙，具有较为发达的服务业与制造业，主要依靠出口导向型经济迅速崛起；④中国与巴西，同处于经济转型时期，属发展中国家，

① OECD - STAN 数据库提供 2005 年的投入产出表，但由于涉及国家较多，投入产出表的汇总和整理有三年左右的滞后，因此 2005 年数据是目前可得的最新数据。另外，韩国缺失 1995 年数据。

服务业比值相对较低。

三、物流业与制造业的产业关联分析

（一）物流业发展水平

本文通过物流业增加值在国民经济中的比重、物流业的中间投入率及信息业对物流业的中间投入来分析物流业的发展水平，结果如表1与表2所示。

根据表1，各国（或地区）物流业在国民经济中的比重及其变化不尽相同。首先，英国与日本物流业在国民经济中的比重位于前列，且在1995—2005年变化平缓；中国与巴西经过2000—2005年的快速上升之后，在2005年超过了英国与日本；韩国与德国物流业在国民经济中的比重在2000—2005年一直处于中间状态，呈小幅上涨趋势；中国台湾地区物流业在国民经济中的比重在2000—2005年较大幅度的下降，而美国物流业占国民经济的比重一直位于后列，且在样本期间变化平缓。总体来看，1995年英国、日本、中国台湾地区位居前列，中国居中，德国、韩国、巴西位居后列，而2005年中国、巴西、日本、德国位居前列，韩国、德国居中，中国台湾地区、美国位居后列。表明，随着经济发展水平的提高，物流业在国民经济中的比重变化平缓，甚至出现下降，发展中国家的物流业仍处于快速发展阶段，且物流业在发展中国家占国民经济中的比重高于发达国家。

根据中间投入率的定义，本文把中间投入率大于0.5的行业称为“低附加值、高带动型”，把中间投入率小于0.5的产业称为“高附加值、低带动型”。根据表1，美国、巴西的物流业从“低附加值、高带动型”向“高附加值、低带动型”转变；日本一直属于“高附加值、低带动型”；英国、德国、韩国一直属于“低附加值、高带动型”；中国大陆和中国台湾地区从“高附加值、低带动型”向“低附加值、高带动型”转变。

根据表2，英国、中国台湾地区、巴西、中国大陆的信息业对物流业的投入在1995—2000年呈上升趋势，上升幅度基本相同，2000—2005年下降，并且中国台湾地区的下降幅度最大；1995—2005年，美国直线下降，德国与日本呈现极小幅度的下降趋势；韩国呈上升趋势。总体来看，英国、美国的信息业与物流业的融合度最高，中国最低，说明中国物流业的现代化水平远落后于发达国家，亟须推动信息业与物流业的融合，发挥信息业对物流业服务能力提高及效率提升的支撑作用。

表1　1995年、2000年和2005年各国（或地区）物流业在国民经济中的比重及物流业的中间投入率

国家或地区	物流业占GDP的比重			物流业占服务业的比重			物流业的中间投入率		
	1995年	2000年	2005年	1995年	2000年	2005年	1995年	2000年	2005年
美国	0.031	0.031	0.029	0.044	0.041	0.038	0.514	0.491	0.485
英国	0.050	0.049	0.045	0.074	0.068	0.059	0.566	0.597	0.593

续 表

国家或地区	物流业占 GDP 的比重			物流业占服务业的比重			物流业的中间投入率		
	1995 年	2000 年	2005 年	1995 年	2000 年	2005 年	1995 年	2000 年	2005 年
日本	0.050	0.046	0.048	0.076	0.066	0.067	0.384	0.452	0.409
德国	0.032	0.035	0.037	0.049	0.052	0.053	0.586	0.601	0.604
韩国	—	0.039	0.040	—	0.068	0.069	—	0.578	0.572
中国台湾	0.049	0.038	0.032	0.076	0.055	0.044	0.450	0.530	0.619
中国大陆	0.040	0.037	0.065	0.139	0.121	0.146	0.430	0.487	0.569
巴西	0.032	0.026	0.050	0.055	0.045	0.076	0.545	0.644	0.494

表 2　1995 年、2000 年和 2005 年各国（或地区）信息产业对物流业的中间投入率

年份	美国	英国	日本	德国	韩国	中国台湾	中国大陆	巴西
1995	0.069	0.075	0.040	0.044	—	0.036	0.014	0.030
2000	0.057	0.094	0.042	0.041	0.022	0.050	0.030	0.042
2005	0.047	0.085	0.037	0.038	0.038	0.014	0.023	0.037

（二）三次产业及主要部门对物流业的中间需求率

各国（或地区）的物流业中间需求率及其分解结果如表 3 所示。可以看出，除了韩国与中国台湾地区外，其他国家（或地区）的物流业都显著地以中间需求为主，其中，美国、英国、中国大陆的中间需求率居高，均超过 0.6，中国大陆则超过了 0.7，表明物流业的发展主要依靠中间需求的带动。

进一步，本文分析各产业及主要部门对物流业中间需求的结构。三次产业中，各国（或地区）各年第一产业对物流业的中间需求率都非常小。美国、英国、日本、德国、韩国、中国台湾地区第三产业对物流业的中间需求率一直高于第二产业，其中，美国、英国、德国此特征最明显，特别是英国，第三产业对物流业的中间需求率是第二产业的 4 倍多；而中国大陆物流业则以服务第二产业为主；巴西物流业的主要服务对象则从 1995 年与 2000 年的第三产业转向 2005 年的第二产业。以上分析表明，随着经济发展水平与服务业发展水平的提高，第三产业对物流业的中间需求呈上升趋势并逐步占主导地位。在第二产业中，制造业对物流业的中间需求率占绝对主导地位，远大于采掘业、电煤水生产和供应以及建筑业。其中，美国、日本、德国、中国台湾地区历年制造业对物流业的中间需求率基本不变；英国呈现下降趋势；韩国、中国大陆及巴西呈现上升趋势。总体来看，中国制造业对物流业的中间需求率一直位居首位。

表3　1995年、2000年和2005年各国（或地区）三次产业及主要部门对物流业的中间需求率

国家或地区	年份	中间需求率	第一产业	第二产业	采掘业	制造业	电煤水生产和供应	建筑业	第三产业	物流业
美国	1995	0.607	0.012	0.264	0.007	0.200	0.019	0.038	0.331	0.166
	2000	0.618	0.012	0.264	0.008	0.200	0.033	0.025	0.342	0.106
	2005	0.618	0.010	0.259	0.010	0.191	0.033	0.024	0.350	0.104
英国	1995	0.659	0.002	0.138	0.009	0.113	0.002	0.013	0.520	0.196
	2000	0.685	0.002	0.117	0.008	0.098	0.001	0.010	0.567	0.198
	2005	0.628	0.002	0.116	0.009	0.094	0.003	0.010	0.511	0.192
日本	1995	0.539	0.010	0.264	0.001	0.187	0.008	0.068	0.264	0.090
	2000	0.503	0.008	0.225	0.001	0.164	0.008	0.053	0.270	0.091
	2005	0.509	0.008	0.238	0.001	0.177	0.011	0.049	0.263	0.098
德国	1995	0.511	0.005	0.171	0.003	0.145	0.006	0.018	0.334	0.262
	2000	0.652	0.002	0.174	0.003	0.159	0.005	0.007	0.477	0.268
	2005	0.645	0.001	0.185	0.003	0.166	0.011	0.006	0.458	0.262
韩国	1995	—	—	—	—	—	—	—	—	—
	2000	0.376	0.005	0.122	0.001	0.105	0.002	0.016	0.249	0.161
	2005	0.520	0.004	0.228	0.004	0.207	0.002	0.016	0.287	0.148
中国台湾	1995	0.384	0.008	0.182	0.001	0.140	0.004	0.037	0.194	0.098
	2000	0.345	0.005	0.162	0.001	0.120	0.003	0.038	0.178	0.092
	2005	0.385	0.003	0.145	0.001	0.115	0.003	0.026	0.237	0.131
中国大陆	1995	0.752	0.062	0.500	0.034	0.346	0.025	0.095	0.189	0.045
	2000	0.770	0.041	0.452	0.022	0.315	0.041	0.074	0.277	0.047
	2005	0.727	0.032	0.455	0.032	0.335	0.026	0.062	0.241	0.117
巴西	1995	0.534	0.035	0.244	0.010	0.209	0.002	0.023	0.254	0.101
	2000	0.523	0.036	0.226	0.009	0.189	0.002	0.026	0.261	0.101
	2005	0.595	0.021	0.323	0.057	0.242	0.012	0.012	0.250	0.081

各产业对物流业的中间需求率将直接反映到物流业占国民经济的比重上，因企业自己提供的服务不列入服务业产出，在统计上很难体现出来。因此，当物流业的中间需求率较高，即物流业的中间需求是物流业发展的主导力量时，物流业的中间需求与物流业增加值占国民经济的比重的关系在一定程度上可以侧面地反映一国（或地区）的物流外包水平。具体地，当物流业的中间需求率较高，物流业占 GDP 比重相应也较

高时，表明所有产业的物流业外部化现象相对较明显；而当物流业的中间需求率较高，物流业占 GDP 比重却较低时，则反映出各产业的物流业中间投入相当大的比例被内部化，外包需求不大，对物流业增加值贡献较少。由前面的分析可知，各国（或地区）物流业都以中间需求拉动为主，且各国（或地区）物流业中间需求率的大小相当，因此，基于上述思路，本文用物流业占 GDP 的比重与物流业中间需求率的比值分析所有产业的物流外包水平，如图 1 所示。此外，尽管制造业对物流业的中间需求率对物流业增加值的贡献度不特别高，但相比其他部门，制造业仍是物流业中间需求的一个主要消耗部门，因此制造业的物流业中间需求率与物流业占国民经济的比重的关系在一定程度上也可以反映制造业的物流外包水平。本文用物流业占 GDP 的比重与制造业对物流业的中间需求率的比值分析制造业物流外包水平，如图 2 所示。

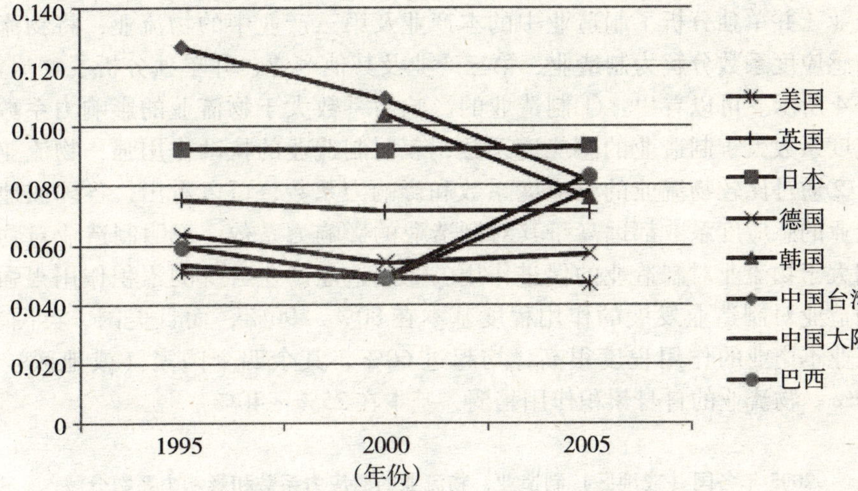

图 1　1995 年、2000 年和 2005 年各国（或地区）所有产业物流外包水平对比

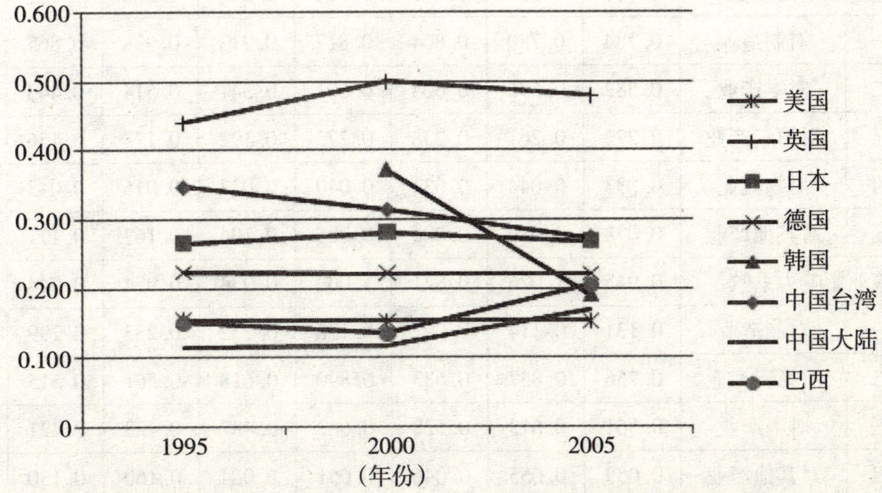

图 2　1995 年、2000 年和 2005 年各国（或地区）制造业物流外包水平对比

根据图1，关于所有产业的物流外包水平，中国台湾地区、日本、韩国、英国要高于其他几个国家（或地区）；德国与美国在样本期间变化不大，并且一直位于后列；中国大陆和巴西经过2000—2005年的快速增长，在2005年基本与英国和韩国的物流外包水平相当。根据图2，在制造业物流外包层面，英国、中国台湾地区、日本、德国、韩国的制造业物流外包水平明显高于美国、中国大陆、巴西。中国制造业物流外包水平远落后于发达国家，这与中国实际吻合，据第五次中国物流市场供需状况调查报告，在中国的生产制造企业中，49%的企业拥有自己的汽车车队，46%的企业拥有自己的仓库，48%的企业拥有机械化的装卸设施，9%的企业拥有高架库或立体库，13%的企业拥有铁路专用线，物流服务内部化使得社会化物流需求不足，限制了物流业发展。

（三）物流业与制造业影响力系数和感应度系数及其分解

以2005年为例，本文将制造业影响力系数与感应度系数分解为制造业、第三产业及其他产业，并单独分析了制造业中的本产业及第三产业中的物流业；将物流业影响力系数与感应度系数分解为制造业、第三产业及其他产业，并单独分析了物流业自身，结果如表4所示。可以看出：①制造业的影响力系数大于物流业的影响力系数，物流业的感应度系数大于制造业的感应度系数，表明制造业的拉动作用强，物流业的支撑作用强。②通过比较物流业的感应度系数和影响力系数，可以看出，各国或地区物流业对制造业的感应度系数都远高于其对制造业的影响力系数，说明制造业对物流业的拉动作用大于物流业对制造业的促进作用。③制造业产业自身的累积作用很强，各国或地区制造业对制造业发展的作用程度基本在80%～90%，而且美国、英国、日本、德国制造业本产业的作用程度很高，均超过60%，其余四个国家（或地区）基本在40%～60%。物流业的自身累积作用稍弱，基本在25%～40%。

表4　　2005年各国（或地区）制造业、物流业的感应力系数和影响力系数分解

项目		美国	英国	日本	德国	韩国	中国台湾	中国大陆	巴西
制造业影响力系数		1.133	1.131	1.188	1.174	1.209	1.278	1.191	1.237
分解一	对制造业	0.784	0.780	0.864	0.817	0.913	0.938	0.865	0.898
分解二	对本产业	0.582	0.536	0.604	0.601	0.541	0.514	0.443	0.591
分解三	对第三产业	0.272	0.261	0.238	0.272	0.192	0.173	0.156	0.202
分解四	对物流业	0.033	0.044	0.031	0.040	0.037	0.016	0.043	0.044
分解五	对其他产业	0.078	0.089	0.086	0.085	0.104	0.167	0.171	0.137
物流业影响力系数		0.945	1.026	0.821	1.067	0.934	0.954	0.944	0.995
分解一	对制造业	0.131	0.114	0.092	0.126	0.232	0.233	0.299	0.225
分解二	对第三产业	0.756	0.857	0.683	0.890	0.618	0.561	0.515	0.680
分解三	对本产业	0.561	0.613	0.528	0.683	0.487	0.423	0.421	0.543
分解四	对其他产业	0.059	0.055	0.046	0.051	0.084	0.160	0.130	0.091

续 表

项目		美国	英国	日本	德国	韩国	中国台湾	中国大陆	巴西
制造业感应度系数		0.879	0.893	0.989	0.912	1.097	1.119	1.128	1.014
分解一	来自制造业	0.784	0.780	0.864	0.817	0.913	0.938	0.865	0.898
分解二	来自本产业	0.582	0.536	0.604	0.601	0.541	0.514	0.443	0.591
分解三	来自第三产业	0.065	0.082	0.084	0.051	0.131	0.114	0.194	0.073
分解四	来自物流业	0.007	0.006	0.005	0.007	0.013	0.013	0.017	0.012
分解五	来自其他产业	0.031	0.031	0.042	0.045	0.054	0.067	0.069	0.043
物流业感应度系数		1.440	1.876	1.419	1.737	1.517	0.869	1.667	1.663
分解一	来自制造业	0.594	0.799	0.566	0.715	0.670	0.284	0.779	0.789
分解二	来自第三产业	0.740	0.972	0.742	0.896	0.707	0.535	0.746	0.732
分解三	来自本产业	0.561	0.613	0.528	0.683	0.487	0.423	0.421	0.543
分解四	来自其他产业	0.106	0.105	0.111	0.125	0.140	0.050	0.142	0.142

（四）制造业分产业的物流业中间需求率及物流业中间投入率

由前面的分析可知，制造业是物流业中间需求的一个主要消耗部门，本文进一步分析制造业不同产业的物流业中间需求率与物流业中间投入率。OECD－STAN 投入产出数据库根据制造业产业技术密集度，将 18 个制造业产业分为中低技术、中等技术和中高技术三组①。

根据各国或地区各制造业产业的物流业中间需求率计算结果，按该产业在所属群组中的产出权重加权，得到各国或地区各个群组的物流业中间需求率，结果如表 5 所示。美国、英国、日本、巴西各制造业群组的物流业中间需求率均与群组的技术密集度反方向变动，即中低技术群组最大，中等技术群组次之，中高技术群组最小；德国则是中等技术群组最大，中低技术群组其次，中高技术群组最小。中国台湾地区和中国大陆各制造业群组的物流业中间需求率均与群组的技术密集度同方向变动。表明，在不同的经济发展水平下，各制造业群组对物流业的中间需求率的规律不尽相同，但可以看出发达国家的中高技术制造业倾向于知识密集型生产性服务业（魏江和周丹，2010）[12]，对物流业的需求不显著。

另外，对各国或地区同一制造业产业的物流业中间需求加总，得到该产业在 8 个国家或地区总的物流业中间需求规模，一个产业的总的物流业中间需求规模占物流业总使用的比值即是该产业在 8 个国家或地区的物流业中间需求率，结果如表 6 所示。

① OECD－STAN 投入产出数据库将 18 个制造业产业中的 6 个归入中低技术制造业（食品、饮料和烟草，纺织、服装、皮革和制鞋，木材及木制品，纸浆、造纸、纸制品和出版印刷，焦炭精炼石油产品和核燃料，资源再生及其他制造业）；7 个列入中高技术制造业（化学和化学产品，机械设备，办公、会计和计算设备，电子设备和电子仪器，无线电、电视和通信设备，医疗、精密和光学仪器，其他运输设备）；其他 5 个产业为中等技术制造业（橡胶和塑料制品，其他非金属矿产品，基本金属，除机械设备外的金属制品，汽车、拖车和半拖车）。

某一产业在8个国家或地区的总物流需求率在一定程度上反映了全球范围内该产业的物流需求率。以0.015和0.005的物流业中间需求率为分界线，粗略地将表6中的18个制造业产业按照其物流业中间需求率分为大、中、小三组。其中，较大物流中间需求率组中典型的是食品、饮料和烟草，化工和化学产品，纸浆、造纸、纸制品和出版印刷，汽车、拖车和半拖车，基本金属，反映出全球范围内这5个产业是物流业中间需求的主要消耗部门，且食品、饮料和烟草，化工和化学产品对物流业的中间需求率持续递增。较小物流中间需求率组中典型的是医疗、精密和光学仪器，办公、会计和计算设备，其他交通设备，无线电、电视和通信设备，资源再生及其他制造业，木材及木制品，且这6个产业的物流业中间需求率变化不大。其他非金属矿产品，机械设备，焦炭、精炼石油制品和核燃料，除机械设备外的金属制品，橡胶和塑料制品，纺织、服装、皮革和制鞋，电子设备和电子仪器7个产业居中。

表5　　1995年、2000年和2005年各国（或地区）不同技术密集度制造业群组的物流业中间需求率

年份	等级	美国	英国	日本	德国	韩国	中国台湾	中国大陆	巴西
1995	中低	0.019	0.012	0.018	0.012	—	0.009	0.025	0.032
	中等	0.014	0.007	0.014	0.014	—	0.009	0.037	0.014
	中高	0.011	0.007	0.010	0.011	—	0.011	0.032	0.017
2000	中低	0.020	0.011	0.015	0.011	0.008	0.007	0.020	0.028
	中等	0.013	0.006	0.011	0.021	0.007	0.007	0.030	0.012
	中高	0.012	0.006	0.009	0.011	0.009	0.011	0.025	0.018
2005	中低	0.020	0.010	0.017	0.014	0.014	0.005	0.020	0.035
	中等	0.013	0.006	0.015	0.020	0.017	0.007	0.029	0.019
	中高	0.012	0.006	0.012	0.011	0.015	0.017	0.032	0.018

表6　　1995年、2000年和2005年各国（或地区）制造业分产业的物流业中间需求率与中间投入率

项　目	中间需求率			中间投入率		
	1995年	2000年	2005年	1995年	2000年	2005年
食品、饮料和烟草	0.026	0.025	0.028	0.037	0.039	0.046
纺织、服装、皮革和制鞋	0.006	0.006	0.007	0.023	0.025	0.032
木材及木制品	0.006	0.004	0.005	0.051	0.053	0.058
纸浆、造纸、纸制品和出版印刷	0.018	0.017	0.016	0.049	0.046	0.054
焦炭、精炼石油制品和核燃料	0.010	0.009	0.012	0.047	0.027	0.029
化工和化学产品	0.020	0.019	0.024	0.042	0.036	0.040

续表

项目	中间需求率			中间投入率		
	1995 年	2000 年	2005 年	1995 年	2000 年	2005 年
橡胶和塑料制品	0.008	0.009	0.009	0.042	0.041	0.047
其他非金属矿产品	0.015	0.012	0.011	0.094	0.092	0.114
基本金属	0.017	0.014	0.022	0.046	0.042	0.052
除机械设备外的金属制品	0.009	0.008	0.008	0.035	0.034	0.034
机械设备	0.013	0.011	0.015	0.029	0.028	0.033
办公、会计和计算设备	0.002	0.006	0.003	0.016	0.018	0.024
电子设备和电子仪器	0.005	0.006	0.006	0.024	0.022	0.027
无线电、电视和通信设备	0.004	0.004	0.004	0.022	0.018	0.019
医疗、精密和光学仪器	0.002	0.001	0.002	0.024	0.028	0.027
汽车、拖车和半拖车	0.015	0.016	0.016	0.026	0.026	0.027
其他交通设备	0.003	0.003	0.003	0.024	0.024	0.025
资源再生及其他制造业	0.005	0.007	0.006	0.037	0.047	0.042

各国或地区各群组的物流业中间投入率的计算结果如表 7 所示。总体上，美国、英国、日本制造业的物流业中间投入率高于其他国家（或地区），德国与巴西居中，韩国、中国台湾地区与中国大陆最小。美国、英国、德国、中国台湾地区、中国大陆、巴西的中等技术制造业群组的物流业中间投入率最大，中低技术群组次之，中高技术群组最小；日本、韩国各制造业群组的物流业中间投入率与群组的技术密集度反方向变动，中低技术群组最大，中等技术群组次之，中高技术群组最小。可以看出，不管在发达国家还是发展中国家，中高技术群组的物流业中间投入率均最小。

进一步，本文测算了制造业各产业的物流业中间投入率，结果见表 6。某一产业在 8 个国家或地区的总物流业中间投入率从一定程度上反映了全球范围内该产业的物流业中间投入率。物流业对制造业各产业的中间投入比重总体呈上升趋势。以 0.045 和 0.025 的物流中间投入率为分界线，粗略地将表 6 中 18 个制造业产业按照其物流业中间投入率分为大、中、小三组。其中，较大物流中间投入率组中典型的是其他非金属矿产品，木材及木制品，纸浆、造纸、纸制品和出版印刷，基本金属，橡胶和塑料制品，资源再生及其他制造业。较小物流中间投入率组中典型的是电子设备和电子仪器，医疗、精密和光学仪器，其他交通设备，纺织、服装、皮革和制鞋，无线电、电视和通信设备，办公、会计和计算设备，汽车、拖车和半拖车。食品、饮料和烟草，化工和化学产品，除机械设备外的金属制品，机械设备，焦炭、精炼石油制品和核燃料 5 个产业居中。

表7　　1995年、2000年和2005年各国（或地区）不同技术密集度制造业群组的物流业中间投入率

年份	等级	美国	英国	日本	德国	韩国	中国台湾	中国大陆	巴西
1995	中低	0.043	0.035	0.053	0.030	—	0.020	0.019	0.032
	中等	0.052	0.046	0.043	0.036	—	0.024	0.036	0.033
	中高	0.033	0.033	0.029	0.025	—	0.019	0.024	0.032
2000	中低	0.048	0.046	0.043	0.032	0.016	0.017	0.018	0.025
	中等	0.054	0.051	0.033	0.040	0.014	0.020	0.034	0.028
	中高	0.033	0.032	0.025	0.031	0.012	0.014	0.019	0.027
2005	中低	0.044	0.051	0.051	0.040	0.033	0.013	0.039	0.044
	中等	0.055	0.060	0.033	0.038	0.031	0.014	0.052	0.053
	中高	0.033	0.036	0.027	0.031	0.020	0.011	0.037	0.044

四、结论与政策建议

本文利用OECD－STAN数据库投入产出数据，分析了全球8个代表性国家（或地区）1995年、2000年和2005年三个年度的物流业发展水平及物流业与制造业的产业关联。本文利用物流业增加值占国民经济的比重及信息业对物流业的投入来分析物流业发展水平，进一步，利用物流业的需求结构、物流业与制造业影响力系数和感应度系数的分解、制造业对物流业的中间需求率及制造业的物流业中间投入率来分析物流业与制造业的产业关联，主要得到以下结论：①发达国家物流业发展平缓，而发展中国家物流业仍处于快速发展阶段，其在国民经济中的比重高于发达国家；英国与美国的信息业与物流业的融合度最高，中国最低。②在发达国家，第三产业对物流业的中间需求高于第二产业，而在发展中国家，如中国与巴西，第二产业仍是物流业中间需求的主要消耗部门。③制造业对物流业的拉动作用大于物流业对制造业的促进作用。④中国所有产业的物流外包水平在不断提高，但制造业物流外包水平一直远落后于发达国家。⑤中高技术制造业的物流业中间需求率和中间投入率最低。食品、饮料和烟草，化工和化学产品，纸浆、造纸、纸制品和出版印刷，汽车、拖车和半拖车，基本金属对物流业具有较大的中间需求率。物流业对制造业各产业的中间投入比重总体呈上升趋势，地区层面，发达国家物流业对制造业的中间投入率明显高于发展中国家；产业层面，具有较大的物流业中间投入率的典型产业是其他非金属矿产品，木材及木制品，纸浆、造纸、纸制品和出版印刷，基本金属，橡胶和塑料制品，资源再生及其他制造业。

基于上述归纳与总结，本文对我国推动物流业与制造业互动发展提出如下几点建议：①我国物流业目前处于快速扩张阶段，需加强信息业与物流业的产业融合，降低物流业服务成本，提高服务供给能力与服务效率。②我国制造业是物流业中间需求的主要消耗部门，并且物流业对制造业的依赖程度远大于制造业对物流业的依赖程度。

目前，制造业仍是我国国民经济的重要组成部分，物流业与制造业的互动发展中制造业仍占据主导地位。我国应实施各项优惠政策，鼓励制造企业释放物流外包需求，推动第三方物流企业的发展，进而提高制造业附加值，促其产业升级。③根据各制造业产业的物流业中间需求率与物流业中间投入率的差异，有针对性地发展制造业物流外包，重点发展物流业中间需求率与物流业中间投入率高的产业，如食品、饮料和烟草，化工和化学产品，纸浆、造纸、纸制品和出版印刷，汽车、拖车和半拖车，基本金属，其他非金属矿产品，橡胶和塑料制品等。

参考文献

[1] SPEAR B. Logistics: Key to Corporate Strategy [J]. Transportation and Distribution, 1997 (5): 69-72.

[2] AERTSEN F. Contracting out the Physical Distribution Function: A Trade-off between Asset Specificity and Performance Measurement [J]. International Journal of Physical Distribution and Logistics Management, 1993, 23 (1): 23-29.

[3] HOEK R I. The Contribution of Performance Measurement to the Expansion of Third Party Logistics Alliances in the Supply Chain [J]. International Journal of Operations and Production Management, 2001, 21 (1): 15-29.

[4] BOLUMOLE Y A, FRANKEL R, NASLUND D. Developing a Theoretical Framework for Logistics Outsourcing [J]. Transportation Journal, 2007, 46 (2): 35-54.

[5] CHAN J W K. Competitive Strategies and Manufacturing Logistics: An Empirical Study of Hong Kong Manufacturers [J]. International Journal of Physical Distribution and Logistics Management. 2005, 35 (1): 40-43.

[6] MORTENSEN O, LEMOINE O W. Integration Between Manufacturers and Third Party Logistics Providers [J]. International Journal of Operations and Production Management. 2008, 28 (4): 331-359.

[7] 伊俊敏，周晶．江苏省制造业与物流业的发展水平差异分析 [J]．现代管理科学，2007 (7): 7-9.

[8] 张艳，苏秦．中美物流业的产业关联效应动态比较分析 [J]．经济地理，2011，31 (11): 1857-1861.

[9] 苏秦，张艳．制造业与物流业联动现状分析及国际比较 [J]．中国软科学，2011 (5): 37-45.

[10] 张江华，李晓晨．我国物流业的投入产出分析研究 [J]．社会科学辑刊，2010 (5): 118-120.

[11] 聂娜，王笃鹏，周晶．制造企业与物流服务企业的共生关系 [J]．东南大学学报：自然科学版，2007，37 (Ⅱ): 409-412.

[12] 魏江，周丹．我国生产性服务业与制造业互动需求结构及发展态势 [J]．经济管理，2010 (8): 17-25.

基于风险分散策略的存货质押业务混合质物价格风险度量*

何　娟　王　建　蒋祥林

摘　要：为缓释现行供应链金融业务单一质物价格剧烈波动诱发的集中度风险，基于 Markowitz 风险分散理论，从金融时间序列一般规律出发，分析价格随机波动现货质物的收益率统计特征，模型化收益率序列尖峰厚尾、波动集聚性和自相关特性，建立刻画混合质物间非线性相关结构的二元 Copula - GARCH 族模型，研究不同秩相关系数下两组混合质物（铜和螺纹钢、铜和铝）对数收益率间的条件相关性，通过样本外滚动预测方法进行动态组合 VaR 预测；构造以样本内收益率的条件波动率和 Copula 函数模拟生成新混合质物的数据生成方法，拓展研究不同相关性对组合 VaR 的影响；给出置于多风险窗口混合质物的 VaR 计算解析式，提出长周期预测视角中考虑资金成本的动态质押率模型效率损失检验以及基于 Kupiec 模型精度检验全面回测模型。实证结果显示：捕捉质物收益率下尾部相关结构变化的 Clayton - Copula 能够合理预测两组真实混合质物风险和模拟混合质物风险，且能更好地发挥组合分散风险的能力。为风险限额管理下的商业银行提供了一种组合质物风险管理的新框架和新模式。

关键词：供应链金融　存货质押　混合质物　Copula - GARCH　VaR

一、引言

当下欧债危机演变波诡云谲，全球经济依然低迷。伴随着持续的通胀、人民币升值、原材料和用工成本高企等压力，我国小微企业正面临日益复杂的外部环境和趋于恶化的内部问题，经营困难不断加剧。上述困境的叠加效应直接催生了更大的融资需求，使原本融资困难的小微企业更加窘困，不得不以更加高昂的成本参与民间借贷，浙江温州地区部分企业主的“跑路”，成为小微企业经营受困的极端案例。针对中小企业融资难应运而生的供应链金融，恰恰为时下困境提供了一种解决方案。事实上，信贷紧缩背景下，供应链金融业务一枝独秀。据申银万国证券预测，2011 年和 2012 年我

---

* 基金项目：本文受到国家自然科学基金面上基金（71273214）；国家自然科学基金青年基金（20080430602）；中央高校基本科研业务费专项资金（SWJTU11CX081）；四川省科技计划软科学项目（2010ZR0028）；成都市软科学计划（11RKYB006ZF - 027）；复旦大学经济学院 985 平台项目资助。

作者简介：何娟，女（汉），四川巴中人，西南交通大学副教授，博士生导师，博士后，供应链金融服务创新研究所所长，中国物流学会特约研究员，复旦大学，金融研究院，研究方向：供应链金融；王建，西南交通大学，交通运输与物流学院；蒋祥林，复旦大学，金融研究院。

国供应链金融融资余额规模将分别达到5.75万亿和6.9万亿元。

然而，各参与方及监管层对业务风险的担忧一直制约着供应链金融的繁荣，甚至成为掣肘整个业务发展的关键因素。随着巴塞尔协议III的颁布以及决策层关于切实防范金融风险的决定，作为目前供应链金融业务风险主要承担者的银行，控制好风险是保障业务持续健康发展的前提。面对业务实践中风险管理的现实需求，目前国内外学者对存货质押业务的研究也主要集中在风险测度领域，且研究对象多为单一质物，如He J，et al（2012）[1]，李毅学等（2011）[2]，鲜有针对混合质物风险展开研究，这主要囿于银行在开展质押业务时往往以单一质物为主。随着业务快速推进，业务模式不断衍化，银行为分散风险，同时增加业务的灵活性和吸引力，有必要针对混合质物开展质押业务。事实上，近年来出现的一系列供应链金融风险事件，尤其是近期上海钢贸供应链金融的银企纠纷，很大程度上源于商业银行尚未构建合理混合质物来分散质物价格风险，从而集聚过高的贷款集中度风险。

事实上自Markowitz（1952）[3]提出投资组合理论以来，分散化投资已成为最为重要的风险管理策略之一。作为衡量风险分散化效应的相关性系数可谓是投资组合理论的核心，然而其只能刻画资产之间的线性相关关系，而对广泛存在的非线性关系尤其是引起极端损失的尾部相关无能为力。Sklar[4]提出的Copula函数却可以在不限制各变量条件边缘分布的情况下，刻画多个变量之间的条件相关关系，尤其是尾部相关结构，而且其参数估计简单；可以引入条件波动率模型刻画边缘资产收益表现出的波动集聚性和时变性等特征，而Engle提出的ARCH模型，Bollerslev提出的GARCH模型以及其他扩展模型已成为刻画条件波动率的不可或缺的工具[5,6]。因此，自Embrechts等[7]首次将Copula理论引入金融风险管理领域来，已经取得了长足的进展，广泛应用于资产相关结构的刻画、风险的测度、组合的选择优化以及资本的配置。不难发现，上述三类应用中，组合内资产间相关结构的刻画是基础，组合风险的测度则是关键，而混合质物的选择优化以及资本的配置均是建立在两者基础之上。正是基于此，Jondeau和Rockinger基于Copula - GARCH模型，研究了国际股票指数间的条件相依性，并指出了模型在非正态假设下衡量组合VaR以及风险资产的配置应用[8]。Patton提出时变Copula研究资产间的条件相依性和非对称性[9]；Chang引入混合Copula以及刻画原油价格跳跃变化的ARJI - GARCH模型研究了原油市场期现货价格间相关结构的时变性和非对称特征[10]。与此同时，Palaro和Hotta，Huang和Lee et al基于Copula - GARCH模型分别研究了由NASDAQ和S&P500以及TAIEX和NASDAQ两种指数组合风险，取得了较为理想的结果[11,12]。Harris和Mazibas基于Copula - GARCH族模型这类半参数方法，研究了对冲基金动态组合的构建[13]。与此同时，国内学者对于Copula在风险管理领域的研究亦是方兴未艾。自张尧庭从理论上论证了Copula在金融风险管理领域应用的可行性以来[14]，韦艳华基于Copula - GARCH模型研究了沪市不同板块指数间的条件相依性[15]，吴振翔则结合Copula - GARCH模型研究了我国股票市场的投资组合的风险测度以及选择问题[16]；梁冯珍、史道济则基于Copula理论研究了尾部相关性对组合VaR的影响[17]；冯玲通过SJC - Copula - CVaR刻画金融市场间不对称的尾部相关性，从而得到资产组合的有效前沿，并证明考虑尾部相关性能够切实改善资产组合的表现[18]。陈蓉为刻画金融资产动态非线性相关关系，基于 Kendell 秩相关系数的优越性构造出三类动态条件相关的 Copula 模型[19]，此外，胡利琴以及田玲则分别将 Copula 理论用于商业银行和保险公司风险资本的配置研究[20,21]。这些研究成果对于运用 Copula 理论和 GARCH 族模型研究混合质物的条件相关性和风险测度以及风险资本的配置具有重要的理论和现实意义。值得注意的是，上述学者大多是基于 Copula 理论和 GARCH 族模型研究股指、债券以及大宗物品的期货风险，绝大多数风险测度研究均是两周以内的短期风险（尤以一天为主），即以过去一段时间序列数据为样本，预测未来一天内的日风险价值。与股票、期货等金融资产不同，存货质押业务中的现货质物的流动性较前者弱，导致银行风险持有期延长，因此存货价格风险决策的核心在于预测其长期价格风险，即以过去一段时间序列样本预测未来 N 个月后或更长时间的风险价值，其关键技术在于解决：一是业务层面，风险持有期限与金融产品期限的问题；二是模型层面，数据频率与预测频率的问题，即以现有的短期数据样本如何去预测未来长期（多期）的风险，抑或小样本决策问题。

当然，近年国内外学者对供应链金融质押物组合研究也开始进行积极的探索。Draughon 分析了贷款组合中作为质物的存货风险[22]，Corbett et al 则以美国和日本企业为例，尝试运用金融资产组合的方法研究企业的存货决策[23]。国内学者齐二石、马姗姗以贷款企业为研究对象，并假设多种相关商品价格变动服从 Copula 函数，对同一贷款企业质押的所有商品确定统一质押率[24]。需要指出的是，上述学者并未进行大样本的实证分析，以验证模型的有效性。考虑到目前质押业务中，质物大体可分为价格随机波动的存货和季节性商品，其中季节性商品价格主要受企业自身决策影响，价格波动不大；而价格随机波动的存货，如钢材、煤炭、有色金属等，具有同金融资产价格相似的特点，对银行而言，这类质押业务的风险已由借款企业信用风险转变为质物价格风险，对质物价格风险的合理预测可以有效缓释银行面临的信用风险。因此，本文拟运用较为成熟的金融风险管理工具对价格随机波动的混合质物价格风险展开研究。

基于以上认识，与现有研究相比，论文主要做了以下工作，引入 Markowitz 分散化投资思想，建立二元 Copula - GARCH 族模型，缓释供应链金融实践中单一质物所带来的与日俱增的集中度风险。①建立 ARMA - GARCH 族模型以及二元 Copula 模型（简称二元 Copula - GARCH 族模型），刻画现货质物收益率呈现出的自相关性、“尖峰厚尾”以及波动集聚性等典型事实特征以及质物间的非线性相关结构，通过样本外滚动预测方法进行动态 VaR 预测，并引入传统历史模拟法和基于正态分布的 EWMA 方法与之对比；②鉴于 Kendall 秩相关系数 τ 较线性相关系数 ρ 描述范围更广、经济意义更明确，选取弱相关组合（铜和螺纹钢）和强相关组合（铜和铝）两类不同 Kendall 秩相关系数混合质物，分析不同 τ 值下 VaR 的差别；③给出一类新的数据生成方法，以样本内收益率的条件波动率和 Copula 函数模拟生成四组相关性由弱到强的模拟混合质物，拓展研究不同相关性对组合 VaR 的影响，避免现货数据库不完善带来的“小样本”问题，进一步验证模型的普适性；④异于目前未考虑贷款资金成本的单一质物的静态质押率研究现状，依据银行自身风险偏好水平，综合考虑宏观经济环境、借款企业资信水平、质物流动性等，应用 He et al[1] 单一质物动态质押率的研究成功推广至混合质物价格度量，既定质押期内置于多风险窗口下，协调处理业务层面产品期限与风险持有期限的问题。⑤提出考虑贷款资金成本的混合质物动态质押率模型，从效率损失的角度检验组合分散风险的能力。⑥引入时间平方根法则解决动态质押率设定的核心——长期风险预测难题，得出长周期 VaR 计算解析式，处理短周期数据频率与长周期风险预测频率问题。研究为银行基于风险分散的混合质物策略选择与质押率决策提供计量分析依据，亦为总行经济资本的配置和监管层集中度风险的监管提供了有益的参考。

论文内容安排如下：第二部分为模型设定，包括混合质物边缘分布的 ARMA - GARCH 族模型，二元 Copula 函数及其 VaR 估计以及回测；第三部分为实证分析和拓展研究；最后为结论。

二、模型假设与设定

鉴于钢材、煤炭、有色金属等一类价格随机波动的存货，具有同金融资产价格相似的特点，本文借鉴国际通行做法，银行在供应链金融实践中无论是针对单一质物还是混合质物均需要能够快速动态评估质物价值及其未来风险的工具和方法。研究主要基于以下假设：

（1）银行与物流企业建立在紧密合作基础之上，暂不考虑物流企业的有限理性引发的合谋问题。

（2）同单一质物的研究一致，质押期内，决定混合质物的动态质押率设定的风险窗口，由银行自身的风险偏好、交易对手的资信状况、质物本身的流动性以及供应链的整体运营状况等因素共同决定。

（3）鉴于质押期限最长不超过 1 年，为短期融资行为，故假设质押期内银行利率不变。

根据前述假设，模型设定主要分为三部分：首先是基于 ARMA - GARCH 族模型刻画混合质物中边缘分布表现出的尖峰厚尾、波动集聚性和时变性；随后对边缘分布中产生的新息项（标准残差项）建立 Copula 函数；紧接着根据 Copula - GARCH 族模型对混合质物的风险进行动态 VaR 估计以及失效率检验；最后提出长期风险预测视角下考虑贷款资金成本的动态质押率的效率损失回测模型。在此仅讨论二元混合质物。

（一）基于 ARMA - GARCH 族模型的边缘分布确定

1. 条件均值的确定

文中以对数收益率定义质物 i（$i=1,2$）每日收益率如下：

$$R_{i,t} = \ln(P_{i,t}) - \ln(P_{i,t-1}) \tag{1}$$

金融计量研究中，往往将收益率假设如下：

$$\begin{gathered} R_{i,t} = \mu_{i,t} + \varepsilon_{i,t} = \mu_{i,t} + \sigma_{i,t} z_{i,t} \\ z_{i,t} \sim N(0,1) \text{ or } \sqrt{\frac{v}{v-2}} z_{i,t} \sim t(v) \end{gathered} \tag{2}$$

其中，$\mu_{i,t}$ 为条件均值，$\sigma_{i,t}$ 为条件波动率，$\varepsilon_{i,t}$ 为残差项，$z_{i,t}$ 为新息项（Innovation，实证研究中，称之为标准残差项），服从均值为 0，方差为 1 的独立同分布。为了描述收益率的尖峰厚尾特征，除了引入标准正态分布来刻画 $z_{i,t}$ 外，还引入自由度为 v 的正

规化 t 分布。对于条件均值 $\mu_{i,t}$ 的确定，采用实证研究中的一般性假定，即假设服从自回归 AR（p）过程或者自回归移动平均模型 ARMA（p，q），并运用 AIC 准则定阶。

2. 条件波动率模型的确定

为了描述质物对数收益率展现出的波动集聚性及时变性，我们采用金融计量研究中应用最为广泛的 GARCH（1，1）模型对样本收益率的条件波动率进行建模。

$$\sigma_{i,t}^2 = \omega_i + \alpha_{i,1}\varepsilon_{i,t-1}^2 + \beta_{i,1}\sigma_{i,t-1}^2 \tag{3}$$

其中，模型对参数的非负约束为 $\omega_i > 0$，$\alpha_{i,1} \geqslant 0$，$\beta_{i,1} \geqslant 0$，平稳性条件为 $\alpha_{i,1} + \beta_{i,1} \leqslant 1$。当 $\omega_i = 0$，$\alpha_{i,1} + \beta_{i,1} = 1$ 时，模型将退化为一类特殊的 GARCH（1，1）模型，即 IGARCH（1，1）模型，用以描述质物收益率的波动率并不收敛的情形。

$$\sigma_{i,t}^2 = \alpha_{i,1}\varepsilon_{i,t-1}^2 + \beta_{i,1}\sigma_{i,t-1}^2 \tag{4}$$

此外，为了描述金融市场中广泛存在的杠杆效应（Leverage effects），即利空消息的冲击比相同强度的利好消息的冲击造成更大的市场波动，Glosten，Jagannathan 和 Runkle 提出 GJR（1，1）模型来刻画非对称效应[25]。

$$\sigma_{i,t}^2 = \omega_i + \alpha_{i,1}\varepsilon_{i,t-1}^2 + \beta_{i,1}\sigma_{i,t-1}^2 + \gamma_i\varepsilon_{i,t-1}^2 I_{t-1} \tag{5}$$

其中，$I_{t-1} = \begin{cases} 1 & \varepsilon_{i,t-1} < 0 \\ 0 & \varepsilon_{i,t-1} \geqslant 0 \end{cases}$，$\gamma_i$ 为非对称杠杆系数。如果模型估计结果，$\gamma_i > 0$，表明利空消息对市场造成的波动大于利好消息，此时，认为收益的波动存在杠杆效应，反之 $\gamma_i < 0$，则表明利空消息对市场造成的波动小于利好消息。而且，模型参数的非负约束为 $\omega_i > 0$，$\alpha_{i,1} \geqslant 0$，$\beta_{i,1} \geqslant 0$ 和 $\alpha_{i,1} + \gamma_i \geqslant 0$，平稳性约束为，$\alpha_{i,1} + \beta_{i,1} + \frac{1}{2}\gamma_i < 1$。

（二）二元 Copula 模型确定

由 ARMA－GARCH 族模型对二元混合质物的边缘分布建模得到标准残差项向量（$z_{1,t}$，$z_{2,t}$），根据二元 Copula 函数对其建立模型。根据 Sklar 定理，可以将一个联合分布函数分解成多个边缘分布函数和一个 Copula 函数，其中，Copula 函数描述了变量间的相关性，而且，当边缘分布连续时，Copula 函数是唯一的。据此建立 Copula 分布函数如下：

$$H(z_{1,t}, z_{2,t}) = C(F_1(z_{1,t}), F_2(z_{2,t})) \tag{6}$$

其中，H 为二元联合分布函数，F_1，F_2 为边缘分布函数，C 为 Copula 函数。其密度函数如下：

$$\begin{aligned} h(z_{1,t}, z_{2,t}) &= \frac{\partial H(z_{1,t}, z_{2,t})}{\partial z_{1,t}\partial z_{2,t}} \\ &= \frac{\partial C(u, v)}{\partial u \partial v} \times \prod_{i=1}^{2} \frac{\partial F_i(z_{i,t})}{\partial z_{i,t}} \\ &= c(u, v) \times \prod_{i=1}^{2} f_i(z_{i,t}) \end{aligned} \tag{7}$$

其中，$u = F_1(z_{1,t})$，$v = F_2(z_{2,t})$，$c(u, v)$ 为 Copula 密度函数。

常用的二元 Copula 函数主要包括正态 Copula，t－Copula，Clayton－Copula，Gumbel－Copula 以及 Frank－Copula。大量实证研究表明，Copula 函数由于参数较多，一步极大似然估计法不利于寻求最优解，因此参数估计运用两步极大似然估计（IFM）[26]。

不同的Copula函数，往往对实际数据的拟合度不同，因此必须进行拟合优度检验，选择拟合度最优的模型，此处采用估计Copula函数与经验Copula函数的平方欧氏距离进行拟合度检验[11]，距离越小，说明模型拟合的越好。

（三）短期动态VaR估计及失效率检验

运用二元Copula-GARCH模型确定资产组合的联合分布后，进行混合质物的VaR预测，假设二元组合内两种质物的对数收益率权重分别为 w，$1-w$，则混合质物的收益率可表示为：$R_{p,t}=\ln[we^{R_{1,t}}+(1-w)e^{R_{2,t}}]$，实证研究中，由于对数收益率值往往较小，因此经常作如下近似假设：

$$R_{p,t}\approx wR_{1,t}+(1-w)R_{2,t} \tag{8}$$

混合质物的VaR可以表示为：

$$P(R_{p,t}\leqslant \mathrm{VaR}_t(1-c))=1-c \tag{9}$$

其中，c 为置信水平。

具体计算过程如下：①选择最优Copula函数，据式（6）和式（7）通过蒙特卡罗模拟 n 次，产生相依的 $n\times 2$ 伪随机数矩阵 (u,v)；②根据标准残差项 $z_{i,t}$ 所服从的分布，将上述伪随机数进行逆概率转换得到标准残差项的随机数矩阵 $(z_{1,t},z_{2,t})=(F_1^{-1}(u),F_2^{-1}(v))$；③将上述随机数代入式（2）$R_{i,t}=\mu_{i,t}+\sigma_{i,t}z_{i,t}$，得到 $n\times 2$ 混合质物的收益率向量 $(R_{1,t},R_{2,t})$，进一步据式（8）得到混合质物收益率的 n 种情形；④按照巴塞尔协议和银监会推荐使用的内部模型法取置信水平为99%，据式（9）最终得到基于Copula-GARCH模型的VaR值。

接下来，采用经济标准（VaR预测的准确度），对不同相关性结构模型进行比较。即检验模型估计风险值对实际损失的覆盖程度，在此采用基于失效率的Kupiec检验[27]，在5%的显著性水平下，检验统计量为：

$$LR=-2\ln[(1-p)^{T-N}p^N]+2\ln\{[1-(N/T)]^{T-N}(N/T)^N\} \tag{10}$$

其中，T 为回测检验的样本数，N 为例外次数，$p=1-c$，为例外发生的预期概率，若 $LR>3.841$，说明模型不能无条件覆盖风险。

（四）基于长期风险下动态质押率设定的效率损失回测和混合质物VaR的计算式

需要指出的是，以上基于Copula-GARCH族模型，对单一交易日的VaR进行了预测及预测精度回测，那么上述模型是否存在效率损失呢，也即能否发挥组合风险分散能力？接下来，我们将通过考虑贷款资金成本的动态质押率模型进行效率损失回测。合理的质押率水平在控制风险的同时，亦应尽可能降低效率损失，因此基于风险分散策略下的混合质物的质押率设定也成为融资效率的一个重要指标。在控制风险的同时，质押率越高，则融资效率越高，换言之，资产组合的风险分散策略效果越显著。

根据He Juan等（2012）的研究，银行根据自身的风险偏好水平，综合考虑宏观经济环境，借款企业资信水平以及质物自身的流动性，可以在既定质押期内设置不同风险窗口下的动态质押率，以实现从业务层面协调处理产品期限与风险持有期限的两难境地[1]。需要指出的是，参考文献［1］在未考虑贷款资金成本即利率水平的情况下，仅对单一质物的动态质押率问题展开了研究。基于此，本文提出了考虑贷款资金成本的混合质物的动态质押率问题，即质押率 ω 通过贷款额度（即混合质物的初始价值扣除风险价值以及贷款资金成本）与质物初始价值 V_t 的比值设定。贷款资金成本 $C = V_t\omega(e^{rT}-1)$，其中，T 为风险持有期限；r 为贷款利率，根据业务实践，参照同期贷款基准利率上浮一定比例执行，且采用连续复利计算。贷款额度如下：

$$V_t\omega = V_t - V_t(e^{|VaR(T)|}-1) - V_t\omega(e^{rT}-1) \tag{11}$$

据此得到质押率：

$$\omega = \frac{2-e^{|VaR(T)|}}{e^{rT}} \tag{12}$$

其中，VaR（T）即为风险窗口 T 的 VaR 值，即长期风险预测值，事实上，由于现货质物的流动性较弱，加之风险发现到风险处置的时间较长，导致银行的风险持有期必然较长，这就导致质押率设定的关键即在于长期风险预测。然而长期以来，金融风险管理领域更多关注短期风险预测，而长期风险预测多是基于时间平方根法则，尽管这一方法依赖于严格的独立正态分布假设，但考虑到混合质物的长期风险预测更为复杂，此处依然运用时间平方根近似计算 VaR（T），解决短期数据频率与长期预测频率的问题；同时为缓释运用时间平方根法则计算长期风险时，未来单一交易日预测的误差对长期风险预测带来的低估或者高估，在此以检验样本内滚动预测的单日 VaR 的均值代替单日 VaR，最终得到长期风险预测的解析式：

$$\mathrm{VaR}(T) = \mathrm{VaR}(1)\sqrt{T} \tag{13}$$

其中，$\mathrm{VaR}(1) = \frac{1}{T}\sum_{i=1}^{T}\mathrm{VaR}_i(1)$。而作为比较基准的无风险分散下的 VaR（$T$）即为组合内各质物资产的 VaR 值的简单权重相加，即 $\mathrm{VaR}(T) = w_1\mathrm{VaR}_1(T) + w_2\mathrm{VaR}_2(T)$。

三、实证分析

（一）样本选择及数据分析

样本选择主要基于以下原则：首先必须是流动性好，用途广，且在实践中备受银行欢迎的质物；其次是，有足够的样本数据，且来源可靠，最后尽量选择相关性较弱的质物，以满足银行构建组合分散风险的初衷。考虑到以上几点，以重要的工业原材料，长江现货 1#铜、长江现货 A00 铝和西本螺纹钢（HRB400，φ16）三种质物（以下，分别简称铜、铝和螺纹钢）的每日交易均价为样本，三者均为相应期货交割的标准品，具有很强的代表性①，样本区间选自 2005 年 1 月 4 日至 2011 年 10 月 31 日，为了避免节假日造成数据伪相关，在此只对三个样本均存在交易的情况才做统计，并未作任何插值处理，样本区间内共计 1657 个样本点，并将前 1412 个观测值作为样本内数据估计模型参数，剩余的 245 个观察值作为样本外数据评价模型效果。

三个样本的对数收益率时间序列和 Kendall 秩相关系数 τ 矩阵分别如图 1 和表 1 所示。观察表 1 不难发现，铜和螺纹钢具有较弱的相关性，而铜和铝相关性则相对较强，因此，本文通过构造两组混合质物：弱相关组合（铜和螺纹钢），强相关组合（铜和

① 数据来源：上海期货交易所期货月刊 http：//www. futuresmonthly. com/info. php？ zdjq = 191，西本新干线 http：//www. 96369. net/。

铝）分别建立 Copula－GARCH 模型以进一步验证模型的有效性。

表 1　　　铜、铝和螺纹钢三种质物对数收益率的 Kendall 秩相关系数 τ 矩阵

名称	铜	铝	螺纹钢
铜	1.0000	0.3889	0.0144
铝	0.3889	1.0000	0.0055
螺纹钢	0.0144	0.0055	1.0000

从图 1 可以直观地看到，铜、铝以及螺纹钢的对数收益率表现出较为显著地波动集聚特征，而且在 2008 年金融危机前后，这一现象更为显著，这也印证了三者在金融危机中均遭遇大幅跳水。接下来对上述三者样本内的收益率进行详细的统计性描述，如表 2 所示，可以发现三者的收益率均存在“尖峰厚尾”这一典型事实（峰度显著大于 3，J－B 正态性检验未通过），而且经过 ADF 单位根检验，在 1% 的水平下拒绝原假设，说明三个样本的对数收益率序列是平稳的，可以对序列进行建模分析。

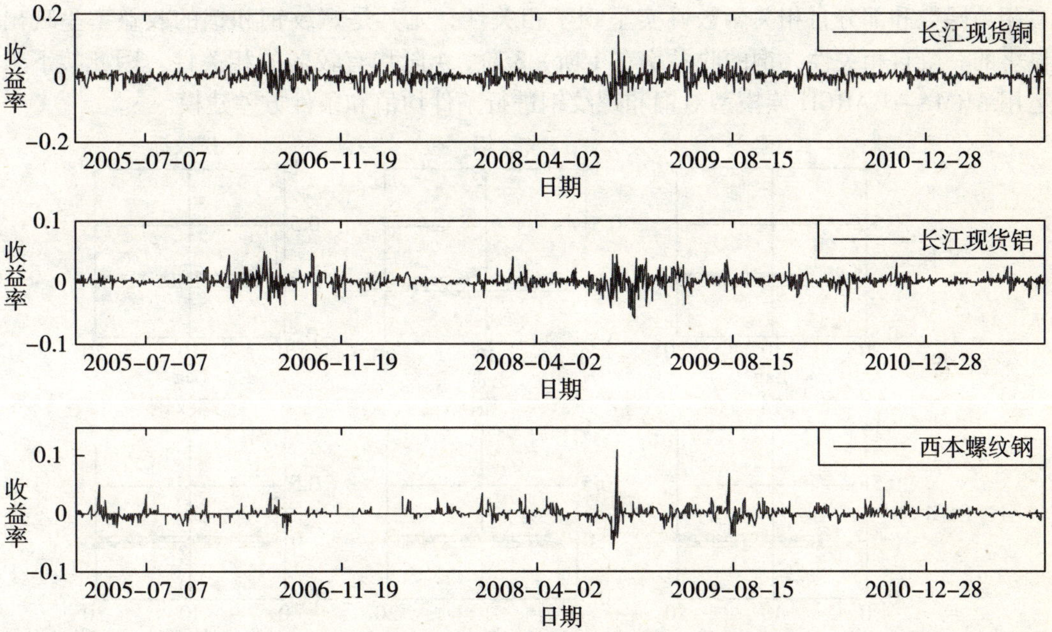

图 1　铜、铝以及螺纹钢的对数收益率序列

表 2　　　铜、铝以及螺纹钢的对数收益率描述性统计及 ARCH 效应检验

名称	铜	铝	螺纹钢
均值	0.0005	3.09e－06	0.0001
标准差	0.0187	0.0000	0.0089
偏度	0.1294	－0.2515	1.2144
峰度	7.6971	8.7408	29.2616

续 表

名称	铜	铝	螺纹钢
J－B Test	1301.0340***	1952.4730***	40893.90***
ADF Test	－34.7943***	－31.2596***	－25.3820***
Engle Test	—	—	—
LM（4）	135.2432**	283.3365**	153.8477**
LM（6）	234.6011**	296.8152**	200.3093**
LM（8）	250.0068**	299.6196**	203.3785**
LM（10）	250.4332**	314.5370**	219.2791**

注：＊＊表示在5%的水平下显著，＊＊＊表示在1%的水平下显著，J－B Test 为正态性检验，ADF 单位根检验为平稳性检验，Engle Test 为 ARCH 效应检验。

最后对样本的对数收益率进行自相关检验和 ARCH 效应检验。其中，运用 Engle LM 检验法对 ARCH 效应检验时，当滞后阶数为 10 阶时，LM（10）仍在 5% 的水平下拒绝原假设，表明存在显著的 ARCH 效应，结果如表 2 所示。而通过图 2 发现，样本自相关函数和部分自相关函数确实呈现了相关性，尤其是螺纹钢和铝的收益率呈现出显著的一阶自相关性，铜的收益率在 1 阶，3 阶，4 阶均有较弱的相关性。因此接下来运用 ARMA－GARCH 族模型对铜和螺纹钢进行条件均值和条件方差建模。

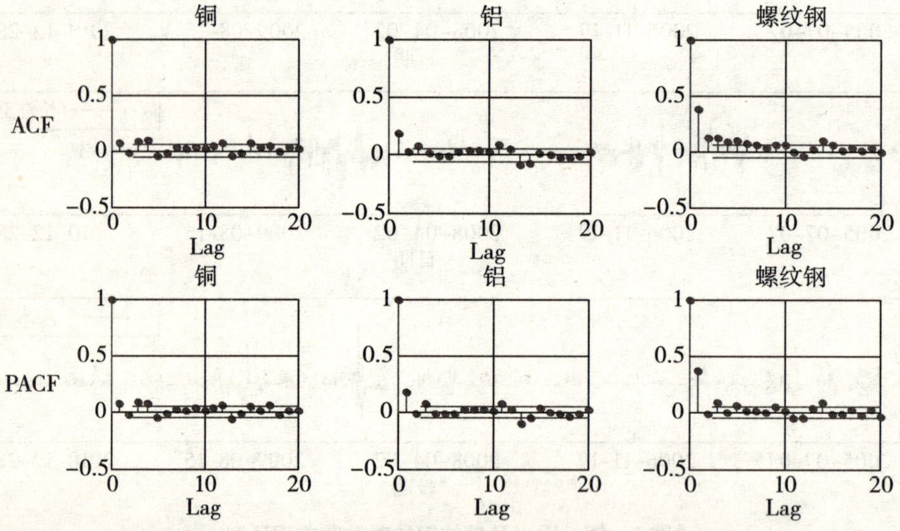

图 2　铜、铝以及螺纹钢收益率的自相关和偏自相关

（二）边缘分布模型估计

综合考虑以上因素，采用 ARMA－GARCH 模型族对铜和螺纹钢的对数收益率进行建模，模型择选依据是在各参数显著的条件下，依据 AIC 准则和似然值的大小选取。因此，虽然铜的对数收益率在 3 阶和 4 阶依然存在自相关（见图 2），但运用 GARCH 模型估计时，其参数并不显著，故条件均值方程应用的是参数显著的 ARMA（1，1）模型。其参数估计结果如表 3 所示。

表3　长江现货铜和西本螺纹钢的收益率 ARMA－GARCH 模型参数估计结果

名称	条件均值方程			条件方差方程						
	C	AR（1）	MA（1）	ω	α_1	β_1	γ	ν	AIC	似然值
铜 ARMA(1,1)－GARCH(1,1)－t	0.0013** (0.0005)	－0.5509*** (0.2129)	0.5671*** (0.2112)	9.48E－06*** (0.0000)	0.1559*** (0.0254)	0.8297*** (0.0219)	—	4.9962*** (0.8008)	－5.5226	3900.438
铝 AR(1)－IGARCH(1,1)－t	—	0.1719*** (0.0214)	—	—	0.1497*** (0.0097)	0.8503*** (0.0097)	—	3.8011*** (0.2221)	－7.1259	5026.725
螺纹钢 AR(1)－GJR(1,1)－N	—	0.4196*** (0.0399)	—	5.84E－06*** (0.0000)	0.2717*** (0.0182)	0.7055*** (0.0173)	－0.0881*** (0.0226)	—	－7.1311	5032.318

注：** 表示在5%的水平下显著，*** 表示在1%的水平下显著，表中数字为各参数估计结果，圆括号内为标准误差。

通过表 3 中结果可以看到，学生 t 分布下的 ARMA（1，1）-GARCH（1，1）模型可以较好地刻画铜的对数收益率的波动集聚性及时变性，其中，$\omega > 0, \alpha_1 > 0, \beta_1 > 0$，且 $\alpha_1 + \beta_1 < 1$，满足模型参数的非负条件及平稳性条件，其他各项参数均较为显著；对于铝，一般的 GARCH 族模型不能满足平稳性条件，因此运用特殊的 IGARCH（1，1）-t 模型进行拟合；而对于螺纹钢，正态分布下 AR（1）-GJR（1，1）模型刻画其波动率最为合适，其中，$\omega > 0, \beta_1 > 0, \alpha_1 + \gamma > 0$，且 $\alpha_1 + \beta_1 + \frac{1}{2}\gamma < 1$，满足模型参数非负及平稳性条件，但非对称杠杆项系数为负值，这表明螺纹钢现货市场不同于传统金融市场表现出较强的杠杆效应，而是与之相反，利空消息对市场的冲击要小于利好消息对市场波动带来的冲击，但这一现象并不显著，究其原因，一方面由于现货市场的流动性要小于证券期货市场，另一方面，现货市场的参与者更多的是较为理性的且具有真实贸易背景的企业，投机或者非理性的散户投资者较少。

（三）Copula 模型估计

首先将基于 ARMA-GARCH 族模型刻画边缘分布得到的标准残差项，经过概率积分变换为（0，1）均匀分布，绘制散点图如图 3 所示。

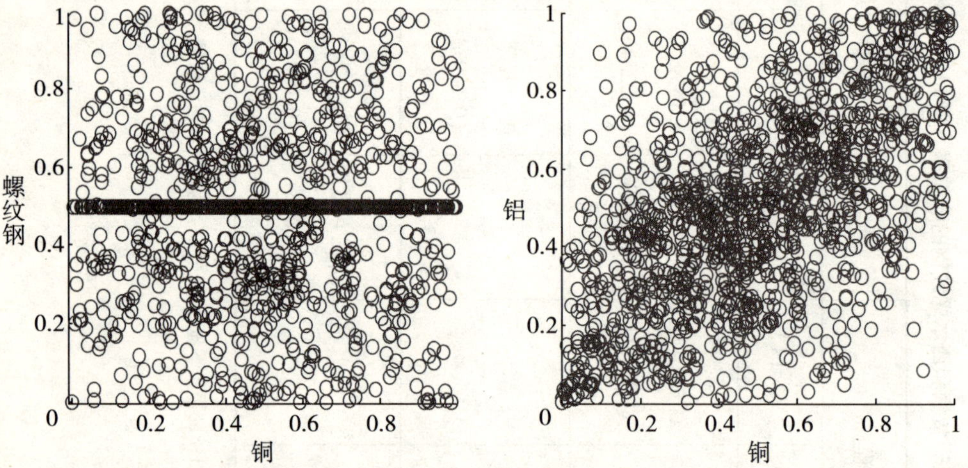

图 3　铜和螺纹钢以及铜和铝的收益率的标准残差项概率积分变换后的散点

图 3 中，铜和螺纹钢的收益率的标准残差项经概率积分变换后的散点图呈无规律分布状态，并无显著的线性相关现象，但在纵轴为 0.5 时，散点图较为密集，这主要是由螺纹钢的交易不活跃，连续几个交易日价格无变化，致使对数收益率为 0 引起的，这也正体现了现货资产与股票、期货等交易活跃的金融资产的区别。与此相比，铜和铝的收益率的标准残差项经概率变换后的散点图则表现出显著的正相关。接下来，对正态 Copula、t-Copula、Clayton-Copula、Gumbel-Copula 以及 Frank-Copula 函数进行参数估计，并运用平方欧氏距离进行拟合度检验，结果如表 4 和表 5 所示。

表 4　铜和螺纹钢组合五种 Copula 函数的 Kendall 秩相关系数及与经验 Copula 函数的拟合度

名称	正态 Copula	t - Copula	Frank - Copula	Clayton - Copula	Gumbel - Copula
自由度	—	30.9178	—	—	—
线性相关系数	-0.0254	-0.0305	—	—	—
α	—	—	-0.2795	0.0124	1.0000
τ	-0.0162	-0.0194	-0.0310	0.0062	$1.3575E-06$
尾部相关系数	$\lambda_L=\lambda_U=0$	$\lambda_L=\lambda_U=0$	$\lambda_L=\lambda_U=0$	$\lambda_L=5.9248E-25$	$\lambda_U=1.889E-06$
平方欧氏距离	0.0172	0.0189	0.0329	0.0088	0.0090

表 5　铜和铝组合五种 Copula 函数的 Kendall 秩相关系数及与经验 Copula 函数的拟合度

名称	正态 Copula	t - Copula	Frank - Copula	Clayton - Copula	Gumbel - Copula
自由度	—	6.8217	—	—	—
线性相关系数	0.5599	0.6722	—	—	—
α	—	—	5.3945	1.3429	1.7647
τ	0.3783	0.4693	0.4806	0.4017	0.4333
尾部相关系数	$\lambda_L=\lambda_U=0$	$\lambda_L=\lambda_U=0.2522$	$\lambda_L=\lambda_U=0$	$\lambda_L=0.5968$	$\lambda_U=0.5189$
平方欧氏距离	0.0382	0.2386	0.4944	0.2919	0.2039

表 4 中，无论是线性相关系数、Kendall 秩相关系数 τ 还是尾部相关系数均表明铜与螺纹钢确实呈现较弱的相关性，而从平方欧氏距离对估计 Copula 函数的检验来看，虽然 Clayton - Copula 函数表现最优，但总体而言，五类 Copula 函数并无显著区别，这虽与现有学者大量关于运用 Copula 刻画相关性极强的变量间的关系得到结论不一致，但针对弱相关的混合质物而言，却也符合现实逻辑。与此相比，表 5 中线性相关系数、Kendall 秩相关系数以及尾部相关系数则表明铜和铝确实表现出较强的相关性，且正态 Copula 函数的平方欧氏距离最小，拟合度最优。但进一步研究表明，拟合度最优的 Copula 函数预测的 VaR 值不一定最为精确[28]，而且到目前为止，识别最优拟合 Copula 的问题并未得到有效解决[29]。因此，为了得到更为精确的风险预测结果，分别运用上述五类 Copula 函数通过蒙特卡罗模拟产生 5 组 10000×2 随机数矩阵（u,v），进一步依据模型设定部分阐述的模拟计算过程，得到五类 Copula 函数产生的 5 组 10000×2 混合质物的收益率向量（$R_{1,t}$，$R_{2,t}$），从而进一步展开混合质物的 VaR 模拟及其失效率检验。

（四）混合质物短期动态 VaR 模拟及失效率检验

为计算方便，我们假设两组混合质物中，质物具有相同的权重，即 $R_{p,t}\approx 0.5R_{1,t}+0.5R_{2,t}$。此外，鉴于样本外预测的结果较之于样本内的结果更加可靠且更具实用性，而且为了避免多期预测带来的不精确问题，此处采取滚动时间窗的样本外预测方法，即首先利用样本内数据（$t=1$，2，…，1412），预测样本外第一天（$t=1413$）的 VaR，接着，保持估计样本数量不变（$n=1412$），将样本向后平行移动 1 个交易日，即运用 $t=2$，3，…，1413 的观测值估计 $t=1414$ 交易日的 VaR，依此类推，至最后交易日。除此之外，还引入历史模拟法（Hs）和 RiskMetrics 经常使用的 EWMA 模型对混合质物的收益率 R_p 进行 VaR 预测，其中，EWMA 模型中滚动窗口的设定与 Copula 模型保持一致（$n=1412$），而考虑到历史模拟法的精确度受样本影响更大，实证研究以及银行实践中在权衡精确性和稳定性后，通常取值 250 ~ 750 天[30]，在此取 500 天。五类二元 copula 函数以及历史模拟法和 EWMA 风险预测结果以及回测结果分别如图 4 和表 6 所示。

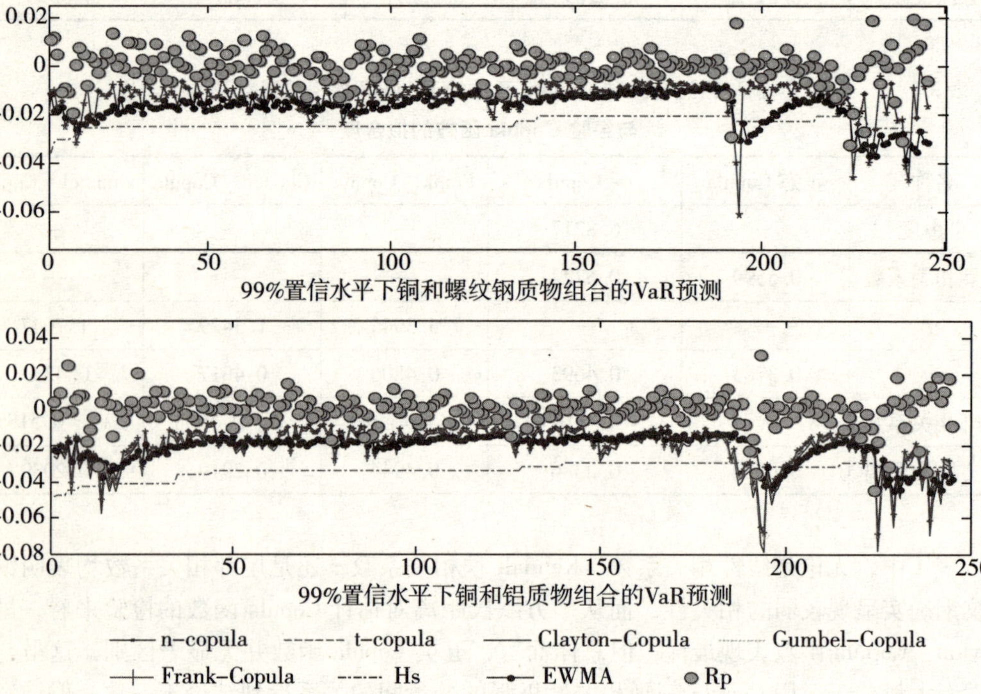

图 4　99%置信水平下五种 Copula 函数与历史模拟法（Hs）、EWMA 预测 VaR 对比

表 6　　不同模型下 99%置信水平两组混合质物 VaR 回测检验

名称	铜和螺纹钢组合		铜和铝组合	
	N	LR	N	LR
n - Copula	6	3. 700	9	10. 499
t - Copula	6	3. 700	5	2. 060
Clayton - Copula	6	3. 700	5	2. 060
Gumbel - Copula	6	3. 700	8	7. 961
Frank - Copula	6	3. 700	9	10. 499
Hs	4	0. 832	4	0. 832
EWMA	4	0. 832	6	3. 700

图4和表6清晰的证实，99%的置信水平下，五类Copula函数在预测铜和螺纹钢这一弱相关混合质物的VaR上并无显著区别，预测值几乎重合，回测检验中例外次数均为6次，检验统计量LR小于3.841，说明模型有效；而在估计铜和铝这一相关性较强的组合风险时，能够捕捉上下对称尾部相关结构变化的t-Copula和能够捕捉下尾变化的Clayton-Copula，例外次数均为5次，LR值小于3.841，合理的估计了风险，但无法捕捉尾部结构变化的n-Copula、Frank-Copula以及仅能捕捉上尾部结构变化的Gumbel-Copula无法通过检验，低估了风险。与此相比，实践中广泛使用的历史模拟法和EWMA虽不能详尽的刻画质物资产收益率间相关结构的变化，但均能估计风险。上述结果表明，对于持有质物多头头寸的商业银行而言，五类Copula函数中能够捕捉尾部损失的t-Copula和Clayton-Copula具有更高的精度。但与此同时也客观的说明Copula-GARCH族模型在详尽展现质物间相关结构的同时，风险预测的整个过程中也面临一定程度的模型风险，一方面以现货方式交易的质物，其收益率在GARCH族模型拟合过程中，往往需要近似估计，这容易造成误差，而随之Copula函数的拟合及对标准残差项的蒙特卡洛模拟将进一步放大上述误差，致使模型精度并未达到非常理想的水平，Fantazzini（2009）[31]以及Weib（2011）[29]的研究亦表明上述问题的存在。

（五）基于长期风险预测的动态质押率设定及效率损失检验

99%置信水平下的短期动态VaR回测结果表明，t-Copula和Clayton-Copula以及历史模拟法（Hs）和EWMA方法均能估计风险。进一步，为检验混合质物分散风险的能力，分别运用上述模型对两组混合质物质押率同无风险分散化的质押率进行对比。供应链金融实践中，质押期限往往不超过1年，据此假设质押期为1年，根据模型设定部分动态质押率的设定原则，风险窗口分别假设为1周，2周，1个月，2个月，3个月，4个月，5个月，6个月，7个月，8个月，9个月，10个月，11个月以及12个月共计14个风险窗口，在此基础上，运用时间平方根法则即式（13）实现短期风险预测向长期风险预测的转换，从而同时克服了供应链金融实践中，产品期限与风险持有期限以及短期数据频率与长期风险预测的两大难题，最后根据式（12）给出各风险窗口下考虑贷款资金成本的质押率，结果如图5所示。

通过图5发现无论是由铜和螺纹钢组成的弱相关组合抑或铜和铝组成的强相关组合，随着风险窗口的变长，质押率均呈下降趋势。进一步，与无风险分散下的VaR得到的质押率相比，弱相关混合质物分散风险的能力要强于强相关混合质物，这进一步印证了Markowitz的资产组合理论风险分散的内涵，并同时将组合内资产间的相关性越小，风险分散效果越强的结论由线性相关向非线性、尾部相关进行了完善拓展。具体而言，在弱相关混合质物中，t-Copula以及Clayton-Copula模型风险分散效果最好，融资效率最高（其中12个月风险窗口内，相较于无风险分散的得到的质押率相比，融资效率可以提高约27%），EWMA次之，历史模拟法最为保守，风险分散能力弱；强相关混合质物中，模型整体分散风险的能力变弱，t-Copula以及EWMA分散风险的效果最好，Clayton-Copula有所下降，而历史模拟法依然无法起到合理的分散风险效果。因此，总体而言，基于Copula-GARCH族模型在刻画组合内资产间的非线性以及尾部相关结构的同时，可以切实改善组合风险分散的效果，尤其是弱相关性的混合质物中，

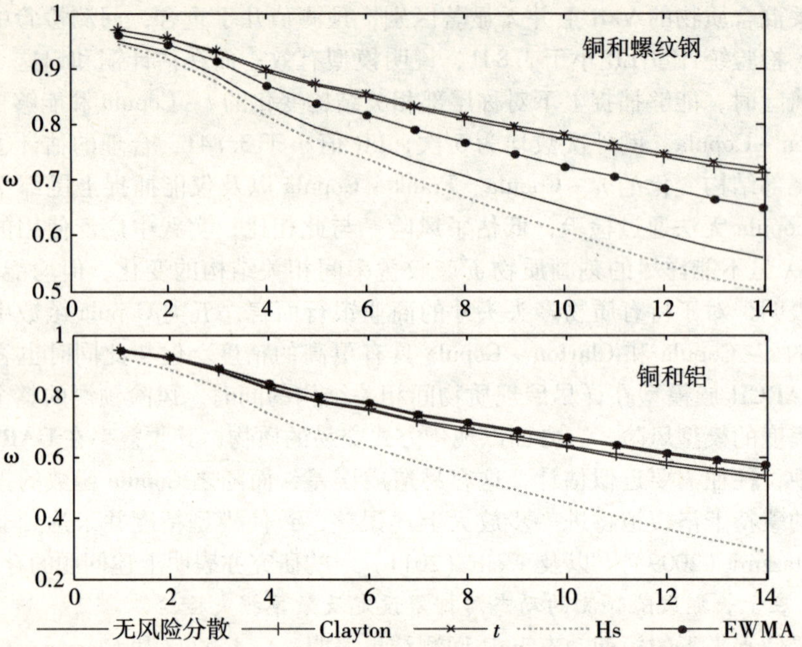

图5 铜和螺纹钢以及铜和铝两组混合质物分散风险效果

这为业务实践中选取相关性较弱的质押物构成混合质物提供了决策依据。

（六）拓展研究

上述研究表明，当组合内质物种类既定，降低相关系数可以实现风险的有效分散；通过研究相关系数对混合质物风险的影响，可以实现风险限额管理下混合质物的动态优化调整甚至经济资本的配置。相比股票、期货等金融资产完善的数据库，我国现货质物价格数据库尚不完善，从而导致实证研究中往往面临样本数量或种类不足的“小样本”问题，以上我们仅分别以铜和螺纹钢（弱相关）以及铜和铝（强相关）这两组真实的混合质物为例进行 VaR 预测。为进一步验证模型的普适性，提出新的数据生成过程（Data generating process）产生新的样本，对模拟生成不同相关性的混合质物收益率进行拓展研究[32]。由于质物收益率间相关结构仅取决于标准残差项的相关性。简化起见，暂不考虑条件均值的影响，对数收益率公式变为：

$$R_{i,t} = \varepsilon_{i,t} = \sigma_{i,t} z_{i,t}$$
$$z_{i,t} \sim N(0,1) \text{ or } \sqrt{\frac{v}{v-2}} z_{i,t} \sim t(v) \tag{14}$$

数据生成过程如下：①根据表3，以铜和螺纹钢的条件波动率作为生成元，得到铜和螺纹钢的条件波动率向量（$\sigma_{1,t}, \sigma_{2,t}$），如图6所示；②借助于 Copula 函数以及公式（6），生成不同秩相关系数的随机数矩阵（u, v），并通过逆概率变换生成标准残差项的矩阵（$z_{1,t}$, $z_{2,t}$）=（$F_1^{-1}(u)$, $F_2^{-1}(v)$）；③根据公式（14）得到不同相关性的混合质物收益率（$R_{1,t}$, $R_{2,t}$）。

篇幅所限，加之业务实践中，银行更加关注引起极端损失的下尾部结构变化，因此，以能够刻画收益率下尾部结构的 Clayton - Copula 函数为例，分别生成 $\tau=0.2$，0.4，0.6，0.8，四组随机数矩阵，如图 7 所示，最终生成四组收益率序列，如图 8 所示。在此基础上，对四组数据建立 Copula - GARCH 族模型，进而预测风险，与此同时引入历史模拟法和 EWMA 模型进行比较和回测。篇幅所限，模型估计以及预测的具体过程不再赘述，在此仅列出不同方法下 VaR 的预测值以及回测检验结果，如图 8 和表 7 所示。

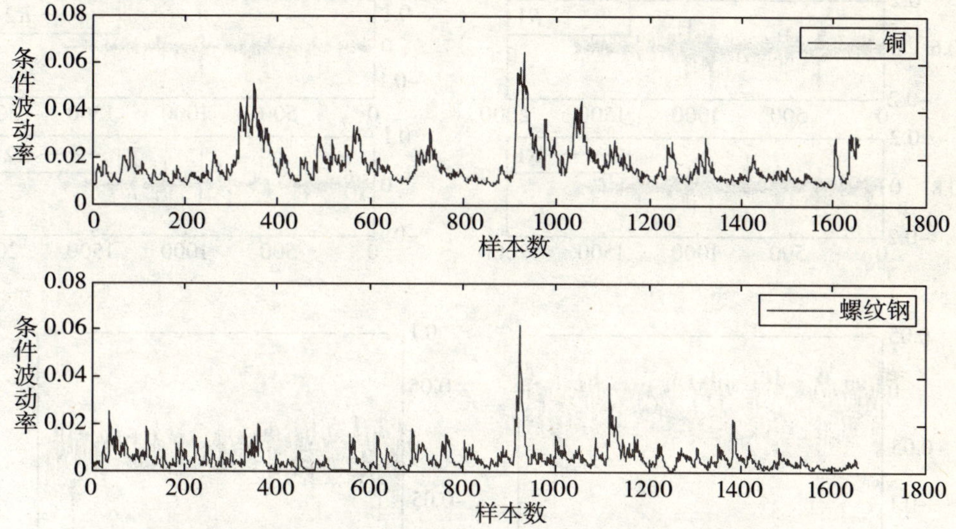

图 6　样本区间内铜和螺纹钢对数收益率的条件波动率

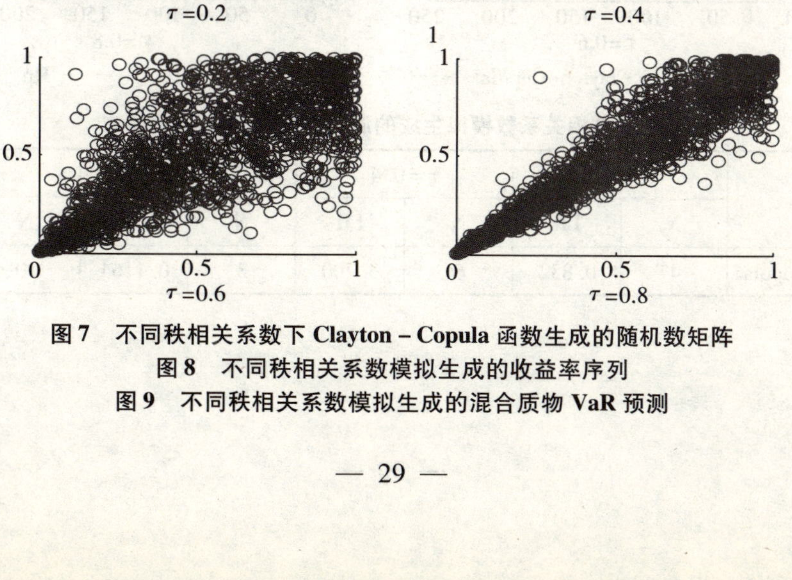

图 7　不同秩相关系数下 Clayton - Copula 函数生成的随机数矩阵

图 8　不同秩相关系数模拟生成的收益率序列

图 9　不同秩相关系数模拟生成的混合质物 VaR 预测

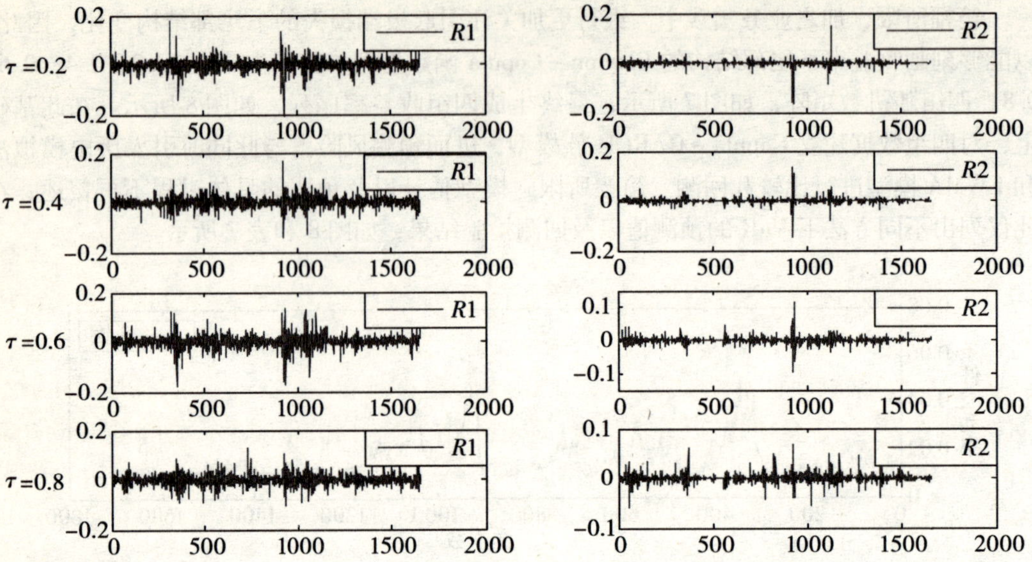

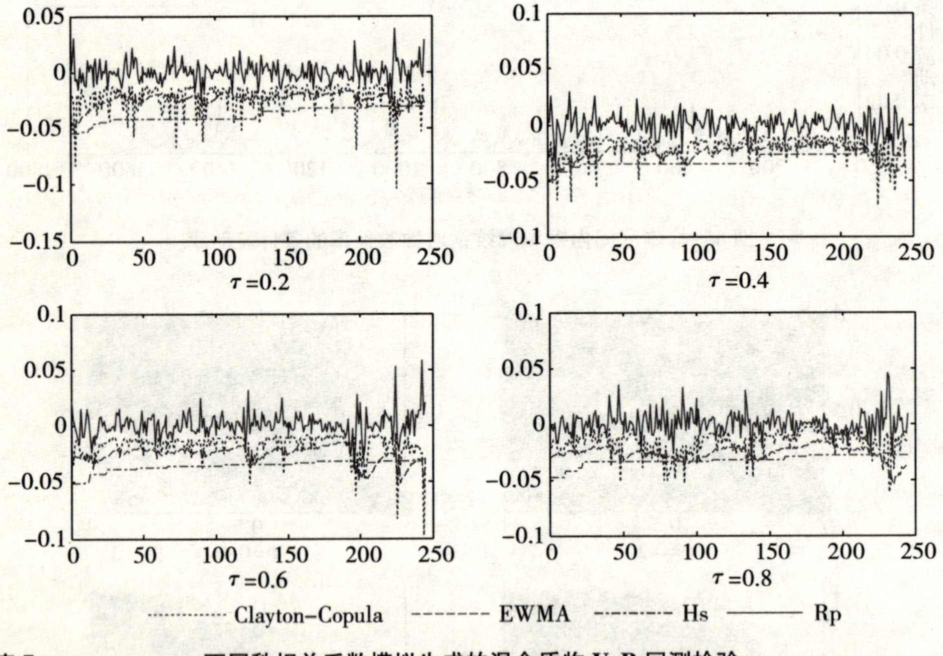

表 7　　　不同秩相关系数模拟生成的混合质物 VaR 回测检验

名称	τ=0.2		τ=0.4		τ=0.6		τ=0.8	
	N	LR	N	LR	N	LR	N	LR
Clayton - Copula	4	0.832	6	3.700	3	0.1164	10	13.267

续 表

名称	τ=0.2		τ=0.4		τ=0.6		τ=0.8	
	N	LR	N	LR	N	LR	N	LR
Hs	0	—	1	1.116	1	1.116	1	1.116
EWMA	2	0.089	2	0.089	2	0.089	2	0.089

从图9和表7可以发现，模拟生成的四组数据中，Clayton – Copula 函数、历史模拟法以及 EWMA 几乎均能通过 LR 统计量检验，尽管 Clayton – Copula 函数在秩相关系数 $\tau=0.8$ 的混合质物中，对风险存在一定的低估。这进一步说明，Copula – GARCH 模型总体而言改善了风险预测的效果，尤其在弱相关组合层面。事实上，每种模型均有其自身的适用条件，Copula – GARCH 模型具有刻画质物收益率尖峰厚尾等非正态的典型事实特征，同时捕捉质物间非线性、非对称以及尾部相关关系的能力，这对于银行构建最优的混合质物，实现风险的有效分散提供了定量决策参考，这是历史模拟法以及 EWMA 模型等传统方法难以比拟的。

如上述分析，Clayton – Copula，Hs 以及 EWMA 三种模型能够估计 $\tau=0.2$，$\tau=0.4$，$\tau=0.6$ 三组混合质物的风险，而不会造成低估。进一步，立足供应链金融实践，通过长期风险预测视角下的动态质押率模型分析上述三组模型融资效率损失即分散风险的能力作进一步分析，质押期限以及风险窗口的设定同标题（五），在此不再赘述，根据式（12）和式（13），进行长期风险的测度进而测算出三组不同秩相关系数组合考虑贷款资金成本的质押率，结果如图10所示。

通过图10，可以发现，随着混合质物资产间秩相关性的增强，组合分散风险的能力越来越弱，这进一步证实了和拓展了 Markowitz 组合内资产间的相关性（不仅局限于线性相关而是扩展至包括线性、非线性以及尾部等资产全面相关结构）与组合风险分散能力的呈负向相关关系的结论。而且与无风险分散下计算得到的质押率相比，三组混合质物内，Clayton – Copula 模型融资效率损失最低，即分散风险能力最强，（以12个月风险窗口为例，最大融资效率损失，可以分别改善31%，29%，20%）其次是 EWMA 模型，而历史模拟法估计风险较为保守，会降低组合分散风险的初衷。这再次证明了基于 Copula – GARCH 族模型的混合质物风险预测模型在预测风险的同时能够切实发挥混合质物分散风险的作用，从而提高融资效率。

四、结论

基于风险分散策略的思想，建立二元 Copula – GARCH 族模型，分别研究了不同秩相关系数下的两组真实混合质物（铜和螺纹钢以及铜和铝）的对数收益率间的条件相关性，进而运用蒙特卡洛模拟方法进行样本外滚动预测风险值 VaR，引入历史模拟法和 EWMA 方法进行对比，提出一类新的数据生成方法，以铜和螺纹钢的收益率的条件波动率和 Copula 函数生成四组不同秩相关系数的模拟混合质物，解决现货数据匮乏带来的“小样本”问题，以验证模型的普适性，为商业银行提供一种混合质押物风险管

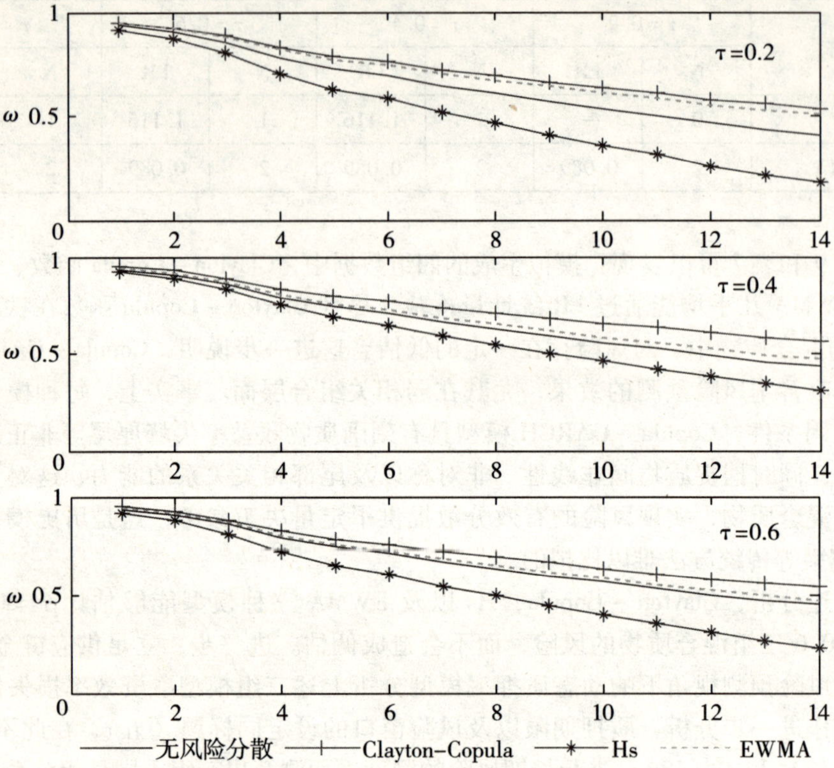

图 10　三组模拟混合质物分散风险能力对比

理的新框架和新模式，实现从业务风险把握到数值模型实现的创新。经过实证分析和回测检验结果显示：

①组合内质物铜，螺纹钢以及铝的对数收益率均呈现显著的尖峰厚尾、自相关以及波动集聚性。由于现货市场的流动性要小于证券期货市场，加之现货市场的参与者更多的是较为理性且具有真实贸易背景的企业，故而螺纹钢收益率并未表现出金融市场中显著的杠杆效应。②短期动态 VaR 及其失效率检验表明，与传统的历史模拟法以及 EWMA 相比，能够捕捉质物收益率下尾部相关结构变化的 t - Copula 以及 Clayton - Copula 能够合理的估计两组真实混合质物风险，Clayton - Copula 能够合理估计模拟混合质物风险；进一步，基于长期风险预测且考虑贷款资金成本动态质押率为指标的融资效率损失检验表明，Copula - GARCH 族模型可以更好地实现混合质物风险分散能力，降低资产秩相关系数，切实提高混合质物分散能力，其中弱相关混合质物（铜和螺纹钢）的风险分散能力可提升 27%。研究印证了 Markowitz 资产组合理论风险分散的内涵，将组合内资产间的相关性越小，风险分散效果越强的结论由线性相关向非线性相关、尾部相关进行了拓展；为克服小样本问题展开的扩展研究进一步证实 Copula - GARCH 族模型相较传统模型在刻画质物全面相关结构以及混合质物分散风险能力的优势。所得结论为商业银行业务实践中进行混合质物风险的预测进而设定合理的质押率

以及风险限额下混合质物的优化提供了理论和实务依据。

需要指出的是，Copula－GARCH 模型由于估计参数众多且需要蒙特卡洛模拟，在后续研究中将针对模型中的参数估计对风险值的影响展开深入研究，尤其是寻找刻画秩相关系数以及尾部相关系数与风险值关系的解析式；另一方面引入极值理论、ARJI 跳跃模型等描绘金融资产收益率序列的尖峰厚尾等非正态典型事实，引入时变 Copula 以及混合 Copula 提高相关性的刻画精度。质押率设定的长期风险预测方法以及组合内各资产自身的风险大小（波动率）以及所占权重等将继续展开深入研究。目前相关工作正着力展开研究。

参考文献

［1］HE JUAN，JIANG XINAGLIN，WANG JIAN，et al. VaR Methods for the Dynamic Impawn Rate of Steel in Inventory Financing under Autocorrelative Return［J］. European Journal of Operational Research，2012（223）：106－115.

［2］李毅学，汪寿阳，冯耕中. 物流金融中季节性存货质押融资质押率决策［J］. 管理科学学报，2011，14（11）：19－32.

［3］MARKOWITZ H. Portfolio Selection［J］. The Journal of Finance，1952，7（1）：77－91.

［4］SKLAR A. Functions de Repartition an Dimensions et Leurs Marges［J］. Publications de l'Institut Statistique de l'Universite de Paris，1959（8）：229－231.

［5］ENGLE R F. Autoregressive Conditional Heteroscedasticity with Estimates of the Variance of United Kingdom Inflation［J］. Econometrica，1982，50（4）：987－1007.

［6］BOLLERSLEV T. Generalized Autoregressive Conditional Heteroscedasticity［J］. Journal of Econometrics，1986，31（3）：307－327.

［7］EMBRECHTS P A，MCNEIL A，STRAUMANN D. Correlation：Pitfalls and Alternatives［J］. RISK. 1999，12（5）：11－21.

［8］JONDEAU E，ROCKINGER M. The Copula－GARCH Model of Conditional Dependencies：An International Stock Market Application［J］. Journal of International Money and Finance，2006（25）：827－853.

［9］PATTON A J. Modelling Asymmetric Exchange Rate Dependence［J］. International Economic Review，2006，47（2）：527－556.

［10］CHANG K L. The Time－varying and Asymmetric Dependence Between Crude Oil Spot and Futures Markets：Evidence from the Mixture Copula－based ARJI－GARCH Model［J］. Economic Modelling，2012（29）：2298－2309.

［11］PALARO P H，HOTTA L K. Using Conditional Copulas to Estimate Value at Risk［J］. Journal of Data Science，2006，4（1）：93－115.

［12］HUANG J J，LEE L J，LIANG H，et al. Estimating Value at Risk of Portfolio by Conditional Copula－GARCH Method［J］. Insurance：Mathematics and Economics，2009，45（3）：315－324.

［13］HARRIS，R D F，MAZIBAS M. Dynamic Hedge Fund Portfolio Construction：A Semi－parametric Approach［J］. Journal of Banking & Finance，2013（37）：139－149.

［14］张尧庭. 连接函数（Copula）技术与金融风险分析［J］. 统计研究，2002（4）：48－51.

［15］韦艳华，张世英. 金融市场的相关性分析——Copula－GARCH 模型及其应用［J］. 系统工

程，2004，22（4）：6-12.

［16］吴振翔，陈敏，叶五一，等．基于 Copula-GARCH 的投资组合风险分析［J］．系统工程理论与实践，2006（3）：45-52.

［17］梁冯珍，钟君，史道济．尾部相关性对投资组合 VaR 的影响分析［J］．系统工程理论与实践，2007，27（7）：64-68.

［18］冯玲，欧华宇．存在相关性风险的资产组合策略［J］．系统工程理论与实践，2012，32（3）：630-639.

［19］陈蓉，陈妙琼．金融资产的动态非线性相关：一个新的模型［J］．管理评论，2012，24（2）：12-23.

［20］胡利琴，李屾，梁猛．基于组合理论的中国商业银行风险整合和资本配置研究［J］．金融研究，2009（3）：119-134.

［21］田玲，王正文，许潆方．基于经济资本的我国保险公司投资风险限额配置研究［J］．保险研究，2011（11）：31-38.

［22］How to Analyze the Inventory Risk in Your Loan Portfolio (Inventory as Collateral)［J］. The Journal of Commercial Bank Lending，1991，73（11）：35.

［23］CORBETT J，HAY D，LOURI H. A Financial Portfolio Approach to Inventory Behaviour：Japan and the UK［J］．International Journal of Production Economics，1999，59（1）：43-52.

［24］齐二石，马姗姗，韩铁．组合仓单质押贷款质押率研究［J］．西安电子科技大学学报：社会科学版，2008，18（6）：50-53.

［25］GLOSTEN L，JAGANNATHAN R，RUNKLE D. On the Relation Between the Expected Value and the Volatility on the Nominal Excess Returns on Stocks［J］．The Journal of Finance 1993，48（5）：1779-1801.

［26］PATTON A. Estimation of Multivariate Models for Time Series of Possibly Different Lengths［R］．Working paper，University of California at San Diego，2001：1-49.

［27］KUPIEC P H. Techniques for Verifying the Accuracy of Risk Measurement Models［J］．Journal of Derivatives，1995，3（2）：73-84.

［28］吴庆晓，刘海龙，龚世民．基于极值 Copula 的投资组合集成风险度量方法［J］．统计研究，2011，28（7）：84-91.

［29］WEIB G N F. Are Copula-GOF-tests of Any Practical Use? Empirical Evidence for Stocks，Commodities and FX Futures［J］．The Quarterly Review of Economics and Finance，2011（51）：173-188.

［30］JORION P. Value at Risk［M］．3rd ed. New York：McGraw-Hill，2007：267-270.

［31］FANTAZZINI，D. The Effects of Misspecified Marginals and Copulas on Computing the Value at Risk：A Monte Carlo Study［J］．Computational Statistics and Data Analysis，2009，53（6）：2168-2188.

［32］BIANCHI C，GIULI M E D，FANTAZZINI D，et al. Small Sample Properties of Copula-GARCH Modelling：A Monte Carlo Study［J］．Applied Financial Economics，2011（21）：1587-1597.

存货质押契约比较研究*

田红英　黄远新　郑　磊　黄海菲

摘　要：基于违约率外生的假设，建立了存货质押业务中银行与物流企业之间的固定费率契约模型和完全风险契约模型，进行了模型求解和两种契约的对比分析。结果显示：当中小企业违约率较低时，银行与物流企业签订固定费率契约能够获得更高利润；当中小企业违约率较高时，银行与物流企业签订完全风险契约，不仅能够规避信贷风险，还能够以低利率刺激中小企业贷款需求，获得更高收益。所得结论对存货质押业务中银行与物流企业的决策具有指导意义。

关键词：存货质押　委托监管　统一授信　契约设计

一、引言

近年来，统一授信存货质押业务在国内快速发展。在这一业务中，银行给予物流企业一定的监管额度，物流企业自主开展存货质押业务并承担全部风险，银行只获得无风险的贷款利差收益。相比传统委托监管模式，这一业务充分调动了物流企业的监管积极性，也让银行规避了风险，简化了业务流程，并且给银行和物流企业都带来了更高的收益。

国外学者对存货质押业务的研究较早，他们一般从供应链金融的角度进行相关研究。Trammell（2000）设计了一种能够降低企业融资成本的供应链融资方法，并申请了专利[1]。Buzacott（2004）研究了银行对利率和质押率的选择及其与企业赢利率之间的关系[2]。Erik Hofmann（2009）研究发现，物流服务提供商在质押融资中的监管努力水平主要依赖于质押物的价值和数量[3]。国内学者近年来对存货质押业务中银行对物流企业的激励契约设计进行了一些研究。韦燕等（2010）利用委托代理理论，对存货质押业务中银行对物流企业的激励契约进行了设计[4]。何娟等（2012）在不完全信息条件下，利用重复博弈模型对委托监管模式下存货质押业务的防合谋机制进行了研究[5]。

本文从中小企业违约率的角度，对存货质押业务中银行与物流企业之间的契约进

* 作者简介：田红英，女，四川广元人，高级经济师，成都职业技术学院副教授，主要研究方向：物流管理。主要社会兼职：中国物流学会理事、四川省经济学会理事；黄远新，男，四川眉山人，博士，高级经济师，远成集团有限公司副总裁，西南交通大学兼职教授，研究生导师，主要研究方向：物流管理与工程。主要社会兼职：中国物流学会副会长、上海市物流学会副会长、四川省现代物流协会副会长、四川省经济学会常务理事；郑磊，男，安徽宿州人，西南交通大学交通运输与物流学院硕士研究生；黄海菲，女，四川成都人，西南交通大学交通运输与物流学院。

行设计和对比分析，研究所得结论可以为存货质押业务中银行与物流企业的决策提供参考依据。

二、固定费率契约

（一）问题描述及基本假设

在传统委托监管模式的存货质押业务中，中小企业向银行提出融资申请并提交质押物作为担保，物流企业受银行的委托，对借款企业提交的质押物进行监管。为了方便操作，银行与物流企业通常签订固定费率契约。当中小企业履约时，银行获得贷款利差收益；当中小企业违约时，银行得到保证金及质押物的变现价值，以抵贷款本息的损失。不论中小企业违约与否，银行都要付出相应的监控成本。物流企业收益为银行或借款企业支付的监管费用，物流企业付出监管成本。

为便于研究，同时又不失一般性，本文作以下假设：

（1）考虑融资市场需求受净收益率的影响，即，中小企业投资项目的净收益率越高，其贷款额度越大。本文假设中小企业的融资需求 $L = g(r_E - r_B)$ ，其中，$g > 0$ 为项目的规模系数，r_E 为中小企业投资项目的收益率，r_B 为贷款利率，$r_B < r_E$ 。

（2）中小企业的违约率根据简约化模型确定，即假设中小企业的违约行为是一种随机现象，受到的外界和内在影响因素较多，本文假设违约率为 p（$0 < p < 1$）。

（3）物流企业将监管、运输及仓储等费用统一折算成监管费率 r_L（$0 < r_L < 1$）收取，并由银行支付。银行再将监管费率折算到贷款利率 r_B（$r_B > r_L$）中向中小企业收取，银行存款利率为 r_0（$0 < r_0 < r_B < 1$），银行赚取的利差为 $r_B - r_0$。

（4）中小企业具有充足的存货作为质押物，申请贷款周期长为 1 年，利率为年利率，采取单利法计息，支付保证金比例为 α（$0 < \alpha < 1$），银行设定质押率为 ω 。

（5）物流企业监管能力为 a ，监管努力水平取决于银行对其监控的努力程度及其自身的声誉激励强度。本文将物流企业的监管努力水平简化为 $e_L = e_B H$ ，其中，H（$0 \leqslant H \leqslant 1$）为物流企业的声誉系数，$H$ 越大，表示物流企业越看重自己的声誉，e_B（$0 < e_B < 1$）为银行监控物流企业的努力水平。银行除了要付出监控成本外，还要付出交易成本 c_B 。

（6）质押物存在价格波动及流动性风险，物流企业采取动态质押总量控制的监管模式。本文将质押物在贷款期末的价值简化为 $V_t = ae_L/\omega$ ，即，质押率越低，物流企业的监管能力越强，监管努力水平越高，质押物在贷款期末的总价值越高。

（7）参考王文辉等（2008）的研究，监管努力成本为 $C = z\ln(1 - e)$ ，其中，$z(z < 0)$ 为监管成本系数，$C(0) = 0$ ，$C(1) = +\infty$ [6]。银行的交易成本折算到监管物流企业的努力成本中，为 $C_B = z_B\ln(1 - e_B)$ ，物流企业的监管努力成本为 $C_L = z_L\ln(1 - e_L)$。

（8）物流企业的保留收益为从事传统运输、仓储等业务的收益 $\pi = \mu C_L$ ，其中，μ 为净收益率。假设银行与物流企业均为风险中性，即银行与物流企业的效用与期望收益相等。

（二）模型构建与求解

当中小企业履约时，银行的期望收益率为 $(r_B - r_L - r_0)$ ；当中小企业违约时，银行将获得保证金的本息 $\alpha(1+r_0)$ 和敞口额度的质押物变现价值 $(1-\alpha)ae_L/\omega$ 。不管中小企业违约与否，银行都要付出监控成本 $z_B\ln(1-e_B)$ 和交易成本 c_B ，并支付给物流企业监管费率 r_L ，物流企业付出质押物监管成本 $z_L\ln(1-e_L)$ ，其中，$e_L=e_BH$ 。

银行的期望收益为：

$$\pi_B=g(r_S-r_B)\left[(1-p)(r_B-r_L-r_0)+p(1-\alpha)\left(\frac{ae_BH}{w}-1-r_0\right)-z_B\ln(1-e_B)-c_B\right]$$

物流企业的期望收益为：

$$\pi_L=g(r_S-r_B)[r_L-z_L\ln(1-e_BH)]$$

只有当物流企业的收益大于其保留收益 π 时，物流企业才会参与业务，银行面临物流企业的个人理性约束（IR）。由于物流企业的努力水平由自身声誉激励和银行监控努力水平决定，所以，对于银行来说，物流企业的激励相容约束（IC）不起作用。

在固定费率契约下，银行与物流企业之间的委托代理问题可表示为以下的规划问题（$P1$）：

$$\max_{\{(r_B,e_B);r_L\}}\pi_B=$$

$$g(r_S-r_B)\left[(1-p)(r_B-r_L-r_0)+p(1-\alpha)\left(\frac{ae_BH}{w}-1-r_0\right)-z_B\ln(1-e_B)-c_B\right]$$

$$\text{s.t. }(IR)\ g(r_S-r_B)[r_L-z_L\ln(1-e_BH)]\geqslant g(r_S-r_B)\mu z_L\ln(1-e_BH)\qquad(1)$$

由于银行并不能通过支付高监管费率达到激励物流企业的目的，所以，物流企业的个人理性约束（IR）等式成立，即：

$$g(r_S-r_B)[r_L-z_L\ln(1-e_BH)]=g(r_S-r_B)\mu z_L\ln(1-e_BH)\qquad(2)$$

由式（2）可求得银行支付给物流企业的监管费率为：

$$r_L=(1+\mu)z_L\ln(1-e_BH)\qquad(3)$$

对式（3）分别求得 $\frac{\partial r_L}{\partial\mu}=z_L\ln(1-e_BH)$ 和 $\frac{\partial r_L}{\partial H}=\frac{\mu z_Le_B}{(e_BH-1)}$ ，因为 $z_L<0$ ，$\mu>0$ ，$0<e_BH<1$ ，所以，$\frac{\partial r_L}{\partial\mu}>0$ ，$\frac{\partial r_L}{\partial H}>0$ 。即，银行会支付给保留收益高或自身声誉激励强的物流企业较高的监管费率。

将式（3）代入目标函数，分别求 $\partial\pi_B/\partial e_B=0$ 和 $\partial\pi_B/\partial r_B=0$ ，得到银行的最优监控努力水平 $e_B{}^*$ 和最优贷款利率 $r_B{}^*$ ，再将 $e_B{}^*$ 代入式（3）可以得到银行支付给物流企业的固定费率 $r_L{}^*$ ，最终可以求出双方的最优期望收益 $\{\pi_L{}^*,\pi_B{}^*\}$ 。

三、完全风险契约

（一）问题描述及基本假设

在统一授信模式存货质押业务中，银行与物流企业签订完全风险契约。在这种模式下，物流企业的交易成本降低了，业务量得到大幅拓展，本文将节约的成本折算为监管成本的减少。物流企业决定质押率、监管费率及保证金比例，银行决定贷款利率。银行与物流企业之间的决策行为是典型的 stackelberg 博弈过程，物流企业为主导者（leader），银行为跟随者（follower）。当中小企业履约时，物流企业获得监管费率收益；

当中小企业违约时，物流企业获得保证金本息、质押物变现价值，并替中小企业归还贷款本息。

为方便研究，又不失合理性，在前述假设的基础上，这里再作如下假定：

（1）物流企业与中小企业约定监管费率 r_L'，并折算到贷款利率中，银行设定赚取的利差 λ_B 后，收取 $r_B' = r_0 + r_L' + \lambda_B$，并返给物流企业监管费率 r_L'。

（2）物流企业资产规模雄厚，能在中小企业违约时替其归还银行的贷款本息。

（二）模型构建与求解

在完全风险契约下的统一授信存货质押业务中，物流企业的期望收益为：

$$\pi_L' = g(r_S - r_0 - r_L' - \lambda_B)\left\{r_L' - z_L\ln(1 - e_L') + p\left[\alpha(1 + r_0) + (1 - \alpha)\frac{ae_L'}{w} - 1 - r_0 - r_L' - \lambda_B\right]\right\} \tag{4}$$

银行的收益就是贷款利差，其期望收益为 $\pi_B' = g(r_S - r_B')\lambda_B$，由于 $r_B' = r_0 + r_L' + \lambda_B$，所以，

$$\pi_B' = g(r_S - r_0 - r_L' - \lambda_B)\lambda_B \tag{5}$$

采用逆向归纳法求解模型的子博弈精炼纳什均衡。

先求物流企业监管费率 r_L' 给定条件下，银行选择的最优贷款利率。对式（5）求 $\partial\pi_B'/\partial\lambda_B = 0$，得到 $\lambda_B{}^* = \frac{1}{2}(r_S - r_0 - r_L')$，将 $\lambda_B{}^*$ 代入式（4），求 $\partial\pi_L'/\partial e_L = 0$，得到 $e_L'^* = 1 + \frac{wz}{ap(1 - \alpha)}$，求 $\partial\pi_L'/\partial r_L' = 0$，得到 $r_L'^*$，将 $\lambda_B{}^*$ 和 $r_L'^*$ 代入 $r_B' = r_0 + r_L' + \lambda_B$ 得到 $r_B'^*$，进一步求解可以得到物流企业和银行的最优期望收益 $\{\pi_L'^*, \pi_B'^*\}$。

四、两种契约的对比分析

当中小企业违约率 p 在一定范围内变动时，对两种契约进行比较分析。设定参数值分别为 $g = 1.0 \times 10^8$，$w = 0.7$，$a = 0.85$，$z_L = -0.025$，$z_L' = -0.015$，$z_B = -0.01$，$r_0 = 0.03$，$r_S = 0.15$，$\alpha = 0.2$，$c_B = 0.01$，$\mu = 0.05$，$H = 0.9$。

（一）贷款利率比较

对两种契约下贷款利率进行对比分析，如图1所示。

从图1可以看出，当中小企业违约率偏高时，完全风险契约下的贷款利率明显低于固定费率契约。所以，根据前文假设，当中小企业违约率较高时，开展统一授信存货质押业务更能刺激中小企业的贷款需求，繁荣信贷市场。

（二）物流企业最优期望收益比较

对两种契约下物流企业最优期望收益进行对比分析，如图2所示。

从图2可以看出，物流企业在统一授信存货质押业务中获得的收益远高于在传统委托监管存货质押业务中所得的收益。在统一授信模式下，物流企业的收益会随违约率上升而呈先降后增趋势，这是由于当中小企业违约率很高时，物流企业会对质押物

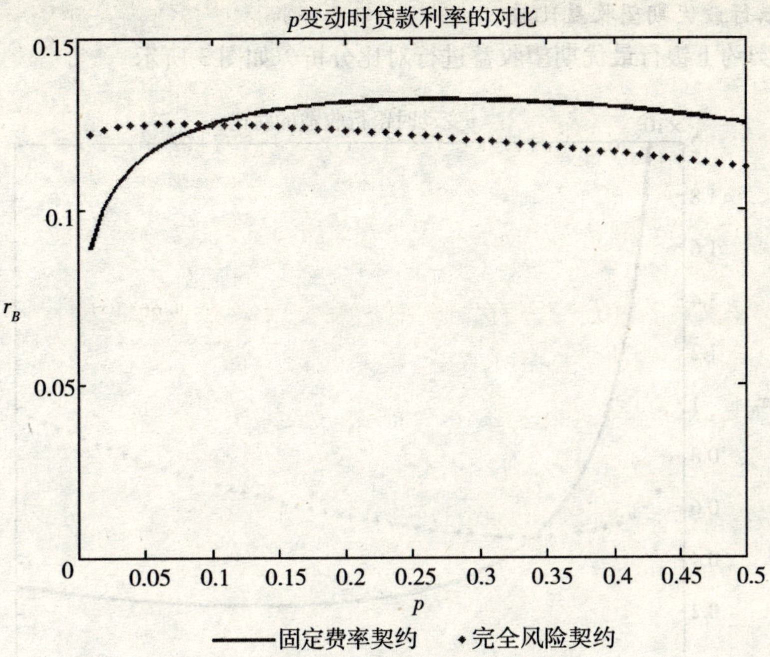

图1　贷款利率比较

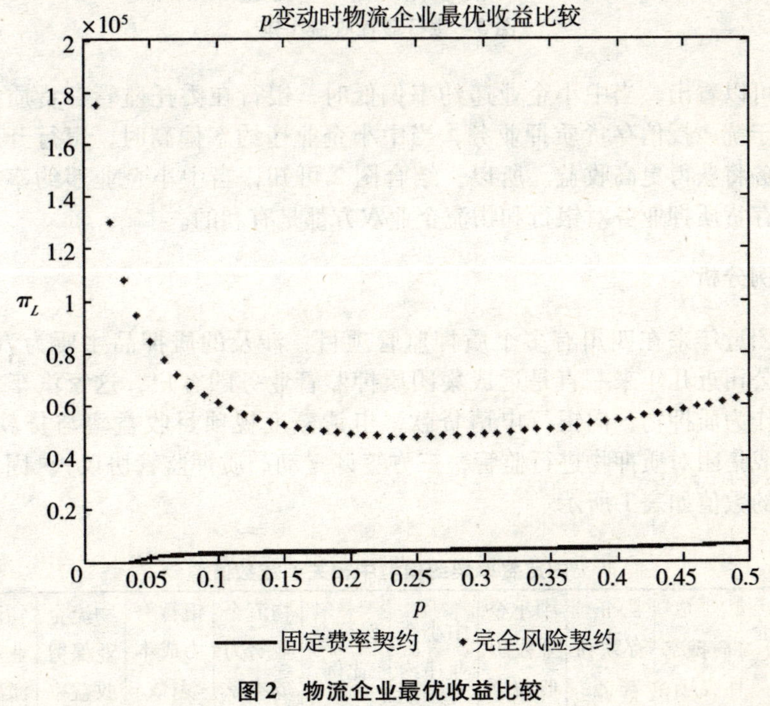

图2　物流企业最优收益比较

进行努力监管，控制信贷风险，此时，质押物的价值是大于未还贷款本息和的，此时，物流企业已经不担心中小企业的违约行为了。

（三）银行最优期望收益比较

对两种契约下银行最优期望收益进行对比分析，如图 3 所示。

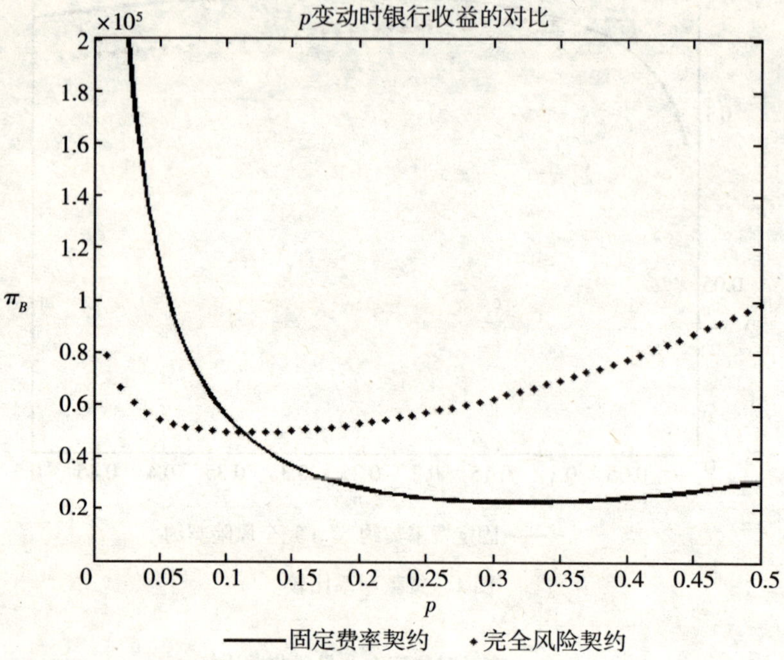

图 3 银行最优收益比较

从图 3 可以看出，当中小企业违约率偏低时，银行在委托监管存货质押业务中获得的收益高于统一授信存货质押业务，当中小企业违约率偏高时，银行开展统一授信存货质押业务将获得更高收益。所以，结合图 2 可知，当中小企业违约率较高时，开展统一授信存货质押业务对银行和物流企业双方都是有利的。

五、算例分析

远成集团近年来在四川有多个质押监管项目，涉及的质押品主要为汽车和钢材。四川某汽车公司近几年来一直是远成集团质押监管业务的客户，这家汽车公司以其存货——汽车作为质押物，向银行申请贷款，申请额度视项目收益率与贷款利率而定。银行委托远成集团对质押物进行监管，三方签订《动产质押监管协议》。固定费率契约中相关参数的数值如表 1 所示。

表 1 固定费率契约模型中相关参数数值

项目规模 g/亿元	物流企业监管能力 a	质押率 ω	存款利率 r_0	中小企业投资收益率 r_S	中小企业违约率 p	保证金比例 α	物流企业努力成本系数 z_L	银行努力成本系数 z_B	物流企业保留收益率 μ	物流企业声誉激励强度 H	银行交易成本系数 c_B
30.0	0.9	0.7	0.04	0.15	0.1	0.3	-0.02	-0.015	0.06	0.95	0.015

将表1中参数值代入固定费率契约模型，利用Matlab2010b软件求解，可得固定费率契约下的贷款利率、贷款额度、物流企业和银行最优收益，如表2所示。

表2　　固定费率契约的计算结果

贷款利率 $r_B{}^*$	贷款额度 L/万元	物流企业最优收益 $\pi_L{}^*$	银行最优收益 $\pi_B{}^*$
0.1318	5456.6	59620	893250

完全风险契约中相关参数的数值如表3所示。

表3　　完全风险契约中相关参数数值

项目规模 g/亿元	物流企业监管能力 a	质押率 ω	存款利率 r_0	中小企业投资收益率 r_S	中小企业违约率 p	保证金比例 α	物流企业努力成本系数 $z_L{}'$
30.0	0.9	0.7	0.04	0.15	0.1	0.3	-0.015

将表3中的数值代入完全风险契约模型，可得贷款利率、贷款额度、物流企业及银行的最优收益，如表4所示。

表4　　完全风险契约的计算结果

贷款利率 $r_B{}^*$	贷款额度 L/万元	物流企业最优收益 $\pi_L{}^*$	银行最优收益 $\pi_B{}^*$
0.1304	5867.7	2180500	1147600

对比表2和表4可以看出，当中小企业违约率为较高水平0.1时，开展统一授信存货质押业务比开展委托监管模式存货质押业务，贷款利率更低；中小企业的实际贷款需求额度更高；物流企业和银行的最优收益也均有提高。通过上述对比分析，验证了模型的合理性及结论的正确性。

六、结束语

设计合理的契约是保证存货质押业务顺利开展的前提，针对不同的融资对象，银行和物流企业应该签订最优的契约。本文对统一授信存货质押业务与传统委托监管存货质押业务进行了对比分析，结果显示：对于违约率低的中小企业，银行应设计固定费率契约，获得更高利润；对于违约率高的融资企业，银行应与物流企业合作，开展统一授信存货质押业务，这样不仅能够有效规避信贷风险，还由于贷款利率更低，从而激发了融资企业更大的贷款需求量，银行和物流企业都将从中获得更高的收益。

参考文献

［1］WILLIAM ROLAND HARTLEY - URQUNHART. Supply Chain Financing System and Method ［P］. US：6167385，2000. 12. 26.

［2］BUZACOTT，J A，ZHANG，R Q. Inventory Management with Asset - based Financing ［J］. Management Science，2004，50（9）：1274 - 1292.

［3］ERIK HOFMANN. Inventory Financing in Supply Chains ［J］. International Journal of Physical Distribution & Logistics Management，2009，39（9）：716 - 740.

［4］韦燕，孙朝苑，帅斌．存货质押业务中银行对第三方物流的激励契约设计［J］．物流技术，2010，12（24）：73 - 77.

［5］何娟，王建，蒋祥林．不完全信息下存货质押业务防合谋机制设计［J］．软科学，2012，26（8）：141 - 144.

［6］王文辉，冯耕中，苏潇．分散决策下存货质押融资业务的信贷合约设计［J］．复旦大学学报：自然科学版，2008，47（2）：266 - 272.

航运集群生态系统的内生机理、发展路径与政策选择*

——以大连航运服务业为例

汪旭晖　张其林

摘　要：航运集群作为城市产业集群的一种，已经引起了国内外学者的广泛关注。本文试图采用组织生态学理论分析航运集群的发展，据此提出航运集群生态系统的含义，从企业个体的集聚与分化、产业种群的竞争与合作、航运集群与外部环境的协同演化三个层面分析了航运集群生态系统的内生机理，将航运集群生态系统的发展路径归纳为形成、成长、成熟、进化四个阶段。即将步入成熟期的大连航运服务业的发展验证了这一理论，但其自身发展存在的问题还需要企业个体、产业种群、航运集群层面的政策安排予以规避以确保航运集群生态系统的良性发展。

关键词：航运集群　生态系统　内生机理　发展路径

一、引言

近年来，随着水路运输的需求越来越大，承担的功用越来越多，发展过程中面临的问题越来越复杂，单一的航运企业甚至单一的航运产业越来越难以满足日渐多样化的航运市场需求。因此，航运产业内部的企业为了提高工作效率，进行了内部分工与协作，而与航运相关的衍生服务业与外围产业，也渐渐向港口靠拢，与航运产业内部的企业开展密切合作，形成一个航运集群。航运集群能够充分发挥群聚效应，更好地满足顾客需求，极大地促进了港口经济的发展。随着国际贸易自由化、全球经济一体化的趋势日渐明朗，国家和地区间的贸易合作日益加强，航运集群的竞争优势也越来越突出，在很大程度上带动了区域经济的整体发展，成为国家或地区竞争优势的重要来源。自2003年国家赋予大连东北亚国际航运中心战略使命以来，大连以此为契机加快了推进航运服务业集群化发展的步伐。但是，大连航运服务业的发展存在诸多问题，

* 基金项目：辽宁省社会科学规划基金重点项目“加快发展辽宁现代航运服务业的对策建议——基于东北亚国际航运中心建设视角”（批准号：L11AJY004）；霍英东教育基金会高等院校青年教师基金项目（批准号：131078）；辽宁省百千万人才工程项目（2011921055）。

作者简介：汪旭晖，男，辽宁大连人，东北财经大学工商管理学院副院长，教授、博士生导师、管理学博士，中国物流学会常务理事、特约研究员，中国市场学会流通学术委员会副秘书长，全国高校贸易经济教学研究会常务理事；张其林，男，山东泰安人，东北财经大学工商管理学院硕士研究生。

发表情况：财经问题研究，2013（10）。

严重阻碍了航运集群的发展与完善。首先，航运集群的形成需要节点企业的集聚与产业体系的完善，目前大连航运服务业的发展与伦敦、新加坡等知名国际航运中心仍有较大差距，距离实现航运集群的目标还有很长的一段路要走；其次，航运集群内部的企业是建立在分工合作基础上的，同质企业之间的无序竞争，合作企业之间的协调不力，将严重削弱航运集群形成的根基，这在大连航运服务业发展过程中体现的较为明显。最后，航运集群的兴起还得益于所处的外部环境，一旦外部环境发生变化，航运集群势必受到影响。能否有效适应外部环境的变化，成为大连航运集群能否顺利发展的又一考验。以往的研究表明，产业集群的形成和发展与生态系统的演化存在诸多相似之处[1,2]。因此，本文利用组织生态学的相关理论，分析航运集群的生态学特性，探究航运集群生态系统的内生机理与发展路径，在此基础上分析大连航运服务业的发展，最终为大连航运服务业的良性发展、建立可持续竞争优势提供系统的政策建议。

二、航运集群生态系统的含义

航运集群生态系统在目前的文献中尚没有一个正式的阐述。根据以往学者对产业集群生态系统与航运产业集群的定义[3,4]，我们首先定义了航运集群生态系统的含义。航运集群是指依托某一港口，航运领域的企业与相关机构在空间上高度集聚，彼此之间结成紧密联系，形成区域范围内的分工协作体系，旨在达到降低成本、促进创新的目的，并且产生经济放大效应，从而使航运产业和港口保持竞争优势的现象。具有产业群落性质的航运集群与所处的外部环境相互影响、协同演化，形成具有一定结构、层次和功能的航运集群生态系统。需要特别指出的是，航运集群并不完全等同于航运产业的集聚，为航运服务或者依托航运的船舶制造、集装箱修理、集装箱制造以及钢铁、石化、电力等临港产业也包括在内[5]。

自然生态系统由从低到高的四个层次构成：个体（individual）、种群（population）、群落（community）、生态系统（ecosystem）。航运集群生态系统也可以分为以下四个层次，如表1所示。

表1　　航运集群生态系统的层次

自然生态系统		航运集群生态系统	
结构	定义	结构	定义
个体	某一特定的生物个体	企业个体	航运集群的组成个体，如企业、科研单位等
种群	在一定时间内占据一定空间的同种生物的所有个体	产业种群	依附某一港口，相同产业内的公司所组成的复合体
群落	同一地域内，具有直接或间接关系的多种生物种群的有规律组合	航运集群	依附某一港口，具有直接或间接关系的多种产业种群的有序组合
生态系统	生物群落与自然环境构成的统一整体	航运集群生态系统	航运集群与外部环境构成的统一整体

航运集群本身具有较强的生态学特性，航运集群生态系统与自然生态系统有着相似的特征：一是多样性。类似于自然生态系统物种的多样性，航运集群生态系统的多样性主要是指企业类型多种多样，不仅包含了船舶运输、港口服务、航运金融、航运保险、船舶检验等与航运直接相关的企业，船舶修造、航道整治、钢铁、石化等为航运服务以及依托航运的临港企业也包括在内，呈现出多样化的特征。二是协同演化。航运集群生态系统内部企业以船舶运输企业、港口服务企业为核心形成一种相互依赖、相互作用的机制，任何一家企业都必须随着外部环境与其他企业的变化而变化，同时，企业自身的变化也会对其他企业与外部环境施加影响，从而引发整个航运集群的变化。航运集群生态系统中的每一个企业都处于协同演化的群落之中，最终都要与整个航运集群生态系统共命运。三是开放性。航运集群生态系统并不是一个封闭的系统，一方面航运集群发展所需要的资金、人才、技术等资源难以通过自身的生态系统得到满足；另一方面，航运集群也需要向外界兜售自己的产品与服务以实现自身的价值。航运集群生态系统与外界保持着资源、信息、价值的交换。四是动态性。航运集群生态系统并不是一成不变的，一方面，企业个体与产业种群的数量并不是固定的，可以随时接纳新的企业或产业加入生态链，并淘汰生态链上的落后企业或产业，航运集群的结构是动态变化的；另一方面，航运集群所处的外部环境也处于动态变化过程中。航运集群与外部环境的协同演化持续进行，航运集群生态系统在动态变化中达到平衡。

三、航运集群生态系统的内生机理

航运集群不是简单的企业扎堆或集聚现象，而是企业个体之间以及产业种群之间，通过竞争、互补、协同等方式形成相互依赖、相互作用的机制，并与环境互动适应，以此保持生态系统的稳定性并进一步实现协同发展，从而获得和维持可持续竞争优势。航运集群的产生或是因为优越的资源禀赋、强劲的市场需求、适宜的制度环境，但是由最初的企业个体发展为完善的航运集群，并在与环境协同演化过程中不断实现生态系统的演进却是一个复杂的过程。与自然生态系统类似，航运集群生态系统的发展也遵循“个体—种群—集群—生态系统”的协同演化过程。

（一）航运集群生态系统内部企业个体的演进

企业个体的演进是航运集群形成的初始阶段，共包括两个方面：企业集聚与企业分化。企业的集聚与分化并不是偶然的，其中既有市场的力量，也需要政府的引导。

1. 企业集聚的驱动力量

（1）资源禀赋。资源禀赋对工业区位分布具有重要影响[6]。港口是航运集群生态系统存在的基本环境，也是航运集群形成的初始条件。区域范围内的资金、技术、人才等为航运集群的发展提供了资源保证，在航运集群发展过程中扮演着重要角色。资源禀赋在航运集群生态系统发展初期，特别是在促进相关企业集聚方面，发挥着重要作用。

（2）外部经济性。外部经济性将推动企业在同一区域集中[7]。航运基础设施耗资巨大，规模经济效应明显，且大多具备公共物品的属性，单个企业的投资动机较弱，共享基础设施的收益吸引了大量企业在特定港口集聚。航运企业的集聚也会促成专业化劳动力市场的形成，劳动力市场的规模效益明显。同时，空间上的集聚促使知识外溢速度不断加快，促成了先进技术与管理经验在行业内的普及，有利于提升相关机构的工作效率与竞争力。

（3）交易成本。空间接近可以使企业节约交易费用[8]，交易成本的降低也成为航运集群发展的动力。水路运输较陆路运输复杂很多，涉及的行业与机构繁杂，交易成本成为企业的重要支出。相关机构在空间上集聚有效减少了内部成员的搜寻成本与运输成本，而且数量众多的供给方与需求方在很大程度上弱化了区域市场的垄断性，大大降低了集群内部企业的谈判成本。

（4）市场需求。航运市场需求是企业集聚的原动力，航运市场需求具有多样性，需要船舶运输、港口服务、航运保险、航运经纪等相关企业密切配合共同为同一客户提供完整的服务，而且航运产业的发展可以沿着产业链条通过前后项关联效应和旁侧效应将其他临港产业连接在一起，从而将航运市场需求转化为对其他产品与服务的需求，成为吸引其他企业集聚的动力。

（5）政府扶植。政府为推动当地经济的发展，不仅为港口企业的发展提供税收、补贴等优惠措施，还积极投资航运基础设施的建设，这对于企业的集聚产生了重要的推动作用。

2. 企业分化的驱动力量

（1）市场饱和。同一港口对某一类商品与服务的需求是有限的，同质企业的数量不会无限制的增多。类似于自然生态系统中地域资源有限供给规定了合理种群密度，区域航运市场的有限需求也会为集群内部同质企业设定最优规模。同质企业数量达到或超过最优规模后，后进入者会选择未达到最优规模的产业领域，同质企业之间也会发生激烈竞争导致部分企业转型或者退出，从而实现规模最优，企业在集聚过程中不断分化。

（2）比较优势。不同企业所拥有的资源禀赋不同，在发展过程中形成的核心能力不一致，这就造成了航运集群内部比较优势的产生。比较优势的存在为航运集群内部分工与贸易创造了条件，各个企业选择自己擅长的领域从事相应的生产与服务，需要的产品与服务通过与其他企业交易获得，从而实现整体利益最大化。

（3）内部经济性。一般而言，航运领域的企业固定投资较大，专用资产带来的效率提升较为显著，规模报酬递增的优势突出，航运市场的集中度较高。在单一航运市场需求极为有限的情况下，航运集群内部的企业如想获得发展，必须找准自己的比较优势，与其他企业错位发展，实现生态位的分离。

（4）政府引导。政府为了促进航运集群的健康发展，能够通过审批制度对超出最优规模的产业采取进入限制，同时对未达到最优规模的产业给予政策倾斜，以产业规制手段促进企业的分化以保证产业的最优规模。

3. 企业集聚与分化的协同作用

航运集聚区所具备的资源禀赋、航运市场需求的多样性以及航运集群所具备的外部经济性、较低的交易成本甚至地方政府的扶植政策等都会促进与航运相关的企业在特定港口集聚，这是航运集群产生与发展的基础条件。但有限的区域航运市场需求、不同企业所具备的比较优势、内部经济性以及地方政府的政策性引导也会促进企业不断分化，从而保障航运集群生态系统内部“物种”的多样性。企业集聚与分化并不是孤立的，企业分化存在于企业集聚过程中，企业集聚将沿着分化的路径继续进行。企业的集聚为共享收益、共担分险的同质企业创造了规模基础，企业分化则促使不同企业的数量与经营业务边界稳定下来，二者之间的协同作用促成了航运集群生态系统内部产业种群的产生。

（二）航运集群生态系统内部产业种群的演进

航运集群生态系统内部企业个体演进催生了种类繁多的产业种群，但此时的产业种群集合还不是真正意义上的航运集群，因为其尚不具备协同、有序、高效、稳定的特征和对区域经济的强关联、强辐射、强带动功能，如表 2 所示。因此，航运集群的发展还需要经过生态系统内部产业种群演进阶段。

表 2　　航运集群生态系统内部产业种群分类

产业种群		产业领域
核心层	船舶运输种群	船舶拥有、经营、无船承运
	港口服务种群	货运服务、客运服务
辅助层	航运辅助种群	航运经纪、船舶管理、船舶修理、船舶代理、货运代理、航运保险、航运金融、航运信息服务、海事仲裁、航运公证、航运人才培训、船舶供应、船舶防污、船员劳务、航行服务、船舶事故处理
支持层	外围产业种群	船舶修造、航道整治、基础设施建设、临港产业等
	功能性服务种群	航运社团、行业协会

航运集群生态系统内部产业种群并不是孤立存在的，而是以顾客为核心形成一种网状联系。作为航运集群的核心层，船舶运输种群与港口服务种群密切合作共同为航运客户提供基本的运输服务。由于水路运输的风险较大，手续烦琐，容易引起纠纷，航运保险、船舶代理、货运代理、航运信息服务、海事仲裁、航运公证等相关机构应运而生。并且考虑到航运企业固定投资较高，回收周期较长，承担的资金压力较大，金融机构也如火如荼地开展航运金融业务。为了保证水路运输服务的质量，航运人才培训、船舶供应、船舶防污、船员劳务、航行服务、船舶事故处理等相关机构必不可少。可见，航运辅助种群在水路运输服务提供过程中的作用不容小觑。外围产业种群虽然并不直接服务于航运顾客，但是船舶修造、航道整治、基础设施建设等的支撑作用却不可或缺。同时，航运集群的健康发展还离不开功能性服务种群的规范作用。各产业种群之间既存在基于价值链的纵向互补关系，也存在基于更优顾客价值创造的横向合作关系，各产业种群之间相互合作，相辅相成，通过价值、信息的流动，构成一种互利共生的关系，如图 1 所示。

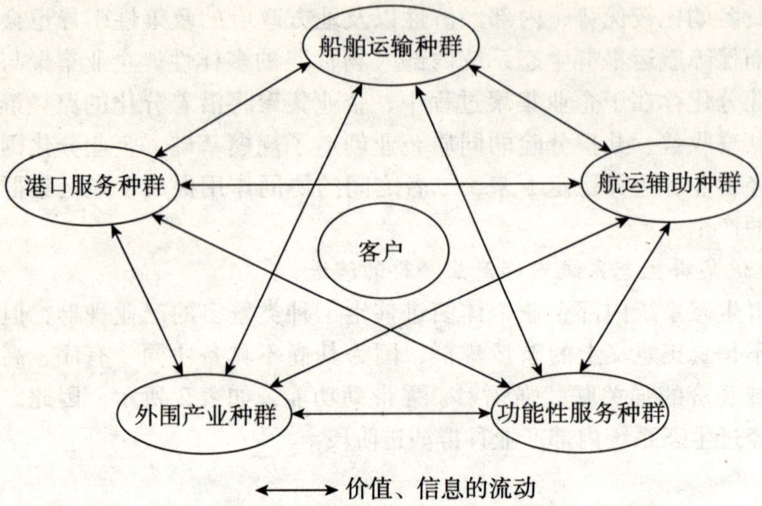

图 1　航运集群生态系统内部产业种群间的互利共生模型

正因为航运集群生态系统内部产业种群间存在高强度的互利共生关系，因而各种群发展过程中存在强劲的里昂惕夫乘数效应。当某一产业种群特别是核心层的船舶运输种群与港口服务种群因内部技术的更新，外部知识的共享，内部经济性与外部经济性的实现，或者政府的强力扶植等原因获得跨越式发展时，其释放的巨大需求将沿着图 2 所示的路径转化为推进其他产业种群发展的强大动力，从而实现每个种群乃至整个集群的规模扩张。

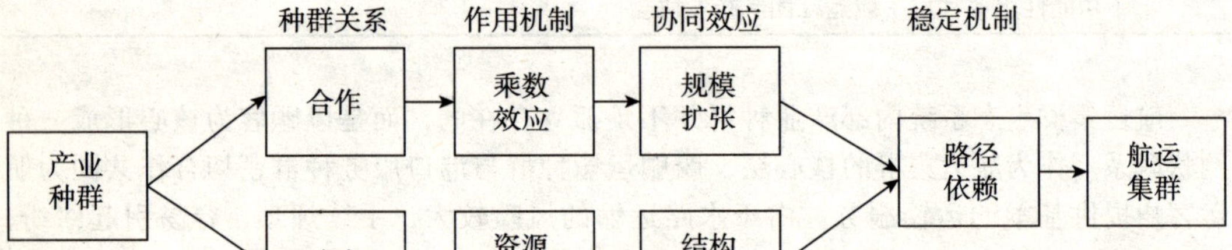

图 2　航运集群生态系统内部产业种群的演进

除了互利共生关系之外，航运集群生态系统内部各产业种群之间也存在竞争关系，产业种群之间的竞争主要体现在对有限公共资源的争夺。在以港口为核心的航运集群区域内，各产业种群所需要的公共资源极为有限，特别是那些无法跨区域流动的稀缺资源，典型的如土地资源、政府资源等。由于公共资源的有限性，并不是每一个产业种群都能实现自身的最优密度，获得资源的多少取决于各种群的竞争能力。在航运集群形成初期，航运市场供不应求，船舶运输种群、港口服务种群以其强大的竞争力成为集群内部的主导种群。但随着航运集群的不断发展，航运市场供不应求的局面渐渐发生逆转，核心层种群的规模报酬递增效应锐减，航运辅助种群因满足了该阶段顾客对于提升服务质量、降低风险的需求，获得了更强的竞争能力，成为航运集群内部的主导种群。并且随着航运集群的进一步发展，航运辅助种群内部也不断实现产业升级，由最初的船舶代理、船舶供应等低端航运服务业不断向航运金融、航运保险、海洋知识研发等高端航运服务业转移。因此，产业种群间的竞争通过影响资源分配引发了航运集群生态系统内部的种群结构调整。

通过协同合作，航运集群生态系统内部各产业种群之间建立稳定的联系，形成统一的整体，各产业种群为了实现共同的目标协同、高效运作，保证航运集群的有序发展。通过产业种群之间的充分竞争，航运集群则形成相对稳定的群落结构。并且，在产业种群演进过程中存在着较为显著的路径依赖现象。产业种群之间通过长期的合作已经拥有了稳定的合作伙伴，固定的合作方式，满意的合作收益，后期变更的成本将会很大。产业种群经过长期的竞争已经形成相对稳定的结构，并且产业种群发展过程中存在的“马太效应”会让航运集群内部结构沿着原有的路径继续下去。航运集群生态系统内部产业种群的规模扩张与结构调整通过路径依赖效应进一步稳定下来。因此，航运集群生态系统内部各产业种群在非线性相互作用下，通过不断地竞争与合作，使整个群落进入一个更加高效有序的自组织状态，最终成为真正意义上的航运集群。

（三）航运集群与外部环境的协同演化

航运集群的发展不但受到内部企业个体之间、产业种群之间相互关系的影响，外部环境也会对航运集群的发展产生重要的作用，航运集群与外部环境的相互影响、相互作用，共同构成了航运集群生态系统。

1. 外部环境的影响

（1）地理环境。地理环境是影响航运集群发展的首要环境因素。地理区位对于航运集群的形成具有决定性作用，腹地范围内的航运市场需求影响着航运集群的发达程度，区域经济发展水平的波动直接反映在航运集群的绩效。同时，区域范围内资源分布以及交通、通信和网络等公共基础设施的完善与否也会对航运集群的发展产生重要的影响。

（2）政治环境。政府在航运集群发展过程中扮演着重要角色，政府健全航运基础设施可以有效吸引相关企业的集聚，政府可以通过审批或者税收优惠政策等产业规制手段直接影响航运集群的发展方向，也可以通过影响集群区域内相关产业的发展从而实现对航运集群的调整，而政策的持续性和稳定性将直接影响航运集群的形成与发展。

（3）技术环境。不同于其他服务业，航运服务业对于员工的职业素养要求较高，高素质人才成为发展航运集群的重要制约因素，在伦敦和新加坡等国际知名航运中心的形成过程中，航运培训和教育机构的支撑作用功不可没。航运集群对于技术的依赖性还体现在海洋知识研发以及信息技术应用。海洋知识研发能够为航运集群的发展提供新的推动力量，信息技术的应用则能够有效提升航运集群的整体运作效率。区域技术环境将在很大程度上影响到航运集群的竞争力。

（4）文化环境。社会文化环境具有明显的地域性和历史延续性，航运集群根植于区域范围内的社会文化环境之中，必然受到社会文化因素的影响。伦敦在长期历史发展过程中积淀了浓厚的重商主义思想，一旦时机成熟，企业能够自发的集聚与分化，按照市场规则形成航运集群，基本上是一个自组织化的过程；但是由于长期饱受重农抑商思想的束缚，我国在发展航运集群过程中尚离不开政府的政策引导。

2. 航运集群与外部环境的协同演化

（1）航运集群对于外部环境具备一定的“免疫”力。航运集群内部已经形成稳定的结构，具备非常强的自我维持能力，并且航运集群存在的路径依赖效应也已经形成有效隔离机制，外部环境的影响短期内并不会改变航运集群的发展方向。航运集群的“免疫”力是一把双刃剑，当环境处于不利状态如经济环境恶化导致航运市场需求锐减，各大船舶运输企业能够主动协商实现共同减少航班、弱化价格竞争的目的，航运金融企业能够积极为其他企业提供融资保障，集群企业自发采取的“抱团取暖”行为有效分担了外部环境中的风险；当环境处于有利状态如船舶技术的更新，船舶制造企业如果采用新的造船技术，则船舶运输企业与港口服务企业不得不重新培训自己的员工，船舶检验机构也不得不对自己的数据库进行更新，航运保险也会对新技术引发的风险进行评估等，过高的转换成本导致新技术被束之高阁，阻碍了集群的创新。

（2）航运集群能够与外部环境协同演化。航运集群一旦形成，就具备了较强的极化效应，能够吸引周边地区的生产要素和经济活动不断向集群区域集中，从而有效改善自身所处的外部环境，而外部环境的改善又会进一步促进航运集群的发展。典型的如航运集群与顾客群的双群聚集效应，航运领域企业的集聚节省了航运顾客的交易成本，从而吸引航运顾客的集聚，而航运顾客的集聚则改善了区域范围内经济环境，航运市场需求的增加又进一步促进了航运领域企业的集聚。同理，航运集群所产生的不利因素也会通过外部环境最终影响到自身的发展。

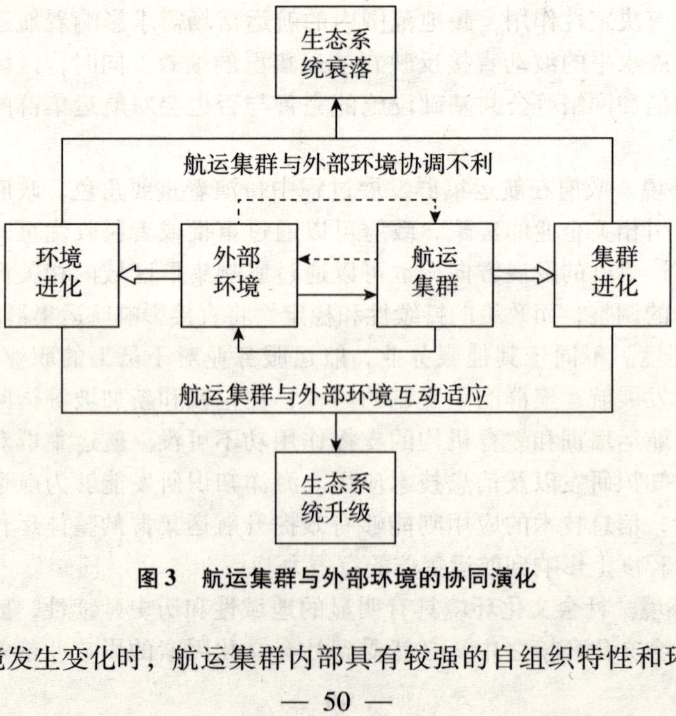

图3 航运集群与外部环境的协同演化

当外部环境发生变化时，航运集群内部具有较强的自组织特性和环境适应性的企业个体会发生变革，进而引起产业种群的进化，带来航运集群整体的演化升级，并进一步促成外部环境的协同演化。世界制造业中心的转移导致伦敦的航运市场需求急剧萎缩，企业利润大大下降，航运集群内部企业个体纷纷转向高附加值、高知识特性、服务范围更广的高端航运服务领域，航运辅助种群竞争力增强从而获得更多的资源，伦敦借此成功实现了由国际航运中心向国际航运服务中心的转型。同时，航运集群的升级也促使伦敦实现了产业结构调整，为伦敦经济增长寻找到新的引擎，实现了区域经济环境的改善。但是，如果航运集群不能适应环境的变化，则会出现企业衰退或死亡，产业种群规模减小，引发航运集群整体衰退或者迁移。并不是所有的港口都像伦敦那么幸运，威尼斯、里斯本由于腹地贸易的衰落导致航运集群凋零，进而造成区域环境的进一步恶化。

四、航运集群生态系统的发展路径

航运集群生态系统也要经历形成、成长、成熟及衰退的逐步演化过程。考虑到航运集群生态系统的特点，我们在传统生命周期理论的基础上，重新定义了航运集群生态系统的演化路径，将其划分为形成、成长、成熟、进化4个阶段，如图4所示。

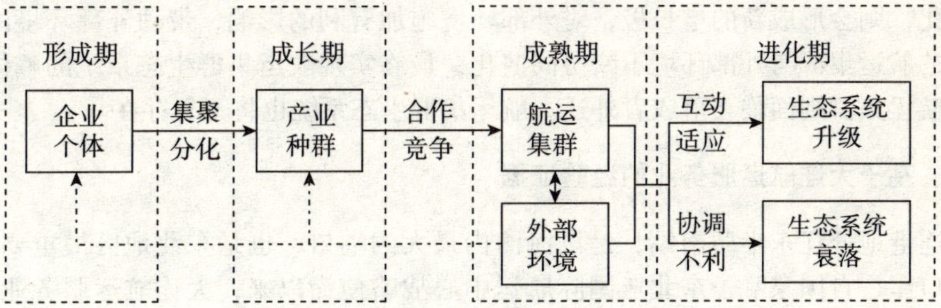

图4　航运集群生态系统的发展路径

（一）形成期

在政府推动以及市场机制的双重作用下，船舶运输企业与港口服务企业率先在资源禀赋优越的港口集聚。在共生机制的作用下，船舶代理、船舶修理、船舶管理等航运辅助企业也开始进驻，与港航企业共同为顾客提供服务。形成期的航运集群生存能力较弱，企业的数量和类型较少，以船舶运输企业与港口服务企业为主，提供的产品与服务极为有限，仅能满足顾客基本的水路运输需求。企业的集聚具有较大的盲目性，企业分化程度不高，企业间的同质竞争较多，产业链上的分工、合作程度低。这一时期航运集群首要解决的是生存问题，集聚效益尚不明显，外部环境的影响主要体现在环境中的有利因素促进企业个体的集聚。

（二）成长期

随着企业的集聚与合作关系的建立，航运集群的集聚效益逐渐显现。港航企业与航运辅助企业数量迅速增长，规模快速扩大，但是由于竞争的加剧，航运集群内部的企业成员以及即将加入集群的企业开始在产业链的中心环节和辅助环节寻找各自的生态位，船舶运输企业与港口服务企业进一步细分与合作，航运辅助企业的种类开始不断完善，外围产业也开始兴起，企业分化效果明显。成长期的航运集群已经具备一定的生存能力，企业集聚与分化促使产业种群的形成，外部环境主要影响不同产业种群的竞争能力。这一时期航运集群主要解决产业种群间的协调问题，充分发挥产业种群的协同作用，避免产业种群间的无序竞争造成航运集群的整体运作效率低下。

（三）成熟期

航运市场渐趋饱和，企业集聚和分化的进程放缓，产业种群之间的横向和纵向协作关系不断得到优化，各产业种群在合作产生的乘数效应以及竞争引发的资源分配的双重作用下形成了以顾客为核心的网络型群落结构。成熟期的航运集群具备较强的集聚效应，竞争优势明显，不仅能够适应外部环境的变化，而且能够改善外部环境为自身的发展创造更有利的条件，航运集群的发展已经进入一种高度的自组织状态。航运集群与外部环境的协同演化共同构成了协同、高效、稳定的航运集群生态系统。

（四）进化期

当政策变更、资源枯竭、经济转型、技术更新、航运集群结构调整等内外部环境要素发生剧烈变动时，航运集群开始进入进化阶段。航运集群的进化伴随着企业个体的进入、转型与退出以及产业种群的兴起与衰落。如果进化后的航运集群能够适应环境的变化，则会形成新的增长极，对外部环境施加有利的影响，带动外部环境的进化。进化后的航运集群与外部环境不断协同演化，最终实现航运集群生态系统的整体进化。反之，航运集群则面临衰落或者外迁，航运集群生态系统也将不复存在。

五、基于大连航运服务业的经验证据

大连港地处辽东半岛南端，是渤海湾内最大的港口，也是东北地区最重要的综合性外贸口岸。自国家赋予东北亚国际航运中心战略使命以来，大连航运服务业获得了长足发展。目前，大连港共有生产性泊位198个，其中万吨级以上泊位78个，专业化泊位78个，集装箱航线92条，集装箱通过能力达到800万标准箱。2011年大连港实现货物吞吐量33800万吨，位居全球港口排名的第八位。随着大连国际航运中心建设的全面提速，以船舶运输、港口服务为代表的航运服务企业发展迅猛，全球前20位的航运企业中已有15家入驻大连，同本地航运企业一道，编织起大连至美西、中东、欧洲等全球主要港口城市的航线网络；以临港石化、造船、装备制造业为主的长兴岛临港工业区初具雏形，成功吸引韩国STX、新加坡万邦等世界知名船舶制造公司的进驻；以大窑湾港区、鲇鱼湾港区、北良港区、散矿中转港区为主的集装箱、石油及液体化工、铁矿石、散粮、商品汽车等五大专业化中转运输基地的建设如火如荼；以大窑湾港区、大港港区为主的现代综合物流、国际海上旅游、国际航运商务三大服务中心也在建设过程中。与此同时，大连还积极发展高端航运服务业，挪威船级社、德国船级社、易氏船级社落户大连，工行、建行、民生银行纷纷开展航运金融业务，中国平安、中国人寿、中国人保的航运保险业务逐渐完善，大连航运服务业的发展已经开始向更高层次迈进。此外，大连还是中国重要的工业基地，工业门类齐全，综合配套能力强，已形成机械、电子、石油化工等行业为主的临港工业体系。由此可见，大连初步形成了布局合理、层次分明、分工明确的现代化航运集群，成为经济增长和竞争优势的重要来源。

（一）大连发展航运集群的有利因素

1. 地理环境

大连毗邻黄海和渤海，与日本、韩国、朝鲜隔海相望，面向经济活跃的泛太平洋区域，与俄罗斯、蒙古国陆路相连，是欧亚地区通往太平洋的重要“大陆桥”之一，地理区位优势明显。辽、吉、黑三省及内蒙古铁矿、煤矿、木材等自然资源丰富，传统老工业基地具有无可比拟的基础设施优势。优越的地理环境有利于航运领域企业及相关机构的集聚。

2. 经济环境

大连是东北亚经济圈和环渤海经济圈的交汇点，同时也是东北老工业基地的重要组成部分。作为我国第一批沿海对外开放城市，大连承接和吸纳了大量的日、韩等东亚工业化国家的制造业，已经具备了坚实的经济基础。同时，大连的进出口贸易发展迅猛，2011 年全年进出口总额高达 600.09 亿美元，并持续保持高速增长态势。区域经济优势为大连航运集群的发展创造了良好的市场需求与支持保障。

3. 科技环境

作为我国海洋知识研发、教学及国际学术交流基地，大连拥有 100 多个高水平的专业研究院所，在海洋工程、船舶建造、海洋运输、海洋环境保护等方面的技术实力雄厚。并且，大连在海事方面的科技教育与职业培训体系也渐趋完善，众多的教育培训机构为航运领域输送了大量专业化人才。

4. 政策环境

在振兴东北老工业基地及地方配套政策中，航运服务业作为战略支撑产业享受财税、金融、科技等优惠政策，极大地吸引了航运领域企业的集聚。2003 年国家赋予大连东北亚国际航运中心建设的使命，2011 年大连被国家定位为振兴东北老工业基地的龙头及辽宁沿海经济带开发、开放的核心城市，同时，大连各级政府确立了港航立市的战略，积极全面提升城市功能，做大做强城市产业，不断增强辐射力，继续扩大影响力，致力于将大连打造成为东北地区发展龙头，这为大连航运集群的发展提供了可靠的政策保障。

（二）大连航运集群发展历程

1. 形成期（2003 年以前）

大连港始建于 1899 年，距今已有百余年的历史。凭借优越的地理位置，丰富的腹地资源，政府的扶植政策，长期积累的宝贵经验与技术优势，大连成功吸引大量航运相关机构的集聚。但在 2003 年之前，大连航运集群的发展速度比较缓慢，仍停留在较低层次上，从港口货物吞吐量与临港产业的产值可见一斑。由于船舶运输企业与港口服务企业数量较少，大连港的港口货物吞吐量长期在 1 亿吨以下徘徊。船舶代理、船舶管理、船舶检验等航运辅助企业更是屈指可数。船舶制造业、石化产业等对航运服务业发展依存度高的临港产业产值较低。并且航运集群的发展呈现明显的要素驱动特征，企业集聚主要缘于大连所具备的优良的资源禀赋，市场的力量占据主导地位，计划的力量相对较弱。

2. 成长期（2003—2010 年）

加入 WTO 之后，我国的对外贸易迅速增长，大连作为东北地区对外输出的黄金口岸，成为诸多航运企业的必争之地。国家赋予大连东北亚国际航运中心战略使命以来，政府出台各项措施鼓励航运相关机构的集聚，计划的力量渐渐增强，投资驱动的特征较为显著。大连港的航运企业与港口服务企业数量迅速增长，规模迅速扩大，货物吞吐量平均年增长率高达 13.8%。截至 2010 年年底，大连国内水路运输服务企业和国际海运辅助企业共计 682 家，其中国际海运辅助企业 272 家，比“十五”期末增加 135 家，增长率高达 99%。船舶制造业、石化产业、现代装备制造业、电子信息工业等临港产业成倍增长。

3. 成熟期（2011 年至今）

经过八年的高速增长，航运市场已经渐趋饱和，港口货物吞吐量与临港产业的发展普遍放缓，航运集群内部各产业种群的发展开始进入调整阶段。政府也改变过去重点发展船舶运输企业、港口服务企业的战略，开始重视航运辅助业特别是高端航运服务业的发展，如 2011 年推出的船舶交易市场、船舶物资交易市场有限公司、航运人才市场有限公司、航运金融研究院、人力资源研究院、航运信息研究院等。并且创新在推动航运服务业发展方面的贡献开始凸显，航运集群的发展正式进入创新驱动阶段。

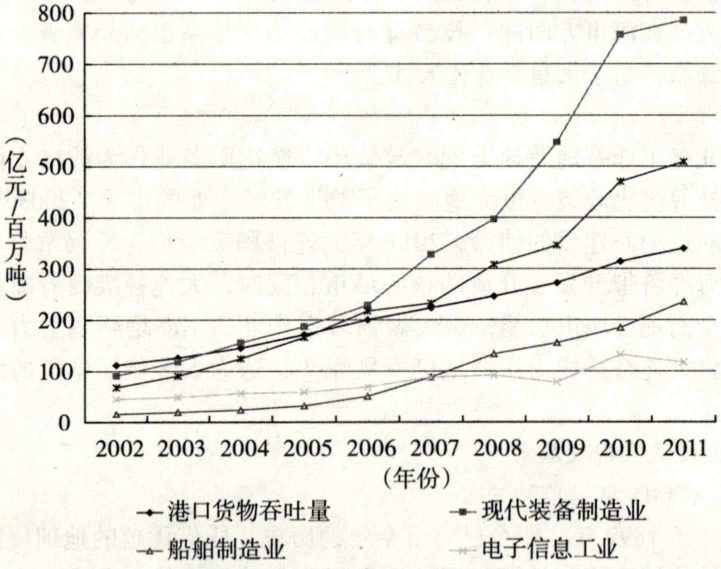

图 5　大连航运集群内部相关产业发展概况

资料来源：2003—2012 年《大连市统计年鉴》。

（三）大连航运集群发展现状及存在问题

经过多年的发展，大连航运集群生态系统的发展已经开始步入成熟期。船舶运输种群、港口服务种群的发展相对完善，临港产业种群也已经初具规模，尽管航运辅助种群与功能性服务种群尚未形成，但已经具备了良好的基础与发展环境，具体如下：

1. 船舶运输种群

作为历史悠久的港口与最早的沿海开放城市，大连的船舶运输业务发展势头良好，船舶运输企业数量众多，门类齐全，航线资源丰富，已经成为国内进出口贸易的重要门户。大连港发展航运业的巨大优势成功吸引了众多国内外知名航运企业的进驻，如表3所示。

表3　　大连港主要的船舶运输企业

国外船公司	太平船务有限公司、马士基航运有限公司、法国达飞轮船有限公司、美国总统轮船有限公司、日本邮船有限公司、长锦商船株式会社、以星轮船有限公司、东方海外货柜航运有限公司、北欧亚海运有限公司、川崎汽船有限公司、印度国航、高丽海运株式会社
国内船公司	中国远洋运输集团、中国对外贸易运输集团、山东海丰国际航运集团有限公司、青岛海运总公司、中国海运集团、烟台国际海运公司、大连三峰船务有限公司

2. 港口服务种群

与船舶运输种群配套的港口服务种群的发展也相对完善，大窑湾港区、鲇鱼湾港区、北良港区已经聚集了大量的港口服务企业，形成良好的港口服务体系，对于船舶运输种群提供了良好的支撑。并且大连仍不断推进港区建设，鼓励更多、更先进的港口服务企业进驻大连，与原有企业一起，提供更加全面完善的港口服务，并继续扩张其服务领域，从而提升港口服务种群整体的竞争优势。目前，大连港主要的港口服务企业包括：大连港客运总公司、大连港杂货码头公司、大连港油品码头公司、大连港散粮码头公司、大连港矿石码头公司、大连港集装箱股份有限公司、大连港轮驳公司、大连港外轮理货公司、大连港铁路公司、大连港机械公司、大连港电力公司、大连港物资供销公司、大连港通信工程有限公司、大连港劳务管理中心等。

3. 航运辅助种群

由于起步较晚，并且限于伦敦、新加坡在高端航运服务领域的全球霸主地位以及上海航运中心的强有力竞争，大连航运辅助种群的发展受到很大的制约。大连航运辅助种群的发展主要存在以下问题：产业体系不完善，以航运交易所、航运经纪、航运金融、知识研发与教育培训为代表的高端航运服务业发展严重滞后；集群内部的航运服务企业大都规模较小，知名度不高，服务范围与服务能力极为有限，航运辅助种群对于航运服务的支持力度远远不够，如表4所示。

表4　　大连航运辅助产业种群中的主要公司

船代公司	中国外轮代理有限公司、大连联合国际船舶代理有限公司、中国大连外轮代理有限公司、辽宁三峰国际船舶代理有限公司、大连海丰国际船舶代理有限公司、辽宁中外运船务代理有限公司、大连海星国际船舶代理有限公司、大连天海国际船务代理有限公司、上海华港国际船代、大连安达国际船舶代理有限公司

续 表

货代公司	民生国际货物运输代理有限公司、大连鼎立德国际货运代理有限公司、大连广信国际货运代理有限公司、大连新元国际货运代理有限公司、全华士盟国际货运代理有限公司、大连锐航国际货运代理有限公司、大连力天国际货代有限公司、大连辰昊货代公司
船级社	挪威船级社、中国船级社大连分社、中国船级社大连海安公司、易氏船级社大连分社、德国劳氏船级社、日本船级社有限公司大连分公司、法国BV船级社
航运金融	大连银行、中国民生银行、中国工商银行、中国建设银行、平安银行、中国农业银行、大连港集团财务有限公司
航运保险	中国人寿、中国平安、中国人保
船舶交易市场	大连船舶交易市场、船舶物资交易、航运人才市场
教育培训	大连海事大学、大连航运职业教育学院、大连海运学校、大连远洋公司职工学校、大连海运（集团）公司培训中心、大连水面舰艇学院培训中心、营口市航海学会、大连北方海事科技咨询服务中心、航运金融研究院、大连港教育培训中心

4. 外围产业种群

作为东北老工业基地的窗口和重要组成部分，大连一直是我国重要的工业基地，以船舶、机械、电子、石化等行业为主的临港产业体系已经初具规模，工业总产值在东北各主要城市中遥居榜首，许多工业企业成为国内同行业的骨干企业。以船舶产业为例，大连船舶工业历史悠久，素有“中国船舶工业的半壁江山”的美誉，被海内外誉为中国造船业的“旗舰”。大连新船重工是我国最大的造船企业之一，也是国内造船企业中唯一进入国际造船企业前30强的企业，被誉为中国“修船航母”的中远船务工程集团总部也将落户大连，同时，政府为发展船舶产业规划建设的长兴岛临港工业区和大孤山船舶配套工业园也成功吸引几十家业内龙头企业的进驻。目前，大连已经形成以长兴岛工业园和大孤山配套工业园为据点，以大连造船厂、大连新船重工两大船厂和大连船用柴油机厂、大连船用推进器厂、大连船用阀门厂三大配套骨干企业为支柱，大量船舶配套厂、修船厂、船舶物流配送中心相依托的船舶产业集群。

临港产业的繁荣促进了航运服务业的发展，航运服务业的发展反过来又促进了临港产业的集聚与成长。现下，大连正积极筹备临港工业园区的建设，并积极致力于临港产业与航运产业的协同、互动发展。目前，大连临港工业园主要包括粮食国际物流园区、油品国际物流园区、钢铁国际物流园区、集装箱国际物流园区、汽车国际物流园区、出口加工区、修造船临港产业园区、高新技术临港工业园、临港装备制造业国际物流园区、临港水产品加工园区等。

5. 功能性服务种群

随着大连东北亚国际航运中心建设的提速以及辽宁沿海经济带升级为国家战略，大连航运集群内部的企业个体日益增多，同质竞争日渐激烈，企业之间为了维护市场秩序，保证行业的持续稳定发展，纷纷成立行业协会等自治组织以规范协会成员的行为。目前，大连已经形成了包括大连航运协会、大连口岸行业协会、大连船舶工业行业协会、大连船舶修造行业协会、大连港口服务行业协会、大连物流协会、大连货运代理协会、大连集装箱场站协会、大连船东协会在内的功能性服务种群，并且行业协会数量仍不断增加，协会内部成员的数目逐渐增多，影响力逐渐增大。

饶是如此，大连航运集群的发展与中国香港、荷兰和伦敦等成熟的航运集群相比仍有很大的差距，并且存在潜在的风险，严重制约着航运集群的发展。目前，大连航运集群发展过程中存在的问题主要包括以下几个方面：一是航运服务功能较弱。大连的航运辅助种群规模较小，难以提供完善的服务；船舶运输种群与港口服务种群内部企业数量虽多，但是大都规模较小，航线资源匮乏，服务不规范并且服务的标准较低。二是各产业种群之间尚未形成良好的“竞争—合作”关系网络，各产业种群之间相互支持、相互推动的力度较低，航运集群的群聚效应不显著。三是仍以船舶运输种群和港口服务种群为主，航运集群内部的产业大都处于产业链低端，高端航运服务业发展较为滞后。四是航运集群的抗风险能力较弱，自身的发展容易受到外部环境的干扰。

六、大连发展航运服务业的政策建议

（一）进一步推动企业的集聚与分化，鼓励企业做大做强

一方面，政府应该不断完善港口基础设施建设，积极推进保税区的发展，一如既往地为集群企业提供税收优惠、融资保障，为从业人员提供住房优惠、免费技能培训等，为企业的集聚创造良好的外部环境，鼓励发展大连本地的航运服务企业，努力争取伦敦、新加坡等地的国际知名航运服务企业将总部迁至大连或设立分支机构；另一方面，政府应该积极引导企业分化，降低船舶运输企业同质竞争的压力，鼓励发展船舶管理、航运金融、航运保险等产业短板，以达到完善产业链的目的。同时，政府还应积极鼓励集群企业做大做强，不断提升企业个体的竞争力，塑造国际知名品牌，以此打造航运集群的竞争优势。

（二）采取种群协调政策，充分发挥集聚效应

首先，引导各产业种群之间建立良好的协作关系，推动航运集群内部的信息交换，尽可能实现交易成本的节约，保障外部经济性的实现，同时有效发挥船舶运输种群与港口服务种群的推动作用，实现航运集群的整体发展；其次，有效规制产业种群之间的无序竞争，保障各产业种群均能获得维持发展所必需的资源，高度重视航运辅助等发展潜力巨大的种群，避免船舶运输种群与港口服务种群占用过多资源造成浪费，为航运集群的未来发展打下坚实的基础；最后，不断推动集群区域行业组织、行业协会的建立与发展，通过自治组织促进产业种群之间的合作，化解发展过程中出现的矛盾，避免政府过度干预导致市场活力下降的风险。

（三）引导航运集群结构调整，鼓励发展高端航运服务业

提供优惠措施促进航运辅助种群、临港产业种群的发展，完善航运集群内部的产业体系，引导航运集群由初级的以船舶运输种群为主向高级的航运辅助种群为主演化；在大窑湾保税区及大连湾等航运服务业比较集中的地区开展促进航运金融、航运保险等高端航运服务业发展的政策试点，为高端航运服务企业提供税收、融资、人才等方

面的支持，吸引高端航运服务企业的集聚；依托长兴岛临港工业区和大孤山船舶配套工业园在航运技术方面积累的优势，加大在海洋知识研发方面的投入，鼓励临港产业种群内部企业不断向微笑曲线两端延伸，提高知识在航运集群发展过程中的支持作用，同时，切实保障企业的知识产权，设立企业自主创新激励机制，鼓励航运集群向高附加值、高知识特性的创新网络转变。

（四）增强航运集群的抗风险能力，引导航运集群不断进化

发挥航运集群的极化效应，积极吸引资金、人才、技术等资源的流入，不断对外部环境做出改善；保持航运集群生态系统的开放性，使各种资源要素能够合理流动和优化组合，着力培育竞争性的市场结构；鼓励具有创新能力的企业组织的出现，增强集群的持续创新能力，培育根植于本地的区域创新系统和生产网络，最大限度避免路径依赖产生的负效应，提高航运集群对于外部环境的动态适应性，实现航运集群与外部环境的协同演化。

参考文献

［1］MOORE，J F. The Death of Competition：Leader and Strategy in the Age of Business Ecosystems［M］. New York：Harper Business Press，1996.

［2］王兆峰．旅游产业集群的生态化研究［J］．管理世界，2009（9）：170－171.

［3］赵进，刘延平．产业集群生态系统协同演化的环分析［J］．科学管理研究，2010（2）：70－72.

［4］陈宇菲，丁静，刘志峰．产业集群生态系统的结构、演化及运作机制研究［J］．科技管理研究，2009（10）：396－399.

［5］熊晓亮．试论航运产业集群与武汉航运中心的建设［J］．中国集体经济，2011（10）：146－147.

［6］MARSHALL A. Principles of Economics［M］. Macmillan，1961.

［7］MASKELL P. Towards a Knowledge－based Theory of the Geographical Cluster［J］. Industrial and Corporate Change，2001，10（4）：921－943.

［8］安虎森．新产业区理论与区域经济发展［J］．北方论丛，1998（2）：17－22.

保兑仓融资模式下收益共享契约的参数设计*

林 强 李 苗

摘 要： 文章选择两阶段资金约束型供应链为研究对象，以零售商运营资金不足作为前提条件，分别构建了银行直接贷款时供应链合作双方的收益共享契约模型，和保兑仓模式下收益共享契约模型，应用 Stackelberg 博弈模型分别求解出分散决策下制造商的最优批发价格、收入分享比例，和零售商的最优订货量。对比两种融资模式发现，保兑仓模式下的最优订货量及供应链总利润均大于银行直接贷款模式。且保兑仓模式下的最大受益者仍是制造商，零售商并未获得更多利益。制造商的利润对收入共享系数具有单调递减的趋势，批发价格随收益共享系数的增大而增大。而零售商的利润并非单调增加，只有当共享系数超过某一数值后，零售商利润才会比银行直接贷款时大，双方才能实现利润提高，即实现改进供应链整体运作绩效的同时达到互惠双赢的目标。

关键词： 资金约束供应链 收益共享契约 银行直接贷款 保兑仓 Stackelberg 博弈

一、引言

考虑一个制造商和一个零售商的供应链，制造商将制造完工的产品销售给零售商，零售商面临随机性市场需求。此处，假设博弈双方是非合作的运行模式，即以自身利润最大化为决策目标。由于供应链中的企业通常实力并不相当，有强有弱，因此进一步假设制造商为主导企业，零售商为实力较弱的从属企业。制造商和零售商之间通过收入共享契约重新分配供应链总利润，契约内容在双方的进一步决策前拟定。由 Stackelberg 博弈可知，实力较强的制造商拥有制定批发价格、收益分享比例和回购价格的权利，而实力较弱的零售商只能根据制造商公布的参数决策自己的采购数量。

本文的研究主要有两点不同于其他文献。

第一方面是，假设零售商是在资金约束的条件下运作，即没有足够的现金或运营资本能用于向制造商采购产品。Sullivan 等通过研究发现中小型企业破产的数量中有 28% 比例是由资金不足导致的。这种零售商不得不接受的资金约束，尤其是国内大批的中小企业，被大量供应链管理的研究文献所忽略。但也有部分文献涉及了这方面，如陈祥锋（2008）等研究了当零售商面临资金约束问题时供应链的融资和运营综合决

---

* 作者简介：林强，男，天津人，天津大学管理与经济学部副教授，博士，研究方向：供应链契约、供应链金融；李苗，天津大学管理与经济学部。

发表情况：系统科学与数学。

策及其相关影响。钟远光（2011）等考虑零售商初始资金不足时，如何借助外部的融资政策作出最优的订货与定价决策。Buzacott and Zhang（2004）研究了库存决策与资产融资的相互作用。Caldentey and Haugh（2009）研究了有基金套保的供应契约，对比了分散竞争下和集中决策下的两种契约（弹性契约和有套保的弹性契约）的决策方案，结果发现生产商更青睐于有套保的弹性契约，而不是无套保的弹性契约。上述研究证明融资服务能为资金不足的供应链创造价值。但是目前对于保兑仓融资模式影响供应链绩效的理论研究尚显不足。

第二方面是，针对中国合作企业采用的收益共享契约以及中小企业融资经营中缺少信用担保的实际，引入保兑仓融资模式。在该模式下，首先计算出满足银行风险中性的期望收益下不同贷款区间内的贷款利率数值，再根据该数值设计出收益共享契约下的批发价格、最优订货量以及制造商与零售商的收益共享比率。从而为资金约束下，有银行参与的应用收益共享契约协调的供应链合作企业决策提供了依据。目前，很多文献将研究重点放在更柔性的契约联盟上，使供应链成员调整他们的决策以达到自身利益的更大绩效。其中，对于收益共享契约，Cachon 和 Lariviere（2000）建立了收益共享契约模型，研究了收益共享契约模型对供应链的影响。依据 Cachon 和 Lariviere（2000）的研究，收益共享契约就是供应商制定低于其成本的批发价格。此时零售商为了弥补供应商的损失，将自己销售收入按照一定比例（由双方共同商定）返还给供应商，最终确保双方的收益水平高于分散控制状态，达到供应链最优绩效。Dana 和 Spier（2001）把收益共享契约模型拓展到供应商和完全竞争零售商环境下。Gerchak 和 Wang（2003）比较了两种不同契约形式在供应链上的应用情况，他们发现收益共享契约模型可以提高供应商的收益水平，同时供应链成员的收益也有所提高。Wang（2004）等证明了供应链整体最优绩效和各方最优收益的实现，主要依赖于需求的价格弹性和销售商分摊的供应链成本的比例。Cachon 和 Lariviere（2005）在一个更广泛的供应链上研究了收益共享契约，该供应链的收益完全决定于零售商的订货量和订货价格，他们认为有两个因素可能导致收益共享契约没有在实际中得到广泛应用，一是实施收益共享契约的管理成本过高；二是实施收益共享契约可能降低零售商的营销积极性。同时，他们也证实了在需求具有价格弹性的前提下，收益共享契约可以实现供应链协调。Giannoccaro 和 Pontrandolfo（2004）分析了三级供应链中采用收益共享契约的供应链协调问题，他们认为通过调整供应链契约参数，可以提高供应链效率，增加供应链成员的收益。由一个供应商和两个具有竞争关系销售商组成的供应链环境下 Yao（2007）等分析了收益共享契约的应用情况，他们认为收益共享契约比批发价契约更能实现供应链的协调。Mortimer（2000）从经济学的角度对收益共享契约在影碟租赁业的应用进行了实证研究，发现收益共享契约使供应链的整体利润提高了 7 个百分点。

以上供应链契约方面的前期文献都没有考虑过资金约束的情况，并且潜在假设供应商，特别是零售商，运营中的融资成本为零。这种假设在实际市场环境中是有问题的。公司常常需要从各种渠道对运营资本进行融资，如银行等金融机构。放款方对其拨款要求利息，以弥补借款方可能违约等不确定情况的所带来的损失。紧接着的问题就是：在有实际融资成本的情况下，先前关于收益共享契约的研究是否仍能协调供应链达到共同的利润最大化；如果能，又要如何调整达到协调时的付款条件，放款方又该提供给生产商和零售商怎样的策略。

Dada and Hu（2008）的研究与本文模型最接近，他们运用有资金约束的报童模型来研究库存采购问题，在该模型中供应商只有有限的内部资金并且需要银行的外部资金来进行额外的采购。他们认为银行是有策略的，银行扮演 Stackelberg 领导者的角色来协调供应商的订单数量。Dada 和 Hu 运用博弈论的方法设计了借款利率以引导受资金约束的供应商设定最佳的订货量，进而保证银行和供应商的联合利润。Lee and Rhee（2010）假设代理人受资金约束，且库存融资成本为正，特别的，他们考虑了四种用以调查的扩展的协调机制：①全单位数量折扣②回购③双重收费和④收益分享。他们从供应商与零售商合作构建供应链的角度得出结论：在库存融资成本为正的假设下，如果各代理商依赖于从金融机构贷款，那么这些契约都不能实现共同利益最大化。若对契约额外使用信用销售，供应商能完全协调供应链达到最大的共同利润。他们在集中供应链下将：①全单位数量折扣，②回购，③双重收费契约与④收益共享契约进行了比较，得出上述三种契约协调的结果优于收益共享契约，然后，他们提出了在分散供应链中应用的三种协调方案，分别是回购，数量折扣和双重收费，他们得到的最佳贸易信用率不单可以保证供应商的利润而且可以保证供应链的联合利益。本文研究内容与上文不同，应用收益共享契约，在分散供应链下，将银行直接贷款时的供应链收益与保兑仓模式下的供应链收益进行了比较，得出保兑仓模式下的供应链收益大于银行直接贷款方式下的供应链收益。Raghavan and Mishra（2009）研究了有一个零售商和生产商的双层供应链，在这个供应链中双方都面临资金约束并且不能生产或者订购最佳的数量。他们研究了借贷方向双方提供资金的问题，方法是对贷款数量做联合决策和与借贷方单独对贷款数量作决策的情况进行对比。本文借鉴了其研究方法，以零售商作为融资主体，以保兑仓作为运作范式，研究在收益共享契约下的最优参数设计问题。

二、银行直接贷款模式下收益共享契约协调机制分析

资金约束下的制造商主导型供应链中，制造商生产产品，在每个需求周期初，以批发价格销售给零售商，但零售商的自有采购资金不足以支付订单，因此零售商向银行贷款。然后与制造商在收益共享契约下进行交易。在周期末尚未售出的商品，零售商以一定残值全部出清。最后按照收益共享契约零售商返回部分利润给制造商。本文采用 Stackelberg 博弈模型研究银行直接贷款时的收益共享契约。

（一）模型符号

q：零售商的订货量；

B：零售商的自有采购资金；

φ：零售商的收入分享比例，则制造商的收入分享比例为 $1-\varphi$，$0<\varphi<1$；

p：单位产品零售价格；

w：制造商提供的单位批发价格；

c：单位产品的制造成本；

v：单位产品的处理残值（$v<w$）；

g_r：零售商缺货而导致的商誉单位惩罚成本；

g_s：由于零售商缺货而导致的制造商商誉单位惩罚成本；

D：零售商面临的随机需求，假设零售商各周期的需求独立同分布，因此零售商每个周期的最优决策都相同。其概率密度函数为 $f(x)$，分布函数为 $F(x)$，设 $F(x)$ 是可微的和严格递增的，且 $F(0)=0$，$\mu=E(D)$，即期望需求 $\mu=E(D)=\int_0^{+\infty}x\cdot f(x)\mathrm{d}x$。

$S(q)$：零售商的实际销售量，$S(q)=E\min(q,D)$，则

$$S(q)=\int_0^q xf(x)\mathrm{d}x+\int_q^{+\infty}qf(x)\mathrm{d}x=q-\int_0^q F(x)\mathrm{d}x,\ \frac{\mathrm{d}S(q)}{\mathrm{d}q}=1-F(q)=\bar{F}(q) \quad (1)$$

（二）银行直接贷款模式下收益共享契约的参数设计

假设：

（1）供应链为单一产品二级供应链系统，即一个制造商和一个零售商，且制造商为主导企业（Leader），零售商为从属企业（Follower）；

（2）在有资金约束的条件下，零售商自有资金 B 不足以购买价值为 cq 的产品，需要贷款支付货款，贷款量为 $wq-B$，贷款利率为 r；

（3）本文仅考虑短期融资情况，所以不考虑供应链合作企业的破产风险。

1. 银行直接贷款模式下集中型供应链的最优订货量

银行直接贷款模式下集中型供应链的期望利润为需求小于订货量 q 时的利润与需求量大于订货量 q 时的利润之和，表示为：

$$\prod\nolimits_{sc}(q)=\int_0^q[px-cq+v(q-x)]f(x)\mathrm{d}x+\int_q^{+\infty}[pq-cq-g(x-q)]f(x)\mathrm{d}x-(wq-B)\cdot r$$

其中，g 代表供应链缺货损失，$g=g_s+g_r$

整理得：$\prod_{sc}(q)=(v-c-w\cdot r)q+(p+g-v)S(q)+B\cdot r-g\cdot\mu$ （2）

对式（2）求导，根据利润最大化的一阶条件，可得：

$$\frac{\partial\prod_{sc}}{\partial q}=(p+g-c-w\cdot r)-(p+g-v)\cdot F(q)=0\text{，则}F(q)=\frac{p+g-c-w\cdot r}{p+g-v}$$

又因为 $\frac{\mathrm{d}^2\prod_{sc}}{\mathrm{d}q^2}=-(p+g-v)\cdot f(q)<0$，所以，当订货量为 q_1 时，供应链取得最大利润。

即
$$q_1^*=F^{-1}\left(\frac{p+g-c-w\cdot r}{p+g-v}\right) \quad (3)$$

2. 银行直接贷款模式下分散型供应链的最优订货量、批发价格与收入分享比例

当制造商作为供应链主导企业时，它拥有制定收入共享契约的权利，由它决定

批发价格 w 和收入分享比例 φ，零售商决策的变量只有 q。因此，在每个需求周期，供应链上下游的 Stackelberg 博弈过程为：制造商拟定收入共享契约，公布收入分享比 φ，然后制造商给出能最大化 $\prod_s$ 的 w^*，之后零售商再决策能最大化 $\prod_r$ 的订货量 q^*。

由逆向归纳法可求得上述博弈的均衡结果，先考虑零售商的决策问题，此时零售商面临的问题可表示为：

$$P1:\begin{array}{l} q^* = \arg\max \prod_r (q \mid r, \varphi, w) \\ \text{s. t. } \prod_r (q \mid r, \varphi, w) \geqslant \prod_r^0 \end{array}$$

零售商利润 = 销售收入 - 销售成本 - 缺货机会成本 - 贷款利息，即

$$\prod_r = \int_0^q \{\varphi[px + v(q - x)] - wq\} f(x)\mathrm{d}x + \int_q^{+\infty} [\varphi pq - wq - g_r(x - q)] f(x)\mathrm{d}x - (wq - B)\cdot r \tag{4}$$

以 q 为自变量对式（4）求导，由利润最大化的一阶条件可解得：

$$q_2^* = F^{-1}\left(\frac{\varphi p + g_r - w - w\cdot r}{\varphi p + g_r - \varphi v}\right) \tag{5}$$

又因为 $\dfrac{\mathrm{d}^2 \prod_r}{\mathrm{d}q^2} < 0$，可得 q_2^* 为极大值点，即，使得零售商利润最大的最优订货量。

如果计算的结果 $q_1^* = q_2^*$，即 $\dfrac{p + g - c - w\cdot r}{p + g - v} = \dfrac{\varphi p + g_r - w - w\cdot r}{\varphi p + g_r - \varphi v}$ 说明收益共享契约能实现供应链协调，反之则不能。

制造商在决策 w 和 φ 时，能预见到零售商的最优反应函数 q_2^*，因此它的决策问题可表示为：$P2:\langle \varphi, w\rangle = \arg\max \prod_s (\varphi, w \mid q_2^*)$

制造商利润 = 销售收入 + 收入分配 - 生产成本 - 缺货机会成本，即

$$\prod_s = \int_0^q \{(1 - \varphi)[px + v(q - x)] + wq - cq\} f(x)\mathrm{d}x + \int_q^{+\infty} [(1 - \varphi)pq + wq - cq - g_s(x - q)] f(x)\mathrm{d}x \tag{6}$$

分别以 w 和 φ 为自变量对式（6）求偏导，根据利润最大化的一阶和二阶条件，令等于0。同时由于制造商制定的决策首先必须保证零售商会参与，即解得 w 和 φ 的取值代入式（4）能保证 $\prod_r \geqslant \prod_r^0$。最终可求得满足约束的制造商利润最大化情况下的 w 和 φ 取值。

$$\frac{\partial \prod_s}{\partial w} = -1 + [(1 - \varphi)v - (w - c)]\frac{\partial q_2^*}{\partial w} + [(1 - \varphi)p + g_s - (1 - \varphi)v]\frac{\partial S(q_2^*)}{\partial w} = 0 \tag{7}$$

$$\frac{\partial \prod_s}{\partial \varphi} = -p + [(1-\varphi)v - (w-c)]\frac{\partial q_2^*}{\partial \varphi} + [(1-\varphi)p + g_s - (1-\varphi)v]\frac{\partial S(q_2^*)}{\partial \varphi} = 0 \tag{8}$$

式（7）、式（8）联立即可求得最优的批发价格 w 和收入分享比例 φ。

三、保兑仓模式下收益共享契约协调机制研究

（一）保兑仓运作流程

在制造商主导型供应链中，零售商属于中小型流通企业，有较强的分销能力，但融资能力比较弱，当面临资金约束时，传统的质押贷款等融资方式难度大，授信额度低，贷款利率高，是制约中小企业发展的主要资金瓶颈，同时也有碍于整条供应链的协调。为了解决制造商主导型供应链的资金约束问题，引入银行参与的担保提货授信业务，也称保兑仓业务，如图1所示。它的基本思路是：银行为确保金融资本金的安全，在制造商和零售商之间有基本的买卖合同关系以及制造商向银行作出相关承诺的前提下，零售商向银行申请以制造商为收款人的贷款额度，并由银行控制其提货权为条件的融资业务。具体流程如下，首先银行对零售商的财务报表进行审核，并对制造商的责任能力进行审核评价，审查同意后，银行—制造商—零售商签订三方协议；接着零售商向银行交纳一定比例的保证金；银行签发以制造商为受益人的银行承兑汇票，再向零售商提供全额货款的授信出账，并直接用于向制造商的采购付款；制造商则向银行出具全额提单作为授信的抵质押物；随后零售商根据经营需要向银行追加保证金；银行再通知制造商根据追加保证金的金额向零售商发货，但制造商需要就发货不足部分的价值须承担向银行的退款责任，即对未销售货物进行回购。

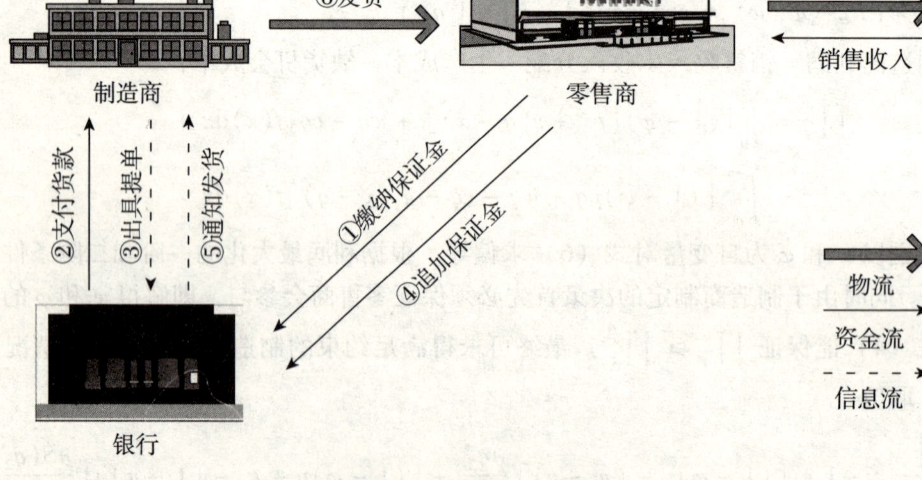

图1　担保提货（保兑仓）授信业务流程

在这种模式下，制造商一方面提前获得生产资金，保证了正常生产，锁定了市场销售终端，增强了销售的确定性，扩大了市场份额；另一方面将应收账款转化为应收票据或现金改善了企业的资产质量。而零售商则不再因资金困扰而导致采货能力差，可以实现大批量采购而获得一定的价格优惠，另外也可以实现淡季向制造商打款、旺季销售，从而锁定价格风险，又由于货物直接由制造商监管，省却了监管费用的支出。对银行而言，可以从中获取监管手续费等，同时将制造商和物流监管两个变量合二为一，简化了风险控制的维度，又由于引入了制造商发货不足的退款责任，实际上直接解决了抵质押物的变现问题。

为控制运营风险，保兑仓融资模式在商品销量好、供不应求的市场更适用。另外，如果需要融资的零售商是制造商的特许经销商，且只经营单一品牌，更容易获得银行的融资。

（二）银行融资利率模型

假定银行是追求风险中性的投资者，其对不同投资项目的风险识别是无差异的。基于竞争性信贷市场这一重要假设，银行提供的融资服务将满足：期末期望收益与资本市场的平均投资回报相等（Crouhy M，Galai D，Mark R.）。即 $\prod_b(r) = L_0 r_f$，等式左边表示银行放款的期望利润，右边是同样贷款 L_0 在市场上得到的无风险回报率。再考虑制造商违约的情况，若合约期末，零售商的销售量严重不足，低于购销协议数量一定程度时，制造商将选择违约，银行将承担对未能销售货物处置带来的损失。设 α 为制造商违约的临界百分比，$\alpha \in (0, 1)$，当 $D \leqslant Z = \alpha q$ 时，制造商拒绝回购剩余产品。

则 $(wq - B) \cdot r - (w - v)\left[F(Z) \cdot (q - Z) + \int_0^Z F(x)\mathrm{d}x\right] = (wq - B) \cdot r_f$

化简得银行的融资利率为：

$$r = r_f + (w - v) \times \frac{(1 - \alpha)q \times F(\alpha q) + \int_0^{\alpha q} F(x)\mathrm{d}x}{wq - B},\ \alpha \in (0, 1) \qquad (9)$$

其中，α 表示保兑仓模式下制造商回购违约概率，反映制造商信用；$(w - v)$ 反映合约期内产品市场价值的变动，市价降低幅度越大，r 越高。

显然，资本市场竞争条件下，银行的融资利率 r 的决策与市场平均收益率 r_f、融资规模 $L_0 = wq - B$，以及企业信用和产品市场价值波动有关，且 r 将随着 r_f 的增加而增加，随着 L_0 的增加而减小，关于 α 单调递增。

因此，银行在制定利率决策时，一方面要参考市场平均收益率 r_f，还应当结合销售协议的订货量 q、产品的批发单价 w 以及处理残值 v。当购买产品贷款量较大时，可以适当降低贷款利率；另一方面，银行还应关注产品类别，对于残值远小于市场价格或者价格下跌较快的产品，应当提高贷款利率；α 反映了制造商违约的可能性，违约概率可以结合制造商的历史交易信用记录进行评估后得出。当 α 较大时，r 也较大。

（三）制造商和零售商的定价、订货模型

本文将银行参与融资后制造商为主导企业的供应链称为制造商主导型金融供应链，

简称金融供应链，此时的决策顺序为：银行首先进行决策，对融资企业的订货量 q 和贷款量 L_0 划分出一些区间，根据式（9）计算出一定区间下的贷款利率 r，即不超过该区间上限的贷款利率，接着制造商决策批发价格 w 和收入分享比例 φ，最后零售商决策订货数量 q。

零售商期望利润：

$$\prod_r = \varphi \cdot p \cdot S(q) - w \cdot S(q) - g_r E(D-q)^+ - (wq - B) \cdot r \tag{10}$$

制造商期望利润：

$$\begin{aligned}\prod_s = {} & wq + (1-\varphi)p \cdot S(q) - cq - g_s E(D-q)^+ - \\ & (w-v)E(q-D)^+ P\{D > Z\} - 0 \cdot P\{D \leqslant Z\}\end{aligned} \tag{11}$$

银行的期望利润：

$$\begin{aligned}\prod_b &= (wq - B) \cdot r - (w-v)\int_0^Z (q-x)\mathrm{d}F(x) \\ &= (wq-B)r - (w-v)\left[F(Z) \cdot (q-Z) + \int_0^Z F(x)\mathrm{d}x\right]\end{aligned} \tag{12}$$

金融供应链的总利润 = 制造商利润 + 零售商利润 + 银行利润

$$\prod_{sc} = (p+g-w)S(q) - (w+c)q - (w-v)[q - S(q)] - g\mu \tag{13}$$

整理得，$\prod_{sc} = (p+g-c) \cdot q - (p+g-v)\int_0^q F(x)\mathrm{d}x - g\mu$，以 q 为自变量求导，根据利润最大化的一阶条件有 $\dfrac{\mathrm{d}\prod_{sc}}{\mathrm{d}q} = (p+g-c) - (p+g-v) \cdot F(q) = 0$

说明金融供应链的整体利润不依赖于银行利润 r 和批发价格 w，而只依赖于订购量 q，即零售商的订购量决定总供应链的利润，银行利率 r、制造商决定的批发价格 w 和收入分享比例 φ 决定供应链总利润在银行、制造商和零售商之间的分配。

又因为 $\dfrac{\mathrm{d}^2\prod_{sc}}{\mathrm{d}q^2} = -(p+g-v) \cdot f(q) < 0$，所以，当订货批量为 q_3^* 时，金融供应链取得最大利润。即最优订货批量为：

$$q_3^* = F^{-1}\left(\frac{p+g-c}{p+g-v}\right) \tag{14}$$

对比式（14）和式（3）可知，金融供应链的最优订货批量 q_3^* 大于银行直接贷款的供应链的最优订货批量 q_1^*。

根据前文中的 Stackelberg 博弈模型，同理对式（10）以 q 为自变量求导，可得零售商的最优订货批量：

$$q_4^* = F^{-1}\left(1 - \frac{w \cdot r}{\varphi \cdot p + g_r - w}\right) \tag{15}$$

可见，最优订货量 q_4^* 随银行利率上升而下降，随批发价格上升而下降，随收入分享比例上升而上升。对比式（15）和式（5），由于保兑仓模式下零售商不必再考虑产品残值 v，因此在一定条件下，零售商的订货批量相比银行直接贷款的供应链会更大。

如果计算的结果 $q_3^* = q_4^*$，即 $\frac{p+g-c}{p+g-v} = 1 - \frac{w \cdot r}{\varphi \cdot p + g_r - w}$ 说明收益共享契约能实现金融供应链的协调，反之则不能。

分别以 w 和 φ 为自变量对式（11）求偏导：

$$\frac{\partial \prod_s}{\partial w} = q_4^* + \{w - c + [(1-\varphi)p + g_s] - [(1-\varphi)p + g_s]F(q_4^*) - (w-v)[f(q_4^*) + (1-\alpha)F(\alpha q_4^*) + (\alpha q_4^* - \alpha^2 q_4^* + 1)f(\alpha q_4^*)]\} \frac{\partial q_4^*}{\partial w} = 0 \tag{16}$$

又根据式（15）$\frac{\partial q_4^*}{\partial w} = -\frac{1}{f(q_4^*)} \cdot \frac{(p+g_r) \cdot r}{(p+g_r-w)^2}$ 代入式（16）即可求得 $\frac{\partial \prod_s}{\partial w}$ 的表达式。

$$\frac{\partial \prod_s}{\partial \varphi} = -p + \{w - c + [(1-\varphi)p + g_s] - [(1-\varphi)p + g_s]F(q_4^*) - (w-v)[f(q_4^*) + (1-\alpha)F(\alpha q_4^*) + (\alpha q_4^* - \alpha^2 q_4^* + 1)f(\alpha q_4^*)]\} \frac{\partial q_4^*}{\partial \varphi} = 0 \tag{17}$$

又因为制造商决策的 w 和 φ 必须保证零售商利润 $\prod_r \geqslant \prod_r^0$，再联立式（16）和式（17）可求得最优的批发价格 w 和收入分享比例 φ。

四、实例分析

A 汽车制造公司为扩大销售规模，利用银行资金融通结算优势来扶持 4S 店的发展并稳定自身的销售渠道，向 B 银行提出金融需求。在 4S 店缺乏固定资产等传统的担保资产条件下，B 银行采用保兑仓模式向 A 公司的零售商提供融资，由于 A 公司资产雄厚，信用评级良好，最近几年该品牌的汽车销量非常好，所以 B 银行给 A 公司核准的贷款额度足以支持单个交易周期内零售商的融资额度，即零售商获得 B 银行全额融资的优惠。

具体融资方案为：根据 A 公司与零售商签订的《购销协议》，银行与零售商签订《融资授信协议》；零售商向 B 银行缴纳保证金（通常是融资额度的 30% 左右）；B 银行将融资款项支付给 A 公司；A 公司向 B 银行出具提单，即 A 公司将订单中所有车辆的产权证移交给 B 银行；零售商将商品的销售回款逐步追加给 B 银行；B 银行根据零售商的保证金补充情况通知 A 公司逐次向零售商发货，同时将保证金价值的车辆产权证发给零售商。融资到期时，若零售商未能补足订单的所有保证金，其差额部分全部由 A 公司弥补。同时零售商需要按照购销协议将 A 公司应得的收入分享额支付给 A 公司。在动态的交易过程中，上周期末零售商返还给制造商的收益分配，支持着下一周期制造商的生产。动态缓解了收益共享契约中较低批发价给制造商带来的资金压力。为控制信贷风险，B 银行与 A 公司及零售商的保兑仓融资三方协议中协定首次保证金提货和未售货物制造商全额回购。首次保证金提货指零售商自有资金扣除全部贷款预计到期利息后金额用于第一次提货。

假定市场对该产品的需求量服从正态分布，均值、方差可以确定。结合 A 公司的年销售量，及该产品的制造商、零售商利润率等行业信息，给出模型中变量的合理估值如表 1 所示。设每个季度为一个周期，零售商每季度的需求量服从 $E(D)=\mu=30$，$\sigma^2=15$ 的正态分布，即 $D\sim N$（30，15）。

表 1　　参数取值

p	c	v	B	$g=g_r$	r_2	r_3
40	22	20	100	4	13%	10%

注：①资金参数的单位均为万元；

②$g=g_r$ 表示缺货带来的机会损失，主要由零售商承担。

r_f 为市场对中小企业的贷款利率，通常在 10% ~ 15%，r_2 为考虑中小企业违约风险的贷款利率，r_3 为依托供应链核心企业的中小企业贷款利率，由于借助核心企业实现了信用增级，故比 r_2 有所下降。

整个决策顺序为：银行首先进行决策，确定不同贷款区间内的贷款利率 r；接着 A 公司及零售商在根据预计业务量和自有资金数量确定的利率水平下，确定购销协议，即批发价格 w、收入分享比例 φ 和订货量 q。

由于银行开展了保兑仓这项业务，必然是掌握了一定的行业信息，所以对银行而言批发价格 w 可视为已知定值，即 w 的波动范围小，对银行不构成影响，假定 $w=25$。银行主要关注买卖业务量 q，客户自有资金状况 B，以及制造商信用度（体现为制造商违约概率 α）。制造商违约概率 α 根据对 A 公司的资信考察和信用评估得出。Standard and Poor's Credit Week（1996 年 4 月 15 日）经统计分析得出，信用评级为 AAA 的企业平均信用违约率为 0.0000；AA 的企业为 0.0000；A 的企业为 0.0006；BBB 的企业为 0.0018；BB 的企业为 0.0106；B 的企业为 0.0520；CCC 的企业为 0.1979。参考 A 公司的信用评级后确定违约概率 $\alpha=0.05$。

将每季度产品的订购量 q 和零售商自有资金状况 B 划分为一些数值区间，再根据 $L_0=wq-B$ 即可求得客户的贷款金额范围，又市场需求 $D\sim N$（30，15），代入利率式（9）可求得不同区间内的贷款利率如表 2 所示：

表 2　　贷款利率

q \ B	(0，100]	(100，300]	(300，600]	(600，900]	(900，1300]
0 ~ 9	0.1123	0.1085	不需贷款	不需贷款	不需贷款
10 ~ 24	0.1347	0.1116	0.1058	不需贷款	不需贷款
25 ~ 40	0.1624	0.1208	0.1104	0.1069	不需贷款
40 ~ 60	0.2088	0.1363	0.1181	0.1121	0.1083

假设零售商预计订购的产品数量区间为（25，40），可用的自有采购资金在［350，450］，查表2得银行贷款利率为 $r=0.1104$，代入式（15）得零售商的最优订货批量 q_4^*，再根据 $\prod_r \geqslant \prod_r^0$，联立式（16）和式（17）最终可求的最优批发价格 w 和收入分享比例 φ。

利用Matlab求解上述金融供应链，发现在约束范围内，制造商的利润具有单调性，随收入分享比例 φ 增大而减小，同时批发价格 w 随 φ 增大而增大，如果用矩阵的方法编写程序，发现制造商利润最大的点始终在矩阵的左下角取得，即始终取为 φ 值的下限，调整 φ 的取值范围，可得不同 φ 值下限下制造商利润最大化时各参数的取值。如表3所示。

表3　金融供应链中不同共享系数下制造商利润最大化时的批发价格、订货量及成员利润

φ 值范围	最优 φ 值	最优 w	零售商最优 q	制造商最大利润(万元)	零售商利润(万元)
(0，1)	0.080808	2.4242	36.167	501.66	25.162
(0.1，1)	0.12727	4.0404	35.233	495.02	26.041
(0.2，1)	0.20808	6.8687	34.201	482.88	27.248
(0.3，1)	0.3	10.101	33.414	468.92	28.375
(0.4，1)	0.4	13.737	32.709	456.88	25.843
(0.5，1)	0.50505	17.374	32.247	439.07	29.431
(0.6，1)	0.60404	21.01	31.765	428.1	26.04
(0.7，1)	0.70606	24.646	31.407	413.85	26.302
(0.8，1)	0.80808	28.283	31.099	399.71	26.646
(0.9，1)	0.90909	31.919	30.809	386.78	25.891
(1，1)	1	35.152	30.599	374.19	26.563

其中，零售商的参与利润 $\prod_r^0 = B \times r_{av}$，$r_{av}$ 表示该行业零售商的平均投资回报率，此处取为0.25。

根据式（14）可得金融供应链集中决策时的最优订货量 $q_3^* = 35.3563$，对比表3可知，几乎所有情况下分散决策的零售商最优订货量都是小于集中决策的。说明引入保兑仓模式后，收益共享契约不能协调供应链。

同理，也用matlab求解银行直接贷款模式下的供应链，发现有相同的单调趋势，运行结果如表4所示。

表 4　银行直接贷款的供应链中不同共享系数下制造商利润最大化时的批发价格、订货量及成员利润

φ 值范围	最优 φ 值	最优 w	零售商最优 q	制造商最大利润（万元）	零售商利润（万元）	集中决策的最优 q
(0, 1)	0.060606	1.6162	34.593	504.23	26.953	35.1434
(0.1, 1)	0.10909	3.2323	32.762	493.79	26.926	34.9449
(0.2, 1)	0.21616	6.8687	30.85	468.99	26.992	34.5403
(0.3, 1)	0.3	9.697	30.041	449.63	28.823	34.2569
(0.4, 1)	0.40606	13.333	29.287	427.54	29.859	33.9229
(0.5, 1)	0.5	16.566	28.788	409.18	30.826	33.6488
(0.6, 1)	0.6	20.202	28.224	394.3	25.898	33.3608
(0.7, 1)	0.71515	24.242	27.797	375.14	25.307	33.0612
(0.8, 1)	0.80808	27.475	27.529	359.69	25.889	32.8341
(0.9, 1)	0.9	30.707	27.276	345.5	25.485	32.6164
(1, 1)	1	33.94	27.206	324.83	33.87	32.4066

可见，分散决策下，零售商的最优订货批量均小于集中决策。说明在资金约束下，采用银行直接贷款模式，收益共享契约不能协调供应链。

综合表 3 和表 4 可知，各参数拥有相同的变化趋势，即 φ 值增大，批发价格 w 也同时增大，但零售商的最优订货量 q 逐渐减小，制造商的最大利润随之下降。

对比表 3 和表 4 可知，分散决策下所有零售商最优订货量 q，金融供应链都始终大于银行直接贷款的供应链，说明对制造商主导型供应链引入保兑仓融资模式后，能提高整条供应链的订货量。

其次，对比制造商最大利润，发现金融供应链几乎都超出银行直接贷款的供应链很多；但零售商利润却时大时小，说明对于零售商而言，引入保兑仓模式不一定就比银行直接贷款时的供应链更优。也就说，对制造商主导型供应链引入保兑仓融资模式，虽然带来了整体利润的大幅上升，但零售商并未因此获得很多利益，最大的受益者仍是制造商。且随着共享系数的增大，保兑仓融资带给制造商的利润与银行直接贷款的供应链中制造商利润的差额呈单调递增。

进一步计算发现，当共享系数 $\varphi>0.593$ 时，零售商利润也比银行直接贷款的供应链中的大，这样，双方利润均实现了提高，改进供应链整体运作绩效的同时达到了互惠双赢的目标。此时制造商的利润随 φ 和 w 变化的趋势分别如图 2 和图 3 所示。

可见，银行直接贷款的供应链中的制造商利润对 φ 值的变化更敏感。

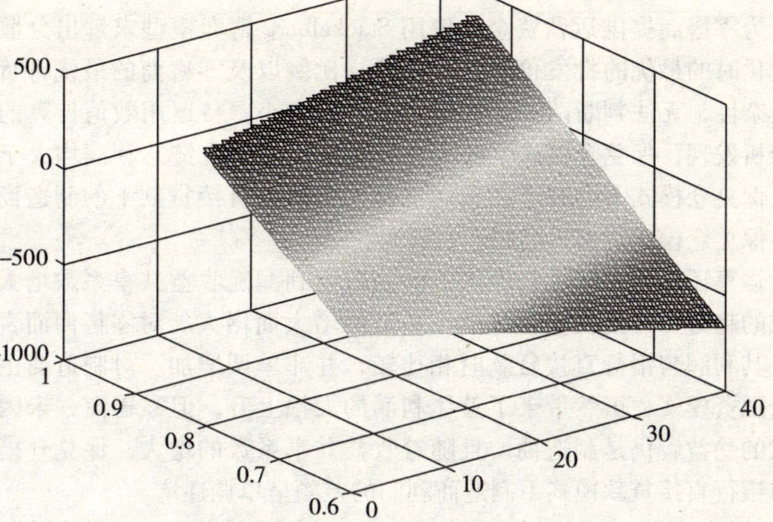

图 2　金融供应链中制造商利润与 φ 和 w 的关系

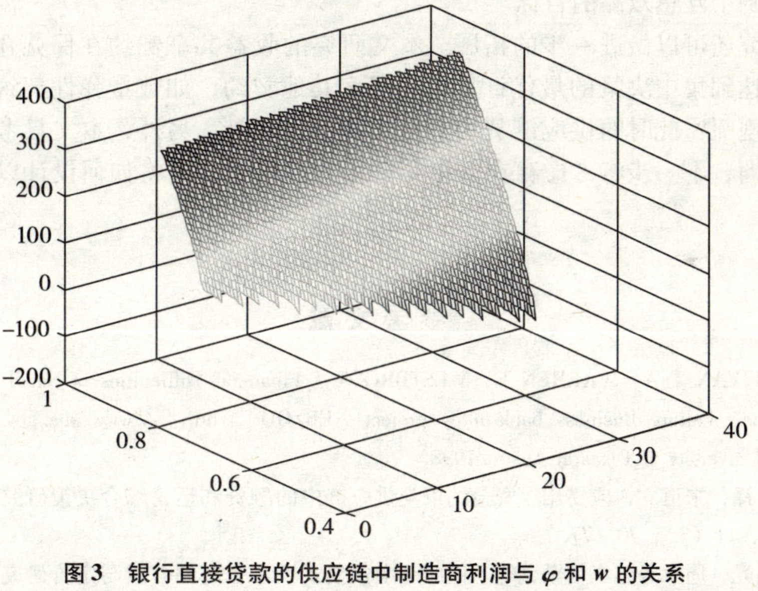

图 3　银行直接贷款的供应链中制造商利润与 φ 和 w 的关系

五、结论与展望

文章选择两阶段资金约束型供应链为研究对象，即制造商—零售商，首先构建了资金约束下，银行直接贷款的供应链收益共享契约模型，该模型以制造商作为供应链主导企业，零售商在运营资金不足的情况下，直接向供应链外部机构（如银行）借款经营。在该模式下，本文得到了最优的批发价格、收入分享比例以及订货量。

本文结合中国企业的实际，提出保兑仓模式下收益共享契约协调机制，在该模式下，制造商作为供应链的主导企业，承担全部的经营风险。引入银行作为第三方展开融资业务，为零售商提供运营资金。应用 Stackelberg 博弈模型求解出分散决策下制造商利润最大化时的最优的批发价格、收入分享比例以及零售商的最优订货量。鉴于理论模型的复杂性，无法判断两种融资模式的利润大小，特运用数值计算的方法进行模拟。实例分析发现，保兑仓模式下的最优订货量以及供应链总利润均大于银行直接贷款模式。且保兑仓模式下的制造商利润也都大于银行直接贷款下的制造商利润，这一结论表明，保兑仓模式能够提高制造商利润。

同时，运算还发现，保兑仓模式下的制造商利润随收益共享系数增大而减小，具有单调递减的趋势，而批发价格随共享系数的增大而增大。对零售商而言，引入保兑仓模式后，其利润与银行直接贷款时相比较，并非单调增加。对制造商主导型供应链引入保兑仓融资模式，虽然带来了整体利润的大幅上升，但零售商并未因此获得很多利益，最大的受益者仍是制造商。且随着收益共享系数的增大，保兑仓模式带给制造商的利润与银行直接贷款模式下制造商利润的差额呈单调递增。

进一步计算发现，当共享系数 $\varphi > 0.593$ 时，零售商利润会比银行直接贷款的供应链大，只有满足这一条件时，双方利润才能实现提高，即实现改进供应链整体运作绩效的同时达到了互惠双赢的目标。

此项研究还可以做进一步的拓展。本文研究的收益共享契约在保兑仓模式下，分散决策无法达到集中决策的最优订货量。那么其他契约，如数量弹性契约、两部制契约又能否实现呢？此时的供应链契约参数又将如何设计。另外，本文只考虑了一个制造商和零售商，下一步将考虑存在多个零售商时，保兑仓又将如何设计以提高供应链绩效。

参考文献

[1] SULLIVAN T A, WARREN E, WESTBROOT J. Financial Difficulties of Small Businesses and Reasons for Their Failure. Business bankruptcy project [EB/OD]. http: //www. sba. gov/advo/research/rs188tot. pdf, University of Texas at Austin. 1998.

[2] 陈祥锋，朱道立，应雯珺. 资金约束与供应链中的融资和运营综合决策研究 [J]. 管理科学学报，2008，11（3）：70－77.

[3] 钟远光，周永务，李伯勋，等. 供应链融资模式下零售商的订货与定价研究 [J]. 管理科学学报，2011，14（6）：57－67.

[4] BUZACOTT J A, ZHANG R Q. Inventory Management with Asset－based Financing [J]. Management Science, 2004, 50 (9): 1274－1292.

[5] RENÉ CALDENTEY, MARTIN B. Haugh: Supply Contracts with Financial Hedging [J]. Operations Research, 2009, 57 (1): 47－65.

[6] G P CACHON M A. LARIVIERE. Supply Chain Coordination with Revenue－sharing Contracts: Strengths and limitations, 2000, The Wharton School of Business, University of Pennsylvania, Philadelphia, Working Paper.

[7] J D DANA, K E SPIER. Revenue Sharing and Vertical Control in the Video Rental Industry [J]. Journal of Industry Economics, 2001, 59 (3): 223 -245.

[8] Y GERCHAK, Y WANG, Revenue - sharing vs. Wholesale - price Contracts in Assembly System with Random Demand [J]. Production Operational Management, 2003, 5 (3): 252 -267.

[9] Y WANG, L JING, and S J SHEN. Channel Performance under Consignment Contract with Revenue Sharing [J]. Management Science, 2004, 50 (1): 34 -47.

[10] G P CACHON, M A LARIVIERE. Supply Chain Coordination with Revenue - sharing Contracts: Strengths and limitations [J]. Management Science, 2005, 51 (1): 30 -44.

[11] I GIANNOCCARO, P PONTRANDOLFO. Supply Chain Coordination by Revenue Sharing Contracts [J]. International Journal Production Economics, 2004, 89 (2): 131 -139.

[12] Z YAO, S C H LEUNG, K K LAI. Manufacturer's Revenue - sharing Contract and Retail Competition [R]. European Journal of Operational Research, unpublished.

[13] MORTIMER J H. The Effects of Revenue Sharing Contracts on Welfare in Vertically Separated Markets, Evidence from the Video Rental Industry [D]. Los Angeles: University of California At Los Angeles, CA, 2000.

[14] DADA M, HU Q. Financing Newsvendor Inventory [J]. Operations Research Letters, 2008 (36): 569 -573.

[15] CHANG HWAN LEE, BYONG - DUK RHEE. Trade Credit for Supply Chain Coordination [J]. European Journal of Operational Research, 2011, Article in Press.

[16] N R SRINIVASA RAGHAVAN, VINIT KUMAR MISHRA. Short - term Financing in a Cash - constrained Supply Chain [J]. Int. J. Production Economics, doi: 10.1016/j. ijpe. 2009. 11. 014.

[17] CROUHY M, GAIAI D, MARK R. A Comparative Analysis of Current Credit Risk Model [J]. Journal of banking & Finance, 2000, 24 (1 -2): 59 -117.

整车物流企业联盟收益分配研究*

黄远新　田红英　庄小云　黄海菲

摘　要：汽车整车物流联盟能否建立起公平合理的收益分配机制，关系到盟员企业的合法权益及其积极性和创造性的发挥。基于委托—代理理论构建信息对称和信息不对称等两种情况下的整车物流联盟收益分配模型，经过对比分析，发现基于委托—代理理论的收益分配模型可以提高合作方的努力水平，联盟的总收益得到提高，并能找出联盟收益分配系数及双方努力水平与模型中各参数的关系；而信息的不对称会降低双方的努力水平，同时也会影响双方的收益。这也通过案例分析验证了该方法的有效性。

关键词：整车物流　物流联盟　收益分配　委托代理

一、引言

近年来，汽车工业的飞速发展对汽车物流行业提出了更高的要求，这意味着我国汽车物流市场拥有巨大的发展潜力，整车物流市场已成为我国最具发展前景的物流行业之一。然而与国外大型汽车整车物流相比，还存在较大差距。同时，国外众多物流巨头纷纷抢滩中国市场，使得我国整车物流企业面临着严峻的考验。鉴于此，组建物流联盟已成为一种必然趋势。

物流联盟能否建立起公平合理的收益分配机制，是物流联盟运作中不容忽视的关键问题，这不仅关系到联盟各成员的合法权益能否得到保障，还直接决定着其积极性及创造性的发挥。目前，我国学者对这方面的研究大都集中在整车物流资源整合及运输模式的选择[1]，整车物流运输路径优化[2,3]，整车物流联盟的组建及联盟伙伴的选择等[4,5]，对其收益分配问题的研究较少。因此，本文应用委托—代理理论对整车物流联盟收益分配问题进行探索性研究，以期为整车物流联盟收益分配的实际应用提供参考。

二、整车物流联盟的委托—代理关系分析

目前，我国整车物流的合作大多采用“星形模式”，即由一个规模较大、实力较强的专业物流企业作为盟主，众多中小型物流企业作为盟员组建而成。在汽车整车物流

* 作者简介：黄远新，男，四川眉山人，博士，高级经济师，远成集团有限公司副总裁，西南交通大学兼职教授，研究生导师，主要研究方向：物流管理与工程。主要社会兼职：中国物流学会副会长、上海市物流学会副会长、四川省现代物流协会副会长、四川省经济学会常务理事；田红英，女，四川广元人，高级经济师，成都职业技术学院副教授，主要研究方向：物流管理。主要社会兼职：中国物流学会理事、四川省经济学会理事；庄小云，女，安徽宿州人，西南交通大学硕士研究生；黄海菲，女，四川成都人，西南交通大学。

联盟中，盟主和盟员企业均参与物流生产，产出是双方共同努力的结果。盟员企业是物流业务的实际执行者，主要负责成品车的运输；盟主凭借自身优势，担负着争取业务，监控盟员作业过程，考核盟员任务完成情况，并支付相应的报酬。

在整车物流联盟中，盟主与盟员之间存在明显的委托—代理关系，即：盟主作为“委托人”，盟员企业作为“代理人”。信息的不对称是相互的，即存在双重道德风险。盟主委托盟员企业为其完成具体的物流任务，盟主并不能直接观察到盟员企业的努力程度，而盟员企业却很清楚自己的努力水平。但委托—代理理论认为最后的产出与代理人的努力水平直接相关，具有可观察性，且可以量化，不过最终产出还受外界不确定性因素的影响。因此，盟主与盟员企业之间迫切需要建立某种机制，诱使盟员企业选择适合盟主企业利益最大化的最优努力水平。整车物流联盟是由盟主发起组建的，收益分配机制也是由盟主制定的，因此，必然是以盟主的收益最大化为目标。

三、模型假设及相关参数说明

（1）将联盟中全体盟员企业看做一个整体，即只有一个代理人，双方都是理性的。

（2）综合努力水平 $f(d_1, d_2)$ 是指盟主和盟员行为相互作用对最终产出的影响。令 $f(d_1, d_2) = \sqrt{D}(b_1 d_1 + b_2 d_2)$，$d_1$ 为盟主的努力水平，指盟主获取物流业务、制定联盟制度等所做的努力；d_2 为盟员的努力水平，指盟员企业在提高服务质量、降低物流成本，完成各项物流指标等所做的努力；D 表示联盟投资规模系数；$b_1 > 0$，$b_2 > 0$ 分别表示盟主、盟员企业的能力水平系数，一般由企业的资产规模、市场能力、服务质量、资信水平及信息化程度等决定。

（3）双方努力的产出 π：$\pi = f(d_1, d_2) + \theta$，$\theta \sim N(0, \sigma^2)$，其中，$\theta$ 代表外生不确定因素，不受联盟控制的随机变量，如天气影响、政策因素、交通状况等。

（4）假定盟主支付给盟员企业的报酬为 $s(\pi) = \alpha + \beta\pi$，$\alpha$ 表示盟主支付给盟员企业的固定收入，β（$\beta \in [0, 1]$）表示盟员企业收益分配比例系数。

（5）设盟主等价努力成本函数为[6] $C(d_1) = \frac{1}{2}c_1 d_1^2$，$c_1 > 0$ 为盟主努力成本系数；盟员企业等价努力成本函数为 $C(d_2) = \frac{1}{2}c_2 d_2^2$，$c_2 > 0$ 为盟员企业努力成本系数，盟主及盟员企业的努力成本均满足 $C'(\cdot) \geqslant 0$，$C''(\cdot) \geqslant 0$。

（6）设盟员企业完成物流任务所得运费收入为 G；盟员企业保留效用为 ϖ。

（7）假定盟主为风险中性的，v，u 分别为盟主、盟员企业的效用函数，盟员企业为风险规避的，用 $u = -e^{-\rho\omega}$ 表示盟员企业的效用函数，其中，$\rho > 0$ 表示绝对风险规避度，ω 为盟员企业的实际货币收入。

四、模型的建立与分析

在盟主企业为风险中性的情况下，其期望效用等于其期望收益：

$$Ev = E[G - \alpha + (1 - \beta)\pi - C(d_1)]$$

$$= G - \alpha + (1-\beta)\sqrt{D}(b_1 d_1 + b_2 d_2) - \frac{1}{2}c_1 d_1^2$$

盟员企业的实际货币收入：$\omega = s(\pi) - C(d_2) = \alpha + \beta[\sqrt{D}(b_1 d_1 + b_2 d_2) + \theta] - \frac{1}{2}c_2 d_2^2$

根据 Arrow－Pratt 研究结果，盟员企业风险成本：$C_f = \frac{1}{2}\rho \mathrm{VaR}(s(\pi)) = \frac{1}{2}\rho D\beta^2\sigma^2$

根据确定性等价的定义和假定，盟员企业的确定性等价收入[7]为：

$$E\omega - C_f = E\{\alpha + \beta[\sqrt{D}(b_1 d_1 + b_2 d_2) + \theta] - \frac{1}{2}c_2 d_2^2\} - \frac{1}{2}D\rho\beta^2\sigma^2$$

$$= \alpha + \beta\sqrt{D}(b_1 d_1 + b_2 d_2) - \frac{1}{2}c_2 d_2^2 - \frac{1}{2}D\rho\beta^2\sigma^2$$

由于盟员企业最大化期望效用函数 $Eu = -Ee^{-\rho\omega}$ 等价于最大化上述确定性等价收入，故以上述的确定性等价收入替代其期望效用。

本文主要分析信息对称和信息不对称等两种情况下的收益分配模型，其中，信息对称是收益分配契约结果达到帕累托最优的条件，而信息不对称是实践中不可避免的情况，对此情况下收益分配契约的研究更具现实意义。

（一）信息对称下的收益分配

1. 模型的建立及求解

信息对称表示联盟双方的努力行为是可观测的，盟主可以根据观察到的努力水平对盟员企业实行奖惩，激励相容约束失效。此时，收益分配委托—代理模型表示如下：

$$\left.\begin{aligned} &\max_{\alpha,\beta} G - \alpha + (1-\beta)\sqrt{D}(b_1 d_1 + b_2 d_2) - \frac{1}{2}c_1 d_1^2 \\ &\text{s.t. } \alpha + \beta\sqrt{D}(b_1 d_1 + b_2 d_2) - \frac{1}{2}c_2 d_2^2 - \frac{1}{2}D\rho\beta^2\sigma^2 \geqslant \varpi \end{aligned}\right\} \quad (1)$$

求解上述目标函数，最终得出：

$$d_1^* = \frac{\sqrt{D}b_1}{c_1};\ d_2^* = \frac{\sqrt{D}b_2}{c_2};\ \beta^* = 0;\ \alpha^* = \varpi + \frac{Db_2^2}{2c_2}$$

2. 模型结果分析

（1）双方的最优努力水平 d_1^*，d_2^* 与 α，β 的取值无关，与盟主、盟员企业的能力水平 b_1，b_2 及联盟投资规模 D 正相关，与盟主、盟员企业的努力成本系数 c_1，c_2 负相关。

（2）$\beta^* = 0$，说明在信息对称情况下，盟员企业不承担任何风险，努力所得的收益全部由盟主独立拥有，盟主没有必要支付给盟员企业更多的报酬。

（二）信息不对称下的收益分配

1. 模型的建立及求解

信息不对称时，联盟双方的努力水平是不可观测的，此时，激励相容约束是起作用的，同时盟主也要满足自身的激励相容约束条件，故收益分配委托—代理模型如下：

$$\max_{\alpha,\beta} G - \alpha + (1-\beta)\sqrt{D}(b_1 d_1 + b_2 d_2) - \frac{1}{2}c_1 d_1^2$$
$$\text{s. t.} \begin{cases} \max\limits_{d_1} G - \alpha + (1-\beta)\sqrt{D}(b_1 d_1 + b_2 d_2) - \frac{1}{2}c_1 d_1^2 \\ \max\limits_{d_2} \alpha + \beta\sqrt{D}(b_1 d_1 + b_2 d_2) - \frac{1}{2}c_2 d_2^2 - \frac{1}{2}D\rho\beta^2\sigma^2 \\ \alpha + \beta\sqrt{D}(b_1 d_1 + b_2 d_2) - \frac{1}{2}c_2 d_2^2 - \frac{1}{2}D\rho\beta^2\sigma^2 \geqslant \varpi \end{cases} \tag{2}$$

求解上述目标函数，最终解得：

$$d_1 = \frac{(1-\beta)\sqrt{D}b_1}{c_1},\ d_2 = \frac{\beta\sqrt{D}b_2}{c_2},\ \beta = \frac{c_1 b_2^2}{c_1 b_2^2 + c_2 b_1^2 + c_1 c_2 \rho\sigma^2}$$

2. 模型结果分析

（1）分析 $d_1 = \frac{(1-\beta)\sqrt{D}b_1}{c_1}$ 可知：盟主努力水平 d_1 与其自身能力水平系数 b_1 正相关，与其努力成本系数 c_1 负相关，能力越强的盟主企业越会更加努力的工作；盟主努力水平 d_1 与联盟投资规模 D 正相关，其投资规模越大，盟员企业努力水平就越高。

（2）分析 $d_2 = \frac{\beta\sqrt{D}b_2}{c_2}$ 可知：盟员企业的努力水平 d_2 与盟主所给予的激励水平 β 正相关，盟主给盟员企业的激励水平越高，盟员企业工作越努力，也越能激励盟员企业追求更高水平的服务质量；盟员企业的努力水平 d_2 与其自身能力水平系数 b_2 正相关，与其努力成本系数 c_2 负相关，能力越强的盟员企业越会付出更大的努力去完成任务，获得盟主甚至社会的认可，增强市场竞争力；盟员企业的努力水平 d_2 与联盟投资规模 D 正相关，其投资规模越大，盟员企业努力水平就越高。

（3）对 $\beta = \frac{c_1 b_2^2}{c_1 b_2^2 + c_2 b_1^2 + c_1 c_2 \rho\sigma^2}$ 分析：由 $\frac{\partial\beta}{\partial b_2^2} = \frac{c_1 c_2 b_1^2 + c_1^2 c_2 \rho\sigma^2}{(c_1 b_2^2 + c_2 b_1^2 + c_1 c_2 \rho\sigma^2)^2} > 0$ 可知：盟员企业收益分配系数 β 与其能力水平系数 b_2 正相关，盟员企业的能力水平越高，其激励报酬分配比例就越大；由 $\frac{\partial\beta}{\partial c_2} = -\frac{c_1 b_2^2(b_1^2 + c_1\rho\sigma^2)}{(c_1 b_2^2 + c_2 b_1^2 + c_1 c_2 \rho\sigma^2)^2} < 0$ 可知：盟员企业收益分配系数 β 与其努力成本系数 c_2 负相关，故盟员企业努力成本系数越小，激励系数就越大；盟员企业收益分配比例系数 β 与其风险规避度 ρ 及外生不确定因素的方差 σ^2 负相关，盟员企业风险规避度越大，盟主给予的激励系数越小，极端情况下，$\rho \to \infty$ 时，激励系数为0；同样，不确定因素越多，激励系数越小，当 $\sigma^2 \to \infty$ 时，激励系数为0。

3. 对比分析

（1）努力水平的比较

信息对称和信息不对称情况下盟主的最优努力水平之比为：$\frac{\sqrt{D}b_1}{c_1} \Big/ \frac{b_1\sqrt{D}(1-\beta)}{c_1} = \frac{1}{(1-\beta)} > 1$；

信息对称和信息不对称情况下盟员的最优努力水平之比为：$\frac{\sqrt{D}b_2}{c_2} / \frac{\beta\sqrt{D}b_2}{c_2} = \frac{1}{\beta} > 1$。

就是说，双方在非对称信息下的最优努力水平严格小于对称信息下的努力水平。即在相同条件下，信息的不对称将会降低双方的努力水平。

（2）收益分配强度的比较

信息对称条件下：$\beta^* = 0$；信息不对称条件下：$\beta = \frac{c_1 b_2^2}{c_1 b_2^2 + c_2 b_1^2 + c_1 c_2 \rho\sigma^2} > 0$。

在信息对称情况下，盟主对盟员企业的激励强度比在信息不对称情况下要小，也就是说，在信息不对称条件下，代理人所承担的风险比在信息对称条件下要大。

（3）风险成本和激励成本的比较

在盟主是风险中性情况下，努力水平可观测时，$\beta^* = 0$，盟主承担全部风险；努力水平不可观测时，盟员承担的风险成本：$C_f = \frac{1}{2}D\rho\left(\frac{c_1 b_2^2}{c_1 b_2^2 + c_2 b_1^2 + c_1 c_2 \rho\sigma^2}\right)^2\sigma^2 > 0$。

这是在信息不对称情况下净福利损失。

期望产出的净损失为：
$$\begin{aligned}\Delta E(\pi) &= \sqrt{D}(b_1 d_1^* + b_2 d_2^*) - \sqrt{D}(b_1 d_1 + b_2 d_2)\\ &= \sqrt{D}[(b_1 d_1^* - b_1 d_1) + (b_2 d_2^* - b_2 d_2)]\end{aligned}$$

努力成本的节约为：$\Delta C = C(d_1^*) - C(d_1) = \frac{1}{2}c_1 d_1^{*2} - \frac{1}{2}c_1 d_1^2$

所以激励成本：$\Delta E(\pi) - \Delta C = \sqrt{D}[(b_1 d_1^* - b_1 d_1) + (b_2 d_2^* - b_2 d_2)] - (\frac{1}{2}c_1 d_1^{*2} - \frac{1}{2}c_1 d_1^2) = \frac{D b_2^2(1-\beta)}{c_2} + \frac{D b_1^2 \beta^2}{2c_1} > 0$

总代理成本为：$AC = C_f + (\Delta E(\pi) - \Delta C) > 0$

即在其他条件相同时，信息不对称将会使盟主付出一定的激励成本，从而降低了其期望收益。

五、案例分析

本文选取成都市两家专业物流企业作为整车物流联盟收益分配模型的应用研究对象，其中一家是国内规模较大的专业汽车物流企业 A，主要从事整车、零部件物流及相关物流策划等综合服务，另一家是以运输、配送服务为主的中小型物流企业 B。目前企业 A 与合作商之间的收益分配主要采用的是固定支付的方式，即企业 A 根据运输里程 S 及单位额定运价 P，按照一定比例收取管理信息费 F。

（一）参数确定

本文以成都到西安的订单为例，采用实地调研取得基础数据。由于该联盟收益分配大多采用固定支付方式，该收益分配方法较难获得历史数据，在实例计算时，某些参数可以参考其他联盟的系数取值试行，并根据本联盟的实际情况加以调整。

以每车全程运费 G 与目前企业 A 所收取的管理信息费 F 之差作为企业 A 支付给企业 B 的固定费用 α_0，在未订立契约前，企业 B 至少可以获得基本的固定费用 α_0，所以，令$\varpi = \alpha_0$，模型中关键参数取值总结如表 1 所示。

表 1　模型参数取值

参数	G	ϖ	c_1	c_2	D	b_1	b_2	ρ	s^2
取值	921.76	866.45	1.06	0.95	16.16	0.90	0.76	1.16	0.25

（二）算例实现

将表 1 中的参数值分别代入式（1）、式（2），通过计算，得到联盟双方在信息对称和信息不对称两种情况下的最优努力水平及收益分配情况如表 2 和表 3 所示。

表 2　信息对称下收益分配结果

变量	d_1^*	d_2^*	β^*	R^*	R_1^*	R_2^*
数值	3.41	3.22	0	932.85	71.31	861.54

注：R^* 表示信息对称下联盟总收益；R_1^*、R_2^* 分别表示信息对称下盟主、盟员企业所获得的收益。

表 3　信息不对称下收益分配结果

变量	d_1	d_2	β	R	R_1	R_2
数值	2.16	1.18	0.37	922.52	63.19	859.33

注：表中 R 表示信息不对称下联盟总收益；R_1、R_2 分别表示信息不对称下盟主、盟员企业的收益。

对比表 2、表 3，可以清晰地发现，经过联盟双方的努力，联盟的总收益得到提高，不管对于盟主来说，还是对于盟员企业来说，通过合作，收益都较之前有所增加。信息不对称情况下合作双方的努力水平及收益水平比信息对称情况下都有所降低，这与前文中分析所得结论是一致的。这也说明了进一步加强物流信息平台建设的必要性，增强合作双方的透明度，才能使联盟及联盟内各成员的收益得到进一步提高。

六、结束语

本文以我国汽车整车物流企业为研究对象，基于委托—代理理论，综合考虑了联盟双方能力水平、投资规模及风险偏好等因素对联盟收益分配的影响，构建了符合我国整车物流企业联盟实际的收益分配模型，最后进行了实例验证，通过实例验证，证明了该方法的有效性。分析结果显示：当信息对称时，可以达到帕累托最优；但信息不对称时是无法达到帕累托最优的；并且，还会降低双方的努力水平，影响双方的收益。因此，合作双方透明度的增强，将有助于联盟及联盟内各成员企业收益的提高。

参考文献

［1］刘建国．整车物流联合运输与库存策略［J］．统计与决策，2011（21）：71－73.

［2］QIN XU－WEI，FAN YU－SHUN，YIN CHAO－WAN. Research on Integrated Optimization Model for Automobile Logistics Network Design［J］．CIMS，2012，12（3）：364－370.

［3］QU XINHUAI，SONG WENFENG，DING BIRONG and ZHAO HAN. Study on the Triangulation Network of Collaboration Distribution Based on Improved ACO［J］．Electrical Engineering，2012，136（1）：679－686.

［4］王巍．资源整合导向的汽车整车物流联盟组建过程研究［D］．上海：同济大学硕士学位论文，2005.

［5］李静．我国整车物流联盟的组建问题研究［D］．广州：广东工业大学硕士学位论文，2008.

［6］李善良，朱道立．不对称信息下供应链线性激励契约委托代理分析［J］．计算机集成制造系统．2005，11（12）：58－62.

［7］GAN X，SETHI S P，YAN H. Channel Coordination with a Risk－Neutral Supplier and a Downside－Risk－Averse Retailer［J］．Production and Operation Management，2005，14（1）：80－90.

价格波动下钢铁企业原材料采购多期优化模型*

伍景琼　蒲　云　伍锦群

摘　要： 考虑钢铁企业原材料需求、采购提前期及价格波动的影响，建立原材料采购的多期优化模型，最小化单位采购成本并保证原材料的供应。由于模型求解困难，将其分解为多个子模型，并采用改进的粒子群算法进行求解。最后以某钢铁企业铁矿石采购为案例，表明多期优化决策比单期最优经济采购决策和以补充库存为目的的采购策略更优。

关键词： 钢铁企业　原材料采购　价格波动　多期优化

一、引言

钢铁企业是资源消耗型企业，对铁矿石、煤炭和废钢等有较大的依赖，原材料采购成本占总产品成本的60% ~70%[1]，且由于钢铁生产中断后重新恢复生产需要付出巨大费用，钢铁原材料必须得到百分之百的供应，以保障生产的连续性。目前，钢铁企业采购模式大多以补充库存为主，常常维持较高的库存量，占用了大量的流动资金。如何在保障供应的前提下降低采购成本对钢铁企业至关重要。

1913 年，Harris 提出了经典的经济订购批量（EOQ）模型[2]，随后一些学者将经济订购批量模型进行拓展，将其假设条件逐步放宽，形成较为完整的库存体系[3,4]。目前，对于钢铁企业原材料采购的研究较少。文献［5］认为钢铁企业原材料采购具有品种多、数量大、费用高和质量要求严格的特点，并建立了原材料总采购成本最小化模型，进行原材料采购计划的编制，确定采购品种及数量。文献［6］研究了大型钢铁集团的散装原材料采购问题，假设钢铁原材料的需求和库存水平确定的情况下，建立总成本最小、延期交货量最低和原材料合格率最高的多目标模型，决定原材料采购品种、采购数量以及供应商的选择。文献［1］研究了钢铁原料采购批量问题，在满足生产需求的前提下，确定各种原料的采购量，使总的采购成本和库存费用之和最小。文献［7］和文献［8］以上海宝钢为背景研究了钢铁企业的原料库存问题，建立了基于EOQ 的钢铁企业原料库存优化模型，用于确定各种原料的最佳库存水平和补库时间间隔，以实现原料库存相关成本的最小化。同时给出了将拉格朗日松弛、序贯引入约束法和启发式算法结合的方法来进行求解。文献［1］及文献［5］至文献［8］的研究

* 作者简介：伍景琼，女，博士，昆明理工大学交通工程学院，讲师，主要研究方向：物流经济、供应链管理、物流信息技术；蒲云，西南交通大学，交通运输与物流学院；伍锦群，湖南省娄底职业技术学院，电子信息工程系。

发表情况：控制与决策（EI 源刊），2013（19）。

都假定了原材料价格和原材料需求为固定值，然而现实中，钢铁原材料价格和需求不断波动，此时原采购决策未必为最优决策。

对于原材料采购中价格波动的影响研究，文献［9］最早在物资采购中考虑采购物资价格随时间波动，并提出采用线性规划和动态规划来解决该问题。文献［10］在原材料采购中考虑了采购价格、库存成本以及需求随时间发生变化的情况，但其认为采购价格与时间存在函数关系，然而钢铁原材料价格与时间并非存在某种特定的函数关系。

本文综合考虑需求、采购提前期随机波动和原材料价格波动的影响，在价格预测基础上从多期决策的角度来进行原材料采购的优化，为钢铁企业管理者提供采购决策。

二、采购优化模型的建立

（一）模型的描述及假设

假设钢铁企业采用（r，Q）策略盘点库存，此时，原材料采购策略如图 1 所示。

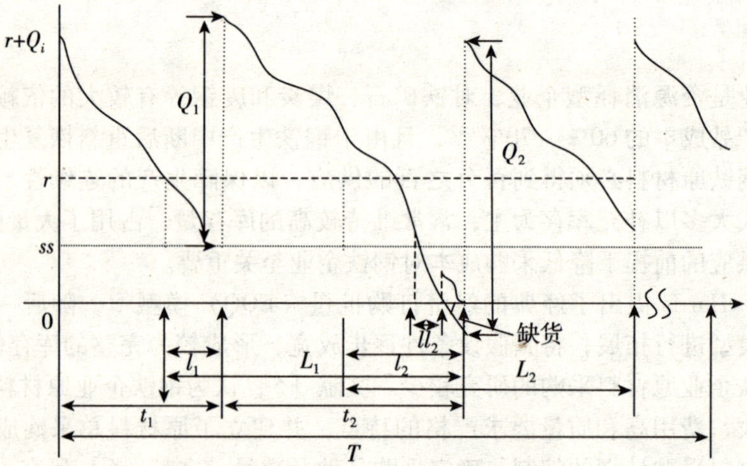

图 1　随机需求下原材料采购策略

当库存下降到 r 时，发出订货指令，由于受到原材料价格波动的影响，若预测未来价格会上涨，采购决策者会考虑在这一采购期内增加采购量，而减少未来采购期的采购量；相反若预测未来价格下跌则会相对减少这一期的采购量但会保障供应，即采购量为随机变量，表现为图中 Q_1 与 Q_2 不相等。由于原材料每期采购量不同、供应商差异、推迟交货以及运输受阻等不确定因素的影响，采购提前期 L_i 不相等，即采购提前期 L 为随机变量。由于钢铁企业生产不能中断，即原材料供应应该保证百分之百的供应率，若是按照此设置安全库存，则安全库存量越高其供应保障率也越高，但受到堆放场地、采购资金的限制，库存量不可能无限制追求最高，所以设置一个合理的供应保障率 α，则可能缺货的概率为 $1-\alpha$。当采购提前期不正常延长时，会导致库存量降到安全库存 ss 以下，采购管理者会采用高价购买原材料、调货等办法保证生产供应正常，即发出图 1 中 ll_2 期间的紧急订货，该订货量在正常采购物资到达前到达，维持钢铁生产持续进行。

有关假设如下：①同一种原材料有多个供应商处。在同一个采购期内同种原材料不同供应商的出售价格相同，但同种原材料不同供应商供应品质存在差别；②在一个采购期 t_k 内最多只有一次紧急订货；③采购期 t_k 内到达的物资都在期初瞬间到达；④在某采购期 t_k 内原材料价格维持恒定不变，但不同 t_k 期内采购价格是波动的；⑤钢铁企业生产持续无限期，即在原材料价格预测周期 T 前和后都存在钢铁生产活动。

（二）模型的建立

本文的符号说明如下：T 为原材料价格预测周期，根据实际需要划分为若干预测期；t_k 为第 k 个采购期的延续时间，$k \in \{1, 2, \cdots, K\}$，$\sum_{k=1}^{K} t_k \geqslant T$ 且 $\sum_{k=1}^{K-1} t_k < T$，t_{-1}，t_0，t_{K+1} 有意义，但是 t_{-1}，t_0，$t_{K+1} \notin (0, T)$；Q_{ik} 为第 i 种原材料在 t_k 采购期发出的经济订购量；r_i 、ss_i 分别为第 i 种原材料的订货点及安全库存量；η_i 为单位钢材产量对于第 i 种原材料需求率，根据钢材生产技术消耗树得到，为常量；θ_{ik} 为第 i 种原材料在第 t_k 采购期的产量影响因子，$\theta_{ik} > 0$；$\mu_{\lambda i}$ 、$\sigma_{\lambda i}^2$ 分别为第 i 种原材料的需求均值和方差；P_{ik} 为第 i 种原材料在 t_k 采购期的预测价格；Q_{ijk} 和 $\overline{Q}_{ijk}$ 为第 i 种原材料在第 t_k 采购期从供应商 j 处采购的量及采购量的上限；C_{Yik} 为第 i 种原材料在第 t_k 采购期采购预算；l_{ik} 为第 i 种原材料第 t_k 采购期内订货点到下一批到货点之间的时间；D_{LBki} 、μ_{DBi} 、σ_{DBi}^2 和 $f_{LBi}(x)$ 分别为第 i 种原材料 l_{ik} 期间的需求、需求均值、方差和需求的概率分布密度；c_i^q 为第 i 种原材料每次采购固定费用；c_{ijk}^s 为第 i 种原材料在 t_k 采购期内从供应商 j 处采购的单位运输成本；g_{ik} 为第 i 种原材料在 t_k 采购期期初的库存量，也即上期末剩余库存量；$c_i^{h_1}$，$c_i^{h_2}$ 分别为第 i 种原材料储存在自有堆场（仓库）、租用堆场（仓库）的单位库存成本；v_i 为第 i 种原材料自有堆场（仓库）的最大库存能力；α_i 为原材料 i 的生产供应保障率；ll_{ik} 为第 i 种原材料在采购期 t_k 的紧急订货提前期，存在紧急订货的概率为 $1-\alpha_i$；q_{ik} 为第 i 种原材料在采购期 t_k 的紧急订货量；p_{ik} 为第 i 种原材料在采购期 t_k 的紧急订货时的价格，紧急订货提前提 ll_{ik} 越小则 p_{ik} 越大；

指标函数为：
$$\delta(y) = \begin{cases} 0, & y \leqslant 0 \\ 1, & y > 0 \end{cases}$$

1. 采购成本

预测周期 T 内采购成本包括正常采购费用及紧急订货情况下采购费用，通过紧急订货可以保证原材料百分之百的供应，其计算表达式为：

$$C_P = \sum_{i=1}^{I} \sum_{k=1}^{K} Q_{ik} P_{ik} + k \sum_{i=1}^{I} c_i^q + \sum_{i=1}^{I} \sum_{k=1}^{K} q_{ik} p_{ik} \tag{1}$$

2. 运输成本

共有 i 种原材料物资从 j 个供应商处采购（$i \leqslant j$），原材料运输成本为：

$$C_s = \sum_{i=1}^{I} \sum_{j=1}^{J} \sum_{k=1}^{K} c_{ijk}^s Q_{ijk} \tag{2}$$

3. 库存成本

由于不同供应商的采购提前期不同，要精确计算库存成本比较困难，故应用采购提前期均值 μ_{Li} 来进行库存成本的粗略计算。

采购期 t_k 采购的原材料不一定在当期或 t_{k+1} 期到达，而是可能跨越了多个采购期，且到达时间可能会超出原材料价格预测期 T 的范围，但是在计算预测期 t_k 期间的库存成本时，并不根据 t_k 期间原材料实际到达量来计算，而是以当期采购量在未来的库存成本来计算。此时，若 $\left\lfloor \dfrac{\mu_{Li}}{t_k + t_{k+1} + \cdots + t_{k+m}} \right\rfloor = 0$，且 $\left\lfloor \dfrac{\mu_{Li}}{t_{k+1} + \cdots + t_{k+m}} \right\rfloor = 1$，则称 μ_{Li} 跨越了 m 个采购期。

采购期 t_k 内第 i 种原材料的库存成本为：

$$
\begin{aligned}
C_{wik} &= \delta(Q_{ik} + g_{i(k+m)} - v_i)\left\{\int_{\frac{Q_{ik}+g_{i(k+m)}-v_i}{\theta_{i(k+m)}\eta_i}}^{t_{k+m}} c_i^{h_1}(v_i - \theta_{i(k+m)}\eta_i t)\,\mathrm{d}t + \int_0^{\frac{Q_{ik}+g_{i(k+m)}-v_i}{\theta_{i(k+m)}\eta_i}} [c_i^{h_1}v_i + c_i^{h_2}(Q_{ik} + g_{i(k+m)} - v_i - \theta_{i(k+m)}\eta_i t)]\,\mathrm{d}t\right\} \\
&\quad + \delta(v_i - Q_{ik} - g_{i(k+m)})\int_0^{t_{k+m}} c_i^{h_1}(Q_{ik} + g_{i(k+m)} - \theta_{i(k+m)}\eta_i t)\,\mathrm{d}t + c_i^{h_1}\frac{q_{ik}^2}{2\theta_{ik}\eta_i} \\
&= \delta(Q_{ik} + g_{i(k+m)} - v_i)\left[c_i^{h_1}v_i t_{k+m} - \frac{1}{2}c_i^{h_1}\theta_{i(k+m)}\eta_i t_{k+m}^2 + \frac{(Q_{ik} + g_{i(k+m)} - v_i)^2}{2\theta_{i(k+m)}\eta_i}(c_i^{h_1} + c_i^{h_2})\right] + \\
&\quad \delta(v_i - Q_{ik} - g_{i(k+m)})c_i^{h_1}\left[(Q_{ik} + g_{i(k+m)})t_{k+m} - \frac{\theta_{i(k+m)}\eta_i}{2}t_{k+m}^2\right] + c_i^{h_1}\frac{q_{ik}^2}{2\theta_{ik}\eta_i}
\end{aligned}
\tag{3}
$$

原材料价格预测期 T 内总库存成本为：

$$C_w = \sum_{i=1}^{I}\sum_{k=1}^{K} C_{wik} \tag{4}$$

4. 目标函数

需求波动下，建立原材料价格波动的多期采购决策模型，目标函数是原材料价格预测期 T 内单位原材料的采购、运输、库存总费用最小，表示为：

$$\min C = \sum_{i=1}^{I}\frac{(C_{ip} + C_{is} + C_{iw})}{\sum\limits_{k=1}^{K} Q_{ik}} \tag{5}$$

约束条件：

$$Q_{ijk} \leqslant \overline{Q}_{ijk} \tag{6}$$

$$Q_{ik} = \sum_{j=1}^{J} Q_{ijk} \tag{7}$$

$$Q_{ik}P_{ik} \leqslant C_{Yik} \tag{8}$$

$$q_{ik} = \begin{cases} 0, & g_{ik} + Q_{i(k-m)} - \theta_{ik}\eta_i t_k \geqslant 0 \\ \theta_{ik}\eta_i t_k - g_{ik} - Q_{i(k-m)}, & g_{ik} + Q_{i(k-m)} - \theta_{ik}\eta_i t_k < 0 \end{cases} \tag{9}$$

$$g_{i(k+m)} + Q_{ik} + q_{i(k+m)} - \theta_{ik}\eta_i t_{k+m} = g_{i(k+m+1)} \tag{10}$$

$$g_{ik} \geqslant 0 \tag{11}$$

$$\theta_{ik} > 0 \tag{12}$$

$$\sum_{k=1}^{K-1} t_k < T \quad 且 \quad \sum_{k=1}^{K} t_k \geqslant T \tag{13}$$

$$i \in \{1, 2, \cdots, I\}, j \in \{1, 2, \cdots, J\}, k \in \{1, 2, \cdots, K\} \tag{14}$$

其中：式（6）表示采购期 t_k 期间第 i 种原材料从供应商 j 处采购的量不能高于其采购上限，此式可以保证原材料需求品质；式（7）为采购平衡式；式（8）表示采购期 t_k 期间第 i 种原材料采购金额不能高于预算；式（9）表示缺货情况下才进行紧急订货；式（10）为库存平衡式；式（11）表示原材料供应不能中断，采购期期末库存总是大于零；式（12）表示产量影响因子的取值范围；式（13）表示多期采购决策在预测周期内做出；式（14）表示下标量取值范围。

5. 订货点 r_i

由原材料供应保障率 α 来确定订货点。第 i 种原材料的订货点 r_i 满足从订货点开始到下一批货物进厂期间的需求，是满足式（15）的 r_i 值。

$$F_L(r_i) = \int_0^{r_i} f_{LB}(x)\,\mathrm{d}x = \alpha_i \tag{15}$$

6. 安全库存 ss_i

安全库存由式（16）得到：

$$ss_i = r_i - \mu_{DBi} = \beta\sigma_{DBi} \tag{16}$$

其中 β 为安全因子，与供应保障率 α 有关。

三、模型的求解

（一）单期决策下采购期和采购量确定

模型中考虑采购期 t_k 的长度是变动的，且 t_k 的长度受决策变量 $Q_{i(k-m)}$ 的影响。若只考虑采购期 t_{k+m} 的总成本大小，其对 t_{k+m} 求导有：

$$\frac{\partial(C_{\mathrm{pk}} + C_{\mathrm{sk}} + C_{\mathrm{wk}})}{\partial t_{k+m}} = \frac{\partial(C_{\mathrm{pk}} + C_{\mathrm{wk}})}{\partial t_{k+m}} \tag{17}$$

（1）对于第 i 种原材料，当 $Q_{ik} + g_{i(k+m)} - v_i > 0$ 即租用堆场（仓库）时：

第一种情形：若没有紧急订货，即 $Q_{i(k-m)} + g_{ik} - \theta_{ik}\eta_i t_k \geqslant 0$ 有：

$$\frac{\partial(C_{\mathrm{pk}} + C_{\mathrm{wk}})}{\partial t_{k+m}} = \frac{\partial\left[c_i^{h_1} v_i t_{k+m} - \frac{1}{2} c_i^{h_1} \theta_{i(k+m)} \eta_i t_{k+m}^2 + \frac{(Q_{ik} + g_{i(k+m)} - v_i)^2}{2\theta_{i(k+m)}\eta_i}(c_i^{h_1} + c_i^{h_2})\right]}{\partial t_{k+m}}$$
$$= c_i^{h_1} v_i - c_i^{h_1} \theta_{i(k+m)} \eta_i t_{k+m} \tag{18}$$

令 $\frac{\partial(C_{\mathrm{pk}} + C_{\mathrm{wk}})}{\partial t_{k+m}} = 0$，得：

$$t_{k+m} = \left\lfloor \frac{v_i}{\theta_{i(k+m)}\eta_i} \right\rfloor \tag{19}$$

在采购 t_{k+m} 期，总成本函数是关于 t_{k+m} 的二次函数，其开口向上，所以在顶点 $t_{k+m} =$

$\frac{\nu_i}{\theta_{i(k+m)}\eta_i}$处取得最小值。

第二种情形：若产生紧急订货，即 $Q_{i(k-m)} + g_{ik} - \theta_{ik}\eta_i t_k < 0$，同理可得

$$t_{k+m} = \left\lfloor \frac{\nu_i}{\theta_{i(k+m)}\eta_i} \right\rfloor \tag{20}$$

所以，在租用堆场（仓库）时候，t_{k+m} 都由式（20）确定，且此时满足式（20）的 t_{k+m} 值使得在 t_{k+m} 期内不会产生紧急订货，以使成本最小。

（2）对于第 i 种原材料，当 $Q_{ik} + g_{i(k+m)} - v_i \leqslant 0$ 即自有堆场（仓库）满足库存需要，同（1），分两种情形：没有紧急订货和有紧急订货，求导计算后结果均为

$$t_{k+m} = \left\lfloor \frac{Q_{ik} + g_{i(k+m)}}{\theta_{i(k+m)}\eta_i} \right\rfloor \tag{21}$$

即自有堆场满足库存需求时，t_{k+m} 值由式（21）确定，且满足式（21）的 t_{k+m} 值使得在 t_{k+m} 期内不会产生紧急订货。

因此，结合式（9）、式（10），决策变量 Q_{ik} 决定 t_k、q_{ik}、g_{ik} 的取值。其他参数都根据实际情况获得具体值。

（二）单期决策下采购量确定

若是只考虑单期的最优采购量的决策，记第 t_k 期的单位原材料采购成本为 $C_k = \frac{1}{Q_k}(C_{pk} + C_{sk} + C_{wk})$，则：

$$\frac{\partial C_k}{\partial Q_k} = \frac{\partial \frac{1}{Q_k}(C_{pk} + C_{sk} + C_{wk})}{\partial Q_k}$$

（1）对于第 i 种原材料，当 $Q_{ik} + g_{i(k+m)} - v_i > 0$ 即租用堆场（仓库）时，由式（21）控制 t_{k+m} 值不会产生紧急订货，此时有：

$$\frac{\partial \frac{1}{Q_{ik}}(C_{ipk} + C_{isk} + C_{iwk})}{\partial Q_{ik}} = -\frac{c_i^q}{Q_{ik}^2} - \frac{c_i^{h_1} v^2}{2\theta_{i(k+m)}\eta_i Q_{ik}^2} + \left[1 - \frac{(g_{i(k+m)} - v_i)^2}{Q_{ik}^2}\right]\frac{(c_i^{h_1} + c_i^{h_2})}{2\theta_{i(k+m)}\eta_i} \tag{22}$$

令 $\frac{\partial \frac{1}{Q_{ik}}(C_{ipk} + C_{isk} + C_{iwk})}{\partial Q_{ik}} = 0$，则有最优订货批量为：

$$Q_{ik} = \sqrt{\frac{2\theta_{i(k+m)}\eta_i c_i^q + c_i^{h_1} v^2}{c_i^{h_1} + c_i^{h_2}} + (g_{i(k+m)} - v_i)^2} \tag{23}$$

（2）对于第 i 种原材料，当 $Q_{ik} + g_{i(k+m)} - v_i \leqslant 0$ 即自有堆场（仓库）满足库存需要，由式（21）知控制 t_k 不会产生紧急订货，同（1）得到最优经济订货批量：

$$Q_{ik} = \sqrt{\frac{2\theta_{i(k+m)}\eta_i c_i^q}{c_i^{h_1}} + g_{i(k+m)}^2} \tag{24}$$

由式（23）和式（24）可以看出，最优订货批量的形式与经典的 EOQ 模式类似，

单期情况下 g_{ik} 的取值大于或等于安全库存量，最优订货批量比 EOQ 模型下的经济订货批量要大。

（三）多期决策下模型的求解

多期联合决策模型中，涉及多种原材料以及多个时段，由于各种类别原材料采购基本独立，但同种原材料时间相关联，所以可以将模型简化为求预测期 T 内每种原材料的最佳采购点、采购量及采购周期，即原模型可以简化为 I 个子模型进行求解。简化后的模型还是非线性单目标优化问题，且涉及多期联合优化，采用常规方法求解困难，考虑采用智能算法进行求解。本文选取粒子群算法进行优化求解，算法原理具体见文献［11］。为了调整算法全局寻优能力，此处对算法进行改进，增加惯性系数的调整。具体计算实现如下：

（1）预测时间 T 内的原材料价格 P_{ik} 值；

（2）对于第 i 种原材料，其模型的解为（Q_1，Q_2，…，Q_k）。种群由 l 个粒子组成，每个粒子代表模型的一个解。第 w 次迭代时粒子的状态属性由位置向量 $Q_l^w=[Q_{l1}^w, Q_{l2}^w, \cdots, Q_{lk}^w]$ 和速度向量 $v_l^w=[v_{l1}^w, v_{l2}^w, \cdots, v_{lk}^w]$ 表示。受采购金额的限制，$Q_l^w \in \left[0, \frac{C_{Yk}}{P_k}\right]$。且速度向量的最大值设置一般为每维变量的范围[7]，即可设置 $v_l^w \in \left[-\frac{C_{Yk}}{P_k}, \frac{C_{Yk}}{P_k}\right]$。记个体最优位置为 $p_l^w=[p_{l1}^w, p_{l2}^w, \cdots, p_{lk}^w]$，个体最优值为 $Pbestc_l$；全局最优位置为 $np_l^w=[np_{l1}^w, np_{l2}^w, \cdots, np_{lk}^w]$，全局最优值为 $Gbestc$。

（3）$w=0$ 时，初始化 Q_l^0 和 v_l^0。计算式目标函数值 $C_l^w=\frac{(C_{ip}+C_{is}+C_{iw})}{\sum_{k=1}^{K} Q_{ik}}$，记 $Pbestc_l=C_l^w$，$Gbestc=\min(C_l^w)$。

（4）根据式（25）更新粒子速度 v_{lk}^w，不超过最大速度。

$$v_{lk}^{w+1}=\omega v_{lk}^w+c_1 r_1(p_{lk}^w-Q_{lk}^w)+c_2 r_2(np_{lk}^w-Q_{lk}^w) \tag{25}$$

$$\omega=\omega_{\max}-\frac{\omega_{\max}-\omega_{\min}}{w_{\text{all}}}w_{\text{current}} \tag{26}$$

其中：$\omega_{\max}$、$\omega_{\min}$ 表示惯性权重的最大、最小取值；w_{all} 表示算法总迭代次数；w_{current} 表示当前迭代次数。算法搜索初期可以采用较大的 ω 值获得较大范围，随后减小 ω 值获得较好后期局部搜索能力。

（5）根据式（27）更新粒子位置 Q_{lk}^{w+1}，不超过最大范围。

$$Q_{lk}^{w+1}=Q_{lk}^w+v_{lk}^{w+1} \tag{27}$$

（6）计算更新后的每个粒子的适应值 C_l^{w+1}，若 $C_l^{w+1}<Pbestc_l$，则更新 $p_l^{w+1}=[p_{l1}^{w+1}, p_{l2}^{w+1}, \cdots, p_{lk}^{w+1}]=[Q_{l1}^{w+1}, Q_{l2}^{w+1}, \cdots, Q_{lk}^{w+1}]$，且 $Pbestc_l=C_l^{w+1}$；若 $\min(C_l^{w+1})<Gbestc$，则更新 $np_l^{w+1}=[np_{l1}^{w+1}, np_{l2}^{w+1}, \cdots, np_{lk}^{w+1}]=[Q_{l1}^{w+1}, Q_{l2}^{w+1}, \cdots, Q_{lk}^{w+1}]$，$Gbestc=\min(C_l^{w+1})$。否则不予更新。

（7）令 $w=w+1$。判断程序终止条件是否满足。若满足则算法终止，输出最优解，否则转到（4）。

四、案例分析

某钢铁企业为年钢材产量在千万吨级的大型钢铁企业，地处内陆地区，远离矿石和煤炭产区，大部分原材料主要依靠铁路运输、公路运输进厂。以其铁矿石采购为例进行采购优化决策。

（1）受到预测精度的影响，选取 T 为 180 天，每 30 天为一个预测期。2011 年 7 月至 12 月铁矿石预测价格如表 1 所示。若发生紧急订货，订货价格为当期真实价格的 1.1 倍。

表 1　　铁矿石价格预测值　　单位：美元/吨

	7 月	8 月	9 月	10 月	11 月	12 月
预测值	171.41	173.31	175.42	167.35	158.54	158.38
真实值	173.22	173.37	175.92	175.74	162.14	141.24

（2）对钢铁企业的钢材需求进行预测，如表 2 所示。

表 2　　钢铁企业钢材需求预测　　单位：吨

	7 月	8 月	9 月	10 月	11 月	12 月
预测值	826920	828090	800880	841920	759990	861270

（3）采购启动费用为 20 万美元，每月铁矿石采购预算最高为 3 亿美元。供应商分为国内和国际供应商。根据历年采购分析，国内与国际铁矿石采购比例为 1∶2。铁矿石采购提前期均值 $\mu_{L(ore)} = 45$ 天。国内供应商运费为 14 美元/吨，国际铁矿石运费为 30 美元/吨。

（4）钢铁企业 L 的矿铁比约为 1.5∶1，可以取 $\eta_{(ore)} = 1.5$，θ 表示每天钢材产量（单位：吨）。应用 EasyFit 软件拟合历史数据，θ 为正态分布，$\mu_\theta = 23599$，$\sigma_\theta = 5931$。

（5）铁矿石都用露天堆场堆放，厂区内自有堆场成本为 $c^{h_1} = 0.1$ 美元/吨天，租用堆场 $c^{h_2} = 0.15$ 美元/吨天。7 月初铁矿石库存量为 $g_1 = 656400$ 吨，最大库存能力为 $v = 1730000$ 吨。

（一）订货点的确定

根据历史数据分析，订货点至下一批货物达到的时间 l 均值 $\mu_l = 15$ 天，均方差 $\sigma_l = 4$。铁矿石需求率为 1.5θ 吨/天，θ 的均值 $\mu_\theta = 23599$ 吨，均方差 $\sigma_\theta = 5931$。l 期间的需求 $D_{LB} = 1.5l\theta$，由于 l 与 θ 独立，所以需求 D_{LB} 均值为 $\mu_{DB} = 1.5\mu_l\mu_\theta = 530977.5$，均方差 $\sigma_{DB} = \sqrt{\mu_l\sigma_\theta^2 + \mu_\theta^2\sigma_l^2} = 97150$。由于 l 与 θ 为随机变量，D_{LB} 的概率分布函数难以获得，故精确分析难度较大，此处采用近似分析原理[12,13]，将 l 期间的需求 D_{LB} 看成是服从均值为 μ_{DB}，均方差为 σ_{DB} 的正态分布。

根据式（15），在不同供应保障率下对应不同的订货点，如表 3 所示。

表3　　铁矿石不同供应保障率下对应的订货点

供应保障率 α	0.80	0.85	0.90	0.95	0.98
对应订货点 r（吨）	613069	631528	655815	691761	730621

由于钢铁企业生产不能中断，故追求较高的供应保障率，一般要求供应保障率在90%以上。本文选取供应保障率为95%，所以钢铁企业在库存下降到691761吨时应该发起订货。

（二）安全库存的确定

同订货点的确定一样，在不同供应保障率下，安全库存不同。由式（16）得到安全库存如表4所示。

表4　　铁矿石不同供应保障率下对应的安全库存

供应保障率 α	0.80	0.85	0.90	0.95	0.98
安全因子 β	0.845	1.035	1.285	1.655	2.055
对应安全库存 ss（吨）	82092	100550	124838	160783	199643

在供应保障率为95%时，钢铁企业铁矿石的安全库存为160783吨，大约为4.5天生产消耗量。但是根据调研，该钢铁企业一般维持15天左右安全库存，导致了资金的大量占用。目前国内粗钢产量排名前几位的某钢铁企业维持安全库存仅为5天，其库存结构较为优良，同时也验证了本文计算的合理性。

（三）采购量的确定

根据式（23）和式（24），维持安全库存下的最优经济订货批量及决策期如表5中第2和第3行所示。若钢铁企业继续维持其以补充库存为目的的采购方式，维持期末库存为65万吨时的采购量及决策期如表5中第4行所示。多期决策下，应用matlab编程求解，最优采购量及采购期如表5中第5行所示。相关的采购成本比较如表6所示。

表5　　各种采购模式下的最优决策期及采购量

采购模式	k	1	2	3	4	5	6	7	合计
租用仓库下经济订货批量	决策期 t_k（天）	30	41	43	41	45			200
	采购量 Q_k（吨）	1168152	1686069	1720692	1726915	1708098			8009926
自有仓库下经济订货批量	决策期 t_k（天）	30	35	11	10	12	10	10	
	采购量 Q_k（吨）	858458	439259	432555	445729	431544	444934	454740	
	决策期 t_k（天）	11	12	11	12	10	10		184
	采购量 Q_k（吨）	451218	430630	436146	427617	449512	457094		6159436

续表

采购模式	k	1	2	3	4	5	6	7	合计
补充库存为主的采购量	决策期 t_k（天）	30	30	26	25	28	25	23	187
	采购量 Q_k（吨）	1136115	1201320	1262880	1139985	1291905	1364490		7396695
多期联合决策最优采购量	决策期 t_k（天）	30	43	23	22	23	30	30	201
	采购量 Q_k（吨）	1242135	934887	956611	877139	1291905	1364490		6667167

表6　各种采购模式下的成本比较

采购模式	采购总量（吨）	采购成本（美元）	单位采购成本（美元/吨）	库存成本（美元）	运输成本（美元）
租用仓库下经济订货批量	8009926	1.6135×10^9	201.43	6.0811×10^7	1.9758×10^8
自有仓库下经济订货批量	6159436	1.1929×10^9	193.67	8.3097×10^6	1.5193×10^8
补充库存为主的采购量	7396695	1.4802×10^9	200.12	6.8138×10^7	1.8245×10^8
多期联合决策最优采购量	6667167	1.2904×10^9	193.54	2.2047×10^7	1.6446×10^8

结合表5和表6，采用自有仓库下的经济订货批量进行采购比租用仓库下平均每吨铁矿石节省7.76美元，且自有仓库下的库存成本最低，所以钢铁企业最好使用自有仓库进行存放并拓展仓库存储能力。该钢铁企业采用多期联合决策下的最优采购量进行采购比使用自有仓库下每吨铁矿石采购成本节省0.13美元，且自有仓库下采用经济订货批量进行采购作业较为频繁，如表5所示，在时间 T 内需要进行13次采购，大大增加了工作人员的劳动强度。

多期联合决策下比延续目前以采购策略下平均每吨铁矿石采购成本节省6.58美元，该企业每年大概采购铁矿石约1500万吨，优化采购之后每年可以节省约9870万美元，约节省人民币6.22亿元，约为2010年净利润的45%，所以多期联合优化的采购及库存策略有利于钢铁企业节省成本，增加利润。

（四）原材料价格波动趋势与采购量的关系

在多期联合决策下，铁矿石最优采购量与价格波动之间的关系如图2所示。当预测未来原材料价格上涨时候，会在前期进行较多的储备，在价格高点采购量达到较低水平，随着原材料价格的下降，采购量又会上升，在价格最低点，采购量达到较大值。所以最优决策下铁矿石最优采购量变动方向与价格波动方向相反。

原材料价格波动影响最优采购量决策，但并不需要原材料的预测价格与实际价格完全吻合，只要价格波动趋势预测正确，按照价格预测值进行决策的采购量也至少是较优决策。因此，钢铁企业采购管理者应该对原材料价格变动趋势有较强的敏感性，通过对未来价格波动趋势的把握，作出最佳决策，降低企业采购成本。

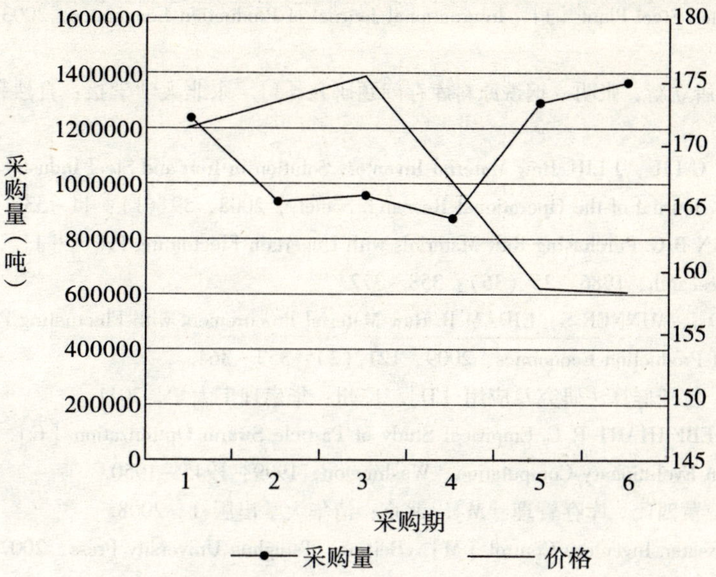

图2　多期决策下铁矿石最优采购量与价格波动关系

五、结　论

本文对钢铁企业原材料采购进行研究，考虑了原材料价格波动这一在现有文献中很少考虑的因素，采用多期联合决策来应对价格波动的影响，建立价格波动下多期采购优化决策模型，并研究了单期决策下的最优采购期和经济采购量的特征。模型涉及多种原材料及多个决策期，先将模型分解为 I 个单个原材料采购的决策子模型，并利用改进的粒子群算法对子模型进行求解。某钢铁企业的铁矿石采购优化实例表明：多期联合优化的采购库存决策比单期最优经济采购决策和以补充库存为目的的采购策略更优，对钢铁企业有着节省成本、增加利润的重要意义。

参考文献

［1］ZHEN GAO，TANG LIXIN. Combine Column Generation with GUB to Solve the Steel－iron Rawmaterials Purchasing Lot－sizing Problem［J］. ACTA Automatica Sinica，2004，30（1）：20－26.

［2］HARRIS W. How Many Parts to Make at Once［J］. The Magazine of Management，1913，10（2）：135－136，152.

［3］BERTAZZI L. Rounding off the Optimal Solution of the Economic Lot Size Problem［J］. International Journal of Production Economics，2003，81－82：385－392.

［4］HARIGA M，HAOUARI M. An EOQ Lot Sizing Model with Random Supplier Capacity［J］. International Journal of Production Economics，1999，58（1）：39－47.

［5］高振，唐立新，陶炜．大型钢铁企业原料采购计划模型［J］．系统工程学报，2003，18（6）：566－570.

［6］ZHEN GAO，LIXIN TANG. A Multi－objective Model for Purchasing of Bulk Raw Materials of a Large－scale Integrated Steel Plant［J］. International Journal of Production Economics，2003（83）：325－334.

［7］刘国莉，唐立新，张明．钢铁原料库存问题研究［J］. 东北大学学报：自然科学版，2007，28（2）：172－175.

［8］L TANG，G LIU，J LIU. Raw Material Inventory Solution in Iron and Steel Industry Using Lagrangian Relaxation［J］. Journal of the Operational Research Society，2008，59（1）：44－53.

［9］KINGSMAN B G. Purchasing Raw Materials with Uncertain Fluctuating Prices［J］. European Journal of Operational Research，1986，25（36）：358－372.

［10］ARNOLD J，MINNER S，EIDAM B. Raw Material Procurement with Fluctuating Prices［J］. International Journal of Production Economics，2009，121（2）：353－364.

［11］秦全德．粒子群算法研究及应用［D］. 广州：华南理工大学，2011.

［12］SHI Y，EBERHART R C. Empirical Study of Particle Swarm Optimization［C］. Proceedings of the 1999 Congress on Evolutionary Computation，Washington，1999：1945－1950.

［13］赵晓波，黄四民．库存管理［M］. 北京：清华大学出版社，2008.

［14］SVEN Axsäter. Inventory Control［M］. Beijing：Tsinghua University Press，2007.

京津冀低碳物流能力评价指标体系的构建*

——基于模糊物元法的研究

李 丽 潘建伟

摘 要： 为应对全球气候变化，我国政府承诺到2020年单位GDP的CO_2排放比2005年下降40%～45%，物流业作为我国十大重点产业之一，应该在发展低碳经济中发挥作用。为此必须改进物流体系，通过发展低碳物流提高物流能力来发展低碳经济。本文首先界定了低碳物流能力的内涵及其研究的必要性，然后设计了低碳物流环境、低碳物流实力、低碳物流潜力、物流低碳水平为要素的低碳物流评价指标体系，以京津冀为例，采用模糊物元法对2004—2010年京津冀地区的数据进行实证分析。实证表明，京津冀地区的低碳物流能力呈逐年提高趋势。然后提出了发展低碳物流的构想：合理发挥政府在低碳物流建设中的重要作用，重视绿色港口建设、加大对低碳物流技术的投入，企业应加强实施低碳物流等。

关键词： 低碳物流 低碳物流能力 发展构想 模糊物元 指标体系构建

一、引言

目前学术界尚未对低碳物流给出一个明确的定义，我国物流标准术语中也未对低碳物流给出定义。汪鸣和冯浩（2002）[1]等学者较早对物流概念进行了探讨，朱培培，徐旭（2011）[2]，李蜀湘、陆小成（2010）[3]等学者对低碳物流的内涵进行了探讨，低碳物流可以理解为采用先进的低碳物流技术，抑制物流活动对环境的污染，以减少资源消耗，达到低能耗、低污染、低排放为目标的物流活动。国内外目前对物流能力也没有一个统一的定义，Daughery、Pittman（1995）[4]，Closs、Bowersox（1998）[5]，谭清美、冯凌云和葛云（2003）[6]，申文、马士华（2007）[7]等学者从不同角度对物流能力进行了阐述，概括起来，物流能力可以理解为物流供给方向需求方提供物流服务的能力。笔者认为低碳物流能力可以理解为在一定时期内，在最大限度地节约能源，减少污染和排放的情况下，物流供给方有效、合理地运用和组织物流系统的各种资源，向物流需求方提供各种物流服务的最大能力。

国外关于物流能力的研究侧重于企业层面，局部研究多于系统研究，关于区域物流能力的研究主要在国内学者中展开，部分文献是通过构建区域物流能力评价指标体

---

* 作者简介：李丽，北京工商大学经济学院副主任，副教授；潘建伟，北京物资学院，教授。
发表情况：现代财经。

系来研究某个区域的物流能力，谭清美（2003）是较早开展这方面研究的，将货物周转量和旅客周转量折合为物流当量，用其描述国家或地区的物流能力。陶存新和陈定方（2006）对城市物流能力提供了评价指标和测算方法，把城市物流能力分为城市物流能力基础性指标、物流促进性指标、物流能力支持性指标和物流能力保障性指标[8]。田华杰、杨蓄（2010）对冀东、冀中南、环京津经济区区域物流能力进行了统计分析，得出了河北省各省市区域物流能力得分排名，并提出物流产业布局与发展对策[9]。另外，部分文献则是侧重研究区域物流能力与经济增长之间的关系，目前学术界有三大观点：物流能力推动经济增长的“物流推力论”；物流能力与经济增长的“相互作用论”；以及经济增长拉动物流能力的“经济拉力论”。

目前关于物流能力评价的研究成果相对较多，但区域低碳物流能力的评价研究几乎是空白，在当今低碳经济时代，如何设计评价指标体系来评价一个地区的低碳物流能力是颇值得研究的课题。在当今世界经济的发展中，涌动着经济全球化和区域经济一体化两股大潮。在“长三角”和“珠三角”两大都市圈合作机制日趋成熟的背景下，京津冀、环渤海是被关注的中国经济增长第三极[10]。京津冀地处环渤海的中心位置，包括两市一省，北京作为我国政治、文化、经济、科技、金融、信息中心，更是全国重要交通枢纽及物流节点城市。天津是我国北方重要的、综合性的港口城市和环渤海地区经济中心，经济发展潜力巨大。河北是华北地区腹地，在具有交通优势的同时更具一定的产业基础。该区域位于东北亚的中心地带，在我国加快开发建设的新形势下，继长江三角洲、珠江三角洲之后，必将对中国乃至东北亚区域经济的发展产生引擎带动效应。

物流是国民经济的重要组成部分，涉及领域广，在促进产业结构调整、转变经济发展方式和增强国民经济竞争力等方面发挥着重要作用。推进京津冀的区域经济发展，物流是一个很好的切入点与抓手。区域物流能力通过现代物流管理、区域物流信息化建设、产业聚集、改善投资环境、产业结构升级等方面影响产业转移[11]。区域物流能力在影响产业转移的同时也影响着一个区域的经济发展，京津冀区域物流的发展能够带动京津冀区域经济的发展，并在全国起到示范带动作用和推动作用。但北京、天津、河北由于历史形成和自然禀赋的不同各自的物流能力也不同，在京津冀区域经济一体化的过程中，为了京津冀区域经济的平衡发展，本文构建了区域低碳物流能力评价指标体系，并对京津冀地区进行区域低碳物流能力的评价研究，找出它们之间物流能力的差异，从而提出平衡发展的构想。另外，有必要研究低碳物流能力评价指标的设置，发现低碳物流能力的影响因素，为提升低碳物流能力提供理论支持。

二、低碳物流能力评价指标体系的构建

由于低碳物流能力本身是一个结构庞杂，层次众多，各个系统之间相互作用的有机体，因此在构建指标体系时，应遵循科学性、系统性、针对性、可行性和动态性原则，采用定性与定量分析相结合的手段，更加科学地评价低碳物流能力。

（一）评价指标的选择依据

关于物流能力评价指标的选择，闫秀霞（2006）将旅客周转量、仓储和批发零售

贸易量分别与货物周转量进行回归分析，统一为物流当量指标，用以描述该区域物流能力[12]。周泰、叶怀珍（2008）构建了以基础设施支撑能力、信息系统保障能力、经营管理运作能力和发展环境支持能力这四种能力为要素的三层量化指标体系[13]。冯华、胡娟（2009）构建了交通运输仓储及邮电业增加值、批发零售贸易餐饮业增加值、物流业从业人员比例、货运量、旅客周转量和工业增加值六个指标，对湖北省区域物流能力进行了评价[14]。赵英姝（2009）从区域物流能力的内涵分析入手，构建了区域物流能力测算指标体系，主要包括区域内部物流系统指标体系以及与上层环境相关的各项指标体系[15]。马龙龙（2009）构建了规模、结构、设施、效率、消费满足力、贡献力、辐射力、成长力、密度九个评价城市流通竞争力的指标。本文在构建低碳物流能力的评价指标体系时，在借鉴上述学者物流能力评价指标的基础上，根据低碳物流的内涵，突出低排放、低能耗、低污染的特点，从低碳物流环境、低碳物流实力、低碳物流潜力、物流低碳水平等方面构建指标体系，各个层面下又设多个二三级指标，使评价结果更为准确可靠。

（二）评价指标选择方法的经济机理分析

一个地区的低碳物流环境，是影响低碳物流能力水平的外在因素，是提升低碳物流潜力的基础，其中经济环境、政策环境和地理环境的影响较显著。一个地区的低碳物流需求与该地区的经济环境关系非常密切，经济总量越大，经济越发达，货物运输、保管、信息处理等服务的需求量也越大。低碳物流业的发展在很大程度上需要相关政策环境的支持。优越的地理位置、便利的交通有助于提升物流效率。一个地区的低碳物流环境的优劣对物流业的低碳发展有较大的影响。因此本文用经济环境、地理环境、政策环境来评价物流环境。

低碳物流实力能够衡量一个地区的低碳物流业现有竞争能力。低碳物流潜力指标则能够衡量一个地区低碳物流竞争过程的后续能力，物流业碳排放强度能够衡量一个地区的物流业的物流低碳水平。

低碳物流环境是影响低碳物流能力的外在因素，低碳物流实力、低碳物流潜力和物流低碳水平是影响低碳物流能力的内在因素，因此在选择指标时，通过外因与内因的结合分析，增加评价结果的准确可靠程度。

建立指标体系一般有两种思路，一是从基础理论出发，自行创立一个新的指标体系；二是在原有的相关指标体系上破旧立新，进行调整和改造，以达到评价的目的。本文综合考虑上述两种思路，采用创新与改进并举的方法，遵循由理论到实践的思路，突出统计思想和统计方法的应用，强调实践研究中的应用。另外遵循系统化观点，把低碳物流能力分解为四个物流能力因子，并经过逻辑分层，确立了外因和内因二维结合的综合评价指标。

（三）评价指标的选取

本文根据上述评价指标选择方法的经济机理，从低碳物流环境、低碳物流实力、低碳物流潜力、物流低碳水平等方面构建指标体系，各个层面下又设多个二三级指标。评价指标体系如表1所示。

表1　　　　低碳物流能力指标体系

低碳物流能力	低碳物流环境	经济环境	人均 GDP
			人均财政收入
			人均社会消费品零售总额
			人均进出口总额
			城乡居民人均储蓄存款余额
		政策环境	政府管理能力
		地理环境	区位条件
	低碳物流实力	物流基础设施设备	人均道路面积
			人均电信业务总量
			公路密度
			铁路网密度
			人均物流业资产固定投资
		物流产业规模	人均物流业产值
			物流从业人员比重
			人均货物周转量
			人均旅客周转量
			人均货运量
		物流产业效率	从业人员人均实现物流业增加值
			物流业对 GDP 的贡献率
			商流竞争力
			物流竞争力
	低碳物流潜力	物流业投入增长能力	固定资产投入增长率
			物流从业人员增长率
		物流业产出增长能力	物流业产值增长率
		物流业需求潜力	城乡居民人均储蓄存款增长率
			金融机构人均各项贷款余额
			金融机构人均各项存款余额
	物流低碳水平		物流业碳排放强度

（四）评价指标的含义及确定方法

1. 低碳物流环境

（1）经济环境。本文选择了反映该地区经济环境的指标：$\{X_1, \cdots, X_5\} = \{$人均 GDP，人均财政收入，人均社会消费品零售总额，人均进出口总额，城乡居民人均储蓄存款余额}。

（2）政策环境。本文选用了政府管理能力 X_6 这个指标。本文借鉴《城市竞争力蓝皮书：中国城市竞争力报告 No. 4》[16]中专家对城市政府管理能力的打分，结合各地区相关物流规划和相关物流政策，采用专家打分法，将评分划分为很低、低、高、较高、很高五个等级，再对各专家打分综合平均，得出各地的政府管理能力评价分值。

（3）地理环境。本文选用区位条件（X_7）来反映各地区低碳物流业的地理环境情况。

2. 低碳物流实力

本文从物流基础设施设备、物流产业规模和物流产业效率三个方面来体现低碳物流实力。

由于目前我国官方统计的产业分类体系中并没有将物流业作为独立明确的行业单独列出，因此，本文物流业的统计数据采用批发零售业与交通运输仓储邮政业之和来近似替代。

（1）物流设施。本文采用统计较完备的数据来反映各区域的物流基础设施设备情况。具体指标如下：$\{X_8, \cdots, X_{12}\}$ = {人均道路面积，人均电信业务总量，公路密度，铁路网密度，人均物流业资产固定投资}。其中公路密度是指每百平方公里内的公路总里程数。铁路网密度是指每百平方公里内的铁路公里数。

（2）物流产业规模。具体指标如下：$\{X_{13}, \cdots, X_{17}\}$ = {人均物流业产值，物流从业人员比重，人均货物周转量，人均旅客周转量，人均货运量}。

（3）物流产业效率。具体指标如下：$\{X_{18}, \cdots, X_{21}\}$ = {从业人员人均实现物流业增加值，物流业对 GDP 的贡献率，商流竞争力，物流竞争力}。

其中从业人员人均实现物流业增加值 = 物流业增加值/物流业从业人数、物流业对 GDP 的贡献率 = 物流业增加值/地区内 GDP 总量、商流竞争力 = 社会消费品零售总额/批发零售业固定资产投资、物流竞争力 = 货运量/交通运输邮电仓储业固定资产投资。

3. 低碳物流潜力

该指标是衡量一个地区低碳物流竞争过程的后续能力，其主要测度指标有物流业投入增长能力、物流业产出增长能力和物流业需求潜力等方面。

（1）物流业投入增长能力。用物流业固定资产投资和政府的相关支出来衡量。具体包括以下指标：$\{X_{22}, X_{23}\}$ = {固定资产投入增长率，物流从业人员增长率}。

（2）物流业产出增长能力。根据以往物流业相关指标的平均增长速度来测度。过去几年的增速大致可以反映未来几年的增长态势，具体用物流业产值增长率 X_{24} 衡量。

（3）物流业是作为主要服务于制造、建筑及零售三大行业的附属行业，随着电子商务的突起和货物运输量持续增加对于物流业的需求是呈增长趋势。由于在前面的构建中已经包含了零售业和国民经济总量指标的选取，同时地区金融水平对于地区物流业的发展也具有很大的影响，为了避免评价指标的选取产生重复，影响最终结果，因此对于物流需求潜力的指标具体包括：$\{X_{25}, X_{26}, X_{27}\}$ = {城乡居民人均储蓄存款增长率，金融机构人均各项贷款余额，金融机构人均各项存款余额}。

4. 物流低碳水平

本文运用物流业碳排放强度 X_{28}，即物流业产值除以某地区的碳排放量。本文借鉴王锋（2010）[17]、徐国泉（2006）[18]等学者的研究成果，计算碳排放，物流业能源消耗量来自各地区统计年鉴。

三、基于模糊物元法的京津冀低碳物流能力的测定

1983 年我国著名学者蔡文教授首创物元分析方法。该方法把模糊数学和物元分析结合起来，对反映事物特征量值的模糊性和事物众多影响因素间的不相容性进行分析，从而解决了模糊不相容的问题[19]。本文运用该方法评价低碳物流能力。

（一）北京地区评价指标数据收集以及量化处理

量化指标采用表 1 中的全部 28 个指标，即 $X_1 \sim X_{28}$。其中 $X_1 \sim X_5$、$X_8 \sim X_{28}$的各个指标的原始数据来源于2005—2011 年的《中国统计年鉴》、《中国能源统计年鉴》、《北京统计年鉴》和《北京六十年 1949—2009》，X_6、X_7 均是定性指标，参考专家在《城市竞争力蓝皮书：中国城市竞争力报告 No. 4 》中的基础上进行评分，具体量化指标数据如表 2 所示。

表 2　　北京市量化指标收集（2004—2010 年）

指标量值 X ＼ 年份	2004	2005	2006	2007	2008	2009	2010
X_1 人均 GDP（万元/人）	4. 060	4. 477	4. 978	5. 728	6. 558	6. 925	7. 594
X_2 人均财政收入（万元/人）	0. 556	0. 655	0. 781	1. 122	1. 346	1. 526	1. 648
X_3 人均社会消费品总额（万元/人）	1. 760	1. 893	2. 147	2. 348	2. 741	3. 026	3. 352
X_4 人均城乡居民储蓄存款余额（万元/人）	4. 101	4. 862	5. 505	5. 606	7. 053	8. 360	9. 345
X_5 人均进出口总额（万元/人）	0. 634	0. 816	0. 999	1. 182	1. 603	1. 224	1. 537
X_6 政府管理能力	4. 000	5. 000	5. 000	5. 000	5. 000	5. 000	5. 000
X_7 区位条件	4. 000	5. 000	5. 000	5. 000	5. 000	5. 000	5. 000
X_8 人均道路面积（平方米/人）	9. 450	10. 550	7. 400	5. 600	6. 210	6. 150	5. 570
X_9 人均电信业务总量（万元/人）	0. 210	0. 247	0. 297	0. 389	0. 445	0. 502	0. 571
X_{10} 公路密度（公里/百平方公里）	0. 871	0. 896	1. 249	1. 265	1. 239	1. 265	1. 275
X_{11} 铁路网密度（公里/百平方公里）	0. 067	0. 069	0. 068	0. 068	0. 071	0. 071	0. 071
X_{12} 人均物流业资产固定投资（亿元）	0. 177	0. 266	0. 336	0. 462	0. 450	0. 507	0. 538
X_{13} 物流从业人员人均产值（亿元）	0. 394	0. 688	0. 766	0. 847	0. 924	1. 186	1. 294
X_{14} 物流从业人员比重	0. 110	0. 096	0. 098	0. 104	0. 112	0. 135	0. 144
X_{15} 货物周转量（亿吨・公里）	0. 269	0. 298	0. 268	0. 275	0. 268	0. 417	0. 447
X_{16} 旅客周转量（亿人次・公里）	0. 508	0. 545	0. 522	0. 588	0. 615	0. 653	0. 666

续 表

年份 指标量值 X	2004	2005	2006	2007	2008	2009	2010
X_{17} 人均货运量（万吨）	20.104	20.880	20.878	17.183	12.109	11.664	11.161
X_{18} 人均实现物流业增加值（万元/人）	7.997	8.084	8.999	9.455	9.430	12.363	14.964
X_{19} 物流业对 GDP 的贡献率	0.137	0.154	0.154	0.143	0.149	0.171	0.210
X_{20} 商流竞争力	13.369	11.685	12.640	11.482	12.427	13.143	14.258
X_{21} 物流竞争力	13.817	18.870	15.844	13.920	10.462	8.232	11.756
X_{22} 固定资产投入增长率	0.310	0.550	0.301	0.417	0.211	0.307	0.298
X_{23} 从业人员增长率	0.135	0.103	0.054	0.089	0.119	0.254	0.288
X_{24} 物流业产值增长率	0.102	0.160	0.143	0.142	0.134	0.329	0.490
X_{25} 城乡居民人均储蓄存款增长率	0.156	0.222	0.164	0.052	0.306	0.227	0.319
X_{26} 金融机构人均各项贷款余额（亿元）	8.441	8.995	9.888	10.908	11.791	13.883	15.752
X_{27} 金融机构人均各项存款余额（亿元）	15.932	18.836	21.375	23.087	25.951	32.456	33.954
X_{28} 物流业碳排放强度（万吨/亿元）	0.288	0.287	0.323	0.345	0.405	0.380	0.380

数据来源：2005—2011 年的《中国统计年鉴》、《中国能源统计年鉴》和《北京市统计年鉴》。

（二）指标权重分析

根据公式 $\overline{x_j} = \frac{1}{m}\sum_{i=1}^{m} x_{ij}$ 计算 28 个指标的量值平均值。

$$\bar{X}_j = \begin{bmatrix} \bar{X}_1 & \bar{X}_2 & \bar{X}_3 & \bar{X}_4 & \bar{X}_5 & \bar{X}_6 & \bar{X}_7 & \bar{X}_8 & \bar{X}_9 & \bar{X}_{10} & \bar{X}_{11} & \bar{X}_{12} & \bar{X}_{13} & \bar{X}_{14} \\ 5.75 & 1.09 & 2.46 & 6.40 & 1.14 & 4.85 & 4.85 & 7.27 & 0.38 & 1.15 & 0.07 & 0.39 & 0.87 & 0.11 \\ \bar{X}_{15} & \bar{X}_{16} & \bar{X}_{17} & \bar{X}_{18} & \bar{X}_{19} & \bar{X}_{20} & \bar{X}_{21} & \bar{X}_{22} & \bar{X}_{23} & \bar{X}_{24} & \bar{X}_{25} & \bar{X}_{26} & \bar{X}_{27} & \bar{X}_{28} \\ 0.32 & 0.59 & 16.13 & 10.18 & 0.15 & 12.71 & 16.12 & 0.34 & 0.14 & 0.21 & 0.21 & 11.37 & 21.17 & 0.33 \end{bmatrix}$$

根据公式 $D_j = x_{ij}\sqrt{\frac{1}{m}(\overline{x_j} - x_{ij})^2}$ 计算 28 个指标的均方差。

$$D_j = \begin{bmatrix} D_1 & D_2 & D_3 & D_4 & D_5 & D_6 & D_7 & D_8 & D_9 & D_{10} & D_{11} & D_{12} & D_{13} & D_{14} \\ 1.23 & 0.4 & 0.55 & 1.77 & 0.33 & 0.35 & 0.35 & 1.84 & 0.13 & 0.17 & 0.00 & 0.12 & 0.28 & 0.02 \\ D_{15} & D_{16} & D_{17} & D_{18} & D_{19} & D_{20} & D_{21} & D_{22} & D_{23} & D_{24} & D_{25} & D_{26} & D_{27} & D_{28} \\ 0.07 & 0.06 & 4.19 & 2.37 & 0.02 & 0.90 & 7.92 & 0.10 & 0.08 & 0.13 & 0.09 & 2.46 & 6.23 & 0.04 \end{bmatrix}$$

根据公式 $\delta_j = \frac{D_j}{\bar{X}_j}$ 计算 28 个指标的变异系数。

$$\delta_j = \begin{bmatrix} \delta_1 & \delta_2 & \delta_3 & \delta_4 & \delta_5 & \delta_6 & \delta_7 & \delta_8 & \delta_9 & \delta_{10} & \delta_{11} & \delta_{12} & \delta_{13} & \delta_{14} \\ 0.21 & 0.37 & 0.22 & 0.28 & 0.29 & 0.07 & 0.07 & 0.25 & 0.33 & 0.15 & 0.02 & 0.32 & 0.32 & 0.15 \\ \delta_{15} & \delta_{16} & \delta_{17} & \delta_{18} & \delta_{19} & \delta_{20} & \delta_{21} & \delta_{22} & \delta_{23} & \delta_{24} & \delta_{25} & \delta_{26} & \delta_{27} & \delta_{28} \\ 0.22 & 0.10 & 0.26 & 0.23 & 0.14 & 0.07 & 0.49 & 0.30 & 0.55 & 0.61 & 0.41 & 0.22 & 0.25 & 0.13 \end{bmatrix}$$

根据公式 $\omega_j = \dfrac{\delta_j}{\sum_{i=1}^{m}\delta_{ij}}R_\omega$ 计算 28 个指标的权重。

$$\omega_j = \begin{bmatrix} \omega_1 & \omega_2 & \omega_3 & \omega_4 & \omega_5 & \omega_6 & \omega_7 & \omega_8 & \omega_9 & \omega_{10} & \omega_{11} & \omega_{12} & \omega_{13} & \omega_{14} \\ 0.0301 & 0.0524 & 0.0316 & 0.0393 & 0.0410 & 0.0102 & 0.0102 & 0.0358 & 0.0467 & 0.0209 & 0.0033 & 0.0451 & 0.0458 & 0.021 \\ \omega_{15} & \omega_{16} & \omega_{17} & \omega_{18} & \omega_{19} & \omega_{20} & \omega_{21} & \omega_{22} & \omega_{23} & \omega_{24} & \omega_{25} & \omega_{26} & \omega_{27} & \omega_{28} \\ 0.0318 & 0.0141 & 0.0364 & 0.0330 & 0.0203 & 0.0100 & 0.0696 & 0.0420 & 0.0776 & 0.0871 & 0.0588 & 0.0306 & 0.0361 & 0.0179 \end{bmatrix}$$

（三）北京地区低碳物流能力复合模糊物元评价

第一步：复合物元的确定。把表 2 中统计指标对应物元中的特征 C，各年份对应物元中的事物 M，复合模糊物元如下：

$$\begin{pmatrix} & M1 & M2 & \cdots & M7 \\ C1 & 4.060 & 4.477 & \cdots & 7.594 \\ C2 & & & & \\ \vdots & \vdots & \vdots & \ddots & \vdots \\ C28 & 0.288 & 0.287 & & 0.38 \end{pmatrix}$$

第二步：计算从优隶属度。正向指标采用公式 $\mu_{ij} = \dfrac{x_{ij} - \min(x_{ij})}{\max(x_{ij}) - \min(x_{ij})}$ 计算，逆向指标按公式 $\mu_{ij} = \dfrac{\max(x_{ij}) - x_{ij}}{\max(x_{ij}) - \min(x_{ij})}$ 计算。本文 $X_1 \sim X_{27}$ 属于正向指标，X_{28} 属于负向指标。

第三步：确定标准方案模糊物元。本文以最大值作为最优，最优模糊物元 R_{on} 中各指标从优隶属度均为 1，根据公式 $\tilde{R}_\Delta = \begin{bmatrix} & M_1 & M_2 & \cdots & M_m \\ C_1 & \Delta_{11} & \Delta_{21} & \cdots & \Delta_{m1} \\ C_2 & \Delta_{12} & \Delta_{22} & \cdots & \Delta_{m2} \\ \vdots & \vdots & \vdots & \ddots & \vdots \\ C_n & \Delta_{1n} & \Delta_{2n} & \cdots & \Delta_{mn} \end{bmatrix}$ 其中，$\Delta_{ij} = (\mu_{oj} - \mu_{ij})^2$，$(i=1, 2, \cdots, m, j=1, 2, \cdots, n)$。

测算各评价指标与标准值之间差的平方值 Δ_{ij}，得到差平方复合模糊物元 $\tilde{R}_\Delta$。

第四步：计算欧氏贴近度模糊物元。根据公式 $\rho H_i = 1 - \sqrt{\sum_{j=1}^{n}\omega_j\Delta_{ij}}$（$i = 1, 2, \cdots, m$）$\rho H_i$ 表示相应年份的物流能力值。如表 3 所示，表中天津和河北（原始数据略）的低碳物流能力是按照同样的方法得出的。

表 3　　2004—2010 年京津冀低碳物流能力

地名	2004 年	2005 年	2006 年	2007 年	2008 年	2009 年	2010 年
北京	0.2733	0.3487	0.3643	0.3731	0.4113	0.5125	0.5943
天津	0.2212	0.2988	0.3497	0.3642	0.3876	0.4787	0.5489
河北	0.1878	0.2534	0.3237	0.3487	0.3785	0.4226	0.5124

四、评价结果分析

为了能够更加详细、合理的分析京津冀三地的低碳物流能力，作出京津冀三地的总体趋势图如图1所示：

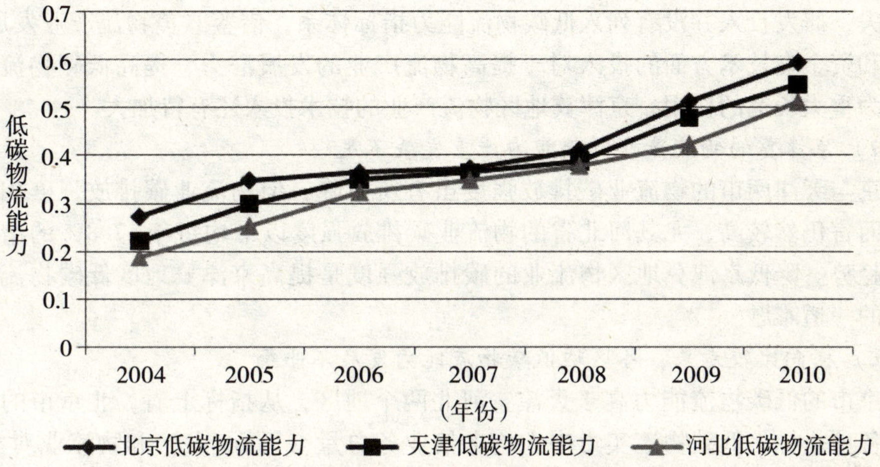

图1　京津冀三地总体低碳物流能力

（一）京津冀物流竞争环境明显改善

2004—2010年，京津冀物流竞争环境的提高得益于该地区人均GDP、人均财政收入、人均社会消费品零售总额、城乡居民人均储蓄存款余额和人均进出口总额的显著提高。经济增长是区域物流需求增长的最终源泉，经济持续发展需要加速物资、资金和信息的流转从而引致区域物流需求增长。物流竞争环境的改善受经济增长拉动和政府管理完善的推动所形成的合力作用，因此，不能忽视各区域政府管理能力对于改善物流竞争环境的重要意义，尽管京津冀地区的政府管理能力评分相对较高，但对于如何保证物流产业有效竞争，形成物流产业良性发展的体制与政策环境而言，政府相应管理职能、内容及手段仍然有改善余地。

（二）京津冀物流实力上升迅速

除北京和天津市人均货运量有所下降外，反映物流实力的其余指标增长迅速。这表明，2004—2010年，物流基础设施不断完善，物流业固定资产投资总额逐年扩大，京津冀的物流硬件设施、物流产业规模扩大，物流产业的规模效应得以逐渐发挥。北京和天津市人均货运量有所下降，人均货运周转量上升明显，这与京津两市产业结构调整有关，产业链分工深化，研发设计及包装、市场运作环节的扩充对于人均货运总量的影响并不明显，但对于人均货运周转量则提出了更高要求。就物流业发展形势来看，未来低碳物流能力的提升，不在于单位节点容量的提升，关键在于提高整个物流网络的流转速度及效率。可以看到，京津冀三地的商流、物流竞争力不同年份有增有减，不稳定，这严重阻碍了该区域低碳物流能力的提高。区域低碳物流能力的提高不能仅仅依靠扩大物流产业的规模，应转变物流产业粗放发展方式，走物流产业运转效率和竞争力提高的集约式发展道路。

（三）京津冀的物流潜力提高迅速

物流从业人员增长率、物流业产值增长率、城乡居民人均储蓄存款增长率、年末金融机构人均各项贷款余额、人均各项存款余额均增长了一定幅度，说明劳动力的持续投入和资金的充足支撑了京津冀物流竞争力在后续年份的上升空间。然而，由于数据的缺失，研发投入并没有列入低碳物流能力指标体系，借鉴欧美物流产业发展经验，劳动力和资金在技术方面的投入对于提高物流产业的发展潜力、提高低碳物流能力发挥着更为重大长远的作用，京津冀地区物流产业的技术投入还有待加大。

（四）京津冀的物流产业低碳能力严重发展不足

北京与天津两市的物流业碳排放强度虽有所下降，但物流业碳排放强度相对国外物流业而言仍然较高，尤其河北省的物流业碳排放强度以平均每年 17.8% 的增长速度呈增加趋势。降低京津冀地区物流业的碳排放强度是提高京津冀地区低碳物流能力亟待解决的一道难题。

（五）横向比较看来，各区域低碳物流能力发展不平衡

北京市的低碳物流能力高于天津、河北两个地区，从指标上看，北京市的低碳物流环境各项指标、低碳物流实力中人均电信业务总量（万元/人）和物流业对 GDP 的贡献率等七项指标、低碳物流需求潜力和物流低碳能力均优于天津与河北。北京地区的低碳物流能力逐年提高幅度更为平稳，这个特征跟北京的政府管理能力、区位条件有密切关系。天津地区具有港口运输和海运的先天优势对于提高天津地区的低碳物流能力起到相当大的作用，尤其天津地区的物流业碳排放强度自 2008 年一直下降明显且低于北京市和河北省。对于河北大省来说，一些宏观指标较北京、天津两个市级地区相对较高，进行人均化处理后的指标更为真实合理，通过分析可看出河北地区的低碳物流能力每年增幅相对较高，其中 2009 年增幅最大，这主要得益于该地区物流业基础设施投资的大幅增加。

五、结论与建议

根据上述京津冀地区低碳物流能力评价的分析结论，结合京津冀地区的实际情况，提出以下几方面的结论与建议。

（一）合理发挥政府在低碳物流建设中的重要作用

政府部门在低碳物流的建设过程中，应从促进物流产业有序高效运转的目的出发，以减少资源消耗，达到低能耗、低污染、低排放等为目标，在以上几方面起主导作用。目前铁路、公路、邮政、航空、港口等主体各自为政的局面依然存在，而现代物流体系的建设要求打破这种条块分割的现状，建设专业化、社会化、信息化的物流系统网络。为此政府必须牵头建立行业部门间的协同机制和京津冀三方的物流合作机制，如河北省各个地市、各个县的物流规划要统一由河北省发改委审查把关，以保证整个河北省物流体系的合理规划。北京是全国政治、文化、经济、科技、金融、信息中心，京津冀地区的经济中心应是天津，河北省的物流体系应侧重向天津倾斜，做好与京津物流体系的有效对接。政府要加大投入京津周边的物流交通基础设施的建设，促进京

津物流的转移。

（二）重视绿色港口建设，加快发展港口经济

天津应加强道路交通基础设施工程建设，重点加强港口经济建设。天津港货物吞吐量4.5亿吨、成为世界第四大港，天津滨海国际机场成为国内第四个双跑道运营的大型机场，北方国际航运中心和国际物流中心作用进一步显现。中央明确提出到2020年将天津市逐步建设成为环境优美的国际港口城市。天津要抓住机遇，增强港口辐射服务全球的能力，增创服务功能新优势，发展现代物流，完善“大通关”体系，健全“无水港”网络，在内陆地区建立具有报关、报检、签发提单等功能的物流中心，是港口功能向内陆地区的延伸。建成国际一流大港口，成为北方国际航运中心和国际物流中心。

河北省作为东部沿海省份其物流体系必须集聚在沿海的秦皇岛港、京唐港、曹妃甸港、天津港、黄骅港这五个港口上，应以发展秦皇岛港、唐山港物流龙头以及承德内陆港为重点，这是河北省建设现代物流体系的重要保障。但要改变以往完全服务京津的战略，要以河北省各地级市为中心建立交通网络，建立和完善城际间的快速交通通道，并将主要城市与港口的快速通道连贯起来，充分发挥四大港口的作用，建设起以沿海经济为龙头的现代物流体系。

（三）加强区域合作与交流，实现低碳物流能力的共同提高和均衡发展，加大对低碳物流技术的投入

北京是内陆城市，虽然北京物流业对国际海运需求较大，但海运发展面临瓶颈。天津最大的优势就是紧邻渤海，其天津港是北方最大的散货主干港口。河北省在陆运、港口等方面具备天然条件，并且北京、天津很多商品的供应都来自河北，河北省尽管现有物流业水平有待提升，但由于紧邻京津，发展潜力巨大。对于三地而言，在发展物流业方面，各自都具有优势，也都有不足。因此，加强区域合作成为必然选择。

现代物流对电子信息技术依赖性相对较强。没有公共信息网络，政府行业主管部门和物流企业间、物流企业间以及物流企业和用户间的信息就很难有效快速的传递，不利于政府对物流市场的监管。因此要继续加大对物流技术的投入，增强对物流发展的科技支撑力量。可以通过设立低碳物流技术投资基金，整合物流信息系统，推动物流业走向高端服务产业。把物联网信息技术的单点应用整合成一个物联网体系，提高资源利用效率。

（四）企业应加强实施低碳物流

低碳经济对企业来讲既是机遇，更是挑战。碳减排的落实，需要企业的大力配合。可以借鉴国外企业的发展经验，采用低碳包装技术等，把降低物流成本的经济效益与节能减排的社会效益统一起来的。现代低碳物流包括物流作业环节和物流管理全过程的低碳化。在物流作业环节方面，企业可以采取低碳仓储、低碳绿色包装、低碳运输、低碳流通加工等措施；在物流管理过程方面，企业可以从环保的目标出发，完善物流体系，既要考虑正向物流的低碳化，又要考虑供应链环节上的逆向物流体系的低碳化，从而实现经济利益和环境利益“双赢”的局面。

参考文献

［1］汪鸣，冯浩．我国现代物流业发展政策及建议［J］．宏观经济研究，2002（5）：55－59.

［2］朱培培，徐旭．基于循环经济的低碳物流发展模式研究［J］．生产力研究，2011（2）：13－14.

［3］李蜀湘，陆小成．中国低碳物流金融支持模型研究［J］．中国流通经济，2010（2）：27－30.

［4］DAUGHERY P J，PITTMAN P H. Utilization of Time－based Strategies：Creating Distribution Flexibility Responsiveness［J］．International Journal of Operations & Production Management，1995，15（2）：54－60.

［5］BOWERSOX D J，CLOSS D J. 物流管理——供应链过程的一体化［M］．林国龙，宋柏，沙梅，译．北京：机械工业出版社，1998：1－30.

［6］谭清美，冯凌云，葛云．物流能力对区域经济的贡献研究［J］．现代经济探讨，2003（8）：22－24.

［7］申文，马士华．基于时间的供应链物流运作能力计划模型研究［J］．运筹与管理，2007（3）：20－25.

［8］陶存新，陈定方．城市物流能力评价研究［J］．武汉理工大学学报，2006（5）.

［9］田华杰，杨蕾．基于因子分析法的区域物流能力评价［J］．商业时代，2010（8）.

［10］杨连云．京津冀都市圈——正在崛起的中国经济增长第三极［J］．河北学刊，2005（12）.

［11］李丽，黄超，刘琦杰．产业转移与区域物流能力的相互作用机理分析［J］．北京工商大学学报，2011（6）.

［12］王侃昌，闫秀霞，高建民．物流能力成熟度模型研究［J］．商业研究，2006（4）：171－174.

［13］周泰，叶怀珍．基于模糊物元欧氏贴近度的区域物流能力量化模型［J］．系统工程，2008（6）：27－29.

［14］冯华，胡娟．基于主成分分析区域物流能力研究［J］．商业研究，2007（9）.

［15］赵英姝．我国区域物流能力评价指标体系构建研究［J］．特区经济，2009（8）.

［16］马龙龙．中国城市流通竞争力报告·2008［M］北京：中国经济出版社，2008.

［17］王锋，吴丽华，杨超．中国经济发展中碳排放增长的驱动因素研究［J］．经济研究，2010（2）：123－136.

［18］徐国泉，刘则渊，姜照华．中国碳排放的因素分解模型及实证分析：1995—2004［J］．中国资源·人口·环境，2006（6）：159－163.

［19］蔡文．物元模型及应用［M］．北京：科学技术文献出版社，1994.

［20］DAVID J，CLOSS XUKEFENG. Logistics Information Technology Practice in Manufacturing and Merchandising Firms－An International Benchmarking Study Versus World Class Logistics Firms［J］．International Journal of Physical distribution&Logistics Management，2003（10）：869－874.

［21］杨德勇．区域产业结构调整的投融资问题研究［M］．北京：中国经济出版社，2011.

基于DEA的湖北省物流产业可持续发展能力评价*

魏 华

摘 要： 物流产业规模持续扩大，给资源环境带来巨大的压力，也影响了物流业的可持续发展。本文运用DEA模型测算2000—2011年湖北省物流产业的可持续发展效率，并分析其发展态势。研究数据显示，湖北省物流产业可持续发展的总体效率较高，可持续发展能力较强，但可持续发展轨迹呈现较大波动。湖北省物流产业可持续发展总体有效的年份为6个，在非DEA有效年份，表现出规模效率小于纯技术效率，进而影响了相对效率。对非DEA有效年份进行投影分析可知，物流业可持续发展的制约因素主要表现在物流资源配置不合理、能源消耗过大、产出效率不高，由此为提升湖北省物流产业可持续发展能力提供科学依据。结果表明，DEA方法可以科学、合理地评价物流产业的可持续发展状况，为系统效率变化及其改进措施提供了新的方法和思路。

关键词： DEA模型 物流产业 可持续发展 湖北省

一、引言

现代物流业作为新兴服务产业，对经济社会发展具有巨大的推动作用，是国民经济新的增长点。进入21世纪以来，湖北凭借得天独厚的交通区位优势，物流业发展势头强劲，总体规模快速增长，2000—2011年的12年间，物流产值从256.94亿元增加到869.48亿元，年均增长13.9%，占全省GDP的比重保持在5%左右，货运周转量和货运量也分别扩大到原来的5倍和7倍，基本形成了物流圈—物流节点城市—物流基地（园区）—物流中心的现代物流网络体系，以及由长江航道、铁路、公路、航空、油气管线等组成的综合运输网络布局。然而随着湖北省物流产业规模的不断扩大，物流活动不可避免地带来了资源过度消耗、环境污染等问题，严重影响和制约了湖北省物流业的可持续发展。因此，如何提升物流产业运行效率，缓解资源环境压力，达到物流服务于经济社会发展的能力与保护生态环境的能力之间的平衡，已成为实现湖北省物流产业持续、快速、健康发展的重要内容。基于此，本文以湖北省为研究对象，运用DEA模型对2000—2011年物流产业可持续发展效率进行测算，分析其发展态势，

* 作者简介：魏华，女，湖北天门人，管理学硕士，武汉长江工商学院讲师，研究方向：系统工程与决策优化、物流管理。

发表情况：物流技术。

为提升湖北省物流产业可持续发展能力提供科学依据。

二、DEA 模型

数据包络分析（Data Envelopment Analysis，DEA）是以投入—产出数据为基础，对同类型部门进行相对有效性评价的一种系统分析方法，在评价各领域的效率问题中具有广泛适用性。DEA 模型有多种形式，比较常用的是 C^2R 模型和 BC^2 模型。

（一）C^2R 模型

C^2R 模型用来评价决策单元的总体有效性。假设有 n 个决策单元（DMU），每个决策单元 DMU_j（$j=1, 2, \cdots, n$）有 m 种输入和 s 种输出，分别用输入 X_j 和输出 Y_j 表示，则 $X_j=(x_{1j}, x_{2j}, \cdots, x_{mj})^T$，$Y_j=(y_{1j}, y_{2j}, \cdots, y_{sj})^T$，$j=1, 2, \cdots, n$。

对于待评决策单元 DMU_0，判断其总体有效性的 C^2R 模型可表示为：

$$\min\theta$$

$$\begin{cases} \text{s.t.} \sum_{j=1}^{n} \lambda_j x_j + S^- = \theta x_0 \\ \sum_{j=1}^{n} \lambda_j y_j - S^+ = y_0 \\ \lambda_j \geqslant 0, j = 1, 2, \cdots, n \\ S^+ \geqslant 0, S^- \geqslant 0 \end{cases}$$

在 C^2R 模型中，θ 为决策单元 DMU_0 的相对效率值；λ_j 为相对于 DMU_0 重构一个有效 DMU 组合中第 j 个决策单元 DMU_j 的组合比例；S^+，S^- 为松弛变量。

1. 总体有效性判断

①$\theta=1$ 且 $S^+=S^-=0$，DMU 为 DEA 总体有效，也就是同时具有技术有效和规模有效，表示 DMU 的投入 X_0 所能获得的产出 Y_0 已达到最大；②$\theta=1$ 且 $S^+\neq 0$ 或 $S^-\neq 0$，DMU 为弱 DEA 有效，表示 DMU 的投入量 X_0 可减少 S^- 而保持产出 Y_0 不变；或投入 X_0 保持不变而产出 Y_0 增加 S^+；③$\theta<1$，DMU 为非 DEA 有效。

2. 规模收益判断

① $\sum\lambda_j=1$，表示规模收益不变，意味着 DMU_0 达到规模收益最佳状态；② $\sum\lambda_j<1$，表示规模收益递增，意味着 DMU_0 增加投入量会带来产出更高比例的增加；③ $\sum\lambda_j>1$，表示规模收益递减，意味着 DMU_0 增加投入量不会带来产出比例的增加，反而会减少产出比例。

3. 非 DEA 有效的投影分析方法

当决策单元为 DEA 无效时，其对应的松弛变量 S^+、S^- 必定有不为零的分量，也就是存在投入冗余或产出不足。

设 θ^0，S^{0-}，S^{0+}，λ^0 是 DMU_0 对应的 C^2R 模型的最优解，令

$$\hat{x} = \theta^0 x_0 - S^{0-}$$

$$\hat{y} = y_0 + S^{0+}$$

$(\hat{x}, \hat{y})$ 则为 DMU_0 对应的 (x_0, y_0) 在 DEA 相对有效面上的“投影”，也即 DMU_0 调整后的投入量和产出量，此时 DMU_0 转化为 DEA 有效。

（二）BC^2 模型

若在 C^2R 模型的基础上假设规模收益不变，即增加约束条件：$\sum_{j=1}^{n}\lambda_j = 1$，则可得到 BC^2 模型：

$$\min\varphi$$

$$\begin{cases} \text{s. t. } \sum_{j=1}^{n}\lambda_j x_j + S^- = \varphi x_0 \\ \sum_{j=1}^{n}\lambda_j y_j - S^+ = y_0 \\ \sum_{j=1}^{n}\lambda_j = 1 \\ \lambda_j \geqslant 0,\ j = 1, 2, \cdots, n \\ S^+ \geqslant 0, S^- \geqslant 0 \end{cases}$$

该模型用来测算 DMU 的纯技术有效性。$\varphi=1$ 时，DMU 为 DEA 纯技术有效；$\varphi<1$ 时，DMU 为 DEA 纯技术无效。

若令 $\omega=\theta/\varphi$，则 ω 表示 DMU 的纯规模有效性。当 $\omega=1$ 时，DMU 为 DEA 纯规模有效。

（三）可持续发展轨迹

用 DEA 模型以时间为序进行动态评价，任取某一年份 t（$t>1$），若有 $\theta(t-1) < \theta(t)$，则系统处于可持续发展的轨迹上（用 1 表示）；若有 $\theta(t-1) = \theta(t)$，则系统处于弱劣可持续发展的轨迹上（用 0 表示）；若有 $\theta(t-1) > \theta(t)$，则系统处于劣可持续发展的轨迹上（用 -1 表示）[1]。

三、实证研究

（一）选择决策单元

DEA 模型评价的对象是同类型部门（或单位），根据经验以及技术要求的考虑，参与评价的决策单元个数至少应是输入输出指标总数的 2 倍。本文的研究对象是湖北省物流产业的可持续发展能力，选取不同的年份或时间段作为决策单元，从纵向进行比较，可以考察物流业可持续发展能力的变化和趋势。本文选取湖北省物流产业 2000—2011 年作为决策单元。

（二）建立评价指标体系

物流产业可持续发展是一个多投入、多产出的复杂大系统，在选取指标的过程中，基于科学性、可比性、动态性、可操作性的原则，从发展、资源、环境的角度选取了五个具有代表性的指标作为输入输出指标。输入指标有：物流业固定资产投资（亿元）$X1$、物流业从业人数（万人）$X2$、单位货运量的能源消耗量（吨标准煤）$X3$；输出指标有：货物周转量（亿吨公里）$Y1$、货运量（万吨）$Y2$。其中：$X1$、$X2$ 衡量物流产业的投入力度；$X3$ 衡量物流产业对能源的依赖程度；$Y1$、$Y2$ 衡量物流产业的发展水平。

（三）数据来源

目前国内对物流产业的发展状况还没有进行专门的数据统计，因此本文用交通运输、仓储及邮电业来近似代替物流业。样本数据来源于 2001—2012 年的湖北统计年鉴和中国统计年鉴，有些数据是在统计数据的基础上经过分离、整理获得。样本数据如表 1 所示。

表 1　　2000—2011 年湖北省物流产业的样本数据

年份	$X1$	$X2$	$X3$	$Y1$	$Y2$
2000	109.82	34.69	0.0238	785.30	15471.19
2001	238.76	31.28	0.0114	1097.60	41475.82
2002	239.37	32.10	0.0126	1212.82	42063.55
2003	285.34	29.98	0.0144	1313.13	44661.05
2004	368.40	28.32	0.0136	1485.76	47073.05
2005	373.06	26.22	0.0175	1689.86	50316.82
2006	442.50	25.68	0.0193	1730.93	52884.55
2007	496.60	28.64	0.0188	1902.17	58523.47
2008	538.60	2977	0.0163	2699.97	75777.94
2009	767.40	31.06	0.0152	2808.46	82714.00
2010	935.30	24.66	0.0137	3370.37	97006.94
2011	1030.80	24.81	0.0097	3798.80	106913.00

（四）DEA 评价与结果分析

运用线性规划软件对表 1 中的样本数据进行计算，得到 DEA 评价结果如表 2 所示。

表 2　　2000—2011 年湖北省物流产业可持续发展的 DEA 相对效率评价结果

年份	θ	φ	ω	规模收益	s_1^-	s_2^-	s_3^-	s_1^+	s_2^+	可持续发展轨迹
2000	1	1	1	不变	0	0	0	0	0	
2001	1	1	1	不变	0	0	0	0	0	弱劣于轨迹
2002	1	1	1	不变	0	0	0	0	0	弱劣于轨迹
2003	0.996	0.996	1	不变	0	0	0.0007	0	0	劣于轨迹
2004	0.922	1	0.922	递增	0	0	0	0	0	劣于轨迹
2005	1	1	1	不变	0	0	0	0	0	在轨迹上

续 表

年份	θ	φ	ω	规模收益	s_1^-	s_2^-	s_3^-	s_1^+	s_2^+	可持续发展轨迹
2006	0.944	1	0.944	递增	0	0	0.0028	67.53	0	劣于轨迹
2007	0.933	0.934	0.999	递减	0	0	0.0005	88.83	0	劣于轨迹
2008	1	1	1	不变	0	0	0	0	0	在轨迹上
2009	0.940	0.958	0.981	递减	0	0	0	21.24	0	劣于轨迹
2010	0.985	1	0.985	递增	0	0	0	64.42	0	在轨迹上
2011	1	1	1	不变	0	0	0	0	0	在轨迹上

注：s_1^- 对应于物流业固定资产投资；s_2^- 对应于物流业从业人数；s_3^- 对应于单位货运量的能源消耗量；s_1^+ 对应于货物周转量；s_2^+ 对应于货运量。

1. 总体效率分析

自2000年来的12年间，湖北省物流产业可持续发展整体效率平均值为0.977，而且波动较小，其中，有6年的可持续发展效率为DEA总体有效，即同时兼具技术和规模有效，分别是2000年、2001年、2002年、2005年、2008年和2011年，占了所有年份的一半，可见湖北省物流产业整体效率较高，物流产业的发展注重了协调性，提升了投入产出效率。其余6年为DEA无效，而且从表中可以看出，这6年物流业可持续发展的无效率主要来自于纯规模无效，规模有效性未充分发挥，阻碍了物流业可持续发展效率的提升。

2. 纯技术效率分析

纯技术效率反映了资源投入的利用情况。湖北省物流产业可持续发展的纯技术效率平均值达到0.991，表明这12年来，湖北省物流产业资源投入利用率很高，在技术效率上具有可持续性，有助于提升物流业的可持续发展能力。DEA纯技术有效的年份有9年，分别是2000年、2001年、2002年、2004年、2005年、2006年、2008年、2010年和2011年，湖北省物流产业这9年的产出在相应的投入下已实现最大值，但表2也显示，上述9年中有2004年、2006年和2010年未达到DEA总体有效，其主要原因在于规模无效性。而2003年、2007年和2009年处于纯技术无效，这3年里湖北省物流产业在既定的投入下，未获得最大产出，存在不同程度的投入冗余和产出不足问题。

3. 纯规模效率分析

湖北省物流产业可持续发展纯规模有效的年份有7个，也就是2000年、2001年、2002年、2003年、2005年、2008年和2011年都处于规模收益不变阶段，达到了最佳规模收益点。其余5年为纯规模无效，其中2004年、2006年和2010年处于规模递增阶段，发展潜力较大，如果加大生产规模，可以实现物流产业的规模效应。而2007年、2009年处于规模递减阶段，且这2年又属于纯技术无效，盲目扩大或缩小规模，都不会给物流业产出带来好的变化，其根本问题在于物流业的资源配置不合理，比例不协调。如果对物流产业投入结构进行适当调整和优化，有助于同时改善技术效率和规模效率，从而提升物流业可持续发展的整体水平，使物流业发展更加协调。

（五）非 DEA 有效年份的投影分析

对非 DEA 有效的 6 个年份进行投影分析，可以为物流产业可持续发展提供进一步改进方向和建议，运算结果如表 3 所示。

表 3　　湖北省物流产业非 DEA 有效年份的投影分析结果

年份	投入冗余			产出不足	
	*X*1	*X*2	*X*3	*Y*1	*Y*2
2003	0	0	0.0008	0	0
2004	0	0	0	0	0
2006	0	0	0.0038	67.53	0
2007	0	0	0.0018	88.83	0
2009	0	0	0	21.24	0
2010	0	0	0	64.42	0

投影分析结果显示，湖北省物流产业非 DEA 有效年份效率不高的原因主要体现在每吨货运量的能源消耗量存在投入冗余和货运周转量存在产出不足。需要指出的是，2004 年物流产业投入冗余和产出不足皆为 0，投入产出比例已达到最优，但是却为非 DEA 有效单元，究其原因，主要是由于该年物流产业规模不合理，处于规模递增阶段，如果适当增加资源投入，扩大物流产业规模，可以获得更大比例的产出量，提升物流运作效率。

整体来看，湖北省物流业固定资产投资投入规模比较适中，物流基础设施建设比较完善，不存在冗余现象。物流人员投入没有单纯依靠数量的增长，而是通过质的提升，提高从业人员的物流技术和水平，培养综合素质高的物流人才来满足物流业人力资源的需求，因此在人员投入上也不存在过剩。湖北省物流业投入冗余主要集中在能源消耗上，共有 3 年能源消耗量过多，其中 2006 年每吨货运量的能源消耗量冗余额为 0.0038 吨标准煤，说明湖北省物流产业在发展过程中对能源的依赖较强，消耗水平过高，物流业发展和资源投入、环境承载能力不协调，影响了物流业的可持续发展。产出方面主要是物流业货运周转量存在严重不足，有 4 年没有达到最佳产出量，货运量较为合理，在现有的资源投入下获得了最大货运量产出。由此可见，湖北省近 12 年来在物流资源配置方面还存在较大的投入浪费和结构不合理现象，物流产出还有比较大的发展空间。

根据表 3 中的计算结果，对非 DEA 有效的年份进行物流投入和产出的调整，可以使其达到 DEA 总体有效。以 2007 年为例，如果每吨货运量的能源消耗量由原来的 0.0188 吨标准煤减少 0.0018 吨标准煤，那么货运周转量将在原来 1902.17 亿吨公里的基础上增加 88.83 亿吨公里，此时 2007 年湖北省物流产业达到 DEA 有效，可持续发展效率将得到进一步提升。

（六）可持续发展轨迹分析

表2中的可持续发展轨迹可用曲线图表示如图1所示。

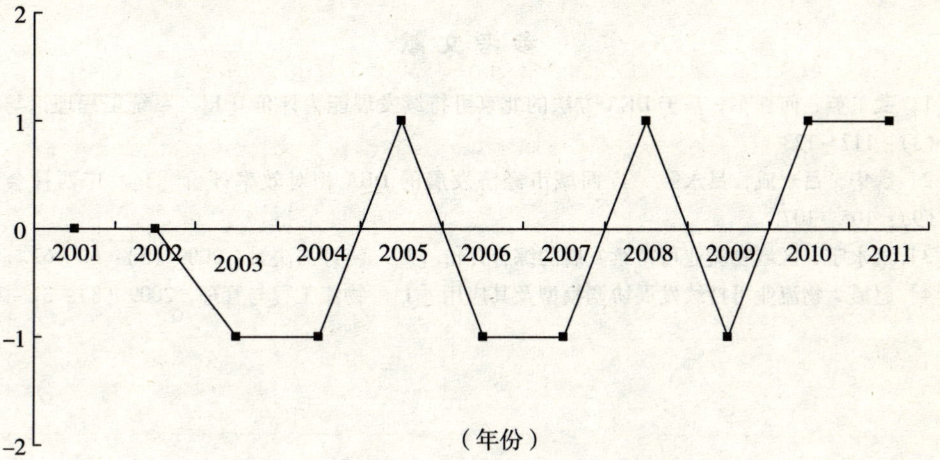

图1　湖北省物流产业可持续发展轨迹曲线

由轨迹曲线可见，湖北省近12年物流产业可持续发展轨迹波动较大。2001—2004年，虽然可持续发展轨迹波动较为平缓，但是基本不在可持续发展的轨迹上，其中既有技术效率因素也有规模效率因素，导致可持续发展能力呈下降趋势。2004年之后，可持续发展轨迹波动幅度较大，大体呈“W”型，这期间湖北省物流产业可持续发展状态非常不稳定，但总体沿着可持续发展的轨迹运行。从量上考察，在劣可持续发展轨迹上的年份包括2003年、2004年、2006年、2007年和2009年，几乎占了一半，达到45%。与上一年相比，这5年的可持续发展总体效率都有明显的下滑，体现在资源利用效率和规模效率两个方面，极大地影响了物流业的可持续发展，使得湖北省物流产业可持续发展态势不容乐观。

四、结论

通过DEA模型对湖北省物流产业近12年的可持续发展效率进行纵向比较分析，结果表明，湖北省物流产业可持续发展的总体效率较高，可持续发展能力较强，但可持续发展轨迹呈现较大波动。湖北省物流产业可持续发展总体有效的年份为6个，占50%，而DEA无效性主要来自于纯规模无效，规模因素是制约湖北省物流产业可持续发展效率提升的主要因素。此外，投影分析显示物流资源配置不合理、能源消耗过大、产出效率不高也是影响物流业可持续发展的主要障碍。从可持续发展轨迹来看，湖北省物流产业可持续发展状态不稳定，波动较大。

根据研究结果，为实现湖北省物流产业的可持续发展，建议：①科学合理布局物流产业，加大物流资源的优化配置力度，提高物流资源的投入利用效率，促使物流业由粗放型增长方式向集约型增长方式转变。②加强物流新技术的投入和应用，改变能源消耗结构和方式，提高能源利用效率，节能减排，减少物流业的资源消耗和对环境的影响。③加强物流行业标准化和信息化建设，增强物流综合信息处理能力，保证物流业务的衔接顺畅，提高物流运行效率。

参考文献

[1] 武玉英，何喜军．基于 DEA 方法的北京可持续发展能力评价［J］．系统工程理论与实践，2006（3）：117－123.

[2] 魏华，吕永成，吕永霞．广西城市经济发展的 DEA 相对效率评价［J］．广西社会科学，2005（9）：105－107.

[3] 李永宁．区域物流业可持续发展的综合评价［J］．统计与决策，2009（5）：60－62.

[4] 赵霞．物流业可持续发展协调模型及其应用［J］．物流工程与管理，2009（8）：32－35.

物流管理

物流景气指标分类与景气指数编制实证研究*

郭　茜

摘　要：物流业跻身十大振兴产业以来，在国民经济建设中受重视程度日益凸显。物流业是运用系统观念将运输、仓储、包装、装卸搬运、流通加工、配送和物流信息等功能与环节集成整合，实现一体化运作，从而有效地降低物流成本，提高流通效率的复合型产业。为了从整体上把握物流行业变动情况，需要利用物流业统计信息资源，编制一套直观、形象地反映物流行业过去、现在变动情况的指数——物流景气指数。该指数属于综合性景气评价指标，是利用一系列挑选出来的景气评价指标进行加工整理，得到物流业发展情况"晴雨表"，通过定期发布物流景气指数，为政府的宏观调控和企业的微观调节提供决策依据。本文结合我国物流统计范围和发展现状，设置了一套物流业景气指标体系作为编制物流业景气指数的基础。选用时差相关法、K—L信息量法、聚类分析法和谷峰对应四种方法从物流景气指标体系中筛选出先行指标、同步指标和滞后指标。利用物流业扩散指数、合成指数和综合评分三种方法分析了我国物流业景气波动的趋势和程度，为编制物流业景气指数提供一套可行性较强的方法和思路。

关键词：物流业　扩散指数　合成指数　综合评分法

物流业跻身十大振兴产业以来，在国民经济建设中受重视程度日益凸显。为了从整体上把握物流行业变动情况，需要编制一套物流景气指数直观、形象地反映物流行业过去、现在变动情况，通过定期发布物流景气指数，为政府的宏观调控和企业的微观调节提供决策依据。

一、物流景气指数呼之欲出

（一）物流景气研究局限微观层面，宏观层面成果亟待丰富

物流景气研究集中在微观层面，即物流企业预警管理研究，很少从宏观层面，即物流产业层面或物流市场层面进行分析。微观研究借助短期和长期财务风险预警指标体系、物流外包风险景气预警系统分别从财务和外包两个角度分析微观物流企业的景

* 作者简介：郭茜，北京物资学院，副教授，中国人民大学统计学院，博士，主要研究方向：物流统计。
发表情况：中国物流与采购。

气问题，但是预警指标体系不能全面准确反应物流市场的发展，无法为监控宏观物流市场提供详细、具体可操作的实施指导。

宏观研究主要围绕物流业运输环节景气分析。宏观物流景气研究大多借助公路运输景气指数、近海运输及内河运输景气指数、铁路运输景气指数对物流运输问题进行宏观调控。虽然物流业运输环节景气指数从定性与定量的角度把握物流运输市场运行的景气程度，为准确把握物流业景气程度及其发展方向提供了一种思路，但是无法反映仓储、包装、装卸搬运等环节的景气程度。

（二）物流景气指数编制是物流统计研究又一重要任务

物流景气指数编制是宏观物流研究和决策在方法上的突破。物流景气指数为物流统计分析提供新研究方向和技术，从定量与定性的结合上研究物流业周期变化的规律，是继物流标准制度、物流调查、统计指标设计之后，一项十分重要的工作，是在前几个阶段工作的基础上通过景气分析达到对物流业发展更为深刻的认识。一套完整的物流景气指数反映我国物流业变化情况，可以弥补仅从公路、水路和铁路的运输状况单方面反映物流业发展变化的不足。物流景气指数根据物流业整体发展规律，运用物流扩散指数、物流合成指数、景气综合评分刻画和预测物流业运行走势和走向，便于全面正确认识物流业形势，把握物流运行脉络，为决策分析提供依据。

物流景气指数研究旨在解决先行指标、同步指标和滞后指标甄别与筛选的关键技术，探讨如何从初选物流景气指标中选出先行指标、同步指标以及滞后指标，如何确定各景气指标的警限，设计一套具体操作方法运用先行指标或同步指标预警和监测，对各指标进行加权处理得出综合值、编制预警信号系统、实现总体预警。

（三）借助物流景气指数监测产业动态，促进物流业良性发展

物流决策部门在制定物流发展规划及政策时，需要了解物流市场整体运行态势，把握物流业整体运行走向，预测物流业发展萧条期和过热期，及时向相关决策部门发出预警信号，为缓解物流市场的供需矛盾、结构矛盾、区域矛盾，作出正确决策。物流景气指数可以在短时间内为决策者提供一个明确的结果，快速提供决策信息，减少政策时滞导致物流发展大起大落所带来的严重后果。

物流景气指数还有助于检验政策执行效果，预防调控偏离目标。物流业发展规划与政策实施的效果决定着物流业调控目标的实现程度，防止政策执行中由于受到多种因素的影响，导致政策失效、偏离调控目标，对于政策调整起着至关重要的作用。物流景气指数不仅能预测物流业发展走势，还能反馈物流目标和调控政策实现程度，检验政策实施的效果。当宏观调控目标已经实现，物流业发展回到正常阶段，需要变换政策方向，如果尚未实现调控目标，则需要加大执行力度。

二、物流景气指标体系

物流景气指标体系是由若干个相互联系用于描绘、测定和预测物流业景气波动周期和景气波动趋势指标组成的有机体，是测度物流业景气波动的核心和关键环节。指标体系涵盖是否全面、层次结构是否清晰合理，直接关系到物流景气评估质量的好坏。

物流景气指标体系主要从投入和产出两个方面衡量景气情况。投入指标包括：社会物流总费用、物流业固定资产投资额、物流用主要设施、运输费用、社会物流总费用与 GDP 的比率；产出指标包括：社会物流总额、物流需求系数、物流业增加值、物流业增加值占 GDP 比重、货运周转量、货运量、货物运输平均运距。国家统计局和中国物流采购联合会每年定期发布上述指标数值，并且指标统计口径与物流统计界定完全一致，覆盖了物流业全部行业，因此该体系具有较强的可操作性和全面性，具备依靠其他数据源构建的统计指标体系无法企及的优势。

三、物流景气指标分类

由于各景气指标之间存在时差关系，在景气循环中，所有物流景气指标不可能同时达到高峰或低谷，总有先后之分。物流景气指标体系包含的指标可以分为先行指标、同步指标和滞后指标。区分三种指标的基本方法是，先确定基准景气循环，然后将景气指标与基准循环进行对照，以确定其类别。

（一）物流基准景气循环

基准景气循环以及景气指标的分类需要剔除指标序列季节变动、不规则变动和长期趋势，所以在分析之前要对数据进行预处理。物流景气指标体系中包含的指标均为年度数据，不需要考虑季节波动，只需计算各指标的环比发展速度剔除长期趋势。

物流业增加值是物流景气指数指标体系中重要的物流指标，将其视为基准循环指标。图 1 显示物流业增加值与 GDP 的增长率变化幅度具有较强的共变性，二者之间相关系数为 0.88，属于高度相关，因此物流业增加值增长率反映物流业基准循环与宏观经济波动周期基本一致。

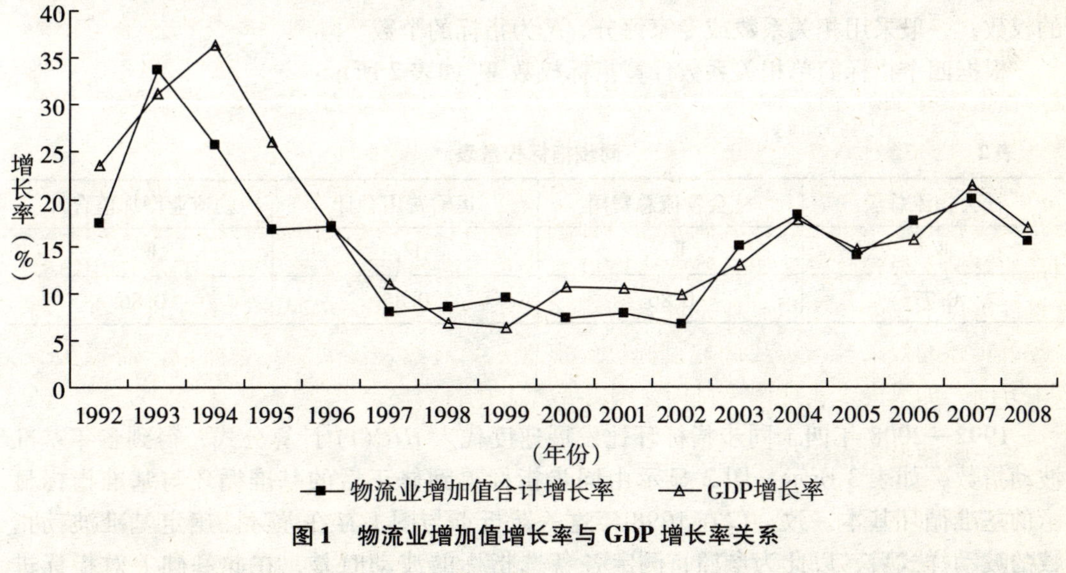

图 1　物流业增加值增长率与 GDP 增长率关系

根据物流业增加值从物流景气指标体系中挑选出与其变化基本一致的同步指标，具体操作为计算物流业增加值与其余指标之间的一阶相关系数，结果如表 1 所示。物流业增加值与社会物流总额，社会物流总费用、运输费用之间具有较高的相关性，这三个指标初步定为同步指标。

表 1 物流业增加值与待选景气指标一阶自相关系数

物流业增加值合计	社会物流总额	每单位 GDP 的物流需求系数	社会物流总费用	社会物流总费用与 GDP 的比率（%）	运输费用合计
一阶相关系数	0.75	0.04	0.89	-0.21	0.95
物流业增加值合计	运输线路长度	货运周转量	货运量	货物运输平均运距	民用货运汽车拥有量
一阶相关系数	0.09	0.16	0.44	-0.14	0.47
物流业增加值合计	物流业增加值占第三产业增加值比重	物流业固定资产投资额	铁路货车拥有量	物流业增加值占 GDP 比重	民用运输船舶拥有量
一阶相关系数	0.34	0.60	0.47	-0.13	0.38

相关系数法初步确定的同步指标为了修正景气循环提供了依据，利用同步指标构造基准波动指数的计算公式为：

$$HIC(t) = \frac{\sum_{i=1}^{N} \mathrm{d}_i(t) W_i}{\sum_{i=1}^{N} W_i} \tag{1}$$

其中，$HIC(t)$ 为基准波动指数，$\mathrm{d}_i(t)$ 是第 i 个指标 t 时刻的取值，W_i 为第 i 个指标的权数，一般采用相关系数或专家评分，N 为指标的个数。

根据四个指标简单相关系数计算指标权数 W_i 如表 2 所示：

表 2 同步指标权数表

社会物流总额	社会物流总费用	运输费用合计	物流业增加值合计
W_1	W_2	W_3	W_4
0.77	0.86	0.85	0.86

1992—2008 年四个同步指标环比发展速度代入 $HIC(t)$ 计算公式，得到各年基准波动指数，如表 3 所示。图 2 显示由同步指标得到修正后的基准循环与基准指标显示的基准循环基本一致，仅在 1998 年这一转折点与图 1 存在差异。确定基准波动指数的波动样式后，以此为参照，测定各备选指标的波动时差，在此基础上对指标进行筛选。

表 3　　基准波动指数计算　　（%）

年份	社会物流总额	社会物流总费用	运输费用	物流业增加值	*HIC*(*t*)
1992	129.37	118.43	117.37	117.45	120.44
1993	139.01	128.69	133.38	133.67	133.55
1994	145.46	130.89	123.79	125.74	131.13
1995	129.02	124.63	115.70	116.72	121.34
1996	108.20	116.37	118.25	117.14	115.16
1997	112.23	111.17	107.66	108.05	109.72
1998	104.23	102.12	105.48	108.52	105.11
1999	107.98	104.66	109.98	109.53	108.03
2000	122.70	107.95	105.63	107.34	110.61
2001	114.01	107.22	107.38	107.87	109.00
2002	119.52	110.29	110.98	106.70	111.67
2003	126.97	112.99	117.23	114.95	117.80
2004	129.41	116.76	120.37	118.26	120.99
2005	125.57	112.86	110.08	113.87	115.35
2006	123.65	115.05	113.72	117.59	117.36
2007	126.23	120.53	119.53	119.85	121.42
2008	119.50	116.16	113.16	115.44	115.98

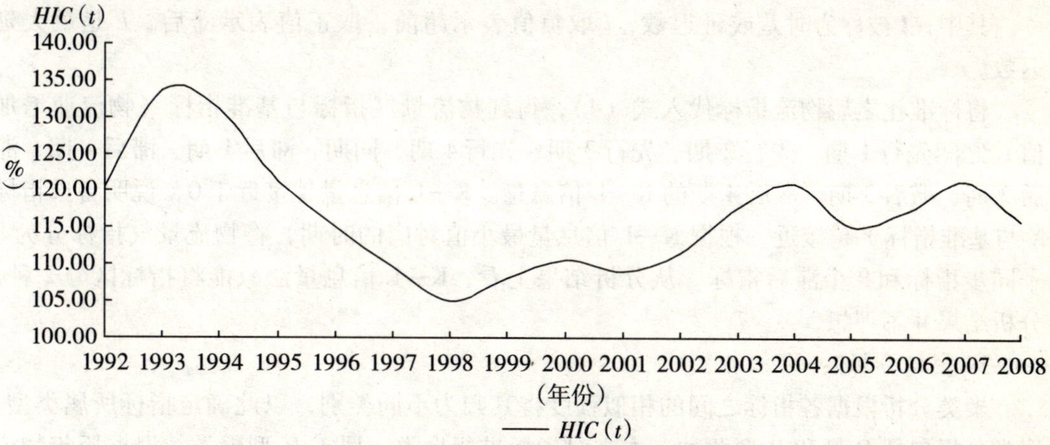

图 2　*HIC*（*t*）修正后的基准循环

（二）物流景气指标筛选

物流景气指数筛选主要依据测算各指标与基准循环的时差。在现实经济中，要找到一个完全符合标准的筛选方法几乎不可能，因此，常常采用数学方法和主观判断相结合的方法区分景气指标的类别。常用方法有谷峰对应法、时差相关法、K—L 信息量法、马场法、聚类分析法以及三角函数法。本文将选用时差相关法、K—L 信息量法、聚类分析法和谷峰对应法从物流景气指标体系中筛选出先行指标、同步指标和滞后指标。

1. 时差相关法

时差相关法的理论基础是计算指标之间的相关系数，该方法以一个重要的能够敏感地反映当前经济活动的经济指标作为基准指标，笔者认为基准波动指数 $HIC(t)$ 比单一指标更好地反映基准变化趋势，因此选用 $HIC(t)$ 为基准指标。利用各指标发展速度，计算各指标与 $HIC(t)$ 先行 1 期、先行 2 期、先行 3 期、先行 4 期、同期、滞后 1 期、滞后 1 期、滞后 2 期、滞后 3 期、滞后 4 期的相关系数。根据相关系数最大值对应的时间，将物流景气指标分为三类，其中同步指标 4 个，先行指标 7 个、滞后指标 5 个，结果如表 4 所示。

2. K—L 信息量法

K—L 信息量法需要先对物流景气指数指标原始数据进行标准化。基准指标 Y 和被选择的指标 $X=\{X_1, X_2, \cdots, X_n\}$ 标准化处理后的序列分别记为：

$$p_t = \frac{Y_t}{\sum_{j-1}^{n} Y_j} \qquad t=1, 2, \cdots, n \tag{2}$$

$$q_t = \frac{X_t}{\sum_{j=1}^{n} X_j} \qquad t=1, 2, \cdots, n \tag{3}$$

将标准化后序列代入式（4），计算 K—L 信息量。

$$K_l = \sum p_t \ln \frac{p_t}{q_{t+l}} \qquad l=0,\ \pm 1,\ \pm 2,\ \cdots,\ \pm L \tag{4}$$

其中，l 被称为时差或延迟数，l 取负值表示超前，取正值表示滞后。L 是最大延迟数。

将标准化之后物流指标代入式（4），得到物流景气指标与基准指标（物流业增加值）之间先行 1 期、先行 2 期、先行 3 期、先行 4 期、同期、滞后 1 期、滞后 1 期、滞后 2 期、滞后 3 期、滞后 4 期的 K—L 信息量。K—L 信息量越接近于 0，说明备选指标 X 与基准指标 Y 越接近。根据 K—L 信息量最小值对应的时期，将物流景气指标分为 8 个同步指标和 8 个滞后指标。从分析结果上看，K—L 信息量法只能将指标区分 2 种，分析结果并不理想。

3. 聚类分析法

聚类分析根据各指标之间的相似程度将其归为不同类别，以此确定指标所属类型。聚类分析包括 Q 型和 R 型两种，本文对指标进行聚类，属于 R 型聚类。根据历年物流景气指标体系数据，用夹角余弦反映各指标之间的相似度，采用离差平方和系统聚类法对指标进行分类。从图 3 可以看出指标分为三类，第一类是同步指标：x1，x3，x5，x6；第二类先行指标：x9；第三类滞后指标：x2，x4，x7，x8，x10，x11，x12，x13，x14，x15，x16x。

4. 谷峰对应法

谷峰对应法是一个比较直观的方法，主要通过比较转折点的位置来确定指标的类别，一般可以通过比较转折点法和画图比较两种方法，相比之下画图法更具直观性。

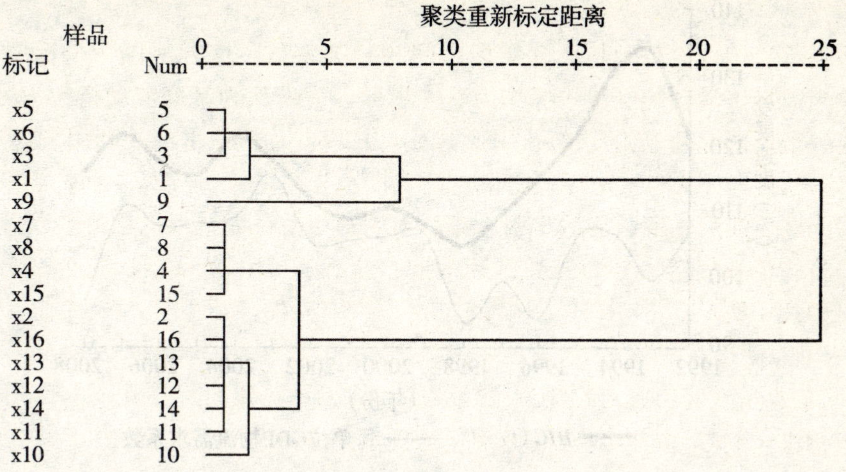

图 3　景气指标系统聚类

注：x1 为社会物流总额，x2 为每单位 GDP 物流需求系数，x3 为社会物流总费用，x4 为社会物流总费用与 GDP 比率，x5 为运输费用合计，x6 为物流业增加值合计，x7 为物流业增加值占 GDP 比重，x8 为物流业增加值占第三产业增加值比重，x9 为物流业固定资产投资额，x10 为运输线路长度，x11 为货运周转量，x12 为货运量，x13 为货物运输平均运距，x14 为民用货运汽车拥有量，x15 为民用运输船舶拥有量，x16 为铁路货车拥有量。

选择 *HIC*(t) 作为反映当前经济活动的一致指标为基准指标，将该指标与备选指标画在一张图上，比较峰、谷的对应状况。

将各备选指标发展速度与 *HIC*(t) 绘制谷峰对应图，如图 4 所示，图（a）、图（c）、图（e）和图（f）显示各指标与 *HIC*(t) 有较强的一致性，属于同步指标。图（i）、图（l）显示各指标总是先于 *HIC*(t) 到达波峰和波谷，属于先行指标。图（j）、图（m）、图（o）、图（p）显示各指标总是滞后于 *HIC*(t) 到达波峰和波谷，属于滞后指标。此外，图（b）、图（d）、图（g）、图（h）、图（k）和图（n）显示各指标与 *HIC*(t) 变化周期的对应关系不明显，这些指标的类别暂且待定。

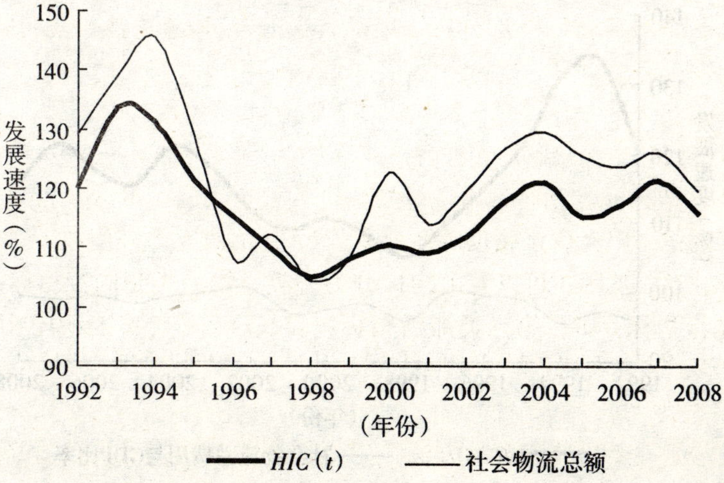

（a）

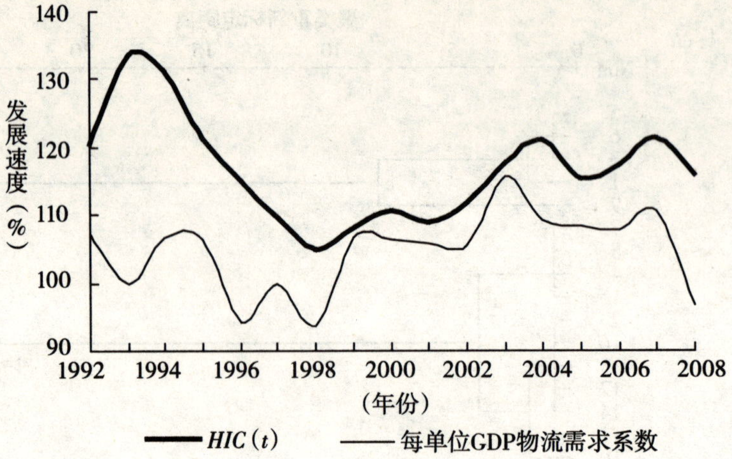
140
130
120
110
100
90
发展速度（%）
1992
1994
1996
1998
2000
2002
2004
2006
2008
（年份）
HIC（t）
每单位GDP物流需求系数

（b）

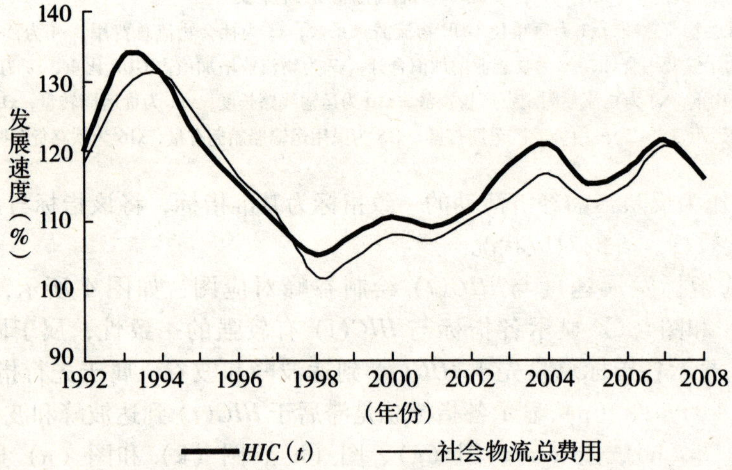
140
130
120
110
100
90
发展速度（%）
1992
1994
1996
1998
2000
2002
2004
2006
2008
（年份）
HIC（t）
社会物流总费用

（c）

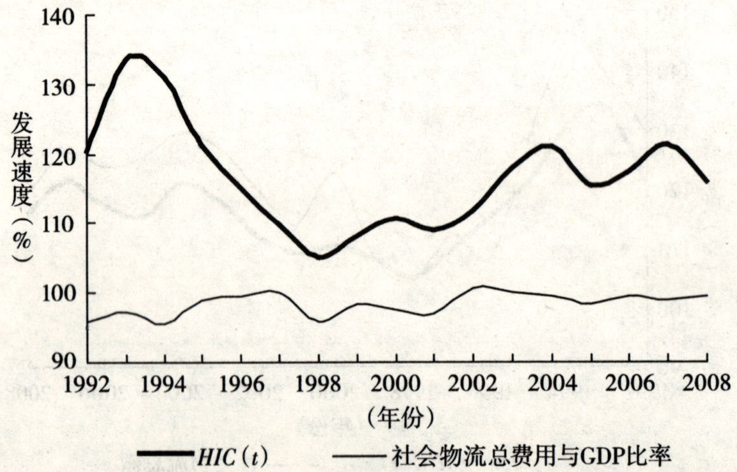
140
130
120
110
100
90
发展速度（%）
1992
1994
1996
1998
2000
2002
2004
2006
2008
（年份）
HIC（t）
社会物流总费用与GDP比率

（d）

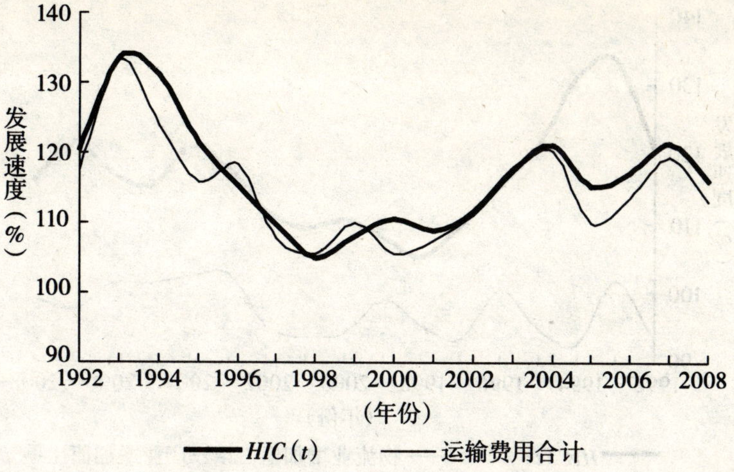
140
130
120
110
100
90
发展速度（%）
1992
1994
1996
1998
2000
2002
2004
2006
2008
（年份）
HIC（t）
运输费用合计

（e）

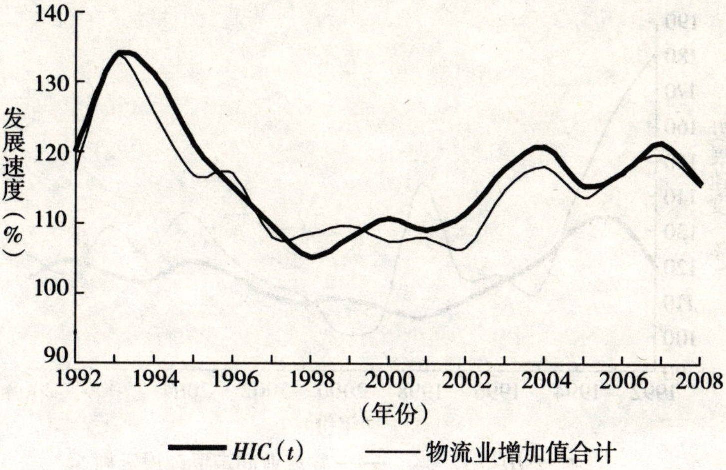
140
130
120
110
100
90
发展速度（%）
1992
1994
1996
1998
2000
2002
2004
2006
2008
（年份）
HIC（t）
物流业增加值合计

（f）

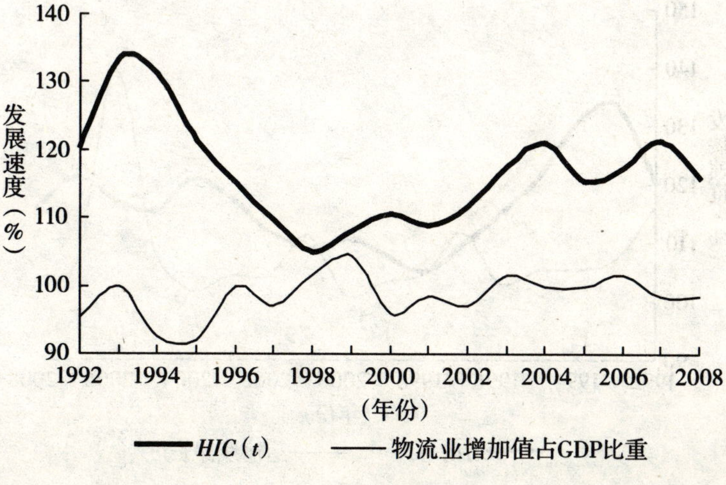
140
130
120
110
100
90
发展速度（%）
1992
1994
1996
1998
2000
2002
2004
2006
2008
（年份）
HIC（t）
物流业增加值占GDP比重

（g）

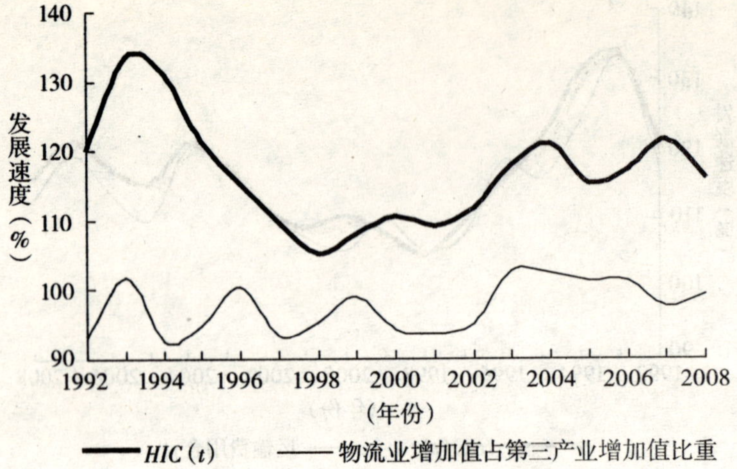
140
130
120
110
100
90
发展速度（%）
1992 1994 1996 1998 2000 2002 2004 2006 2008
（年份）
HIC（t） —— 物流业增加值占第三产业增加值比重

（h）

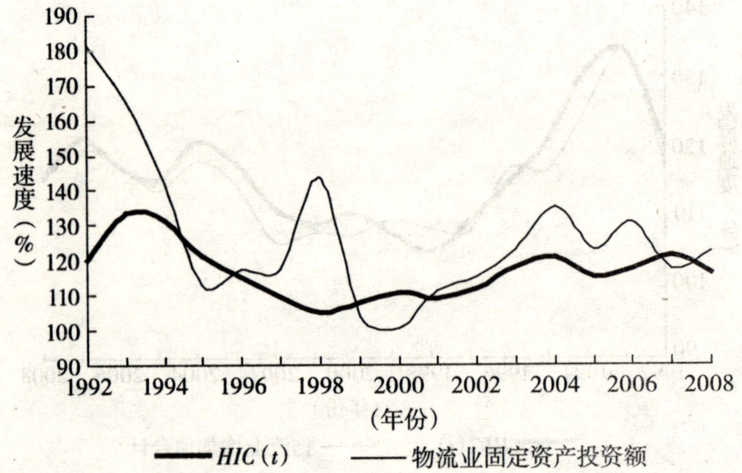
190
180
170
160
150
140
130
120
110
100
90
发展速度（%）
1992 1994 1996 1998 2000 2002 2004 2006 2008
（年份）
HIC（t） —— 物流业固定资产投资额

（i）

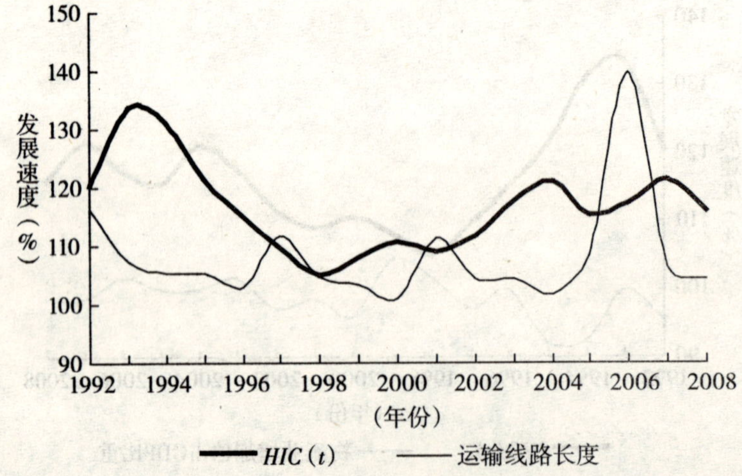
150
140
130
120
110
100
90
发展速度（%）
1992 1994 1996 1998 2000 2002 2004 2006 2008
（年份）
HIC（t） —— 运输线路长度

（j）

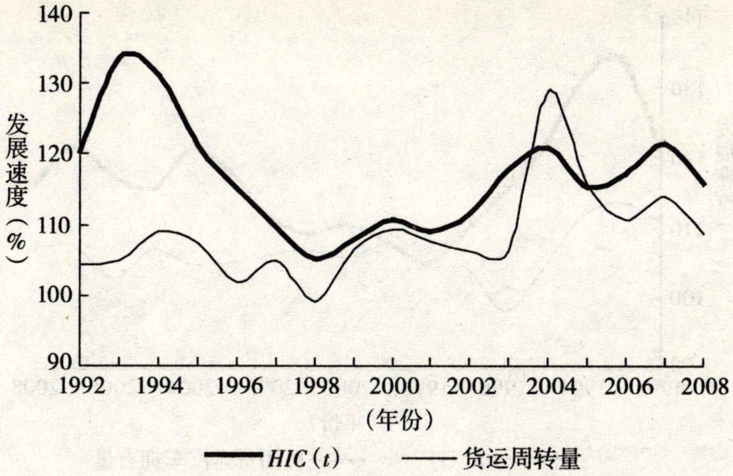

140
130
120
110
100
90
发展速度（%）
1992
1994
1996
1998
2000
2002
2004
2006
2008
（年份）
HIC（t）
货运周转量

（k）

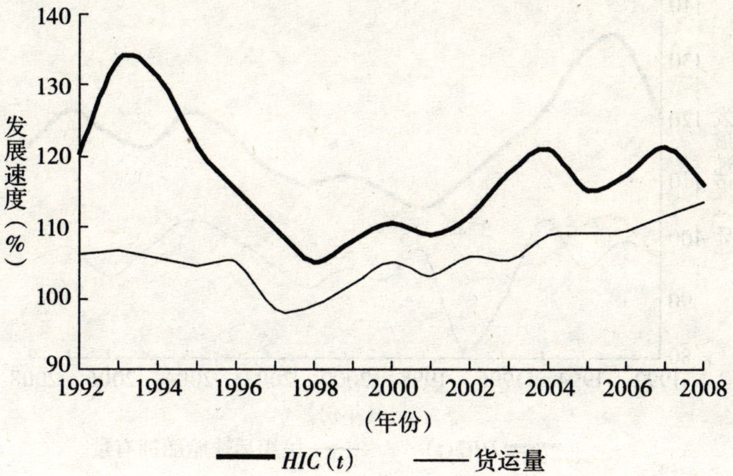

140
130
120
110
100
90
发展速度（%）
1992
1994
1996
1998
2000
2002
2004
2006
2008
（年份）
HIC（t）
货运量

（l）

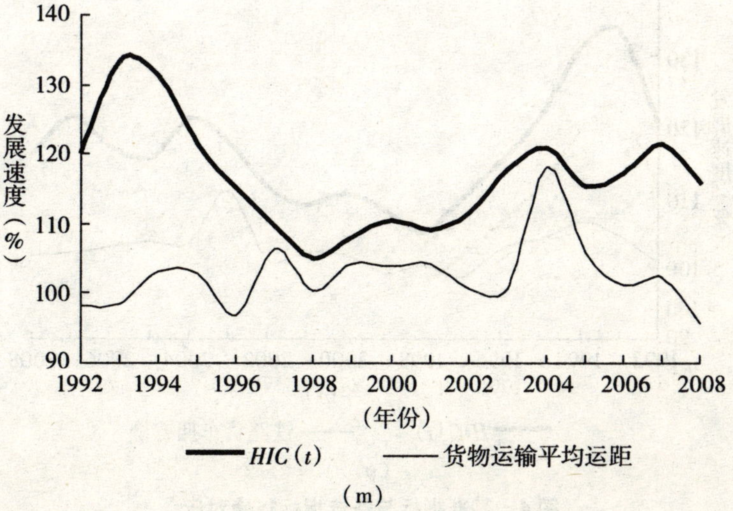

140
130
120
110
100
90
发展速度（%）
1992
1994
1996
1998
2000
2002
2004
2006
2008
（年份）
HIC（t）
货物运输平均运距

（m）

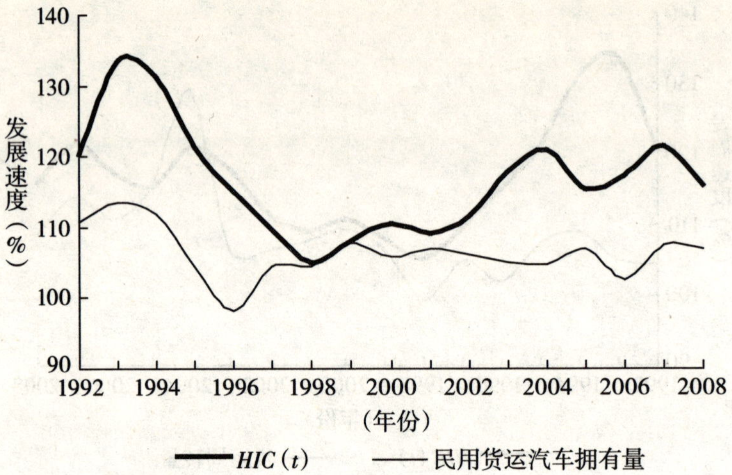

（n）

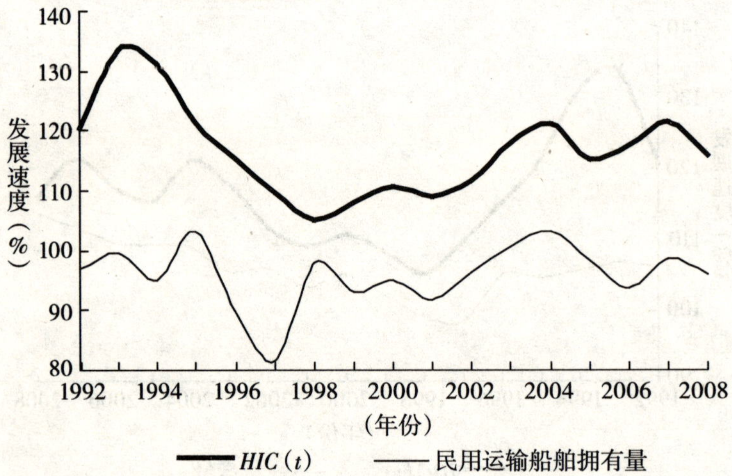

（o）

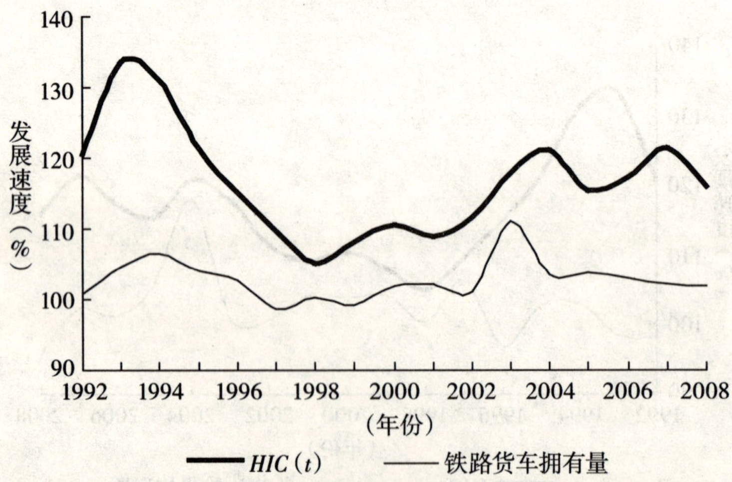

（p）

图4　基准指标与备选指标谷峰对应

（三）四种筛选方法综合比较

上述四种方法将物流景气指标分为同步、滞后和先行三种类别的筛选结果并不完全一致，还需要将四种分类结果综合起来，进行最终判定。为了能够兼顾四种方法的分类结果，在确定指标最终类别时，依据众数原则，即四种方法中出现最多的类别，则为最终类别，分类结果如表 4 所示。

表 4　　　　物流景气指标最终分类结果

指标	相关系数	K—L 信息量	聚类法	图示法	最终类别
社会物流总额	同步	同步	同步	同步	同步
每单位 GDP 物流需求系数	滞后	滞后	滞后	待定	滞后
社会物流总费用	同步	同步	同步	同步	同步
社会物流总费用与 GDP 比率	先行	滞后	滞后	待定	滞后
运输费用合计	同步	同步	同步	同步	同步
物流业增加值合计	同步	同步	同步	同步	同步
物流业增加值占 GDP 比重	滞后	滞后	滞后	待定	滞后
物流业增加值占第三产业增加值比重	滞后	滞后	滞后	待定	滞后
物流业固定资产投资额	先行	同步	先行	先行	先行
运输线路长度	先行	同步	滞后	滞后	滞后
货运周转量	先行	同步	滞后	先行	先行
货运量	先行	滞后	滞后	先行	先行
货物运输平均运距	先行	滞后	滞后	滞后	滞后
民用货运汽车拥有量	先行	同步	滞后	先行	先行
民用运输船舶拥有量	滞后	滞后	滞后	滞后	滞后
铁路货车拥有量	滞后	滞后	滞后	滞后	滞后

四、物流景气指数测算与分析

常用景气指数有三种表现形式：扩散指数、合成指数和景气综合评分。本文利用 1992—2008 年物流景气指标统计资料编制三种物流景气指数。

（一）物流扩散指数

物流扩散指数是在各个物流指标循环波动基础上，计算扩张变量在一定时点上的加权百分比，测定各指标波动循环。物流扩散指数包括先行扩散指数、同步扩散指数和滞后扩散指数三种。

1. 物流同步扩散指数

物流景气指标体系包含 4 个同步指标分别为：社会物流总额、社会物流总费用、运输费用合计、物流业增加值合计。根据各指标对应的示性函数和权数，得到物流同步扩散指数如表5所示。从物流同步扩散指数 $DI(t)$ 的变化，如图5所示，可以看出物流业发展经历了以下9个阶段：

表5　　　　物流同步扩散指数　　　　（%）

年份	1993	1994	1995	1996	1997	1998	1999	2000
$DI(t)$	100.00	48.89	0.00	51.11	23.12	25.79	100.00	48.89
年份	2001	2002	2003	2004	2005	2006	2007	2008
$DI(t)$	51.11	74.21	100.00	100.00	0.00	76.88	100.00	0.00

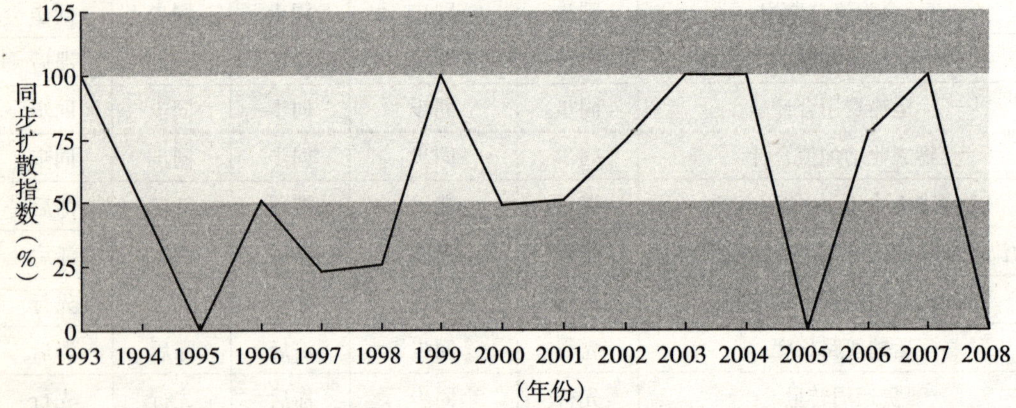

图5　物流同步扩散指数曲线

第一阶段，1993—1994年，物流同步扩散指数 $DI(t)$ 由100%向50%变动，上升指标多于下降指标，物流业发展处于景气后期，物流业正在走下坡路，整个物流业发展处于降温阶段。

第二阶段，1994—1995年，物流同步扩散指数 $DI(t)$ 由50%向0变动，物流业发展发生重大转折，上升指标少于下降指标数，物流业处于全面收缩阶段。

第三阶段，1995—1998年，物流同步扩散指数 $DI(t)$ 由0向50%变动，上升指标仍然少于下降指标，在此阶段扩张因素不断生长，收缩因素不断消失，物流业向扩张方向运动，此时物流业处于不景气空间后期。

第四阶段，1998—1999年，物流同步扩散指数 $DI(t)$ 由50%向100%变动，上升指标多于下降指标，物流业运行处于景气空间。

第五阶段，1999—2004年，物流同步扩散指数 $DI(t)$ 一直处于景气空间，物流业发展越来越热。

第六阶段，2004至2005年，物流同步扩散指数 $DI(t)$ 由100%向0变动，物流业发展骤然降温，景气程度跌至谷底。

第七阶段，2005—2006年，物流同步扩散指数 $DI(t)$ 由0向50%变动，上升指标仍然少于下降指标，物流业发展向扩张方向运动，此时物流业发展处于不景气空间后期。

第八阶段，2006—2007 年，物流同步扩散指数 $DI(t)$ 由 50% 向 100% 变动，上升指标多于下降指标，物流业处于景气空间。

第九阶段，2007—2008 年，与 2004—2005 年的变化十分相似，物流业发展骤然降温，景气程度跌至谷底。

同步扩散指数显示我国物流业发展经历了较为频繁的波动，在 1995 年、2005 年和 2008 年三次触及谷底，并且这三次变化均是从波峰直接降至谷底，说明物流业发展调节机制有待完善，尤其是当整个行业处于欣欣向荣之际时，如何保持发展势头成为物流业发展面临的一个难题。

2. 物流滞后扩散指数

物流景气指标体系包含 8 个滞后指标分别为：每单位 GDP 的物流需求系数，社会物流总费用与 GDP 的比率、物流业增加值占 GDP 比重、物流业增加值占第三产业增加值比重、运输线路长度、货物运输平均运距、民用运输船舶拥有量、铁路货车拥有量。这些指标基本上与物流业基础设施相关，物流滞后扩散指数反映了对物流业基础设施的需求，如表 6 所示。

表 6　　物流滞后扩散指数　　(%)

年份	1993	1994	1995	1996	1997	1998	1999	2000
$DI(t)$	82.05	41.71	48.99	47.76	36.91	63.09	74.55	26.80
年份	2001	2002	2003	2004	2005	2006	2007	2008
$DI(t)$	31.71	48.99	81.04	19.37	13.58	20.77	38.66	37.12

根据各指标对应的示性函数和权数，计算得到物流滞后扩散指数如表 6 所示。从物流滞后扩散指数 $DI(t)$ 的变化，可以看出物流业发展经历了五个阶段，如图 6 所示。

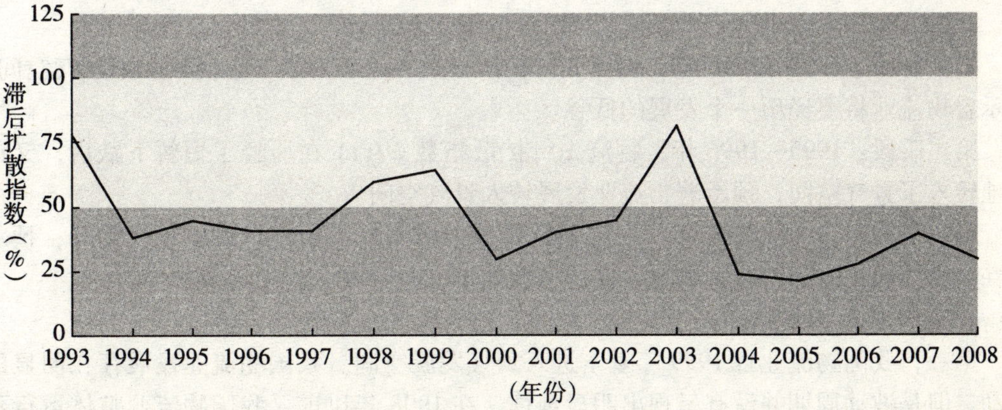

图 6　物流滞后扩散指数曲线

第一阶段，1993—1997 年，滞后扩散指数 $DI(t)$ 从景气空间向不景气空间变动，证实了前一个物流业发展周期转入不景气阶段。1994—1996 年，滞后扩散指数 $DI(t)$ 始终处于小于 50% 的不景气区间，印证了物流业发展进入不景气阶段。

第二阶段，1997—1999 年，滞后扩散指数 $DI(t)$ 由不景气空间上升至景气空间，表明物流业发展脱离不景气阶段进入了景气周期，也表明物流业发展不景气周期的结束。

第三阶段，1999—2000 年，滞后扩散指数 $DI(t)$ 再次由景气空间转入不景气空间。证实了物流业发展又进入了一个不景气周期。

第四阶段，2000—2003 年，滞后扩散指数 $DI(t)$ 由不景气空间上升至景气空间，2003 年达到物流滞后扩散指数的峰值。

第五阶段，2003—2008 年，在经历滞后扩散指数峰值后，$DI(t)$ 再次快速跌入不景气空间，并且在 2004—2008 年这段时间一直徘徊在不景气空间。

3. 物流先行扩散指数

物流景气指标体系包含四个先行指标分别为：物流业固定资产投资额、货运周转量、货运量、民用货运汽车拥有量。物流业固定资产投资额和民用货运汽车拥有量这两个指标揭示投资者和从业人员对该行业未来的预期，因此物流先行指数也可被视为物流业信心指数。

表 7　　物流先行扩散指数　　（%）

年份	1993	1994	1995	1996	1997	1998	1999	2000
$DI(t)$	74.88	23.92	0.00	52.45	47.55	52.45	74.88	51.24
年份	2001	2002	2003	2004	2005	2006	2007	2008
$DI(t)$	48.76	52.45	49.04	76.37	50.96	52.45	74.88	52.45

根据各指标对应的示性函数和权数，计算得到物流先行扩散指数如表 7 所示。从物流先行扩散指数 $DI(t)$ 的变化，可以看出物流业发展经历了三个阶段，如图 7 所示。

第一阶段：1993—1995 年，物流先行扩散指数 $DI(t)$ 由景气空间转入不景气空间，预示着物流业将要经历一个发展的低谷。

第二阶段：1995—1996 年，物流先行扩散指数 $DI(t)$ 在历经了短暂下跌后，又迅速地转入了景气空间，预示着物流业发展转入景气空间。

第三阶段：1996—2008 年，物流先行扩散指数 $DI(t)$ 始终徘徊在景气空间，预示着在今后较长的时间内我国物流业发展将会处于上升阶段。

4. 物流扩散指数分析

第一，我国物流业自 1999 年基本进入景气发展空间。我国物流业发展存在明显的波动，但是波动周期并没有呈现出明显规律。在 1998 年以前，我国物流业整体运行不景气，先行扩散指数和同步扩散指数基本上都处在不景气空间，自 1999 年物流业发展

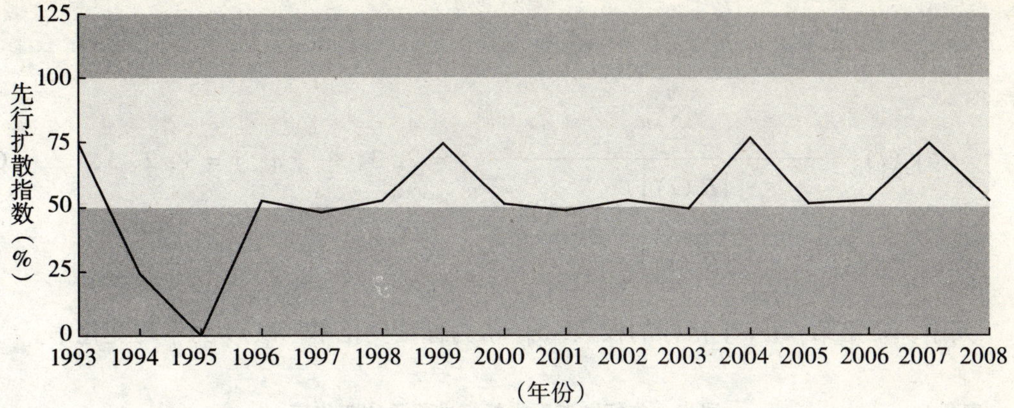

图7　物流先行扩散指数曲线

步入景气空间，但是在2005年和2008年又出现了两次小波动，主要原因是2008年我国宏观经济受到全球金融危机影响，物流业遭到危机的波及，增加值等各项指标均低于2007年的水平。

第二，投资者和从业者对物流业在发展前景看好。先行扩散指数自1996年起一直处于景气空间，我国物流业固定资产投资、货运周转量、货运量、民用货运汽车拥有量四个指标每年增长速度都在不断增加，增幅相对平稳。投资者对物流业未来发展充满信心，将会持续增加物流业固定资产。民用货运汽车拥量持续增长表明由于物流业进入门槛低，良好前景预期吸引了大量的中小个体户加入物流大军。

第三，物流业基础设施建设严重滞后。物流业发展处于景气空间时，滞后扩散指数基本上处于非景气空间，除了验证上一个物流周期不景气阶段结束以外，从另外一面也显示出与物流业发展息息相关的运输线路、运输船舶、铁路货车等基础设施建设无法满足物流业快速的发展。从波动周期上看，物流业基础设施建设落后于行业需求5~10年。

（二）物流合成指数

物流合成指数是由一类特征指标以各自变化幅度为权数进行加权平均得到的综合平均数。与扩散指数相比，合成指数除了能够预测经济周期波动的转折点以外，还能反映物流周期波动的幅度。根据合成指标的类别，物流合成指数可以分为先行、同步和滞后三种。

1. 物流合成指数测算

首先计算利用公式（5）计算指标体系中各指标的对称变化率，

$$C_{ij}(t) = \frac{Y_{ij}(t) - Y_{ij}(t-1)}{\frac{(Y_{ij}(t) + Y_{ij}(t-1))}{2}} \times 100 \qquad t = 2, 3, \cdots, n \qquad (5)$$

其中 $Y_{ij}(t)$ 为第 j 组的第 i 个指标，$j = 1, 2, 3$ 分别代表先行、同步和滞后指标组，$i = 1, 2, 3, \cdots, k_j$ 是组内指标序号。

然后利用公式（6）计算同步、先行和滞后指标标准化平均变化率，如表8所示。

$$V_j(t) = \frac{\dfrac{\sum_{i=1}^{k_j} S_{ij}(t) \times w_{ij}}{\sum_{i=1}^{k_j} w_{ij}}}{\dfrac{\sum_{t=2}^{n} |R_j(t)| / (n-1)}{\sum_{t=2}^{n} |R_2(t)| / (n-1)}} \quad t = 2, 3, \cdots, n \quad j = 1, 2, 3, \tag{6}$$

其中，w_{ij} 是第 j 组 i 个指标的权数，$S_{ij}(t)$ 为标准变化率，$R_j(t)$ 为平均变化率。

表 8　　　　同步、先行和滞后指标标准化平均变化率

年份	同步指标	先行指标	滞后指标
1992	1.21	1.46	1.46
1993	1.91	1.50	0.23
1994	1.75	1.36	1.36
1995	1.26	0.73	0.30
1996	0.97	0.38	0.84
1997	0.61	0.44	1.21
1998	0.34	0.52	1.10
1999	0.52	0.63	0.42
2000	0.62	0.73	0.80
2001	0.56	0.75	0.34
2002	0.71	0.83	0.17
2003	1.06	0.85	2.25
2004	1.25	1.69	2.35
2005	0.91	1.33	1.22
2006	1.05	1.11	1.77
2007	1.28	1.37	0.53
2008	0.98	1.31	0.65

根据标准化变化率的数值计算同步、先行和滞后指标合成指数，在利用表 9 数据对同步、滞后和先行三个指标组的标准化平均变化率做趋势调整，得到最终合成指数，如表 10 所示。

表 9　　合成指数增长率

年份	同步指标	先行指标	滞后指标
r'_i	0.99	0.98	0.98

表 10　　最终合成指数

年份	同步指标	先行指标	滞后指标
1992	100.00	100.00	100.00
1993	102.09	101.67	100.39
1994	104.06	103.22	101.93
1995	105.55	104.14	102.39
1996	106.74	104.70	103.41
1997	107.56	105.33	104.84
1998	108.09	106.05	106.16
1999	108.82	106.89	106.77
2000	109.67	107.83	107.80
2001	110.46	108.82	108.34
2002	111.42	109.90	108.69
2003	112.79	111.01	111.34
2004	114.38	113.08	114.16
2005	115.61	114.78	115.75
2006	117.01	116.24	118.00
2007	118.71	118.03	118.81
2008	120.06	119.77	119.77

2. 物流业合成指数分析

从图 8 可以看出，我国物流业发展自 1992 年就进入了快速发展期，三种合成指数呈现明显的上升趋势。从整体上看，反映物流业基础设施的滞后合成指数落后于代表当前物流业发展需求的同步合成指数，二者间 7 阶相关系数最大，落后的时期在 7 年左右。代表物流业发展信心的先行指数领先同步指数大约 2 年，二者间 2 阶相关系数最大。

（三）物流景气综合评分

综合评分法简称信号灯分，借助交通管制的红、黄、绿信号灯直观、形象地解释经济运行的景气状况，使用综合评分对物流景气状况进行整体评价。根据物流业运行情况将判断区域分为“过热”、“偏热”、“正常”、“偏冷”和“过冷”五个区间，分

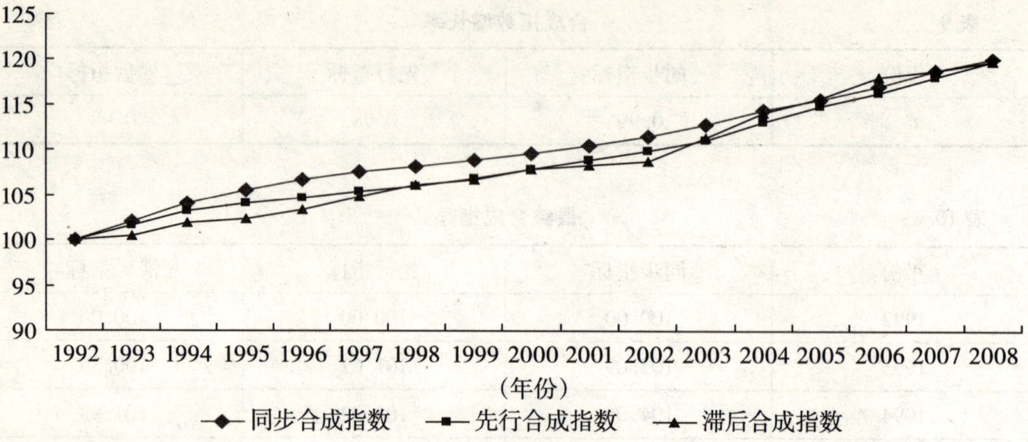

图 8　物流业合成指数

别用不同颜色的信号灯表示所属状态。绿灯区居中，视为最佳状态；黄灯区与浅蓝区视为次佳状态；红灯区和蓝灯区则视为不佳状态。

1. 确定指标临界点和景气综合评分

确定各指标的临界点需要判断景气指标服从哪种分布，然后再根据具体分布计算给定概率下的分位点。假设样本来正态总体，利用 SPSS 软件对先行和同步指标分别进行 Kolmogorov - Smirnov 检验，结果显示 8 个指标对应的显著性水平均小于 0. 05，即服从正态分布。利用正态分布计算各指标的临界点，结果如表 11 所示。S_1，S_2，S_3，S_4 分别为红灯和黄灯的分界点，绿灯和黄灯的分界点，绿灯和浅蓝灯的分界点，浅蓝灯和蓝灯的分界点。如果指标值落入红灯区得 5 分，黄灯 4 分、绿灯 3 分，浅蓝灯 2 分、蓝灯 1 分，每个指标可以据此得到相应变动幅度的分值，汇总得到景气综合得分。

确定物流景气指标综合分值所在的区间需要计算区间的临界线。物流景气指标体系包含 8 个指标，即：M = 8，该景气评分的最高分为 40 分，最低分为 8 分。根据景气分析理论，总体评分出现在绿灯区的概率为 50% 左右，该区为常态区或稳定区；而黄灯区和浅蓝灯区总体出现的概率应为 15% 左右，称为警告区；至于红灯区和蓝灯区，总体评分出现的概率各为 10% 左右，这两个区域被看做是极端区。该系统设置红灯区的下限为总分的 80%，即 32 分；绿灯区的上下限分别为总分的 70% 和 50%，即 28 分和 20 分；蓝灯区的上限为总分的 40%，即 16 分。根据临界区间和景气指标综合得分，绘制 1991—2008 年物流业景气指数综合评分图，如图 9 所示。

表 11　　　　景气指标临界点

指　标	S_4	S_3	S_2	S_1
社会物流总额	-60420. 95	95027. 68	440457. 10	595905. 73
社会物流总费用	4538. 06	12955. 29	31659. 60	40076. 83
运输费用合计	2319. 62	6867. 65	16974. 02	21522. 05

续 表

指 标	S_4	S_3	S_2	S_1
物流业增加值合计	1362.28	4496.26	11460.41	14594.39
物流业固定资产投资额	-1088.07	1931.02	8639.89	11658.98
货运周转量	20221.41	35844.85	70562.41	86185.85
货运量	937715.76	1203465.25	1793999.22	2059748.72
民用货运汽车拥有量	455.59	585.16	873.08	1002.65

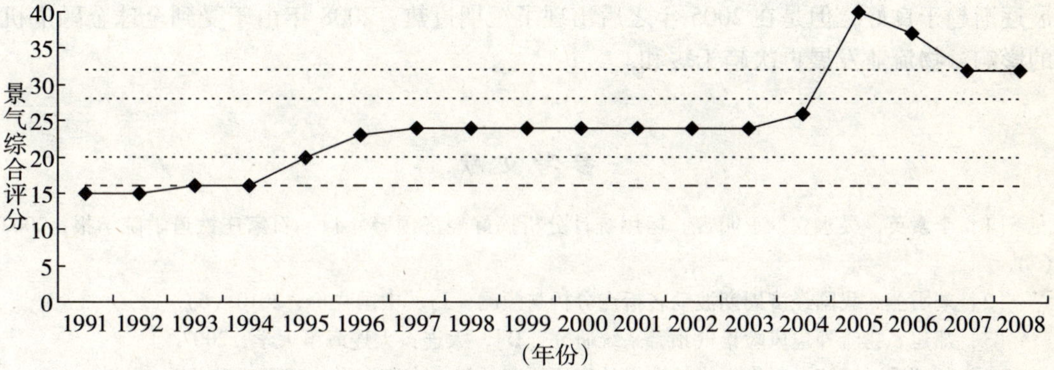

图 9 物流业景气指数综合评分

2. 景气综合评分分析

物流业景气指数综合评分结果显示，自 1991 年以来我国物流业发展一直呈现稳定上升态势。20 世纪 90 年代初期，物流业景气综合评分处在浅蓝灯区，表示我国物流业发展出现低谷期；1993—2004 年，物流业景气综合评分指数处于绿灯区，表示物流业发展态势健康；2005 年我国物流业景气综合评分指数骤然升至红灯区，这一时期物流业投资、增加值、物流费用等多项指标均处于红灯区，我国物流业发展势头过热；2006 年和 2007 年我国物流业景气综合评分指数有所回落，降至黄灯区，大量在 2005 年发展过热的指标在这两年回落到黄灯区，物流业发展过热的势头有所缓解；2008 年，物流业景气综合评分再次回归到绿灯区，表示物流业发展已经回归到理性区间。

五、结论

通过物流业扩散指数、合成指数和综合评分三种方法从不同角度分析了我国物流业景气波动趋势，主要结论归纳为以下两点：

第一，从分析方法上看，三种景气指数方法在分析物流业波动趋势上各有所长。物流业扩散指数通过计算报告期与基期相比反映物流业景气波动的指标上升或下降的比例关系，从而有助于通过基期物流业情况掌握报告期物流业发展的态势，不足之处是无法获取物流业上升或者下降的程度。物流业合成指数弥补了扩散指数的不足，不但揭示了物流业发展变化的趋势，还能分析物流业上升或下降的程度。物流业景气综合评分法的优点在于结合信号灯的颜色形象地展示出物流业发展变化的趋势和程度，让读者更好地理解物流业景气变化规律。在开展物流业景气分析时，最好将三种方法有机地结合起来，用一种综合、立体的视角展示物流业景气变化。

第二，从物流业景气变化规律上看，我国物流业先行、同步和滞后指标在1991—2008年，虽然环比发展速度存在较大波动，导致扩散指数呈现出明显地在周期波动，但是三种指标组对应的合成指数显示物流业呈现出一种稳定的上升趋势，即从个别指标上看虽然出现了一些指标的增长势头有所减缓的态势，但是从整体上看整个物流业的发展却保持良好上升趋势。物流业景气综合评分还揭示出在20世纪90年代初期我国物流业发展相对比较缓慢，随着我国对交通运输发展的重视程度不断提高，物流业发展逐渐趋于良好，但是在2005年之后出现了短期过热，2008年由于受到全球金融危机的影响，物流业发展再次趋于缓和。

参考文献

[1] 李素英，吴永立，王明吉．运用统计分析搞好经济预警［J］．石家庄铁道学院学报，2002（7）．

[2] 刘雪燕．我国经济周期波动转折点分析与预测［J］．中国物价，2010（6）．

[3] 郑建．物流外包风险景气预警系统研究［D］．大连：大连海事大学，2007．

[4] 刘朝阳．经济运行先行指标选择的实证研究［J］．南方金融，2006（7）．

[5] 杜潇潇，李云清，李根柱．关于建立物流市场景气预警系统的研究［J］．物流技术，2006（8）．

[6] 魏众，申金升，张智文，等．物流运输景气指数的研究［J］．公路交通科技，2006（8）．

农超对接的农产品物流系统绩效评价体系研究*

潘福斌 廖秀萍 宋 达

摘 要：农超对接是农产品在我国的新型流通模式，构建适用于农超对接物流系统的绩效评价体系，找出关键性影响因素，可以为提高和改善农超对接物流系统指引方向。在构建评价体系的过程中，先从组成实体、内部物流流程运作和外部环境建立农超对接物流系统结构模型，然后根据系统结构模型的特点，从系统内部结构、运作效果及外部环境三个角度出发，建立了3级共24个指标的绩效评价体系，最后采用专家评分法及AHP层次分析法对福建省农超对接物流系统进行实例验证，利用ABC分类原则找出物流利润率、农产品安全度、系统纵向组织化程度、农产品保鲜水平及信息准确率是影响福建省农超对接物流的关键性因素，并针对这些关键影响因素提出改进农产品物流系统的建议。

关键词：农产品物流 农超对接 绩效评价 AHP层次分析法

一、引言

由于我国现代农产品物流起步晚，农产品在流通过程中耗损率高，终端农产品价格高居不下而农民收入却低等问题一直存在，使得农产品物流一直成为政府和人民关注的焦点。重新构建农产品流通的产业链，建立新的农产品交易模式将是破解农产品流通困境的根本出路。自2008年《关于开展农超对接试点工作通知》（商建发〔2008〕487号）发布以来，国家大力支持农超对接项目的发展，出台众多政策推动农超对接的进行，各省市也积极参与到项目的建设中。农超对接将成为未来农产品流通的主要模式之一。在这种形式下，建立一套适合农超对接模式的农产品物流系统绩效评价体系，发现并解决问题，以确保整个农产品流通的稳定、有序及高效性，具有重要意义。

二、文献回顾

在农产品物流系统绩效评价体系研究方面，比较有代表性的是王晶晶（2008）构建了农产品物流系统的二维结构模型，从外部环境、组织结构、运作效果三个角度构建了农产品物流评价指标体系，形成了4层共40个具体指标的评价系统[1]。樊雪梅

---

* 基金项目：2012年福建省软科学研究科技项目计划（2012R0088）；2012年福建省教育厅A类社科项目（JA12286S）。

作者简介：潘福斌，男，副教授，厦门理工学院管理学院物流管理系主任，研究方向：物流与供应链管理；廖秀萍，蓝月亮（中国）有限公司；宋达，厦门理工学院商学院，讲师，研究方向：统计学。

(2012）等人构造了长春市生鲜农产品物流系统全面绩效评价体系，并用层次分析法和模糊综合评价法进行了验证[2]。在农超对接的评价方面，林乐碳（2010）运用数据包络分析方法，基于内部运行、对接协调、顾客价值和支撑成长四个角度，构建了农超对接模式的绩效评价模型[3]。宋美艳（2012）针对“超市＋合作社＋农户”这一农超对接模式，构建了社会、经济、生态三个维度的评价体系，其评价指标体系有两层[4]。

针对农产品物流绩效评价的研究还处于起步阶段，大部分的研究都处在宏观层面和理论层面，具体到针对农超对接的农产品物流绩效评价，结合具体情况或者实际案例的研究更少，缺少定量方面的深入研究。由于农产品的特性，使得农产品物流系统相对于一般物流系统更为复杂，这就决定了研究农超对接的农产品物流绩效评价的必要性。本文以“农户＋合作社＋超市”主要农超对接模式为研究对象，尝试从外部环境、运作效果及内部结构三方面出发，构建了农超对接系统绩效评价体系，以 AHP 层次分析法对评价体系进行实例验证，并利用 ABC 分类原则找出关键性指标，以便提出改善农超对接物流绩效的对策。

三、农超对接概述

（一）农超对接的内涵

农超对接是指超市和农户签订供销协议书，农户直接向超市或平价商店供应农产品的一种新型流通模式[5]。这种流通方式，为高质量农产品进入超市搭建了平台，使农产品绕过流通中的众多中间环节，直接进入超市，实现超市和农户的直接合作。农超对接的实质是使众多的小生产与变幻莫测的大市场对接，将先进的流通方式引入农村，构建生产和销售一体化的链条，即先由超市或者农产品销售企业制定农产品的质量标准、种类等，再由农产品合作社通知农户按照要求进行生产，最终农产品直接进入超市或者零售终端。

在农超对接新型流通模式下，农户的生产有了规范，市场要什么，农户就产什么，不仅避免了无方向无目的的生产，同时也使得农产品有了稳固的销售渠道和卖出价格，流通环节的减少、流通效率的提高和流通成本的降低，使得农户、商家、消费者三方受益，实现共赢。

（二）我国农超对接的发展历程及现状

1. 我国农超对接的发展历程

我国 2008 年正式开展农超对接，2009 年农业部与商务部把开展“农超对接”列为为农民办的 22 件实事之一，并在全国举办多场农超对接促进活动，为农超对接构建了良好的对接沟通平台[6]。2010 年农业部支持并引导 1000 家农民合作社与超市或者流通企业建立产销对接，“农超对接”营销模式得到全面推广[7]，而 2011 年“全国农超对接进万村”活动的开展，使我国合法农民合作社突破 48 万家，与超市对接的合作社达到 1.56 万个，在全国范围内开展农超对接的连锁经营企业达到 800 家[8]。2012 年，随着电子商务的发展，国家商务部大力促进电子商务平台在农产品流通中的应用，使农超对接在我国的发展迈上了一个新的台阶。表 1 展示了我国农超对接的主要发展历程。

表1　　我国农超对接的发展历程

年份	主要事件	当年发展效果
2008	《关于开展"农超对接"试点工作的通知》（商建发〔2008〕487号）发布	农超对接正式启动
2009	《关于做好农产品"农超对接"试点工作的通知》（商建发〔2009〕286号）发布；商业部与农业部举办多场农超对接促进活动	合作社达到6853家，通过农超对接销售农产品金额达87.28亿元[6]
2010	"农超对接"被作为为农民办的26件实事之一，其营销模式被全面推广；农业部与多个大型连锁超市联合开展农超对接培训班	28个省区市开展了农超对接工作，11000家农民专业合作社与超市直接建立产销关系，全国共有2000多家零售企业不同程度参与了农超对接，农产品流通成本平均降低10%～15%[7]
2011	农业部联合商业部在全国范围内开展"全国农超对接进万村"活动	合法农民专业合作社突破48万家，与超市对接的合作社达到1.56万个，在全国范围内开展农超对接的连锁经营企业达到800家，带动从业人员达200多万人[8]
2012	《关于2012年开展农超对接试点有关问题的通知》（财办建〔2012〕102号）发布；举行2012年中国农超对接发展论坛	农超对接与电子商务有效结合，开启农超对接和谐、高效、快捷、共赢的新局面

2. 农超对接在我国的发展现状

从2008年到2012年，经过5年的发展，农超对接已走进千村万户，发展取得了一定的成果，总体来说，农超对接在我国的发展现状可以概括为以下几个方面：

（1）发展得到国家的大力支持

国家农业部连续多年将农超对接列为为农民办的多项实事之一，近年来国家财政部拨出巨资，支持农超对接项目建设，农业部联合商业部每年组织举办一定数量的农超对接促进活动，确保合作社及连锁超市的顺利对接及洽谈，同时提高农超对接链条的流通效益。各省市跟随中央脚步，也出台多项政策支持当地农超对接的建设及发展。国家的大力支持，大大加快了农超对接在我国的发展步伐，也使得农超对接的发展有了坚强的后盾。

（2）多年的努力已初见成效

经过多年的努力，农超对接在我国的发展取得了一定的成果，农超对接试点遍布全国各省市，截至2012年年底，我国合法注册的合作社突破了50万家，参与农超对接的超市达到3.4万个，据不完全统计，农超对接开展以来，带动社会投资40多亿元，试点企业直接采购农产品突破250亿元，实现农民增收10%～15%。农超对接的发展，不仅使农民的收入得到了提高，由于流通成本的降低，也使得企业的收益得到了一定的提升，同时农超对接的发展加快了国家对冷链物流基础设施的建设，间接促进了冷链物流的发展，实现了真正意义上的多方共赢。

（3）发展仍处于初级阶段，存在障碍与不足

虽然农超对接在我国的发展已取得一定的成果，但仍处于摸索试验阶段，不管是在经营管理方面，还是在生产配送方面，都存在很多的不足，也面临诸多的发展障碍，主要表现在：

①实施主体差异大，对接稳定性差

农超对接一定会涉及超市和农户两个实施主体，但是二者在规模、资金、经营管理方式和组织化程度等方面都存在着很大差异。超市追求规模效益，大多数对进入的农户或合作社有一定的规模要求，但我国农业生产目前还是以分散的一家一户为主，中小型合作社规模小，很难满足超市对于农产品在品种和时间上的要求，并且超市一般采用银行结算支付方式，会存在一定的账款，而我国农民却习惯了销售时现金交易，即使是很短的账期也很难被农户接受。由于发展尚处于初步阶段，很多合作社都缺乏周转资金，这也成为他们参加农超对接的一大障碍。

②生产配送跟不上脚步，产品质量不稳定

超市对农产品的质量要求规范化，分级严格，而我国农民由于小农经济意识根深蒂固，很难做到农产品的规范化生产，他们在销售上习惯于以数量取胜，很容易出现只看数量不重质量的问题，同时我国目前尚未形成统一的产品质量认证标准，许多合作社在组织农产品生产时，会出现产品质量管理不严的问题，导致产品质量标准低下，难以进入超市销售。此外，由于农超对接尚处于初步发展阶段，大多中小型超市没有完善的物流配型中心，整个社会也还未形成完善的物流配送体系。配送中心规模小，设施简陋，现代化程度低，很难支持农产品的及时有效配送。

正因为我国农超对接还处于初级发展阶段，存在不足，更有必要建立对整个农超对接系统的评价体系，找出主要影响因素，发现问题，从而采取一定的措施，促进农超对接的可持续发展。

（三）农超对接主要模式及其流通优势

1．“农户+合作社+超市”主要农超对接模式

从全国发展的情况来看，“农户+合作社+超市”是我国目前主要的农超对接模式，也是我国大力支持发展的模式[9]，各省市会根据本地的实际情况，对此模型进行相应的变形，形成更适合当地情况的农超对接模式，如福建省就形成了平价超市及以大型超市为主导的农超对接模式[10]。但不管各地区的农超对接模式如何演变，始终以“农户+合作社+超市”模式为依托。虽然福建省形成了平价超市及以大型超市为主导两大农超对接模式，但这两大模式归根结底同属于“农户+合作社+超市”，只是模式中的主导者不一样，本文主要是对“农户+合作社+超市”农超对接模式的研究。

图1表示了“农户+合作社+超市”的农超对接模式，在此模式中，农户是主要的农产品生产者，超市是农产品的直接购买者也是零售商，而合作社是连接农户和超市的桥梁，一方面组织农户进行产品生产，另一方面代表农户与超市进行谈判，使农户与超市直接握手合作成为可能。

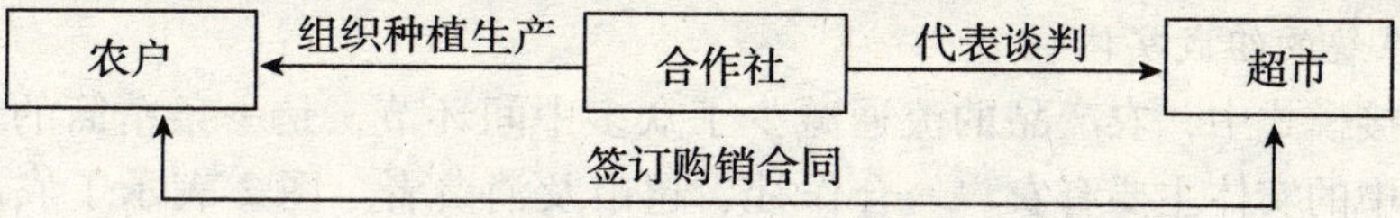

图1 “农户+合作社+超市”农超对接模式

2. 农超对接的流通优势

相对于传统的农产品流通方式，农超对接作为农产品流通链中的创新，其最主要的流通优势就在于它直接有效地减少了流通环节，降低了流通成本，并且它实现了政府、农户、超市和消费者的四方共赢，得到四方的大力支持。

（1）对政府而言，农超对接有助于三农问题的解决

三农问题一直以来是政府关注的焦点，农超对接的发展，使得农民生产的产品有了更直接和稳定的销路，解决了农户销路难找的问题，同时超市与农户直接订立购销合同，省去了不必要的中间环节，确保了农产品的时效性，大大降低了农产品的腐败率，并且超市制定产品质量标准，给予农户一定的技术支持和指导，这有利于我国现代农业的发展。

（2）对农户而言，农超对接使他们生产有了销路、收入有了提升

与当地大型连锁超市签订购销合同，农户按照订单进行生产，确保了农产品的价格，增加了收入，此外，超市的农产品采购质量标准有助于推进农产品向规模化、标准化、科学化、绿色化信息化和网络化发展，从而推进农产品的品牌化，提升农产品在国际上的竞争实力。

（3）对超市而言，农超对接有效降低了采购成本

由于农超对接中，超市是直接从农产品生产者手中购买农产品的，没有中间商赚取差价，他们可以以更低的价格购买到更新鲜的农产品。农超对接中缩减的中间环节可以使超市的采购成本节约30%～40%，而由此带来的利润可以提高10%～20%[7]。此外“农超对接”能够加强超市对整个供应链的控制，使他们扩大市场影响力，有效管理农产品市场风险，有利于其竞争力的提升。

（4）对消费者而言，他们购买到了放心实惠的农产品

从超市出售的农产品都经过了严格的检测，符合一定的质量标准，确保了农产品的安全性，消费者买得安心也买得放心。与此同时，通过超市购买的农产品也比从农贸市场购买的更加便宜，据有关数据显示，超市柜台的蔬菜销售价格比农贸市场低10%～15%[11]。参与农超对接的超市销售的农产品更为新鲜，让消费者买得更加开心。

四、农超对接系统结构模型的建立

由于农产品具有易腐烂、难存放等特点，使得农产品物流系统比一般的物流系统更为复杂。农超对接系统是农产品物流系统的一个子系统，也是农产品物流系统的具体模型之一，同样具有农产品物流系统的复杂性，不仅受到农产品供应链的影响，同时也与系统环境息息相关。为了更全面更具体地进行系统研究，本文从系统的组成实

体、系统内部运作两方面构建农超对接系统的结构模型。

（一）系统的组成实体

农超对接模式中，农产品的流通减少了众多中间环节，是一条精简的农产品供应链，参与其中的实体主要有农户、合作社、超市及消费者。图2表示了农超对接系统的组成实体。

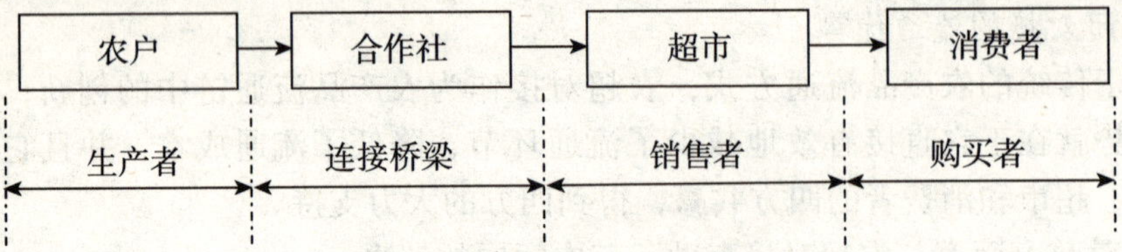

图2　农超对接系统的组成实体

1. 农户

农户是农产品的主要生产者，负责农产品的提供，他们按照订单中的要求进行农产品的种植和生产，有时也会对刚从地里收回的农产品进行简单的加工，如进行等级分类、简单包装等。

2. 合作社

所谓合作社是指同类农产品的生产者或者同类农业生产经营服务的提供者，是一个民主管理的联合经济组织，拥有特定的组织原则、目的和宗旨[4]。农超对接模式中，合作社的组成成员大多是当地农户，对当地情况有直接的了解。合作社既要组织农户的种植生产，同时也负责与超市进行购销谈判，是农户和超市之间的连接桥梁。

3. 超市

超市是采用自选式销售方式，出售各种各样大众化实用产品，包括农产品在内的零售企业。在农超对接模式中，超市处于中间地位，对农户而言，他们是农产品的直接购买者，对消费者而言，他们则是直接的销售者。这里所指的超市包括大型连锁超市和专门销售农产品的平价市场。超市有专门的农产品销售柜台，具备保鲜设施，能够确保农产品在销售过程中的新鲜度，并且他们销售的农产品不但品种齐全，还符合一定的质量标准。

4. 消费者

消费者是农产品的最终购买者，在整个农超对接模式中，处于举足轻重的地位，没有消费，农产品的供应便毫无意义可言。在当今超市遍布各大中小城市的社会，越来越多的消费者选择从超市购买物美价廉的产品。

（二）系统内部物流流程运作

农超对接中的农产品供应链比传统的供应链更为精短，中间环节少，农产品主要经过采摘、存储、配送、质量检测、销售五大物流过程。图3是农超对接系统内部物流流程示意图。

1. 采摘

农超对接模式中涉及的农产品主要是未经深加工的水果和蔬菜。农户按照合同的要求进行农产品的种植和生产，等到农产品成熟的季节，再按照订单的要求进行农产品的采摘，并进行简单的加工，如白菜去除黄叶、橘子大小分等级等。

2. 存储

农户将农产品采摘安排后，当地合作社会对所有的农产品进行统一的集中处理，将农产品运至合作社的仓库进行暂时的存储，一方面保证农产品的新鲜度，另一方面可以满足超市对农产品的一次性采购量的需求。有些合作社拥有自己的农产品生产基地，同时具备大型的农产品存储仓库，可以满足超市长时间对某一农产品的需求。

3. 配送

在农超对接模式中，配送工作一般由超市负责，大型连锁超市拥有自己的配送中心，当超市门店发出采购需求时，配送车辆便到就近的合作社装运需要的农产品，配送到各门店。由于不需要中转，没有中间环节，大多数农产品都可以当日采摘当日配送，一定程度确保了农产品的新鲜度。对于没有配送中心的平价商店及中小型超市，有些合作社会组织车辆对就近平价市场及中小型超市进行农产品的配送。

4. 检测

每个超市都有自己的农产品检测仪器及货检员，农产品配送到超市门店后，超市收货部的收货员会对农产品进行质量检测，符合检测标准的才可以进入卖场销售，这样保证了卖场销售农产品的安全性。检测工作一般定期进行，但首次进入超市的农产品一定要先经过质量检测。

5. 销售

经过进场安排的农产品，即通过检测符合超市销售标准的农产品，会按照分类、等级摆上销售柜台，让消费者自由选购。消费者将购买的农产品带回各自家中，当日食用或放入冰箱。整个农超对接系统的内部物流流程由此结束，如图 3 所示。

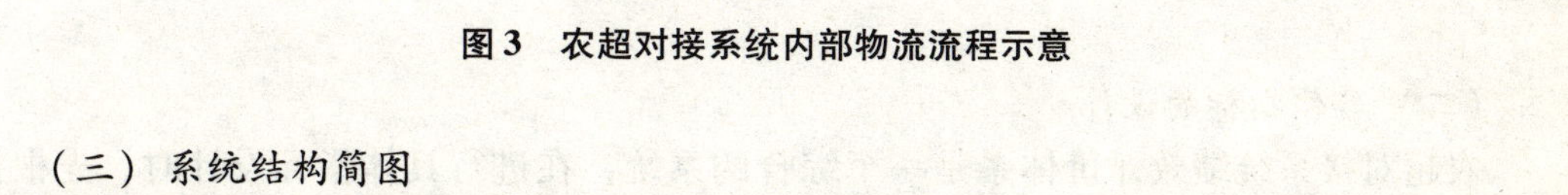

图 3　农超对接系统内部物流流程示意

(三) 系统结构简图

通过以上分析，最终获得农超对接系统结构简图，如图 4 所示。

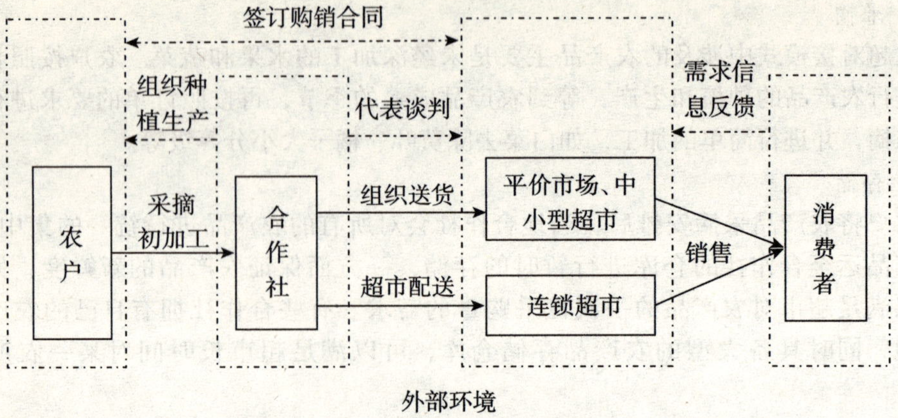

图4　农超对接系统结构简图

五、农超对接系统绩效评价体系的构建

农超对接系统绩效评价指标体系是评价农超对接实施效果的基础和依据，能否得出有效的评价，建立一个精确的评价指标体系是关键。在指标体系中，如果指标太少，无法准确反映系统的整体情况，使评价失效，如果太多，又会显得错综复杂，使评价工作难以进行。所以建立评价指标体系时应遵循客观性、可行性、适用性及定性与定量相结合等原则，确保评价的有效性并能顺利进行[3]。

（一）指标结构框架设置

按照前面对农超对接系统的分析，遵循指标体系的设立原则，通过分析归纳，将评价体系分为内部结构、运作效果及外部环境三个方面，设立三个子评价系统，并选取相应的评价指标，全方位对农超对接系统进行评价。图5表示评价指标的结构框架。

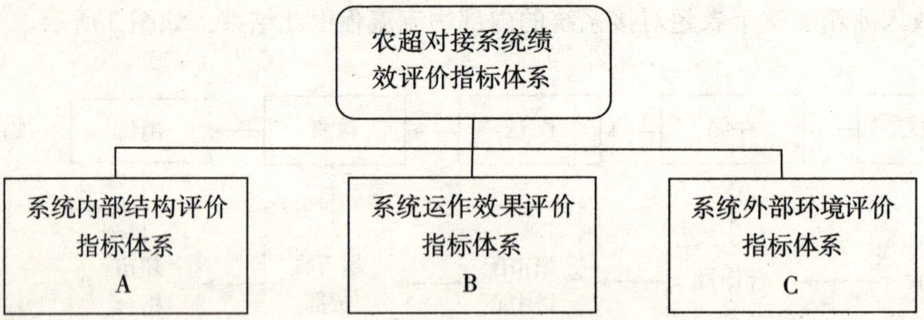

图5　评价指标结构框架

（二）具体指标的设计

农超对接系统绩效评价体系是一个综合的系统，在进行具体指标设计时，先根据农超对接系统结构模型的分析，确定相关影响因素的大致范围，然后对主要影响因素按照指标结构框架进行相应的分类，在此基础上，对每一类的影响因素进一步细化，最终得到具体全面的评价指标体系。

1. 系统内部结构评价指标设计

农超对接系统中的主要实体有农户、合作社、超市和消费者，实体与实体间的组成方式及紧密程度对整个系统的绩效有重要影响。一方面，农产品的流通是从农户到消费者纵向之间完成的；另一方面，农产品在不同的流通阶段会有不同的主体执行物流活动，比如在存储阶段，存储活动由合作社负责，零售工作则由超市执行。因此，我们选择系统规模和组织化程度两个方面对农超对接系统内部结构进行评价。

（1）系统的规模

系统规模可以用系统的长度和宽度来衡量，由于农超对接系统的纵向链条长度是既定的，即已确定农产品纵向经过农户、合作社、超市和消费者四个实体，所以不再考评。系统的宽度表现为参与到整个农超对接系统的单个实体的个数，系统的宽度越大，表明某个实体如超市参与到系统的数目就越多，农产品的流通途径也越多，物流消耗也越大。

（2）组织化程度

组织化程度分为横向组织化程度和纵向组织化程度。横向组织化程度用以衡量单个实体内部个体与个体之间的合作程度，包括农户间组织化程度、合作社间组织化程度和超市间组织化程度，纵向组织化程度则表示实体与实体之间的联系和合作程度。

根据以上指标设计，绘得农超对接系统内部结构评价指标体系图，如图6所示。

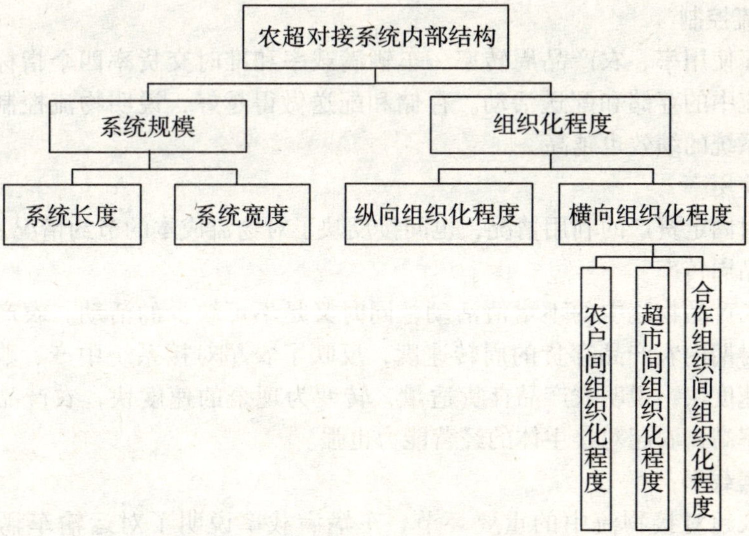

图6　农超对接系统内部结构评价指标

2. 系统运作效果评价指标设计

评价农超对接系统内部运作效果是一项复杂的工作，因为影响效果的因素有很多。这里参照平衡计分卡法，结合农产品的特点及农超对接模式注重时效性的特点，从财务、品质管理、物流控制、信息处理和顾客五个方面进行评价。

（1）财务方面

财务可以反映系统的资金运用情况及赢利能力，细分为物流成本率和物流利润率两个具体指标。

①物流成本率

表示为农超对接系统中各实体从事物流活动的成本总和占整个系统的总成本的比例，比值越小，说明物流活动绩效越高。

②物流利润率

可以反映物流成本消耗所带来的收益的大小，表现的是系统中物流活动的增值能力。

（2）品质管理

由于农产品具有易腐烂、难储存的特点，所以将品质管理作为对系统运作效果的评价指标之一很有必要。对品质管理的考评可以从农产品的保鲜水平和产品安全度两方面进行。

①农产品的保鲜水平

保鲜水平反映了农超对接系统冷链的水平，保鲜水平越高，说明整个流通活动中冷链做得越好，农产品被保管得越好，腐坏越少，农超对接物流的绩效也越高。

②农产品安全度

反映了参与农超对接活动的实体对农产品的安全的重视程度，可以用农产品未通过检测的次数占总检测次数的比例来表示，此比例越小，说明农产品安全度越高。

（3）物流控制

包括仓库使用率、农产品周转率、车辆满载率和准时交货率四个指标，主要测评农超对接物流中的存储和配送活动。存储和配送做得越好，说明物流控制得越好，整个农超对接系统的绩效也越高。

①仓库使用率

反映了对固定资产的利用情况，也间接反映了对物流成本的节约情况。

②农产品周转率

库存是农产品物流中的不增值活动，同时又是不可缺少的活动。农产品周转率用来衡量一定时期内农产品存货的周转速度，反映了农超对接系统中产、购、销平衡的效率。周转速度快，说明农产品存货适量，转变为现金的速度快，农产品存货占用资金的使用效率高，农超对接主体的经营能力也强。

③车辆满载率

运输是农超对接物流中的重要环节，车辆满载率说明了对运输车辆的利用率的高低。

④准时交货率

说明了整个系统协调生产、配送能力的水平，准时交货率越高，表明农户的生产能力越好，系统中物流管理水平越强。

（4）信息处理

信息是降低不确定性的重要手段，同时也是决策的有力支撑，如果信息交流不畅或无法充分共享，会带来许多的不便，甚至造成重大损失，对于注重实效性的农超对接系统而言，对信息的处理要求更高，可以用信息的及时率、准确率和共享性来衡量。

①及时率

信息的及时性表明了信息在获得和传递过程中的及时程度，可以用抽样调查的方式收集相关数据。

② 准确率

信息的准确率说明了信息在获得和传递过程的准确程度。同样可以采用抽样调查的方式收集数据计算指标。

③ 共享性

反映了信息在实体与实体间交流的无障碍性，也间接反映了农超对接系统中实体间的协作程度。

(5) 顾客方面

顾客是农超对接系统的重要实体，没有顾客，就没有消费，农超对接活动也会变得毫无意义。顾客越多，对产品越满意，说明系统的效益越好，所以可以从顾客忠诚度和顾客满意度两方面进行考评。

①顾客忠诚度

可以用顾客流失率来表示，如果指标为负，说明通过超市购买农产品的顾客在本年度增多，若为正，则说明顾客在减少，此时要分析顾客减少的原因，并及时提出解决方案。衡量数据用顾客交易次数表示。

②顾客满意度

反映了顾客对从超市购买农产品的满意程度，计算数据可以通过问卷调查的方式获得。

根据以上指标设计，绘得农超对接系统运作效果评价指标体系图，如图7所示。

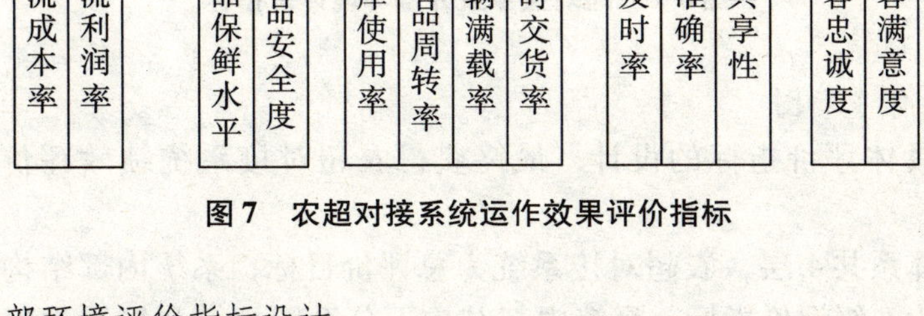

图7　农超对接系统运作效果评价指标

3. 系统外部环境评价指标设计

根据本文第二部分中农超对接系统外部环境的分析，我们选取政府支持、技术环境和基础设施三个指标对系统外部环境进行评价。

(1) 政府支持

包括有关农超对接的政策数和政府投资比例。政策数是指与农超对接有关的新制定、修改和完善的国家和地方的政策的个数，可以用与同期出台的总政策数的比例表示。政府投资比例显示了政府投资在农超对接物流的资金，可以反映国家对农超对接的重视程度。

（2）技术环境

可以细分为物流技术更新的速度和物流人才的培养两个指标。物流技术更新的速度越快，表示物流的效率越高，这有助于降低农产品在流通过程中的损坏率。物流人才培养方面，当今社会的竞争是人才的竞争，物流人才的缺失是我国物流行业目前面临的重大挑战之一，培养出一批优秀的专业物流人才，能从根本上提高物流技术水平，从而提高整个农超对接系统的绩效，该指标可以用物流人才培养增量来表示。

（3）基础设施

主要体现在运输线路建设和物流节点建设两个方面，可以用交通运输里程年增长率和物流节点年增长率两个具体指标表示。交通运输里程包括水、路、空在内的所有运输里程数，物流节点则包括参与到农超对接的仓库、配送中心等，数据可以从物流统计年鉴中获得。

根据以上指标设计，绘得农超对接系统运作效果评价指标体系图，如图8所示。

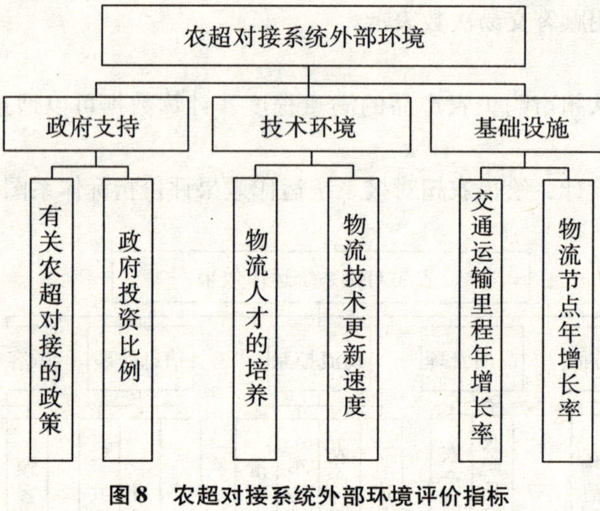

图8　农超对接系统外部环境评价指标

（三）评价体系简图

根据前面具体评价指标的设计，最终获得农超对接系统绩效评价体系，如图9所示。

整个评价体系共4层，农超对接系统为总评价目标，系统内部结构、系统运作效果和外部环境为一级评价指标，系统内部结构下分系统规模和组织化程度2个二级评价指标，系统运作效果下分财务方面、品质管理、物流控制、信息处理和顾客方面5个二级指标，外部环境下分政府支持、技术环境及基础设施3个二级指标，为了评价更具体，二级评价指标下分三级具体指标，整个体系共包含24个评价指标，可以对农超对接系统进行全面详细的评价。

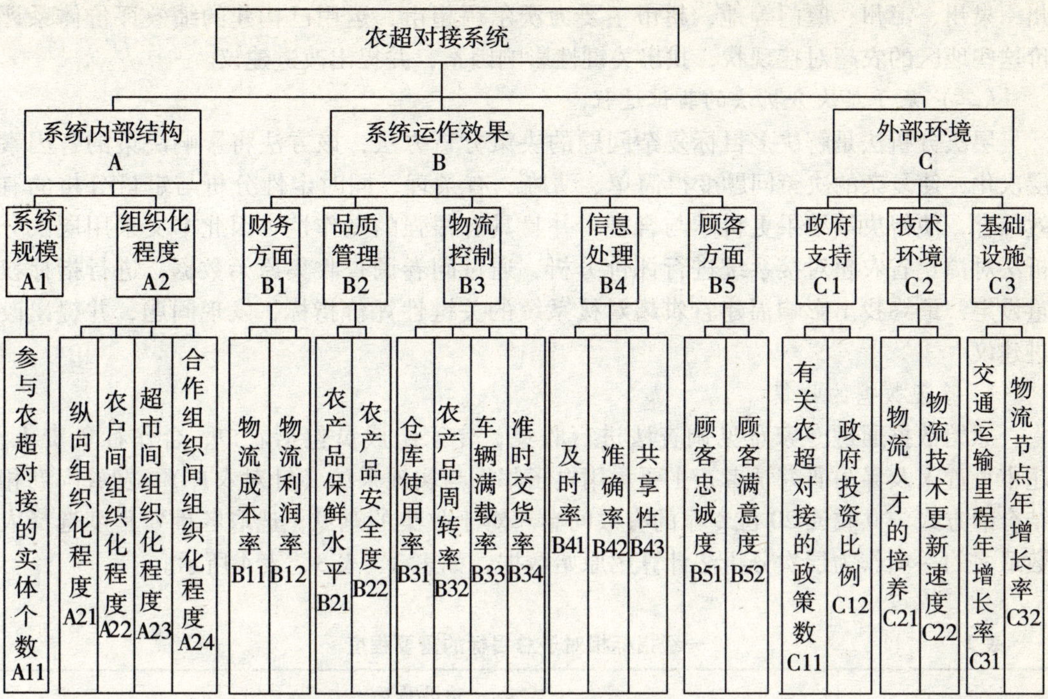

图 9　农超对接系统绩效评价体系简图

六、福建省农超对接物流系统绩效评价实例验证

（一）福建省农超对接现状简介

福建省位于中国东南沿海，面积 12.4 万平方米，属亚热带季风气候，高优农业发展迅速，全省主要盛产水产品、茶叶、蔬菜、水果、食用菌及烟草等农产品，如漳州盛产柚子，莆田主产龙眼、福州为甘薯和枇杷种植集中区、安溪主产茶叶。据《福建统计年鉴（2012）》统计数据显示，2011 年，福建农业总产值达 1136.18 亿元，比上年增长 4.7%，其中，水果、坚果、茶等作物 339.44 亿元，比上年增长 7.1%，蔬菜、食用菌及花卉盆景园艺作物 512.40 亿元，比上年增长 3.9%，渔业产值 782.64 亿元，比上年增长 3.4%[12]。

为促进农业发展，增加农民收入，2011 年福建省经贸委提出，要在未来的五年内，推进 50 个“农超对接”项目建设，并促使农产品直接采购比例超过 60%。截至 2012 年年底，福建全省专业合作社达 2256 家，参与农超对接的超市有 100 多家，其中包括永辉、家乐福、沃尔玛等大型连锁超市。福州永辉连锁超市在仓山区盖山镇建立 200 亩绿色蔬菜种植基地，整个超市农产品直接采购量占到所有农产品采购量的 40%[13]。此外，福州实行“菜篮子”平价商店项目，所销售的蔬果比超市还便宜。家乐福超市与福建省 247 个合作社建立合作关系，直接采购水果蔬菜，合作地区覆盖福州、漳州、龙岩等地。沃尔玛在福建省内有 30 多家连锁超市，单厦门就有 7 家，其也筹划与福建省内多家专业合作社建立供销合作关系[10]。文章对于专家问卷的发放，主要集中在福州、泉州、漳州、厦门等地，超市主要为沃尔玛超市，运用已构建的绩效评价体系评价这些地区的农超对接现状，找出关键性影响因素，并提出改进建议。

（二）基于层次分析法的验证过程

层次分析法是解决多目标复杂问题的决策分析方法，该方法将影响决策的各因素层次化，使复杂的决策问题变得简单、清晰、有条理，同时定性分析与定量分析的有效结合，使得决策结果更科学与合理，并且具有很强的操作性。因此本文采用层次分析法对福建省农超对接系统进行评价分析，通过问卷调查收集原始数据，进行指标权重设定，最终找出影响福建省农超对接系统的关键性评价指标，发现问题，并提出改进建议。

1. 验证数据的收集

原始数据通过专家意见调查法进行收集，专家组成员包括农户、合作社负责人、超市负责人及界内研究学者，主要采用电子邮件与实地采访（针对农户）、发放问卷相结合的方式，共收回20位专家的有效问卷。对于收集的意见，选取各重要程度选择人数最多的一项作为层次分析法计算用原始数据，如表2、表3、表4所示。

表2　　一级指标相对于总目标的重要程度

指标	重要程度				
	1	3	5	7	9
系统内部结构			√		
系统运作效果					√
外部环境		√			

表3　　二级指标相对于一级指标的重要程度

指标		重要程度				
		1	3	5	7	9
系统内部结构	系统规模			√		
	组织化程度				√	
系统运作效果	财务方面				√	
	品质管理				√	
	物流控制			√		
	信息处理			√		
	顾客方面		√			
外部环境	政府支持					√
	技术环境			√		
	基础设施				√	

表 4　　三级指标相对于二级指标的重要程度

指标			重要程度				
			1	3	5	7	9
系统内部结构	系统规模	参与农超对接的实体个数				√	
	组织化程度	纵向组织化程度				√	
		农户间组织化程度		√			
		超市间组织化程度			√		
		合作组织间组织化程度			√		
系统运作效果	财务方面	物流成本率			√		
		物流利润率					√
	品质管理	农产品保鲜水平				√	
		农产品安全度					√
	物流控制	仓库使用率			√		
		农产品周转率					√
		车辆满载率				√	
		准时交货率					√
	信息处理	及时率			√		
		准确率				√	
		共享性			√		
	顾客方面	顾客忠诚度				√	
		顾客满意度			√		
外部环境	政府支持	有关农超对接的政策数				√	
		政府投资比例			√		
	技术环境	物流人才的培养		√			
		物流技术更新速度			√		
	基础设施	交通运输里程年增长率		√			
		物流节点年增长率			√		

2. 各指标对于总目标的权重计算及一致性检验

（1）一级指标相对于总目标的权重

① 构造两两判断矩阵

将一级指标系统内部结构、系统运作效果及外部环境用 A、B、C 表示，构造两两比较判断矩阵，根据专家意见，确定判断尺度，如表 5 所示。

表 5　　一级指标两两比较判断矩阵

重要性	A	B	C
A	1	1/5	3
B	5	1	7
C	1/3	1/7	1

②相对重要度计算

将判断矩阵内每行元素连乘，得到向量（0.6，35，0.048）^{T}，对所得的每个数开 3 次方，得新向量（0.843，3.271，0.363）^{T}，对向量进行归一化处理，过程如下：

$$\frac{0.843}{0.363+0.843+3.271}=0.188$$

$$\frac{3.271}{0.363+0.843+3.271}=0.731$$

$$\frac{0.363}{0.363+0.843+3.271}=0.081$$

获得相对重要度向量 W =（0.188，0.731，0.081）^{T}。

③一致性检验

检验系数向量 λ 乘以相对重要度向量 W 等于判断矩阵 A 乘以相对重要度向量 W，由此获得计算相容性指标 C.I. 的系数向量 λ′，计算过程如下：

$$N=\lambda\begin{bmatrix}0.188\\0.731\\0.081\end{bmatrix}=\begin{bmatrix}1 & 1/5 & 3\\5 & 1 & 7\\1/3 & 1/7 & 1\end{bmatrix}\begin{bmatrix}0.188\\0.731\\0.081\end{bmatrix}=\begin{bmatrix}0.577\\2.238\\0.248\end{bmatrix}$$

将向量 N 每行的元素除以向量 W 每行对应的元素，得系数向量：

$$\lambda'=[3.069\quad 3.062\quad 3.062]^T$$

$$\lambda_{max}=\frac{3.069+3.062+3.062}{3}=3.064$$

相容性指标 $C.I.=\frac{\lambda_{max}-n}{n-1}=\frac{3.064-3}{3-1}=0.032<0.1$，所以认为一级指标两两判断矩阵具有满意的一致性。

由以上计算获得一级指标相对于总目标的权重，如表 6 所示。

表 6　　一级指标权重

总目标	一级指标	权重
福建省农超对接农产品物流系统	A	0.188
	B	0.731
	C	0.081

（2）二级指标相对于总目标的权重

一级指标总共有3个，需分别计算各二级指标相对于对应一级指标的权重。根据调查数据，重复一级指标相对于总目标的权重计算过程，获得二级指标对于各一级指标的权重及一致性检验，如表7，表8，表9所示。

表7　二级指标相对于一级指标——系统内部结构的权重

重要性	A1	A2	权重 W	相容性 C. I.
A1	1	1/3	0.25	0<0.1
A2	3	1	0.75	

表8　二级指标相对于一级指标——系统运作效果的权重

重要性	B1	B2	B3	B4	B5	权重 W	相容性 C. I.
B1	1	1	3	3	5	0.344	0.014<0.1
B2	1	1	3	3	5	0.344	
B3	1/3	1/3	1	1	3	0.129	
B4	1/3	1/3	1	1	3	0.129	
B5	1/5	1/5	1/3	1/3	1	0.053	

表9　二级指标相对于一级指标——系统外部环境的权重

重要性	C1	C2	C3	权重 W	相容性 C. I.
C1	1	5	3	0.637	0.012<0.1
C2	1/5	1	1/3	0.105	
C3	1/3	3	1	0.258	

二级指标相对于总目标的权重＝一级指标相对于总目标的权重×二级指标相对于一级指标的权重，计算结果如表10所示。

表10　二级指标相对于总目标的权重

总目标	一级指标	二级指标	权重 W
福建省农超对接系统	A	A1	0.047
		A2	0.141
	B	B1	0.251
		B2	0.251
		B3	0.094
		B4	0.094
		B5	0.039

续 表

总目标	一级指标	二级指标	权重 W
福建省农超对接系统	C	C1	0.052
		C2	0.009
		C3	0.021

（3）三级指标相对于总目标的权重

二级指标总共有 10 个，分别计算各三级指标相对于对应二级指标的权重。采用同样的计算方法，获得三级指标对于各二级指标的权重及一致性检验，如表 11 所示。

表 11　三级指标相对于二级指标权重及一致性检验

二级指标	三级指标	权重 W	相容性 C. I.
A1	A11	1	0 < 0.1
A2	A21	0.521	0.015 < 0.1
	A22	0.077	
	A23	0.201	
	A24	0.201	
B1	B11	0.167	0.001 < 0.1
	B12	0.833	
B2	B21	0.25	0 < 0.1
	B22	0.75	
B3	B31	0.067	0.015 < 0.1
	B32	0.391	
	B33	0.151	
	B34	0.391	
B4	B41	0.20	0 < 0.1
	B42	0.60	
	B43	0.20	
B5	B51	0.75	0 < 0.1
	B52	0.25	
C1	C11	0.75	0 < 0.1
	C12	0.25	
C2	C21	0.25	0 < 0.1
	C22	0.75	
C3	C31	0.25	0 < 0.1
	C32	0.75	

三级指标相对于总目标的权重＝二级指标相对于总目标的权重×三级指标相对于二级指标的权重，计算结果如表12所示。

表12　三级指标相对于总目标的权重

总目标	一级指标	二级指标	三级指标	权重W
福建省农超对接农产品物流系统	系统内部结构	系统规模	参与农超对接的实体个数	0.047
		组织化程度	纵向组织化程度	0.073
			农户间组织化程度	0.011
			超市间组织化程度	0.028
			合作组织间组织化程度	0.028
	系统运作效果	财务方面	物流成本率	0.042
			物流利润率	0.209
		品质管理	农产品保鲜水平	0.063
			农产品安全度	0.188
		物流控制	仓库使用率	0.006
			农产品周转率	0.037
			车辆满载率	0.014
			准时交货率	0.037
		信息处理	及时率	0.019
			准确率	0.056
			共享性	0.019
		顾客方面	顾客忠诚度	0.029
			顾客满意度	0.010
	系统外部环境	政府支持	有关农超对接的政策数	0.039
			政府投资比例	0.013
		技术环境	物流人才的培养	0.002
			物流技术更新速度	0.007
		基础设施	交通运输里程年增长率	0.005
			物流节点年增长率	0.016

（三）验证结果分析

根据层次分析法计算结果，将影响因素按照对系统的重要度降序排列，按照ABC分类原则，得出影响福建省农超对接物流的关键因素有5个，分别为物流利润率、农产品安全度、系统纵向组织化程度、农产品保鲜水平及信息准确率，次重要影响因素有 8 个，为参与农超对接的实体个数、物流成本率、有关农超对接的政策数等，其余为一般影响因素，具体如表 13 所示。

表 13　福建省农超对接农产品物流系统关键影响因素

评价目标	影响因素	权重 W	重要性
福建省农超对接农产品物流系统	物流利润率	0.209	非常重要
	农产品安全度	0.188	
	纵向组织化程度	0.073	
	农产品保鲜水平	0.063	
	信息准确率	0.056	
	参与农超对接的实体个数	0.047	重要
	物流成本率	0.042	
	有关农超对接的政策数	0.039	
	农产品周转率	0.037	
	准时交货率	0.037	
	顾客忠诚度	0.029	
	合作组织间组织化程度	0.028	
	超市间组织化程度	0.028	
	信息及时率	0.019	一般
	信息共享性	0.019	
	物流节点年增长率	0.016	
	车辆满载率	0.014	
	政府投资比例	0.013	
	农户间组织化程度	0.011	
	顾客满意度	0.010	
	物流技术更新速度	0.007	
	仓库使用率	0.006	
	交通运输里程年增长率	0.005	
	物流人才的培养	0.002	

在今后的发展中，将主要精力放在关键影响因素的改进上，即放在物流利润率、农产品安全度、系统纵向组织化程度、农产品保鲜水平及信息准确率上，确实提高农超对接物流的利润、提高农产品安全度、强化农超对接系统纵向组织化程度、保证农产品保鲜水平及提高信息准确率，可以改进整个农超对接系统物流，从而全面提升整

个农超对接系统的绩效。具体可以从以下几个方面入手。

1. 建立安全追溯机制，从源头抓农产品安全

提高农民对农产品的安全意识，规范其对农药、保鲜剂、食品添加剂等的使用，推进标准化生产管理，从源头抓农产品安全。同时推广农产品质量安全认证，提高产品检验设备和技术，产品真正通过检测才可流入销售超市。

2. 扩大合作社规模，规范对接活动

合作社规模越大，谈判地位也相对越高，可以改善现在许多合作社处于被动谈判地位的局面，同时制定一定的规范机制，加强对采摘、存储、运输和销售活动的管理，促使农户与合作社、合作社与超市、农户与超市之间建立长期稳定的合作关系，提高对接水平。

3. 加大冷链设施建设，确保农产品全程保鲜

农超对接相对于传统农产品流通模式的优势在于它中间环节少，流通速度快，但农产品具有时效性强、易腐败等特点，适时采摘、冷库存储、运输用冷藏车，销售时同样放置于冷柜，可以确保农产品最大程度的保鲜，将腐败率降到最低。

4. 加快网络化信息系统建设，畅通对接方式

导致信息准确率低的原因是多方面的，其中信息转手的次数越多，越容易导致信息的不对称，将信息录入电脑系统，降低信息差错率，让各环节实体都能同时接触到同一信息，大家相互督促、相互提醒。建立网络化信息系统也可以提高信息的传播速度，让各实体都能及时接收到所需的信息，促进农超对接的顺利开展。

七、结　论

农超对接是传统农产品物流的创新模式，农超对接物流系统是民生工程，它的发展对于我国社会、经济的发展有着重大意义。利用 AHP 层次分析法形成农产品物流系统关键影响因素表，再结合 ABC 分类原则，找出影响农超对接农产品物流系统绩效的关键性因素，根据影响因素重要性的不同，分别提出针对各种影响因素的改善建议。通过对农超对接的农产品物流系统进行绩效评价，可以有效完善农超对接农产品物流系统。

参考文献

[1] 王晶晶．农产品物流系统绩效评价体系研究 [D]．天津：河北工业大学，2008.

[2] 樊雪梅，王龙昭，李国平，等．长春市生鲜农产品物流系统全面绩效评价体系研究 [J]．生产力研究，2012 (5)：108－111.

[3] 林乐碳．基于 DEA 模型的农超对接模式的绩效研究 [D]．北京：北京交通大学，2010.

[4] 宋美艳．“超市＋合作社＋农户”农超对接模式评价研究 [D]．保定：河北农业大学，2012.

[5] 周庆．“农超对接”构建农产品流通新模式 [J]．当代经济，2012 (5)：8－10.

[6] 徐刚．现代农业新引擎——我国“农超对接”开展情况综述 [J]．农村经营管理，2010 (4)：11－13.

［7］沈敏．“农超对接”政策的实施效果分析［J］．价值工程，2011（14）：20－21.

［8］朱丹．中国农民专业合作社发展的新形势——“农超对接”［D］．北京：中央民族大学，2012.

［9］姜增伟．“超市＋专业合作社＋农户”是“农超对接”的有效模式［J］．中国农民合作社，2010（1）：34.

［10］庄文娟，叶翀．福建省农超对接模式的物流模块改进对策研究［J］．物流工程与管理，2012，34（3）：6－8.

［11］胡定寰，杨伟民．“农超对接”：意义与挑战［J］．农村经营管理，2010（4）：17－19.

［12］国家统计局．福建统计年鉴（2012）［M］．北京：中国统计出版社，2012.

［13］郭美花，林小静．加强农超对接推广，积极扩大消费需求——福建省“农超对接”实施情况调查分析［J］．福建金融，2012（10）：34－35.

物流企业并购整合研究*

——以嘉里物流收购大荣货运为例

陈成栋

摘　要： 嘉里物流并购大荣货运是近年我国物流企业并购整合的典型案例，其成功开展的战略整合、组织整合、财务整合、人力资源整合及企业文化整合等一系列的物流资源整合活动，取得良好的成效。案例分析中发现物流并购整合成功需要开放、成熟的资本市场交易平台支持，并购方需要具备雄厚的资金实力与丰富的市场运作经验，明确、持续的企业并购战略是并购成功的前提，并购还需把握合适的并购时机、有序推进并购整合流程等系列启示，该案例可为我国物流企业并购提供有效借鉴。

关键词： 物流企业　并购　资源整合

2009 年 3 月国务院印发了十大产业振兴规划之一的《物流业调整和振兴规划》。该振兴规划力争改善物流企业经营困难的状况，促进企业兼并重组，加快产业整合的步伐，鼓励物流企业通过参股、控股、兼并、联合、合资、合作等多种形式进行资产重组，扩大物流业规模，培育一批服务水平高、国际竞争力强的大型现代物流企业。2011 年 3 月商务部、发改委、全国供销合作总社三部委联合发布了《商贸物流发展专项规划》，从土地、财税、金融三个方面推进物流的规划建设。在各项政策的催化剂作用下，物流行业“十二五”期间迎来快速发展和全面升级的良机，行业整合的步伐得到提速。

本研究对国内外有关物流企业并购理论研究状况进行检索，所得资料甚少。通过利用清华同方中国学术期刊全文数据库，使用关键词“物流企业”和“并购”对我国相关物流企业并购资料进行检索，仅获得“78”条记录，逐条查看相关的记录，发现物流企业并购整合研究文献更少，其中，王健、李子聪（2006）从物流企业并购的三种形式入手，分析三种不同的并购模式所产生的效应[1]；章萍萍（2008）通过对2003—2005 年物流企业并购前后样本的财务指标进行量化分析并购事件对我国物流业经营绩效的影响进行了论证，并提出了相应建议[2]；谢红燕（2009）提出了物流企业并购的必要性，并指出并购的具体方式以及并购应该注意的问题[3]；闫嘉有（2009）分析了我国物流企业并购的环境、动因、并购的模式以及相对应的效应[4]；孙钦

* 基金项目：福建省社会科学规划项目（编号：2009B066）。
作者简介：陈成栋，男，福建古田人，闽江学院管理学系副教授。
发表情况：福州大学学报（哲学社会科学版），福州大学主办，刊号 CN35—1048/C，2012（6）。

（2008）、王剑峰（2010）对我国物流企业并购的动因进行了分析[5,6]；刘迎春（2010）分析了我国物流企业的发展现状，并对并购物流企业，提出整合策略[7]。

对上述研究成果归类分析，发现国内对物流企业并购研究成果主要存在于研究物流企业并购动机、并购模式以及并购效应等规范研究，缺乏对物流企业并购典型案例的剖析，对物流企业并购后资源怎样进行整合，没有进行深入明确的阐述。因此，本文选择嘉里物流并购大荣货运案例作为研究对象，所选的案例具备典型性和便利性，通过对嘉里物流并购大荣货运后的战略资源、组织资源、财务资源、人力资源以及文化资源等整合关键点以及并购后的效应进行分析，归纳总结对我国物流企业并购整合的启示。

一、案例选择与数据收集

本文主要从案例的典型性和研究便利性两个方面综合考虑，最终选择了嘉里物流并购大荣货运案例作为研究的样本。

（一）案例的典型性

本案例的典型性主要体现在：

（1）嘉里物流拥有一系列并购物流企业的成功经验。自从2005年嘉里物流收购大通国际运输有限公司70%股权以来，嘉里物流在不同国家或地区开展了一系列物流企业并购活动，具有丰富的跨行政区域，甚至跨国并购整合物流资源经验，其并购案例具有较高的研究学习价值。

（2）嘉里物流并购大荣货运后开展一系列整合行为具备物流企业并购整合的典型性。嘉里物流并购大荣货运不久随即发生嘉里物流并购厦门嘉玮物流，彰显嘉里物流并购动机与并购战略的连续性，在并购过程中的战略资源、组织资源、财务资源、人力资源以及文化资源等方面整合具备并购整合的典型性。

（二）案例研究的便利性

案例研究开展的便利性主要基于两个方面：

（1）公开资料获取的便利性。嘉里物流直属于香港上市公司嘉里建设，可便利地从交易所网站上获得公司年报等公开资料，作为亚太地区知名的第三方物流供应商，嘉里物流经常受到新闻媒体的关注报道，也便于收集多样化的研究资料和相互印证比较。同样，作为被收购方的大荣货运，隶属于台湾物流业泰斗大荣集团旗下，是台湾证券交易所上市公司，也可较方便从网络、媒体报道中获取大量的研究资料。

（2）调研活动便利性。嘉里物流旗下的嘉里大通，以及大荣物流旗下的连运物流在福州市、厦门市设有分（子）公司，便于经常性地开展实地调研。

（三）数据来源

本案例数据主要源自嘉里物流与大荣货运上市公司公开的各类报表及公开媒体的相关报道，辅以部分实地观察核实与访谈的资料。

二、并购背景

从嘉里物流近年的发展来看，并购是嘉里物流快速渗透市场和扩展业务主要方式，

2008年以来嘉里物流开展了一系列并购活动，2008年12月收购台湾大荣货运，2010年3月收购了越南F. D. I商业代理服务有限公司、收购厦门嘉玮物流并改名为嘉里物流（厦门）有限公司，收购荷兰阿里·董公司控股有限公司，收购indev物流私人有限公司，开拓印度市场。2011年收购了万升集团、上海会成物流、山东递速等。在近年嘉里物流系列的收购案例中，对大荣货运与厦门嘉玮物流的并购是嘉里物流整合战略的重要布局，是嘉里物流“寻求在大中华地区迈开发展步伐，捕捉两岸实现‘三通’所带来的新商机”的重要举措。

（一）并购方——嘉里物流

嘉里物流联网有限公司（全文简称“嘉里物流”）是马来西亚郭鹤年家族集团掌控的香港上市公司嘉里建设有限公司的全资子公司，专门提供供应链管理及综合物流服务。公司成立于1978年，总部设于香港，是亚太地区知名的第三方物流供应商。近年来，嘉里集团也逐步将发展重点转移到物流领域，加快了嘉里物流的迅速发展。2005年嘉里物流抓住时机收购大通国际运输有限公司70%股权进入中国内地市场，并且利用大通广泛的服务网络与自身完善的基础设施相配合，使得大通的业务与嘉里物流在内地的营运完美结合，大通国际正式更名为嘉里大通物流有限公司，嘉里大通近年来不断扩大在中国大陆、中国香港及中国台湾的业务覆盖，努力成为大中华地区顶级物流公司。

（二）被收购方——大荣货运

大荣汽车货运股份有限公司（全文简称“大荣货运”或“嘉里大荣”）是中国台湾一家历史悠久的货运公司。成立于1954年，于台湾经营道路运输事业超过五十年历史，主要提供路线货运、常低温物流仓储、国内外快递运送等服务。在台湾拥有完善的物流配送以及仓储网点，物流服务能力和配送规模在台湾排名靠前，也是较早进祖国大陆拓展业务的台湾知名物流公司。2011年大荣货运更名为嘉里大荣物流有限公司。

三、并购整合关键点分析

（一）整合战略

嘉里物流发展战略是“建基亚洲，专注中国，贯通全球”。嘉里物流瞄准伴随祖国内地经济快速发展而产生的大量物流服务需求市场，以及我国物流业密切合作广阔的市场前景，在我国有序开展产业布局，完善物流服务网络，并购重组实现资源优势互补。因此，嘉里物流2005年收购大通、2008年收购大荣货运、2010年收购厦门嘉玮等系列并购活动是嘉里物流整合战略的体现。嘉里物流发展战略是嘉里物流选择并购目标企业考虑的首要因素，大荣货运正是符合嘉里物流发展战略的目标企业。

嘉里物流并购大荣货运后，率先根据公司发展战略重点整合市场资源和物流网络资源两大模块。嘉里物流与大荣在原有双方分（子）公司基础上，双方共享仓储、车辆等资源，减少或避免重复建设，重新调整市场定位，牵线客户资源，将原有企业的客户资源和市场资源进行整合，统筹管理、控制和协调服务网络、配送渠道，实现客户之间的协同效应，提高经济效益。

（二）组织整合

组织结构总是伴随着企业规模的扩大或者收缩、资源投入的增加或者减少，以及外部的经济环境和社会环境的变化而不断地变化。物流企业在大规模的并购重组后，根据物流企业并购整合战略，构建和调整与战略匹配的组织结构。

嘉里物流与大荣货运在供应链上提供类似的物流服务，为了减少同业竞争，两公司达到并购相乘效应。因此，嘉里物流收购大荣 18% 的股权后，随后两年进一步提高持股比例至 2010 年的 32. 12%，大荣货运成为其附属公司，嘉里物流取得大荣货运足够影响力后即考虑组织整合。

嘉里大通与大荣货运于 2010 年 5 月 11 日签署协议，嘉里大通未来将成为大荣中国区营运的合资伙伴。大荣货运设立香港大荣作为大荣中国之海外控股公司，并放弃香港大荣增资时之优先认股权供嘉里大通认购之，未来本公司持有香港大荣 49% 股权，嘉里大通取得香港大荣 51% 股权，将大荣货运于大陆地区所有转投资事业（简称中国大荣）进行整并与重组。然而因多种原因，第一年整合并不顺利。并购后，为了尽快地实现资源共享和优势互补，实现嘉里物流的并购战略目标，嘉里大荣 2011 年 11 月，再次宣布大陆地区所有转投资事业进行重组。主要表现为北京大荣下设昆明大荣、沈阳大荣、武汉大荣，并将上海连运、广州连运以及成都连运排除在香港大荣—北京大荣—中国大荣的组织架构外，其中为了降低运营成本、避免亏损的持续发生，上海连运、广州连运以及成都连运解散清算，而北京大荣担任中国大荣的控股公司，另设立香港大荣作为大荣中国之海外控股公司。

嘉里物流并购大荣货运所做的各种组织整合努力，说明了物流企业并购欲达到相乘效应，组织整合是一个必然的过程。

（三）财务整合

物流企业在并购前由于并购双方的财务制度、财务资源存在差异，因此并购后新成立的物流企业将面临着一系列的财务问题，解决问题的关键就是要明确财务关系以及整合财务资源，以实现股东利益的最大化。2010 年嘉里大通注资香港大荣，通过注资的财务整合模式不仅盘活大荣货运营运资金，香港大荣也因此活络营运资金，摆脱困境，并借助嘉里物流在大陆的设施设备、市场网络布局以及成功管理经验和能力打开了大陆市场，提高自己的营运绩效，由亏转盈。

嘉里物流在收购大荣货运之前，大荣货运在中国大陆市场从 2002—2008 年 6 年间亏损额约为 2000 万美元。嘉里入股大荣后，掌控大荣货运的财务及营运控制权，2010 年 7 月大荣货运成为嘉里物流的附属公司来入账嘉里建设，并采用嘉里物流的财务制度体系和会计核算体系。从这时起，大荣货运的债务转给嘉里物流，从而优化了大荣货运的负债结构和负债比例，降低大荣货运的财务风险，改善了大荣货运的财务经营状况。此外，嘉里物流并购大荣货运，通过整合双方的财务资源，如固定资产包括场地、物流设施设备等，与大荣货运在资源和业务上优势互补，嘉里物流也利用大荣货运在台湾的网络布局、设施设备以及名声扩展在台湾的业务，从而达到实现资源优势互补以及扩大市场规模等战略发展目标，实现并购价值。

（四）人力资源整合与企业文化融合

嘉里物流在收购大荣货运后，就积极地进行了资源整合过程，遵循“由上至下”顺序循序渐进地开展从总部到基层、员工到业务的整合。2008 年即拥有 3 席大荣货运董事，随后的 2009 年再增加 1 席董事。嘉里物流指派有 30 多年物流经验台湾籍物流业知名人士沈宗桂担任大荣董事长，拟定了与嘉里物流资源整合计划，2010 年 5 月，嘉里物流与大荣货运签署合资协议。首先，大荣原本在上海的中国区总部转移至北京，与嘉里物流中国区嘉里大通北京总部进行人事上的整合，其中包括大荣货运法务人员、财务人员与相关行政人员，实现与嘉里物流人力资源上的共同，将上海总部的人员缩减为原来的一半，原台湾干部人员由 20 人减为 2 人。另外，大荣货运在中国内地的分公司据点从 21 个点缩减为 18 个点，员工也从 1300 多人精简为 1100 多人①。

面对并购使得企业的规模扩大，管理难度也随之加大，对中高层管理者的需求增加，人力资源整合过程难免出现局部企业文化冲突、员工角色模糊等原因会造成人才的流失等问题。因此，嘉里物流与某著名大学进行人力资源培养方面密切合作，开设专门培养物流人才课程培训，强化中高层管理者素质，加强交流，促进企业文化融合。此外，嘉里大荣物流还成立了薪资报酬委员会，对员工进行激励，以确保并购的战略目标和财务目标的实现。

2011 年嘉里物流与大荣货运的人力资源的整合已经从上层管理者扩展到地区的基层整合阶段，双方基层管理人员加强交流、业务方面逐渐磨合、相互学习，并通过专门的人员培训，使两者物流企业文化更好融合。拥有港资企业背景的香港嘉里物流与台资企业大荣的合并，虽有文化差异，但所涉及经营的业务领域都是物流行业，过去就存在业务将来，企业文化交融较为融洽。嘉里物流与大荣货运在并购整合过程中，有望逐渐实现“由上至下”顺利过渡。

四、并购整合成效分析

对嘉里物流收购大荣货运前后 5 年双方财务数据进行整理分析，根据并购整合以来双方相关财务指标的变化判断并购整合成效是否显著。

（一）大荣货运并购整合成效分析

表 1　　2007—2011 年大荣经营状况相关数据　　单位：新台币千元

年份	2007	2008	2009	2010	2011
营业收入总额	5843791	5382324	4951150	5662754	6050868
营业成本	1457615	1222021	1025630	1154290	1168569
营业成本率（%）	24.9	22.7	20.7	20.4	19.3
营业毛利	4380300	4158759	3923272	4503741	4882299

① 大荣攻进海西，卡位两岸物流．http：//www.56economy.cn/info_ view.asp？CataLog＝2202.2009－10－29.

续 表

年份	2007	2008	2009	2010	2011
营业净利	160704	382459	450187	769952	819893
税后利润	-360558	404117	359377	592452	693233

资料来源：根据2007—2011年大荣货运（嘉里大荣）财务报告整理。

由上述经营财务数据分析来看，自2008年嘉里物流入股大荣货运以来，其营运状况开始逐年好转。大荣营业收入总额整体呈波动上升的趋势，历经2008—2009年金融危机的影响，营业收入总额稳定增长，2011年营业毛利、净利、税后利润等指标均达到近年的最高值。

2008年嘉里物流正式入主大荣货运的前两年，大荣货运的纯损额分别为2006年46070美元，2007年360558美元。2008年，即嘉里物流正式入主大荣货运当年开始扭亏为盈。其中主要原因一方面，大荣在2007年裁撤了亏损的宅配部门，全力专攻核心的路线货运业务；另一方面，大荣在与嘉里物流的货运平台建立后，利用嘉里物流注资以及在大陆的网络布局、机器设备以及优秀的管理经验，实现并购价值，直接体现在营业成本率逐年下降，从购并前2007年的24.9%降到2011年的19.3%。2008—2011年大荣的营业净利实现了大幅度增长，年均增长率高达28.9%，其中2010年净利增长率更是高达71%。

（二）嘉里物流并购整合成效分析

表2　　2007—2011年嘉里建设经营状况数据　　单位：千港元

年份	2007	2008	2009	2010	2011
物流营业额	7681827	8359784	7666741	10879909	16034311
物流营运利润溢利	487880	549439	531877	788272	1091645

资料来源：根据2007—2011年香港嘉里建设年报整理。

2007—2011年嘉里建设物流营运营业额总体上呈递增趋势，仅2009年有所回落，营业额年均增长率高达20.2%。物流营运利润溢利除了在2009年有稍微下降之外，也都保持了较快的增长速度，年均增长率22.3%。其中发生在嘉里并购大荣货运后，2010年7月起大荣货运作为嘉里建设附属公司入账的2010年财务报表反映，当年物流营业额增长41.9%，物流营运利润溢利增长48.2%；其后的2011年物流营业额增长47.4%，物流营运利润溢利增长38.5%。

由于物流业务只是嘉里建设主营业务的一部分，大荣货运为嘉里物流贡献的收入与利润也仅是嘉里物流的一部分，嘉里物流财务指标向好发展不仅是并购大荣货运的贡献，我们目前暂时无法从其公开的财务报表得到详尽的解释，但是嘉里建设2010年财务报表提及“2010年嘉里物流综合物流业务营业额年增长57%至48.11亿港元，经营之净溢利增加16%至4.18亿港元，大荣货运于年度内成为部门旗下之附属公司，部门营业额已包括该公司之贡献。”嘉里建设2011年财务报表提及“在台湾，嘉里大荣为我国货品运输联网的关键部分。嘉里大荣结合了全球网络及地方洞悉力两大优势，能协助客户达成增长愿景。随着成功进行企业换标及管理重组，嘉里大荣的扩展计划正稳步迈进，于年度内对部门之赢利贡献取得按年增长逾50%”。这些表述反映了嘉里物流母公司嘉里建设管理层对并购整合大荣物流成效的满意。快速增长的营业额与营运利润也足以令其多数股东及公众对其并购整合成效的认可。

五、结论与启示

（一）物流企业开展并购整合需要成熟的资本市场交易平台支持

资本市场主要以股票、债券等有价证券为交易对象，股票是实体资本的证券化形态，而并购市场是以企业产权为交易对象，是具体存在的实体经济资源，所反映的是实体资本的运动规律。通过证券买卖实现企业产权转换，可以使企业所有权不受现实资本形态、地理的限制而实现更大范围的自由转让，促进资源的优化配置。香港和台湾地区发展市场经济早于祖国大陆，资本市场也相对成熟的运作相对成熟，市场交易机制也较为完善。资本市场的开放性，让嘉里物流消除了行政管辖区域上的限制，无障碍地通过公开的证券市场成功收购大荣货运部分股权。成熟的资本市场上市公司股权分散性使得并购方在选择并购方式上有了更多选择，也大大降低了并购门槛。大荣货运的股东多为股权分散的小股东，股权分散性成就了嘉里物流仅以控制大荣货运18%的股权，即成为了其唯一持股超过10%的最大股东，并取得其第一经营决策权。随着国内多层次资本市场的形成，沪、深两地股市全流通建设的推进，近百家物流上市公司的存在，物流企业并购整合的条件日益成熟，将来会有更多的物流企业通过资本市场并购成功实现物流资源整合。

大荣货运公告多次提及“大荣中国重组案因大陆地区各地法令规定繁复加以各地主管机关要求各异，故至今尚未能完成相关重组工作。”无论真实原因何在，物流企业并购整合需要成熟的资本市场交易平台支持毋庸置疑，当前我国资本市场已得到长足进展，但仍需完善。

（二）并购方需要具备雄厚的资金实力与丰富的资本市场运作经验

嘉里物流隶属于郭氏集团，是其重要的集团组成部分。郭氏集团拥有强大的实力，资金雄厚，为嘉里物流的发展提供充足的资金支持。近年来，嘉里集团更是加大了物流领域的投资，到2006年，嘉里集团在内地的投资超过了6亿元。2010年，与厦门政府签署了股份转让协议，收购嘉玮物流股权，建设嘉里物流厦门物流中心；2011年，在内地投资的重庆和昆山两大物流中心正式投入运营；并计划投资1.5亿元建设嘉里物流（郑州）中部物流基地。这一系列大规模的投资性行动都彰显了嘉里集团致力打造“物流王国”的实力和决心。近年来依靠并购迅速壮大的嘉里物流在国内外的并购活动中积累了丰富的并购经验，这些宝贵的经验也为嘉里物流成功并购大荣提供了重要借鉴。

（三）明确、持续的企业并购战略是物流企业并购成功的前提条件

纵观嘉里物流2005年收购大通、2008年收购台湾大荣、2010年收购厦门嘉玮等一

系列的并购活动可以发现，嘉里物流收购台湾大荣是实现其长期以来一直坚持的“建基亚洲，专注中国，贯通全球”的企业发展战略的一部分。因此，嘉里物流在选择台湾大荣为并购战略目标时，已做好充分前期调查准备，通过调查获取台湾大荣的所处市场环境、经营状况、财务以及优势资源等信息，利用调查的信息对台湾大荣进行战略匹配和战略协同性分析，预期和估计并购大荣货运后能给嘉里物流带来的价值或者是潜在的价值，看中大荣货运在台湾的公路运输资源以及市场资源，明确大荣货运是符合并购的目标后才瞄准机会果断出手实施并购行为。因此，明确的企业战略，谋定而动是物流企业并购成功的前提条件。

（四）把握合适的并购时机有利于实现低成本并购

大荣货运作为台湾地区经营历史悠久的龙头物流企业，拥有丰富的公路运输资源以及物流网络，2008 年前后正值国际经济环境处于低谷期，台湾地区“空心化”导致物流需求不足，大荣货运经营处于困境，股价低迷，当时大荣货运的发展目标是怎样摆脱发展困境、改善经营状况以及扩大市场覆盖范围。嘉里物流谋定而动，抓住机遇以近乎最低成本的方式收购大荣货运。这给我国物流企业并购的启示是并购企业可以利用物流企业发展的周期性特点，在目标企业处于低谷时期来实施并购战略，或者是在全球经济衰退大的经济环境下，来收购濒临危机的国际优秀品牌或者是重新定位那些廉价的品牌，一旦经济危机得到解除，这些品牌的价值就会上涨，因此，我国物流企业并购必须抓住这一机遇来低价收购一些处于低谷时期或者是业务转型时期的企业来进行市场业务的扩张。

（五）有序推进整合流程是确保并购整合成效的关键

物流企业并购后，各种资源要素发生改变，要使得并购后的企业快速进入正常生产经营轨道，就必须高度重视并购后的整合工作，包括战略整合、组织整合、财务整合、人力资源以及企业文化整合等。战略整合需将并购后的企业战略重新定位或根据既定的战略整合业务层面上的市场资源或者物流服务能力。嘉里物流并购大荣后，重点整合市场资源和物流设施设备资源两大模块。嘉里物流与大荣货运在原有双方分（子）公司基础上，双方共享仓储、车辆等资源，减少或避免重复建设，重新调整市场定位，牵线客户资源，将原有企业的客户资源和市场资源进行整合，实现客户之间的协同效应，提高经济效益。在战略整合后，紧接着进行组织整合和财务整合，这是企业并购后整合的基础工作。在上述整合工作完成后，重点需要整合人力资源和企业文化，这是企业并购整合成功与否的关键。缘于各种原因，并购后被并购方的核心员工流失是常有的现象，而物流人才的紧缺是我国整个物流市场的发展瓶颈之一，因此获得目标企业优秀的物流管理人才也常是并购的重要原因。为此，嘉里物流为了做好人力资源整合和企业文化整合工作，除了开展与高校合作培训员工、企业内部员工培训外，还承诺让核心员工入股，这些整合举措对嘉里物流人力资源整合和企业文化整合有着重要作用，同时也可以为其他物流企业并购整合提供相应的借鉴。

参 考 文 献

[1] 李子聪，王健．浅谈我国物流企业并购形式以及效应［J］．商业时代，2006（30）：22－23.

[2] 章萍萍，何民．中国物流业并购绩效的实证研究［J］．技术经济和管理研究，2008（6）：115－117.

[3] 谢红燕．第三方物流企业并购分析［J］．黑龙江科技信息，2009（36）：155.

[4] 闫嘉有．论我国第三方物流企业并购问题［J］．商业经济研究，2009（11）：13－16.

[5] 孙钦．我国物流企业并购的动因研究［J］．现代企业文化，2008（2）：33－35.

[6] 王剑峰．我国物流企业并购的动因研究［J］．大科技，2010（9）：381－383.

[7] 刘迎春．物流企业跨越式发展的整合战略初探［J］．经营与管理，2010（5）：48－54.

[8] 陈成栋．区域物流资源整合研究［M］．北京：中国物资出版社，2012.

物流园区网络协同运作研究*

吴文征　鞠颂东

摘　要：作为物流网络系统中的重要节点，物流园区之间的协同与互动是物流组织网络化运作的重要方面，是实现物流资源整合、提高物流园区运行效率的有效途径。通过物流园区的协同运作，既有利于优化存量资源的运营效率，也有助于未来物流园区的规划和建设向着竞合有序、科学合理的方向发展。本文围绕物流园区孤立运作的问题进行探讨和分析，以物流网络理论为指导思想，提出了促进物流园区持续发展的网络协同模式，这种新型的运作模式是对物流业服务模式的一种创新性探索，对于研究区域物流合作机制具有一定的理论指导价值。

关键词：物流园区　资源共享　网络协同

一、问题的提出

自1999年国内第一个物流园区深圳平湖物流基地建成后，我国物流园区的发展已经走过了十多年的历程，在此期间数以百计的物流园区拔地而起，无论从规模上还是数量上，都远远超过了国外发达国家物流园区的增长速度[1,2]。但长期以来，由于各级物流园区规划的决策者没能够将物流园区的运作，上升到对内整合区域物流资源、对外协同其他物流节点的系统层面去考虑，而是仅仅从单一物流园区的自身利益角度出发，或者以行政区域或城市圈为单元进行物流园区的规划和运作，较少关注与其他物流园区的互动关系，从而使得本该扮演着物流网络系统中重要枢纽角色的物流园区孤立运作、信息共享机制缺乏、无法实现协同互动，最终导致物流园区成为一个个物流信息孤岛，物流资源无法得到充分的整合与高效利用。

从相关研究来看，有关物流园区的研究可以归纳为以下几个方面：①对物流园区与区域经济之间的联动关系，尤其是物流对于区域的发展和贡献度、物流园区形成机理等有相应探讨[3—5]；②对物流节点体系（物流中心或配送中心）的协同优化技术和方法研究[6,7]；③对于特定物流园区的需求预测、布局选址、规模确定等方面有较为成熟的研究[8,9]；④对物流园区的经营模式包括投资开发模式、管理模式、赢利模式、治理模式等进行了分析，并借鉴国外经验提出相应的建议措施[10]；⑤从微观层面研究物流协同作业的共同配送模型、车辆路径优化、装车优化、园区内部布

* 作者简介：吴文征，男（汉族），安徽阜阳人，北京交通大学经济管理学院博士，研究方向：物流网络工程；鞠颂东，男（汉族），天津人，北京交通大学经济管理学院教授，博士生导师，研究方向：物流网络工程。

发表情况：北京交通大学学报（社会科学版），2013（2）。

局等[11,12]。

综上，目前学术界尚缺乏从网络运作的视角对物流园区之间的互动机制和协同运作模式的研究。在具体实践上，依托物流网络思想，实现物流园区间的网络协同运作模式，将是未来我国物流园区持续健康发展的重要途径。

二、物流园区网络协同的内涵分析

（一）物流园区的网络节点属性界定

本文认为物流园区作为一类特殊的物流节点，既体现为物流业的一种产业集聚形式，也表现为社会物流网络中最高层级的节点形态；既是一个独立的运营主体，又处于一个大的网络体系之中。与传统意义上的物流节点不同的是，物流园区脱离了具体的、直接的需求指向，主要定位于各类物流业者集中处理业务和资源交换的跨区域共享平台。每个物流园区都是一个开放的主体，都可以从外部获取信息和资源，也与其他节点共享自己的资源，物流园区之间通过互动协作，实现信息共享和资源整合的过程便是物流园区网络的形成过程。物流园区作为社会物流网络中的重要节点，通过相互间的协同运作，彼此之间存在着非常显著的网络关系。

根据物流网络理论，现代物流的本质是物流资源的整合与共享，而建立现代化的物流网络服务体系是实现这一目标的有效途径[13]。物流网络表现出来的网络效应是在一定专业化条件下的组织网络效应，是一个资源充分共享、可动态重组、开放的多边网络[14]。各级物流网络节点依据自身可调用资源条件，确立自身的“角色”，这种角色定位不是某些企业甚至某地方产业部门能够单方面选择的结果，而是由物流节点之间相互联系和互动而演变和共同决策的过程。因此，物流园区的发展如果单纯强调规模经济效应，就会产生“只见树木，不见森林”的认识偏差。“规模化发展”和“网络化发展”，一词之差反映了物流产业发展过程中两种截然不同的思维方式，前者将导致在具体的实践中更关注于一兵一卒的得失或贪大求全，而后者则注重于效率的提升和弹性化的策略，以合作和联盟求生存；前者关注竞争与垄断，后者注重资源的整合与共享。

物流园区作为一种新型的产业形态，在现代物流活动中扮演了举足轻重的资源载体和产业集聚角色，它按照专业化、规模化的原则组织物流活动，将众多物流企业集中在一起，共享相关基础设施和配套服务设施，具有一定的准公共属性。因此，就单一物流园区来说，物流园区主体本身并不经营与物流企业内容相同或相似的物流活动，它只是为入驻物流园区提供基础性和公共性的设施和服务；而从组织网络的角度来看，物流园区主要承担着物流园区内部相关物流业者的组织和整合功能，同时承担着与物流园区外部其他物流节点的开放对接和互动。表 1 所示的是不同层次下的物流园区属性定位。

表 1　　物流园区的层次定位及其特征

层次	定位	功能	主要特征
宏观层次	物流网络节点	资源交换和互动的组织平台	开放的大型物流组织节点，单一、孤立的节点难以高效发挥应有的规模效益，必须通过与其他节点互动共享而融入到整个社会物流网络之中，以实现物流资源利用效率的最大化
中观层次	区域物流平台	物流服务功能	区域物流资源的载体平台和物流业者的集聚场所。提供满足城市居民消费和区域经济社会发展需要的物流服务，包括货物运输、分拣包装、储存保管、集疏中转、信息服务、货物配载、订单受理、通关保税等功能
微观层次	经营性的企业	物流基础设施功能	指向单一物流园区的规模、赢利模式、管理模式等，可以归属于一种（半）公共性的基础设施，为物流中心、配送中心、运输枢纽设施和物流信息网络系统等物流基础设施提供集中运作的外部环境

（二）物流园区网络协同的内涵

我国物流相关的基础资源和信息资源分散在各个不同部门，物流管理政策和体制尚不成熟，物流园区的网络协同可以有效地解决物流资源的优化配置问题。通过物流园区组织之间的协同运作，对于解决跨区物流平台对接具有十分重要的战略意义。从某种意义上讲，相对于物流市场的客户而言，物流企业是生产性的服务业，物流园区又是为物流企业服务的企业，起着支持物流企业的作用，具有二线、后台、平台的性质[15]。通过物流园区组织之间的协同运作，对于解决跨区物流平台对接具有十分重要的战略意义，如图 1 所示。

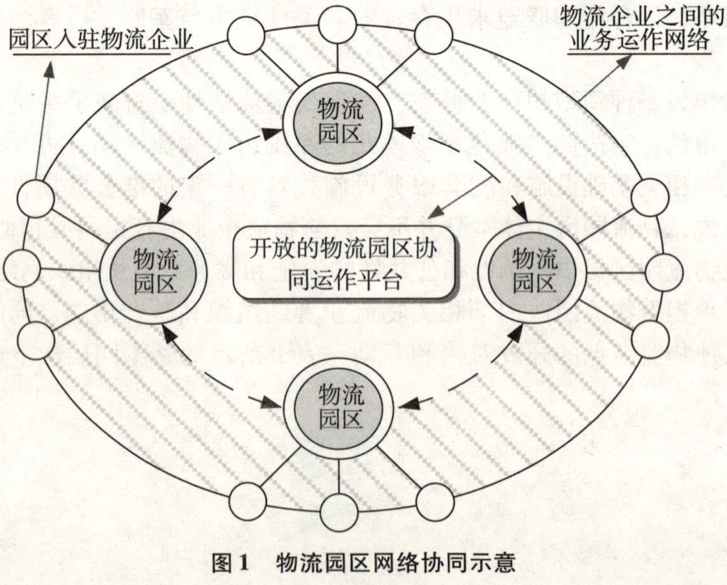

图 1　物流园区网络协同示意

据此，提出物流园区网络协同的内涵：以整合区域物流资源、形成产业集聚的物流园区为基本组织单元，以市场为导向，由政府机构、行业协会或大型龙头物流企业引导或发起，通过物流园区平台之间的常态沟通和互动协调机制，推动物流基础设施资源和信息资源的相互开放和共享，实现各类物流资源要素的有效流动和优化配置，促进入驻物流企业之间的跨区域、跨平台的网络化运作，达到物流园区投资和管理方、物流企业、货主客户以及地方政府等多方受益的多赢目标。

从价值实现角度来看，物流园区网络协同可以获得竞争协同效应和互补协同效应：协同竞争效应是指物流园区通过协同运作，加大了地区物流市场的竞争范围和开放程度，促使物流企业获得了依靠自身力量或局部市场无法实现的价值提升，包括自身服务效率的提高、运营成本的降低以及服务创新能力的提升等；协同互补效应是基于资源上的互补性，物流园区间通过资源的开放和共享，使得入驻物流企业能够获得额外的价值收益，包括业务范围的扩大、服务能力的提升以及新产品的开发等。

三、物流园区网络协同机制

网络机制是组织网络赖以稳定运行的调节器，是为网络成员所共同遵守的规则。根据我国物流园区孤立运作的发展现状，本文分别提出以下基于资源共享的运作机制和基于运作成本分摊的运作机制，前者关注网络整体收益和效率，后者关注个体利益和成本。

（一）基于资源共享的物流园区网络协同机制

资源观理论[16,17]认为企业是由一系列资源或对应的资源获取能力的集合构成，这些资源特别是异质性资源是企业持续保持竞争优势的来源。当合作双方存在资源或能力的互补性或异质性，联盟个体从联盟体中获得可利用的资源使其成本下降、利益增加。而联盟体收益大于联盟个体竞争时收益之和的涌现现象便成为竞争性联盟形成的根本动因[18]。

基于这种观点，本文认为物流园区内的物流资源可以以某种正式的或非正式的协议形式向其他物流园区开放，通过物流资源的共享来达到提高物流资源的配置和使用效率。

考察特定物流市场内的 n 个物流园区，为便于建模和分析，假定物流园区的需求关系呈逆线性关系且不考虑物流园区之间距离远近或使用率高低可能产生的运输成本和等待成本。即价格函数 $p(Q) = a - b(Q)$，其中，a，b 均为大于零的参数，总产出水平 $Q = \sum_{i=1}^{n} q_i$。由于物流园区内的工具、设施、设备等资源具有一定的资产专用性特征，因此只有部分资源可以对外开放，即任一物流园区的 i 自有资源 x_{i0} 为专用资源，有 Δx_i 属于向其他物流园区开放的部分资源，有 Δx_i 属于向其他物流园区开放的部分资源，这样每个物流园区可利用资源量为：

$$x_i = x_{i0} + \sum_{j=1, j\neq i}^{n} \Delta x_j \quad i, j = 1, 2, \cdots, n$$

由于物流园区网络中的组织成员建立起了开放型的网络关系，单位成本函数会随着可用资源量的增加而降低，$c_i = \theta - x_i$，即有：

$$C(q_i, x_{i0}, \sum \Delta x_j) = c_i q_i = (\theta - x_{i0} - \sum_{j=1, j\neq i}^{n} x_j) q_i$$

对于任一物流园区网络中的成员 k，其收益函数关系式为：

$$\max_{q_k} \pi_k(q, \Delta x) = p(Q) q_k - c_k q_k = (a - b\sum_{i=1}^{n} q_i) q_k - c_k q_k \quad (1)$$

式中，$q = \{q_1, q_2, \cdots, q_n\}^{\mathrm{T}}$，$\Delta x = \{\Delta x_1, \Delta x_2, \cdots, \Delta x_n\}^{\mathrm{T}}$

一阶条件为，

$$\frac{\mathrm{d}\pi_k}{\mathrm{d}q_k} = a - 2bq_k - b\sum_{i=1, i\neq k}^{n} q_i - c_k = 0$$

得到以物流园区 k 的收益最大化为目标时的产量为：

$$q_k^* = \frac{1}{(n+1)b}[a - \theta + nx_{k0} - \sum_{i=1, i\neq k}^{n} x_{i0} - \underline{(n-1)\Delta x_k + 2\sum_{i=1, i\neq k}^{n} \Delta x_i}] \quad (2)$$

将式（2）代入式（1），则有物流园区 k 的利润最大化为：

$$\prod_k^* (q, \Delta x) = \frac{1}{(n+1)^2 b}[a - \theta + nx_{k0} - \sum_{i=1, i\neq k}^{n} x_{i0} - \underline{(n-1)\Delta x_k + 2\sum_{i=1, i\neq k}^{n} \Delta x_i}]^2 \quad (3)$$

为了更直观对该结果进行解释，关注式（2）和式（3）结果中下划线项的取值：当各物流园区独立运作时（$\Delta x = 0$），该式取值为零；当物流园区之间建立起网络协同关系，且任一物流园区成员对外开放的物流资源比重都基本对等，该式取值必然大于零。不过，并不排除一种极端情况，即某一方将自有资源过度开放或完全开放，而其他成员开放较少或不开放，那么该项取值可能出现负值，但这种理论结果不太可能在现实中出现。即一般情况下均有：

$$\prod_k^* > \prod_k^o, \ q_k^* > q_k^o$$

因此，有理由认为，基于资源开放的网络协同关系的建立，可以使得任一物流园区获得比独立运作更有效率的结果，既体现在物流企业的业务规模量的增加方面，也体现在物流园区自身收益水平的提升方面。

通过上述分析，可以得出以下结论：

（1）基于资源共享的物流园区网络协同运作有助于提升每个物流园区的物流服务效率，物流园区之间资源的互补性越好，网络协同效果越明显，这也是资源要素向能力要素转化的便捷途径。

（2）物流园区的资源开放程度（即共享系数 $\Delta x/(\Delta x + x_0)$）越大，每个物流园区的实际投入就越少，有利于规避大规模投资建设产生的沉没成本，网络协同效应将越加明显。按照一般规律，物流园区基础设施的投入成本最终会通过市场传导，转移到作为“资源租用者”的物流企业上，因此，如果物流园区通过物流资源的共享和开放，必然大大减少物流企业的资源使用成本，并最终达到改善社会物流服务的总体效率和降低物流总体成本的目标。

（3）物流园区追求自身利润最大化，与物流园区网络的整体效率要求并不矛盾。当前，我国物流资源的条块分割、部门分割的背后，实际上是对预期利益分配的争夺，无形中便产生了非预期的“囚徒效应”式的市场失灵局面。物流园区之间是可以转变封闭资源、孤立运作的观念，依托市场机制和物流信息平台的技术支撑，通过物流相关资源的开放和共享，提高物流资源的利用效率，实现物流园区的互动共赢。

（二）基于运作成本分摊的物流园区网络协同机制

在物流网络运作中，各物流节点在一定时空范围内，在共同目标驱使下可以形成一个网络共同体，通过建立合作和资源共享的方式，获得网络效应和规模效益。但对于网络中任何独立的个体，都会力求自身利益的最大化，这种对自身利益的追求直接反映在对共同成本分摊的关注上。因此，能否制定合理的费用分配方案就成为能否保证物流网络运作稳定和持续发展的关键。

物流园区运营中的成本分摊，是实现物流园区之间协同运作过程中不容忽视的一个问题，它是物流园区实现互利共赢、资源共享的有效途径，也是物流园区持续发展的重要保障。按照威廉姆森（O. E. Williamson，1985）的观点，关系型专用资产的投入有利于参与主体形成长期稳定的合作关系，由于有了这种基于互利共赢关系的物流基础设施的共同投入，物流园区之间的协同运作的意愿和协调机制的建立就相对容易实现。从合作博弈的角度来说，上述问题属于成本分摊博弈（Cost Sharing Game）的研究范畴[19]。根据合作对策思想，对联盟配送成本进行合理的分摊，即在不同利益主体之间进行公平合理的分摊，能够有效地提高合作关系的稳定度和满意度、规避机会主义行为的发生。

一般地，将总体运作成本费用划分为两大部分，即 $C = \sum_i C_{sp}(i) + C_{nsp}$ ，前部分是可以明确区分的由各成员直接分担的成本（ C_{sp} ，separable cost），称之为可分离成本，参与成员需承担的成本不应该小于该企业参与到协同运作中所引起的成本增加量；后者属于不可分离成本，应该由各方共同承担的成本（ C_{nsp} ，non - separable cost）。对于不可分离成本的分摊是这个问题的关键。

构造 n 个成员组成的物流园区网络，$C(S)$，$S \subset N$ 是在全集 $N = \{1, 2, \cdots, n\}$ 上的一切子集上的一个集合成本函数，该特征函数表示不管其余成员如何行动，联盟 S 中各成员相互合作所能分摊的最大费用；$C(\{i\})$ 表示某物流园区独立运作的成本（最优等效替代费用）；各成员的成本费用分摊值记为 $x_i(i = 1, 2, \cdots, n)$ ，并有 $x_i \geqslant 0$ 。令 U_i 表示某个物流园区的预期收益值，$U(N) = \sum_{i \in N} U_i$ 表示总体预期效益。

物流园区网络协同运作过程中的成本费用合作分摊的基本条件定义如下：

（1）参与分摊的总费用在所有收益物流园区之间完全分配；

（2）任一物流园区在协同网络中分摊的费用不大于单独运作时的成本；

（3）分摊到任何联盟 S 中的费用之和不应大于该联盟的最大费用；

（4）若某单位没有造成合作成本的增加，则该单位所承担的成本量也必为0，即，若 $C(S \cup \{i\}) = C(S)$ ，$\forall S \subset N$ ，则有 $x_i = 0$ 。

上述定义条件下的合作费用分摊的基本约束方程，表示如下：

$$\begin{cases} \sum_{i \in N} x_i = C(N) \\ x_i \leqslant C(\{i\}) \quad \forall i \in N \\ \sum_{i \in S} x_i \leqslant C(S) \quad \forall S \in N \\ x_i \geqslant 0 \quad \forall i \in N \end{cases}$$

如果上式无解，说明计算所采用的子联盟的费用过小，为了鼓励物流园区之间的合作，可以通过放宽中间联盟 S 的约束来求解（即最小核心法），使可行解落在“核”（初始分配集）内。

为便于求解，本文采用较为简易的分摊协调模型[20,21]。其基本思想是，不同的受益成员的效益取向不同，可能会有不同的成本分摊标准。为此，在各受益企业对成本费用分摊前，先要就分摊标准进行协商，达成一致意见后，再采用合作对策的思想进行分摊。该成本分摊标准与预期收益标准挂钩，可以充分保证每个物流园区成本费用分摊的公平合理性。常用的分摊标准有以下三类：各物流园区的费用效益比尽可能接近投资的总体费用效益比例；各物流园区的费用效益比应该尽可能均衡；综合考虑各物流园区的成本分摊与最优等效替代费用比尽可能接近。

设 M 为分摊标准的序列集合 {1, 2, 3}，通过协商确定采取以上分摊标准的权重 k_m，$m \in M$，建立如下基于成本分摊的物流园区网络协同模型：

$$\min\left\{k_1 \sum_{i \in N}\left|\frac{x_i}{U_i} - \frac{C(N)}{U(N)}\right| + k_2 \sum_{i,\, j \in N\ i \neq j}\left|\frac{x_i}{U_i} - \frac{x_j}{U_j}\right| + k_3 \sum_{i,\, j \in N\ i \neq j}\left|\frac{x_i}{C(\{i\})} - \frac{x_j}{C(\{j\})}\right|\right\}$$

$$\text{s. t.} \begin{cases} x_i \leqslant C(\{i\}) \quad \forall i \in N \\ \sum_{i \in N} x_i = C(N) \\ \sum_{i \in S} x_i \leqslant (1 + W\varepsilon^*) C(S) \quad \forall S \subset N \\ x_i \geqslant 0 \quad \forall i \in N \\ k_m \in [0, 1] \text{ 且} \sum_{m \in M} k_m = 1 \\ W \text{ 为开关函数：当基本约束方程无可行解时，} \\ \quad \varepsilon^* \text{ 为最小松弛因子，} W = 1\text{；否则为 } 0\text{。} \end{cases}$$

如果权重系数 k_m 已经协商确定，可直接获得最终解；在权重系数未定的情况下则可得到一个区间解。

通过上述分析，可以得出以下结论：

（1）物流园区之间的协同运作关系的形成，最终要落实到有限资源的投入以及运营成本如何在不同参与成员之间的分配，尤其对于那些依托资金、资产、股份等产权纽带联系起来的物流园区之间更是如此。

（2）如果说物流园区资源的开放是源于对网络协同“效率”追求，那么基于成本分摊则是出于对网络协同“公平”的考虑，建立合理的合作成本分摊机制是保障各方形成持续稳定协同关系的根基。从上述模型本身来看，对于每个物流园区来说，最终的解并非一个硬性的均衡点，而是在各方均可接受的区间范围内协商达成的满意解，这显然兼顾了在改善物流园区之间协同运作关系方面的稳定性和市场适应性。

四、物流园区网络协同模式

为了更好地推动物流园区网络协同运作模式的实施，还需要政府提供相应的外围环境支持和政策引导，行业协会则可以利用行业影响优势，发挥促进物流园区互动交流的桥梁和纽带功能，据此形成了物流园区网络协同模式的基础框架。其基本思路是以物流园区信息共享为主要手段，促使园区信息（业务运营信息、资源存量信息、园区管理经验等）的有效流动，以打破孤立运作、信息孤岛式的传统运作模式，进而实现物流园区组织互动、物流资源共享和优化配置的最终目标。该模式为物流企业的网络化运作提供平台支撑，并不会改变物流运营单位（园区入驻企业）的业务操作流程和物流企业管理信息系统结构（如物流企业的订单管理、计划调度、作业管理、成本核算、运输跟踪、决策支持、客户关系管理等一整套物流信息系统模块结构，以及涉及与银行、海关、商检、税务等部门的信息交互等），具有很大的灵活性。与物流园区内部的物流信息平台（Logistics Park Information Platform，LPIP）不同，物流园区协同运作平台并不是一个物理意义上的系统，从技术上说，它是众多 LPIP 通过开放接口、运用 XML 技术实现不同格式物流信息和管理信息的交换的一个虚拟的信息交换平台。如图 2 所示。

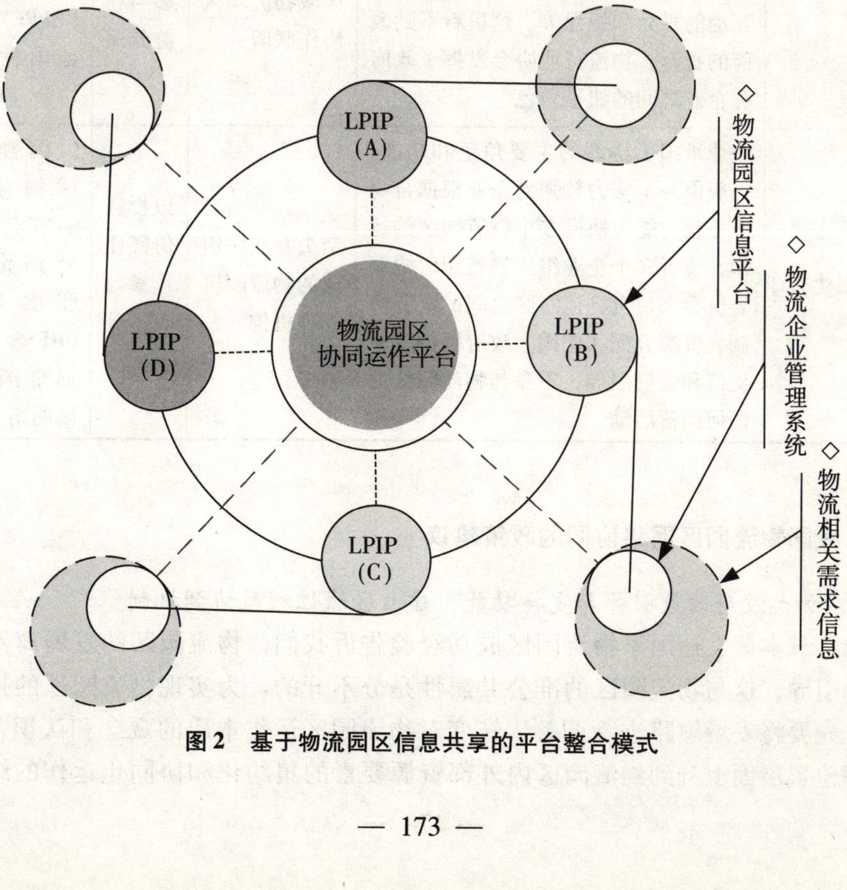

图 2　基于物流园区信息共享的平台整合模式

由于地区经济和行业政策的不同，在物流园区网络协同模式的总体框架下，物流园区协同主体和运营管理方式一般也会存在着一定的差异。物流园区网络协同运作的治理方式，应考虑在组织结构设计上采取什么样的管理主体和组织形式。本文借鉴威廉姆斯的合同关系治理模式，根据“协调者”的角色差异，将物流园区网络协同运作模式划分为表2所示的三种治理方式。

表2　　物流园区网络协同的治理方式

协同方式	协调者	主要特征	园区管理	参与利益分配	案例
政府主导型	当地政府	地方政府在区域规划、开发、建设、企业准入制度、企业兼并重组等方面承担协调的主要角色。更注重通盘考虑物流园区之间的互动关系，据此考虑不同层次物流园区的规模、选址和定位	政府派驻或委托的管理委员会	不参与	德国、法国、日本等国家直接或间接由政府出资并组建公司负责管理和运营
行业协会主导型	行业协会	行业协会利用行业权威平台，承担协调治理的主要功能，如规范市场、企业行为的理性引导、物流园区之间的经验交流、物流园区投资参股、业务互动的媒介和担保等。这里看不到政府的身影，物流行业协会发挥了政府和企业之间的纽带角色	物流行业协会指导下建立的区域物流园区协作联盟	不参与或极少参与利益分配	由欧洲物流联盟（ELU）组建的欧洲物流园区联合会（ELPF）；德国物流园区协会（DGG）
企业主导型	牵头企业	企业承担了协调的主要角色和功能。一般由一个实力较强的企业根据自身业务辐射能力协调多个物流园区的运作，或者多个企业组建物流园区协调委员会来负责物流园区之间的资源协调、资源分配和使用。政府提供政策支持和全局引导，不参与物流园区的任何经营活动	牵头企业所组建的物流园区管理机构	以投资份额比重参与收益分配	美国普洛斯全球物流园区；浙江传化物流公路港模式；印度SAFEEX-PRESS公司布局全国物流园区网络

五、我国物流园区网络协同的政策建议

（一）加大政府政策引导和支持功能，建立区域性利益协调机制

德国、日本等发达国家物流园区成功经验告诉我们，物流园区的发展离不开政府的支持和引导，这与物流园区的准公共属性是分不开的。为实现物流园区的持续健康发展，首先要将发展思路进行调整，转变对物流园区运作本质的观念和认识，即从单纯的地理位置层面上升到物流园区内外部资源要素的集约化和协同化运作的综合层面

考虑，将物流园区看做物流网络服务体系中的重要节点组织。结合我国物流园区的发展现状，考虑从以下几方面着手。

第一，坚持“政府引导+市场机制+企业运作”推动物流园区协同运作；

第二，构建全国性和区域性的两级物流园区协同机制；

第三，以市场需求为依据，严格把关物流园区建设由下至上的审批程序；

第四，打破行政区划和条块分割，统筹物流园区总体规划；

第五，鼓励物流园区之间的资源整合。支持大型优势物流园区企业通过资产划转、增资扩股、加盟连锁和委托管理等方式对现有分散的物流基础设施进行兼并整合重组。

（二）发挥行业协会在促进物流园区网络协同运作中的平台作用

行业协会作为一种介于政府和市场之间的常设性组织结构，在约束维护行业利益的成员行为、增进共同利益等方面具有很大优势。与市场机制相比，行业协会通过长期合约代替了一系列的短期合约，极大地降低了交易成本；与政府机构相比，它又具有信息和专业优势，能够准确及时的汇集企业经营中的问题。与上述的两级政府协作机制相对应，除了“全国物流园区行业联盟”之外，建议进一步由各地物流园区企业依托经济圈和交通圈优势等，自发组建“区域物流园区协作联盟”。由于其具备更加贴近园区企业、更了解园区企业的诉求的优势，能够更有针对性的处理和协调物流园区成员企业之间的合作问题。由于有着较强的地缘关系或经济活动联系，物流园区之间的合作意向比较强烈，因此，区域物流园区协作联盟可以真正为物流园区间的资产重组整合、业务往来、经验座谈交流等发挥重要平台作用。

（三）加快物流园区信息化建设，打造开放互联的物流信息平台

物流园区的信息平台建设既能够保证园区内企业的信息交流，又能够和园区外部用户（公众用户、政府管理部门、政府职能部门和相关行业部门）、其他园区的信息平台进行对接，为入驻企业提供跨平台的信息共享和资源整合服务。因此，为保障物流园区之间的有效协作，一方面信息行业管理部门应拟定相关数据规范和通信协议标准；另一方面，各物流园区也要积极加强系统平台之间的接口开发与建设。

参考文献

[1] 何黎明，等. 中国物流园区 [M]. 北京：中国物资出版社，2009.

[2] 若水. 物流园区，冷静前行 [J]. 中国信息化，2008，5（5）：38-39.

[3] 张得志. 物流园区演化机理与布局优化方法的研究 [D]. 长沙：中南大学，2006.

[4] 陈志刚，程慧平. 物流园区形成机理研究 [J]. 商业现代化，2008（4）：111-112.

[5] 王福华. 物流园区成长及竞争力研究 [D]. 天津：天津大学，2008.

[6] 梁世翔. 基于ITS的物流园区协同研究 [D]. 武汉：武汉理工大学，2007.

[7] JAMES K HIGGINSON，JAMES H Bookbinder. Distribution Center in Supply Chain [G]. Logistics System：Design and Optimization，Springer，2005：67-91.

[8] 李玉民，等. 物流园区规划建设规模确定方法 [J]. 交通运输工程学报，2004，4（2）：76-79.

[9] 陶经辉. 物流园区布局规划方法及运作模式研究 [D]. 南京：东南大学，2005.

［10］通创物流咨询有限公司课题组．中国物流园区发展模式［M］．北京：中国物资出版社，2004.

［11］毛薇．物流园区优化布局和物流运行关键技术的研究［D］．长春：吉林大学，2004.

［12］马成林，毛海军，等．物流园区内部功能区布局方法［J］．交通运输工程学报，2008，8（6）：116 - 121.

［13］鞠颂东．物流网络：物流资源的整合与共享［M］．北京：社会科学文献出版社，2008.

［14］鞠颂东，徐杰，等．物流网络理论的提出与探究［J］．北京交通大学学报（社科版），2009，8（2）：16 - 20.

［15］王之泰．物流园区发展与创新探讨［J］．中国流通经济，2009（5）：4 - 6.

［16］T K DAS，BING - SHENG TENG. A Resource - Based Theory of Strategic Alliances［J］. Journal of Management，2000，26（1）：31 - 61.

［17］BARNEY，J. Firm Resources and Sustained Competitive Advantage［J］. Journal of Management，1991（17）：100 - 120.

［18］王明贤，宋效中．企业竞争性联盟的资源共享模型［J］．统计与决策，2008（17）：177 - 178.

［19］董保民，等．合作博弈论［M］．北京：中国市场出版社，2008.

［20］彭本红．基于博弈理论的第三方物流合作伙伴关系研究［M］．北京：经济科学出版社，2009.

［21］LECH KRUS，PIOTR BRONISZ. Cooperative Game Solution Concepts to a Cost Allocation Problem［J］. European Journal of Operational Research，2000（122）：258 - 271.

物流服务供应链多任务委托代理分析*

朱卫平　姚红光　石丽娜　赵佳妮　李智忠

摘　要：在分析物流服务供应链具体运作特点的基础上，研究了物流服务供应链多任务委托代理模型，对任务的可观测性、投入成本之间的关系及其对激励机制的影响进行了分析，研究表明由于基础物流任务和质量保障任务的可观测性不同及其投入成本的替代性关系，造成了物流集成商激励效能的弱化，提出了引入集成商监督机制的委托代理模型，通过新激励机制的设计，物流集成商可以有效激励能力提供商同时在两类物流任务中都提高投入水平，并且集成商的收益也得到了提高。

关键词：物流服务供应链　多任务　委托代理　监督

一、引言

产业融合加剧和专业化分工不断深化，促使了物流产业中不同物流组织形态的出现[1]，伴随着现代物流服务外包复杂性和整体性的不断提高，这些物流组织以终端客户的物流服务需求为起点，形成互为供需关系的服务流程[2]，从而完成一个完整的物流服务供给过程，这种不同物流组织相互配合以客户需求为起点的多级供需关系就构成了物流服务供应链（Logistics Service Supply Chain，LSSC）。实践中LSSC的基本运作结构表现为“物流服务能力提供商→物流服务集成商→终端物流服务需求方”[3]，作为一类具有代表性的服务供应链，LSSC正逐步引起服务管理和供应链管理领域相关学者的关注。

供应链委托代理问题是供应链协调的一个重要研究方向，其实质是采用博弈论的数学方法，基于委托代理的理论框架，研究供应链的收益分享问题，最终达到协调委托人和代理人的关系，实现供应链协调的目的[4]。Basu研究了供应链中产品生产商和批发商的委托代理关系，针对批发商的道德风险问题设计了有效的线性激励机制，并证明了激励机制的有效性，其成果主要贡献是将委托代理纳入到供应链协调研究的框架中，证明了可以通过委托代理激励机制达到供应链的协调，拓展了供应链协调的研究思路[5]。Lau和Zhou在此基础上针对不同的市场需求，在信息完全和信息不完全情况下，研究了两级供应链中零售商风险成本、供应商激励成本和总代理成本的变化及其对供应链最大收益的影响[6]。Haay针对不完全信息条件下的供应链协调问题，提出

---

* 资助项目：国家自然科学基金（71272219，71071146）。

作者简介：朱卫平，男，江苏常州人，博士，上海工程技术大学航空运输学院讲师，主要研究方向：现代物流，服务供应链管理；姚红光、石丽娜、赵佳妮、李智忠，上海工程技术大学航空运输学院。

了一种基于承诺的激励机制，通过该机制的设计推进了供应链成员间信息共享和相互协作，从而提高了供应链成员企业的信任，增加了供应链的整体收益[7]。黄小原等基于委托代理理论研究了非对称信息下供应链中的商业信用激励问题，发现了制造商的商业信用激励随着零售商风险规避度变化的特点[8]。曹柬等基于委托代理理论，针对一个同时存在逆向选择和道德风险问题的两级供应链，对比研究了离散型不对称信息和连续型不对称信息下的线性激励模型，并通过数值实验分析了不同参数变化对供应商收益的影响[9]。白少布针对由制造商、批发商和零售商组成的三级供应链，建立了收益权控制意义下的委托代理模型，基于该模型分析了不同信息结构下的最优激励合同及其控制权范围[10]。上述研究主要是基于单任务委托代理模型，从不同信息结构、激励和代理成本、收益控制权分配等角度分析了供应链的激励问题，而实际供应链运作中，很多情况下，代理人需要完成多项任务，或者即使是单一任务也会涉及多个维度，此时，部分单任务委托代理激励方式不再有效[11]。因此，对于供应链中多任务委托代理问题需要进一步的研究，田盈等研究了不同代理任务之间存在可替代性的多任务委托代理模型，对不同任务之间的相对激励强度进行了静态对比分析[12]。关启亮，孙宝凤等以闭环供应链为背景，将物流任务分为正向物流任务和逆向物流任务，建立了多任务委托代理模型，研究了激励契约中最优激励系数之间的数量关系[13,14]。陈伟等研究了零售商多任务参与下的委托代理问题，提出了制造商的“最优门槛激励契约”，并进一步给出了激励条件[15]。上述供应链领域的多任务委托代理研究虽然取得了一些有价值的结论，但对于不同任务投入结果的差异性、任务间投入成本之间的关联特性及其对整体激励机制的影响缺乏深入的讨论，实践中多委托任务之间存在的这些具体特点往往对激励机制有着重要的影响，并导致整体供应链绩效的降低。本文将结合物流服务供应链的运作实践，建立多物流任务委托代理模型，并针对多物流任务之间的具体特点提出相应的解决方法，以期对类似的服务供应链运作提供有益的参考。

二、相关背景及技术假设

通过调研发现[16]，在物流服务供应链中，居于主导地位的物流服务集成商作为综合物流解决方案的设计者和提供者，大都是具有一定影响力的3PL和4PL企业，在行业内都具有较高的认可度，在实际供应链运作中，物流集成商在满足客户常规性物流需求之外，会基于服务质量和供应链稳定性的考虑，要求能力提供商在提供常规性物流服务能力的同时，还要进行一定程度的物流质量保障任务，以期获得更好的口碑效应，提升其市场竞争力，因为对于物流服务供应链的质量保障工作会提高客户的满意度，从而间接影响物流集成商的市场需求。对于第一类常规性物流任务（如运输任务，仓储任务，配送任务等），主要是需求方所提出的直接需求，并且其结果相对比较容易观测，我们称为基础物流任务；对于第二类物流任务（如在运输过程中进行不定期物品安全检查，在货物存储期间提供产品质量检查，在配送环节提高客户服务意识等），主要是集成商基于服务质量和物流服务供应链的稳定性所提出的伴随常规性物流活动的质量保障任务，其结果相对不易观测，称为物流质量保障任务。本文将以此为背景，充分考虑两类物流任务的具体特点，基于 Holmstrom 多任务委托代理模型[17]，研究物流服务供应链的激励问题。

技术假设1：在由物流服务集成商和物流能力提供商组成的两级LSSC中，二者均满足理性人假设。作为委托人的物流集成商为风险中性，作为代理人的物流能力提供商为风险规避，假设其效用函数具有不变的绝对风险规避特征，即 $v=-e^{-rw}$，其中 r 为绝对风险规避度量，即Arrow－Pratt风险规避度，w 为实际收益，其中 $r=0$ 时表示物流能力提供商为风险中性，$r<0$ 时表示其为风险偏好，$r>0$ 时表示其为风险规避。

技术假设2：在LSSC中，不失一般性，假设物流集成商所委托的两类物流服务任务为 a_1 和 a_2，其中任务 a_1 为基础物流任务，a_2 为伴随基础物流任务的物流质量保障任务，物流能力提供商投入水平的选择是一次性的，其投入水平为 $e=(e_1, e_2)^{\mathrm{T}}$，投入的产出结果为 $s=(s_1, s_2)^{\mathrm{T}}$，其中 $s_i=e_i+\varepsilon_i$，ε_i 表示影响不同物流任务产出结果的随机因素，同时它也决定了不同物流任务的可观测程度，其中 $\varepsilon=(\varepsilon_1, \varepsilon_2)^{\mathrm{T}}$ 是均值为0、协方差阵为 $\sum=\begin{bmatrix}\sigma_1^2 & 0\\ 0 & \sigma_2^2\end{bmatrix}$ 的正态随机向量，其中 σ_i^2 为 ε_i 的方差。

技术假设3：物流集成商的期望收益为 $\pi(e_1, e_2)$，且为严格递增凹函数，即 $\pi_i>0$，$\pi_{ii}>0$（$\pi_i=\partial\pi/\partial e_i$，$\pi_{ii}=\partial^2\pi/\partial e_i^2$），物流能力提供商在两类物流任务上的投入成本函数为 $c(e_1,e_2)=c_{11}e_1^2/2+c_{12}e_1e_2+c_{22}e_2^2/2(e_i>0)$。

技术假设4：物流集成商作为委托人对于物流能力提供商提供线性激励为 $\pi(s)=\alpha+\beta^{\mathrm{T}}s$，$\alpha$ 为物流能力提供商的固定收益，$\beta^{\mathrm{T}}=(\beta_1, \beta_2)$ 对应物流能力提供商投入在不同物流任务上的激励系数。对于线性激励的采用，Weitman和Holmstrom分别在其代表性文献里证明了其合理性并可以取得最优效果[17]，基于实践的可操作性，本文的激励模型也假定为线性函数。

三、模型建立与求解

根据以上技术假设，在物流服务供应链中，物流集成商的期望净收益为：

$$\pi_R=\pi(e_1, e_2)-E(\pi(s))=\pi(e_1, e_2)-\alpha-\beta_1e_1-\beta_2e_2 \tag{1}$$

物流能力提供商的期望收益为：

$$\pi_s=E[\pi(s)-c(e_1, e_2)]=\alpha+\beta_1e_1+\beta_2e_2-c_{11}e_1^2/2-c_{12}e_1e_2-c_{22}e_2^2/2 \tag{2}$$

由于能力提供商具有不变的绝对风险规避特征，所以其确定性等价收入为：

$$w=\pi_s-\frac{1}{2}r\beta^{\mathrm{T}}\sum\beta=\alpha+\beta_1e_1+\beta_2e_2-c_{11}e_1^2/2-c_{12}e_1e_2-c_{22}e_2^2/2-\frac{1}{2}r\beta^{\mathrm{T}}\sum\beta \tag{3}$$

物流能力提供商作为代理人，只有当其参与物流服务供应链获得的收益不小于其保留收益 $\tilde{w}$ 时才会有意愿参与合作，所以物流能力提供商的参与约束为：

$$(\mathrm{IR})\ w=\alpha+\beta_1e_1+\beta_2e_2-c_{11}e_1^2/2-c_{12}e_1e_2-c_{22}e_2^2/2-\frac{1}{2}r\beta^{\mathrm{T}}\sum\beta\geqslant\tilde{w} \tag{4}$$

物流集成商作为委托人希望能力提供商选择自己希望的投入水平，则必须满足以下激励相容约束：

$$(\mathrm{IC})\ (e_1, e_2)\in\arg\max w \tag{5}$$

由式（1）、式（4）和式（5）得物流服务供应链委托代理模型为：

$$\max_{(\alpha,\beta_1,\beta_2)} \pi_R(\alpha,\beta_1,\beta_2)$$
$$\text{s.t.} \quad (\text{IR})\ w \geqslant \tilde{w} \tag{6}$$
$$(\text{IC})\ (e_1, e_2) \in \arg\max w$$

对上述决策模型求解，由于物流集成商无须更多给予能力提供商，所以集成商在最优决策下，参与约束（IR）取等式，根据式（4）得：

$$\alpha = -\beta_1 e_1 - \beta_2 e_2 + c_{11}e_1^2/2 + c_{12}e_1e_2 + c_{22}e_2^2/2 + \frac{1}{2}r\beta^{\mathrm{T}}\sum\beta + \tilde{w} \tag{7}$$

对于激励相容约束（IC），通过其一阶条件得：

$$e_1^* = \frac{c_{22}\beta_1 - c_{12}\beta_2}{c_{11}c_{22} - c_{12}^2},\ e_2^* = \frac{c_{11}\beta_2 - c_{12}\beta_1}{c_{11}c_{22} - c_{12}^2}\ (c_{11}c_{22} - c_{12}^2 \neq 0) \tag{8}$$

将式（7）和式（8）代入模型的目标函数，通过其一阶条件可解得：

$$\beta_1^* = \frac{\pi_1(1 + rc_{22}\sigma_2^2) - rc_{12}\sigma_2^2\pi_2}{rc_{11}\sigma_1^2 + rc_{22}\sigma_2^2 + r^2c_{11}c_{22}\sigma_1^2\sigma_2^2 - r^2c_{12}^2\sigma_1^2\sigma_2^2 + 1}$$

$$\beta_2^* = \frac{\pi_2(1 + rc_{11}\sigma_1^2) - rc_{12}\sigma_1^2\pi_1}{rc_{11}\sigma_1^2 + rc_{22}\sigma_2^2 + r^2c_{11}c_{22}\sigma_1^2\sigma_2^2 - r^2c_{12}^2\sigma_1^2\sigma_2^2 + 1} \tag{9}$$

将式（9）代入式（8）可解得 e_1^*，e_2^*，再代入式（7）进一步解得 α^*，至此，已解得 $\{(e_1^*, e_2^*), (\alpha^*, \beta_1^*, \beta_2^*)\}$，完成整个模型求解。

四、模型性质分析

根据研究背景及技术假设，在实际物流服务供应链运作过程中，由于物流能力提供商承担的基础物流任务和物流质量保障任务的可观测性是不一样的，同时两类物流任务的投入成本也存在一定的关联性，这些特点将直接影响激励机制的效果，下面将基于投入结果的可观测性和任务之间的关联性进一步展开分析。

第一，对两类物流任务投入结果的可观测性进行分析，由于基础物流任务相对比较容易观测和控制，所以 σ_1^2 是有限的，而对于伴随基础物流任务的质量保障任务，其投入的结果相对不易观测，在极端情况下 $\sigma_2^2 \to +\infty$，因为很多时候，物流能力提供商投入在整个物流运作过程中的质量保障工作短期内很难产生直接的效益。此时，由式（9）得：

$$\lim_{\sigma_2^2\to+\infty}\beta_1 = \frac{\pi_1 - \pi_2c_{12}/c_{22}}{1 + r\sigma_1^2(c_{11} - c_{12}^2/c_{22})},\ \lim_{\sigma_2^2\to+\infty}\beta_2 = 0\text{，其中，}\frac{c_{22}}{c_{12}^2 - c_{11}c_{22}} \neq r\sigma_1^2 \tag{10}$$

式（10）说明，对于投入结果容易观测的基础物流任务，其激励系数 β_1 随着投入结果不确定性的增加而减小，因为如果投入结果可观测变量的方差增加，说明能力提供商在基础物流任务上的投入与其在该任务上的最终产出的相关度降低，所以对该项物流任务的激励强度随着结果不确定性的增加而降低。而对于最终投入结果不易观测的质量保障任务，其激励系数 β_2 趋近于0，说明物流集成商很难对能力提供商在该项物流任务上的投入进行有效的激励。

第二，对两类物流任务的投入成本关联性进行分析：仍然假定 $\sigma_2^2 \to +\infty$

根据物流能力提供商的努力成本函数，$\partial^2 c(e_1, e_2)/\partial e_1 \partial e_2 = c_{12}$，当 $c_{12} = 0$ 时，表示两类物流任务投入成本完全独立，即物流能力提供商在某项物流任务上的投入成本不会影响另一项物流任务成本的边际增加或者减少，由式（9）得：

$$\lim_{\sigma_2^2 \to +\infty} \beta_1 = \frac{\pi_1}{1 + r\sigma_1^2 c_{11}}, \quad \lim_{\sigma_2^2 \to +\infty} \beta_2 = 0 \tag{11}$$

式（11）表明，对于成本相互独立的两类物流任务，其激励系数也是完全独立的，物流集成商的激励系数 β_1 是基础物流任务边际收益 π_1 的递增函数，是物流能力提供商风险规避系数 r、边际成本变化率 c_{11} 和投入结果不确定性 σ_1^2 的递减函数，该结论与单任务委托代理一致。

当 $c_{12} < 0$ 时，表示两类物流任务具有互补性，根据式（10）基础物流任务的激励系数 β_1 随着 $|c_{12}|$ 的增大而增大，说明当两类物流任务成本具有互补关系时，集成商应该加强对投入结果容易观测的基础物流任务的激励强度，同时由于该类任务的投入加大，也会相应的降低质量保障任务的成本，表现出一定的互补性。

当 $c_{12} > 0$ 时，表示两类物流任务具有替代性，根据式（10）基础物流任务的激励系数 β_1 随着 c_{12} 的增大而降低，说明当两类物流任务具有替代性关系时，物流集成商对于基础物流任务的激励应该减弱，其根本原因在于当两类任务具有替代性时，对于物流基础任务投入的加大将会引起质量保障任务边际成本的提高，作为代理人的物流能力提供商，为追求更高的激励报酬，会把更多资源投入到结果相对容易观测的基础物流任务上，而忽视物流质量保障工作，这是集成商所不希望的。因此为了防止能力提供商在基础物流任务上的过度投入，集成商就要降低对该类物流任务的激励，但这样做的结果将会导致整体供应链的激励效能弱化，长期来看，整个物流服务供应链将失去竞争优势。

在物流服务供应链运作实践中，基础物流任务和质量保障任务更多情况下具有明显的替代性，因为随着能力提供商加大在基础物流工作上的投入，如在基础物流工作中增加大量的车辆设备、人员和资金等，则必然会影响到在质量保障工作上的投入，从而导致集成商激励效能的降低，为了解决这一问题，本文引入集成商的监督机制，将不同物流任务的成本替代性转化为互补性，从而解决物流服务供应链多任务委托代理模型的激励弱化问题。

五、引入监督机制的 LSSC 多任务委托代理模型设计

针对多委托任务投入成本替代性所造成的激励效能弱化的问题，Dwsgagne[18] 在其代表性文献里提出了一个解决思路：假设对于代理人承担的两类任务 A 和 B，引入委托人监督机制，对任务 A 进行定期监督，对于任务 B 实施不定期监督，但只有当代理人在任务 A 上的投入比较高时才进行任务 B 的监督，在对任务 B 进行监督时如发现没有达到委托人规定的要求，则代理人最终收益将小于任务 B 不被监督时的收益，如达到规定要求，则代理人最终收益将高于 B 任务不被监督时的收益。因此，代理人将会在任务 A 上加大投入，同时认真对待任务 B，并希望委托人对任务 B 进行监督，从而获得更高的收益。下面结合物流服务供应链的具体特点，研究引入物流集成商监督机

制的委托代理模型。

假设当物流能力提供商基础物流任务的投入绩效比较高时，物流集成商将以概率 $p(0 \leqslant p \leqslant 1)$ 对物流质量保障任务进行监督，并给予能力提供商相应激励报酬 $\overline{\pi}_{12}$（此时两类任务都监督），当不对质量保障任务进行监督时，给予激励报酬 $\overline{\pi}_1$（仅对第一类物流任务监督）。此时，物流集成商提供的激励表述如下：

$$\overline{\pi} = p\overline{\pi}_{12} + (1-p)\overline{\pi}_1 \tag{12}$$

其中，当物流质量保障任务监督结果达到规定要求时 $\overline{\pi}_{12} > \overline{\pi}_1$，当监督结果低于规定要求时 $\overline{\pi}_{12} < \overline{\pi}_1$。

物流能力提供商的收益表述如下：

$$\overline{\pi}_s = p\overline{\pi}_{12} + (1-p)\overline{\pi}_1 - c_{11}e_1^2/2 - c_{12}e_1e_2 - c_{22}e_2^2/2 \tag{13}$$

物流集成商收益表述如下：

$$\overline{\pi}_R = p[\pi(e_1, e_2) - \overline{\pi}_{12} - c(e_0)] + (1-p)[\pi(e_1, e_2) - \overline{\pi}_1] \tag{14}$$

其中 $c(e_0)$ 为集成商对物流质量保障任务进行监督的成本。假设 $\overline{\pi}_1 = \alpha + \beta_1 s_1$，当集成商对质量保障工作监督结果高于规定要求时，$\overline{\pi}_{12} = \beta_1 s_1 + \overline{\beta}_2 s_2(\overline{\beta}_2 s_2 > \alpha)$，当监督结果低于规定要求时，$\overline{\pi}_{12} = \beta_1 s_1 + \underline{\beta}_2 s_2(\underline{\beta}_2 s_2 < \alpha)$。

在引入物流集成商监督机制前，由于物流质量保障工作的投入结果不易被观测，物流能力提供商将在结果容易观测的基础物流任务上加大投入，而忽略质量保障工作，因此能力提供商收益表述为：

$$\overline{\pi}_{s1} = \alpha + \overline{\beta}_1 s_1 + \underline{\beta}_2 s_2 - c_{11}e_1^2/2 \tag{15}$$

其中 $\overline{\beta}_1$ 为物流能力提供商仅从事基础物流任务的激励系数，在原激励策略下，根据式（1）物流集成商的收益可表述为：

$$\overline{\pi}_{R1} = \pi(e_1, 0) - \alpha - \beta_1 s_1 - \underline{\beta}_2 s_2 \tag{16}$$

在引入物流集成商监督机制后，而物流能力提供商仍采用原策略，其收益可表述为：

$$\overline{\pi}_{s2} = p(\overline{\beta}_1 s_1 + \underline{\beta}_2 s_2) + (1-p)(a + \overline{\beta}_1 s_1) - c_{11}e_1^2/2 \tag{17}$$

由式（15）和式（17）得：

$$\Delta\overline{\pi}_s = p(\underline{\beta}_2 s_2 - \alpha) - \underline{\beta}_2 s_2 < 0 \tag{18}$$

式（18）说明在引入物流集成商监督机制后，物流能力提供商若仍然采取原策略，其收益明显减少，所以物流能力提供商将采取新的策略，在物流质量保障方面也加大投入以期增加自己的收益，在新策略下其收益可表述如下：

$$\begin{aligned}\overline{\pi}_{s3} &= p\overline{\pi}_{12} + (1-p)\overline{\pi}_1 - c_{11}e_1^2/2 - c_{12}e_1e_2 - c_{22}e_2^2/2 \\ &= p(\beta_1 s_1 + \overline{\beta}_2 s_2) + (1-p)(\alpha + \beta_1 s_1) - c_{11}e_1^2/2 - c_{12}e_1e_2 - c_{22}e_2^2/2\end{aligned} \tag{19}$$

由式（15）和式（19）得，物流能力提供商在改变策略前后的收益变化为：

$$\Delta\overline{\pi}'_s = p(\overline{\beta}_2 s_2 - \alpha) - \underline{\beta}_2 s_2 - M\ (M = c_{22}e_2^2/2 + c_{12}e_1e_2) \tag{20}$$

为了保证物流能力提供商在质量保障方面加大投入后获得更高收益，必须满足 $\Delta\overline{\pi}'_s > 0$，

即 $p > \dfrac{\underline{\beta}_2 s_2 + M}{(\bar{\beta}_2 s_2 - \alpha)}$，又 $0 \leqslant p \leqslant 1$，所以 $0 \leqslant \alpha \leqslant (\bar{\beta}_2 s_2 - \underline{\beta}_2 s_2 - M)$。

由式（14）和式（16）在引入监督机制后，物流集成商收益变化表述如下：

$$\Delta\bar{\pi}_R = \pi(e_1, e_2) - \pi(e_1, 0) + \underline{\beta}_2 s_2 - pc(e_0) + p\alpha - p\bar{\beta}_2 s_2 \tag{21}$$

根据式（21），当 $p < \dfrac{\pi(e_1, e_2) - \pi(e_1, 0) + \underline{\beta}_2 s_2}{c(e_0) + \bar{\beta}_2 s_2 - \alpha}$ 可以保证在引入监督机制后物流集成商收益大于物流能力提供商只重视基础物流任务时的收益。综合式（20）和式（21）的分析结果，为保证新的激励机制的实施，p 需满足以下约束：

$$\frac{\underline{\beta}_2 s_2 + M}{(\bar{\beta}_2 s_2 - \alpha)} < p < \frac{\pi(e_1, e_2) - \pi(e_1, 0) + \underline{\beta}_2 s_2}{c(e_0) + \bar{\beta}_2 s_2 - \alpha} \quad (M = c_{22}e_2^2/2 + c_{12}e_1 e_2) \tag{22}$$

综上，在引入监督机制的物流服务供应链多任务委托代理模型设计中，当相关变量满足上述约束条件时，物流集成商不仅能够促使物流能力提供商加大两类物流任务的投入，而且也提高了自身的总体收益。

六、算例

假设物流服务集成商的收益函数为 $\pi(e_1, e_2) = e_1^2 + e_1^2 + 0.6e_1e_2$，物流能力提供商投入在两类物流任务上的成本函数为 $c(e_1, e_2) = c_{11}e_1^2/2 + c_{12}e_1e_2 + c_{22}e_2^2/2$，设 $c_{11} = 0.4$，$c_{22} = 0.4$，其风险规避系数 $r = 5$，两类物流任务上的投入水平分别为 $e_1 = 0.8$，$e_2 = 0.4$，投入结果的方差分别为 $\sigma_1^2 = 0$，$\sigma_2^2 = 0.8$，引入监督机制后物流集成商的监督成本为 $c(e_0) = 0.1$，其他参数分别假设为 $\alpha = 0$，$\bar{\beta}_2 = 0.8$，$\underline{\beta}_2 = 0.1$，假设表示物流能力提供商对两类物流任务投入成本的相关性系数 $c_{12} \in [0.3, 0.7]$，通过 Matlab 计算投入成本替代性对于激励机制的影响，计算结果如表 1 所示。

表 1　　物流能力提供商投入成本替代性对于激励机制的影响

成本相关性系数	c_{12}	0.3	0.35	0.4	0.45	0.5	0.55	0.6	0.65	0.7
激励系数	β_1	0.95	0.93	0.91	0.87	0.83	0.76	0.67	0.57	0.48
对第二类物流任务的最小监督概率	p	0.52	0.57	0.62	0.67	0.72	0.77	0.82	0.87	0.92

从表 1 可以看出，当物流能力提供商在两类物流任务上的投入成本替代性逐步增强时，物流集成商为了防止能力提供商把投入集中在基础物流任务上而忽视物流质量保障工作，必须逐步降低对于基础物流任务的激励强度，同时，为了避免由此造成的整个供应链激励效能的弱化，需要对物流质量保障任务进行监督，为保证新激励机制的有效性，监督的最小概率随着投入成本替代性的增加而增加，从而确保了整体供应链的绩效。

七、结语

在供应链委托代理问题中，大量的研究主要集中在单一绩效的激励机制及其影响因素等方面，而在实际中，存在很多情况下代理方需要从事多项任务，或者即使仅从事一项任务也可能会存在多个维度，而代理方投入到不同任务或者不同任务维度上的产出结果也往往存在显著的差异，并且代理方的投入成本之间也存在着一定的关联性，正是由于存在这样的现实问题从而造成了整个供应链激励效能的弱化，无法获得最优的系统绩效。本文正是基于这样的实际，结合物流服务供应链的运作实践，建立了多任务委托代理模型，分析了不同物流任务的可观测性及其投入成本的关系对委托代理激励机制的影响，针对物流基础任务和质量保障任务投入成本的替代性所造成的激励效能弱化的问题，提出了引入集成商监督的激励机制，通过新机制的设计，将多任务之间的替代性关系转化为互补性关系，物流集成商通过新的激励机制可以有效激励能力提供商同时在两类物流任务中都加大投入，并且集成商通过新的激励机制也实现了自身收益的增加。需要指出的是本文研究的是单阶段静态激励机制，随着服务供应链复杂性的提高，会出现多阶段动态博弈及其激励机制优化问题，这也是下一步要研究的方向。

参考文献

[1] 崔爱平，刘伟．服务物流供应链中基于期权契约的能力协调 [J]．中国管理科学，2009，17 (2)：59 -65.

[2] 王晓立，马士华．供应和需求不确定条件下物流服务供应链能力协调研究 [J]．运筹与管理，2011，20 (2)：44 -49.

[3] 刘伟华．三级物流服务供应链最优收益共享系数确定方法 [J]．西南交通大学学报，2010 (10)：811 -816.

[4] MCCAIN ROGER. 博弈论：战略分析 [M]．北京：机械工业出版社，2006.

[5] BASU A K, LAL R. Sales Force Compensation Plans：An Agency Theoretic Perspective [J]. Marketing Science，1985 (4)：267 -291.

[6] LAU A，LAU H. Considering Asymmetrical Manufacturing Cost Information in A Two - echelon System that Uses Price - only Contracts [J]. IIE Transactions，2006，38 (3)：253 -271.

[7] HAA Y，TONG S L. Contracting and Information Sharing Under Supply Chain Competition [J]. Management Science，2008 (54)：701 -715.

[8] 于丽萍，黄小原，李丽君．非对称信息下供应链中商业信用激励契约研究 [J]．东北大学学报，2008，29 (1)：141 -145.

[9] 曹柬，杨春平，李平，等．不对称信息下供应链线性分成制契约设计研究 [J]．管理科学学报，2009，12 (2)：19 -28.

[10] 白少布．收益控制权意义下产—供—销供应链激励机制 [J]．计算机集成制造系统，2011，17 (5)：1078 -1088.

[11] FARRELL J and SHAPIRO. Optimal Contracts with Lock - In [J]. American Economic Review，March，1989 (8)：12 -24.

[12] 田盈，蒲勇健．多任务委托—代理关系中激励机制优化设计 [J]．管理工程学报，2006，20 (1)：24 -27.

[13] 关启亮，周根贵，曹柬．多任务委托代理关系的闭环供应链激励机制 [J]．工业工程，

2009，12（4）：23－27.

［14］孙宝凤，杨华．闭环供应链的激励机制研究［J］．公路交通科技，2009，26（2）：134－138.

［15］陈伟，但斌．考虑零售商多任务参与下的供应链激励合约研究［J］．商业经济与管理，2010，12（12）．10－18.

［16］黄祖庆，朱卫平．物流服务供应链的结构与运作机制研究［R］．国家自然科学基金，2010.1－2012.12

［17］HOLMSTROM B，MILGROM P. Aggregation and Linearity in the Provision of Intertemporal Incentives［J］．Econometrica，1987（55）：303－328.

［18］BERNARD SINCLAIR－DESGAGNE. How to Restore Higher－powered Incentives in Multitask Agencies［J］．The Journal of Low，Economy and Organization，1999（15）：121－129.

蔬果主产地农户主导型合作组织营销服务体系的构建*

——以建德草莓产地流通为例

万国伟　安部淳

摘　要： 在许多的蔬果主产地，蔬果产品的营销问题成了制约产地发展和农户增收的重要因素。现有的产地流通体系与营销服务体系未能充分发挥农户的主动性和积极性，农户的利益也得不到有效的保证。基于农户利益保障视角，本文以产地营销组织的整合与渠道结构的重塑为中心，通过典型草莓产地的案例研究，试图构建出农民主导型合作组织营销服务体系。

关键词： 蔬果主产地　营销组织　渠道　农户主导型合作组织　营销服务体系

一、引言

随着人们生活水平的提高，蔬果已经成为我国居民主要的食物营养来源，在日常生活消费中占据了重要的地位。为了满足这一需求，我国农业的生产结构也由原来的单一粮食生产向多样的经济作物生产发生了转变。新兴蔬果产地的大量涌现，使得各类蔬果的产量大增。2010 年，我国蔬菜、水果产量分别达到了 5 亿吨、2.14 亿吨，均居世界第一。在蔬果产品商品化的进程中，产地农户如何在自给经济向市场经济转变过程中实现角色转变，是一个相当重要的课题。顺利解决小农户和大市场之间的矛盾，也是产地持续发展和农户增收的重要前提[1]。积极构建蔬果主产地营销服务平台，加强农产品的营销活动，不仅可以拓展农产品市场，提升农产品品牌知名度，还可以提高农产品的附加价值，大大增加来自农业生产的收入。

在全国各地，随着产地的发展而出现了龙头企业、农民专业合作社、农民贩销户、农民经纪人等各种为产地服务的营销组织[2]。其中，集农产品的生产、加工、流通于一体的龙头企业，是解决蔬果销售、流通等问题的一种重要方式。然而企业追求利益最大化的目标决定了产地农民的利益很难得到有效的保证，甚至还会沦为失去土地的

* 基金项目：2010 年度浙江省科技厅软科学项目“农民型主产地的形成与新农村建设模式研究——以浙江为例”（2010C35039）；2009 年度浙江省“钱江人才计划”“农民型主产地的形成与农村特色产业的发展研究——以浙江为例”（浙人社发〔2009〕194 号）。

作者简介：万国伟，男，博士、副教授，浙江树人大学管理学院、浙江省现代服务业研究中心，日本岐阜大学应用生物科学部博士后；安部淳，男，博士，教授、博士生导师，日本岐阜大学应用生物科学部。

发表情况：农村经济，2013（7）。

被雇用者[3]。蔬果产地出现的大多数农民专业合作社都在政府主管或支配之下，也很难体现农民的自主性[4]。种类繁多的其他营销中介则处于一种各自为政、凌乱分散的现状。因此，对于众多的蔬果主产地来说，如何构建一个联结产地和市场、充分保障农户利益的高效的营销服务体系成了当务之急。基于农户利益保障视角，本文以产地营销组织的整合与渠道结构的重塑为中心，通过典型蔬果主产地（建德草莓产地）的案例研究，试图构建出农民主导型合作组织营销服务体系。

二、我国蔬果产地营销服务体系的现状评价

我国的各类蔬果产地经历了数十年的发展，已经初具规模，并形成了一定程度上的区域集聚。同时，伴随其成长而发展起来的以批发市场为中心的农产品流通体系也日趋完善。截至2011年，全国有各类农产品批发市场4300多家，其中主要经营蔬菜、水果的批发市场占了半数以上，全国的大、中、小城市消费的生鲜农产品80%～90%是通过批发市场提供的[5]。在产地蔬果的营销服务体系中，农产品龙头企业、农民专业合作社、农民贩销户、农民经纪人等各类营销中介及生产农户分别扮演着不同的角色。

（一）农民贩销户主导型营销服务体系

我国人均农业用地较少、农村人口众多，农业经营的主要形式以零散的农户经营为主，而农户最初的销售往往是直接、零散的。随着产地的集聚，蔬果在逐步商品化的进程中，一部分农户从农产品生产中脱离出来，成了最初为产地蔬果打开消费地市场的先驱，即农民贩销户①。农民贩销户一般具备一定的文化学历，有一定的资金而且经常在大城市与农村之间走动。他们的社会经验丰富，有良好的商业基础，并且具备收集和捕捉市场信息、分析市场行情的能力。他们和农户之间往往有着血缘或地缘的关系，主要提供给农户的营销服务是代售农产品、提供市场信息、协助产品包装等②。

最初，产地的农户在选择农产品营销合作对象时，基本上会与农民贩销户合作，这是一种典型的初级形式，即市场营销合作的过渡形式，它将被更高层次的产业化经营模式所逐步取代[6]。这种农户自主形成的民间服务主体难以承受较大的风险，他们之间的合作深度也不够，往往是单兵作战、力量薄弱。因此，农民贩销户对产地农户的营销服务可以说是初级的、简单的、缺乏延续性的。这也注定了他们随着产地的发展会在形态、结构及功能上发生重大的变化，农民贩销户之间的联合经营也正说明了这一变化[7]。

（二）企业主导型营销服务体系

在我国农业结构转变的过程中，随着农产品商品化程度的不断提高，龙头企业主导下的农业产业化被认为是解决农产品主产地销售与流通的一种重要途径。在这一体系中，企业处于领导和控制的地位。企业往往为农户规范了产品的品种、规格，并提供适当的技术支持，农产品的包装、品牌策划、广告宣传、渠道的构建及促销活动都

① 关于这一类似的营销中介组织的称呼有地方收购者、果行、果商、联合组织、运销联合体、贩运户等，但本文认为无法准确地表达本文的研究成果，故采用农民贩销户这一表述。

② 农民贩销户的特征是笔者基于十年间对浙江典型性草莓、包心菜产地的追踪调研总结所得。

是由企业来完成的。这一体系很好地为农户提供了多种营销服务，农户可以专注其生产而无须考虑产后的营销环节。许多学者认为，在优势农产品产业带建设过程中，发展农产品加工业以及龙头企业是关键所在。他们普遍认为特色农业的发展、农产品营销、加工都必须以企业为载体，从而将分散的农户组织起来进行规模化大生产[8]。

目前，我国农业产业化经营普遍采取“企业 + 农户”的模式，但是企业与农户的利益往往是对立的。农户由于组织化程度很低，在市场上明显处于不平等地位。农业产业化龙头企业与农民利益的连接机制还不完善、带动能力不强，他们在市场体系中经营性服务组织商业化过于严重，服务也不够规范，各服务主体之间缺乏有效的协调[9]。而发达国家基本都是“企业 + 中介组织 + 农户”的模式，农户往往通过某种中介组织（如经纪人、合作社等），把自己与市场连接起来，在从事农业生产的同时，通过贸工农一体化，参与农产品的加工和流通，从而维护了自己的谈判与议价地位，也有效地规避了农产品市场波动的风险[10]。

（三）农民专业合作社主导型营销服务体系

我国农民专业合作社已进入快速发展新阶段，截至 2010 年 6 月底，全国农民专业合作社达 30 万家，入社社员 2500 万左右，占农民总户数 10% 左右。合作社已经成为农民进入市场的一个重要载体，在全国各地的许多蔬果产地，都出现了形式多样的农民合作组织。在合作社主导型营销服务体系中，合作社将众多分散的农户联合在一起，在农户生产与市场流通间构建了一个相当好的平台。合作社还为农户提供了技术指导、市场分析、信息收集、产品销售、促销广告等多方面的营销服务。其形式主要有提供产供销综合服务、社超对接、设专营店直销、联合合作社营销、电子商务营销等[11]。合作社的存在，不仅促进了产地的持续稳步发展，也大大增加了农户的收入。

然而在我国，合作社起步较晚、运作水平不高，它的引领能力还远远不能满足广大农民的要求。主要表现在规模较小、发展活力不足、组织合力不强、专业人才欠缺等方面，特别是多数的合作社往往位于政府部门直接管理之下，农户的自主性也就无法得到有效的保障。事实上，在农产品营销中，农户的合作意愿是受到许多因素制约的。价格波动、农产品生产的集中度及销售难度等因素决定了农户参与合作意愿的强烈与否[12]。对于蔬果产地来说，其本身就是某一类或几类蔬果生产的集聚地，产品的商品化也相当高，农户参与营销合作的意愿应该是强烈的。然而事实并非如此，农户参与合作社的比率还较低，即便是参与了合作社其满意度也不高①。其中，农户的主动性抑或自主性未能得到有效的保障是一个重要的因素[13]。

三、建德草莓产地案例分析②

（一）调研产地的概况

建德市草莓产业自从 20 世纪 80 年代兴起于杨村桥镇绪塘村以来，已经有 15 个乡镇 107 个行政村的 9000 余农户参与到草莓的种植当中。草莓农户以家庭劳动力为主，

① 笔者基于对浙江建德草莓、海盐包心菜、上虞葡萄、黄岩蜜橘等多个蔬果基地的调研分析所得。

② 该产地是由当地农户“自下而上”自主形成的农民主导型草莓主产地，详见万国伟、安部淳（2007）。

户均种植面积为2.1~2.3亩。近几年，全市种植面积维持在20000亩左右，该面积占浙江省大棚草莓面积的65%左右，占杭州地区草莓面积的85%以上。全市近三年平均总产量为30202吨，亩均产值为9500元，草莓已经成了建德农民实现农业增效和增收的重要途径。

调研对象建德草莓发源地绪塘村距杭州市区110公里，是位于新安江沿岸、紧邻320国道的浙江西部农村。目前，该村共有农户766户，人口2455人。20世纪80年代，该村主要以种植水稻、小麦、油菜等作物为主。从90年代初开始，草莓的种植面积迅速扩大，形成了国内知名的较大规模草莓产地。草莓的主要品种有红颊、章姬、丰香、佐贺清香等。

（二）营销组织与流通渠道的剖析

草莓农户最初的的销售点主要在320国道沿途两侧以及市政府所在地的农贸市场等附近地域。随着草莓种植面积的不断扩大，在产地形成的成长期，农民贩销户从种植面积2~3亩的中层农民中成长起来，成了产地流通的主要担当者。同时，随之而建立起来的草莓产地市场也发挥了重要作用。近年来，由市、镇政府协调发起组织起来的农民专业合作社也在一定程度上起到了联结农户和市场的纽带作用。

1. 产地主导型流通渠道体系

绪塘草莓流通渠道体系以农民贩销户为中心，是随着产地批发市场的开设而逐步确立起来的。如图1所示，从草莓种植农户到终端消费者的渠道主要是通过产地和消费地的批发市场联结的。经由农民贩销户的销售量近年都在85%左右，而外来中间商的销售量则呈下滑趋势。每年的草莓收获季节（12月上旬至来年5月）里，农民贩销户、外来的中间商们大多在产地市场向农户购入草莓，然后再在消费地的批发市场进行贩销。从产地批发市场至消费地批发市场的运输也是委托给专业的运输公司或运输专业户来完成的。

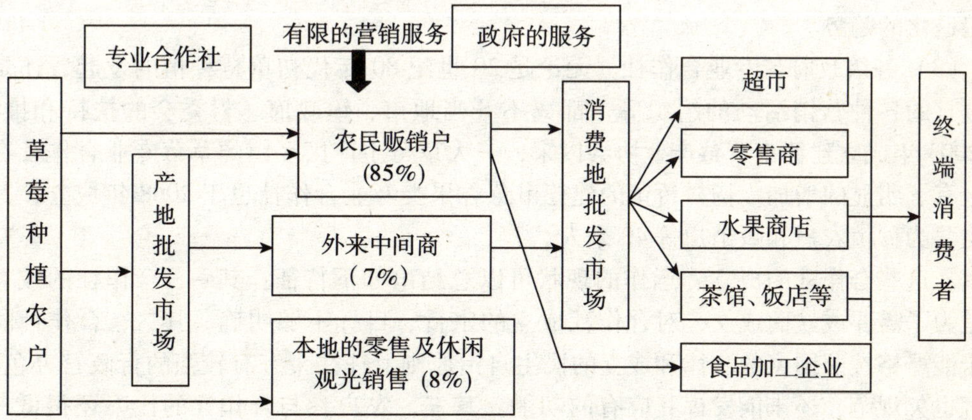

图1　绪塘草莓产地的流通渠道体系

资料来源：2009年5月至2011年5月数次对绪塘村草莓产地的实地调研所得资料整理。

草莓的主要消费地为东部沿海城市，如：杭州、上海、南京、青岛、北京等地。这一流通体系的维系，与当地的各级政府部门、农技部门主导下成立的合作社的支持和引导是分不开的。这些部门提供了一些必要的营销服务，如举办草莓节、构建草莓营销网站、举办营销知识辅导等，在扩大产地影响力、增加产品拉力上都有着明显的效果。

2. 主要的营销组织探析

（1）农民贩销户。农民贩销户是随着产地的形成与发展，逐渐从种植农户中分化出来形成的。它有单户及联合户两种存在形态，其主要业务为产地收购与消费地贩卖，分别由其成员分担进行。单户由一个专业农户构成，意见、方案的统一较为容易，其经营也有一定的连续性，因而所获得的利润也比较稳定。而联合户则由贩卖专业户与贩卖兼业户构成，虽然在资本金、人手等方面有优势，贩卖量也大大高于单户，可是由于其联合体的不稳定而导致了不断地重新组合与更换消费地市场。农民贩销户作为绪塘草莓产地重要的流通担当者，具有收购与销售、价格的决定和决算、商品的调制、配送和信息传送等主要功能。就现阶段而言，在没有更加完善的组织的前提下，农民贩销户仍然是该产地的主要营销组织。

（2）产地批发市场。产地批发市场是由绪塘村民委员会于1998年投资创立的，其日常的管理事务也由村干部兼职完成。市场办公室的主要职责有市场各门店摊位费、卫生费等费用的征收，市场内交易秩序、卫生与治安的维持及“绿色食品通道”证的发放等。和日本批发市场不同的是，我国的批发市场还没有和日本相类似的专门的销售代理批发商①。产地批发市场的开设，使得从产地通往消费地批发市场的流通路径得到了保障。市场发挥了其特有的集散功能，在解决现阶段产地农产品流通问题上起着重要的作用。市场同时也是需求、价格信息交换的重要平台，是农户所信任的交易场所。

但是不可回避的是，市场交易的对象几乎仅为草莓一种产品。草莓的交易多为生产农户与农民贩销户及外来中间商的面对面交易。因而，产地批发市场经营的落后及低效率也日渐明显。单体规模偏小，档次偏低，市场设施较为简陋，功能不完善，专业化程度不高等问题都制约着市场更好地发挥其服务功能，近年来市场的功能呈现出日趋退化的趋势。

（3）各级政府与专业合作社。无论是20世纪80年代初草莓种植的发起，还是时至今日的各种营销活动的组织等，都离不开当地市、镇政府、村委会的扶持和推进。自2003年成立建德市草莓产业协会以来，三大草莓主产区乡镇的草莓专业合作社在数量上有了明显的增加。杨村桥镇的建德市莓香果类专业合作社也于2008年成立，其会员主要为种植农户和贩销户等40余人。

从这些合作社的成立、运作的现状可以总结出如下特征：其一，合作社的成立往往是为了需要成立而成立，对合作社成立的宗旨、目标不够明确。其二，合作社的成立未能严格按照国家的法律和成立的民主自治原则，往往带有有较强的行政官办色彩，管理也欠规范，还未能发挥其应有的功能。其三，农户参与合作社的比率还很低，参与农户数远低于10%②。参与的农户关系松散，合作社未能为产地农户生产、流通提供

① 根据日本批发市场法，销售代理批发商无条件的接受生产农户的销售委托，并收取一定的代理费。

② 合作社的相关数据来源于建德市农办、农业局、建德市莓香果类专业合作社等部门。

实质性的服务。其四，多数合作社功能单一、服务范围狭窄，未能有效地把生产和流通环节有机地结合起来。其五，合作组织未能发挥产地农户的主动性、积极性，基本没有体现农户的主导地位，因而合作社的运营也缺乏活力。

（三）小结

综上可知，在这个由众多小规模、零散农户共同努力而形成的草莓产地，种植农户和农民贩销户是产地得以发展和成长的中坚力量。然而，由于未能形成由农户自己主导的合作组织，产地缺乏一个高效的营销服务体系，这就使得产地在竞争中往往处于劣势。目前，该产地的流通组织不够健全，销售组织化程度还比较低，流通路径也过于单一。传统交易方式占主导地位，产地主打品牌建设发展缓慢，各种现代营销手段未能得到有效的运用。因此，更好的整合多方营销力量，并充分发挥农户的主动性和积极性，构建一个农户主导型合作组织营销服务体系已然成了必然。

三、农户主导型合作组织营销服务体系的构思

（一）营销服务体系的构架

对绪塘草莓产地营销服务体系的构建，首先必须确立农户的主导地位，提高农户参与的积极性，确保更多的农户加入到他们自己的合作组织中来。图 2 是绪塘草莓产地农民主导型合作组织营销服务体系的基本构想。通过对流通渠道的改造，这一体系能使多种营销中介组织间的合作更为紧密高效，同时也可减少诸多中间流通环节。这就会使产品具备更强的竞争优势，也会大大增加来自该产品的收益。该体系也强调了政府支持平台的重要性，当地各级政府对产地在政策、资金、技术、信息等方面的支持，是实现这一体系服务功能的保障。

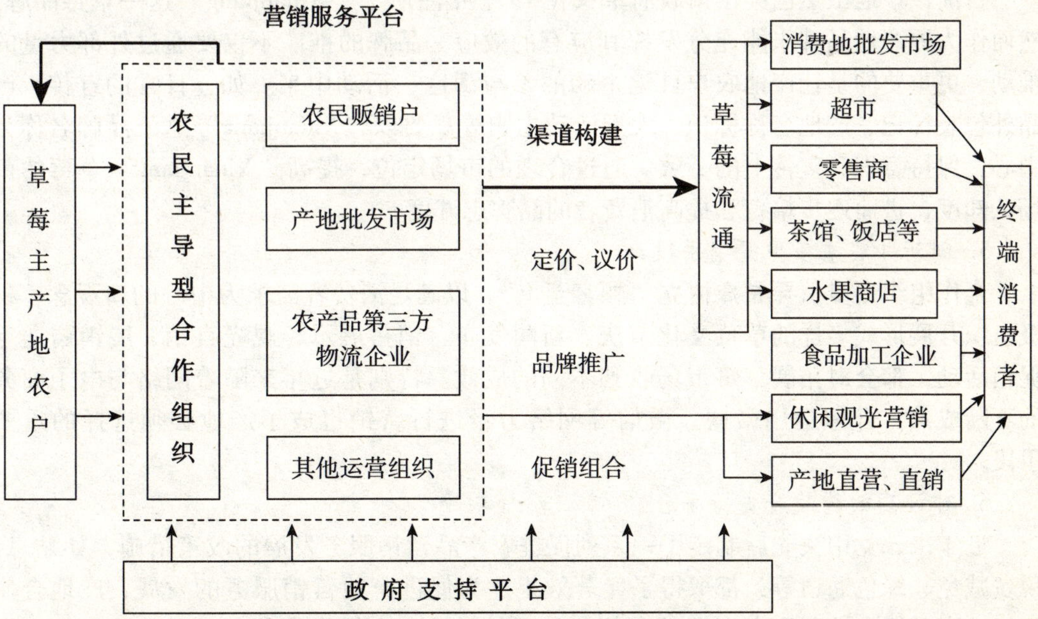

图 2　绪塘草莓产地农民主导型合作组织营销服务体系的构想

（二）主要建议与做法

1. 依法成立农民主导型的合作组织

该组织的成立要借鉴日本农协的民主自治原则，严格按照我国 2007 年 7 月起实施的《农民专业合作社法》所规定的条文来进行。同时也应当由种植农户和农民贩销户本着自愿的原则来组织成立。这样，生产和销售才能够紧密联系到一起，类似日本农协的批量代销也有可能实现，农民的收益在自己主导的合作组织经营下才能得到保障。

2. 构建以农民主导型合作组织为核心的分销渠道

农民合作组织的成立可以提高农业生产的组织化水平，可以将原来的农民贩销户吸纳为组织的成员，进而对产地的农产品进行有计划的统一集中销售。产地批发市场，也可以由合作组织来经营和管理，使之成为合作组织的一个部分。在这一模式中，外来商人也可以成为为农民合作组织开拓新市场的新生力量。农民主导型合作组织通过契约合作等形式将其他运营组织的服务纳入到这一体系当中，可以大大提升这一营销体系的服务能力。

3. 实施产品结构与交易方式的调整

合作组织在政府部门的支持下，联合构建一个较为完善的信息系统，就可以掌握超市及大型需求者的需求信息，以引导产地的生产和供应。由合作组织引导农户按照预约的订单所确定的需求数量和规格进行生产，进而实现预约型交易。在实施预约交易方式的条件下，农民合作组织还可倡导“商物分离”方式。即将每个需求方所需产品按单分配到多个农户，由农户自己或委托合作组织实现产品直送需求终端。进一步进行产品结构的调整和协调，实现以草莓为主、其他蔬果为辅的轮作体系。

4. 大力推广原产地品牌（区域整合）

目前该产地虽然已经由市政府牵头在 1997 年注册了“Xinanjiang”这一草莓品牌，然而作为原产地品牌未能充分发挥其应有的效应。品牌的推广不仅要通过外部力量的推动，更重要的是让产地农户自觉主动的参与到这一活动中来。如，日常的宣传、产品外包装标记、产地名称标识、大型活动主题等都要以“Xinanjiang”这一品牌名称为中心，保持意识和宣传上的一致。通过合理的市场定位，提高“Xinanjiang”草莓的市场认知度，进而逐步培育和提高消费者的品牌忠诚度。

5. 创新并实施多种促销手段

合作组织逐步引导农户树立“顾客至上”，以满足消费者需求为中心的新观念。积极组织开展形式多样的草莓文化节庆、新闻发布、销售展示、观光直销、展销赠送等促销活动，都会对拓展草莓市场收到不同的成效。特别是近年来随着网络与电子商务的不断成熟，合理运用微博、微信等网络力量进行营销也成了产地必须选择的重要手段。

6. 建设高效的政府支持平台

近年来，党中央先后制定了一系列促进农产品营销服务发展的政策措施，如贴息、税费减免、绿色通道等，都取得了显著效果。为促进产地营销服务的发展，产地合作组织应当积极主动争取来自于政府部门的政策咨询、市场供求信息、科技信息等方面的服务以及各类政策支持。在信息时代，政府牵头搭建公共信息服务和网络营销平台，可以为产地营销营造良好的环境和氛围。在服务支持方面，政府还应协调促进工商、交通、检疫、计量等部门都能积极支持产地营销服务体系的发展。另外，政府还需加大资金扶持力度，给予合作组织的运营和发展以适当的资助。

四、主要结论与建议

在我国，农产品营销还处于起步阶段，传统的“好酒不怕巷子深”观念仍影响着农产品的经营。而要让农户由内及外实现营销观念的改变，真正在这一营销体系中发挥其主导作用，就必须通过构建农民主导型合作组织来实现。本文对绪塘草莓产地营销服务体系的构建所做的尝试，会对其他农民主导型蔬果产地的营销服务有所借鉴。基于农户利益保障视角，该体系的构建以农民主导型合作组织为中心，主要围绕产地营销组织的整合与渠道结构的重塑而展开。在这一体系中，合作组织将成为一个高效运营的营销服务平台。较之龙头企业、政府主导下的合作社及农民贩销户所主导的营销服务平台，这一平台显然更能够充分保障农户的利益。

为了保障这一服务能够有效、顺利地运营，笔者认为需要争取来自政府、农户、科研院所等多方力量的合作与支持。就政府而言，积极推动行政部门的改革，减少对产地营销服务组织的直接干预，促进政府职能由指令型向指导型、服务型转变成为了当务之急。在农民主导型合作组织的成立过程中，最为重要的还是要坚持农民的自主性。政府要加强宣传并不断创造条件，引导农民为保护自己的利益而组织起来，形成自主、民主、自治的合作组织。要实现这一目标，就必须加强农户思想上的培育与培训，让他们在思想意识上实现营销理念的根本转变。最后，还要充分发挥各类科研院所、高校的社会服务功能，做到产学研同步发展。

参考文献

［1］三島徳三．農業市場論の継承［M］．日本：日本経済評論社，2005.

［2］万国伟，安部淳．基于日本农协经验的中国蔬果主产地流通体系创新研究——以杭州市绪塘草莓产地为例［J］．浙江树人大学学报，2011（4）．

［3］浅見淳之．中国農村における産地形成——農業産業化経営［J］．農業と経済（日本），2004（11）．

［4］傅晨．农民专业合作经济组织的现状与问题［J］．中国人民大学复印报刊资料：农业经济导刊，2005（1）．

［5］商务部市场体系建设司司长王炳南在“2012 年中国农产品批发市场行业年会”上的讲话．

［6］黄祖辉，王祖锁．从不完全合约看农业产业化经营的组织方式［J］．农业经济问题，2002（3）．

［7］WAN GUOWEI，ABE JUN，M MUNSUR RAHMAN and ZHAO HONG. An Analysis on Formation and Function of Farmer Middlemen in Strawberry Production：A Case Study in XT Village of Hangzhou City，China［J］．Journal of International Farm Management，2007（6）．

［8］刘加莹．新农村建设带给商贸流通业巨大商机［N］．中国商报（京），2006－01－20.

［9］卫恒，刘希宋，李友华．农产品营销服务中介平台整合建设研究［J］．学术交流，2009（1）．

［10］孔祥智，徐珍源，史冰清．当前我国农业社会化服务体系现状、问题和对策研究［J］．江汉论坛，2009（5）．

［11］缪建平．合作社营销新趋势及发展对策［J］．青岛农业大学学报：社会科学版，2011（2）．

［12］吴传毅，杨花英．农产品营销中农户合作意愿的影响因素与合作促进研究［J］．统计与决策，2012（16）．

［13］孙亚范．农民合作社成员合作意愿及影响因素分析［J］．中国农村经济，2012（6）．

［14］赵晓飞．我国现代农产品供应链体系构建研究［J］．农业经济问题，2012（1）．

［15］胡铭．以第三方物流为中心的农产品交易规制研究——基于交易费用理论的分析［J］．农业经济问题，2012（3）．

［16］郑有贵．农村社区集体经济组织法人地位研究［J］．农业经济问题，2012（5）．

基于结构—文化—风险的航运战略联盟构建模型*

高志军　刘　伟

摘　要：为研究影响航运战略联盟构建的成功因素，在战略联盟理论研究分析的基础上，对航运战略联盟的内涵和类型进行了较为系统的定性分析，通过将结构、文化和风险（SCR）因素与航运战略联盟构建的过程相结合，建立了航运战略联盟构建的理论模型，并进行了案例分析。研究表明：该模型对航运战略联盟的构建具有一定的指导意义。

关键词：航运战略联盟　结构　文化　风险

20世纪80年代以来，组织之间的关系发生了深刻的变化，诸如网络组织、价值链、供应链、知识链、企业集群等在内的涉及企业间长期合作关系的联盟组织模式成为许多公司变革的战略选择。并且，理论研究和实证调查都已经注意到并开始揭示战略联盟中的风险和不稳定性情况，但据相关资料表明，一半以上联盟的构建都是失败的，这就引起了学者们对战略联盟构建成功因素的重视。目前，大部分学者对战略联盟构建分析主要集中在对联盟企业的结构、资源和能力、文化、风险以及运作等方面的单一因素分析，缺乏对系统性的探讨。正是由于这个原因，本文在对航运战略联盟内涵和分类进行分析的基础上，提出基于“结构—文化—风险”（SCR）与战略联盟构建过程相结合的理论模型，并进行案例分析，以实现对航运战略联盟构建成功因素的分析。

一、战略联盟研究综述

战略联盟的概念最早由美国DEC公司总裁J. Hopland和管理学家R. Nigel提出，他们认为战略联盟是指由两个或两个以上有着共同战略利益和对等经营实力的企业，为达到共同拥有市场、共同使用资源等战略目标，通过各种协议、契约而结成的优势互补、风险共担、生产要素水平式双向或多向流动的一种松散的合作模式[1]。战略联盟

* 基金项目：国家自然科学基金项目（70541009）；教育部人文社科基金规划项目（11YJA630067）；上海市重点学科建设项目（S30601）；上海市科委计划项目（11510501800）；上海海事大学科研基金（2011020）；上海海事大学博士创新能力培养专项基金（yc2011047）。

作者简介：高志军，男，河南鲁山人，上海海事大学，讲师，研究方向：物流系统设计与管理；刘伟，男，江苏苏州人，上海海事大学，教授、博士生导师、博士，研究方向：物流系统设计与管理。

发表情况：上海海事大学学报。

自提出以来就受到国内外学者的关注，目前，对战略联盟的研究主要集中在对其形成动因、类型划分、联盟结构、联盟企业之间文化管理、风险管理等方面。

在战略联盟的形成动因方面，国内外学者采用了各种理论对战略联盟的形成动因进行了解释。主要包括资源基础理论[2]、交易成本理论[3]、利益相关者理论[4]、学习理论[5]、制度理论[6]和风险理论[7]等。

在战略联盟的类型划分方面，从形态来看，可分为国内战略联盟和国际战略联盟；从领域来看，可以分为生产制造、市场占领和知识联盟；从股权结构来看，可分为有股权参与和无股权参与的联盟等[8]。

在联盟成员企业之间文化协同方面。由于不同企业之间文化是不同的，在联盟中出现文化冲突是不可避免的。艾德勒[9]提出了解决联盟企业之间跨文化冲突的三种处理模式，分别是凌越、妥协和协同。

在战略联盟风险管理方面，Das 和 Teng 提出通过签订正式契约从而结束联盟伙伴之间可以预期的机会主义行为[10]；Dekker 进一步提出，正式契约的复杂程度与机会主义风险控制程度是正相关的[11]。Nootehoom 等提出多种方法来进行关系风险控制，如减少投资专用性资产，采用多合作者战略，通过契约和监控、联盟质押、接管或合资等方法来减少机会主义行为[12]。

在航运战略联盟方面。胡献礼和林国龙[13]从内外两个方面分析了航运战略联盟的形成动因，并阐述了国有航运企业的对策。王丹等[14]从演化博弈论的视角分析航运战略联盟的演变机理。朱国锋、沈立新[15]基于模糊综合评判法研究了航运战略联盟合作伙伴的选择。梁慎刚[16]分析了航运战略联盟的发展动因、本质特征、积极效应和局限性等重要问题，并提出了我国航运业发展战略联盟的建议。

综上所述，目前国内外学者对战略联盟构建的理论模型研究较少，本文在前人研究的基础上，将联盟构建过程与结构、文化和风险等因素结合起来，构建了航运战略联盟成功构建的理论模型，并进行了案例研究。

二、航运战略联盟的内涵与分类

（一）航运战略联盟内涵的界定

航运业是具有航运服务属性的产品或服务经济活动的总称，是同类经济活动横向的集合概念。如果以航运企业为单位，航运业是指从事这种经济活动所有企业单位的总和。航运服务业是指围绕航运和海事活动而形成的服务产业。[17]按照其发育程度的不同，可以将其划分为低端航运服务业、中间航运服务业和高端航运服务业。具体内容如表 1 所示。

表 1　　航运服务业的分类

基本类别	服务类型	服务领域
低端航运服务业（L 型）	水上运输 港口服务	货物和旅客运输及到港和在港过程中的服务

续 表

基本类别	服务类型	服务领域
中间航运服务业（M 型）	代理服务	货运代理、船舶代理和第三方物流企业等
	供应服务	船舶淡水、加油、船员伙食等
	航运劳务	船员劳务、安全保障、船舶清洁卫生等
	货运服务	港口内陆运输、集装箱场站、报关、仓储等
	修理服务	货柜修理、（港口和船舶）设备修理等
	船舶检验	安全检验、货物检验等
	船舶经纪	船舶租赁、买卖和融资等
高端航运服务业（H 型）	航运保险	海事海损、保险理赔等
	航运金融	航运融资、抵押、担保等
	航运信息	信息服务、咨询服务等
	航运法律	海事法院、航运企业等
	海事仲裁	海事仲裁机构等
	人才教育	海事类大学、研究院、设计院和行业协会等

资料来源：参考文献［17］。

根据航运服务业的分类可以知道，要完成一项航运服务项目，可能需要提供多种航运服务，并且会超出单个航运企业的能力和资源。为了取得成功，企业必须将企业的内在能力和外在能力以合适的方式组合起来，以便能够最大限度地满足顾客需要和保证企业赢利。Mahoney 和 Pandian（1992）[18]通过区分“竞争性协同”和“特殊性协同”，证明了组织在将不同能力紧密结合起来的时候，能够创造价值，这种特殊性协同促进了对联合的需要。因此，航运企业之间的联盟成为必然，这些企业之间是以不同航运服务的分工与合作为前提的。一个航运企业向客户提供的价值，不仅受制于其自身的能力，而且还要受到整个服务链上下游企业的制约。航运战略联盟是基于分工经济的一种产业组织形式，强调不同服务或企业之间的分工合作关系。航运战略联盟是介于市场和企业之间的中间性组织，充当了企业经营活动所需要的组织者和协调者。

鉴于以上分析并结合战略联盟的内涵，本文对航运战略联盟做出如下界定：

（1）航运战略联盟是不同航运企业之间分工与协作的联盟形式；

（2）航运战略联盟是将不同航运服务能力组合起来创造价值的；

（3）航运战略联盟是介于市场和企业之间的中间性组织；

（4）航运战略联盟满足一般战略联盟的特征，即两个或两个以上的航运企业或跨国航运公司为了达到共同的战略目标而采取的相互合作、共担风险、共享利益的联合行动基础上形成的一种优势互补、分工协作、联合行动的松散式网络化联盟。

（二）航运战略联盟的类型

根据航运服务业的分类，本文对航运战略联盟进行分类，按照航运服务组合以及航运企业扩大规模为依据，可以将航运战略联盟划分为以下七类：①低端航运服务与中间航运服务相结合的航运战略联盟（LM 型航运战略联盟）；②低端航运服务与高端航运服务相结合的航运战略联盟（LH 型航运战略联盟）；③中间航运服务与高端航运服务相结合的航运战略联盟（MH 型航运战略联盟）；④三种航运服务相结合的航运战略联盟（HML 型航运战略联盟）；⑤低端航运服务相融合的航运战略联盟（LL 型航运战略联盟）；⑥中间航运服务相融合的航运战略联盟（MM 型航运战略联盟）；⑦高端航运服务相融合的航运战略联盟（HH 型航运战略联盟）。这七类航运战略联盟的特征与划分依据如表 2 所示。

表 2　　航运战略联盟的类型、特征与划分依据

基本类型	主要特征	划分依据
LM 型航运战略联盟	低端和中间航运服务企业的结合	服务组合
LH 型航运战略联盟	低端和高端航运服务企业的结合	服务组合
MH 型航运战略联盟	中间与高端航运服务企业的结合	服务组合
LMH 型航运战略联盟	三类航运服务企业的结合	服务组合
LL 型航运战略联盟	低端航运服务企业的融合	扩大规模
MM 型航运战略联盟	中间航运服务企业的融合	扩大规模
HH 型航运战略联盟	高端航运服务企业的融合	扩大规模

资料来源：作者整理。

三、航运战略联盟构建的过程

（一）航运企业之间构建联盟的管理

从管理的视角来看，航运企业之间构建战略联盟主要是为了满足企业战略和运作的需要。一方面，航运企业高层管理人员需要注意构建战略联盟的战略过程和决策质量；另一方面，合作过程本身也需要管理。因此，在构建战略联盟的过程中必须考虑战略和运作水平的影响。只有将战略和运作过程结合起来，企业的管理层还需要注意结构、文化和风险三维度的战略和运作适应性。才能够确保航运战略联盟构建的成功。如图 1 所示。

（二）航运战略联盟构建的过程

正如大多数企业之间的合作一样，航运战略联盟的构建遵循一个过程，这个过程可以被划分为五个阶段：发起、战略合作伙伴选择、建立、实现和终结或者重复，如图 2 所示。

1. 发起阶段

航运战略联盟发起的主要原因可能是航运企业为了扩大自身规模，增强企业自身竞争力，增强抵御风险的能力，增加市场占有率。交易成本理论认为，航运企业构建战略联盟主要是为了降低企业之间的交易成本。而资源基础理论认为，航运企业构建

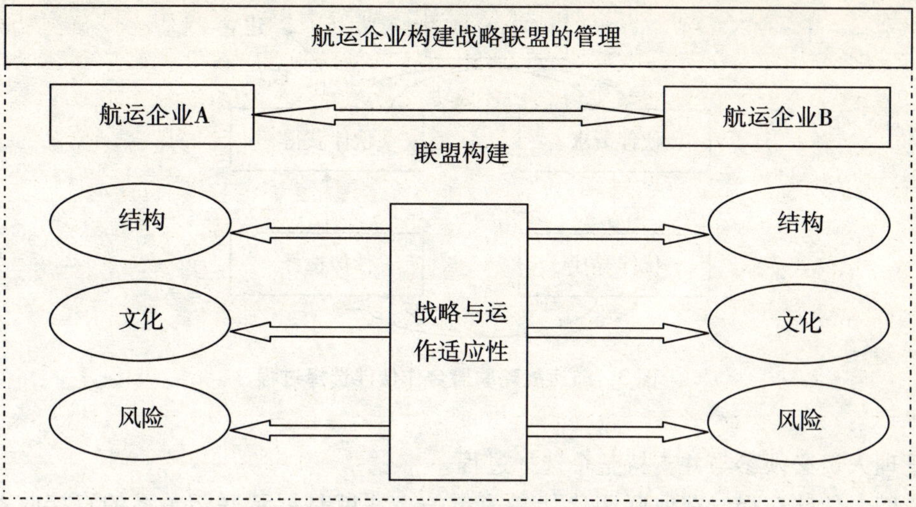

图 1　航运战略联盟的战略与运作适应性

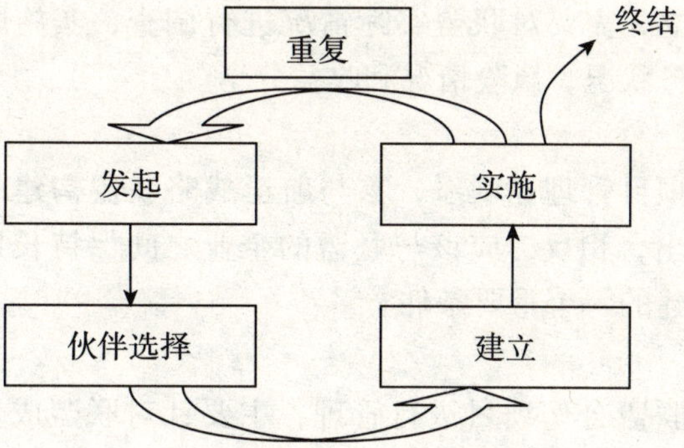

图 2　航运战略联盟构建的过程

战略联盟主要是为使企业长远收益最大化。不管出于何种目的，在航运战略联盟发起前，必须将交易成本和长期收益作为战略决策予以考虑，为此，企业需要进行必要的战略分析，以确保有可以选择的联盟合作企业。

2. 伙伴选择阶段

航运战略联盟合作伙伴的选择不仅要评估被选择企业自身的资源和能力，而且也要评估其战略和文化适应性。合作伙伴的选择过程具有循环性质，选择过程如图 3 所示。

第一，对伙伴的要求。航运企业管理层需要明确合作伙伴的核心能力和能够提供的资源，地理距离也是需要考虑的因素，企业的目标应该是相似或者相联系的，另一个重要的影响因素是联盟的结果依赖于过去联盟企业的经验。

第二，伙伴寻找。伙伴寻找主要包括三种途径：① 根据同类企业的员工获取丰富的信息资源；② 根据报纸、互联网等媒介获取信息；③ 根据与一些合作伙伴的联系来获取信息。

第三，伙伴选择。根据要求来选择合适的联盟伙伴，需要考虑伙伴选择的标准，

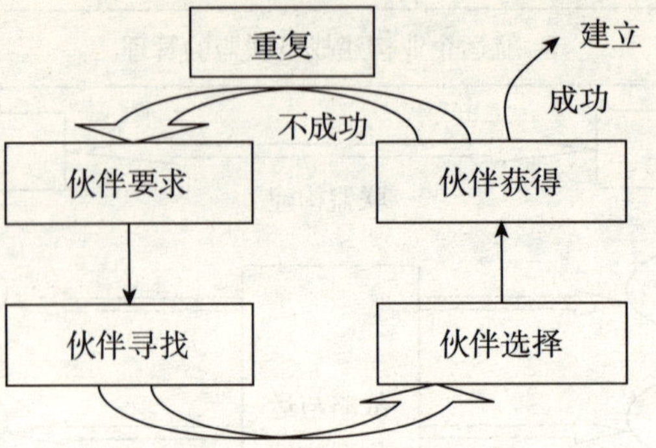

图3　航运战略联盟合作伙伴选择过程

高层管理人员必须参与并支持整个选择过程。

第四，伙伴获得。获取联盟伙伴最简单的方法就是展示联盟关系的直接收益。另外，伙伴企业的主要目标必须是相联系的，这通常会导致双赢的结果。

3. 联盟建立阶段

航运战略联盟的建立，需要对联盟实际情况进行调查，实施联合 SWOT 分析，明确联盟的战略定位、财务状况，风险情况和收益分享。

4. 实施阶段

实施阶段要与日常项目管理相联系，参与航运战略联盟构建的高层管理人员不应该因为协议的签订而退出，相反，应该与联盟的企业之间保持长期合作联系，这是促进航运战略联盟成功构建的一个重要条件。

5. 结束阶段

构建结束后，要对联盟合作项目进行管理，主要针对联盟成员的合作、机会主义行为和信息不对称等问题。

四、航运战略联盟实现的理论模型

为了研究航运战略联盟的构建，本文主要从“结构—文化—风险”三维度来论述模型的基础。企业的结构是指企业的组织结构和管理结构，都随着企业的发展逐渐呈现出网络化，企业结构的网络化分为内部结构的网络化和组织间结构的网络化，网络化的不断发展促使网络组织的产生，因此，从结构的视角来探讨战略联盟的构建是可行的。企业文化是指一个企业对外所呈现的一种特殊的文化形象，主要包括经营哲学、价值观念、企业精神、企业道德、团队意识、企业形象、企业制度、文化结构和企业使命等。只有企业文化相似和相近的企业之间才具备构建联盟的可能性，如果文化差异较大的企业之间构建战略联盟，会因为联盟文化的不兼容等因素导致联盟的解体，因此，从文化的维度来探讨战略联盟的构建是可能的。企业风险管理是对企业内可能产生的各种风险进行识别、衡量、分析和评价，并适时采取及时有效的方法进行防范和控制，以最经济合理的方法来综合处理风险，实现最大安全保障的一种科学管理方法，不同的企业对待风险的态度不同，有些企业采取风险偏好态度，有些则采取风险厌恶态度，因此，对待风险的不同态度也是影响企业之间构建战略联盟的一个关键因素。当然，类似的维度还有很多，如企业战略等，限于本文篇幅，本文选取“结构—文化—风险”三维度与航运战略联盟构建的五个阶段相结合。建立了基于“结构—文化—风险”的航运战略联盟构建的理论模型。结构维度主要是为了描述联盟目标、决策和过程；文化维度主要是规范联盟过程中企业和人的行为；风险维度主要是为了指出风险分析和收益分享等问题的重要性。航运战略联盟的构建模型如图 4 所示。

发起	详细的SWOT分析 明确的战略定位 清晰的目标和项目目标	合作文化的发展 合作企业的经验 积极的态度	风险诊断、识别 共担风险的愿望 项目风险分析
伙伴选择	需要配置的文件；需求情况；战略适应性；合作各方地位平等；联盟企业的相似结构和经验	文化兼容性；相似的价值观；合作伙伴的承诺信任；具有较强的能力	对风险及信息共享的理解 对安全和风险的相同承诺 合作伙伴风险分析
建立	双赢结果；详细的项目目标；各方目标一致；对联盟需求达成共识	将信息转向高层人员；建立信任关系；构建联盟成员企业之间文化差异的桥梁	利益共享与相互依赖 企业项目风险分析 风险与收益共享制度化
实现	规则的制定 高度的责任感 有效控制 协作完成项目目标	高层管理人员承诺 沟通频率 创造团队精神 有效的冲突解决机制	系统风险管理 项目控制 识别风险 控制项目目标与行为
终结	将各方作为整体进行分析 明确项目与项目的转化	建立和谐成员关系 具有发展联盟的愿望	学习项目成功或失败的经验
	结构	文化	风险

航运战略联盟构建的成功因素

图 4　航运战略联盟成功构建的理论模型

（一）联盟构建的结构维度

1. 结构维度下联盟构建的发起阶段

航运战略联盟的结构是由联盟的组织层次和构建过程决定的。当企业决定要构建联盟时，需要对联盟所面对的机遇和挑战进行分析，以确定联盟的战略目标，构建航运战略联盟的一个主要目标就是使联盟成员企业之间形成互补的协同体，促进资源、能力和管理的整合与提升。

2. 结构维度下联盟构建的伙伴选择阶段

在伙伴选择阶段，联盟应该对成员企业之间的平等性，风险和收益共享的合理性以及资源分配的公平性达成共识。另外，航运战略联盟的构建还存在其他一些标准：

（1）合作伙伴要具有相似的规模，避免选择规模较小或刚刚成立的航运企业；

（2）合作伙伴要具有相似的组织结构；

（3）合作伙伴应该是知名的且具有参与联盟的经验；

（4）也可以采用合作伙伴选择系统来进行选择。

3. 结构维度下联盟构建的建立阶段

航运战略联盟的构建，应该使成员企业之间达成多赢的局面。联盟企业应该对联盟的战略定位达成共识，同时提供充足的人力和财力资源。在建立阶段，要将发起阶段的合作要求达成共识。联盟企业之间签订的协议要具有灵活性，建立有效的机制以解决成员之间的冲突。另外，联盟要建立合理的规制，明确信息如何共享，企业之间合作如何终结，收益如何公平分配等问题。

4. 结构维度下联盟构建的实施阶段

在实施过程中，应该保持联盟成员企业之间的协调，联盟成员企业的责任、规范应该具体化。这就需要满足三个条件：①项目经理必须要有较高的能力，以及各方的支持。②有效控制项目实施的过程。③联盟的组织结构应该是扁平型的。有利于信息的传递和上下层之间的沟通，提高信息的转移速度，同时也可以避免对其他成员企业信息的滥用。

5. 结构维度下的联盟构建结束

项目结束，不仅要对项目的结果进行评价，而且也要对联盟合作进步的原因进行分析。从而更加明确联盟的优势和劣势，促进联盟效率的提高。

（二）联盟构建的文化维度

1. 文化维度下联盟构建的发起阶段

在联盟的发起阶段，必须核查合作伙伴在合作文化方面的重视程度，重视合作伙伴在其他联盟中是否发挥积极的影响。一个明智的合作伙伴会将联盟视作一个机会，而不是风险。这些因素将决定合作伙伴是否对企业联盟持积极态度。

2. 文化维度下联盟构建的伙伴选择阶段

在伙伴选择阶段，一些学者指出了不同企业之间文化差异的重要性对伙伴选择具有重要的影响。而另一些学者认为联盟成员企业的文化兼容性是决定伙伴选择的重要因素。文化的差异会对企业日常工作造成影响，相似的伦理和道德价值观会促进企业联盟的实现。在项目运作过程中，对联盟的承诺、个人的属性（如信任、开放、诚实）都会促进联盟的成功构建。

3. 文化维度下联盟的建立阶段

在联盟建立阶段，联盟管理层与执行层之间的信息交流越少，员工的抵触情绪越高，这种情况应该避免。管理层与执行层之间应该构建信任机制，保证联盟的稳定性。在管理层的支持下，不同联盟企业之间应相互沟通，促进文化的兼容。最后，对联盟中个体社会竞争力的鼓励也是联盟构建成功的一个重要因素。

4. 文化维度下联盟构建的实施阶段

在联盟合作项目实施阶段，应该用有经验的管理者来完成项目目标，可以通过正式会议、信任文化和开放的态度来促进企业之间合作的实现。一个好的管理者应该是联盟企业相互融合的催化剂。对战略联盟来说，成员企业之间的交流行为和频率对合作项目结果是至关重要的。Staufer 强调正式交流频率的重要性，交流行为可以分享信息，保证合作的实现，这可以通过将各个企业的信息系统之间建立联系来实现。另外，高层管理者的承诺也对合作项目结果有重要的影响。

5. 文化维度下联盟构建的终结阶段

伙伴企业的意愿对联盟成员之间的合作具有重要的影响。即使联盟终结，但成员企业之间的人际关系网络不应该终结，因为这是联盟构建成功的最重要的一步。

（三）航运战略联盟构建的风险维度

风险通常是指不确定事件的发生，它会对项目目标的完成产生影响。整合风险管理主要是对企业层级结构风险的识别、结构化风险分析系统的实施以及风险的处理方法（避免、预防、共享和吸收风险）。企业联盟的一个主要动机就是降低、最小化和共享风险与不确定性。Littler 指出，虽然联盟是降低和共享风险的一个重要手段，但是联盟企业也面临挑战，联盟也可以产生许多风险，主要包括：

（1）直接控制的减弱；

（2）更高的交易成本；

（3）由于不同的目标和管理风格导致的冲突和争论；

（4）合作伙伴的低承诺度或者由合作者变为竞争者；

（5）潜在的机会成本；

（6）所有权的改变和战略目标的适应性。

1. 风险维度下联盟构建的发起阶段

对商业风险的沟通和诊断对联盟合作效果具有正向影响，信任是风险诊断中的一个决定性因素。在发起阶段，风险识别是必要的，一个系统的项目风险分析也是非常重要的。明确的项目目标定位对分析风险是关键的。另外，就是利用小的、可完成的项目来建立商业联系以减小联盟风险。

2. 风险维度下联盟构建的伙伴选择阶段

在伙伴选择阶段，风险识别是进行伙伴选择的重要一步，伙伴企业必须证明已做好风险共享的准备。同时应该从风险的角度分析待选企业的航运服务能力、资源控制能力以及管理能力。在共同完成某一项目时，如果服务能力不足则会导致服务的低效率，资源控制能力和管理能力直接决定服务过程中的运作效率。因此，在伙伴选择阶段需要对待选择企业这几个方面进行风险分析。

3. 风险维度下联盟构建的建立阶段

在联盟建立阶段，航运企业应该认识到利益和依赖都是相互的，风险识别和信任关系的构建对联盟关系的确立是有益的，企业之间相互沟通、团队精神可以促进联盟企业长远利益的增加。另外，对节点的风险分析也是必需的，对风险信息的识别越详细，不确定性对企业造成的损害就越小。再者，企业之间应该就风险和收益共享达成共识，这种共识也可以促进联盟企业合作关系的建立和发展。

4. 风险维度下联盟构建的实施阶段

在联盟实施阶段，需要对项目进行系统的风险管理，保证项目可以顺利且高质量完成。另外，对项目的控制能够帮助识别新的风险，或者可以改变风险的结构，从而可以控制项目的目标和行为。

5. 风险维度下联盟构建的终结阶段

在项目结束后，联盟企业应该分析并吸收项目成功和失败的经验与教训。

五、案例分析

本文选取两个航运企业构建 LH 型航运战略联盟的案例进行分析，两个航运企业通过以上分析过程构建战略联盟。本案例主要通过对两个航运企业高级管理人员以及项目参与人员的半结构化访谈完成的，对高层管理人员在联盟构建中的作用，企业的结构、文化和风险对联盟构建的影响，以及合作完成项目过程中所涉及的一些因素等进行调研。根据调研，本文得到影响航运企业战略联盟构建的主要因素，如图 5 所示，其中“BBBBB”代表不满足的因素。由图 5 可知，虽然并非所有的因素都满足，但是两航运企业之间战略联盟的构建仍然是成功的。这说明企业在联盟过程中，有些因素并不能对航运战略联盟的构建起到决定性的作用。如“需配置的文件、联盟达成原始目标、企业项目风险分析、员工之间沟通的频率等”，这些因素虽然在项目执行过程中具有一定的积极意义，但是从根本上讲，缺少这些因素并不会过多阻碍航运战略联盟的构建和项目的执行。

	结构	文化	风险
发起	详细的SWOT分析；明确的战略定位；清晰的联盟目标和项目目标	合作文化的发展 合作企业的经验 积极的态度	风险诊断、识别 共担风险的愿望 项目风险分析
伙伴选择	~~需配置的文件~~；需求情况；战略适应性；合作各方地位平等；联盟企业的相似结构和经验	文化兼容性；相似的价值观；合作伙伴的承诺和信任；具有较强的管理能力	对风险及信息共享的理解； 对安全和风险的相同承诺； 合作伙伴对风险的态度； 合作伙伴风险分析
建立	双赢结果；详细的项目目标；各方目标一致；~~对联盟需求达成原始的共识~~	将信息转向高层人员；建立信任关系；构建联盟成员企业之间文化差异的桥梁	利益共享与相互依赖； ~~企业项目风险分析；~~ ~~风险与收益共享制度化~~
实现	规则的制定 高度的责任感 有效控制 ~~协作完成项目目标~~	高层管理人员承诺 ~~沟通频率~~ 创造团队精神 有效的冲突解决机制	~~系统风险管理~~ 项目控制 识别风险 控制项目目标与行为
终结	~~将各方作为整体进行分析~~ 明确项目之间的转化	建立和谐成员关系 具有发展联盟的愿望	学习项目成功或失败的经验

航运战略联盟构建的成功因素

图 5 案例中构建航运战略联盟满足的因素

根据本案例可知，联盟构建各个阶段中存在一些因素如“需配置的文件，对联盟需求达成原始的共识，协作完成项目目标，将各方最为整体进行分析，沟通频率，企业项目风险分析，风险和收益共享制度化，以及系统风险管理”等，但是这些因素在联盟构建的过程中并不是起到决定性的作用。相反，有一些因素但并不局限于这些因素如“明确的战略定位，联盟企业相似的结构和经验，规则的制定，项目之间的转化”；“企业的合作文化，文化兼容性和相似的价值观，建立信任关系，有效的冲突解决机制，和谐的成员关系”；以及“风险的诊断和识别；对安全和风险的承诺，利益共享和相互依赖，项目控制，学习项目成功和失败的经验”等因素，这些因素在航运战略联盟的构建中可能会起到推动性作用。因此，从结构维度来讲，航运企业的需求，以及联盟企业具有相似的结构和经验为航运战略联盟的构建奠定基础，需求决定了联盟企业的类型，相似的结构和经验促进了联盟企业之间相互吸引、相互依赖。从文化维度上来讲，企业文化的兼容性和适应性有利于航运战略联盟内部文化的融合，促进不同企业内部人员之间建立良好的协作关系，达成和谐联盟，同时也有利于企业之间建立良好的信任关系，促进联盟的持久性和稳定性。从风险维度上来讲，通过风险的诊断、识别分析，明确联盟成员企业对待企业风险的态度，具有相同的风险态度的企业之间容易构建战略联盟，具有不同风险态度的航运企业之间构建联盟容易出现危机，导致联盟的破裂，在联盟结束后应该学习项目成功和失败的经验和教训，为企业再次构建联盟提供经验支持。

鉴于此，从企业的“结构—文化—风险”三个维度构建航运战略联盟，可以得到如下结论：

（1）航运企业相似的结构和经验在联盟构建过程中发挥推动作用；

（2）航运企业之间须有良好的文化适应性和兼容性，且具有相似的经验与价值观，这是推动航运企业构建联盟的文化基础；

（3）联盟企业对风险的相同态度有利于航运战略联盟的构建。

六、结论

本文在对航运服务业分类研究的基础上，以航运服务组合和企业扩大规模为依据，划分了航运战略联盟的类型，并提出了各类航运战略联盟的特征。在此基础上，提出了航运战略联盟构建的过程，主要包括发起、伙伴选择、建立、实现和终结五个阶段，并从结构、文化和风险三个维度分析了各个阶段影响航运战略联盟实现的成功因素。建立了航运战略联盟成功构建的理论模型，并进行了案例分析。分析结果表明，本文所提出的模型对航运企业之间构建战略联盟具有一定的实际意义。

本文的分析局限于航运战略联盟构建的成功因素，对航运战略联盟构建的阻碍因素涉及较少；对航运战略联盟形成的内在机理缺乏有效的解释，对航运战略联盟的运作机制没有进行研究。这些都是以后所要进一步研究的方向。

参考文献

[1] 张树义．战略联盟的博弈分析［D］．成都：西南交通大学，1999.

[2] EISENHARDT K M，SCHLLNHOVEN C B. Resource－based View of Strategic Alliance Formation：Strategic and Social Effects of Entrepreneurial Firms［J］．Organization Science，1996（7）：136－150.

[3] MAITLAND I，BRYSON J，VAN DEVIN A H. Sociologists，Economists，and Opportunism［J］．Academy of Management Review，1985（10）：59－65.

[4] THORELLI H B. Networks：Between Markets and Hierarchies［J］．Strategic Management Journal. 1986（7）：37－51.

[5] POWELL W W. Neither Market Nor Hierarchy：Network Forms of Organization［J］．Research in Organizational Behavior，1990（12）：295－336.

[6] HARRISON J S. Managing and Partnering with External Stakeholders［J］．Academy of Management Executive. 1996，10（2）：46－60.

[7] MARCH J G. The Future，Disposable Organizations and the Rigidities of Imagination［J］．Organization，1995（2）：427－440.

[8] OLIVER C. Determinants of Interorganizational Relationships：Integration and Future Directions［J］．Organization Studies，1995（2）：427－440.

[9] 王菲．跨国战略联盟中的文化冲突研究［D］．沈阳：辽宁大学，2010.

[10] DAS T K. Trust，Control，and Risk in Strategic Alliances：and Integrated Framework［J］．Organization Studies，2001，22（2）：251.

[11] DEKKER M. Instabilities of Strategic Alliances：An Internal Tensions Perspective［J］．Organization Science，2000（11）：77－101.

[12] NOOTEBOOM，B Berger H. Effects of Trust and Governance on Relational Risk［J］．Academy of Management Journal，1997（40）：308－338.

[13] 胡献礼，林国龙．航运战略联盟动因浅析与国有航运企业的对策［J］．水运管理，1998，20（5）：27－36.

[14] 王丹，赵媛，等．航运联盟发展演变的进化博弈分析［J］．水运管理，2007，29（8）：3－5.

[15] 朱国锋，沈立新．航运企业选择战略联盟伙伴的决策方法［J］．中国航海，2003（1）：10－12.

[16] 梁慎刚．论航运业战略联盟的若干问题［J］．水运管理，2002，24（2）：15－17.

[17] 陈继红，真虹，宗蓓华．上海市现代服务业发展策研究［J］．水运管理，2008，30（12）：26－34.

[18] MAHONEY J T，PANDIAN J R. The Resource－Based View Within the Conversation of Strategic Management［J］．Strategic Management Journal，1992（12）：363－380.

采购与供应管理

基于顾客分类的生鲜农产品二次补货策略*

但 斌 丁 松

摘 要：零售商为弥补生鲜农产品新鲜度降低造成的顾客流失，选择在单销售期内二次补货，将新鲜产品和初始订货的非新鲜产品同时销售。但二次补货的新鲜产品会对初始订货产品形成需求挤兑。将顾客划分为三种类型：只购买新鲜产品、只够买折扣产品和两种产品都愿意购买，引入需求挤兑因子的概念，讨论了不同顾客类型下需求挤兑效应对零售商订货决策和利润的影响，并与单次订货策略做比较。结论表明，随着顾客对产品品质和新鲜度要求不断提高，二次补货策略能有效降低订货总量，提升零售商利润水平；不但优化了经济效益，更具有减少产品损耗和节约社会资源、增加消费者福利水平的社会效益。

关键词：生鲜农产品 订货策略 二次补货 需求挤兑 顾客分类

一、引言

随着经济发展和人民生活水平不断提高，居民的日常消费越来越重视产品品质与个人偏好。作为生活必需品的生鲜农产品，新鲜水平将作为消费者购买的一个重要指标。生鲜农产品同时是一类短生命周期的易腐品，新鲜度随时间不断衰减，由此造成新鲜度敏感型顾客的流失，丧失销售机会。零售商为挽回销售损失在销售期内二次补货，同时过剩产品折扣促销，以吸引价格偏好型顾客的购买；但一部分在没有二次补货时会购买过剩产品的顾客，在二次补货后将转而购买新鲜的补货产品，于是二次补货挤兑了部分过剩产品的需求，形成需求挤兑。研究基于顾客分类的生鲜农产品二次补货问题，对有效满足顾客需求、增加零售商利润具有重要的意义。

生鲜农产品是超市等零售实体重要的利润源，如何制定有效的订补货策略，从而在满足顾客需求的前提下减少产品损耗、增加销售利润，是零售商关注的核心问题。Du 等[1]研究了 CPFR 补货策略在生鲜农产品供应链的应用，强调利用数据分析和挖掘技术进行产品需求预测与订补货决策；Chen 等[2]分析了便利商店的生鲜食品订货策略，

---

* 基金项目：国家自然科学基金资助项目（70972056，71272086）。

作者简介：但斌，男（汉族），重庆人，博士，重庆大学经济与工商管理学院教授、博士生导师，研究方向：物流与供应链管理研究；丁松，重庆大学经济与工商管理学院，东方付通信息技术有限公司。

发表情况：中国管理科学，2012，20（6）：87－93。

主张利用终端POS机的销售记录数据，分析顾客的消费行为和偏好，实施需求预测和辅助订货决策。Chen等[2]还专门研究了零售店蔬菜产品的需求预测模型。此外，Suwan-Achariya，等[3]从物流成本的角度对生鲜农产品订货决策进行了分析。此类研究都没有考虑生鲜农产品的新鲜度特性。肖永波等[4]研究了一类生产商从生产基地将时鲜产品运输到远方批发市场进行销售的供应链优化与协调问题，给出了生产商和批发商的最优策略和协调机制；Cai等[5]也分析了生鲜农产品长距离运输的订货与供应链协调策略问题，但批发商需要决策货物在途过程中的保鲜努力，且保鲜努力同时影响产品到岸的数量与质量；但斌等[6]在考虑零售商保鲜努力的基础上，还同时考虑消费者效用因素，研究了消费者偏好影响需求的生鲜农产品EOQ模型。以上研究都考虑了产品新鲜度的影响，假定单销售周期内零售商将产品库存清空后再补货，但没有进一步探讨零售商在销售周期内二次补货的可行性。考虑到生鲜农产品同时也是一类特殊的易腐品，易腐品的相关订货策略具有一定的参考价值。关于易腐品订货策略的研究大致可从确定性需求和随机性需求两方面考察，如Kalpakam等[7]研究的连续检查库存的（s，S）补货策略，Minner等[8]探讨的周期检查库存补货策略，都属于确定性需求；宋华明等[9]研究的易逝品需求预测更新条件下的订货策略及协调问题，则属于随机需求范畴。上述文献都没有直接考虑顾客因素对零售商最优订货决策的影响。生鲜农产品消费市场是需求主导型市场，顾客因素与产品需求和零售商的经营利润有着密切联系。Sivakumar等[10]考虑到了顾客因素的影响，将顾客分为普通顾客和消极顾客，一名普通顾客加入队列等待服务，而一名消极顾客则会从队列中带走几个顾客；Sivakumar[11]在另一篇文献中假定顾客数量是一个限定值，这样便可以分析每个顾客的购买行为，讨论有限顾客量对零售商订补货的影响；Swaminathan等[12]亦假定顾客数量固定，销售商的决策目标是在满足顾客服务水平要求下，订购最少的产品。与一般易腐品不同的是，生鲜农产品具有新鲜度随时间递减的特性，且新鲜度的衰变是外部可见的。因而，当零售商二次补货时，补货产品与过剩产品将存在明显的外部差异。此时新鲜度偏好型顾客会放弃购买过剩产品，转而购买新鲜的二次补货产品，形成需求挤兑。上述补货策略文献均默认两者之间无差异性，未考虑这种需求挤兑效应对零售商的影响。Parlar等[13]注意到了这个问题，他们比较了易腐品库存控制的先进先出和后进先出策略，认为顾客偏爱后进先出策略，而零售商更倾向于选择先进先出策略。但上文没有考虑到顾客偏好的差异性，忽略了部分顾客具有新鲜度偏好而部分顾客具有价格偏好的事实。

生鲜农产品顾客的购买行为体现了他们对产品价格、新鲜度等特性的不同选择倾向。已有文献往往从产品库存的角度出发，寻求零售商的最优库存水平和最大化利润，并没有考虑这种选择倾向对零售商的影响。本文基于顾客偏好类别的划分，分析生鲜农产品零售商二次补货策略及其需求挤兑效应对零售商的影响，并与传统单次订货策略做横向比较，最后给出算例分析。

二、问题描述及假设

生鲜农产品在销售过程中会同时受到产品价格和新鲜度的影响。在购买过程中，顾客通常通过肉眼观察产品的新鲜度，并做出新鲜或不新鲜的判断；尤其是当同一种产品的两种不同新鲜程度同时具备时，这种判断将直观地来自于对两者的比较。本文用两个符号表征生鲜农产品新鲜度：θ_H 表示新鲜，θ_L 表示非新鲜。零售商处的生鲜农产品只有 θ_H 和 θ_L 两种可能的状态。零售商将这两种状态的产品同时上架销售，同时对 θ_L 状态的产品折扣处理。为描述需求挤兑效应，令 d_0 表示零售商的顾客规模并区分为三种类型：第一类只购买新鲜产品，第二类只购买折扣产品，第三类两种状态的产品都愿意购买，三类顾客占 d_0 的比例分别为 x，y，z，有 $x + y + z = 1$ 。第三类顾客中，一部分优先购买新鲜产品，占 z 的比例为 r ；另一部分优先购买折扣产品。

某生鲜农产品保质期为 T ，从产品新鲜上架到时刻 t_0 ，顾客认为产品是新鲜的，需求来自于第一类和第三类顾客；在时刻 t_0 之后，零售商和顾客均可以判断产品新鲜度处于 θ_L 状态，此时零售商给予价格折扣，需求来自于第二类和第三类顾客。该过程需求变化曲线如图 1 中折线 ACF 所示。零售商选择二次补货，主要为争取第一类顾客的购买；同时第三类顾客中优先购买新鲜产品的部分顾客将转而购买新鲜产品。该过程需求变化曲线如图 1 中折线 BDF 和 EF 所示。考虑到生鲜农产品主要受产品价格和新鲜度的影响，需求与价格成反比关系，与新鲜度和顾客规模呈正比关系，本文用需求率函数：$D(t) = dp^{-k}$ 刻画这种特性，其中 d 表示顾客规模，p 表示产品价格，k 表示需求价格弹性且 $k > 1$ 。

本文的假设条件：

（1）零售商处于竞争性市场，新鲜产品价格 p 和非新鲜产品折扣价格 p_1 为外生变量，由市场决定。该假设基于目前城镇实行的菜篮子工程，对生鲜农产品实行限定价格的策略，而折扣处理的价格主要依据产品订购和处理成本，因此可以视为外部不变量；此外，本文主要探讨需求的挤兑效应，因此价格并非主要的影响因素，视为常量对本文的主要结论没有实质性影响。

（2）零售商瞬时补货，或补货提前期固定[5]。

（3）零售商二次补货产品在单销售期内始终处于新鲜状态，即成立 $T - t_0 \leqslant t_0$ 或 $T \leqslant 2t_0$ 。该假设基于两个主要原因：一是生鲜农产品的新鲜度衰变呈现出随时间衰变加快的规律[5,6]，二是现实中，零售商的第二次生鲜农产品订货，一般都会发生在该产品单销售半期之后。

其他相关符号释义：

T ：产品保质期，亦是零售商的单销售期；

Q_s ：单次订货策略下零售商的总订货量；

Q_{sd} ：单次订货策略下零售商的总销售量；

Q_{d1} ：二次补货策略下零售商的初始订货量；

Q_{d2} ：二次补货策略下零售商的二次补货量；

Q_d ：二次补货策略下零售商的总订货量；

Q_{dd} ：二次补货策略下零售商的总销售量；

π_s ：单次订货策略下零售商的总利润；

π_{di}，$i = 1, 2$ ：二次补货策略下零售商初始订货产品和二次补货产品的利润；

π_s ：单次订货策略下零售商的总利润；

c：零售商单位产品购买成本；

h：零售商单位产品单位时间库存成本；

$I(t)$：零售商处 t 时刻的产品库存水平；

λ：产品的单位时间损耗率；

r：需求挤兑因子，表示第三类顾客中优先购买新鲜产品的顾客占 z 的比例；

C_F：零售商单次订货成本。

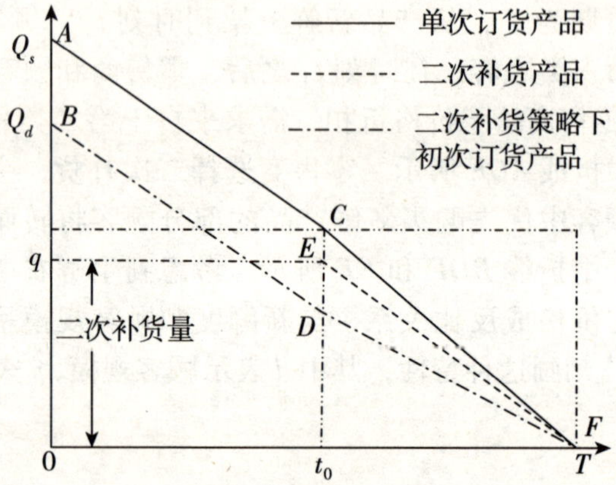

图1　生鲜农产品二次补货及单次订货策略示意

三、单次订货策略

本文引入经典变质库存模型[14]：$dI(t) = -D(t)dt - \lambda I(t)dt$ 讨论单次订货策略。下同。

如图1中折线 ACF 所示：零售商初始订货 Q_s 并以价格 p_0 销售，从 t_0 时刻开始以折扣价格 p_1 销售；考虑最优情形下零售商在 T 时刻将产品库存清空。令 $I_{si}(t)$，$i=1, 2$ 分别表示折扣前后的库存水平函数。由此得到零售商的总订货量为：

$$Q_s = \frac{y+z}{\lambda}d_0p_1^{-k}(e^{\lambda T} - e^{\lambda t_0}) + \frac{x+z}{\lambda}d_0p_0^{-k}(e^{\lambda t_0} - 1) \tag{1}$$

考察单次订货策略的成本收益模型。总收益 TR_s 为产品的销售收入，总成本 TC_s 包括产品的购买成本 C_{sr}、库存成本 C_{sh} 和订货成本 C_F；其中库存成本取平均成本，下同。总利润 $\pi_s = TR_s - TC_s$，经计算并整理得：

$$\pi_s = (y+z)d_0p_1^{1-k}(T-t_0) + (x+z)d_0p_0^{1-k}t_0 - \left(c+\frac{1}{2}Th\right)\frac{y+z}{\lambda}d_0p_1^{-k}(e^{\lambda T} - e^{\lambda t_0}) - \left(c+\frac{1}{2}Th\right)\frac{x+z}{\lambda}d_0p_0^{-k}(e^{\lambda t_0} - 1) - C_F \tag{2}$$

四、二次补货策略

首先讨论首次订货产品或初始产品。考虑在最优情形时，产品在 T 时刻库存为零。

令 $I_{d1i}(t)$ 分别表示 t_0 前后初始产品的库存水平函数。由此得到零售商的初始订货量为：

$$Q_{d1} = \frac{y + z(1-r)}{\lambda} d_0 p_1^{-k}(e^{\lambda T} - e^{\lambda t_0}) + \frac{x+z}{\lambda} d_0 p_0^{-k}(e^{\lambda t_0} - 1) \tag{3}$$

考虑初始订货产品的成本收益模型。总收益 TR_{d1} 为产品的销售收入，总成本 TC_{d1} 包括产品的购买成本 C_{d1r} 、库存成本 C_{d1h} 和订货成本 C_F 。总利润为 $\pi_{d1} = TR_{d1} - TC_{d1}$ ，经计算并整理得：

$$\pi_{d1} = [y + z(1-r)] d_0 p_1^{1-k}(T - t_0) - \left(c + \frac{1}{2}Th\right)\frac{y + z(1-r)}{\lambda} d_0 p_1^{-k}(e^{\lambda T} - e^{\lambda t_0}) - \left(c + \frac{1}{2}Th\right)\frac{x+z}{\lambda} d_0 p_0^{-k}(e^{\lambda t_0} - 1) + (x+z) d_0 p_0^{1-k} t_0 - C_F \tag{4}$$

其次考虑二次补货产品。假定周期末二次补货的产品库存为零。令 $I_{d2}(t)$ 表示二次补货产品的库存水平函数，类似上述分析可得到初始条件 $I_{d2}(T - t_0) = 0$ 。由此得到零售商的二次补货量：

$$Q_{d2} = \frac{(x + zr)}{\lambda} d_0 p_0^{-k}(e^{\lambda(T-t_0)} - 1) \tag{5}$$

考虑二次补货产品的成本收益模型。总收益 TR_{d2} 为产品的销售收入，总成本 TC_{d2} 包括产品的购买成本 C_{d2r} 、库存成本 C_{d2h} 和订货成本 C_F 。总利润为 $\pi_{d2} = TR_{d2} - TC_{d2}$ ，经计算并整理得：

$$\pi_{d2} = (x + zr) d_0 p_0^{1-k}(T - t_0) - C_F - \left[c + \frac{1}{2}h(T - t_0)\right]\frac{(x+zr)}{\lambda} d_0 p_0^{-k}(e^{\lambda(T-t_0)} - 1) \tag{6}$$

零售商二次补货策略下的总利润为 $\pi_d = \pi_{d1} + \pi_{d2}$ 。

命题 1 当

$$(x + zr) p_0^{-k}\left(p_0 - c - \frac{h}{2}T + \frac{h}{2}t_0\right) > zr p_1^{-k}\left(p_1 - c - \frac{h}{2}T\right) - C_F(T - t_0)^{-1}$$

成立时，零售商二次补货策略下的总利润大于单次订货策略下的总利润，即 $\pi_d > \pi_s$ 。

证明：由式（2）、式（4）和式（6）整理得到：

$$\pi_d - \pi_s = (x + zr) d_0 p_0^{-k} p_0 (T - t_0) - (x + zr) d_0 p_0^{-k}\left(c + \frac{h}{2}T - \frac{h}{2}t_0\right)\frac{e^{\lambda(T-t_0)} - 1}{\lambda} - zr d_0 p_1^{-k}\left[p_1(T - t_0) - \left(c + \frac{h}{2}T\right)\frac{e^{\lambda T} - e^{\lambda t_0}}{\lambda}\right] - C_F \pi_d - \pi_s > 0$$

$$\Rightarrow (x + zr) p_0^{-k}\left(p_0 - c - \frac{h}{2}T + \frac{h}{2}t_0\right)(T - t_0) - \frac{(x+zr)}{\lambda} p_0^{-k}\left(c + \frac{h}{2}T - \frac{h}{2}t_0\right)(\lambda T - \lambda t_0)$$

$$> zr p_1^{-k}\left(p_1 - c - \frac{h}{2}T\right)(T - t_0) - \frac{zr}{\lambda} p_1^{-k}\left(c + \frac{h}{2}T\right)(\lambda T - \lambda t_0) - C_F$$

$\Rightarrow (x + zr) p_0^{-k}\left(p_0 - c - \frac{h}{2}T + \frac{h}{2}t_0\right) > zr p_1^{-k}\left(p_1 - c - \frac{h}{2}T\right) - C_F(T - t_0)^{-1}$ 。命题

得证。

命题 1 表明，满足题设条件时，零售商为追求利润最大化将选择二次补货策略作为最优补货策略，通过销售周期内及时补充新鲜产品，挽回销售损失，增加经营利润。

命题 2 当 $(x+zr)p_0^{-k} > zrp_1^{-k}$ 成立时，相对单次订货策略，二次补货策略下零售商每周期的销售量和订货量均增加，零售商向上游供应商订购更多产品，向下游顾客销售更多产品。

证明：由式（1）、式（3）和式（5）及需求率函数整理得：

$$\begin{aligned} Q_d - Q_s &= \frac{(x+zr)}{\lambda} d_0 p_0^{-k}(e^{\lambda(T-t_0)} - 1) - \frac{zr}{\lambda} d_0 p_1^{-k}(e^{\lambda T} - e^{\lambda t_0}) \\ &= d_0[(x+zr)p_0^{-k} - zrp_1^{-k}][T - t_0 + (\lambda T - \lambda t_0)] \\ &\geqslant d_0[(x+zr)p_0^{-k} - zrp_1^{-k}](T-t_0) Q_{dd} - Q_{sd} \\ &= d_0[(x+zr)p_0^{-k} - zrd_0 p_1^{-k}](T-t_0)(x+zr)p_0^{-k} \\ &> zrp_1^{-k} \Rightarrow Q_d > Q_s, Q_{dd} > Q_{sd} \end{aligned}$$

命题得证。

命题 2 表明，满足题设条件时，二次补货能增加零售商的订货量和销售量。增加订货量是产品供应链协调的有效手段之一，可以促进供应链节点间的合作关系，有助于供应链的长期稳定发展。零售商销售量增加是订货量增加的自然结果，它说明二次补货策略能在更大程度上满足顾客需求，增加销售量从而增加经营利润。这是二次补货策略的良好性质。

命题 3 x，y 值不变，零售商二次补货策略下的总订货量随需求挤兑因子的增大而减少，总利润随需求挤兑因子的增大而增加。

证明：由式（3）至式（6），对总订货量 Q_d 和总利润函数 π_d 求关于 r 的一阶导并分别令为 $l(r)$ 和 $m(r)$，整理得：

$$l(r) = \frac{z}{\lambda} d_0 [p_0^{-k}(e^{\lambda(T-t_0)} - 1) - p_1^{-k}(e^{\lambda T} - e^{\lambda t_0})]$$

$$\begin{aligned} m(r) = {} & zd_0 p_0^{1-k}(T-t_0) \times \left(c + \frac{h}{2}T\right) zd_0 p_1^{-k} \frac{e^{\lambda T} - e^{\lambda t_0}}{\lambda} - zd_0 p_1^{1-k}(T-t_0) - \\ & \left(c + \frac{h}{2}T - \frac{h}{2}t_0\right) zd_0 p_0^{-k} \frac{e^{\lambda(T-t_0)} - 1}{\lambda} \end{aligned}$$

由于 $\forall 0 < t_0 < T$，成立 $\lambda(T-t_0) < e^{\lambda(T-t_0)} - 1 < e^{\lambda T} - e^{\lambda t_0}$，由此：

$$\Rightarrow l(r) < \frac{z}{\lambda} d_0 [p_0^{-k} - p_1^{-k}](e^{\lambda T} - e^{\lambda t_0}) < 0$$

$$\Rightarrow m(r) > zd_0\left(c + \frac{h}{2}T - p_1\right)p_1^{-k}(T-t_0) - zd_0\left(c + \frac{h}{2}T - \frac{h}{2}t_0 - p_0\right)p_0^{-k}(T-t_0) > 0。$$

命题得证。

命题 3 表明了二次补货策略的另一个良好性质：零售商的订货量不断减少，但利润却不断增加。生鲜农产品是短生命周期的易腐品，在整个供应链环节存在着产品损耗严重的现象。订货量越大，可以预见的产品损耗就越大，这不但降低了供应链的整体绩效水平，也是社会资源的浪费。如今随着人们物质与生活水平的不断提高，更多顾客将优先购买新鲜产品，即需求挤兑因子会不断增大；从而通过二次补货策略，零售商可以在降低产品损耗、提高自身顾客服务水平的同时，增加利润水平。

命题 4 r 值不变，$p_0^{-k}\left(2p_0 - c - \frac{h}{2}T\right) > p_1^{1-k}$ 时，零售商二次补货策略下的总利润随着新鲜度偏好型顾客比例的增大而增加。

证明：不失一般性，不妨令 z 值不变；当 x 值增大时，y 值相应减小，且有：$y = 1 - z - x$。对总利润函数求关于变量 x 的一阶导函数并令为 $n(x)$，整理得：

$$n(x) = d_0p_0^{1-k}T - d_0p_1^{1-k}(T - t_0) - \left(c + \frac{h}{2}T\right)d_0p_0^{-k}\frac{e^{\lambda t_0} - 1}{\lambda} + \left(c + \frac{h}{2}T\right)d_0p_1^{-k}\frac{e^{\lambda T} - e^{\lambda t_0}}{\lambda} - \left[c + \frac{h}{2}(T - t_0)\right]d_0p_0^{-k}\frac{e^{\lambda(T-t_0)} - 1}{\lambda}$$

$$\Rightarrow n(x) > d_0p_0^{1-k}T - d_0p_1^{1-k}(T - t_0) - \left(c + \frac{h}{2}T\right)d_0p_0^{-k}t_0\frac{o(\lambda t_0)}{\lambda t_0} - \left(c + \frac{h}{2}T\right)d_0p_0^{-k}t_0$$

$$\Rightarrow n(x) > d_0p_0^{1-k}T - d_0p_1^{1-k}(T - t_0) - \left(c + \frac{h}{2}T\right)d_0p_0^{-k}t_0$$

$$\Rightarrow n(x) > d_0p_0^{-k}\left(p_0 - c - \frac{h}{2}T\right)t_0 - d_0(p_1^{1-k} - p_0^{1-k})(T - t_0)$$

由假设条件（3）知 $T - t_0 \leqslant t_0$，由此：

$$\Rightarrow n(x) > d_0p_0^{-k}\left(p_0 - c - \frac{h}{2}T\right)(T - t_0) - d_0(p_1^{1-k} - p_0^{1-k})(T - t_0);$$

则 $p_0^{-k}\left(2p_0 - c - \frac{h}{2}T\right) > p_1^{1-k} \Rightarrow n(x) > 0$。

命题得证。

命题 4 表明，满足题设条件和需求挤兑因子固定不变的情形下，基于产品新鲜度偏好型顾客的规模越大，零售商二次补货策略就越有利可图。同命题 3 的分析，如今随着人们物质与生活水平的不断提高，基于产品新鲜度偏好型顾客的规模亦有不断增大的趋势，从而二次补货策略将吸引更多零售商，以追求自身利润最大化。

推论 1 当满足命题 4 的条件时，x、r 值增大，y 值减小，零售商二次补货策略下的总利润增加。

五、算例分析

生鲜农产品的二次补货策略，在零售实践中已经比较常见，特别是在大型连锁商场，大部分种类的蔬菜水果或生鲜肉类，都有相对新鲜产品和折扣处理产品同时在销售。顾客可以根据自己的偏好，进行选择性购买，增加了自己的效用；零售店也成功留住了不同类型的顾客，增加了销售收益。下面就具体市场进行针对性分析，通过对某产品的调研，得到如下数据：$d = 100$，$p = 4$，$p_1 = 3$，$c = 2$，$k = 2$，$T = 14$，$t_0 = 7$，$\lambda = h = 0.01$，$C_F = 30$，零售商的最优订货量和最优利润是顾客类型参数 x，y，z 和需求挤兑因子 r 的函数。经计算并整理得：

$$Q_s = 45.32x + 86.41y + 131.72z \quad (7)$$

$$Q_d = 90.64x + 86.41y + 131.72z - 41.09zr \quad (8)$$

$$\pi_s = 81.19x + 54.47y + 135.66z - 30 \quad (9)$$

$$\pi_d = 163.97x + 54.47y + 135.66z + 28.31zr - 60 \quad (10)$$

为直观给出 x，y，z，r 对零售商总订货量及总利润的影响，由式（7）~式（10）可得如表 1 至表 4：

表 1　$x=0.4$，$y=0.3$，$z=0.3$ 时零售商最优订货量和最优利润

r	0.00	0.20	0.40	0.60	0.80	1.00
Q_s	83.57	83.57	83.57	83.57	83.57	83.57
Q_d	101.69	99.23	96.76	94.30	91.83	89.37
π_s	59.52	59.52	59.52	59.52	59.52	59.52
π_d	62.63	64.33	66.03	67.72	69.42	71.12

表 2　$x=0.5$，$y=0.2$，$z=0.3$ 时零售商最优订货量和最优利润

r	0.00	0.20	0.40	0.60	0.80	1.00
Q_s	79.46	79.46	79.46	79.46	79.46	79.46
Q_d	102.12	99.65	97.19	94.72	92.25	89.79
π_s	62.19	62.19	62.19	62.19	62.19	62.19
π_d	73.58	75.28	76.98	78.67	80.37	82.07

表 3　$x=0.6$，$y=0.1$，$z=0.3$ 时零售商最优订货量和最优利润

r	0.00	0.20	0.40	0.60	0.80	1.00
Q_s	75.35	75.35	75.35	75.35	75.35	75.35
Q_d	102.54	100.07	97.61	95.14	92.68	90.21
π_s	64.86	64.86	64.86	64.86	64.86	64.86
π_d	84.53	86.23	87.93	89.62	91.32	93.02

表 4　$x=0.7$，$y=0.1$，$z=0.2$ 时零售商最优订货量和最优利润

r	0.00	0.20	0.40	0.60	0.80	1.00
Q_s	66.71	66.71	66.71	66.71	66.71	66.71
Q_d	98.43	96.79	95.14	93.50	91.86	90.21
π_s	59.42	59.42	59.42	59.42	59.42	59.42
π_d	87.36	88.49	89.62	90.76	91.89	93.02

由表1、表2和表3可知，单次订货策略下 z 不变、x 增大同时 y 对应减少，零售商最优总订货量单调减少，最优总利润单调增加。订货量减少是因为基于产品新鲜度偏好的顾客规模不断变大，当产品处于非新鲜状态时，零售商损失的销售量也不断增加；利润增加是因为更多顾客选择购买单位利润高的新鲜产品，同时订货量的减少也降低了零售商的成本。

由表4可知，当新鲜度偏好型顾客规模进一步增大到70%及以上时，单次订货策略下零售商的总订货量出现了更大程度的减少，此时零售商的总利润相对表1、表2和表3开始减小。这是因为虽然更多人选择购买新鲜产品，但由于单位顾客购买量的减少，以及产品处于非新鲜状态时购买量的进一步减少，零售商的利润相对减少。在顾客的消费质量提升到一定水平后，零售商的利润下滑是无法完全满足顾客期望需求的自然结果。此时零售商需要频繁地二次补货，以提高自身服务水平和经营利润。

由表1、表2、表3和表4可知，对于任意固定的顾客类型参数，零售商二次补货策略下的最优总订货量均大于单次订货策略下的最优总订货量；对于任意固定水平的需求挤兑效应，零售商二次补货策略下的最优总利润均大于单次订货策略下的最优总利润，且随着基于产品新鲜度偏好型顾客规模的不断变大，两种策略下零售商的利润差也不断变大，二次补货策略的优势也更趋明显。

为更直观分析二次补货策略下零售商的总订货量和总利润随顾客类型参数的变化情形，由表1至表4得到图2和图3。

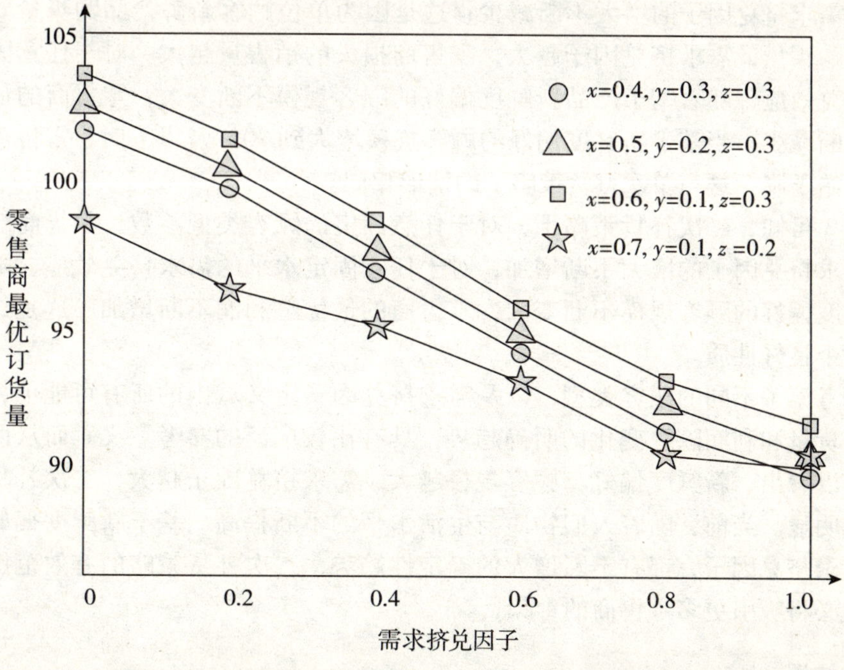

图2　不同顾客类型参数下零售商二次补货策略最优订货量

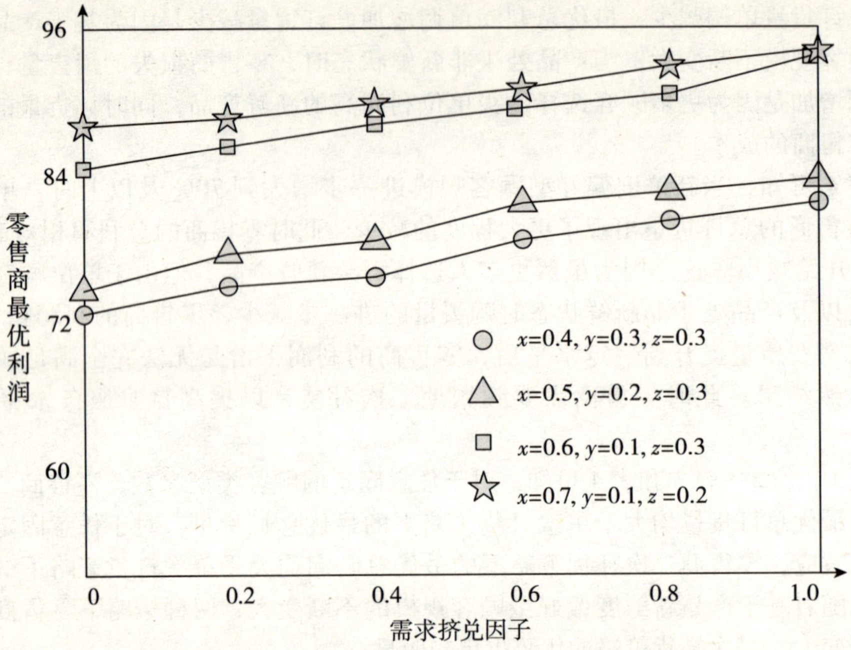

图3　不同顾客类型参数下零售商二次补货策略最优利润

由图2可知，二次补货策略下，对于任意固定的顾客类型参数，零售商的最优总订货量随需求挤兑因子的增大不断减少；这是因为单位顾客新鲜产品购买量要小于非新鲜产品购买量，需求挤兑因子越大，零售商损失的销售量越大。对于任意固定水平的需求挤兑效应，随着基于产品新鲜度偏好的顾客规模不断变大，零售商的最优总订货量亦不断减少；当基于新鲜度偏好的顾客规模增大到70%及以上时，零售商的最优订货量开始下降。这与单次订货策略下的情形相同。

由图3可知，二次补货策略下，对于任意固定的顾客类型参数，零售商的最优总利润随需求挤兑因子的增大不断增加；对于任意固定水平的需求挤兑效应，随着基于产品新鲜度偏好的顾客规模不断变大，零售商的最优总利润不断增加。这是二次补货策略的一个良好性质。

算例考察了不同的顾客类型，以及需求挤兑因子定义域内的所有可能值，给出了零售商订货量和利润随之变化的明确趋势，具有比较广泛的参考意义。而从两种策略的比较可以看出，新鲜度偏好型顾客规模越大，需求挤兑因子越大，二次补货策略的优势就越明显。当前，随着人们物质与生活水平的不断提高，基于新鲜度偏好的顾客规模和需求挤兑因子，都有不断增大的确定性趋势，二次补货策略的有效范围进一步扩大，也必将吸引更多零售商的青睐。

六、结语

本文从产品需求主体类型出发，将生鲜农产品顾客划分为三种类型，研究了生鲜农产品零售商的二次补货策略及其需求挤兑效应。结论表明，当顾客群体中新鲜度偏好型顾客规模较大，或者优先购买新鲜产品顾客的比率较大时，二次补货策略的适用性增强，相对传统单次订货策略的优势更加明显。这种优势主要体现在，它在减少零售商订货总量的同时，可以增加其经营利润。减少订货量有助于减少产品损耗，节约社会资源；增加利润的同时，也进一步提升和巩固了客户服务水平。

随着消费者越来越重视生活质量，可以预见生鲜农产品二次补货策略的应用将越来越广泛。它是零售商追求利润最大化的自然趋势，同时由于提供了不同的消费选择，也无形中提高了消费者的福利水平，增强了自身的竞争力。总之，生鲜农产品二次补货策略既有增加零售商利润水平的经济效益，也实现了降低损耗节约社会资源、提升消费者福利水平的社会效益。进一步可研究零售商单周期内的多次补货策略问题。

参考文献

［1］DU XF，LEUNG S，ZHANG JL，LAI KK. Procurement of Agricultural Products Using the CPFR Approach［J］. Supply Chain Management：An International Journal，2009，14（4）：253－258.

［2］CHEN C Y，LEE W I，KUO H M，et al. The Study of A Forecasting Sales Model for Fresh Food［J］. Expert Systems with Applications，2010，37（12）：7696－7702.

［3］SUWAN－ACHARIYA C，SUWANMANEE N. Logistics Cost in Purchasing and Selling Pigs［J］. International Research Journal of Finance and Economics，2012（87）：166－175.

［4］肖勇波，陈剑，徐小林．到岸价格商务模式下涉及远距离运输的时鲜产品供应链协调［J］. 系统工程理论与实践，2008，28（2）：19－25.

［5］CAI X Q，CHEN J，XIAO Y B，et al. Optimization and Coordination of Fresh Product Supply Chains with Freshness－keeping Effort［J］. Production and Operations Management，2010，19（3）：261－278.

［6］但斌，王磊，李宇雨．考虑消费者效用与保鲜的生鲜农产品EOQ模型［J］. 中国管理科学，2011，19（1）：100－108.

［7］KALPAKAM S，BARON O，BERMAN O，PERRY D. Continuous Review Inventory Models for Perishable Items Ordered in Batches［J］. Mathematical Methods of Operations Research，2010，72（1）：1－31.

［8］MINNER S，TRANSCHEL S. Periodic Review Inventory－control For Perishable Products under Service－level Constraints［J］. OR Spectrum，2010，32（4）：979－996.

［9］宋华明，杨慧，罗建强，等．需求预测更新情形下的供应链Stackelberg博弈与协调研究［J］. 中国管理科学，2010，18（4）：86－92.

［10］SIVAKUMAR B，ARIVARIGNAN G. A Perishable Inventory System with Service Facilities and Negative Customers［J］. Information and Management Sciences，2006，17（2）：1－18.

［11］SIVKUMAR B. A Perishable Inventory System with Retrial Demands and A Finite Population［J］.

Journal of Computational and Applied Mathematics，2009，224（1）：29 - 38.

［12］SWAMINATHAN JM，SRINIVASAN R. Managing Individual Customer Service Constraints under Stochastic Demand［J］. Operations Research Letters，1999，24（3）：1115 - 125.

［13］PARLAR M，PERRY D，STADJE W. FIFO Versus LIFO Issuing Policies for Stochastic Perishable Inventory Systems［J］. Methodology and Computing in Applied Probability，2010，12（1）：1 - 13.

［14］WHITIN TM. Theory of Inventory Management［M］. Princeton University Press，1957.

供应链管理

基于服务策略的双渠道供应链定价与需求研究*

许明星　王　健

摘　要：在对双渠道供应链问题的研究中，以往的多数研究集中讨论零售商提供的服务对制造商和零售商在价格、利润等方面产生的影响，本研究构建了传统零售渠道和网络直销渠道均提供服务的双渠道结构模式，分别基于集中式决策和分散式决策两种情况建立博弈模型，研究了服务水平、消费者渠道偏好对渠道价格、需求等产生的影响。研究发现渠道服务水平与渠道价格呈正相关关系；当渠道服务水平低于某一阈值时，渠道价格的增加幅度高于服务成本的增加幅度，当服务水平过高时将出现相反情况；渠道价格不仅受服务水平影响，还受到消费者渠道偏好、市场类型或边际服务成本的影响。此外，渠道需求受渠道服务水平影响，过高的服务水平不利于市场需求的增加。

关键词：双渠道供应链　服务水平　渠道价格　渠道需求　博弈分析

一、引言

近几年来，随着网络购物的风生水起，国内外知名的品牌制造商，如苹果、惠普、雅诗兰黛、耐克、李宁等企业纷纷开设了网络直销渠道以迎合消费者的需求，越来越多的消费者开始习惯于网络购物。2012 年，中国网络购物用户规模达 2.42 亿人，网络购物使用率提升至 42.9%。与 2011 年相比，网购用户增长 4807 万人，增长率为 24.8%[1]。艾瑞咨询数据显示，2012 年中国网络购物突破万亿元大关，网络直销渠道已经成为一种不可或缺的零售渠道[2]。在这样的发展环境下，制造商可以通过开设网络直销渠道增加潜在市场需求，消除中间商，提高供应链运行效率；并且可以通过直接控制分销和定价来获取高额利润[3]。消费者也可以根据自己的喜好和需求在网络渠道和零售渠道之中进行自由选择[4]。可以预见，网络直销渠道和传统零售渠道并存的双渠道供应链将成为一种普遍发展态势。

欧美发达国家发展电子商务相对较早，对双渠道供应链的研究也比较成熟，研究主要集中在渠道决策、定价机制、信息共享、库存水平、服务策略等问题[5]。其中，

* 作者简介：许明星，福州大学八方物流学院，福建师范大学协和学院，讲师；王健，福州大学副校长、教授、博士生导师。

学术界对渠道决策、定价机制的研究较多也较为成熟，服务策略对双渠道供应链的影响成为近年来业界和学术界关注的另一个焦点。Dumrongsiri 认为消费者选择何种渠道进行购物主要取决于价格和服务两个因素[6]。Rohm 和 Swaminathan 研究表明，服务已经成为消费者进行渠道选择的一个重要因素[7]。在服务内容方面，传统零售渠道在购物体验、退换货、维护、售后支持等其他能增加消费者觉知产品价值的服务方面有着天然优势[8]，而通过网络渠道购物存在一定的风险，包括商品质量、物流服务、售后服务与保障等[9,10]。网络渠道在服务方面的欠缺影响了消费者对网络渠道的接受程度。但是，网络购物已是大势所趋，消费者对网络渠道的接受程度逐步提高，制造商开通网络渠道后，如何丰富服务内容，提高服务水平，减少消费者对网络渠道的不适，并且平衡好服务和成本之间的关系显得尤为重要。

对于双渠道供应链服务方面的研究，Tsay 和 Agrawal 研究了分销系统中存在竞争性零售商的供应链，零售商之间通过价格服务竞争来争取消费者[11]。Chen、Hua 等研究了渠道之间存在服务竞争的双渠道供应链问题，其中网络渠道的服务水平用提前期来衡量，传统渠道的服务水平用产品的可获取性来衡量[12,13]。肖剑等研究了制造商和零售商进行服务合作的情况下，渠道价格与需求受到制造商在电子渠道的边际服务成本和零售商在电子渠道的边际服务成本的影响[14]。Lin、Robuste、Hsu 等从网络渠道的送货策略、送货效率、送货周期等方面的服务进行了研究[15,16,17]。Dumrongsiri 等研究发现零售商的服务水平与制造商的收益成正相关关系，顾客的服务敏感度变化越大，对制造商和零售商双方越有利[6]。Mukhopadhyay 等在零售商的增值服务成本信息未知时，分析了增值服务和渠道定价之间的函数关系[18]。Kaya 研究得出制造商和零售商在双渠道供应链中提供的服务水平高于单一渠道的服务水平[19]。Yan 和 Pei 认为零售商服务水平的提高可以缓解与制造商之间的渠道竞争和冲突关系，并且可以在竞争性市场中提高供应链整体绩效[20]。Mahar 等对提供线上订购线下取货的双渠道供应链进行研究，研究提出合理的库存水平确保企业不会出现库存中断，使企业在较高的服务水平和较低的成本之间取得平衡[21]。Dan 等使用两阶段分析法研究了双渠道供应链中的零售商在一体化决策和分散化决策两种情况下的最优价格和服务决策，研究结果表明，零售商的服务对制造商和零售商产生巨大影响[22]。

可以发现，以上关于双渠道供应链服务的研究均集中在零售商提供服务而制造商不提供服务的情况下对双方价格策略、库存水平等方面的影响。而实际上，制造商的网络渠道并非没有提供任何服务，消费者对服务的理解伴随着消费市场发展潮流及自身购物习惯的变化而不断变化。制造商可以加强品牌和售后服务体系的建设来打消消费者对网络直销产品质量、售后支持与保障方面的疑虑；同时，制造商可以借助第三方物流为消费者提供高效的物流服务。除此之外，制造商可以为网络购物者提供更多的服务，包括齐全的产品种类、更新颖的产品款式、客观的产品比较、良好的互动体验、快捷的电子支付等，让消费者在产品搜索、比较、支付、购物时间等方面得到更好的体验。这些服务将能提高消费者对网络渠道的接受程度，真正意义上让消费者在网络渠道和零售渠道之中进行自由选择。零售商在直接面对顾客、服务成本方面确实具有天然优势[23]，其提供的服务会对身及制造商的运营决策产生影响。但不可忽视的是，制造商开设的具有一定服务水平的网络渠道也可能会对零售商的价格、服务决策、渠道需求等方面产生影响，这正是本文需要研究和验证的内容，也是与以往研究的不同之处。

二、模型假设

（一）问题描述

本文考虑完全信息下单一产品具备网络渠道和零售渠道，包含1个制造商和1个零售商，制造商开设网络直销渠道，零售商经营传统零售渠道。制造商与零售商可以进行集中决策，也可以进行分散决策，双方展开价格和服务方面的竞争。双方进行集中决策时，制造商以供应链整体利润最大化为目标进行一体化决策；双方进行独立决策时，制造商和零售商之间进行 Bertrand 或 Stackelberg 博弈。

在传统零售渠道，制造商以批发价格 w 给零售提供产品，零售商在提供服务水平为 v_1 的情况下以价格 p_1 向最终消费者销售产品；在网络直销渠道，制造商在提供服务水平为 v_2 的情况下以价格 p_2 向最终消费者直接销售产品。

假设制造商和零售商双方的所有信息是完全可知的，制造商的批发价格 w 为外生变量。根据文献［20］，可以用函数 $c(v)$ 来描述服务水平 v 与成本之间的关系，$c(v)=\frac{\eta v^2}{2}$，η 表示服务成本系数，η 越大，制造商或零售的服务成本越高。$\frac{dc}{dv}>0$，$\frac{d^2c}{dv^2}>0$，说明服务成本 $c(v)$ 是关于服务水平 v 的严格凹函数。

符号说明：上标 C 表示制造商和零售商作为一个整体进行集中式决策，上标 B 表示制造商和零售商进行 Bertrand 博弈，上标 RS 和 MS 分别表示双方进行以零售商为主导和以制造商为主导的 Stackelberg 博弈。下标1表示制造商，下标2表示零售商。文中使用的符号说明如表1所示。

表1　符号说明

符号	说明
D	渠道需求
π	利润
p	渠道价格
w	批发价格
v	渠道提供给顾客的服务水平
a	潜在市场规模
b	市场需求对价格的弹性系数
θ	消费者对网络渠道的接受程度
$1-\theta$	消费者对传统零售渠道的偏好程度
c_r	制造商产品的单位生产成本
c_d	制造商电子渠道销售产品的单位成本

续 表

符号	说明
$c(v_1)$	制造商提供 v_1 服务水平的单位成本
$c(v_2)$	零售商提供 v_2 服务水平的单位成本
α	市场需求对服务的弹性系数
β_1	市场需求对价格差异的转移系数
β_2	市场需求对服务差异的转移系数

（二）基本模型

参考文献 Huang、Yao、Dan 等人[22-24]构造的线性需求函数，制造商网络渠道需求（D_1）和零售商的零售渠道需求（D_2）分别为：

网络渠道需求函数：$D_1 = \theta a - bp_1 + \alpha v_1 + \beta_1(p_2 - p_1) + \beta_2(v_1 - v_2)$

零售渠道需求函数：$D_2 = (1-\theta)a - bp_2 + \alpha v_2 + \beta_1(p_1 - p_2) + \beta_2(v_2 - v_1)$

制造商的收益包括销售给零售商的批发销售收益和带有服务水平的网络渠道直销收益，零售商的收益主要包括带有服务水平的零售收益。

制造商收益：$\pi_1(p_1, p_2, v_1, v_2) = (p_1 - c(v_1) - c_d)D_1(p_1, p_2, v_1) + (w - c_r)D_2(p_1, p_2, v_2)$

零售商收益：$\pi_2(p_1, p_2, v_1, v_2) = (p_2 - w - c(v_2))D_2(p_1, p_2, v_2)$

供应链总收益：$\pi = \pi_1 + \pi_2$

三、不同决策模式下的渠道定价策略

（一）集中式决策的双渠道供应链

在集中式决策供应链中，制造商和零售商作为一个整体进行集中式决策，从供应链整体利润最大化出发，该问题可以描述为：

$$\max_{p_1,p_2,v_1,v_2} \pi^C = (p_1 - c(v_1) - c_d)[\theta a - bp_1 + \alpha_1 v_1 + \beta_1(p_2 - p_1) + \beta_2(v_1 - v_2)] + (p_2 - c(v_2) - c_r)[(1-\theta)a - bp_2 + \alpha v_2 + \beta_1(p_1 - p_2) + \beta_2(v_2 - v_1)]$$

求解上述问题，为了判断 π_c 的性质，得到该函数的海塞矩阵（Hessian Matrix）。

$$H = \begin{pmatrix} \frac{\partial^2\pi}{\partial p_1^2} & \frac{\partial^2\pi}{\partial p_1\partial p_2} & \frac{\partial^2\pi}{\partial p_1\partial v_1} & \frac{\partial^2\pi}{\partial p_1\partial v_2} \\ \frac{\partial^2\pi}{\partial p_2\partial p_1} & \frac{\partial^2\pi}{\partial p_2^2} & \frac{\partial^2\pi}{\partial p_2\partial v_1} & \frac{\partial^2\pi}{\partial p_2\partial v_2} \\ \frac{\partial^2\pi}{\partial v_1\partial p_1} & \frac{\partial^2\pi}{\partial v_1\partial p_2} & \frac{\partial^2\pi}{\partial v_1^2} & \frac{\partial^2\pi}{\partial v_1\partial v_2} \\ \frac{\partial^2\pi}{\partial v_2\partial p_1} & \frac{\partial^2\pi}{\partial v_2\partial p_2} & \frac{\partial^2\pi}{\partial v_2\partial v_1} & \frac{\partial^2\pi}{\partial v_2^2} \end{pmatrix}$$

$$=\begin{pmatrix} -2(b+\beta_1) & 2\beta_1 & \alpha+\beta_2+(b+\beta_1)c'(v_1) & -(\beta_2+\beta_1 c'(v_2)) \\ 2\beta_1 & -2(b+\beta_1) & -(\beta_2+\beta_1 c'(v_2)) & \alpha+\beta_2+(b+\beta_1)c'(v_2) \\ \alpha+\beta_2+(b+\beta_1)c'(v_1) & -(\beta_2+\beta_1 c'(v_1)) & E & \beta_2(c'(v_1)+c'(v_2)) \\ -(\beta_2+\beta_1 c'(v_2)) & \alpha+\beta_2+(b+\beta_1)c'(v_2) & \beta_2(c'(v_1)+c'(v_2)) & F \end{pmatrix}$$

其中，

$$E=-c''(v_1)[\theta a-bp_1+\alpha v_1+\beta_1(p_2-p_1)+\beta_2(v_1-v_2)]-2(\alpha+\beta_2)c'(v_1)$$

$$F=-c''(v_2)[(1-\theta)a-bp_2+\alpha v_2+\beta_1(p_1-p_2)+\beta_2(v_2-v_1)]-2(\alpha+\beta_2)c'(v_2)$$

由于 $\frac{\partial^2\pi}{\partial p_1^2}<0$，且 $\begin{vmatrix} \frac{\partial^2\pi}{\partial p_1^2} & \frac{\partial^2\pi}{\partial p_1\partial p_2} \\ \frac{\partial^2\pi}{\partial p_2\partial p_1} & \frac{\partial^2\pi}{\partial p_2^2} \end{vmatrix}=4b^2+8b\beta_1>0$，所以 π_{vi} 是关于 p_1、p_2 的严格凹函数。

$$\begin{vmatrix} \frac{\partial^2\pi}{\partial p_1^2} & \frac{\partial^2\pi}{\partial p_1\partial v_1} \\ \frac{\partial^2\pi}{\partial v_1\partial p_1} & \frac{\partial^2\pi}{\partial v_1^2} \end{vmatrix}=-2(b+\beta_1)E-[\alpha+\beta_2+(b+\beta_1)c'(v_1)]^2$$

$$\begin{vmatrix} \frac{\partial^2\pi}{\partial p_1^2} & \frac{\partial^2\pi}{\partial p_1\partial v_2} \\ \frac{\partial^2\pi}{\partial v_2\partial p_1} & \frac{\partial^2\pi}{\partial v_2^2} \end{vmatrix}=-2(b+\beta_1)F-(\beta_2+\beta_1 c'(v_2))^2$$

以上两个行列式的正负与 v_1、v_2 有关，无法确定 π_{vi} 关于 p_1 与 v_1（或 v_2）的函数性质，所以 π_{vi} 不是关于 p_1、p_2、v_1、v_2 的凹函数。

从上述分析可知，在网络渠道和零售渠道进行集中式决策的供应链中，利润是关于价格的凹函数，但不是关于价格和服务的凹函数。

命题 1　在网络渠道和零售渠道进行集中式决策的供应链中，在服务水平 v_1、v_2 既定的情况下，制造商在网络渠道和零售渠道最优价格策略（p_1^{C*}，p_2^{C*}）为：

$$p_1^{C*}=\frac{\theta ab+\beta_1 a+(\alpha b+\alpha\beta_1+b\beta_2)v_1+(\alpha\beta_1-b\beta_2)v_2}{2b(b+2\beta_1)}+\frac{c(v_1)+c_d}{2}$$

$$p_2^{C*}=\frac{(1-\theta)ab+\beta_1 a+(\alpha\beta_1-b\beta_2)v_1+(\alpha b+\alpha\beta_1+b\beta_2)v_2}{2b(b+2\beta_1)}+\frac{c(v_2)+c_r}{2}$$

（二）分散式决策的双渠道供应链

在制造商和零售商进行独立决策的模式下，双方从各自利润最大化出发进行分散式决策。制造商和零售商将展开 Bertrand 博弈和 Stackelberg 博弈。

1. Bertrand 博弈

在双渠道供应链中，当制造商和零售商实力相当，即双方处于同等地位时，双方各自的决策不以对方的决策为前提，即进行 Bertrand 博弈，如格力空调和国美电器之间的博弈。Bertrand 博弈过程为：制造商保持批发价格和服务水平不变，制定网络渠道价格 p_1 以使自己利润最大化；零售商在未获知 p_1 的情况下，从自身利润最大化出发制定零售渠道价格 p_2。

制造商利润：$\max\limits_{p_1}\pi_1^B = (p_1 - c(v_1) - c_d)D_1(p_1, p_2, v_1, v_2) + (w - c_r)D_2(p_1, p_2, v_1, v_2)$

零售商利润：$\max\limits_{p_2}\pi_2^B = (p_2 - w - c(v_2))D_2(p_1, p_2, v_1, v_2)$

命题 2 在 Bertrand 博弈中，制造商和零售商的渠道的价格策略（$p_1^{B^*}$，$p_2^{B^*}$）为：

$$p_1^{B^*} = \frac{2\theta ab + \beta_1(1+\theta)a + 2(b^2 + b\beta_1)(c(v_1) + c_d) + H(\beta_1^2 + b\beta_1) + Iv_1 + Jv_2}{4b^2 + 8b\beta_1 + 3\beta_1^2}$$

$$p_2^{B^*} = \frac{2(1-\theta)ab + a\beta_1(2-\theta) + 2(b^2 + b\beta_1)(c(v_2) + w) + b\beta_1(c_r - w) + K(\beta_1^2 + b\beta_1) + Jv_1 + Iv_2}{4b^2 + 8b\beta_1 + 3\beta_1^2}$$

其中，

$H = 2c(v_1) + c(v_2) + 2c_d - 2c_r + 3w$

$I = 2\alpha b + 2\alpha\beta_1 + 2b\beta_2 + \beta_1\beta_2$

$J = \alpha\beta_1 - 2b\beta_2 - \beta_1\beta_2$

$K = c(v_1) + 2c(v_2) + c_d - c_r + 3w$

2. Stackelberg 博弈

在双渠道供应链中，当制造商和零售商的实力悬殊，双方进行 Stackelberg 博弈。如果制造商的实力较强而零售商的实力较弱，则展开以制造商为主导的 Stackelberg 博弈。如日化企业宝洁、联合利华与一般超市的合作竞争。如果零售商的实力较强而制造商的实力较弱，则展开以零售商为主导的 Stackelberg 博弈。如零售行业中的沃尔玛、国美等企业与一般制造企业的博弈。

（1）制造商主导的 Stackelberg 博弈

第一个阶段：零售商根据观测到的制造商制定的网络渠道价格 p_1，从自身利润 π_2 最大化出发，制定零售渠道价格 p_2：

$$\pi_2(p_1, p_2) = (p_2 - w - c(v_2))((1-\theta)a - bp_2 + \alpha v_2 + \beta_1(p_1 - p_2) + \beta_2(v_2 - v_1))$$

求关于 p_2 的一阶导并令其等于 0，即 $\frac{\partial \pi_2}{p_2} = 0$，得到：

$$p_2 = \frac{(1-\theta)a + \beta_1 p_1 + \alpha v_2 - \beta_2(v_1 - v_2) + (b + \beta_1)(c(v_2) + w)}{2(b + \beta_1)}$$

第二个阶段，制造商根据零售渠道价格 p_2 制定网络渠道价格 p_1

$$\begin{aligned}\pi_1(p_1, p_2) = {} & (p_1 - c(v_1) - c_d)(\theta a - bp_1 + \alpha v_1 + \beta_1(p_2 - p_1) + \beta_2(v_1 - v_2)) + \\ & (w - c_r)((1-\theta)a - bp_2 + \alpha v_2 + \beta_1(p_1 - p_2) + \beta_2(v_2 - v_1))\end{aligned}$$

求关于 p_1 的一阶导并令其等于 0，即 $\frac{\partial \pi_1}{p_1} = 0$，得到：

$$p_1 = \frac{(2b\theta + \beta_1 + \beta_1\theta)a + \beta_1(b + \beta_1)(2w + c(v_2) - c_r) + Iv_1 + Jv_2}{4b^2 + 8b\beta_1 + 2\beta_1^2} + \frac{c(v_1) + c_d}{2}$$

命题 3 在制造商主导的 Stackelberg 博弈中，制造商和零售商的渠道的价格策略为（p_1^{MS*}，p_2^{MS*}）

$$p_1^{MS*} = \frac{(\beta_1 + 2b\theta + \beta_1\theta)a + \beta_1(b + \beta_1)(2w + c(v_2) - c_r) + Iv_1 + Jv_2}{4b^2 + 8b\beta_1 + 2\beta_1^2} + \frac{c(v_1) + c_d}{2}$$

$$p_2^{MS*} = \frac{(1 - \theta)a + \beta_1 p_1^{MS*} + \alpha v_2 - \beta_2(v_1 - v_2) + (b + \beta_1)(c(v_2) + w)}{2(b + \beta_1)}$$

（2）零售商主导的 Stackelberg 博弈

在零售商主导的 Stackelberg 博弈中，制造商首先观察到零售商制定的零售渠道价格 p_2，然后从自身利润 π_1 最大化出发，制定网络渠道价格 p_1；零售商再根据制造商制定的网络渠道价格 p_1 确定其在零售渠道的价格 p_2^* 实现利润最大化。

命题 4 在零售商主导的 Stackelberg 博弈中，制造商和零售商的渠道的价格策略为（p_1^{RS*}，p_2^{RS*}）

$$p_2^{RS*} = \frac{\beta_1\theta a + 2(b + \beta_1)(1 - \theta)a + \beta_1(b + \beta_1)(c(v_1) + c_d) - \beta_1^2(c_r - w) + Jv_1 + Iv_2}{4b^2 + 8b\beta_1 + 2\beta_1^2} + \frac{c(v_2) + w}{2}$$

$$p_1^{RS*} = \frac{\theta a + \beta_1 p_2^{RS*} + \alpha v_1 - \beta_1(c_r - w) + \beta_2(v_1 - v_2) + (b + \beta_1)(c(v_1) + c_d)}{2(b + \beta_1)}$$

四、服务水平对渠道价格与需求的影响讨论

（一）消费者的渠道偏好影响渠道价格和渠道需求

在双渠道供应链中，消费者对网络渠道的偏好程度越大，制造商可以制定较高的网络渠道价格并且可以获得较大的市场份额，而零售商要降低零售渠道价格。

证明：$\frac{\partial p_1^*}{\partial \theta}, \frac{\partial p_1^{B*}}{\partial \theta}, \frac{\partial p_1^{MS*}}{\partial \theta}, \frac{\partial p_1^{RS*}}{\partial \theta} > 0$；$\frac{\partial p_2^*}{\partial \theta}, \frac{\partial p_2^{B*}}{\partial \theta}, \frac{\partial p_2^{MS*}}{\partial \theta}, \frac{\partial p_2^{RS*}}{\partial \theta} < 0$

$\frac{\partial D_1^C}{\partial \theta}, \frac{\partial D_1^B}{\partial \theta}, \frac{\partial D_1^{MS*}}{\partial \theta}, \frac{\partial D_1^{RS*}}{\partial \theta} > 0$；$\frac{\partial D_2^C}{\partial \theta}, \frac{\partial D_2^B}{\partial \theta}, \frac{\partial D_2^{MS*}}{\partial \theta}, \frac{\partial D_2^{RS*}}{\partial \theta} < 0$

（二）服务水平影响渠道价格

1. 渠道价格与服务水平呈正相关关系

双渠道供应链网络渠道价格与制造商提供的服务水平呈正相关关系，零售渠道价格与零售商提供的服务水平呈正相关关系。

证明：$\frac{\partial p_1^{C*}}{\partial v_1}, \frac{\partial p_2^{C*}}{\partial v_2}, \frac{\partial p_1^{B*}}{\partial v_1}, \frac{\partial p_2^{B*}}{\partial v_2}, \frac{\partial p_1^{MS*}}{\partial v_1}, \frac{\partial p_2^{MS*}}{\partial v_2}, \frac{\partial p_1^{RS*}}{\partial v_1}, \frac{\partial p_2^{RS*}}{\partial v_2} > 0$

2. 当渠道服务水平 v 小于某一阈值时，渠道价格的增加幅度高于服务成本的增加幅度；当 v 超过该阈值时，情况相反

当服务水平小于 v^* 时，增加 1 单位服务投入带来的渠道价格提高幅度超过增加 1 单位服务投入所需要的成本；当服务水平超过 v^* 时，增加 1 单位服务投入带来的渠道价格提高幅度小于增加 1 单位服务投入所需要的成本。不同决策模式下服务水平 v^* 的

阈值如表2所示。

表2　　不同决策模式下服务水平 v^* 的阈值

名　称	v_1^*	v_2^*
集中式决策	$\frac{\alpha b+\alpha\beta_1+b\beta_2}{2b\eta(b+2\beta_1)}$	$\frac{\alpha b+\alpha\beta_1+b\beta_2}{2b\eta(b+2\beta_1)}$
Bertrand 博弈	$\frac{I}{(2b^2+6b\beta_1+3\beta_1^2)\eta}$	$\frac{I}{(2b^2+6b\beta_1+3\beta_1^2)\eta}$
制造商主导的 Stackelberg 博弈	$\frac{I}{(2b^2+4b\beta_1+\beta_1^2)\eta}$	$\frac{\beta_1 J+(\alpha+\beta_2)(4b^2+8b\beta_1+2\beta_1^2)}{(b+\beta_1)(4b^2+8b\beta_1+\beta_1^2)\eta}$
零售商主导的 Stackelberg 博弈	$\frac{\beta_1 J+(\alpha+\beta_2)(4b^2+8b\beta_1+2\beta_1^2)}{(b+\beta_1)(4b^2+8b\beta_1+\beta_1^2)\eta}$	$\frac{I}{(2b^2+4b\beta_1+\beta_1^2)\eta}$

证明：（1）集中式决策中，$v_1^{C*}=v_2^{C*}=\frac{\alpha b+\alpha\beta_1+b\beta_2}{2b\eta(b+2\beta_1)}$

$$\frac{\partial p_1^{C*}}{\partial v_1}=\frac{\partial c(v_1)}{\partial v_1}\Rightarrow\frac{\alpha b+\alpha\beta_1+b\beta_2}{2b(b+2\beta_1)}+\frac{c'(v_1)}{2}=c'(v_1)\Rightarrow c'(v_1)$$

$$=\frac{\alpha b+\alpha\beta_1+b\beta_2}{b(b+2\beta_1)}\Rightarrow v_1^{C*}=\frac{\alpha b+\alpha\beta_1+b\beta_2}{2b\eta(b+2\beta_1)}$$

同理可得 $v_2^{C*}=\frac{\alpha b+\alpha\beta_1+b\beta_2}{2b\eta(b+2\beta_1)}$

（2）分散决策中，Bertrand 博弈：$v_1^{B*}=v_2^{B*}=\frac{I}{(2b^2+6b\beta_1+3\beta_1^2)\eta}$

Stackelberg 博弈——制造商主导：

$$v_1^{MS*}=\frac{I}{(2b^2+4b\beta_1+\beta_1^2)\eta},\ v_2^{MS*}=\frac{\beta_1 J+(\alpha+\beta_2)(4b^2+8b\beta_1+2\beta_1^2)}{(b+\beta_1)(4b^2+8b\beta_1+\beta_1^2)\eta}$$

Stackelberg 博弈——零售商主导：

$$v_1^{RS*}=\frac{\beta_1 J+(\alpha+\beta_2)(4b^2+8b\beta_1+2\beta_1^2)}{(b+\beta_1)(4b^2+8b\beta_1+\beta_1^2)\eta},\ v_2^{RS*}=\frac{I}{(2b^2+4b\beta_1+\beta_1^2)\eta}$$

3. 在双渠道供应链中，本渠道价格会受到对方渠道服务的影响

（1）在集中式决策供应链中，本渠道价格与对方渠道服务水平之间（p_1 与 v_2 或 p_2 与 v_1）的关系和市场类型有关。在集中式决策供应链中，本渠道价格受对方渠道服务水平的影响取决于消费者市场的类型。当市场属于价格敏感型时，渠道价格与渠道间服务呈正相关关系；当市场属于服务敏感型时，渠道价格与渠道间服务呈负相关关系；当市场对价格和服务都不敏感时，渠道价格不受渠道间服务影响。

证明：根据命题1，可以得到渠道价格的服务弹性：

$$\frac{\partial p_1^{C*}}{\partial v_2}=\frac{\alpha\beta_1-b\beta_2}{2b(b+2\beta_1)},\ \frac{\partial p_2^{C*}}{\partial v_1}=\frac{\alpha\beta_1-b\beta_2}{2b(b+2\beta_1)}$$

因为 b，α，β_i，$c'(v_i)>0$，可以看出：$\dfrac{\partial p_1^{C*}}{\partial v_2}$，$\dfrac{\partial p_2^{C*}}{\partial v_1}\begin{cases}>0, \text{如果}\dfrac{\beta_1}{b}>\dfrac{\beta_2}{\alpha}\\ =0, \text{如果}\dfrac{\beta_1}{b}=\dfrac{\beta_2}{\alpha}\\ <0, \text{如果}\dfrac{\beta_1}{b}<\dfrac{\beta_2}{\alpha}\end{cases}$

式中的 $\dfrac{\beta_1}{b}$ 表示价格差异的市场需求影响率，$\dfrac{\beta_2}{\alpha}$ 表示服务差异的市场需求影响率。若是价格敏感型市场，则 $\dfrac{\beta_1}{b}>\dfrac{\beta_2}{\alpha}$；若是服务敏感型市场，则 $\dfrac{\beta_1}{b}<\dfrac{\beta_2}{\alpha}$；若是对价格与服务具有相同敏感度时，$\dfrac{\beta_1}{b}=\dfrac{\beta_2}{\alpha}$。

（2）在分散式决策双渠道供应链中，本渠道价格受对方渠道服务水平的影响取决于对方渠道的边际服务成本。

证明：在 Bertrand 博弈中，当 $c'(v_2)>\dfrac{2b\beta_2+\beta_1\beta_2-\alpha\beta_1}{\beta_1(b+\beta_1)}$ 时，制造商的网络渠道价格与零售商的服务水平呈正相关关系；当 $c'(v_1)>\dfrac{2b\beta_2+\beta_1\beta_2-\alpha\beta_1}{\beta_1(b+\beta_1)}$ 时，零售商的零售渠道价格与制造商的服务水平呈正相关关系。

在 Stackelberg 博弈中，如果制造商是市场领导者，则当 $c'(v_2)>\dfrac{2b\beta_2+\beta_1\beta_2-\alpha\beta_1}{\beta_1(b+\beta_1)}$ 时，制造商的网络渠道价格与零售商的服务水平呈正相关关系；当 $c'(v_1)>\dfrac{\beta_1^2\beta_2+4b^2\beta_2+6b\beta_1\beta_2-2\alpha b\beta_1-2\alpha\beta_1^2}{\beta_1(2b^2+4b\beta_1+\beta_1^2)}$，零售商的零售渠道价格与制造商的服务水平呈正相关关系。如果零售商是市场的领导者，则当 $c'(v_2)>\dfrac{\beta_1^2\beta_2+4b^2\beta_2+6b\beta_1\beta_2-2\alpha b\beta_1-2\alpha\beta_1^2}{\beta_1(2b^2+4b\beta_1+\beta_1^2)}$ 时，制造商的网络渠道价格与零售商的服务水平呈正相关关系；当 $c'(v_1)>\dfrac{2b\beta_2+\beta_1\beta_2-\alpha\beta_1}{\beta_1(b+\beta_1)}$，零售商的零售渠道价格与制造商的服务水平呈正相关关系。

4. 网络渠道服务水平 v_1 对制造商网络渠道价格的影响大于零售渠道价格；零售渠道服务水平 v_2 对零售渠道价格的影响大于制造商网络渠道价格

证明：（1）集中式决策

$$\frac{\partial p_1^*}{\partial v_1}-\frac{\partial p_2^*}{\partial v_1}=\frac{\alpha b+2b\beta_2}{2b(b+2\beta_1)}+\frac{c'(v_1)}{2}>0;$$

$$\frac{\partial p_2^*}{\partial v_2}-\frac{\partial p_1^*}{\partial v_2}=\frac{\alpha b+2b\beta_2}{2b(b+2\beta_1)}+\frac{c'(v_2)}{2}>0$$

（2）分散式决策

①Bertrand 博弈

$$\frac{\partial p_1^{B*}}{\partial v_1}-\frac{\partial p_2^{B*}}{\partial v_1}=\frac{(b+\beta_1)(2b+\beta_1)c'(v_1)+(\alpha+2\beta_2)(2b+\beta_1)}{4b^2+8b\beta_1+3\beta_1^2}>0,$$

$$\frac{\partial p_2^{B*}}{\partial v_2}-\frac{\partial p_1^{B*}}{\partial v_2}=\frac{(b+\beta_1)(2b+\beta_1)c'(v_2)+(\alpha+2\beta_2)(2b+\beta_1)}{4b^2+8b\beta_1+3\beta_1^2}>0$$

②Stackelberg 博弈——制造商主导

$$\frac{\partial p_1^{MS*}}{\partial v_1}-\frac{\partial p_2^{MS*}}{\partial v_1}=\frac{2b+\beta_1}{2(b+\beta_1)}\frac{\partial p_1^{MS*}}{\partial v_1}+\frac{\beta_2}{2(b+\beta_1)}>0$$

$$\frac{\partial p_2^{MS*}}{\partial v_2}-\frac{\partial p_1^{MS*}}{\partial v_2}=\frac{4b^2+6b\beta_1+\beta_1^2}{2(4b^2+8b\beta_1+2\beta_1^2)}c'(v_2)+$$

$$\frac{4\alpha b^2+6\alpha b\beta_1+\alpha\beta_1^2+8b^2\beta_1\beta+12b\beta_1\beta_2+3\beta_1^2\beta_2}{2(b+\beta_1)(4b^2+8b\beta_1+2\beta_1^2)}>0$$

③Stackelberg 博弈——零售商主导

$$\frac{\partial p_1^{RS*}}{\partial v_1}-\frac{\partial p_2^{RS*}}{\partial v_1}=\frac{4b^2+6b\beta_1+\beta_1^2}{2(4b^2+8b\beta_1+2\beta_1^2)}c'(v_1)+$$

$$\frac{4\alpha b^2+6\alpha b\beta_1+\alpha\beta_1^2+8b^2\beta_1\beta+12b\beta_1\beta_2+3\beta_1^2\beta_2}{2(b+\beta_1)(4b^2+8b\beta_1+2\beta_1^2)}>0$$

$$\frac{\partial p_2^{RS*}}{\partial v_2}-\frac{\partial p_1^{RS*}}{\partial v_2}=\frac{2b+\beta_1}{2(b+\beta_1)}\frac{\partial p_2^{RS*}}{\partial v_2}+\frac{\beta_2}{2(b+\beta_1)}>0$$

（三）服务水平影响渠道需求

服务水平将影响渠道需求，制造商提供的服务不仅会对网络渠道需求产生影响（渠道内影响），也会对零售渠道需求产生影响（渠道间影响）。类似的，零售商提供的服务会对零售渠道和网络渠道需求产生影响。

渠道需求受渠道服务水平的影响主要取决于边际服务成本，当网络渠道的边际服务成本低于 $c'(v_1)^*$ 时，网络渠道需求随着制造商提供的服务水平的提升而增加，零售渠道需求不受到制造商服务的影响；当网络渠道的边际服务成本大于 $c'(v_1)^*$ 小于 $c'(v_1)^{**}$，网络渠道需求随着服务水平的提升而减少，零售渠道需求不受影响；但当网络渠道的边际服务成本高于 $c'(v_1)^{**}$ 时，网络渠道需求随着服务水平的提升继续减少，而零售渠道需求将受到制造商服务的影响而逐渐增加。类似的情况也发生在零售渠道。

需要说明的是，在集中式决策和 Bertrand 博弈中，网络渠道边际服务成本阈值与零售渠道边际服务成本阈值相同，即 $c'(v_1)^*=c'(v_2)^*$，$c'(v_1)^{**}=c'(v_2)^{**}$。在 Stackelberg 博弈中，制造商主导下的网络渠道边际服务成本阈值与零售商主导下的零售渠道边际服务成本阈值相同，零售商主导下的网络渠道边际服务成本阈值与制造商主导下的零售渠道边际服务成本阈值相同。不同决策模式下网络渠道和传统零售渠道的边际服务成本的阈值如表3、表4 所示。

表3　　不同决策模式下网络渠道边际服务成本的阈值

名　称	$c'(v_1)^*$	$c'(v_1)^{**}$
集中式决策	$\dfrac{3\alpha\beta_1 - b\beta_2 + 4\beta_1\beta_2}{(b+2\beta_1)(b+\beta_1)}$	$\dfrac{\beta_2}{\beta_1}$
Bertrand 博弈	$\dfrac{2\alpha b^2 + 4\alpha b\beta_1 + 2\alpha\beta_1^2 + 2b^2\beta_2 + 3b\beta_1\beta_2 + \beta_1^2\beta_2}{2(b+\beta_1)^3 - \beta_1(b+\beta_1)}$	$\dfrac{2b^2\beta_2 + 3b\beta_1\beta_2 + \beta_1^2\beta - \alpha b\beta_1 - \alpha\beta_1^2}{\beta_1(b+\beta_1)^2}$
制造商主导的 Stackelberg 博弈	$\dfrac{I}{2(b+\beta_1)^2 - \beta_1^2}$	$\dfrac{4b^2\beta_2 + 6b\beta_1\beta_2 + \beta_1^2\beta_2 - 2\alpha b\beta_1 - 2\alpha\beta_1^2}{\beta_1(2b^2 + 4b\beta_1 + \beta_1^2)}$
零售商主导的 Stackelberg 博弈	$\dfrac{4\alpha b^2 + 8\alpha b\beta_1 + 3\alpha\beta_1^2 + 4b^2\beta_2 + 6b\beta_1\beta_2 + \beta_1^2\beta}{(4b^2 + 8b\beta_1 + \beta_1^2)(b+\beta_1)}$	$-\dfrac{J}{\beta_1(b+\beta_1)}$

表4　　不同决策模式下传统零售渠道边际服务成本的阈值

名　称	$c'(v_2)^*$	$c'(v_2)^{**}$
集中式决策	$\dfrac{3\alpha\beta_1 - b\beta_2 + 4\beta_1\beta_2}{(b+2\beta_1)(b+\beta_1)}$	$\dfrac{\beta_2}{\beta_1}$
Bertrand 博弈	$\dfrac{2\alpha b^2 + 4\alpha b\beta_1 + 2\alpha\beta_1^2 + 2b^2\beta_2 + 3b\beta_1\beta_2 + \beta_1^2\beta_2}{2(b+\beta_1)^3 - \beta_1(b+\beta_1)}$	$\dfrac{2b^2\beta_2 + 3b\beta_1\beta_2 + \beta_1^2\beta - \alpha b\beta_1 - \alpha\beta_1^2}{\beta_1(b+\beta_1)^2}$
制造商主导的 Stackelberg 博弈	$\dfrac{4b^2\beta_2 + 6b\beta_1\beta_2 + \beta_1^2\beta_2 - 2\alpha b\beta_1 - 2\alpha\beta_1^2}{\beta_1(2b^2 + 4b\beta_1 + \beta_1^2)}$	$-\dfrac{J}{\beta_1(b+\beta_1)}$
零售商主导的 Stackelberg 博弈	$\dfrac{I}{2(b+\beta_1)^2 - \beta_1^2}$	$\dfrac{4b^2\beta_2 + 6b\beta_1\beta_2 + \beta_1^2\beta_2 - 2\alpha b\beta_1 - 2\alpha\beta_1^2}{\beta_1(2b^2 + 4b\beta_1 + \beta_1^2)}$

从上文可知，渠道价格与其提供的渠道服务水平呈正相关关系，提升服务水平会导致成本的增加，但是提升服务水平可以提高渠道价格，所以渠道价格不会受到边际服务成本的约束。而渠道需求会受到边际服务成本的约束，当边际服务成本低于某一阈值时，提升服务水平能够增加需求；当边际服务成本超过该阈值时，过高的服务水平会导致市场需求的减少。因此，只有当边际服务成本低于某一数值时，提升服务水平才能够在提高渠道价格的同时又能够增加市场需求。不同的服务水平对渠道需求的影响如表5所示。

表5　　不同的服务水平对渠道需求的影响

指　标	$c'(v) \leqslant c'(v)^*$	$c'(v)^* < c'(v) \leqslant c'(v)^{**}$	$c'(v) \geqslant c'(v)^{**}$
$v_1\uparrow$	$D_1\uparrow$ D_2—	$D_1\downarrow$ D_2—	$D_1\downarrow$ $D_2\uparrow$
$v_2\uparrow$	D_1— $D_2\uparrow$	D_1— $D_2\downarrow$	$D_1\uparrow$ $D_2\downarrow$

证明：（1）集中式决策

网络渠道和零售渠道需求服务弹性为：

$$\begin{cases}\dfrac{\partial D_1^C}{\partial v_1}=(\alpha+\beta_2)-(b+\beta_1)\dfrac{\partial p_1^{C*}}{\partial v_1}+\beta_1\dfrac{\partial p_2^{C*}}{\partial v_1}=\dfrac{3\alpha\beta_1-b\beta_2+4\beta_1\beta_2}{2(b+2\beta_1)}-\dfrac{b+\beta_1}{2}c'(v_1)^{C*}\\ \dfrac{\partial D_2^C}{\partial v_2}=(\alpha+\beta_2)-(b+\beta_1)\dfrac{\partial p_2^{C*}}{\partial v_1}+\beta_1\dfrac{\partial p_1^{C*}}{\partial v_1}=\dfrac{3\alpha\beta_1-b\beta_2+4\beta_1\beta_2}{2(b+2\beta_1)}-\dfrac{b+\beta_1}{2}c'(v_2)^{C*}\end{cases}$$

，当 $c'(v_1)^{C*}$、$c'(v_2)^{C*}<\dfrac{3\alpha\beta_1-b\beta_2+4\beta_1\beta_2}{(b+2\beta_1)(b+\beta_1)}$ 时，$\dfrac{\partial D^C}{\partial v_1}$、$\dfrac{\partial D^C}{\partial v_2}>0$，制造商的服务能够促进网络渠道需求的增加，零售商的服务能够促进零售渠道需求的增加。

网络渠道需求受零售商的服务的影响为 $\dfrac{\partial D_1^C}{\partial v_2}=-\dfrac{\beta_2}{2}+\dfrac{\beta_1}{2}c'(v_2)^{C**}$，零售渠道需求受制造商的服务的影响为 $\dfrac{\partial D_2^C}{\partial v_1}=-\dfrac{\beta_2}{2}+\dfrac{\beta_1}{2}c'(v_1)^{C**}$，当 $\dfrac{\partial D_1^C}{\partial v_2}$，$\dfrac{\partial D_2^C}{\partial v_1}>0$ 时，即当 $c'(v_1)^{C**}=c'(v_2)^{C**}>\dfrac{\beta_2}{\beta_1}$ 时，零售商的服务对网络渠道需求及制造商的服务对零售渠道的需求的影响是正向的。

（2）分散式决策

类似于以上的证明过程，在分散式决策的 Bertrand 博弈及 Stackelberg 博弈中，服务水平对渠道需求的影响的证明如下。

①Bertrand 博弈

$$\begin{cases}\dfrac{\partial D_1^B}{\partial v_1}=\dfrac{2\alpha b^2+4\alpha b\beta_1+2\alpha\beta_1^2+2b^2\beta_2+3b\beta_1\beta_2+\beta_1^2\beta}{4b^2+8b\beta_1+3\beta_1^2}-\dfrac{2(b+\beta_1)^3-\beta_1(b+\beta_1)}{4b^2+8b\beta_1+3\beta_1^2}c'(v_1)^{B*}\\ \dfrac{\partial D_2^B}{\partial v_2}=\dfrac{2\alpha b^2+4\alpha b\beta_1+2\alpha\beta_1^2+2b^2\beta_2+3b\beta_1\beta_2+\beta_1^2\beta}{4b^2+8b\beta_1+3\beta_1^2}-\dfrac{2(b+\beta_1)^3-\beta_1(b+\beta_1)}{4b^2+8b\beta_1+3\beta_1^2}c'(v_2)^{B*}\end{cases}$$

当 $c'(v_1)^{B*}$、$c'(v_2)^{B*}<\dfrac{2\alpha b^2+4\alpha b\beta_1+2\alpha\beta_1^2+2b^2\beta_2+3b\beta_1\beta_2+\beta_1^2\beta_2}{2(b+\beta_1)^3-\beta_1(b+\beta_1)}$ 时，$\dfrac{\partial D_1^B}{\partial v_1}$、$\dfrac{\partial D_2^B}{\partial v_2}>0$。

类似的，
$$\begin{cases}\dfrac{\partial D_1^B}{\partial v_2}=-\dfrac{2b^2\beta_2+3b\beta_1\beta_2+\beta_1^2\beta-\alpha b\beta_1-\alpha\beta_1^2}{4b^2+8b\beta_1+3\beta_1^2}-\dfrac{\beta_1(b+\beta_1)^2}{4b^2+8b\beta_1+3\beta_1^2}c'(v_2)^{B**}\\ \dfrac{\partial D_2^B}{\partial v_1}=-\dfrac{2b^2\beta_2+3b\beta_1\beta_2+\beta_1^2\beta-\alpha b\beta_1-\alpha\beta_1^2}{4b^2+8b\beta_1+3\beta_1^2}-\dfrac{\beta_1(b+\beta_1)^2}{4b^2+8b\beta_1+3\beta_1^2}c'(v_1)^{B**}\end{cases}$$

当 $c'(v_2)^{B**}$、$c'(v_1)^{B**}>\dfrac{2b^2\beta_2+3b\beta_1\beta_2+\beta_1^2\beta-\alpha b\beta_1-\alpha\beta_1^2}{\beta_1(b+\beta_1)^2}$ 时，$\dfrac{\partial D_1^B}{\partial v_2}$、$\dfrac{\partial D_2^B}{\partial v_1}>0$。

②Stackelberg 博弈——制造商主导

$$\begin{cases} \dfrac{\partial D_1^{MS}}{\partial v_1} = \dfrac{I}{4(b+\beta_1)} - \dfrac{2(b+\beta_1)^2 - \beta_1^2}{4(b+\beta_1)} c'(v_1)^{MS*} \\ \dfrac{\partial D_2^{MS}}{\partial v_2} = \dfrac{4\alpha b^2 + 8\alpha b\beta_1 + 3\alpha\beta_1^2 + 4b^2\beta_2 + 6b\beta_1\beta_2 + \beta_1^2\beta_2}{2(4b^2 + 8b\beta_1 + 2\beta_1^2)} - \\ \qquad \dfrac{(4b^2 + 8b\beta_1 + \beta_1^2)(b+\beta_1)}{2(4b^2 + 8b\beta_1 + 2\beta_1^2)} c'(v_2)^{MS*} \end{cases}$$

当 $c'(v_1)^{MS*} < \dfrac{I}{2(b+\beta_1)^2 - \beta_1^2}$ 时，$\dfrac{\partial D_1^{MS}}{\partial v_1} > 0$；

当 $c'(v_2)^{MS*} < \dfrac{4\alpha b^2 + 8\alpha b\beta_1 + 3\alpha\beta_1^2 + 4b^2\beta_2 + 6b\beta_1\beta_2 + \beta_1^2\beta}{(4b^2 + 8b\beta_1 + 2\beta_1^2)(b+\beta_1)}$ 时，$\dfrac{\partial D_2^{MS}}{\partial v_2} > 0$。

$$\begin{cases} \dfrac{\partial D_1^{MS}}{\partial v_2} = \dfrac{J}{b+\beta_1} + \beta_1 c'(v_2)^{MS**} \\ \dfrac{\partial D_2^{MS}}{\partial v_1} = -\dfrac{\beta_2}{2} + \dfrac{\beta_1}{2}\left(\dfrac{I}{(4b^2 + 8b\beta_1 + \beta_1^2)} + \dfrac{c'(v_1)^{MS**}}{2}\right) \end{cases}$$

当 $c'(v_1)^{MS**} > \dfrac{4b^2\beta_2 + 6b\beta_1\beta_2 + \beta_1^2\beta_2 - 2\alpha b\beta_1 - 2\alpha\beta_1^2}{\beta_1(2b^2 + 4b\beta_1 + \beta_1^2)}$ 时，$\dfrac{\partial D_2^{MS}}{\partial v_1} > 0$；

当 $c'(v_2)^{MS**} > -\dfrac{J}{\beta_1(b+\beta_1)}$ 时，$\dfrac{\partial D_1^{MS}}{\partial v_2} > 0$。

③Stackelberg 博弈——零售商主导

$$\begin{cases} \dfrac{\partial D_1^{RS}}{\partial v_1} = \dfrac{4\alpha b^2 + 8\alpha b\beta_1 + 3\alpha\beta_1^2 + 4b^2\beta_2 + 6b\beta_1\beta_2 + \beta_1^2\beta_2}{2(4b^2 + 8b\beta_1 + 2\beta_1^2)} - \\ \qquad \dfrac{(4b^2 + 8b\beta_1 + \beta_1^2)(b+\beta_1)}{2(4b^2 + 8b\beta_1 + 2\beta_1^2)} c'(v_1)^{RS*} \\ \dfrac{\partial D_2^{RS}}{\partial v_2} = \dfrac{I}{4(b+\beta_1)} - \dfrac{2(b+\beta_1)^2 - \beta_1^2}{4(b+\beta_1)} c'(v_2)^{RS*} \end{cases}$$

当 $c'(v_1)^{RS*} < \dfrac{4\alpha b^2 + 8\alpha b\beta_1 + 3\alpha\beta_1^2 + 4b^2\beta_2 + 6b\beta_1\beta_2 + \beta_1^2\beta}{(4b^2 + 8b\beta_1 + \beta_1^2)(b+\beta_1)}$ 时，$\dfrac{\partial D_1^{RS}}{\partial v_1} > 0$；

当 $c'(v_2)^{RS*} < \dfrac{I}{2(b+\beta_1)^2 - \beta_1^2}$ 时，$\dfrac{\partial D_2^{RS}}{\partial v_2} > 0$。

$$\begin{cases} \dfrac{\partial D_1^{RS}}{\partial v_2} = -\dfrac{\beta_2}{2} + \dfrac{\beta_1}{2}\left(\dfrac{I}{(4b^2 + 8b\beta_1 + \beta_1^2)} + \dfrac{c'(v_2)^{RS**}}{2}\right) \\ \dfrac{\partial D_2^{RS}}{\partial v_1} = \dfrac{J}{b+\beta_1} + \beta_1 c'(v_1)^{RS**} \end{cases}$$

当 $c'(v_2)^{RS**} > \dfrac{4\alpha b^2 + 8\alpha b\beta_1 + 3\alpha\beta_1^2 + 4b^2\beta_2 + 6b\beta_1\beta_2 + \beta_1^2\beta}{(4b^2 + 8b\beta_1 + \beta_1^2)(b+\beta_1)}$ 时，$\dfrac{\partial D_1^{RS}}{\partial v_2} > 0$；

当 $c'(v_1)^{RS**} > -\dfrac{J}{\beta_1(b+\beta_1)}$ 时，$\dfrac{\partial D_2^{RS}}{\partial v_1} > 0$。

五、结论

本文应用博弈模型研究在不同决策模式下，制造商和零售商均提供服务的双渠道供应链定价及服务策略。研究发现，消费者的渠道偏好程度、服务水平将会对渠道价格、需求产生影响，消费者对某一渠道更感兴趣，则该渠道可以获得更高的价格和需求水平。服务水平对双渠道定价会产生交叉影响，在渠道内部，服务水平对渠道价格产生正向影响，如制造商提供的服务对网络渠道定价产生正向影响，零售提供的服务对零售渠道价格产生正向影响；在渠道之间，制造商提供的服务会对零售渠道定价产生影响；同样的，零售商提供的服务也会对网络渠道服务产生影响。因此，在制造商提供服务的双渠道供应链中，制造商和零售商不仅在定价上会产生冲突，在服务方面也会产生冲突。为了减少渠道间冲突，实现双方利益最大化，制造商和零售商可以在服务方面进行分工和合作，如制造商提供网上产品搜索与选择、网上支付、售后支持等，零售商店负责品牌展示、提供线下取货、消费者沟通与体验等。杰克琼斯、骆驼和全友三个品牌在2012年“双11”的表现就是最好的印证，天猫公布这三家企业在“双11”当天销售过亿元，这三家品牌在线下都有足够的实体店和品牌覆盖[25]。骆驼品牌的成功主要是通过网络营销进行品牌宣传与塑造从而获得了较高的市场知名度，线下实体商店因此获益；杰克琼斯和全友在开设网络销售渠道之前就已经有较高的品牌知名度与认可度，网络销售渠道成为传统销售渠道的有益补充。

制造商的服务和零售商的服务会对各自的渠道需求产生影响，而且这种影响是交叉的。当制造商提供的服务保持在一定水平，制造商提升服务水平能够刺激网络渠道的需求，当超过该水平后，制造商进一步提升服务不仅不能增加网络渠道需求，反而会抑制需求，而且当制造商的服务超过一定水平后，提升服务不仅不利于自身渠道需求的增加反而会促进零售渠道需求的增加，同样的现象存在于零售渠道。因此，在双渠道供应链中，制造商和零售商提供的服务应该是有选择的并且是有限的。制造商和零售商为了使自身利益和供应链整体利益能够得到兼顾，应该对服务进行差异化，并且将它保持在一定水平。

对双渠道供应链定价及服务策略的研究，应该将制造商提供的服务因素也考虑在内，本文在这方面做了探索，今后的研究可以将信息共享、营销合作等因素考虑在内，同时增加双渠道供应链博弈参与者的数量，使研究更加客观有效。

参考文献

［1］张意轩，王淑凤．你在网上花了多少钱？支付宝发布全民年度对账单［EB/OL］．http：//it. people. com. cn/n/2003/0116/c1009－20222349. html，2013－01－16.

［2］艾瑞咨询．2012年中国电子商务交易额8.1万亿元［EB/OL］．http：//www. iresearch. com. cn/View/192198. html，2013－01－28.

［3］LOUIS S，ADEL E A，ANNE C. Marketing Channels（5th Ed.）［M］．New Jersey：Prentice

Hall，1996.

［4］TAKAHASHI K，AOI T，HIROTANI D，MORIKAWA K. Inventory Control in A Two - echelon Dual - channel Supply Chain with Setup of Production and Delivery［J］. International Journal of Production Economics，2011，133（1）：403 - 415.

［5］李海，崔南方．电子商务下的多渠道供应链理论研究及发展趋势［J］．图书情报工作，2011，55（18）：129 - 132.

［6］DUMRONGSIRI A，FAN A，JAIN A，MOINZADEH K. A Supply Chain Model with Direct and Retail Channels［J］. European Journal of Operational Research，2008，187（3）：691 - 718.

［7］ROHM A J，SWAMINATHAN V. A Typology of Online Shoppers Based on Shopping Motivations［J］. Journal of Business Research，2004，57（7）：748 - 757.

［8］许明辉，于刚，张汉勤．具备提供服务的供应链博弈分析［J］．管理科学学报，2006，9（2）：18 - 27.

［9］CHIANG W K，CHHAIED D，HESS J D. Direct Marketing，Indirect Profits：A Strategic Analysis of Dual - channel Supply Chain Design［J］. Management Science，2003，49（1）：1 - 20.

［10］浦徐进，石琴，凌六一．直销模式对存在强势零售商零售渠道的影响［J］．管理科学学报，2007，10（6）：49 - 56.

［11］TSAY A A，AGRAWAL N. Channel Dynamics Under Price and Service Competition［J］. Manufacturing & Service Operations Management，2000，2（4）：372 - 391.

［12］CHEN K Y，KAYA M，ÖZER Ö. Dual Sales Channel Management with Service Competition［J］. Manufacturing & Service operations Management，2008，10（4）：654 - 675.

［13］HUA G，WANG S Y，CHENG T C E. Price and Lead Time Decisions in Dual Channel Supply Chains［J］. European Journal of Operational Research，2010，205（1）：113 - 126.

［14］肖剑，但斌，张旭梅．双渠道供应链中制造商与零售商的服务合作定价策略［J］．系统工程理论与实践，2010，30（12）：2203 - 2211.

［15］LIN I I，MAHMASSANI H S. Can Online Grocers Deliver? Some Logistics Considerations［J］. Transportation Research Record：Journal of the Transportation Research Board，2002，1817：17 - 24.

［16］DANTE G，FRANCESC R A，MIGUEL ÁNGEL E R，JOSE MAGIN C C. Modeling E - logistics for Urban B2C in Europe［C］. A：International SIIV Congress. “3rd International SIIV Congress：People，Land，Environment and Transport Infrastructures，Reliability and Development”. Bari：Società Italiana Infrastrutture Viarie，2005.

［17］HSU C I，LI H C. Optimal Delivery Service Strategy for Internet Shopping with Time - dependent Consumer Demand［J］. Transportation Research Part E：Logistics and Transportation Review，2006，42（6）：473 - 497.

［18］MUKHOPADHYAY S K，YAO D Q，YUE X H. Information Sharing of Value - adding Retailer in A Mixed Channel Hi - tech Supply Chain［J］. Journal of Business Research，2008，61（9）：950 - 958.

［19］KAYA M. Essays in Supply Chain Contracting：Dual Channel Management with Service Competition and Quality Risk in Outsourcing［D］. California：Stanford University，2006.

［20］YAN R L，PEI Z. Retail Services and Firm Profit in A Dual - channel Market［J］. Journal of Retailing and Consumer Services，2009，16（4）：306 - 314.

［21］MAHAR S，SALZARULO P A，WRIGHT P D. Using Online Pickup Site Inclusion Policies to Manage Demand in Retail/E - tail Organizations［J］. Computers & Operations Research，2012，39（5）：991 - 999.

［22］HUANG W，SWAMINATHAN J M. Introduction of A Second Channel：Implications for Pricing and Profits［J］. European Journal of Operational Research，2009，194（1）：258－279.

［23］YAO D Q，YUE X H，LIU J. Vertical Cost Information Sharing in A Supply Chain with Value－adding Retailers［J］. Omega，2008，36（5）：838－851.

［24］DAN B，XU G Y，LIU C. Pricing Policies in A Dual－channel Supply Chain with Retail Services［J］. International Journal of Production Economics，2012，139（1）：312－320.

［25］中国经营报．电商渠道或冲击线下定价体系：价格回归成趋势［EB/OL］. http：//tech. sina. com. cn/i/2012－11－18/08267808036. shtml，2012－11－18.

供应链碳足迹测算与治理*

——以广东汽车产业为例

李齐　白熹

摘　要：在全球经济一体化的背景下，碳排放已通过供应链的传导机制转移到中下游企业。所以碳排放考察角度应该是全路径的，即观测供应链碳足迹。通过对广东汽车供应链碳足迹的测算显示：广东汽车产业的碳排放分布极不均匀，其中，核心企业的设计研发已经达到国际低碳标准，其生产制造环节的碳排放接近先进制造业碳排放水平。但是处于供应链中下游企业的碳排放却居高不下，其中，配套企业的零部件提供、物流企业运输配送、销售企业的使用维护，构成广东汽车产业的三大碳排放源。此外，汽车报废所产生的碳排放极易被人们所忽视，但其危害性更加值得关注。测算结果还表明，由于存在碳排放转移现象，广东汽车产业局部节能减排措施，没有带来供应链整体环境的改善。有效的碳治理，除了改善供应链中下游企业的生存环境之外，更重要的是对供应链碳足迹的排放源进行同步治理，才能实现节能减排的整体功效。

关键词：汽车供应链　碳足迹　碳治理

一、引言

关于供应链碳足迹表述：英国议会科学与技术办公室认为，是某一产品从原材料生产到产品销售全部生命周期所有碳排放总量；联合国碳信托组织（Carbon Trust）认为，供应链碳足迹是一种测试活动，即测试供应链中温室气体排放量的技术。

（一）供应链碳足迹研究现状

（1）最早提出供应链碳足迹概念的是英国的马修斯·韦伯和汉斯瑞克森（Matthews Weber&Hen - srickson）（2002）两位学者，他们从产品生命周期出发给出碳足迹的三个层次：第一层为生产电能和化石燃料燃烧所产生的碳排放，第二层为使用电能和化石能源所产生的碳排放，第三层是为之服务的整个供应链系统所产生的碳排放。在此基础上舒尔茨（Schulz）（2008）通过对新加坡的调研发现，在进口货物中，直接的温室气体排放量仅占货物产生排放的20%；贸易中间接的温室气体排放量比直接排

---

* 基金项目：广州"十二五"规划课程（10B71）的部分研究成果，该成果获得广东社会科学院立项资助（11NH05）。

作者简介：李齐，男（汉族），经济学教授，南华工商学院现代物流研究中心主任；白熹，男（汉族），在读博士，美国 Lehigh 大学 Rossin 工程学院。

放量多约40%。因此，温室气体排放的估算不仅仅是直接经济活动所产生的排放量，也应包括与该经济系统联系的上下游过程、与进口和出口物品相关的生命周期过程中的排放量。

（2）关于供应链碳足迹的分析：德鲁克曼和杰克森（Druckman&Jackson）（2009）以1999—2008年美国国际贸易中碳排放转移为研究对象，通过投—产出模型分析了美国与其最大的7大贸易伙伴（加拿大、中国、墨西哥、日本、德国、英国和韩国）之间的碳排放变化，研究得出由于国际供应链的存在，一个国家可通过进口碳排放密集型产品，以达到本国的碳减排目的，但其后果可能导致全球碳排放量的增加而不是减少，产生“碳泄漏”（Carbon Leakage）问题，从而使得国际控制碳排放的努力失效。

陈红敏（2011）重点研究高能耗转移导致的隐含碳排放。研究发现在中国制造业是隐含碳排放最高的部门，而汽车制造业的零配件配送过程隐含碳排放占总隐含碳排放的比重最高。从最终消费角度来说，售后服务业是主要的隐含碳排放部门，但是售后服务业的附加值比重远高于其隐含碳排放比重。

陈佳瑛，彭希哲和朱勤（2012）研究发现，家庭户数与家庭占有资源均对碳排放有显著影响。因此，在研究人口、资源与环境的关系时，资源占有应当获得更多的重视与关注。

（3）在碳足迹实践方面：英国是碳排放量化的先行者，其标志之一就是英国国家标准局（BSI）设计完成的温室气体排放测算方法PAS 2050（见后文介绍），该方法得到国际社会的普遍认可和广泛使用。在日本，经济产业省2008年4月成立推动委员会，2009年6月公布《碳足迹计算规范》，众多厂家和产品参与碳足迹测试工作。在韩国，碳足迹由韩国环境产业和技术委员会（KEITI）负责推动，并以政府绿色采购作为诱因推广。在德国，产品碳足迹试行计划由WWF，Oko－Institute，PIK及Themal共同完成，已对10家公司15件产品进行了验证。

上述综述表明，碳足迹在国外已得到广泛的应用，但在我国对行业和企业产品的碳足迹分析刚刚起步，尚缺乏以供应链的视角研究碳足迹。由于研究方面的不足，我国在碳足迹制度建设和实践推广方面就难有大的进展。

（二）广东汽车供应链

本文之所以选择广东汽车产业为研究对象是基于三点考量：第一，汽车产业是广东支柱产业，在广东GDP中占有举足轻重的地位。第二，广东是我国重要汽车生产基地和消费市场，2012年广东汽车产量居全国第二位，汽车销售量占全国1/4。2012年9月广东汽车保有量突破2000万辆大关，汽车尾气排放已经成为广东温室气体排放的主要来源之一。第三，就是全球化。目前广东是全球汽车产业链重要组成部分，国际普遍认同的跨国汽车公司中，丰田、日产、本田、大众、标致以及国内新能源汽车的代表比亚迪均在广东设厂，形成一个完整跨国界的汽车供应链。

广东汽车供应链由如下几部分组成：①核心企业。广东汽车供应链的核心企业多数是跨国企业，拥有不可替代的竞争力，这种竞争力可能是技术、资源，也可能是企业文化。在全球汽车产业供应链中，目前广东本土企业处在核心地位的并不多，但是发展潜力巨大，并具有后发的竞争优势。②配套企业。在全球汽车供应链中广东是一个关键节点，是跨国公司重要的外发基地，存在众多的配套企业，这些企业可能是原料供应商，也可能是零部件生产商，或者是汽车改装企业。在跨国汽车供应链中，广东是汽车零配件的生产基地，也是批发基地，但同时珠江流域水资源的过度消耗、化工原料的大量使用对土地资源造成严重不可逆的伤害，以及生产零部件产生的大量温室气体排放为代价。③物流企业。与广东汽车产业配套的物流企业多数是以第三方物流身份出现，他们或者是配送运输企业，或者是仓储企业，或者是报关报检企业。物流企业不管其经营范围如何，在供应链中都是不可或缺的节点，担负着核心企业与配套企业的桥梁和纽带职能。在碳足迹中，物流企业碳排放能量不可小视。④销售企业。销售企业一般是指汽车及零部件销售企业。广东的汽车销售量占全国各省市之首，也是零部件的产销之都，而在其背后支撑的是广东富裕的购买者（碳排放重要来源）。

（三）供应链碳足迹测算方法

应如何测算供应链碳足迹？本文采用目前在国际广泛使用的《PAS 2050：2008 商品和服务在生命周期内的温室气体排放评价标准》（简称 PAS 2050，下同），该标准用于计算产品或服务在整个生命周期温室气体排放量（Life Cycle Assessment，LCA），寻找在产品设计、生产和供应等过程中降低温室气体排放的机会。PAS 2050 给出测算碳足迹的四个原则：其一，相关性：找出评估产品及所产生的碳排放源；其二，完整性：计算产品的包含整个生命周期（“从摇篮到坟墓”），包括原材料、制造、分销和零售、消费者使用、最终废弃或回收；其三，一致性：所取得与碳排放相关信息具有历史的比较意义；其四，准确性：尽可能地减少误差和不确定性。

为了满足 PAS 2050 测算汽车供应链碳足迹的上述原则要求，本文给出广东汽车产品全生命周期六大环节：

（1）设计研发。在广东汽车产品中设计研发基本是由供应链的核心企业来完成，这些核心企业基本来自国际知名的跨国汽车公司。

（2）零部件采购。由于广东汽车企业以日系合资企业为主，其零部件采用是韩、日通用塔式采购模式。这种模式下采用层层转包类似金字塔形的塔式架构（见图2）。在全球化生产和采购的大背景下，广东汽车零部件呈现出模块化供货以及专业化生产的趋势。零部件中小配套企业与设计制造的核心企业的关系将更加密切，分工也更加细致和明确。

（3）生产制造。广东汽车整车生产制造企业均采用合资模式，譬如，“广汽丰田”、“一汽大众”“长安标致”等。表面上看是跨国汽车巨头与国内汽车核心企业的强强联合，但其实质是国际汽车产业转移的结果。广东正逐渐承接欧洲和日本汽车企业转移过来的产能，成为世界新的汽车制造中心。

（4）物流配送。广东汽车物流配送系统是由两部分组成，即零部件配送和整车配送。广东整车配送采用自营配送 + 市场配送相结合的方式。自营配送是由整车制造厂自己配送，而市场配送是由专业的第三方汽车物流企业进行配送。汽车零配件种类繁多，其零配件的配送需求构成十分复杂，所以集成自动化零配件配送中心是广东汽车零部件配送的主要方式。

（5）使用和维护。汽车的使用和维护环节是直接面对使用者，是汽车供应链的重要环节和落脚点。要想促进汽车产业向低碳发展，首先要改变使用者的使用习惯，形成“低碳使用”的理念。

（6）回收利用。汽车的回收利用既包括整车回收利用也包括零部件的回收利用。汽车回收利用不仅是涉及减少碳排放，保护环境等问题，更关系到资源的再利用问题。广东汽车产业能否可持续发展，回收利用是必须解决的课题。

二、供应链碳足迹测算

（一）测算步骤

广东生产的汽车主要是以化石能源和电能为主，因此，本文仅计算化石能源和电能这两种高碳能源的碳排放量①。设定：$T_{总}$ 为化石能源和电能总的碳排放量，$T_{化}$ 为化石能源的碳排放量，$T_{电}$ 为电能能源的碳排放量，$T_{总}=T_{化}+T_{电}$。

$T_{化}$ 的碳排放量计算公式如下：$T_{化}=\sum_{i}^{n}HiQ_{k}e$

其中，H 为化石能源消耗量，i 为第 i 种化石能源的消耗量，分别为柴油、石油、润滑油、石脑油、天然气；Q 为能源质量，能源质量采用欧洲标准（如，欧Ⅲ、国Ⅳ），k 为能源标号，能源标号采用国家制订标准（90 号、93 号、97 号），e 为碳转化系数，转化系数参照欧洲化石能源温室气体排放测算标准。

$T_{电}$ 的碳排放量计算公式如下：$T_{电}=\sum_{i}^{n}D_{i}M_{k}e$

其中，D 为电能源消耗量，i 为第 i 种电能源的消耗量，分别为煤电、油电、核电、水电及风电；M 为发电能耗，能耗使用国家计委能源所规定的平均值标准，本文平均值采用（2007—2011 年）平均值，k 分别代表上述年份，数据来源于中国经济产业数据库；e 同样为 CO_2 转化系数，以欧洲化石能源温室气体排放标准测算。

测试所使用的数据分别来自于《广东统计年鉴》、《广东能源统计年鉴》、《中国汽车产业数据库》，计算中所使用的碳排放为平均排放，即在生命周期内，各类车企在供应链每个环节的平均碳排放量，即碳排放千克（kg）/辆。由于存在不同汽车企业，或者同一企业不同品牌车型以及同一品牌车型不同排气量的汽车，其单位碳排放均存在差异，为使计算结果更趋合理，我们在测试计算中采用加权平均，其中权重按 2011 年汽车销售量设定，汽车使用寿命均为 20 万公里（电动汽车 15 万公里）。测试数据如表 1 所示。

---

① 关于碳排放量联合国环境保护署在京都议定书中规定六种应控制的温室气体：二氧化碳（CO_2）、甲烷（CH_4）、氧化亚氮（N_2O）、氢氟碳化合物（HFCs）、全氟碳化合物（PFCs）、六氟化硫（SF_6），统称广义碳排放。联合国政府间气候变化专门委员会（IPCC）第四次评估报告已经证明，二氧化碳（CO_2）为最重要的人为温室气体，我国公布的减排方案也将减排对象界定为二氧化碳。基于统计分析的可行性，本文仅计算二氧化碳（CO_2）的排放量，即狭义的碳排放。

表1　　广东汽车业供应链碳排放统计　　单位：千克（kg）/辆

供应链＼生命周期		设计研发	零部件提供	生产制造	物流配送	使用维护	回收处理	总计
核心企业	$T_{化}$	450	1500	1430	450	80	220	4130
	$T_{电}$	670	2700	3870	830	110	310	8490
	$T_{总}$	1120	4200	5300	1280	190	530	12620
配套企业	$T_{化}$	450	11200	730	470	350	3960	17160
	$T_{电}$	360	7500	520	420	920	5180	14900
	$T_{总}$	810	18700	1250	890	1270	9140	32060
物流企业	$T_{化}$	130	370	410	12200	410	1020	14540
	$T_{电}$	260	250	320	8560	630	1100	11120
	$T_{总}$	390	620	730	20760	1040	2120	25660
销售企业	$T_{化}$	120	1310	270	2430	24000	3760	31890
	$T_{电}$	70	2070	250	3450	15000	4030	24870
	$T_{总}$	190	3380	520	5880	39000	7790	56760
合计	$T_{化}$	1150	14380	2840	15550	24840	8960	67720
	$T_{电}$	1360	12520	4960	13260	16660	10620	59380
	$T_{总}$	2510	26900	7800	28810	41500	19580	127100

在上述供应链碳足迹的测算中，考虑到数据索取的方便和企业的透明度，我们选取广东汽车产量排在前列的广汽丰田、东风日产和比亚迪为核心企业样本。对于核心企业的代工厂包括发动机制造、特种车改装、车载电器等制造企业，我们统一纳入配套企业测算。物流企业由于其数目庞大、种类繁多，我们选取如下几类企业：整车和零部件配送、油料运输、零部件仓储、货运代理（含报关报检）。对销售企业而言，我们主要是通过它来测算购买者在其使用生命周期的碳排放状况，由于时间跨度长，数据的连贯性和完整性至关重要，为此选取上述核心企业的4S店作为销售企业样本，并采取随机抽样方法，抽取4S店的客户驾驶记录，以求提高其测算结果的可信度和准确性。广东汽车供应链碳足迹是单位产量（辆）在其生命周期碳排放的量化表征，其生命周期包括从汽车设计到报废后的回收利用的全过程，涵盖供应链的各个节点。

（二）测算评价

碳足迹测算结果显示：广东每生产一辆汽车在整个生命周期中将排放127100千克温室气体，这可能出乎许多人的预料，也充分说明作为广东的重要产业之一，汽车业是名副其实的高碳产业。

从供应链企业的角度观察，核心企业的碳排放量是最低的，仅占总排放量的9.9%；其次为物流企业，占总排放量的20.18%；再次是配套企业，占总排放量的

25. 22%；最高是销售企业，占总排放量的 44. 66%。之所以销售企业的占比最高，是因为我们测算的是销售背后的购买者使用车辆时的碳排放，且设定的汽车使用生命周期为 20 万公里，其时间跨度长达 10 ~20 年。

从产品生命周期的角度观察，按碳排放量依次排序为销售使用、物流配送、零部件采购、回收处理和设计研发。碳排放占比分别为：32. 65%、22. 67%、21. 16%、15. 4%、6. 14% 和 1. 97%。分析发现，作为高碳的广东汽车产业的碳排放分布极不均匀，其中，设计研发环节的碳排放占其生命周期全部碳排放比重不足 2%（1. 97%），已经达到低碳产业的标准；生产制造环节的碳排放占比也仅在 6% 左右（6. 14%），接近先进制造业碳排放水平。但是作为配套和使用的零部件、物流、销售三个环节，单位碳排放均超过 20000kg，属于高碳排放，如图 1 所示。

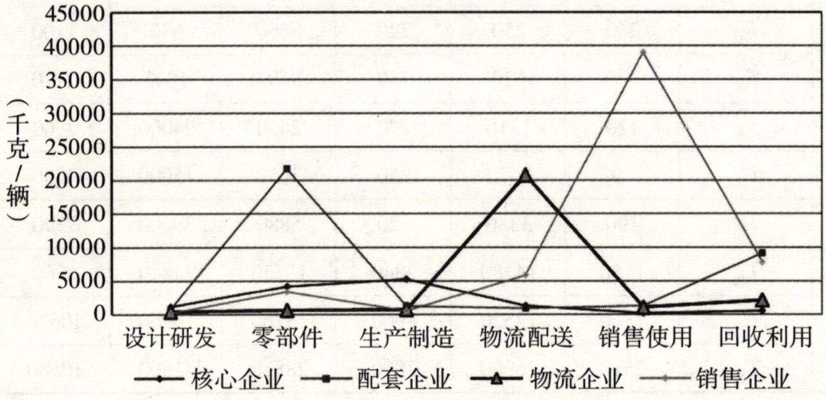

图 1　广东汽车供应链碳足迹绘制图

三、供应链碳足迹分析

对广东汽车供应链碳足迹测算表明，广东汽车产业的碳排放的三大源头分别为：配套企业的零配件提供环节；物流企业的物流配送环节和汽车销售后的使用环节。此外，在碳足迹排在第四位的回收利用环节，碳排放极易被忽视但却不可忽视。

（一）配套企业碳足迹的分析

广东汽车产业采用“塔式零配件供货模式”。该模式下的一级供应商的数量并不多，而与其进行业务往来是庞大的配套企业，且以中小企业为主，从而形成二级和三级供应商以及更细分的等级，如图 2 所示。

通过碳足迹观察，在零部件供应（生产和售后服务）环节，一级供应商（多数属于核心企业）的碳排放远远低于二三级供应商（配套企业），二三级供应商是一级供应商的 4. 45 倍。这是因为一级供应商有完善的汽车零部件供应系统。但是这种供应系统只局限于一级供应商生产并提供的核心零部件这一块，而其他国内配套的零部件供应则由各自配套二三级供应商企业独立来完成，一级供应商只负责提供大型的仓库作为零部件的集散地。

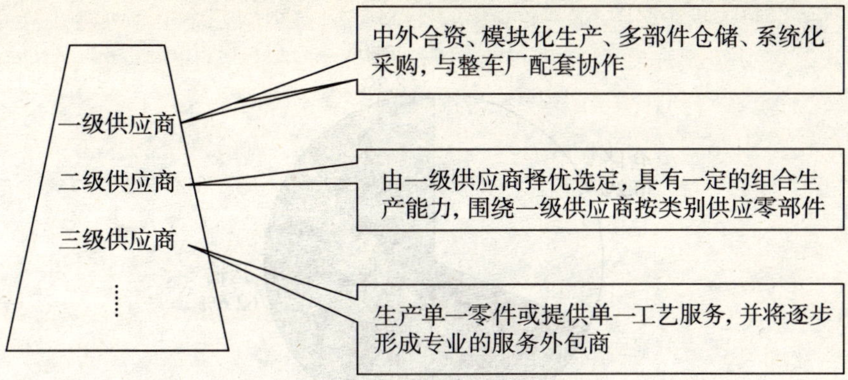

图2　供应商数量比例（一级：二级：三级=1：7：28）

与低碳的一级供应商形成明显的反差：广东汽车产业二三级供应商的表现特征为：企业数量大、分布广、规模小、供货单一、依赖性强、竞争激烈。对以中小企业为主的二三级供应商而言，他们时刻都面临两大基本问题：生存与发展。既要求生存又要图发展，资金是摆在他们目前最大的瓶颈。但是中小企业融资难在我国是一个多年未能解决的问题，二级和三级供应商即使获得融资，他们首先要解决也是生存和发展两大基本问题，而对降低碳排放等环保资金投入肯定不是他们优先考虑的问题，在自身不予重视，并缺乏社会关注的情况下，配套企业的零配件提供环节成为广东汽车产业碳排放的三大源头之一就不难理解了。

（二）物流企业碳足迹的分析

作为广东汽车产业供应链碳足迹的第二大排放源，物流企业减排压力相当大。为深一步查找碳排放源，本文抽取200家汽车物流企业进一步测算其碳排放。我们采用分层抽样方法，即按照广东汽车物流企业的采购、运输、仓储三个层次分别抽取样本，如表2所示。

表2　　广东汽车物流企业碳排放　　单位：千克（kg）/辆

	样本（数量）	中小企业（数量）	$T_{化}$	$T_{电}$	$T_{总}$
采购层	40	15	617	1641	2258
运输层	90	73	12558	4676	17234
仓储层	70	38	619	7695	8314
合计	200	126	13794	13736	27530

注：（1）本次测算的碳排放量大于碳足迹测算时的碳排放量是抽样的测算偏差所致，其偏差度为5%以下，在有效统计范围内。

（2）3个层次抽取的样本数量不一致是考虑到不同层次实际企业的数量，基本是按总数的4%抽取样本。

根据上述测算我们绘制出广东汽车物流的碳排放结构，三个层面碳排放分别占比为8.2%、62.6%和30.2%，如图3所示。

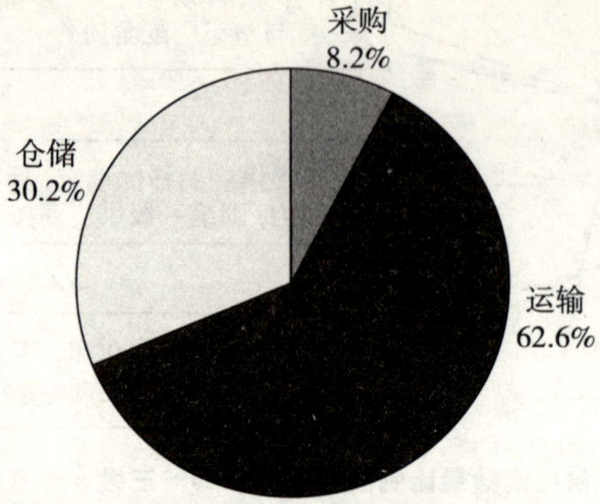

图3　广东汽车物流配送碳排放结构

广东汽车物流的碳排放62.6%是运输层面产生的，可见，降低运输的碳排放对物流环节乃至广东汽车整体产业的减排效果至关重要。那么，为什么物流环节的主要碳排放产生在运输层面？这与广东汽车物流企业分布格局密切相关。

1. 采购层

在广东汽车物流的采购层基本由跨国汽车制造企业所把控。他们采用是一级零配件采购模式，即零部件一级配套采购。整车厂以汽车零部件需求为基础，通过对一级供应商采购和供应过程的信息流、物流、资金流的控制，将汽车制造企业与一级供应商紧密联系在一起而形成的采购供应链。仅从采购层面看，这种管理模式减少采购环节，提高采购效率，节约采购成本。但是，汽车零部件采购品种多、数量大、采购范围广，采购管理具有相当的复杂性。一级配套采购虽然简化采购层的环节，它带来另外两个弊端：其一，跨国汽车制造企业尤其是日系企业，由于经营理念和企业文化所致，他们选择一级供应商往往以外资或中外合资企业为主，这就是为什么中资企业很难进入一级供应商的原因所在。其二，将复杂汽车物流问题转嫁给另外两个层面——运输和仓储。

2. 运输层

在广东汽车物流的配送运输层是最具市场竞争环境的领域。具广东物流协会统计，在为广东汽车产业服务的4793家物流企业中，处在采购层的仅有375家，占比为7.82%，仓储层占比也仅有23.8%，其余近70%为运输企业。在运输企业中大型企业比重仅为3.9%，这就说明广东汽车产业的物流配送是由众多中小物流企业来完成的。由于汽车物流的优选策略，一级配送商与他们之间并不保持紧密的合作关系，而是按照市场优胜劣汰的规则，建立灵活的业务往来关系。使这些中小物流企业竞争异常激烈，竞相压价，忽略安全和环保措施。譬如，以民营和中小企业为主的广东货代企业，为了拉来业务竞相降价，使每单业务利润率降到3%左右，其结果就是员工工作强度大但收入低，流失率高。至于运输企业情况就更为糟糕，恶性竞争的结果是运输品种单一，运输成本高，运输效率低。高额的配送运输成本，重复低效的运输配送流程，低门槛无序竞争下的企业结构是运输层产生高排放的根本原因。

3. 仓储层

在广东汽车仓储分为整车仓储和零配件仓储，其碳排放占汽车物流全部碳排放的30.2%。在寻找和测算碳排放时，人们往往将重点放在零配件的仓储方面，而忽略整车仓储的碳排放。但是，我们在对仓储层抽样测算的结果却发现汽车仓储的碳排放的近40%是整车仓储产生的。

事实上，降低汽车零配件仓储的碳排放，作为供应链上游的广东汽车制造企业和一级供应商一直都在努力中。譬如，先进的JIT管理模式被广泛采用，这种模式采用看板管理，以单元化生产等技术实行拉动式生产，以实现在生产过程中基本没有积压的原材料和半成品，JIT管理的主要目标之一是降低和消除库存。但是值得我们深思的是：上游企业的这些努力却没有带来供应链整体碳排放的减少。

整车仓储之所以被忽视，是因为从管理角度，企业往往将其纳入销售环节，而不是物流环节。制造企业包括零配件生产企业一旦将其产品销售出去，就不在他们的管理范围，所以他们关心是销售前的库存，而不是销售后的库存。但是现实的情况是汽车出厂并不意味着已经到了使用者手里，而相当时间是存放在销售企业（4S店）库存里。由于目前车型种类的增加，加之目前的销售状况，这部分仓储数量相当大，其产生的隐性碳排放更具危害性。

（三）汽车销售后的使用环节碳足迹分析

广东汽车产业碳排放排在首位是汽车销售后的使用环节，碳排放占比高达32.65%，为第一大碳排放源。分析使用环节产生的碳排放有两大关键指标：能源消耗强度（单位车辆的能源消耗量）和碳排放密度（每千人拥有车辆年碳排放量）。

对此，我们选择广东人均汽车占有比较高的两个经济特区深圳和珠海进一步分析和论证。深圳汽车保有量2012年为233万辆，每千人汽车拥有率199辆；与上千万人口的深圳相比，珠海2011年常住人口仅有141万人，但其汽车保有量也达到23.8万辆，每千人汽车拥有率162辆。尽管两个特区人口差别巨大，但人均汽车拥有率相差不大，具有可比性。根据深圳、珠海的实际情况，我们选取了节能车比、燃料类型、百公里均运行速度、年均运行距离等数据测算两大关键指标。

其中，能耗强度测算公式为$E_k=(V_{ki}\cdot U_{ki}\cdot F_{ki})/T$，式中，$E_k$为$K$种车型能耗强度；$V_{ki}$为$i$类燃料驱动的第$k$种车型的拥有量；$U_{ki}$为$i$类燃料驱动的第$k$种车型的年均运营距离/km；$F_{ki}$为$i$类燃料驱动的第$k$种车型的运行距离/（$m^3\cdot km\cdot$辆）；$T$为城市汽车保有量。温室气体排放量测算方法温室气体（CO_2）排放量计算式为$M_k=(E_k\cdot F_i,)/OR$。式中：M_k第k种车型的CO_2排放量；E_K能耗强度；F_i为i类燃料的CO_2排放因子，其值选自《IPCC清单编制指南》以及我国首次发布的中国温室气体清单研究结果；OR为汽车拥有率。上述选取了节能车比、燃料类型、百公里均运行速度、年均运行距离等数据均来自已有统计资料和调研。对于常年在深圳和珠海行驶的外地车辆，由于欠缺统计数据，我们只能忽略不计。测算结果，如表3所示。

表3　深圳、珠海汽车使用碳排放测算

	节能车比（%）	燃料类型	均运行速度（km）	均运行距离（km）	能耗强度（n^3·km·辆）	排放密度（g·km）
深圳	17.5	国Ⅳ	58	16650	9	182
珠海	8.2	国Ⅲ	74	19830	11	205

节能车比是指新能源汽车占城市汽车保有量比重，新能源汽车一般是指低排放的纯电动和混合动力车型；燃料类型是指成品油的标号，我国目前在一二线城市普遍使用的成品油标号为国Ⅲ和国Ⅳ；均运行速度就是指平均时速；均运行距离是指年平均行驶的距离。

测算结果显示，珠海的能耗强度和排放密度均高于深圳，其原因有：其一，节能车比，深圳为17.5%，而珠海仅有8.2%，深圳作为全国新能源汽车推广试点城市，2012年新能源汽车保有量目前已超过3000辆，居全国之首。其二，使用的燃料类型。从2009年起深圳（包括广州、佛山、东莞）全面使用国Ⅳ成品油，而珠海目前仍使用国Ⅲ成品油。与国Ⅲ成品油相比，使用国Ⅳ成品油单车污染物排放降低了50%，颗粒物排放降低了80%以上。要想实现对汽车使用环节的节能减排，首先就要提高燃油品质。其三，尽管时速多少最节能仍然是一个有争议的问题，但是匀速行驶最节能是公认的结论。在这个方面珠海要好于深圳，尽管在人均汽车拥有率和城市路况质量等方面两个城市差异不大，但是人口密度深圳要远远高于珠海，使得深圳的交通拥挤程度要比珠海严重得多，所以时速仅有58公里，远低于珠海的74公里。关于匀速行驶，其实还有一个驾驶员的驾车习惯问题，低速行驶和超速行驶以及不断变道和抢道都是不良的行车习惯，既影响交通也增大碳排放。深圳对有些路段实行高速和低速的双向限制，其目的就是督促人们养成良好的驾驶习惯。其四，均运行距离。平均行驶的距离长，耗能就高，这一点显而易见。深圳的平均行驶的距离低于珠海，有交通拥挤的负面因素，但更重要原因是深圳的公共交通的便利和出行方式的多重可选择性。

（四）回收利用环节的碳足迹分析

尽管回收利用在广东汽车产业碳足迹中与三大排放源相比并不显著，但其碳排放能力尤其是未来的趋势不可小视，减排工作任重道远。在对回收利用碳足迹的分析过程中，我们发现两个值得关注的问题：

（1）回收利用高排放与设计研发和生产制造低排放的反差。表1的数据表明，回收利用的碳排放比设计研发和生产制造的两个环节的总和还高出89.9%。从汽车自身的结构来看，废旧汽车的回收利用蕴含着难以想象的能源利用价值。在欧美和日本，不仅针对汽车的回收再利用立法强制执行，而且汽车回收本身已经发展成为一个新兴产业。但是在广东，由于大规模的汽车报废期还没有到来，汽车回收利用仍被供应链多数企业所忽视，对废旧汽车的处理仍然停留在丢弃、填埋和烧毁的技术层面上，不仅给环境造成了极大的破坏，而且浪费了大量的可再生利用资源。

（2）回收利用环节电能的碳排放高于化石能源的碳排放。表1数据表明，纯电能汽车的碳排放要远远低于化石能源汽车（碳排放降低37.5%），它说明设计研发并生产制造出节能环保的电动汽车可以有效改善温室气体排放。但我们也同时发现，从整个产品生命周期看，纯电能汽车的碳排放减少幅度就远少于设计研发环节（碳排放仅降低12.4%），其原因是回收利用环节的电能的碳排放高出化石能源的碳排放18.8%，这就使节能环保电动汽车的减排效果大打折扣。

（五）分析结论

综合上述分析我们给出如下结论：其一，处在供应链核心地位的跨国企业的产品可能是低碳的，并不代表其供应链就是低碳。单纯从产品出发已经不能准确衡量他们的低碳水准，更多应考察供应链过程低碳。其二，作为供应链中下游的低端企业，不管处在供应链中的那个环节上，都是跨国企业的外包商，当跨国企业将各个工序外包给中下游配套企业的同时，也转移了碳排放量。其三，广东汽车产业碳排放与碳治理极不均匀，先进与落后、有序与无序、高排放与低排放并存，局部节能减排措施，没有带来汽车产业整体环境的改善。其四，对温室效应而言，任何地方排放的温室气体，都会产生相同后果。如果广东汽车供应链减排仅局限在上游的几个环节，或者说上游的环境的改善，是以中下游的环境更加恶劣为代价的话，供应链的整体减排效果不是变好而是更差。

四、碳治理的几点建议

针对本文的分析结论，笔者提出有效碳治理的几点建议：

（1）广东汽车供应链碳足迹告诉我们这样一个现实：中小配套企业碳排放过大是无奈的取舍结果。解决配套企业的零配件供应环节的碳排放问题，重点不是强调中小配套企业的环保意识，而是寻找其环保资金来源。对中小配套企业而言，在理顺与供应链上下游关系的基础上，应充分利用现行的国际碳资金供给体系进行碳融资。

（2）作为广东汽车供应链的重要一环，汽车物流中运输和仓储企业承接许多本应由上游解决的碳排放，碳排放被转移特征明显，是广东汽车产业碳排放的重点和减排的难点所在。其碳治理思路：其一，解决运输层的减排困境，除了规范中下游企业的行为准则，进行有序管理之外，更重要的是供应链核心企业加大对配套物流企业环保资金的投入，改善这些企业的生存环境。其二，汽车仓储层减排的重点应放在供应链中下游仓储、整车的售后仓储和报废车的仓储三个方面，三方面同步治理，相辅相成，才能事半功倍。

（3）广东汽车产业使用环节碳治理的重点是：新能源汽车的推广和使用，提高油品的质量，城市交通的完善三个方面。而这三个方面也正是今后环保资金应重点投资的领域。此外，培养使用者的正确的驾车习惯，包括：提高驾驶者的文明素质和技术素养，遵守交通规则、养成环保的驾车速度、科学设计行车路线等。在此方面不仅需要加大宣传和处罚力度，更需要相应政策和法规来配套。

（4）随着我国第一批私家车的生命周期的终结，报废汽车逐年增加态势已经确立，他们的所产生的碳排放即将或已经成为一个重要的碳排放源。对汽车回收处理的建议是：一是可回收设计。其中汽车零配件的可拆卸是非常关键的因素，它可以延长资源的利用时间，是实现汽车回收利用的前提条件。二是建立废旧汽车处理的逆向物流系统，打造能回收旧产品和废料的“循环型闭环式物流体系”。三是大力发展第三方专业汽车回收处理企业，利用其专业化和规模优势，对报废汽车进行集中管理，以消除报废车辆无效储存和搬运；同时，对报废车辆进行清点和评估，并根据需要迅速有效地进行处置。

既然碳足迹是一个过程，那么碳治理就是一个过程的治理，只有供应链主要排放源碳治理同步和统一，广东汽车产业的节能减排才能最终见成效。

参考文献

[1] 罗芬，钟永德，王怀探．碳足迹研究进展及其对低碳旅游研究的启示［J］．世界地理研究，2010（9）．

[2] 陈红敏．包含工业生产过程碳排放的产业部门隐含碳研究［J］．中国人口“资源与环境”，2009（12）．

[3] KENNY T，GRAY N F. Comparative Performance of Six Carbon Footprint Models for Use in Lreland［J］．Environmental Impact Assessment Review，2009（1）．

[4] 陈佳瑛，彭希哲，朱勤．家庭模式对碳排放影响的宏观实证分析［J］．中国人口科学，2009（5）．

[5] 联合国环境规划署．联合国气候变化与旅游［EB/OL］．http：//www. unep. org/．

[6] 朱松丽．上海城市交通能耗和温室气体排放比较［J］．城市交通，2010（8）．

[7] 张国强．基于产品生命周期理论的汽车能耗和碳排放的研究［J］．科技向导，2011（11）．

[8] 孙兆刚，褚义景．基于全生命周期的汽车节能减排设计分析［J］．武汉理工大学学报，2010（2）．

[9] 陈其超．我国汽车销售模式研究［J］．成都航空职业技术学院学报，2012（3）．

供应链伙伴特性对跨企业知识交易影响路径的实证研究*

——基于关系质量的中介效应

陈　伟　张旭梅

摘　要：通过引入关系质量这一中介变量，构建了供应链伙伴特性、关系质量对跨企业知识交易影响的概念模型，其中供应链伙伴特性包括文化相容、资源依赖和知识距离等三个方面内容。利用结构方程模型结合256家供应链上下游企业的调查数据对上述概念模型进行了实证研究。研究结果表明，文化相容、资源依赖对关系质量与知识交易有显著的正向影响；知识距离对关系质量有显著的负向影响，对知识交易负向影响不显著；关系质量对知识交易有显著的正向影响；由于关系质量中介效应的存在，知识距离可以间接地影响知识交易，文化相容对知识交易总的影响最大。

关键词：供应链　伙伴特性　关系质量　知识交易

一、引言

早在20世纪90年代，管理学大师彼得·德鲁克（Peter Drucker）就提出："知识已成为企业关键的经济资源，而且是竞争优势的主导性来源，甚至可能是唯一的来源"[1]。可见，在当前知识经济快速发展的情况下，企业要想保持其竞争优势，就必须不断地获取新的知识资源以增强自身的创新能力。而供应链作为企业获取外部知识和价值创造的一个重要源泉，基于不同成员企业间的非核心互补性知识资源，通过知识共享可以使成员企业学习和获取企业外部的先进知识，从而提高供应链的整体竞争优势及企业间的合作绩效[2,3]。但是供应链的成员企业是不同的利益主体和行为主体，没有具有行政约束力的组织机构来推动知识共享活动的进行，供应链企业间的知识共享显然比企业内部的知识共享更难进行。而在供应链中建立知识市场，以市场机制来引导、鼓励、刺激、督促和规范供应链企业间的知识交易是达成这一目标的有效途径。通过知识交易，知识提供方可以得到经济、互惠或名望、地位、合作关系加强等方面

---

* 资金资助：国家自然科学基金资助项目（70871128）。

作者简介：陈伟，男，湖北潜江人，四川外国语大学国际商学院讲师，主要从事供应链管理与知识管理方面的研究；张旭梅，女，四川仁寿人，重庆大学经济与工商管理学院教授、博士、博士生导师，主要从事供应链管理与知识管理方面的研究。

发表情况：商业经济与管理，2013，33（1）：32－42。

的回报，知识吸收方为得到知识所给予的付出也会物有所值，知识共享与转移就容易进行。供应链企业间知识交易思想的提出为知识共享与转移提供了新思路和新方法，对于解决目前困扰企业界和学术界的如何促进供应链企业间进行知识共享与知识转移的问题具有重要的理论意义。

Davenport（1998）在《working knowledge》一书中首次提出了企业内部知识市场概念，他指出知识交易的参与者包括知识买方、知识卖方和知识中介，知识交易中的酬劳涉及互惠性、个人声誉和利他主义等[4]。之后，国内外开始陆续有文献对企业内部知识市场和知识交易进行研究，Ba等（2001）分析了知识作为公共品在组织中的交易特性，并运用拍卖理论建立了知识投资优化数学模型[5]；Matson等（2003）分析了知识市场的作用机制和可能造成知识市场失灵的因素，并对如何使知识市场可行等问题进行了研究[6]；美国伊利诺伊州大学信息管理学教授Desouza是Davenport“知识市场”理论的主要支持者，发表了多篇有关企业内部知识市场的文献（2003—2005年），认为企业内部知识市场是解决知识管理技术问题和社会问题的理想平台，对企业内部知识市场的构成、建立知识市场需要克服的因素进行了比较深入的研究，并进行了相关案例研究，用数学模型证明了价格机制在知识管理中所起的关键作用[7—9]；Brydon和Aidan（2006）对知识商品进行了分类，并对影响内部知识市场管理效果的因素进行了分析，提出了七种应对措施[10]；戴俊和盛昭瀚通过引入知识交易意愿度的概念，构建了需求拉动式和供给推动式的两种知识交易模型并对两种模型进行了比较[11]；陈搏和张喜征通过对组织内部知识市场的交易博弈模型分析后得出，掌握知识的员工只有在等价交换的条件下才愿意长期供应知识[12]。关于企业间特别是供应链企业间知识市场及知识交易的研究还不多，并且主要集中在理论研究及数理模型研究基础之上，其中张旭梅等从理论的角度研究了供应链企业间建立知识市场的影响因素以及知识交易的方式[13]，并分别以核心企业、第三方知识服务公司作为管理方研究了供应链企业间的知识交易模型[14]；许有志等在供应链中引入知识交易机制，分析了供应链中知识供给者和需求者之间的交易行为[15]。关于供应链企业间知识交易的实证研究特别是其影响因素的实证研究还没有发现。考虑到供应链企业间知识交易涉及多方利益，受到企业内部和外部等诸多因素的影响，而供应链合作伙伴作为知识交易的决策主体和行为主体，其本身的特性以及伙伴间关系质量将对知识交易有着决定性的影响，弄清供应链伙伴特性及其关系质量对知识交易的影响路径及影响程度将会为成员企业的知识交易决策提供依据。基于此，本研究以关系质量为中介变量，构建了伙伴特性、关系质量对供应链企业间知识交易影响的概念模型，并拟用结构方程模型对上述概念模型进行实证研究，以期对我国企业的供应链知识管理提供理论依据与指导。

二、概念界定

（一）供应链伙伴特性

不断细化的社会分工、激烈竞争的市场环境以及不断变化的消费者需求使得企业必须不断地进行技术创新，当自身的资源无法满足发展需求时，越来越多的企业开始考虑与外部其他企业或组织进行合作，而以供应链联盟的方式进行协同合作，实现企业资源的优势互补，可以增强企业自身的创新能力与创新速度并降低创新成本和创新风险。考虑到供应链联盟本质上是一种不完全的契约关系，对彼此间的行为缺乏强制性的约束力，难免会有“搭便车”等机会主义行为发生，这样势必会影响到供应链伙伴关系的持续发展。因此，选择合适的合作伙伴是实施供应链战略的关键所在，从多个方面谨慎地评估潜在合作伙伴的特性也成为企业组建供应链前的重要环节。Keith 等（1990）提出战略联盟选择合作伙伴的四个准则：可提供互补性的技能、企业间存在合作的文化、公司有相同的目标、双方均考虑到联盟的风险[16]；Brouthers 等（1995）在总结以前理论研究和实证研究基础上提出了选择战略联盟合作伙伴时应遵循的 4C 原则：互补能力（complementary skills）、合作文化（cooperative cultures）、兼容目标（compatible goals）和相称风险（commensurate levels of risk）[17]；Mccutcheon 和 Stuart（2000）认为企业在选择合作伙伴（供应商）时要对双方经营目标的一致性、企业文化的相似性、企业规模及权力的对称性进行衡量[18]。

根据已有研究结合本文研究对象，本研究将从三个方面来评价供应链伙伴特性：企业文化相容、资源依赖及知识距离。企业文化相容指供应链伙伴间企业文化不相冲突，在价值观念、管理风格、经营理念和目标上具有一定的相似性。不同企业文化带有不同的特征，企业间的文化具有相容性将有助于减少日后彼此之间的冲突。资源依赖是指供应链伙伴间在技术、知识或市场等方面可以互补，能为合作伙伴提供独特的资源。从资源依赖理论角度来讲，供应链伙伴间的资源依赖可以使成员企业专心于自己的核心业务，保持本领域的竞争优势。知识距离是指知识的某一信息状态从知识提供方转移到知识接收方，并且在其本身知识基础上实现共同信息最多的新知识表达状态的距离[19]。知识距离用来描述知识转移方和知识接收方之间的知识相似度以及知识存量差距，交易双方知识距离越大，知识接受方吸收知识的难度就越大。综合国内外相关文献的研究成果，本文用我们与供应链合作伙伴可以接受彼此的经营理念（Cu1）、我们与供应链合作伙伴会支持彼此的经营目标（Cu2）、我们与供应链合作伙伴在企业管理风格上大致相似（Cu3）、我们与供应链合作伙伴在价值观的认同上大致相同（Cu4）等四个问项来衡量文化相容[20]；用我们与供应链合作伙伴之间拥有对方所需要的资源（So1）、我们与供应链合作伙伴可利用双方的资源达到优势互补（So2）、我们与供应链合作伙伴在合作过程中能各取所需（取长补短，达到资源优化配置）（So3）等三个问项来衡量资源依赖[21,22]；用我们与供应链合作伙伴彼此拥有的知识基础存在较大差异（Di1）、我们与供应链合作伙伴不存在知识共享（交易）的文化（Di2）、我们与供应链合作伙伴所拥有的知识很难编码或显性化（或显性化需要花费较高的成本）（Di3）等三个问项来衡量知识距离[23—25]。

（二）关系质量

对关系质量的研究较早出现在市场营销领域，重点探讨的是企业与其客户之间的关系质量问题[26]。随着企业间的合作日益增加，合作企业间的关系质量问题开始受到管理实践者和学者的关注。但是目前关于关系质量的定义还没有形成统一的认识，还缺乏系统的理论框架[27]。Woo 和 Ennew（2004）认为研究者对关系质量认识不一致的主要原因在于不同类型关系的存在[28]。正是由于存在不同的关系类型，因此在研究不同关系背景下的关系质量时应该突出其特点。

关于供应链背景下的企业关系，现有理论对包括交易成本理论、资源依赖理论和社会交换理论都给出了解释，这些理论从不同的视角解释了供应链关系的本质[29]。交易成本理论认为供应链企业间的长期关系是为了降低交易成本；资源依赖理论认为供应链企业间的关系是对不确定性及依赖性的一种战略反映；社会交换理论认为供应链关系出自于企业间相互提供令人满足报酬的需要。可见，供应链关系是通过供应链企业间的交互实现的，双方的交互过程除了短期交易（产品或服务交易、信息或知识交易）外，还包括长期的关系行为，而且长期关系行为是供应链伙伴关系持续发展的基础[30]。关于供应链关系质量的评价，国内外还没有统一的标准，Fynes 等（2004）研究环境不确定性下供应链关系质量对绩效影响时用信任、适应性、合作和交流来评价供应链关系质量[31]；该作者在 2005 年研究供应链关系质量对质量绩效影响时用信任、满意、承诺及服务质量来衡量供应链关系质量[32]；在 Fynes 等（2004，2005）学者研究基础之上，Su 等（2008）在研究供应链关系质量对企业间合作行为影响时，用信任、交流、合作、关系氛围和适应性等五个指标来衡量供应链关系质量[30]。综合上述研究成果，本研究将用信任、承诺、交流、关系氛围和适应性等五个指标来衡量供应链关系质量，具体问项为：我们的供应链合作伙伴是可靠并值得信赖的（Re1）、我们的供应链合作伙伴会严格遵守承诺（Re2）、我们经常通过正式或非正式的途径与供应链合作伙伴进行交流和沟通（Re3）、我们与供应链中其他节点企业关系很融洽（Re4）和我们能够适应供应链环境变化带来的一些问题并能及时作出反应（Re5）。

（三）知识交易

知识管理研究领域的著名学者 Davenport 在研究企业内部知识共享问题时提出企业内部存在一个与有形商品市场和服务市场相类似的“知识市场”，这个市场里的“买方”通常是那些为了解决问题而寻找知识的成员，“卖方”是企业内掌握了某些方面知识的人，这些人主要用他们所拥有的知识来换取报酬；知识市场还有“中介”，他们把需要知识和拥有知识的人联系在一起；企业从外部购买知识往往要支付现金，而企业内部的知识交易却很少用现金，其“货币”主要是互惠、名望和利他主义；市场机制像作用于有形商品一样推动着知识市场的运行[4]。与 Davenport 提出的企业内部知识市场相类似，供应链中的知识流动和知识共享很大程度上也是在市场推动下进行的，供应链中其实也存在一个无形的“知识市场”。供应链企业间的知识交易指的就是在供应链知识市场中，知识提供企业通过“出售”非核心知识换取回报，知识需求企业通过付出一定代价获得需要的知识，从而达到交易双方的互惠互利，同时也可以提高供应链整体创新能力和竞争力。但是由于供应链是由很多具有独立法人资格的企业所组成的企业联盟，作为不同的利益主体，各成员企业必然会考虑各自不同的利益，因此，市场机制除了传统市场中的金钱、企业内部知识市场中的互惠、名望等，还包括订单数量、价格折扣、返利、员工培训等企业间合作的互惠[13]。

考虑到目前国内外关于供应链企业间知识交易的文献较少，还没有发现知识交易相关的实证研究，相应地知识交易的度量指标也没有发现。鉴于此，参考唐炎华和石金涛设计知识转移量表的理念[33]，本研究从知识交易发生的时间先后与因果关系来建立评价指标，即知识交易包括知识交易行为与知识交易效果两个方面，知识交易行为主要取决于对知识交易回报及条件的认知，决定了其愿意交易的知识数量和质量，这是知识交易活动的关键环节，也是知识交易效果的前提。具体度量指标体系包括以下五个问项：我们非常愿意与供应链合作伙伴进行知识交易活动（Kn1）、我们愿意投入更多的知识参与知识交易活动（Kn2）、我们与供应链合作伙伴知识交易比较频繁（Kn3）、通过知识交易我们获取了很多需要的知识（Kn4）和通过知识交易我们知识水平获得较大提升（Kn5）。

三、理论假设与模型建立

（一）伙伴特性与关系质量

Smith 和 Barclay（1997）认为组织间文化的差异会对彼此间的信任程度产生影响，进而影响到供应链伙伴关系的建立[34]，也就是说，双方企业文化相容性较高时，合作双方更容易相互交流沟通，从而增加合作双方的信任感，并有利于伙伴关系的建立和关系质量的维持。Morris 和 Cadogan（2001）也认为选择一个彼此之间文化相容且配合程度较高的合作伙伴，可以增加合作的忍耐度（bands of tolerance），从而减少伙伴关系建立的阻力[35]。Gadde 和 Snehota（2000）指出在供应链中，合作双方拥有互补的特殊的核心技术与能力时，将会促使企业间产生高度的涉入关系，进而增强双方的依赖程度，而这种依赖程度越高越容易维持供应链关系[36]。但如果企业间存在较大的知识距离，彼此间就会产生潜在的矛盾，如影响企业间知识资源的转移与共享，从而导致合作目的的扭曲，进而伤害到供应链合作关系[37]。可见，文化相容、资源依赖等伙伴特性将对供应链关系质量有正向影响，而知识距离对供应链关系质量有负向影响。基于此，我们可以提出假设：

H1：供应链伙伴特性对关系质量有显著影响；

H1a：文化相容对关系质量有显著正向影响；

H1b：资源依赖对关系质量有显著正向影响；

H1c：知识距离对关系质量有显著负向影响。

（二）伙伴特性与知识交易

企业文化是组织中广泛共享与强烈认同的价值观，由于其在特定的环境中形成，不同企业文化带有不同的特征，当两个独立企业因结盟而经常接触时，企业文化的影响就显得特别明显。Choi 和 Lee（1997）研究得出企业联盟内部成员之间的文化差异会增加知识共享的难度[38]。可见，企业文化相容性越高，企业间就越愿意交流和沟通，信任就会随之增加，进而更加有利于知识交易。供应链企业间的资源依赖是在供应链中建立知识市场并进行知识交易的基础，正是由于各成员企业间相互依赖的异质性互补知识资源的存在，才会促使企业间产生高度的涉入关系[36]，这种高度的涉入关系当然也包括供应链企业间的知识交易。而知识距离作为影响知识共享的重要因素，知识距离过大，企业间的知识学习就不能正常进行，这样会影响到交易双方的知识共享意愿[39]；杨钊和陈士俊也认为知识距离与团队的知识共享水平是负相关关系，共享双方的知识距离越大，知识接收方接受知识的难度就越大[23]；可以看出，交易双方的知识距离过大，知识买方吸收知识的难度就会加大，进而影响到其知识交易的意愿度。可见，文化相容、资源依赖等伙伴特性将对供应链企业间知识交易有正向影响，而知识距离对供应链企业间知识交易有负向影响。基于此，我们可以提出假设：

H2：供应链伙伴特性对知识交易有显著影响；

H2a：文化相容对知识交易有显著正向影响；

H2b：资源依赖对知识交易有显著正向影响；

H2c：知识距离对知识交易有显著负向影响。

（三）关系质量与知识交易

根据前面的分析，我们用信任、承诺、交流、关系氛围和适应性等五个指标来衡量供应链企业间的关系质量。在交易关系中，交易双方在面临风险和相互依靠的条件下，信任是一种信心，它让交易双方自愿地承担责任[40]；这样合作伙伴没有觉得他们必须保护他们自己不受其他伙伴投机行为的影响，从而有助于承诺交易或共享知识的伙伴之间进行自由交易。适应性和承诺是企业间建立长期合作伙伴关系的关键因素，持续地适应合作伙伴的需求是发展长期合作关系的基础，而承诺强调的是以长远眼光来看待企业间的合作伙伴关系，使企业相互信任而不发生机会主义行为。正如 Morgan 和 Hunt（1994）的观点，承诺有利于交易伙伴间的合作[41]，这种合作当然也包括伙伴间的知识交易。可见，在承诺增加时，交易双方注重的是长远合作，为保持稳定的伙伴关系，交易双方均不会做出有损对方利益的事情，此时交易双方更愿意通过知识交易达到优势互补，进而提高供应链整体竞争优势；相反，在承诺减少时，知识拥有者为了避免知识需求者“搭便车”及“知识泄露”的风险，往往会选择减少知识交易或共享。知识交易过程中的知识传递和转移本质上就是个动态的双向交流沟通的过程，在良好的关系氛围下，交易双方的交流越有效，机会主义行为就越小，双方信任程度就越高，从而双方越趋于知识交易的合作。基于此，我们可以提出假设：

H3：供应链企业间关系质量对知识交易有显著正向影响。

综合上述分析，我们提出了本文研究的概念模型，具体如图 1 所示（括号中的符号表示影响方向，即“+”表示正向影响；“-”表示负向影响）：

四、实证研究设计与结果

（一）问卷设计与修订

本研究主要采用调查问卷方式进行。调查问卷主体包含：企业基本资料及文化相容量表、资源依赖量表、知识距离量表、关系质量量表、知识交易量表等五个分量表。其中文化相容、资源依赖、知识距离和关系质量分量表是在综合国内外相关文献的基础上修订而成，知识交易量表是在作者以往的研究成果基础上并借助相关文献（知识共享、知识转移等）而形成的。所有量表在初始编制完成后，选取 200 位在职的 MBA 学员进行了小样本测试，获取有效问卷 134 份，然后对预测试的结果进行了项目分析和因素分析，剔除了不理想的题项，最后将保留下来的问卷题项进行语义上的修正和表达上的简洁化处理，从而形成最终的正式问卷。另外，我们采用 Likert 五点尺度设计量表，从 1 到 5 分别表示非常不同意、不同意、不能确定、同意和非常同意。

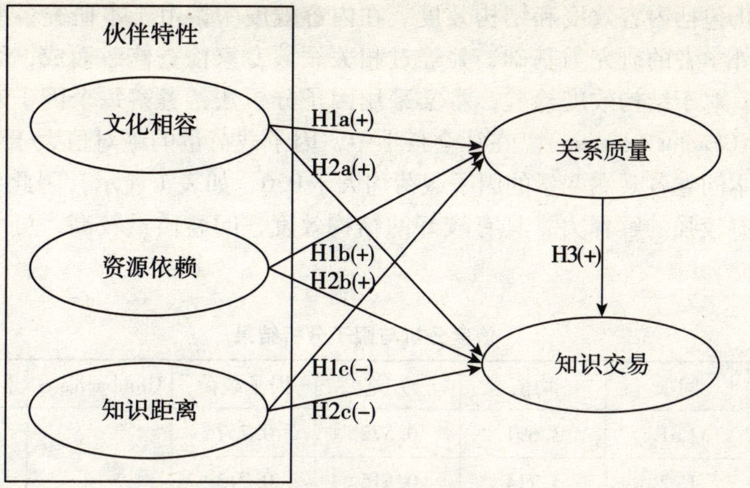

图 1　本文概念模型

（二）问卷发放与回收

本研究探讨的是供应链企业间知识交易背景下伙伴特性、关系质量对知识交易的影响，为了保证研究效果，本文以制造业供应链为研究母体，调查对象主要涉及电子电器、金属和机械工程、食品饮料、化工等制造行业上下游供应链伙伴企业的关键员工。由于这些行业厂商云集、不同品牌产品替代程度高、市场竞争激烈，为提升企业的竞争力，业者大多希望通过知识交易掌握上下游企业的发展趋势、获取与核心企业相匹配的知识以建立稳定的供应链合作关系，从而提高自己的竞争优势。

正式研究的抽样通过两种方式进行。其一，我们在重庆、成都、贵阳、昆明（西南地区）等地与课题组有协作关系的企业，以上门调研、邮寄或 E－mail 的方式发放问卷。其二，分别在上海、北京、武汉和广州等地选择四所重点高校，向在职攻读的 EMBA、MBA 学员发放问卷，调查直接在课堂上进行，委托任课教师简介调查目的，请符合条件的学员填写问卷并当场收回。两种方式总共发放问卷 600 份，回收问卷 387 份，回收率为 64.5%。我们按如下标准剔除一些无效问卷：①问项填写有太多的缺失；②答案具有明显的规律性；③有明显矛盾性反应。最终得到有效问卷 256 份，有效回收率为 42.67%。其中国有及国有控股企业 93 份（36.33%），集体合作企业 39 份（15.23%），私营/民营企业 45 份（17.58%），合资企业 57 份（22.27%），外资企业 22 份（8.59%）。就受访者情况来看，30 岁以上的占 92.13%，工龄超过 5 年的占 77.15%，且本科及以上学历的占 95.76%，无论就工作经历、经验或学历而言，均应对问卷所涉及的题项具有比较好的熟悉度和敏感性。

（三）样本信度与效度

信度（Reliability）又叫可靠性，是指测验的可信程度，主要考察测验结果的一贯性、一致性，最常用的指标是 Cronbach's α 系数。因此，本问卷信度采用 Cronbach's α 系数进行检验，通过 SPSS 统计软件分析结果显示，各变量的 Cronbach's α 系数均大于 0.7，如表 1 所示，说明本研究的变量具有较好的信度。

效度分析包括内容效度和结构效度。在内容效度中，由于本研究各变量的题项内容是以国内外学者的研究为基础，并经过相关领域专家检查修改而成，因此具有良好的内容效度。对于结构效度检验，本文采用因子分析法，考察每个因子对相应变量的因子载荷量（Factor Loading）。在社会科学中，因子载荷量的绝对值大于0.4就被认为是有效的。本问卷各观测变量的因子载荷均大于0.6，如表1所示，因此各因子对于相应潜变量具有较强的解释力，具有较好的结构效度，问卷质量较高，可以进行进一步研究。

表1　　信度分析与因子分析结果

变量	问项	均值	方差	因子载荷	Cronbach's α	累积解释度（%）
文化相容	Cu1	3.691	0.572	0.757	0.801	65.183
	Cu2	3.714	0.515	0.713		
	Cu3	3.473	0.498	0.829		
	Cu4	3.256	0.701	0.698		
资源依赖	So1	3.894	0.631	0.761	0.732	67.257
	So2	3.649	0.569	0.617		
	So3	3.617	0.714	0.765		
知识距离	Di1	2.789	0.328	0.692	0.719	66.981
	Di2	2.691	0.417	0.861		
	Di3	2.432	0.379	0.763		
关系质量	Re1	3.457	0.465	0.683	0.837	64.587
	Re2	3.468	0.632	0.691		
	Re3	3.159	0.544	0.714		
	Re4	3.416	0.705	0.882		
	Re5	3.938	0.345	0.651		
知识交易	Kn1	3.614	0.471	0.661	0.823	61.053
	Kn2	3.893	0.732	0.624		
	Kn3	3.765	0.645	0.619		
	Kn4	3.454	0.712	0.612		
	Kn5	3.739	0.567	0.671		

（四）结构方程模型的拟合与评价

结构方程的拟合必须从三个方面来评价，即基本拟合标准（Preliminary fit criteria）、整体拟合度（Overall model fit）及模型内在结构拟合度（Fit of internal structure of model）[42]。

1. 基本拟合标准

基本拟合标准是用来检验模型的误差、辨认问题或输入是否有误等。这可以从衡量误差不能有负值及因子载荷不能太低或不能太高，并且是否都达到显著水平来加以衡量。一般认为，所有指标的因子载荷介于0.5~0.95可以接受，模型拟合结果显示本研究各个潜变量衡量指标的因子载荷均在0.5~0.95范围内，而且各衡量指标的衡量误差均大于0，这表明本研究的理论模型完全符合基本拟合标准。

2. 整体拟合度

整体拟合度是用来检验整个模型与观察数据的拟合程度，主要分为三种类型：绝对拟合指标、增量拟合指标和简约拟合指标。本研究模型的整体拟合指数如表2所示，除调整拟合优度指数AGFI略低于参考值外，其他拟合指数均达到参考值要求，说明本研究提出的理论模型整体拟合程度较好。

表2　模型整体拟合指数

拟合指数		模型拟合值	解释与说明
绝对拟合指数	χ^2 统计量（P值）	0.271	P大于0.05，说明模型拟合较好
	平方平均残差的平方根RMR	0.035	小于0.05，说明模型拟合较好
	拟合优度指数GFI	0.968	大于0.90，说明模型拟合较好
	调整拟合优度指数AGFI	0.896	大于0.90，说明模型拟合较好
	近似均方根误差RMSEA	0.019	小于0.05，说明模型拟合较好
增值拟合指数	相对拟合指数CFI	0.970	大于0.90，说明模型拟合较好
	标准拟合指数NFI	0.956	大于0.90，说明模型拟合较好
	Tucker－Lewis指数TLI	0.991	大于0.90，说明模型拟合较好
	递增拟合指数IFI	0.998	大于0.90，说明模型拟合较好
简约拟合指数	简效拟合优度指数PGFI	0.625	大于0.50，说明模型拟合较好
	简效规范拟合指数PNFI	0.673	大于0.50，说明模型拟合较好
	简效比较拟合指数PCFI	0.721	大于0.50，说明模型拟合较好
	C－min/df	1.734	小于2.00，说明模型拟合较好

3. 模型内在结构拟合度

模型内在结构拟合度用来评估模型内估计参数的显著程度、各指标及潜在变量的信度等。一般判别标准为：个别项目信度（Individual item reliability）高于0.5，潜在变量的组合信度（Composite reliability）大于0.6及平均抽取方差（AVE）在0.5之上。本研究中，个别项目信度均大于0.5，各潜变量的组合信度在0.714~0.881，平均抽取方差（AVE）在0.554~0.627，相关指标均已达到参考值水平，说明本研究提出的理论模型内在结构拟合程度较好。

（五）假设检验

根据结构方程模型分析软件AMOS7.0对论文提出假设的分析，得到如下结果：

图2是结构方程模型测量结果图，其中实线代表在 P<0.05 及以上水平显著的路径，虚线代表在 P>0.05 以上水平显著（不显著）的路径；表3为潜变量之间的标准化路径系数及其相应的 P－Value 值。其中，P－Value 值是用于检验变量之间关系的显著性，一般认为 P<0.05 相关性是显著的，P<0.01 相关性是非常显著的。

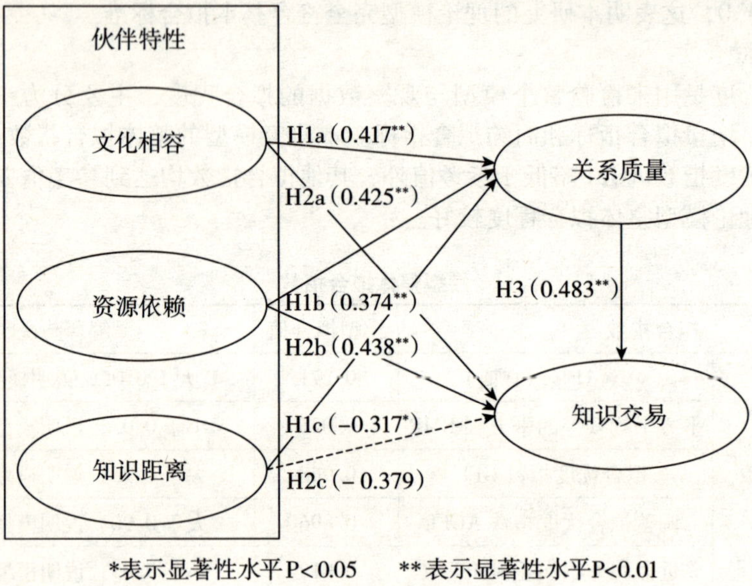

图2　模型测量结果

通过上述实证分析，本研究假设 H1a、H2a、H1b、H2b、H1c 和 H3 得到验证；假设 H2c 的P值不显著，未能通过检验，如表3所示。研究结果表明，文化相容、资源依赖对关系质量与知识交易有显著的正向影响；知识距离对关系质量有显著的负向影响，对知识交易负向影响不显著；关系质量对知识交易有显著的正向影响。

表3　　研究假设检验结果

假设	路径方向	路径系数	P－Value 值	结果
H1a	文化相容→关系质量	0.417	0.000	通过
H2a	文化相容→知识交易	0.425	0.002	通过
H1b	资源依赖→关系质量	0.374	0.007	通过
H2b	资源依赖→知识交易	0.438	0.000	通过
H1c	知识距离→关系质量	−0.317	0.025	通过
H2c	知识距离→知识交易	−0.379	0.079	不通过
H3	关系质量→知识交易	0.483	0.000	通过

表4列出了变量间的直接影响关系和间接影响关系以及相应的权重，旨在证明关系质量的中介效应。权重分析的依据是总路径系数，它等于直接路径系数与间接路径系数之和，其中间接路径的路径系数等于各分段直接路径系数的乘积。可以看出，关系质量对知识交易直接影响最大，而供应链伙伴特性中资源依赖对知识交易的直接影响最大，但是由于关系质量中介效应的存在导致文化相容对知识交易总的影响最大；另外知识距离虽然不直接影响到知识交易，但可以通过关系质量的中介效应间接地影响知识交易。

表4　　　　总路径系数分析

假设	路径方向	路径系数		
		直接	间接	总和
H1a	文化相容→关系质量	0.417	0	0.417
H2a	文化相容→知识交易	0.425	0.201	0.626
H1b	资源依赖→关系质量	0.374	0	0.374
H2b	资源依赖→知识交易	0.438	0.181	0.619
H1c	知识距离→关系质量	-0.317	0	-0.317
H2c	知识距离→知识交易	不显著	-0.153	-0.153
H3	关系质量→知识交易	0.483	0	0.483

五、结论及展望

（一）研究结论

本文通过引入关系质量这一中介变量，构建了伙伴特性、关系质量对供应链企业间知识交易影响的概念模型，其中供应链伙伴特性包括文化相容、资源依赖和知识距离等三个方面内容，在利用结构方程模型结合256家供应链上下游企业的调查数据对上述概念模型进行实证研究后得到如下结论：

（1）供应链企业间的文化相容对关系质量与知识交易有显著的正向影响，假设H1a和H2a得到支持（见表3），其中由于关系质量中介效应的存在，文化相容对知识交易总的影响程度最大（见表4）。企业文化是组织中广泛共享与强烈认同的价值观，由于在特定环境中形成的，不同企业文化带有不同的特征。当供应链成员企业间企业文化相容性较高时，合作双方就更容易沟通和了解，从而增强双方的信任感，不仅有利于提高合作伙伴的关系质量，而且更有利于互惠互利交易关系的形成。可见，企业在选择供应链合作伙伴时，企业文化相容性是应考察的重要因素。

（2）供应链企业间的资源依赖对关系质量与知识交易有显著的正向影响，假设H1b和H2b得到支持（见表3）。资源依赖理论以“组织间关系”为基本分析单元，认为企业都必须从外界获取资源，这就形成了企业对外界的依赖。依据资源依赖理论，企业参与知识交易的动机在于获取互补型的异质知识资源以支持自身核心业务的发展。可见，在供应链背景下，合作伙伴间资源（包括知识）互补性越强则越容易产生相互的依赖关系，而这种相互依赖程度越高则越有利于双方关系质量的提高以及交易关系的发展。

（3）供应链企业间的知识距离对知识交易影响不显著，假设 H2c 未通过验证，但是知识距离对关系质量有显著的负向影响，假设 H1c 得到支持（见表3），另外知识距离虽然不直接影响到知识交易，但可以通过关系质量的中介效应间接地影响知识交易（见表4）。知识距离对知识交易影响不显著的主要原因在于知识距离的两面性，如果知识距离过大，知识交易双方就需要更多的转移和学习步骤，复杂性和不确定性的增加将阻碍知识交易的进行；而知识距离过小，想法雷同，交易双方觉得没有必要进行知识交易，这样就会导致交易意愿的降低。Burgelman（1983）、Nonaka 和 Takeuchi（1995）、Cummings 和 Teng 等（2003）学者认为知识距离与知识转移成“倒 U”型关系[43—45]，即当知识距离小，转移成功率低；知识距离大，转移成功率也低；只有适度的知识距离才能更容易获得知识共享成功。因为有相似工作背景和专业背景的成员间一般更容易交流，交流也会得到加强，而且适度的知识差距，会使成员保持较高的共享意愿，激发出更多的新思想。

（4）供应链关系质量对知识交易有显著正向影响，假设 H3 得到支持（见表3）。供应链企业间的知识交易涉及两个或两个以上彼此独立的企业，这些企业之间往往存在竞合关系，同时，供应链各成员企业本质上是一种不完全的契约关系，对彼此间的行为缺乏强制性的约束力，难免会有“搭便车”等机会主义行为发生，企业间如果关系质量不好，缺乏信任，将对知识交易造成危害。这就意味着通过提高供应链合作伙伴关系质量，可以降低外部环境的不确定性风险，更好地促进企业间的知识交易。

（二）研究局限与展望

本研究的局限在于问卷采用 Likert 五点尺度量表设计，受访者主要基于主观判断，这使得所收集的数据可能会产生某种程度的误差；再有，本研究以电子电器、金属和机械工程、食品饮料、化工等制造行业为研究对象，不同行业企业对伙伴特性、关系质量与知识交易的关系认同可能是有差异的，未来的研究可以针对不同行业进行问卷调查，搜集更多样本，进行更详细论证，以获取更多更实用的结论；此外，对于知识距离对知识交易影响不显著的情况，还有部分学者认为的“倒 U”型关系在后续的研究中可以进一步分析其中的原因，从而使本文的研究更加深入。

参考文献

［1］彼得·德鲁克．知识管理［M］．杨开峰，译．北京：中国人民大学出版社，1999.

［2］HALLEY A，NOLLET J，BEAULIEU M，et al. The Impact of the Supply Chain on Core Competencies and Knowledge Management：Directions for Future Research［J］．International Journal of Technology Management，2010，49（4）：297 -313.

［3］陈伟，张旭梅．供应链中企业组织学习能力对合作绩效的影响——以知识获取为中介变量

的实证研究［J］．商业经济与管理，2009，29（8）：36－42.

［4］DAVENPORT T H，PRUSAK L. Working Knowledge［M］．Boston：Harvard Business School Press，1998.

［5］BA S，STALLAERT J，WHINSTON A B. Optimal Investment in Knowledge within a Firm Using a Market Mechanism［J］．Management Science，2001，47（9）：1203－1219.

［6］MATSON E，PATIATH P，SHAVERS T. Stimulating Knowledge Sharing：Strengthening Your Organization's Internal Knowledge Market［J］．Organizational Dynamics，2003，32（3）：275－285.

［7］DESOUZA K C，YAMAKAWA S，AWAZU Y. Pricing Organizational Knowledge：An Imperative［J］．Ivey Business Journal，2003，67（7）：1－5.

［8］DESOUZA K C，AWAZU Y. Markets in Know－how［J］．Business Strategy Review，2004，15（3）：59－65.

［9］DESOUZA K C，AWAZU Y，YAMAKAWA S. Facilitating Knowledge Management through Market Mechanism［J］．Knowledge and Process Management，2005，12（2）：99－107.

［10］BRYDON M，AIDAN R. Understanding the Failure of Internal Knowledge Markets：A Framework for Diagnosis and Improvement［J］．Journal of Information & Management，2006，8（1）：964－974.

［11］戴俊，盛昭瀚．企业内部知识市场交易机制的模型构建与研究［J］．预测，2004，23（4）：48－51.

［12］陈搏，张喜征．组织内部知识市场交易博弈模型及其实证分析［J］．科学学与科学技术管理，2006，27（4）：109－115.

［13］张旭梅，张慧涛，朱庆．供应链中的知识市场研究［J］．科学管理研究，2006，26（5）：69－72.

［14］张旭梅，张玉蓉，张慧涛，等．供应链企业间的知识市场及其交易模型研究［J］．管理工程学报，2008，22（3）：81－85.

［15］许有志，王道平，杨炳儒．供应链中的知识交易与定价研究［J］．科学学与科学技术管理，2008，29（11）：97－101.

［16］KEITH J E，JACKSON D W，CROSBY L A. Effects of Alternative Types of Influence Strategies under Different Channel Dependence Structures［J］．Journal of Marketing，1990，54（3）：30－41.

［17］BROUTHERS K D，BROUTHERS L E，WILKINSON T J. Strategic Alliances：Choose Your Partners［J］．Long Range Planning. 1995，28（3）：18－25.

［18］MCCUTCHEON D，STUART F I. Issues in the Choice of Supplier Alliance Partners［J］．Journal of Operations Management. 2000，18（3）：279－301.

［19］陈搏．知识距离与知识定价［J］．科学学研究，2007，25（1）：14－18.

［20］KAUFMANN J B，O'NEILL H M. Do Culturally Distant Partners Choose Different Types of Joint Ventures［J］．Journal of World Business，2007，42（4）：435－448.

［21］HEWETT K，BEARDEN W O. Dependence，Trust，and Relational Behavior on the Part of Foreign Subsidiary Marketing Operations：Implications for Managing Global Marketing Operations［J］．Journal of Marketing，2001，65（4）：51－66.

［22］贾生华，吴波，王承哲．资源依赖、关系质量对联盟绩效影响的实证研究［J］．科学学研究，2007，25（2）：334－338.

［23］杨钊，陈士俊．知识型团队知识共享影响机制研究——以信任和知识距离对团队知识共享的影响机制为基础［J］．西南交通大学学报：社会科学版，2008，9（6）：11－15.

［24］QIAN Y，LIANG J，DANG C. Knowledge Structure，Knowledge Granulation and Knowledge Distance in a Knowledge Base [J]. International Journal of Approximate Reasoning, 2009, 50 (1): 174 - 188.

[25] AMBOS T C, AMBOS B. The Impact of Distance on Knowledge Transfer Effectiveness in Multinational Corporations [J]. Journal of International Management, 2009, 15 (1): 1 - 14.

[26] CROSBY L A, ECANS K A, COWLES D. Relationship Quality in Services Selling: An Interpersonal Influence Perspective [J]. Journal of Marketing, 1990, 54 (3): 68 - 81.

[27] HUNTLEY J K. Conceptualization and Measurement of Relationship Quality: Linking Relationship Quality to Actual Sales and Recommendation Intention [J]. Industrial Marketing Management, 2006, 35 (6): 703 - 714.

[28] WOO K S, ENNEW C F. Business - to - Business Relationship Quality [J]. European Journal of Marketing, 2004, 38 (9/10): 1252 - 1271.

[29] ROBICHEAUX R A, COLEMAN J E. The Structure of Marketing Channel Relationships [J]. Journal of the Academy of Marketing Science, 1994, 22 (1): 38 - 51.

[30] SU Q, SONG Y, LI Z, et al. The Impact of Supply Chain Relationship Quality on Cooperative Strategy [J]. Journal of Purchasing and Supply Management, 2008, 14 (4): 263 - 272.

[31] FYNES B, BURCA S dE, MARSHALL D. Environmental Uncertainty, Supply Chain Relationship Quality and Performance [J]. Journal of Purchasing and Supply Management, 2004, 10 (4 - 5): 179 - 190.

[32] FYNES B, VOSS C, BURCA S dE. The Impact of Supply Chain Relationship Quality on Quality Performance [J]. International Journal of Production Economics, 2005, 96 (3): 339 - 354.

[33] 唐炎华，石金涛．我国企业知识型员工知识转移的影响因素实证研究 [J]. 管理工程学报，2007，21 (2)：34 - 41.

[34] SMITH J B, BARCLAY D W. The Effects of Organizational Differences and Trust on the Effectiveness of Selling Partner Relationships [J]. Journal of Marketing, 1997, 61 (1): 3 - 21.

[35] MORRIS B G A, CADOGAN J W. Partner Symmetries, Partner Conflict and the Quality of Joint Venture Marketing Strategy: An Empirical Investigation [J]. Journal of Marketing Management, 2001, 17 (1/2): 223 - 256.

[36] GADDE L, SNEHOTA I. Making the Most of Supplier Relationships [J]. Industrial Marketing Management, 2000, 29 (4): 305 - 316.

[37] SERAPIO. M G, CASCIO W F. End - games in International Alliances [J]. Academy of Management Executive, 1996, 10 (1): 62 - 73.

[38] CHOI C J, LEE S H. A knowledge - based View of Cooperative Inter - organizational Relationships [A]. In: Beamish P W, Killing J P (ed). Cooperative strategies: North American perspective [M]. San Francisco: New Lexingtion Press, 1997.

[39] HAMEL G. Competition for Competence and Inter - partner Leading within International Strategic Alliances [J]. Strategic Management Journal, 1991, 12 (special issue): 83 - 103.

[40] RIDDALLS C E, BENNETT S, TIPI N S. Modelling the Dynamics of Supply Chains [J]. International Journal of Systems Science, 2000, 31 (8): 969 - 976.

[41] MORGAN R M, HUNT S D. The Commitment - trust Theory of Relationship Marketing [J]. Journal of Marketing, 1994, 58 (3): 20 - 38.

[42] BAGOAAI R P, YI T. On the Evaluation of Structural Equation Models [J]. Journal of the Academy of Marketing Science, 1988, 16 (1): 74 - 94.

[43] BURGELMAN R A. A Process Model of Internal Corporate Venturing in the Diversified Major Firm [J]. Administrative Science Quarterly, 1983, 28 (2): 223-244.

[44] NONAKA L, TAKEUCHI H. The Knowledge Creating Company: How Japanese Companies Create the Dynamics of Innovation [M]. London: Oxford University Press, 1995.

[45] CUMMINGS J L, TENG B. Transferring R&D Knowledge: The Key Factors Affecting Knowledge Transfer Success [J]. Journal of Engineering and Technology Management, 2003, 20 (1-2): 39-68.

供应链下物流流程与分销网络优化及实证研究*

——基于纺织服装供应链运营参考 SCOR 模型分析

周兴建

摘 要：基于纺织服装业供应链的特点，本文应用供应链运营参考SCOR模型对纺织服装业在供应链环境下的物流流程进行分析和评价，从分销物流角度，考虑多工厂、多产品、多客户环境下的纺织服装业集群式供应链，并建立供应链下的分销物流网络模型，对纺织服装业物流流程进行优化。在实证研究中，以武汉红人集团为例，通过采用启发式算法与传统的分枝定界法相结合的方法构建其分销物流网络，从而实现物流流程的优化。

关键词：纺织服装　SCOR 模型　物流流程　优化

一、引言

我国纺织服装业是单一产业链最长的行业，涉及从纺纱、织布、印染、成衣制造到品牌营销管理、渠道管理，再到仓储、配送、零售终端的售后管理等诸多环节，因此也造成了纺织服装企业的库存积压高、物流成本高、各环节之间缺乏快速有效的衔接等弊病[1]。

为了从根本上解决这些问题，企业必须对其供应链物流流程不断进行诊断并优化，提高对各环节的监控[2]。纺织服装企业有着庞大的供应和分销网络，对其流程优化从根本上源于供应链物流网络的优化，而纺织服装企业因其众多分散的分销商造成分销物流成本较高，因此，对纺织服装企业分销物流网络的优化是供应链物流流程优化的必由之路[3]。

长久以来，国内外对供应链物流的研究主要集中在采购、库存等部分功能上，且多局限于定性的研究；研究企业供应链物流的模型中，大多是从采购、库存、生产等局部环节去分析和优化，缺乏整体性和协调性。在此背景下，SCOR（Supply Chain Operation Reference Model，供应链运营参考）模型以其全面性和系统性成为供应链管理的跨行业标准并得到广泛应用，它通过测评和改善企业内、外部业务流程使战略性的供

* 基金项目：2013 年度中国物流学会研究课题计划（2013CSLKT079），2013 年度湖北省教育厅人文社会科学研究项目（13g297）。

作者简介：周兴建，男，湖北人，博士，副教授，中国物流学会特约研究员，湖北物流发展研究中心研究员，研究方向：物流系统规划。

应链管理成为可能[4]。因此，本文将 SCOR 模型应用于纺织服装企业，系统地分析其供应链物流运作，进而建立其分销物流网络模型，用以实现纺织服装企业物流流程的优化。

二、纺织服装业的 SCOR 模型及分析

（一）纺织服装业 SCOR 模型

纺织服装业供应链涉及众多劳动密集型和技术资金密集型企业，服装产品从纤维生产到成衣的销售环节众多，涉及的供应商和配套企业数量大，因此物流运作管理较为困难。纺织服装业供应链物流环节较多、网链结构过于复杂与服装需求市场变化快的矛盾，导致反应速度和柔性较差，物流运营成本增加，供应链物流整体效率较低。纺织服装业供应链物流过程如图 1 所示。

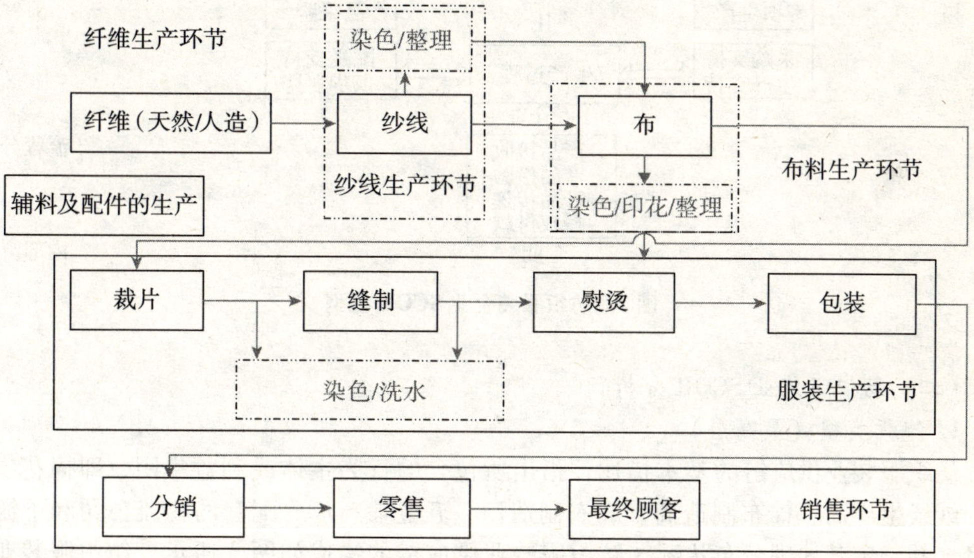

图 1　纺织服装企业供应链物流过程

SCOR 是供应链协会（SCC）开发并授权的一个关于供应链管理的跨行业标准，是供应链的诊断工具，其基本概念来源于三个方面：业务流程再造、标杆管理、最佳实践分析。

根据供应链的特征要素，采用标准符号将模型定义为四层：第一层（最高层）流程类型、第二层（配置层）流程细目、第三层（流程要素层）流程分解和第四层（企业内部流程），并将供应链分解为计划（P）、采购（S）、生产（M）、配送（D）和退货（R）五个基本工作流程，如图 2 所示。

目前，大多纺织服装企业都从 SCOR 模型的第二层开始构建，即重视流程细目，而忽略了流程类型，常会出现有些流程低效，或者流程之间的“效益悖反”。因此，需要从总体上对纺织服装业供应链物流流程进行优化重组，以提高供应链物流的整体竞争力。

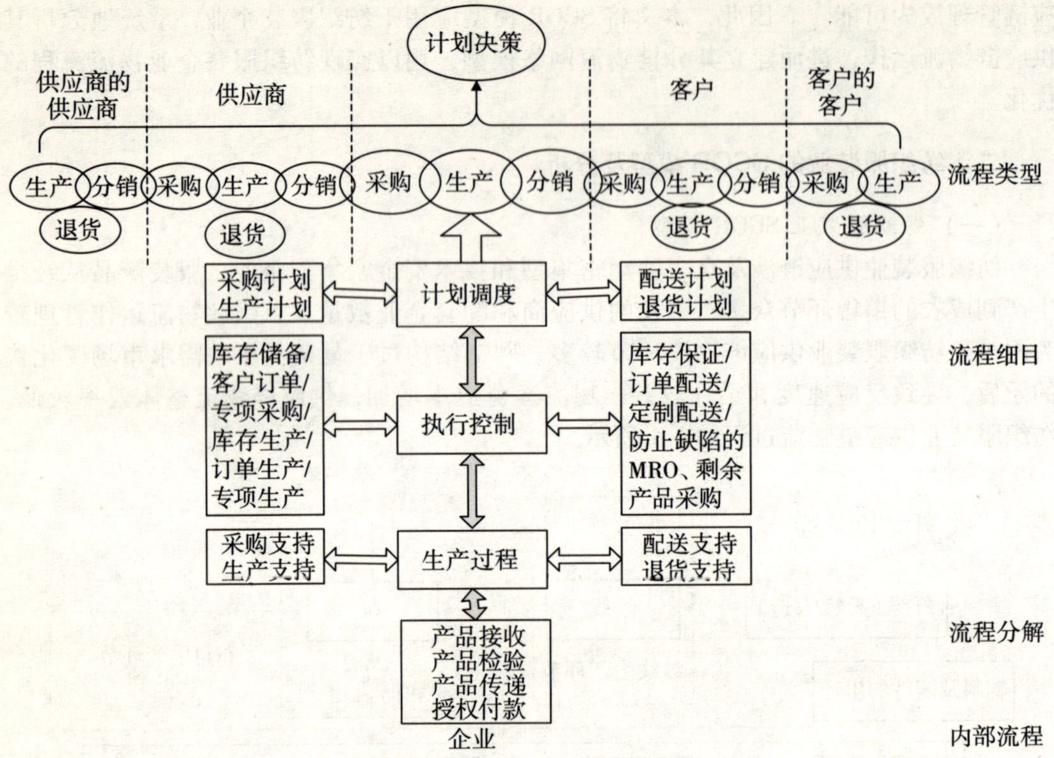

图2　纺织服装企业 SCOR 模型

（二）纺织服装业 SCOR 分析

1. 流程类型（最高层）

纺织服装业供应链的基本描述，指出所包含的行为主体或利益集团，即棉花供应商、纱线生产商、棉布制造商、成衣制造厂、五金辅料厂、配套的物流公司和下游分销商，并确定其地理分布状况。纺织服装业供应链的构成如图 3 所示，纺织服装业供应链运作模式如图 4 所示。

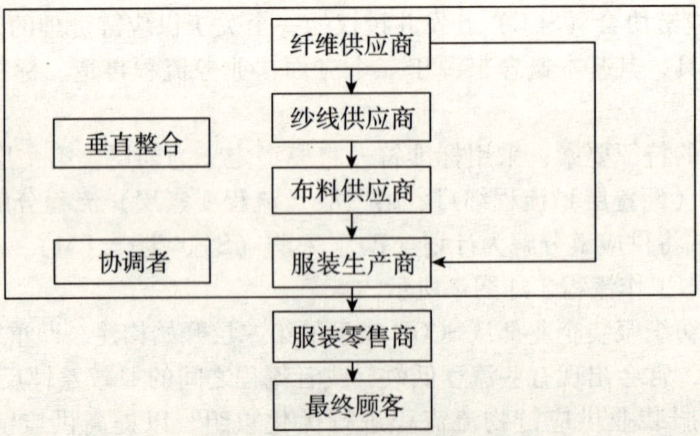

图3　纺织服装业供应链构成

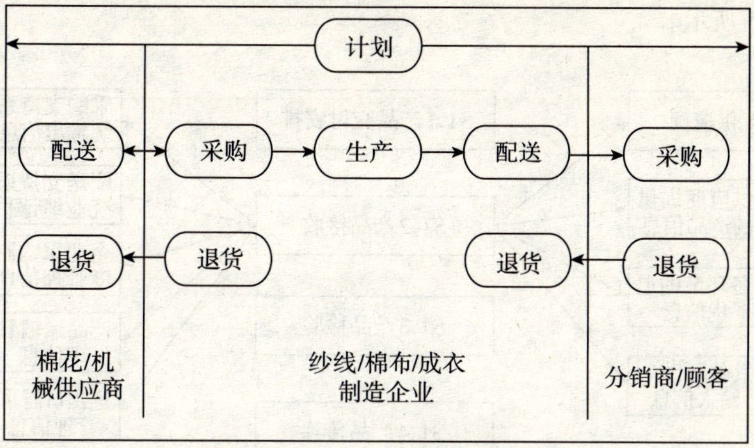

图4　纺织服装业供应链运作模型

在纺织服装业供应链物流中，原料供应商数量较少，而分销商数量众多，且配送计划随市场需求变动大，因此产品生产和服装配送居于主导地位，是纺织服装企业提高竞争力的关键环节。

2. 流程细目（配置层）

SCOR 模型定义有三种不同类型的流程：计划类型、执行类型、使能类型。其中 P 计划工作流程，属于计划类型，旨在平衡一个计划期的需求和供应。S 采购、M 生产、D 配送和 R 退货属于执行类型，由计划或实际需求启动，旨在改变产品的物理状态。

纺织服装业的 SCOR 流程细目如表 1 所示。

表 1　　纺织服装业 SCOR 流程细目

		P 计划	S 采购	M 生产	D 配送	R 退货	
流程类型	计划	总计划	采购计划	生产计划	配送计划	退货计划	流程细目
	执行		库存储备 客户订单 专项采购	库存生产 订单生产 专项生产	库存保证 订单配送 定制配送	防止缺陷 MRO、剩余品采购	
	使能	计划支持	采购支持	生产支持	配送支持	缺陷、MRO 剩余退货	

3. 流程分解（要素层）

流程可分解为流程要素的定义、各项要素的输入信息和输出信息、各项流程要素的业绩评价矩阵、可行的最佳实践、能支撑最佳实践的系统容量等。

在纺织服装业供应链运作模型中，用 S1 表示制造后库存生产模式下的采购流程，由产品交付安排、产品接收、产品检验、产品传递及授权付款五个环节。第三层还包括各环节的相关输入输出信息。以 S1. 2 为例，纺织服装业供应链运作模型第三层的流程分解如图 5 所示。

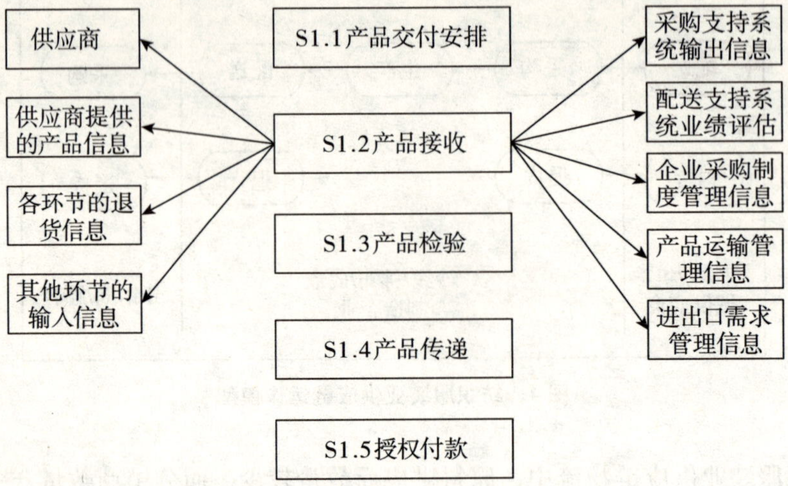

图 5　纺织服装业供应链运作模型第三层

4. 内部流程（第四层及以下）

纺织服装业供应链内部流程包括制造后库存产品交货，可细分为调查和报价、接受提交的订单、接受存货、计划装货、确定运送路线和运输公司、信用检查等流程要素。企业根据环境的变化，对内部流程实施方案不断进行调整，从而获得持续的竞争优势。

三、基于 SCOR 的纺织服装业物流流程分析

纺织服装产业包括服装的生产、销售、新产品开发、市场开发、客户管理、售后服务等，销售渠道主要有直销点和代销点，大部分面对终端客户的销售工作由代理商完成，生产企业在供应链中通常处于协调者和主导者的地位。

根据 SCOR 模型、纺织服装行业的特点及国内纺织服装业的运作模式，纺织服装业供应链物流流程如图 6 所示。

纺织服装业的业务主要是面辅料获取、成衣生产、补充库存、顾客订购四个环节，还包括款式设计、成衣裁剪、辅料加工、包装检验、产品分销、产品零售、售后服务及退货等众多环节，因此企业内部物料种类繁多，工序繁杂。以棉衣为例，其生产工序如表 2 所示。

纺织服装业供应链的运作模式主要是传统的生产后库存和基于经销商订单的模式，为了快速响应客户需求，个性化的订单生产模式也被广泛采用，少数企业如武汉红人服饰则是采用延迟策略，提前一年设计服装款式和面料，扩大原材料和半成品的库存，根据经销店反馈的客户需求信息生产服装，以减少成衣的库存，提高整个供应链运作效率。

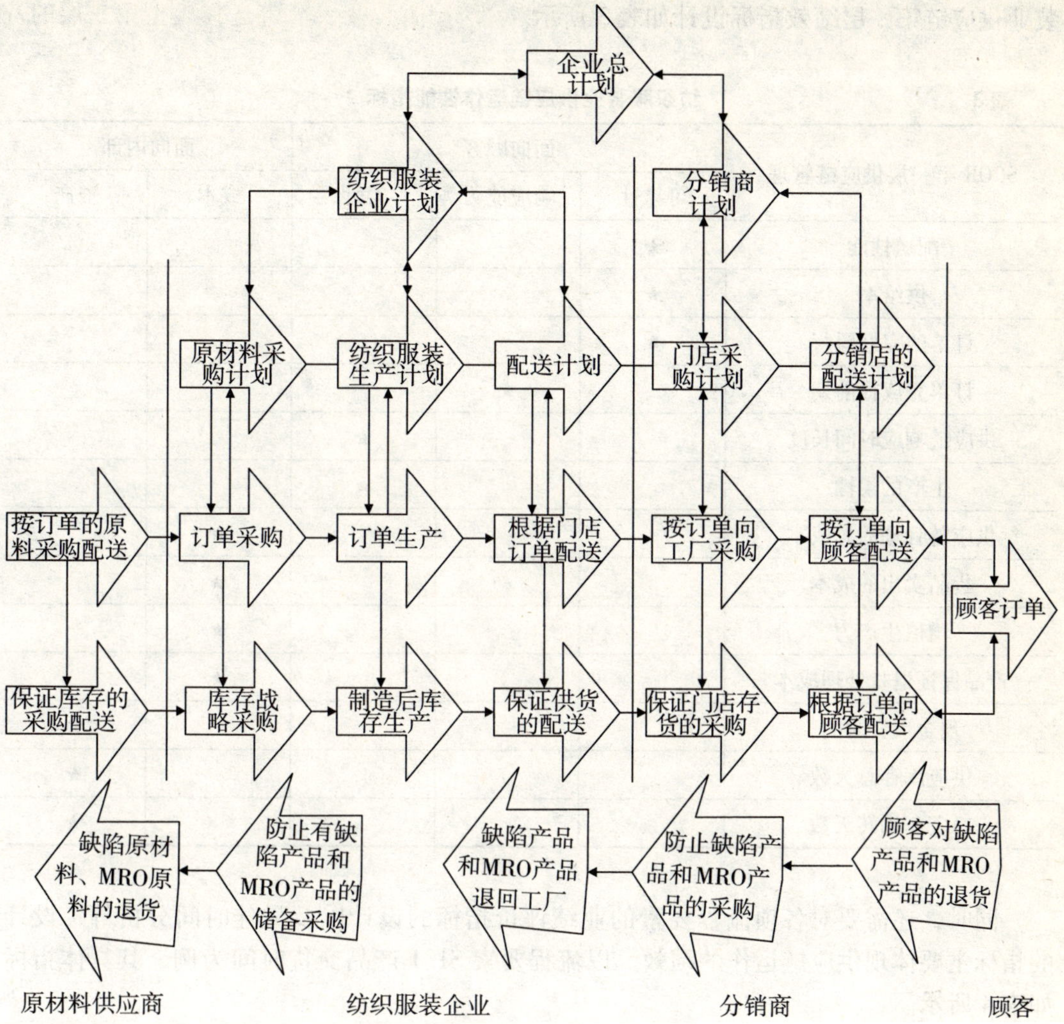

图6　纺织服装企业供应链物流流程

表2　　　　服装生产工序（以棉衣为例）

工席	前处理	加工制造	后整理	成品检验
纤维加工	开棉、清棉、混棉	成卷、分梳、除杂	混合、成条、梳理	检验、成包
纱线生产	牵伸、成条、成条	并条、粗纱、细纱	络筒、捻线、摇纱	检验、成包
面料生产	抽纱、整经、并纱	浆纱、分经、织布	染色、整形、上浆	压光、贴合、检验
成衣生产	面辅料设计、验布	裁剪、捆扎、缝制	整烫、锁眼、钉扣	编号、检验、包装
服装分销	编码、库存盘点	采购、配送、签收	验货、储存、销售	售后服务

根据SCOR模型评价指标体系，采用五维度（供应链可靠性、客户响应能力、灵活性、成本以及资产）的评价方法来描述和测评纺织服装业供应链的业绩。将纺织服

装业供应链第一层绩效指标设计如表3所示。

表3　　纺织服装业供应链运作性能指标

SCOR 第一层供应链管理	面向顾客			面向内部	
	可靠性	响应能力	柔性	成本	资产
配送性能	★				
供给率	★				
订单的完好履行	★				
订单完成提前期		★			
供应链响应时间长度			★		
生产的柔性			★		
供应链管理的总成本				★	
货品卖出的成本				★	
增值生产力				★	
产品保证退货处理成本				★	
现金周转时间					★
供应库存总天数					★
净资产周转天数					★

同时，还需要对各项流程要素的业绩评价指标的设计以及最佳时间分析等，设计的指标主要体现供应链运作的绩效。以流程要素S1.1产品交货时间为例，其具体指标如表4所示。

表4　　纺织服装业运作具体指标

业绩	指标	最佳实践分析	未来工作目标
可靠性	在供应商交货周期内形成计划的比率	应用EDI电子交易、减少交易周期时间和成本	应用EDI交易界面，规范交易信息，加速信息周转
响应能力	变化周期时间	VMI协议、允许供应商管理库存	VMI，与外部供应商系统连接
柔性	单次工程变化天数	拉动系统通知供应商即时交货	应用电子（看板）系统
成本	生产和管理成本	降低库存、减少资金周转时间	加强库存管理
资产	资金周转率	采购与制造的同步系统	建立订单支持系统

四、基于 SCOR 的纺织服装业物流流程优化

（一）分销物流网络的优化

纺织服装业供应链物流流程优化由于其产品周期短、市场响应速度快的要求，从根本上源于分销物流流程的优化[5]。以服装企业为例，一般来说，其分销物流流程如图 7 所示。

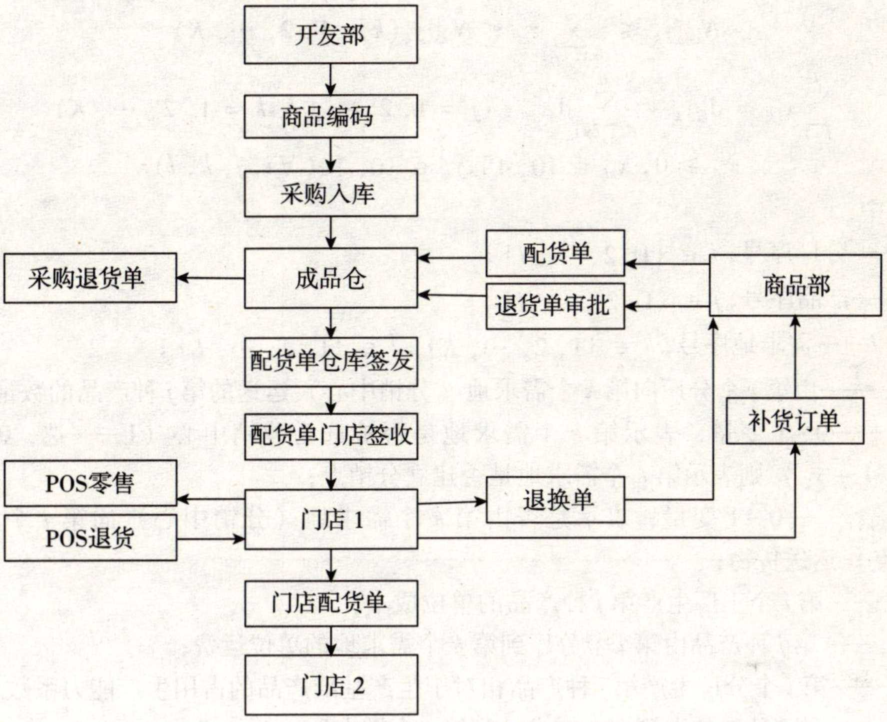

图 7　服装企业分销物流流程

面对日益增加的竞争压力和多样化的市场需求，制造企业逐渐形成了多供应商、多地点制造、多客户的新的供应链模式。随着市场范围的扩大，制造企业建立分销渠道的途径主要包括通过中间分销商销售和建立企业自己的分销网络[6]。为了便于管理、加快企业对市场需求变化的响应速度，具有较强经济实力的企业可重点考虑自建分销网络，即分布式多工厂、多产品、多客户环境下制造企业的分销网络设计 LA（选址—分配）模型，并采用分枝定界法求解。

具有分布式多工厂的制造企业，在各地设有多个分厂，各分厂可生产该企业的多种产品。企业有多个需求地，为加强对分销环节的管理，在这些需求地中选择某些作为大型分销物流中心，分管一定数量的分销点，形成物流配送的集散模式。

（二）物流流程优化模型的建立

1. 模型的建立

目标函数及约束条件设置如下：

$$\min\left(\sum_{i=1}^{I}\sum_{j=1}^{J}a_{ij}\sum_{k=1}^{K}x_{ijk}+\sum_{i=1}^{I}\sum_{j=1}^{J}\sum_{k=1}^{K}b_{ijk}x_{ijk}+\sum_{k=1}^{K}\left[S_k y_k+W_k(1-y_k)\right]+\sum_{j=1}^{J}\sum_{k=1}^{K}\sum_{l=1}^{L}e_{jkl}d_{lj}z_{ki}\right) \tag{1}$$

$$\text{s. t. } \sum_{j=1}^{J}\left(c_{ij}\sum_{k=1}^{K}x_{ijk}\right)\leqslant p_i(i=1,2,\cdots,I) \tag{2}$$

$$y_l+\sum_{k=1,\ k\neq 1}^{K}z_{kl}=1(l=1,2,\cdots,L) \tag{3}$$

$$N_{\min}y_k\leqslant\sum_{l=1,\ l\neq 1}^{L}z_{kl}\leqslant N_{\max}y_k(k=1,2,\cdots,K) \tag{4}$$

$$\sum_{i=1}^{I}x_{ijk}=\mathrm{d}_{ki}y_k+\sum_{l=1,l\neq 1}^{L}\mathrm{d}_{lj}z_{kl}\quad(j=1,2,\cdots,J,k=1,2,\cdots,K) \tag{5}$$

$$x_{ijk}\geqslant 0,\ x_{kl}\in\{0,1\},y_k\in\{0,1\}(\forall i,j,k,l) \tag{6}$$

其中：

i——分厂序号，$i\in\{1,2,\cdots,I\}$；

j——产品序号，$j\subset\{1,2,\cdots,J\}$；

k，l——需求地序号，$k\in\{1,2,\cdots,K\}$，$l\in\{1,2,\cdots,L\}$；

x_{ijk}——由第 i 个分厂向第 k 个需求地（分销中心）运送的第 j 种产品的数量；

y_k——0~1 变量，表示第 k 个需求地是否被选为分销中心（1——选，0——不选），（$1-y_k$）则表示第 k 个需求地是否建立分销点；

$z_{k(k\neq 1)}$——0~1 变量，表示是否由第 k 个需求地（分销中心）向第 l 个需求地（分销点）运送货物；

a_{ij}——第 i 个工厂生产第 j 种产品的单位成本；

b_{ijk}——第 j 种产品由第 i 个分厂到第 k 个需求地的单位运费；

c_{ij}——第 i 个分厂生产第 j 种产品相对于生产基准产品的占用生产能力系数；

e_{jkl}——第 j 种产品由第 k 个需求地到第 l 个需求地的单位运费；

d_{lj}——第 l 个需求地对第 j 种产品的需求量；

S_k——计划期内在第 k 个需求地建立和经营分销中心所需的固定费用；

W_k——计划期内在第 k 个需求地建立和经营分销点所需固定费用；

P_i——第 i 个分厂基准产品的生产能力；

$N_{\min}$——各分销物流中心分管的分销点数量的下限；

$N_{\max}$——各分销物流中心分管的分销点数量的上限。

按如下方法确定参数 c_{ij}，假设选定第 $m(m\in\{1,2,\cdots,J\})$ 种产品为基准产品，已知在计划期内第 i 个分厂若只生产第 m 种产品，生产能力为 $P(m)$，即 $P_i=P(m)$，只生产第 $n(n\in\{1,2,\cdots,J\},n\neq m)$ 种产品，生产能力为 $P(n)$，则有 $c_{im}=1$，$c_{in}=P(m)/P(n)$。

2. 模型的求解

对于纺织服装制造企业来说，选址一分配模型往往会有数千个变量和数百个约束条件，是大规模的 0~1 整数规划模型。因此，采用分枝定界法同启发式算法相结合，以提高求解速度。

根据约束条件，产生可行的 y_k, z_{kl} ，并加入启发式信息，即选择各分厂的运费较低的需求地作为分销物流中心。在确定了分销物流中心后，选择到各分销物流中心的运费较低的需求地作为各分销物流中心分管的分销点，将原问题简化为运输问题，利用伏格尔法求解，得到 x_{ijk} 和目标函数值 f_r 。

利用 MATLAB 开发出基于上述方法的分销物流网络优化程序，求出最优解，配置分销物流中心和分销点的规模和设施，对纺织服装企业供应链物流中各环节加以集成和协调，实现供应链物流流程的优化。

五、实证研究

武汉虽然有规模较大的服装批发市场，但其中销售的服装（女装、男装、童装、内衣）和百货（箱包、鞋类、布匹、辅料、窗帘、布料、袜子）类大多从沿海省市如浙江、广东批发，武汉地区形成的服装自有品牌较少，因此，以极具代表性的汉派服饰“红人服饰”为例，对其分销物流网络优化进行实证研究。

武汉红人实业集团股份有限公司下属“武汉红人服饰有限公司”和“孝感红人时装有限责任公司”是红人集团的两家核心企业。红人集团拥有的两个主要品牌是“HONRN”和“菲炫”，在武汉汉口常青路和孝感孝南区拥有两个服装工业园，在上海、深圳建立了服装设计中心，在20个省会城市设有分公司，并在其他省会城市设有总代理，拥有自营店200多家，核心加盟客户200多家。武汉市内有9个大型的红人专卖店，如图8和图9所示。

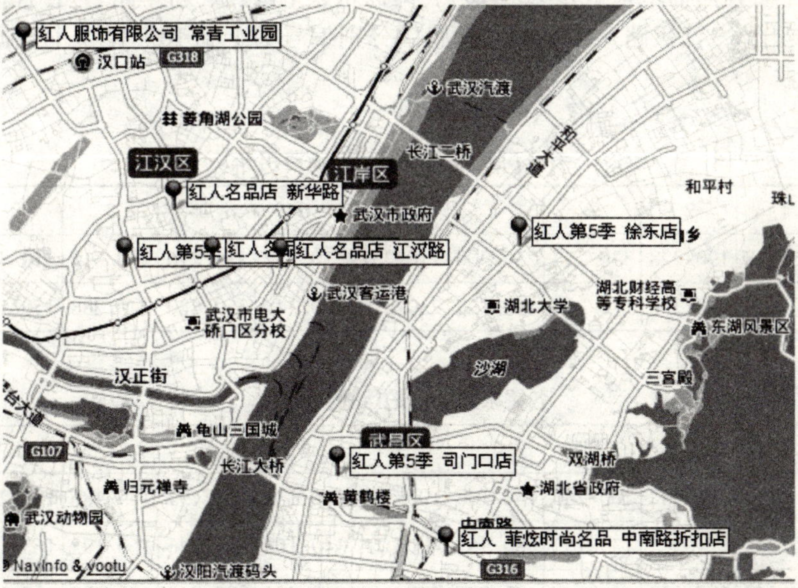

图8　武汉市红人服饰分销点分布

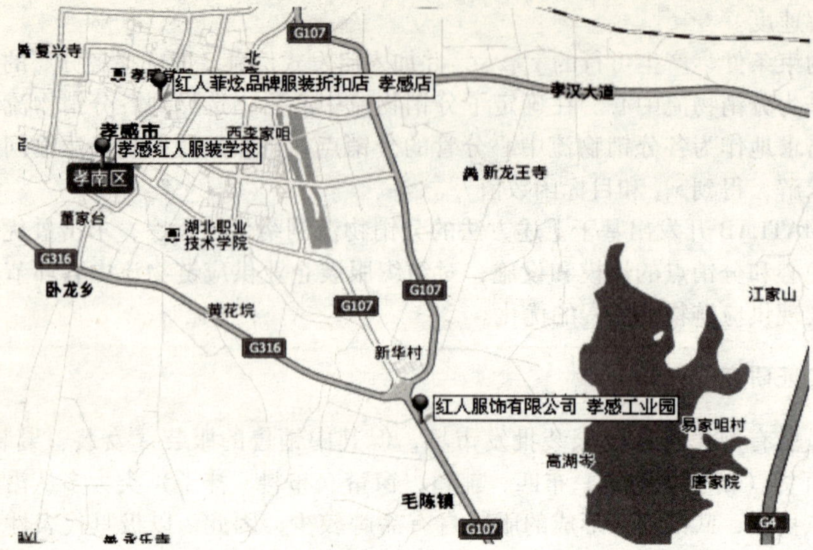

图 9　孝感市红人服饰分销点分布

为了加快响应速度，满足用户对服装产品多样化的需求，红人集团采用分布式多工厂、多产品、多客户环境下制造企业的分销物流网络设计模型，对其物流网络优化，从而达到其物流流程的目的。

红人服饰公司下属 2 个分厂，即常青工业园和孝感工业园（$i=2$），该企业的两种主要品牌的服装，即红人和菲炫（$j=2$）可以在任一分厂加工制造，在武汉市和孝感市共有 10 个直营店需求地（$K=L=10$），即徐东、中南路、新华路、司门口、青年路、循礼门、中山路、江汉路、武珞路、孝感店分别编号为 1 到 10。模型中数据如表 5 至表 11 所示：

表 5　各分厂到各需求地的运输费用 b_{ij}

ik	1	2	3	4	5	6	7	8	9	10
1	115/138	190/228	330/396	250/300	210/252	210/252	230/276	260/312	310/372	350/420
2	320/384	280/336	170/204	190/228	230/276	290/348	350/420	240/288	150/180	90/108

表 6　各需求地之间的运输费用 e_{jkl}

ik	1	2	3	4	5	6	7	8	9	10
1	0	70/84	200/240	140/168	100/120	110/132	160/192	155/186	192/234	240/288
2	70/84	0	135/152	80/96	85/102	140/168	205/246	160/192	165/198	190/228
3	200/240	135/152	0	75/90	140/168	210/252	285/342	190/228	130/156	105/126
4	140/168	80/96	75/90	0	70/84	140/168	210/252	130/156	95/114	110/132
5	100/120	85/102	140/168	70/84	0	70/84	145/174	80/96	95/114	145/174

续表

ik	1	2	3	4	5	6	7	8	9	10
6	110/132	140/168	210/252	140/168	70/84	0	75/90	60/72	130/156	190/228
7	160/192	205/246	285/342	210/252	145/174	75/90	0	110/132	290/348	255/306
8	155/186	160/192	190/228	130/156	80/96	60/72	110/132	0	85/102	150/180
9	195/234	165/198	130/156	95/114	95/114	130/156	290/348	85/102	0	65/78
10	240/288	190/228	105/126	110/132	145/174	190/228	255/306	150/180	65/78	0

表 7　　建立和经营分销机构所需的固定费用

k	1	2	3	4	5	6	7	8	9	10
s	60000	70000	60000	40000	45000	52000	64000	58000	47000	62000
w	12000	14000	12000	8000	9000	10400	12800	11600	9400	12400

表 8　　基准产品生产能力 p_i

i	$j=1$
1	12000
2	9800

表 9　　产品的单位生产成本 a_{ij}

i/j	1	2
1	500	550
2	480	590

表 10　　生产能力系数 c_{ij}

i/j	1	2
1	1	1.1
2	1	1.3

表 11　　各需求地对各种产品的需求量 d_{ij}

ij	1	2	3	4	5	6	7	8	9	10
1	1700	3000	1500	900	2100	570	890	1230	1600	490
2	1500	3100	1380	1000	2300	420	1020	880	1200	670

取 $N_{mn}=2$，$N_{mn}=3$，即每个分销物流中心分管的分销点最少为 2 个，最多为 3 个。用前述改进的分枝定界法求解该问题，得到的解如表 12 和表 13 所示：

表 12　　结构变量的最优解

Y1	Y8	Y10	Z12	Z17
1	1	1	1	1
Z85	Z86	Z10，3	Z10，9	其他
1	1	1	1	0

表 13　　产品分配变量 x_{ijk} 的最优解

X111	X121	X2，1，10	X2，2，10
5590	5620	4490	4084.6
X2，2，10	X318	X3，210	其他
3900	3600	235.4	0

根据计算结果，在第 1、8、10 号需求地建立分销物流中心，即红人徐东店、江汉路和孝感店，而在 2、3、4、5、6、7、9 号需求地建立分销点，1 号需求地分管 2、7 号需求地；8 号需求地分管 5、6 号需求地；10 号需求地分管 3、4、9 号需求地，并按照计算结果安排生产和运输。在此基础上，红人服饰公司的物流流程得以很好的优化，其物流成本得以降低。

六、结论

对于供应链较长的纺织服装业，需要对其物流流程进行诊断和优化，以提高供应链物流运作效率。对纺织服装业供应链应用 SCOR 模型进行分析和评价，通过建立分销物流网络优化模型，可以实现纺织服装业供应链物流流程的优化，从而保证纺织服装产品的供货，提高产品分销效率和对市场响应能力，合理控制库存，降低物流成本。

参考文献

［1］梁建芳．服装物流与供应链管理［M］．上海：东华大学出版社，2009.

［2］张俊龙．对供应链下的业务流程再造理论研究［J］．山西广播电视大学学报，2011，9（5）：72－74.

［3］赵晓煜，汪定伟．供应链中二级分销网络的优化设计模型［J］．管理科学学报，2001，4（4）：22－27.

［4］揭晖，黄培清，张存禄．基于 SCOR 模型的供应链建模方法［J］．工业工程与管理，2004，2（2）：11－13.

［5］杨焕．基于网络协同的制造业供应链流程管理模型研究［J］．商业经济，2011，4（4）：40－42.

［6］黎继子．集群式供应链及其管理研究［D］．武汉：华中农业大学农业经济管理系，2006.

［7］刘志硕．供应链业务流程再造参考模型研究［J］．经济物流，2011，22（4）：45－46.

［8］周兴建，黎继子，谢少安．集群式供应链中的物流价值链优化［J］．物流管理，2011（7）：66－69.

基于锁定效应的供应链管理研究*

王明正　王海英

摘　要：为适应经济全球化的发展越来越多的企业选择将其非核心业务外包，专注于自身的核心业务。在此背景下，供应链管理的理念被提出并为业界所接受，但随着业务的外包，企业对此类业务的控制能力逐渐减弱，与之伴随的是生产风险的增加。本篇文章专注于企业在维护其自身供应链稳定中所采用的供应商锁定策略的研究。通过对供应链中所存在的锁定效应的研究，建立模型，提出一套新的评估企业对对方锁定能力的大小的方法，旨在帮助企业更好地认识自身供应链是否稳定的现状以及所获取的服务或业务对企业整体的影响。本文所建立的模型分为三部分。第一部分评估企业受其服务提供商的锁定情况，第二部分评估企业对其服务提供企业的锁定情况，第三部分评估企业对其供应链中其他厂商的锁定情况。本论文所有参数建立所参考的理论为效用理论，在保证逻辑推理严密的基础之上进行了大胆的假设，利用弹性系数作为评估企业对产品及服务的参数。同时以软饮料可口可乐为例，对于该模型组如何测定企业间对彼此的锁定能力进行了解析。在论文的最后，针对本论文所建立的模型，结合锁定效应的特性，列举了企业在供应链管理中应该注意的问题。

关键词：锁定效应　供应链　效用

一、绪论

（一）研究的目的及意义

本篇论文通过建立能够衡量企业自身以及对其供应商锁定状态的模型，来帮助企业更加有效地进行供应链管理，在业务外包的同时能够有效地保证供应链的稳定性，并能够利用锁定效应来获取更大的利润。

经济全球化的趋势在近几十年来不断发展，生产企业在全球范围内的分工不断得到强化，越来越多的企业选择将其非核心业务外包，以便集中精力于核心业务。在此背景下，企业供应链的设计与管理逐渐为人们所认识和熟知。但是近年来的诸多真实事例让人们对供应链的原有认知产生了怀疑，并开始用一种新的眼光来审视这个曾经为他们所推崇并旨在降低成本提高收益的模式。尤其是在工业领域，厂商越来越清晰地认识到业务外包、离岸化、精益生产和准时制等诸多趋势在降低制造成本的同时明显的增加了企业管理的难度，增加了企业生产的风险。在此情况下，企业的管理逐步

* 作者简介：王明正，男，北京物资学院，硕士研究生，研究方向：国际物流；王海英，女，北京物资学院，硕士研究生，研究方向：流通经济理论及前沿。

超出自身实体的范围，开始向上游及下游扩展，力图将自己的影响拓展，以便降低风险和保证自身业务的正常运转。

企业在为降低供应链风险而实施的诸多策略中，供应商锁定策略为越来越多的企业所青睐。通过对供应商的锁定，企业在专注与其核心业务的同时能够有效地降低供应链的风险，从而降低企业生产中的不确定性。与此同时，保持对供应商的锁定在某种程度上能够有效地打击竞争对手，提高自身企业的市场占有率。锁定策略实施以锁定效应为理论基础，但近年来学界对锁定效应仍然是对转换成本的作用或策略研究。但对于如何评定锁定效应以及判断锁定效应的大小仍然处于起始状态。在实际中，生产企业往往处于这种状态——本企业或许处于被锁定的状态，但究竟这是一个事实还是一种假想则无法判断。

由于没有一个量化的指标来帮助企业衡量自身的锁定或者被锁定状况，这就造成了企业对于自身的状况缺乏精确地认识，以致在是否选择外包业务以及业务外包的程度大小方面，企业无法与其合作者进行有效的协调。为解决这一问题，本论文将建立模型来帮助企业确定自身的锁定或者被锁定状况。通过本模型所建立的评价体系，企业可以对其自身对下游企业的锁定状态以及上游企业对其自身的锁定状态有一个更为清晰且直观的认识，以此在以后的供应链管理中更好的规避风险，完善供应链。

本研究的目的并不是为了建立适合每一个企业的锁定效应模型，由于全球企业各不相同，建立一个适合每一个企业的锁定效应模型是不恰当的。相反，本研究旨在提供一种量化的衡量方法，以帮助企业衡量自身供应链的状态。同时要认识到，本模型不局限于供应链中企业，也可扩展到其他领域，当然对于这一点在理论指导实际的方面则更具意义。

（二）文献综述

锁定效应，又名阿瑟的路径锁定效应，锁定效应在本质上是集群在其生命周期演进过程中产生的一种路径依赖现象。

锁定效应最初由斯坦福大学经济与人口学教授布莱恩·阿瑟在行为经济学研究中提出，指事物的发展过程对道路和规则的选择有依赖性，特点是一旦成为行为规则就难以改变[1]。阿瑟认为率先采用的技术往往具有收益递增的机制——先发展起来的技术通常可以凭借先占的优势，实现自我增强的良性循环，从而在竞争中胜过其他技术。与之相反一种较其他技术更具优势的技术却可能因晚到一步，由于缺乏足够的支持而陷于困境，甚至锁定（lock - in），在某种恶性循环的被动状态之中难以自拔。锁定现象是经济系统中的一种特定均衡，要打破这样的一种均衡需要付出相当的成本，若行为主体不能够承受这个成本，就只能继续以前的决策，于是经济系统就被锁定在当前均衡状态中。Zauberman 指出锁定被定义为消费者在进行初始投资之后减少搜索并转向其他产品的倾向，而这种初始投资往往由消费者现在最小化当前利益的偏好与未来不可预知的转换成本所共同决定[2]。在国内研究方面，王世磊，严广乐（2009）[3]运用演化博弈理论构建一个供应商与核心企业的演化博弈模型，得出系统的演化呈现出路径依赖的特征，系统的演化结果与合作成本和收益存在密切关系。学者们对于锁定效应研究已经比较深入，但是主要集中在生产者与消费者两者之间，对于在供应链体系中的生产者与分销商等研究较少，侧重点也在于过程分析而非两者之间锁定效应的性质分析。为此，在本文中，将锁定效应纳入到供应链体系中，分析企业间彼此锁定能力的大小，以及为企业评估自身议价以及供应链稳定性提供一个参考指标。

（三）研究内容及研究框架

本篇论文研究的主要内容是利用模型来测定供应链中企业被某一特定企业锁定程度的大小。设研究主体企业为B，预期产生业务的另一家企业为A。本模型首先会测度B企业受到A企业的锁定程度的大小，然后测度B企业对于A企业锁定能力的大小，最后测定在供应链中某一企业对于其他企业的锁定程度和锁定能力的大小。研究的内容包括寻找由于要素变化所引起的企业变化的项目、企业的总效用函数、当企业作出转化决策时的转换成本等。研究的主要框架为先进行理论模型的建立以及研究，然后在对实际问题进行示例分析。其中研究的主体之间的关系如图1所示。

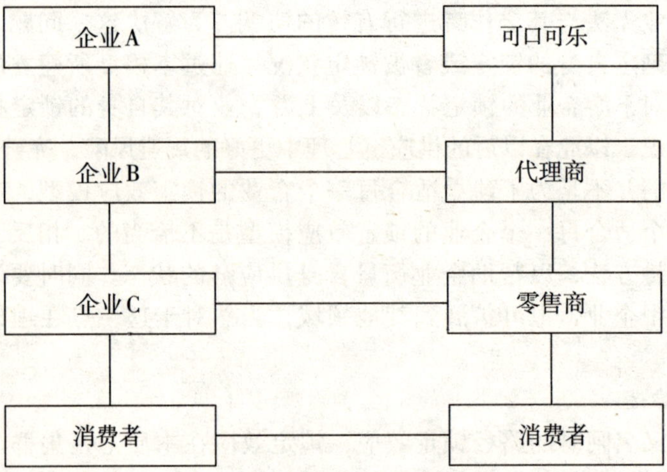

图1　研究框架示意

二、锁定评估模型

（一）模型概述

本模型所研究的供应链是由三个厂商和消费者构成的。本模型的对象是同属于该供应链中的三个厂商，分别为企业A、企业B和企业C，其中，企业A向企业B销售产品或服务，企业B向企业C销售产品或服务，最后，企业C向消费者销售产品或服务，如图2所示。需要指出，本文研究的是企业间的锁定效应，不涉及企业与消费者之间的锁定效应。

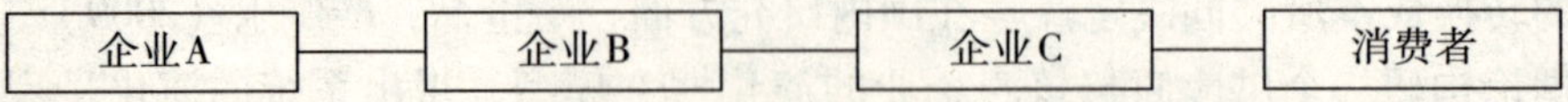

图2　供应链示意

分析的过程由三部分构成。首先建立模型 M_1 衡量企业 A 在其提供的某一特定的产品或服务市场中对企业 B 的锁定能力；其次建立模型 M_2 衡量企业 B 在企业 A 所提供的产品或服务市场中对企业 A 的锁定能力；最后建立模型 M_3 衡量企业 A 对企业 C 的锁定能力。

（二）模型理论分析

本文是建立在效用理论的基础之上的，所涉及的参数都会转化为企业的效用标量，同时以弹性系数衡量企业对某一要素变化的敏感程度。在衡量企业彼此间锁定能力的过程中，企业 A 向企业 B 销售产品或服务，设为要素 i，若企业 A 对企业 B 是锁定的，那么当要素 i 发生变化时，这种锁定能力会在企业 B 身上表现出来，则企业 B 所表现出来的各项目与要素 i 之间存在函数关系，因此通过评估两者之间的函数关系可以表现企业 A 对企业 B 的锁定能力。基于同样的原理，当企业 B 所购买的要素 i 发生变化时，企业 A 的状况也会发生改变，因此通过评估要素 i 的变化与企业 A 中各项目的变化，也可以观察企业 B 对企业 A 的锁定能力。

通过以上的分析，可以较好地把握企业彼此间的锁定能力，但是需要注意的是上一部分的分析只观察的是要素的变动与企业项目之间的关系，由于企业存在于市场中，在企业 A 提供给企业 B 产品或服务的同时，企业 B 也可以从其他企业获得相同或者相似的产品或服务，如此在评估企业 A 对企业 B 的锁定能力的过程中，需要把该因素考虑在内。在要素 i 市场中，一般而言，判断一家企业在该产品竞争力的方法就是观察该企业的产品的市场占有率，因此在本模型中将参数市场占有率引入模型，并以此来衡量竞争市场中企业 B 获取替代品的能力。

至此，在评估企业 A 对企业 B 的锁定能力的过程中，已经获得了可以衡量企业 B 从外部获得替代品的参数，即反映企业外部情况的参数。接下来需要寻找当要素 i 发生变化时，能够反映企业内部情况的参数。正如前文中所述，当要素 i 发生变化时，企业内部的各项目会发生变化，衡量该变化需要从两个方面考虑，第一个方面是该变化对企业而言是否重要，第二个方面是该变化的重要程度如何。首先，对于第一方面，一种要素对企业而言是否重要可以通过衡量该要素的边际效用来观察，当一种要素的微小变化引起企业的效用发生剧变时，无疑可以认为该要素是非常重要的，且极易被其他企业所锁定，因为由于更换产品或服务提供商需要时间，而此时间的损失对企业而言是重大的，在经济学中弹性系数能很好地反映这种变化，因此将弹性系数引入模型；其次对于第二方面，反映要素变化的重要程度如何，可以等价于转化成本的大小，因此转换成本这一参数需要进入模型，但是相较于前两个参数，转换成本是带有单位的，因此在模型中需要对其进行去单位化，以便转换参数的形式，通过与已获得单位效用的比较，可以将其转化为偏离锁定状态的参数。

如此获得了评定企业间锁定能力的三个参数，市场占有率反映企业获得同质替代产品的难易程度，弹性系数反映该产品的变化对于企业所产生的影响，偏离系数反映企业摆脱被锁定状态的能力。在本文中所研究的供应链无疑是简化的。之所以如此，是因为在现实生活中的一条供应链中每一个厂商既是另外一个或者多个厂商的供应商，又是一个或者多个厂商的分销商。在不违背逻辑的情况下，选择对真实世界进行一定程度的简化，能够降低研究的难度，同时也有理由相信这种简化是合理的。当然建立一个模型的目的并不是为了接近现实，旨在解释背后的原理，毕竟已经拥有一个完全现实的模型——这个世界。

（三）模型成立的基本假设

由于并不能建立一个完全符合现实世界的模型，在建立模型的过程中需要对某些条件进行理想化处理。本模型是建立在以下假设的基础之上的。本模型成立的时间范围为短期。在此，短期是指企业的某些生产要素不能够及时调整到最佳状态的时间范围。与之相对，长期是指企业的所有生产要素均可以调整到最佳状态的时间范围。在此之所以要分清短期与长期的区别，是因为在长期中企业的所有生产要素均可以得到调整，因此不存在是否被锁定的行为。锁定效应的存在只在短期中有效，在长期中失效。

（1）本模型的时间测度分为两期，分别为 t_1，t_2 时期，在 t_2 时期，企业会通过利率进行贴现，同时假设企业在本模型中不存在借贷约束。

（2）本模型所涉及的所有企业均为理性的，追求自身效用的最大化。

（3）本模型中的利率是恒定的，统一用 r 表示。

（4）在本模型中，对行为主体而言一单位流动货币的效用在同一时间测度范围内是恒定的，在不同的时间测度范围内是可以不同的，即在 t_1 时期内对行为主体而言一单位流动货币的效用是恒定的，与 t_2 时期内一单位流动货币的效用可以不同。

（5）在本模型中，与因变量相关的项目两两之间是不相关的。

（四）模型的建立

在本部分中，定义企业 A 与企业 B 之间所发生的产品或服务为要素 i，并假定企业 A 向企业 B 销售要素 i。定义模型 M_1 衡量企业 A 在要素 i 市场中对企业 B 的锁定能力；定义模型 M_2 衡量企业 B 在要素 i 市场中对企业 A 的锁定能力，模型 M_1、M_2 均为测度企业 A 与企业 B 之间锁定效应的模型。

同时企业 A 并不向企业 C 销售产品或服务，但是企业 A 可以通过企业 B 来影响企业 C 的行为。企业 B 与企业 C 之间锁定效应的分析过程与企业 A 和企业 B 之间锁定效应的分析过程类似。同时将软饮料可口可乐供应链作为示例来解析。研究发现，虽然软饮料市场存在较高的市场竞争，软饮料品种多样，但是其供应厂商却只有几家而已。以软饮料可口可乐为例进行实证分析。则可口可乐公司（中国）为企业 A，各大代理商中的其中一家代理商为企业 B，一般零售商中的一家为企业 C。

在本模型中利用效用理论中的效用作为企业所关注的指标，并且假定企业管理者始终在追求其企业自身效用的最大化。规定在时间测度 t_1 范围内一单位流动货币提供给行为主体的效用为 1，同时用 U 来表示某一要素对行为主体的效用。同时假定要素 i 满足边际效用递减规律。

在模型中，利用效用函数测定的是对企业而言某一要素效用的大小，设 U_i^A 表示对企业 A 而言 i 要素的效用；U_j^B 表示对企业 B 而言 j 要素的效用。当对同一种要素波动时，则有 $i=j$ 每一家企业根据自身的情况通过衡量指标建立相应效用函数。

1. M_1 模型分析

建立模型 M_1 来测算企业 A 在要素 i 市场中对企业 B 的锁定能力，设在要素 i 市场中，企业 A 的市场占有率为 S，并以此来衡量企业 B 获得相似服务的可能性，同时设定百分比 A 为企业所认定的对企业业务产生影响的百分比最小值。本模型通过测算要素 i 对于企业 B 的重要程度，这一参数选用企业 B 总效用关于要素 i 的弹性系数来衡量，弹性系数越大表示企业 B 的总效用关于要素 i 的变动越敏感。设 ε 反映的是总效用 U 关于 i 的弹性。当 $\varepsilon \geqslant 1$ 时，表示总效用 U 关于要素 i 是富有弹性的。当 $\varepsilon < 1$ 时，表示总效用 U 关于要素 i 是缺乏弹性的。

设 x_k^j 为企业 B 内部与要素 j 呈现强相关关系的项目 $x_k(k = 1, 2, 3, \cdots)$，建立函数：

$$x_k^j = x_k(j) \tag{1}$$

其中，$k=1, 2, 3, \cdots$

则由此获得函数集合：

$$\{x_k^j \mid x_k^j = x_k(j), k = 1, 2, 3, \cdots\} \tag{2}$$

设总效用函数为 U_i^B，则当要素 i 发生变动时，引起企业 B 的总效用发生变动，通过对要素 i 引起企业 B 中 x_k 项目的变动建立总效用函数：

$$U_i^B = u_B(x_1, x_2, \cdots, x_k) \tag{3}$$

由于要素 i 并不是直接进入总效用函数，而是通过 x_k 进入总效用函数。在此求总效用关于因变量 i 的偏导数得到总效用函数 U_i^B 关于要素 i 的弹性系数 ε_B，即：

$$\varepsilon_B = \left|\frac{\Delta u_B/u_B}{\Delta i/i}\right| = \left|\frac{i}{u}\sum_{i=1}^{i}\frac{\partial u_B}{\partial x_k}\cdot\frac{\mathrm{d}x_k}{\mathrm{d}i}\right| \tag{4}$$

由于 ε_B 反映的是总效用函数 U_i^B 关于要素 i 的弹性，即总效用函数 U_i^B 对于 i 变化的敏感程度。当 U 对 i 反映非常敏感时，表示要素 i 对于企业非常重要，因此在衡量企业的锁定状态时，对于弹性系数大的要素需要格外关注。

接下来设对企业 B 而言，在要素 i 市场中，当企业 A 的市场占有率超过 A 时，其可以认为自身是倾向于受到锁定的，则有 $\varsigma \geqslant A$，$\varepsilon_B \geqslant 1$ 时，企业 B 可以认为自身是处于企业 A 锁定的如表 1 所示。

表 1　企业 B 与企业 A 之间的关系示意

ς / ε_B	$\varsigma \geqslant A$	$\varsigma < A$
$\varepsilon_B \geqslant 1$	锁定	非锁定
$\varepsilon_B < 1$	非锁定	非锁定

当企业 B 满足条件 $\varsigma \geqslant$A，$\varepsilon_B \geqslant 1$ 时，企业 B 处于企业 A 锁定之下。

在通过上文的分析，已经可以判断出一个企业是否处于锁定状态了，但是并不满足于仅仅让企业把之前曾经对自身是否处于锁定状态加以确定，同时更希望能够帮助企业清晰的认识到他们所被锁定的状态到底有多大。

接下来本模型将定量的测算企业 A 对企业 B 锁定能力的大小。首先需要测算企业 B 偏离锁定状态能力的大小，然后来测算锁定系数。设 λ 为衡量企业 B 偏离锁定状态的参数。则在模型 M_1 中用 $\lambda(i)$ 来衡量偏离锁定状态的趋势。设 c（i）表示对于企业 B 而言要素 i 的转换成本，用效用表示。r 表示恒定不变的利率。p_1 表示当前企业 B 所使用的要素 i 的货币效用，p_2 表示其同质替代品的货币效用。

$$\lambda(i) = \frac{c(i)}{p_2 - p_1} \cdot \frac{r}{1 + r} \tag{5}$$

接下来将建立函数表达式来求解被动锁定系数了。已经求得了 λ 。它是用来测定企业主体趋向于被锁定状态的参量。

在主体模型中又获得了另外两个测定企业主体趋向于被锁定状态的参量 ς, ε ，通过本模型中对 ς, ε 的定义，可以确定被锁定系数基本的函数表达形式：

$$\gamma = F(\varepsilon, \lambda, \varsigma) + \sigma \tag{6}$$

其中 ε，λ，ς用来衡量偏离被锁定状态的趋势；其中 ς表示现要素 i 提供厂商的市场占有率，ε 表示企业总效用关于要素 i 弹性的对数形式；σ 为误差项。同时需要注意的是要素 i 并不是直接进入函数，而是通过 ε，λ，ς进入函数。在本函数中，由于 ε，λ 的定义，可知 γ 与 ε，λ，ς满足条件：

$$\frac{\partial \gamma}{\partial \varepsilon} \geqslant 0, \frac{\partial \gamma}{\partial \lambda} \geqslant 0, \frac{\partial \gamma}{\partial \varsigma} \geqslant 0 \tag{7}$$

通过对 ε，λ，ς三个参数进行分别赋权就可以得到 γ 的表达式，即为：

$$\gamma = \lambda \varsigma \, \mathrm{In} \varepsilon + \sigma \tag{8}$$

在此处需要注意的是由于已经通过表 1 确定 $\varepsilon_B \geqslant 1$，因此 $\mathrm{In}\varepsilon$ 是有意义的。但当在未确定 $\varepsilon_B \geqslant 1$ 的情况下，即企业效用关于要素 i 敏感的情况时，γ 可能为负，当然这也就不在本文的研究范围之内了。

由此可以求得企业 A 对企业 B 的锁定系数为：

$$\gamma_{AB} = \lambda_{AB} \varsigma_{AB} \mathrm{In} \varepsilon_{AB} + \sigma_{AB} \tag{9}$$

2. M_2 模型分析

模型 M_2 采用的建模思想与建模方式与模型 M_1 相同。本模型用以衡量企业 B 在要素 i 市场中对企业 A 的锁定能力，对于企业 A 而言其向企业 B 提供要素 i，当企业 B 购买的要素 i 发生变化时，企业 A 的总效用发生变化。基于模型 M_1 同样的算法，在要素 i 市场中，则企业 A 关于要素 i 的总效用函数为：

$$U_i^A = u_A(x_1, x_2, \cdots, x_k) \tag{10}$$

同样总效用关于要素 i 的弹性系数为：

$$\varepsilon_A = \left| \frac{\Delta u_A / u_A}{\Delta i / i} \right| = \left| \frac{i}{u} \sum_{i=1}^{i} \frac{\partial u_A}{\partial x_k} \cdot \frac{\mathrm{d}x_k}{\mathrm{d}i} \right| \tag{11}$$

由于假设企业 A 只生产一种产品或服务为要素 i，所以模型 M_1 中标记转换成本的参数 λ 不再进入求解锁定系数 γ 的方程，其他方面仿照模型 M_1 中的算法，可以求得企业 B 在要素 i 市场中对于企业 A 的锁定程度。

$$\gamma_{BA} = \lambda_{BA}\varsigma_{BA}\text{In}\varepsilon_{BA} + \sigma_{BA} \tag{12}$$

3. M_3 模型分析

在建立起模型 M_1、模型 M_2，接下来测算企业 A 对于企业 B 的下游供应商企业 C 的锁定能力，为了便于区分符号的含义，在模型 M_3 用 γ_{AB} 表示企业 A 对企业 B 的锁定程度，用 γ_{BC} 表示企业 B 对企业 C 的锁定程度。

$$\gamma_{AC} = \sqrt{\gamma_{AB}\gamma_{BC}} \tag{13}$$

（五）实证分析

在建立了模型之后，下面通过可口可乐公司（中国）进行实际分析①，并以此来说明所建立的模型是如何来衡量企业间的锁定效应。通过对可口可乐（中国）的供应链研究发现，由于软饮料产品的特殊性，其下一级分销商的进入门槛非常低，其受到影响的因素也比较小。

由于本条供应链中，企业 B 即各大分销商当要素 i 发生变化时，所受到影响的项目主要是重新安排下一级零售商布局所带来的成本增加，因为销售可口可乐的地方不会销售百事可乐，同样销售百事可乐的地方也不会销售可口可乐，因此当分销商在做出转换决策的时候主要注意的是重新安排销售布局引起的成本。同时软饮料之间的设备要求并不存在较大的差异，软饮料之所以出现不同主要还是在于其配方的差异。

假设当企业 B 做出转换销售产品的决策时，需要重新安排下一级零售商的布局，而这些成本给企业带来的效用增量 U_1^B，通过对各大分销商的研究发现，其总效用函数与要素 i 之间的关系为 $U_1^B = 10^5 i$。

由于各大分销商的营运能力不同，在此处取平均数量级 10^5。

通过对公式（4）进行求解，求得分销商的弹性系数为 ε_B，由于所增加的成本相较于求得 $\varepsilon_B = 10^5$。据欧睿数据显示，2010 年，可口可乐在中国软饮料市场占有率为 16.8%，康师傅以 14.4% 位居第二，第三位、第四位分别为娃哈哈和百事可乐，份额为 7.2%、5.5%。由此确定模型 M_1 中的市场占有率 $\varsigma = 0.168$。

分析发现，在软饮料行业，当一家分销商所代理的产品企业的市场占有率超过 15% 时，企业倾向于认定自身是倾向于不转换代理商的，尤其是软饮料行业企业要求代理商不得代理其竞争企业的产品的情况下。通过表 1 的分析，确定可口可乐公司（中国）对其分销商是趋于锁定的，但是由于可口可乐公司（中国）的市场占有率趋近于分销商所认定的锁定界限，因此有理由认为这种锁定是趋向于微弱的。接下来将求解 λ，假设分销商转向可口可乐的竞争对手百事可乐，则成本 c 为 200，而提供的效用 P_1 为 80，P_2 为 100，年利率为 3.5%，由此求得 λ 为 0.338。

$$\lambda(i) = \frac{c(i)}{p_2 - p_1} \cdot \frac{r}{1 + r} = 0.338 \tag{14}$$

然后通过公式（9）求得可口可乐公司（中国）对其分销商的锁定系数为 0.284。

$$\gamma_{AB} = \lambda_{AB}\varsigma_{AB}\text{In}\varepsilon_{AB} + \sigma_{AB} = 0.284 \tag{15}$$

由于可口可乐公司（中国）总效用对于单个分销商所购买的产品变化并不敏感，

① 数据来自《AC 尼尔森—中国饮料市场—2010 年各企业数据》第 24 页。

即 $\varepsilon_A < 1$，因此根据表 1 可知，企业 B 即可口可乐分销商对于可口可乐公司（中国）并不存在锁定效应，同时根据公式（12）求得 $\gamma_A = 0$。由此通过模型 M_1 求得 $\gamma_{AB} = 0.284$，同时由于分销商的市场占有率并不满足与表 1 中零售商认为趋向于锁定的市场占有率，因此 $\gamma_{BC} = 0$，由此求得 $\gamma_{AC} = 0$，即可口可乐公司（中国）对于零售商并不存在锁定能力。

三、对策

本部分主要关于供应链中锁定与反锁定的讨论。正如经济学家所指出的那样，一旦进入了锁定状态，要脱身而出就会变得十分困难，往往需要借助外部效应，引入外部变量，才能实现对原有方向的扭转。

由于锁定效应存在自我强化的特点，企业在选择供应商的时期，应该尽可能地选择多家供应商，这样可以降低被锁定的可能性。因为一旦购买方选择了唯一的供应商，在后续投资中，一方面购买方将产生诸如专门的员工培训等大量沉没成本，而另一方面供应商了解到对方别无选择，很容易在谈判中获得优势，这时购买方的转移成本就会很高。

首先，选择有两个或三个供应商，这就是在向每一个供应商传递这样的信号：如果不能提供最好的产品和合理的价格，购买方就会转向其他的供应商。其次，在谈判中，购买方要直接向供应商明确指出因锁定产生的转移成本，提出该成本应该由两家分摊，这样就可以迫使供应商做出两种让步：第一种是降低产品价格，以弥补购买方今后的转移成本；第二种是在合同限定的收费范围内提供良好的售后服务。

四、总结与展望

通过本论文中所建立的模型，企业可以对自身的供应链有更好的把握，同时在模型中所提出的锁定系数等数据可以很好地为企业在与供应商谈判的过程中获取更多的便利。

本篇论文所建立的模型能够比较有效地帮助企业确定自身是否处于被其他企业锁定的状态，同时也能够比较明确地知晓自身对其他企业的锁定情况。这样，在购买或销售自身的产品及服务时就具有了更大的主动性。本论文引入弹性系数来衡量要素变化对企业效用的影响，有利于帮助企业更好地分析自身的核心业务。

在本论文中毕竟提出了如何确定锁定状态的定性方案，同时还提出了确定锁定状态的参数锁定系数，能够帮助企业在定性的了解锁定情况下，更为准确地了解锁定状态的大小。在本模型中，企业所选择的供应商的市场占有率对于以后企业能否有效的转换供应商有重要影响，同时在企业作出转换决策时，不仅要参考自身的转换成本，同时还要参考此转换成本与未来所获收益的贴现进行比较，即需要参考相对转换成本和新的选择所带来的收益。

同时由于如果假设企业能够准确的预期自身在未来被锁定，那么企业现在就不会作出与之相对应的决策，因此可以认为企业是不能预测未来是否被锁定的。但是本篇论文所建立的模型仍然具有不足。模型在帮助企业确立与某一种产品相关的项目时，这些项目彼此之间有可能存在强相关关系，而这些关系很可能并没有被发现，最后在计算过程中被同时计算。同时，由于无法对模型中的偏差进行准确的界定，在本文中并未对误差项纳入实证检验。

由于本论文的模型是建立在诸多假设基础之上的，当这些假设不成立时，模型对于现实反映的效果就会大打折扣。在后续的研究中，会逐渐放松假设条件，建立起更符合现实的模型。同时由于所建立的模型不可能完全的反映现实的状况，在后续的研究中，需要不断完善，尤其是在参数的选择方面，需要不断的修改，以便于更好地反映现实。

参考文献

[1] ARTHUR. Competing Technologies, Increasing Returns and Lock - In by Historical Events [J]. Economics Journal, 1989 (99): 116 - 132.

[2] ZAUBERMAN, GAL. The Intertemporal Dynamics of Consumer Lock - In. Journal of Consumer Research [J]. 2003 (3): 405 - 419.

[3] 王世磊，严广乐．绿色供应链中供应商与核心企业的演化博弈模型分析［J］．科技与管理，2009（5）：60 - 62.

物流技术与工程

汽车制造业多级物流服务供应链的供应商选择*

甘卫华　章　涵

摘　要：根据汽车制造业物流服务供应链的结构特点，本文构造了“汽车制造企业→物流服务集成商→物流服务分包商→功能型物流服务商”的多级模式下的物流服务供应商选择模型。该模型能够对供应链中各级结构中的物流服务供应商进行优化配置，给出物流服务集成商、物流服务分包商、功能型物流服务商的最优数目及其选择，以及最优配置关系，实现物流服务总成本最小、物流服务质量最优，同时满足一定物流服务柔性。通过借助 LINGO 11.0 进行模型求解，根据决策者偏好设定不同权重及柔性需求，对不同组合下的供应链物流服务总成本进行了估算并对物流服务柔性进行权衡。算例分析证明了方法的可行性。

关键词：汽车制造业　物流服务链　供应商选择　多目标规划

一、引言

汽车制造业是我国制造业中最有代表性又最有活力的产业之一，据中国汽车工业协会公布，2012 年我国汽车产销双双突破 1900 万辆，增速都超过了 4%，再次突破纪录，蝉联世界第一[1]。随着我国汽车消费需求的强劲增长，汽车产量的快速增长，汽车物流行业迅速发展。消费者要求能在任何时候、任何地点，以最低的价格及最快的速度获得所需要的产品，这对汽车制造业和物流企业提出了更高的要求。

物流服务供应链作为现代物流的一种高级管理模式，将其应用于汽车制造业，不仅有利于汽车制造企业降低物流成本，专注于核心竞争力的提升，还有助于物流企业提高物流服务专业水平，加强供应链上物流企业的协同合作，并且能有效迎合日趋个性化的消费需求。

为了使汽车制造业物流服务供应链实现高效运作，物流服务供应商的选择是首要基础。目前，有关物流服务商选择的研究大多数是从上下游两级节点，探讨第三方物

* 基金项目：国家科技部“十二五”支撑计划课题：水果类农产品物流过程品质维持和质量安全控制技术集成应用与示范（2013BAD19B08）。

作者简介：甘卫华，女，华东交通大学工业工程与物流系主任，教授，博士，研究方向：物流系统规划与供应链管理；章涵，女，华东交通大学 2011 级管理科学与工程硕士研究生，研究方向：物流系统规划与供应链管理。

流企业的选择[2-6]，而对于物流服务供应链中物流服务供应商选择的研究甚少。虽然，田宇（2003）[7]、王伟鑫（2011）[8]分别对物流服务供应链构建中的集成物流服务供应商以及功能型物流服务供应商选择问题进行了探讨，但只考虑了功能型物流服务供应商→集成物流服务供应商→制造、零售企业，这种两级物流服务供应链模式。实际上，不同行业的物流服务需求存在差异，物流服务供应链的结构不同，对物流服务供应商选择的侧重点也有所不同。本文基于汽车制造业的物流需求特性，结合物流服务供应链理论，提出零部件供应商/主机厂→物流服务集成商→物流服务分包商→功能型物流服务提供商→主机厂/销售中心组成的多级物流服务供应链结构，并对供应链中的物流服务供应商选择进行研究。

二、汽车制造业物流服务需求特点

汽车制造业是一个复杂程度和集成度相当高的行业，也是物流领域需求量最大、要求最多的行业之一。从原材料、零部件采购到零部件、整车生产直至商品车最终到达消费者手中以及对于质损车辆的返厂维修等，汽车制造业的物流需求可以分为：原材料和零部件的采购（供应）物流、汽车生产物流、整车/零部件销售物流以及贯穿整个供应链的质损车辆/零部件回收物流，如图1所示。

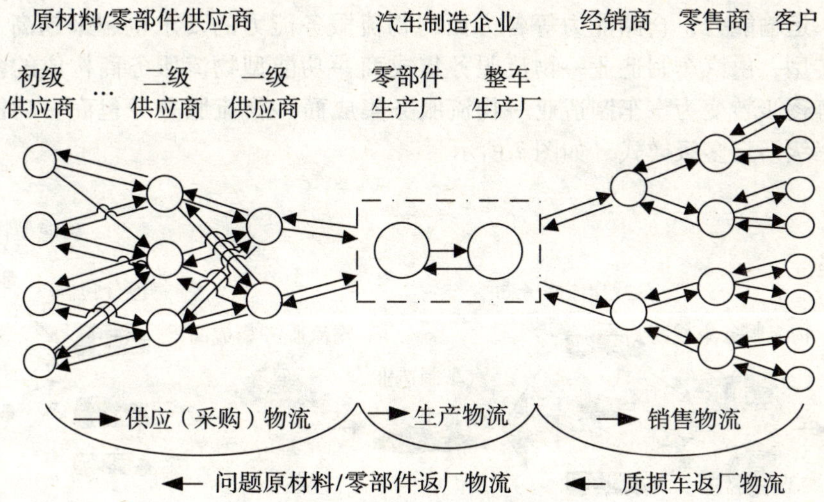

图1　汽车制造业物流服务供应链

庞大的零配件供应群体和复杂的运输、配送环节构成了库存巨大、层次繁多、结构复杂的汽车制造业物流服务体系。虽然，汽车制造业物流服务已经从单一的仓储、运输服务逐步转变为从原材料/零部件运输、流通加工、仓储配送到汽车制造业内部生产线物流规划直至商品车仓储、包装、运输等一系列综合化服务。但是，就绝大多数综合型汽车物流服务企业而言，很难承担几万种零配件的汽车一体化物流，依旧侧重于整车运输。目前，我国的综合性汽车物流服务企业主要分为以运输业务为主，以仓储业务、流通加工、零部件配送、信息技术业务为辅的综合性汽车物流服务企业和专业从事运输服务的汽车运输企业两类。

目前，我国汽车物流代表企业有安吉物流、长久物流、民生物流、中联物流等，它们基本采用主要依托某一家大型汽车制造企业，同时服务于多家汽车制造企业的运营模式。以安吉物流为例，安吉物流主要服务于上海通用汽车有限公司，为其提供从整车出厂直到经销商手中的一整套物流解决方案。然而，为了实现运输资源的整合优化，降低整车物流环节的运作成本，减少资源的重复投入，安吉物流与长久物流、民生物流、中联物流等多家综合性汽车物流服务企业相互协作，大大提高了资源利用率和单位效率。也正因如此，形成了汽车制造业物流服务供应链。

三、汽车制造业多级物流服务供应链结构

汽车制造业物流服务供应链是以物流服务集成商为核心，通过整合链上物流服务资源来满足汽车制造型企业从原材料/零部件采购直至商品车送达客户以及质损车辆/零部件的返厂维修等整个过程中的物流服务需求，从而形成的一条有机的物流服务链。

汽车制造业物流服务供应链按照物流方向可以分为正向物流服务供应链，即“原材料/零部件采购（供应）物流→商品车物流、零备件物流”，以及逆向物流服务供应链，即“问题零备件、质损商品车返厂物流”。

随着汽车制造业的发展，汽车制造业物流需求不断扩大，对于物流企业的运输网络覆盖面、运输能力、仓储能力等各方面的物流服务能力的要求也越来越高，服务链结构正在转型，由汽车制造业→物流服务集成商→功能型物流服务商构成的两级物流服务供应链逐步转变为汽车制造业→物流服务集成商→物流服务分包商→功能型物流服务商的三级乃至多级模式，如图 2 所示。

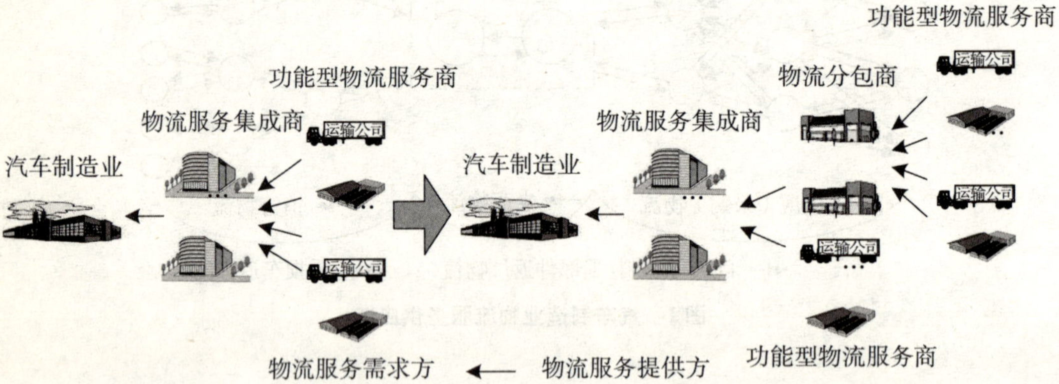

图 2　汽车制造业物流服务层级演变

四、汽车制造业物流服务供应商选择模型

根据汽车制造业物流服务多级结构特点，对汽车制造业物流服务供应链中供应商的选择可以分为汽车制造业对物流服务集成商的选择，物流服务集成商对物流分包商的选择以及物流服务集成商或者物流分包商对功能型物流服务供应商的选择。历史研

究和实践证明，无论是汽车制造企业对其物流服务集成商的选择，还是物流服务集成商对物流服务分包商和功能型物流服务商的选择，基本都是以物流成本最低、物流服务质量最优为核心考核标准。然而，为了实现整个汽车制造业物流服务供应链的高效运作，对于汽车制造业物流服务供应商的选择，不单是针对每一层级选择最优物流服务供应商，而应以整个物流服务供应链供应商的最优配置为目标，选择各级物流服务供应商。

因此，基于上述要求，建立多目标规划模型。

（一）变量与参数设置

1. 变量

x 为物流服务实体（原材料/零部件/商品车）类型代码，$x=1, 2, 3, \cdots, X$；

i 为物流服务需求方（供应商/主机厂，1 级）代码，$i=1, 2, 3, \cdots, I$；

j 为物流服务集成商（2 级）代码，$j=1, 2, 3, \cdots, J$；

k 为物流服务集成商 j 的分包商（3 级）代码，$k=1, 2, 3, \cdots, K$；

物流服务集成商和物流服务分包商没有绝对界线，物流服务集成商同时也可以是另一些物流服务集成商的分包商，为便于辨别主次服务关系，将物流服务分包商单独划分一个层级，$k \subseteq j$。

m 为物流服务集成商 j 的功能型物流服务商（4 级）代码，$m=1, 2, 3, \cdots, M$；

在汽车制造业物流服务供应链中，由于涉及的服务实体（零部件、商品车等）数量多，种类繁杂等，为减少管理成本，汽车制造业往往将业务外包给物流服务集成商，而不与功能型物流服务商产生直接联系，由物流服务集成商视情况将业务分包给物流服务分包商和（或）功能型物流服务商。

v 为物流服务接收方（主机厂/销售中心，5 级）代码，$v=1, 2, 3, \cdots, V$。

2. 输入参数

ε 为物流服务柔性判断指标；

α_j 为物流服务集成商 j 的自有服务能力（运输服务能力、仓储服务能力等）；

β_k 为物流服务分包商 k 的自有服务能力；

γ_m 为功能型物流服务商 m 的可支配服务能力；

q_j 为物流服务集成商 j 的物流服务质量；

q_k 为物流服务分包商 k 的物流服务质量；

q_m 为功能型物流服务商 m 的物流服务质量；

s_{xiv} 为物流服务实体 x 从物流服务需求方 i 到物流服务接收方 v 的物流需求量；

ρ_j 为物流服务集成商的管理费用；

ρ_k 为物流服务分包商的管理费用；

ρ_m 为功能型物流服务商 j 的管理费用；

f_{xiv}^{j} 为物流服务集成商 j 利用自有能力将物流服务实体 x 从物流服务需求方 i 到物流服务接收方 v 的单位物流成本；

f_{xiv}^{k} 为物流服务分包商 k 利用自有能力将物流服务实体 x 从物流服务需求方 i 到物流服务接收方 v 的单位物流成本；

f_{xiv}^{m}为功能型物流服务商 m 将物流服务实体 x 从物流服务需求方 i 到物流服务接收方 v 的单位物流成本。

3. 输出参数

s_{xiv}^{j}为物流服务集成商 j 利用自有能力将物流服务实体 x 从物流服务需求方 i 到物流服务接收方 v 的物流量；

s_{xiv}^{k}为物流服务分包商 k 利用自有能力将物流服务实体 x 从物流服务需求方 j 到物流服务接收方 v 的物流量；

s_{xiv}^{m}为功能型物流服务商 m 将物流服务实体 x 从物流服务需求方 i 到物流服务接收方 v 的物流量；

Q 为物流服务质量；

Z 为物流总成本；

R 为物流服务柔性。

4. 0－1 决策变量

δ_j：如果选择物流服务集成商 j 则取 1，否则取 0；

δ_k：如果选择物流服务分包商 k 则取 1，否则取 0；

δ_m：如果选择功能型物流服务商 m 则取 1，否则取 0；

φ_{jv}：如果物流服务集成商 j 为物流服务接收方 v 服务则取 1，否则取 0；

φ_{kv}：如果物流服务分包商 k 为物流服务接收方 v 服务则取 1，否则取 0；

φ_{mv}：如果功能型物流服务供应商 m 为物流服务接收方 v 服务则取 1，否则取 0。

（二）物流服务供应商选择模型建立

在物流服务供应商的选择过程中，首先物流服务需求方（供应商/主机厂）i 发出与物流服务接收方 v 间的物流需求信息对物流服务集成商 j 进行选择，进而由物流服务集成商 j 对自有物流服务能力进行判断，选择是否将业务外包以及外包给哪些物流服务分包商 k 和（或）功能型物流服务商 m，如图 3 所示。

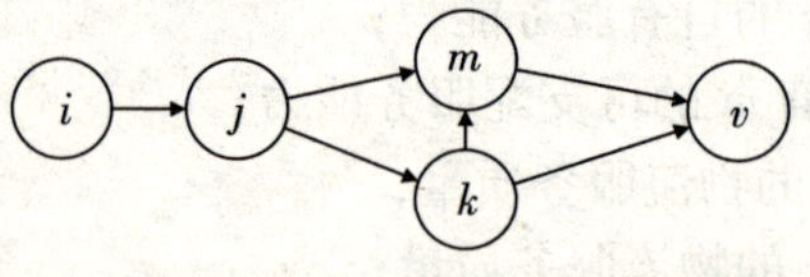

图 3　汽车制造业销售物流服务供应商选择网络示意

本文所构造的物流服务供应商模型要考虑汽车制造业物流服务供应链中各级物流服务供应商的选择，结合物流服务供应链成本、物流服务质量、物流服务柔性等多种指标，及物流服务集成商、物流服务分包商、功能型物流服务商能力约束来设计，并要求满足物流服务需求。该模型的目标是优化供应链中的物流服务，给出物流服务集成商、物流服务分包商、功能型物流服务商的最优数目及其选择，以及汽车制造业物流服务供应商的最优配置关系。模型的目标函数包括供应链物流成本最小化，同时符合高质量的物流服务要求并满足一定的物流服务柔性需求，因此是一个多目标规划求解模型。

该模型的目标表达式如下：

$$\begin{cases} \min Z \\ \max Q \\ R \geqslant \varepsilon \end{cases}$$

物流成本目标函数式：

$$Z = \Big(\sum_j \rho_j \cdot \delta_j + \sum_{xiv} f_{xiv}^j s_{xiv}^j \varphi_{jv}\Big) + \Big(\sum_k \rho_k \cdot \delta_k + \sum_{xiv} f_{xiv}^k s_{xiv}^k \varphi_{kv}\Big) + \Big(\sum_m \rho_m \cdot \delta_m + \sum_{xiv} f_{xiv}^m s_{xiv}^m \varphi_{mv}\Big) \tag{1}$$

物流服务质量目标函数式：

$$Q = \min(q_j \cdot \delta_j,\ q_k \cdot \delta_k,\ q_m \cdot \delta_m) \tag{2}$$

物流服务柔性目标函数式：

$$R = \sum_j (\alpha_j \cdot \delta_j - s_{xiv}^j \varphi_{jv}) + \sum_k (\beta_k \cdot \delta_k - s_{xiv}^k \varphi_{kv}) + \sum_m (\beta_m \cdot \delta_m - s_{xiv}^m \varphi_{mv}) \tag{3}$$

约束条件如下：

$$R \geqslant \varepsilon \tag{4}$$

$$\begin{cases} s_{xiv}^j \leqslant \alpha_j,\ \forall j \\ s_{xiv}^k \leqslant \beta_k,\ \forall k \\ s_{xiv}^m \leqslant \gamma_m,\ \forall m \end{cases} \tag{5}$$

$$s_{xiv}^j + s_{xiv}^k + s_{xiv}^m = s_{xiv} \tag{6}$$

$$s_{xiv}^j, s_{xiv}^k, s_{xiv}^m \text{ 为非负整数}, \forall x,\ i,\ v,\ j,\ k,\ m \tag{7}$$

$$\delta_j,\ \delta_k,\ \delta_m,\ \varphi_{jv},\ \varphi_{kv},\ \varphi_{mv} = 0 \text{ 或 } 1,\ \forall j,\ k,\ m,\ v \tag{8}$$

其中，式（1）为汽车制造业物流服务供应链物流服务总成本的目标函数，指从物流服务集成商、分包商到功能型物流服务供应商各级物流服务商的管理成本以及完成物流服务成本的总和，目标函数要求物流服务总成本最小化。

式（2）为供应链整体物流服务质量的目标函数，物流服务质量指物流服务供应商从对物流服务需求方的物流服务的识别，直至物流服务实体的交付整个过程中的物流服务完成情况。它可根据历史合作情况，对物流服务质量的“优、良、中、差”进行评估，以数字“5~4，4~3，3~2，2~1”做相应的映射而实现量化要求。由于汽车制造物流服务供应链的物流服务质量取决于链上物流服务供应商的最短板，因而物流服务质量为提供物流服务的供应商服务质量的最小值。

除成本和质量函数外，本文增加柔性目标。物流服务柔性指物流服务供应商的最大物流服务能力与实际利用量之间的差额，用于衡量物流服务供应链所能承受的、来自物流服务需求方的需求波动和计划波动的能力。目标函数中的式（3）即为物流服务柔性，用 R 表示，为物流服务集成商、分包商以及功能型物流服务商各自的物流服务能力与其利用量的差额总和。为简化求解过程，特别地，通过增加物流服务柔性指标 ε，将目标函数式转化为条件约束式（4），从而将多目标规划问题转化为双层目标最优化问题，以帮助问题求解。

约束式（5）~式（8）的含义如下：

约束式（5）考虑到各级物流服务供应商的自有服务能力约束，保证每个物流服务供应商承担的物流量在其能力许可范围之内；

约束式（6）表示实际物流量要满足物流服务需求量；

约束式（7）表示各级物流服务供应商承担的物流量必须为非负数，且受汽车制造业商品车物流以台数作为物流量统计的限制，当模型用于商品车物流服务供应商选择时，各级物流服务供应商承担的物流量必须为整数；

约束式（8）表示决策变量的数值只能取 0 或 1。

该模型是一个混合整数规划模型，由于目标函数与约束条件含有大量的 0－1 变量约束，而且实际的汽车制造业物流服务供应链网络中含有数量巨大的变量与约束，很难用一般的整数规划方法精确求解。LINGO 软件是一种专门用于求解最优化模型（包括线性规划、非线性规划、二次规划、整数规划和动态规划等）的软件包，其自带的数学规划算法能够有效地解决这类问题，并且仿真算法的计算精度，算法稳定性也可通过 LINGO 软件的环境设置予以解决，并且 LINGO 内置了一种建立最优化模型的语言，可以简便地表达大规模问题，它具有执行速度快，易于输入、易于求解和分析的特点，所以是求解组合优化问题的一种理想软件[9]。因此，本文应用 LINGO 11.0 软件对模型进行仿真求解。

（三）物流服务柔性指标 ε 取值

ε 的取值反映了决策者的物流服务的柔性需求。然而，决策者需要考察不同柔性指标下的解决方案，在进行权衡后作出决策。ε 的取值可通过如下方法：

（1）取 ε 值为零，判断此时得到的物流服务柔性 R 的值。

（2）如果 R 值还不够大，则继续寻找可行解；如果 R 值已经满足要求，则停止求解。

（3）为 ε 选择增量，调整 ε 的值，继续寻找可行解。

（4）如果最优解已经找到，则停止求解，否则返回步骤（3）。若物流服务柔性稍有增加，成本 Z 就增加时，则达到最优。

五、算例分析

江西某汽车制造企业的主机厂设在南昌，其分销中心遍布国内各大城市，目前该企业拟将某种车型共计 260 台车辆运往 A、B、C 三地的分销中心，其中运往 A 地 80 台、B 地 120 台、C 地 60 台。现有可选择的物流服务集成商两家以及各自合作的分包商 1 家、功能型物流服务商两家（各物流服务供应商的运输成本、服务质量和服务能力如表 1 所示），物流服务供应商的管理费用均为 5000 元，要求物流供应商按照发运计划完成商品车发运，且应满足物流成本最低、物流服务质量最优以及服务柔性等需求。结合物流服务供应商选择模型，给出物流服务集成商、物流服务分包商、功能型物流服务商的最优数目及其选择，以及汽车制造业物流服务供应商的最优配置关系。

表 1　　物流服务供应商运输成本、服务质量、服务能力数据

备选物流服务供应商	物流服务能力（台）	物流服务质量	运输成本（元/台）		
			A	B	C
J_1	160	4.3	158	140	189
K_{11}	120	4.6	285	257	332
M_{11}	60	3.9	126	112	151
M_{12}	60	3.5	105	94	126
J_2	120	4.2	150	136	180
K_{21}	72	4.1	260	236	298
M_{21}	80	3.9	120	108	146
M_{22}	72	3.7	124	106	140

为了便于求解过程的实现，将目标式（2）转化为等价式 $\min(-Q)$，结合决策者偏好，通过加权法将原来的目标函数式（1）和式（2）转化为以下形式：$\min(w_1 Z - w_2 Q)$。通过给 w_1、w_2 设置不同的值来求出非劣解。借助优化软件包 LINGO 11.0 求解，得到不同权重及柔性需求组合下的供应商配置如表 2 所示。

表 2　　不同权重及柔性需求组合下的供应商配置

组	(w_1, w_2)	R	目标 Z	目标 Q	供应商配置（δ_j，δ_k，δ_m，φ_{jv}，φ_{kv}，φ_{mv}）
1	(0.0, 1.0)	20	64820	4.3	$[1\ 0]\ [1\ 0]\ [0\ 0\ 0\ 0]\ \begin{bmatrix}1&0&1\\0&0&0\end{bmatrix}\begin{bmatrix}0&1&0\\0&0&0\end{bmatrix}\begin{bmatrix}0&0&0\\0&0&0\\0&0&0\\0&0&0\end{bmatrix}$
2	(0.1, 0.9)	140	63720	4.2	$[1\ 1]\ [1\ 0]\ [0\ 0\ 0\ 0]\ \begin{bmatrix}0&1&0\\1&0&0\end{bmatrix}\begin{bmatrix}0&0&1\\0&0&0\end{bmatrix}\begin{bmatrix}0&0&0\\0&0&0\\0&0&0\\0&0&0\end{bmatrix}$
3	(0.2, 0.8)	92	61680	4.1	$[1\ 1]\ [0\ 1]\ [0\ 0\ 0\ 0]\ \begin{bmatrix}0&1&0\\1&0&0\end{bmatrix}\begin{bmatrix}0&0&0\\0&0&1\end{bmatrix}\begin{bmatrix}0&0&0\\0&0&0\\0&0&0\\0&0&0\end{bmatrix}$
4	(0.3, 0.7)	100	52560	3.9	$[1\ 1]\ [0\ 0]\ [0\ 0\ 1\ 0]\ \begin{bmatrix}0&1&0\\1&0&0\end{bmatrix}\begin{bmatrix}0&0&0\\0&0&0\end{bmatrix}\begin{bmatrix}0&0&0\\0&0&0\\0&0&1\\0&0&0\end{bmatrix}$

续 表

组	(w_1, w_2)	R	目标 Z	目标 Q	供应商配置（δ_j，δ_k，δ_m，φ_{jv}，φ_{kv}，φ_{mv}）
5	(0.4, 0.6)	0	49980	3.9	$[0\ 1]\ [0\ 0]\ [1\ 0\ 1\ 0]\ \begin{bmatrix}0&0&0\\0&1&0\end{bmatrix}\begin{bmatrix}0&0&0\\0&0&0\end{bmatrix}\begin{bmatrix}0&0&1\\0&0&0\\1&0&0\\0&0&0\end{bmatrix}$
6	(0.5, 0.5)	12	49320	3.7	$[0\ 0]\ [0\ 0]\ [0\ 0\ 1\ 1]\ \begin{bmatrix}0&0&0\\0&1&0\end{bmatrix}\begin{bmatrix}0&0&0\\0&0&0\end{bmatrix}\begin{bmatrix}0&0&0\\0&0&0\\1&0&0\\0&0&1\end{bmatrix}$
7	(0.6, 0.4)	0	48480	3.5	$[0\ 1]\ [0\ 0]\ [0\ 1\ 1\ 0]\ \begin{bmatrix}0&0&0\\0&1&0\end{bmatrix}\begin{bmatrix}0&0&0\\0&0&0\end{bmatrix}\begin{bmatrix}0&0&0\\0&0&1\\1&0&0\\0&0&0\end{bmatrix}$
8	(0.7, 0.3)	0	48480	3.5	$[0\ 1]\ [0\ 0]\ [0\ 1\ 1\ 0]\ \begin{bmatrix}0&0&0\\0&1&0\end{bmatrix}\begin{bmatrix}0&0&0\\0&0&0\end{bmatrix}\begin{bmatrix}0&0&0\\0&0&1\\1&0&0\\0&0&0\end{bmatrix}$
9	(0.8, 0.2)	0	48480	3.5	$[0\ 1]\ [0\ 0]\ [0\ 1\ 1\ 0]\ \begin{bmatrix}0&0&0\\0&1&0\end{bmatrix}\begin{bmatrix}0&0&0\\0&0&0\end{bmatrix}\begin{bmatrix}0&0&0\\0&0&1\\1&0&0\\0&0&0\end{bmatrix}$
10	(0.9, 0.1)	0	48480	3.5	$[0\ 1]\ [0\ 0]\ [0\ 1\ 1\ 0]\ \begin{bmatrix}0&0&0\\0&1&0\end{bmatrix}\begin{bmatrix}0&0&0\\0&0&0\end{bmatrix}\begin{bmatrix}0&0&0\\0&0&1\\1&0&0\\0&0&0\end{bmatrix}$
11	(1, 0.0)	0	48480	3.5	$[0\ 1]\ [0\ 0]\ [0\ 1\ 1\ 0]\ \begin{bmatrix}0&0&0\\0&1&0\end{bmatrix}\begin{bmatrix}0&0&0\\0&0&0\end{bmatrix}\begin{bmatrix}0&0&0\\0&0&1\\1&0&0\\0&0&0\end{bmatrix}$

根据决策者偏好，选择其中一个作为决策。假设决策者注重质量与成本的相对平衡且无服务柔性需求，则可选择第 7 个解作为最终决策，相应的供应商选择为由 J_1、J_2 两家物流服务集成商共同运输，且由 J_1 的功能型物流服务供应商 M_{12} 负责 C 地 60 台商品车运输，J_2 自有运力负责 B 地 120 台车量运输，M_{21} 负责 A 地 80 台车辆运输。

为简化运算过程，本文举例论证了该模型在商品车运输服务供应商选择中的应用，若对模型中的约束条件进行变更，模型还可用于零部件供应（采购）物流服务供应商选择等其他更为复杂的汽车制造业物流服务供应商选择。

六、结论

根据汽车制造业物流服务供应链的结构特点，本文构造了汽车制造业→物流服务集成商→物流服务分包商→功能型物流服务商的多级模式下的物流服务供应商选择模型。该模型能够对供应链中各级结构中的物流服务供应商进行优化配置，给出物流服务集成商、物流服务分包商、功能型物流服务商的最优数目及其选择，以及最优配置关系，实现物流服务总成本最小、物流服务质量最优，同时满足一定物流服务柔性。之后运用 LINGO 11.0 进行模型求解，结合仿真试验，根据决策者偏好设定不同权重及柔性需求，对不同组合下的供应链物流服务总成本进行了估算并对物流服务柔性进行权衡，证明模型是可行的和有效的。

参考文献

[1] 中国报告大厅．2012 年中国汽车产销量同比增长 4.63% 和 4.33% [EB/OL]．http：//expo.ce.cn/cyzx/201301/29/t20130129_ 24076068.shtml.

[2] MENON M K，MCGINNIS M A，ACKERMAN K B. Selection Criteria for Providers of Third－party Logistics Services：An Explanatory Study [J]．Journal of Business Logistics，1998 (1)：121－137.

[3] 刘晓，李海越，王成恩．供应商选择模型与方法综述 [J]．中国管理科学，2004 (12)：139－148.

[4] AMIDA，S H GHODSYPOURA，C O'BRIENB. Fuzzy Multi－objective Linear Model for Supplier Selection in a Supply Chain [J]．Production Economics，2006 (104)：394－400.

[5] 丁蕊，陈燕，刘树勇．基于物流服务供应链模式有供应商选择研究 [J]．物流科技，2009，32 (11).

[6] 张赠富．基于改进模糊物元法的第三方物流供应商选择 [J]．西安电子科技大学学报：社会科学版，2012，22 (6).

[7] 田宇．物流服务供应链构建中的供应商选择研究 [J]．系统工程理论与实践，2003 (5)：49－53.

[8] 王伟鑫．物流服务供应链的功能型物流供应商选择研究 [D]．重庆大学，2011.

[9] 谢金星，薛毅．优化建模与 LINDO/LINGO 软件 [M]．北京：清华大学出版社，2005.

多分配快递轴辐式网络的枢纽选址与分配优化方法*

倪玲霖　史　峰

摘　要：快递网络枢纽选址与分配方案的优劣直接关系到快递网络的运营成本和服务水平，是快递企业运作的基础。本文详细分析了多分配快递轴辐式网络的节点及连接关系、径路特征与形式等网络设计要素，并分析了快递网络设计中的相关费用和运输时间预算；在运输时间预算约束下，以分拣费用、运输费用、中转费用之和为目标函数，建立了多分配轴辐式快递网络枢纽选址与分配优化模型，并设计了基于条件最短路的模拟退火求解算法，最后通过算例验证了模型和算法的有效性。

关键词：快递运输　多分配轴辐式网络　枢纽选址　网络设计

一、引言

快递网络是快递企业生产与运营的基础，网络设计的优劣程度是评判企业竞争力、降低企业运营费用的重要手段。自20世纪80年代美国联邦快递（Federal Express）率先使用轴辐式网络系统（hub - and - spoke network system）后，大幅降低了运输费用、机队数目，并提高了负载率。其他快递企业逐渐跟进，轴辐式网络很快成为快递货物运输系统的主要网络形态。在轴辐式网络中，根据枢纽的个数可分为单枢纽和多枢纽网络[1]。每个节点只能与一个枢纽相连接的多枢纽轴辐式网络称为单分配轴辐式网络；存在连接多个枢纽节点的轴辐式网络称为多分配轴辐式网络[2,3]。由于多分配轴辐式网络可根据快递量灵活分配中转枢纽，因此比单分配网络具有更加优越的性能，同时其组织形式也更为复杂。

在对基于轴辐理论的快递网络设计问题研究中，文献［4，5］分别对澳大利亚邮政系统和巴西的零担货物运输网络进行枢纽选址优化，限定网络为单分配的轴辐式网络结构，以运输成本最小为目标函数，没有考虑货物运送的时限约束。文献［6］以运输费用和中转时间费用总和最低为目标，建立允许货物经多个枢纽送至终点的铁路轴辐式网络优化模型。文献［7—11］着重求解快递货物的运送路径和车辆运行路径，目标函数包含了运输费用和中转费用，没有涉及分拣费用，通过给定枢纽时间窗限制快递运送时限。文献［12］对轴辐式快递网络与全连通快递网络的快递分拣成本与分拣

* 基金项目：国家自然科学基金（71171200）；浙江省哲学社科规划（11YD24YB）；浙江省科技厅软科学（2011C35G2140022）。

作者简介：倪玲霖，女，浙江永康人，浙江财经大学，教师，博士研究生，研究方向：物流工程；史峰，男，湖南芷江人，中南大学，教授，博士生导师，从事交通系统优化、物流系统工程等研究。

效率、储存成本与储存效率、运输成本与运输效率及快递网络的总成本和网络服务效率进行了详细的计算和比较。本文研究多分配快递轴辐式网络设计问题，以多分配轴辐式网络为基本网络结构，建立快递网络枢纽选址与分配模型，并设计相应的求解算法，优化快递实体网络，提高企业运营效率，降低快递企业运营费用。

二、多分配快递轴辐式网络设计问题分析

（一）网络节点与连接关系

快递网络是一个多层级网络，第一层和第二层节点构成的网络是整个网络的核心部分，这里所讨论的快递网络设计问题仅限于这两个层次的网络设计，除了特别说明外，下文所指的快递网络就是第一层和第二层节点构成的网络。

在快递网络设计问题中，所有节点的位置是事先已知的，但并不知道它们是枢纽还是分拨中心，枢纽选址问题就是确定哪些节点作为枢纽（剩余节点自然就作为分拨中心了）。在多分配快递网络中，分拨中心可以分配给多个枢纽（即与多个枢纽相连接），这种分配关系与节点之间的快递量、运输、分拣、中转效率及成本等多种因素相关。对于一个确定的分拨中心，除了辖区以内与下层节点的集散与分拨业务往来以外，分拨中心只与所分配的枢纽之间直接快递，不能与其他分拨中心直接往来。枢纽之间直接快递，并且两节点之间的快递运输只能通过枢纽中转。

即快递网络 $G=(N, E)$，其中节点集 $N=H\cup M$，H 表示枢纽集（枢纽也称为一级节点），M 表示分拨中心集（分拨中心也称为二级节点），E 表示网络路段集，即两节点间的快递路段。若 $i, j\in H$，则 $(i, j)\in E$，记 $V_i=\{k\in N: (i, k)\in E\}$ 为节点 $i\in N$ 的分拣方向集。记网络的节点数为 n，节点 i 的分拣方向数为 $n_i=|V_i|$。

（二）快递路径的表示形式

多分配快递轴辐式网络要求枢纽之间直接快递、分拨中心之间不能直接快递、中转作业只能在枢纽进行，所以，任意两点之间的快递运送路径上至少存在 1 个枢纽、不能超过 2 个枢纽，路径上的节点只可能是 2 个，3 个，4 个。所以快递路径只能是如下几种形式：

2 个节点的路径 $(i, j)\in H\times H\cup M\times H\cup H\times M$；

3 个节点的路径 $(i, k, j)\in M\times H\times H\cup H\times H\times M\cup M\times H\times M$；

4 个节点的路径 $(i, u, v, j)\in M\times H\times H\times M$。

（三）快递路径之间的关系

在多分配快递轴辐式网络中，任意两个节点 $i, j\in N$ 之间的快递业务沿着网络 G 中的路径运送，由于网络的多分配属性，使得两个节点之间的路径在网络 G 中不具有唯一性。当路径不唯一时，需要在几条路径中选择其一作为运送路径。

鉴于规模经济效应，快递过程希望集中分拣、集中运输；同时，快递货物在其运送路径上需要逐点分拣。所以，快递运送路径具有 2 项特别限制：其一，两点间的快递流在快递运送过程中具有整支不可分拆的特点（称之为路径的唯一性）；其二，运送路径的子路径也是运送路径（称之为叠合性）。

在这两项限制下，可以导出同终点的快递运送路径具有合并的特征（即同终点的快递运送路径具有树形结构，称之为合并性），在节点 i 将同一终点 j 的快递货物分拣到一起，都沿路径 L_{ij} 往前运送。这样的快递组织形式操作方便，组织快递货物运送时，只需要知道货物是“到哪里去”的，不必知道快递货物是“从哪里来”的。所以，只要确定了任何一支快递流的路径上的第 2 个节点，往后的路径可以由第 2 个节点至终点的路径递归推出，所以，全体快递货物运送路径可以由矩阵 $[p_{ij}]_{n\times n}$ 来表示，其中 p_{ij} 表示节点 i 至节点 j 的路径上第 2 个节点。反之，由矩阵 $[p_{ij}]_{n\times n}$ 可以导出节点 i 至 j 的路径 L_{ij}，这只要反复调用递归公式 $L_{ij} = (i, p_{ij})//L_{p_{ij}j}$ 即可，其中运算符//表示路径的拼接关系。

对于一般的最短路而言，这两项限制是很容易满足的，如果除了考虑路径费用外还需考虑路径的时间预算等，问题将变得非常复杂，在建立优化模型时，通常只对路径的唯一性和合并性进行约束，弱化叠合性的限制。

三、快递费用与运输时间预算

快递业务过程需经过分拣、储存、运输与中转等多项作业，相应产生若干费用。由于储存环节与运输班次的出发到达时刻有关，所以在枢纽选址与分配阶段无法考虑该项费用，因此，这里主要考虑分拣费用、运输费用和中转费用（本文不考虑枢纽和分拨中心的开设成本和日常固定运营费用，相应地，也不考虑节点的处理能力）。

分拣费用主要与分拣量、分拣效率有关，其中分拣效率受到分拣方向数、分拣的现代化水平以及人员素质的影响，因此，不同节点的单位分拣费用有所差异。而分拣的方向数越多，则分拣速度越慢，效率越低，费用越高，单位分拣耗时越长，因此，单位分拣费用和单位分拣时间是关于分拣方向数的增函数（鉴于本文研究的快递网络仅限于第一层和第二层节点构成的网络，而快递货物送至网络终点后需继续往下一层分拣运送，由于无法确定往下一层的分拣方向数，因此，本文不计算路径终点的分拣费用）。

记节点之间的快递量 q_{ij}, $i, j = 1, 2, \cdots, n$，节点 k 具有 n_k 个分拣方向时的单位分拣费用为 $s_k(n_k)$，分拣费用为：

$$\sum_{i=1}^{n}\sum_{j=1}^{n} q_{ij}\Big(\sum_{k\in L_{ij}-\{j\}} s_k(n_k)\Big)$$

运输费用等于各路段的运输费用之和，路段运输费用一般采用固定费用与可变费用之和的形式。记路段 (u,v) 的固定费用为 f_{uv}，单位可变费用为 c_{uv}，快递量为：

$$R_{uv} = \sum_{i=1}^{n}\sum_{j=1,\ (u,v)\in L_{ij}}^{n} q_{ij}\ ,\qquad (u, v)\in N\times N$$

路段运输费用为：

$$f_{uv} + c_{uv}\sum_{(u,v)\in L_{ij}} q_{ij}$$

所以，运输费用为：

$$\sum_{R_{uv}>0}\left(f_{uv}+c_{uv}\sum_{(u,v)\in L_{ij}}q_{ij}\right)=\sum_{R_{uv}>0}f_{uv}+\sum_{R_{uv}>0}\left(c_{uv}\sum_{(u,v)\in L_{ij}}q_{ij}\right)$$

$$=\sum_{R_{uv}>0}f_{uv}+\sum_{i=1}^{n}\sum_{j=1}^{n}q_{ij}\sum_{(u,v)\in L_{ij}}c_{uv}$$

中转费用等于单位中转费用与中转量的乘积，其中单位中转费用与中转枢纽的现代化水平、员工素质等相关，因此，不同节点的单位中转费用有所差异。对于节点 k，记单位中转费用为 g_k，所以，中转费用为：

$$\sum_{i=1}^{n}\sum_{j=1}^{n}q_{ij}\left(\sum_{k\in L_{ij}-\{i,j\}}g_k\right)$$

快递费用是快递企业的成本，快递时间反映对客户的服务水平。鉴于快递网络设计问题一般不考虑运输班次的组织衔接，快递时间只包括分拣时间、运输时间和中转时间，其中分拣时间、中转时间分别与分拣费用、中转费用同增减，而运输时间往往与运输费用相背离，即运输时间长的运输方式费用较低，运输时间短的运输方式费用较高，所以快递网络设计问题不能仅仅要求费用最小，而是应该在给定运输时间预算约束下寻求最小费用的设计方案。记 t_{uv} 为路段 (u,v) 的运输时间（不存在的路段的运输时间为充分大），对于任意一支快递量 q_{ij}，运输时间为 $\sum_{(u,v)\in L_{ij}}t_{uv}$，运输时间预算为 T_{ij}，所以，运输时间预算约束为：

$$\sum_{(u,v)\in L_{ij}}t_{uv}\leqslant T_{ij}$$

如果运输时间预算值给得太小，将难于设计出满足条件的快递网络，此时，我们希望在超过运输时间预算值最小的限制下优化快递网络，以便调整运输方式或运输时间预算。

四、优化模型的建立

综上所述，多分配快递轴辐式网络设计问题可以叙述如下。已知节点集 $N=\{1,2,\cdots,n\}$，节点之间的快递量 q_{ij}, $i,j=1,2,\cdots,n$，确定：

（1）快递网络的枢纽集 $H\subset N$，分拨中心集 $M=N-H$；

（2）每个分拨中心 $i\in M$ 的分配枢纽集 $V_i=\{k\in H:(i,k)\in E\}$；

（3）任意两点之间的运送路径 L_{ij}, $i,j\in N$。

满足路径的形式和关联关系，在运输作业时间预算的限制下，使得分拣费用、运输费用、中转费用之和最小。

虽然上述问题分为3个层次，其实问题（2）可以不必直接求解，只要在作业时间预算的限制下，求得总费用最小的枢纽集 $H\subset N$ 和运送路径 L_{ij}, $i,j\in N$，再按分拨中心与枢纽之间是否存在直接快递作业确定分配关系。

为了描述节点 k 是否作为枢纽节点，引入0－1示性变量如下：

$$Y_k=\begin{cases}1, & k\text{ 是枢纽}\\0, & k\text{ 不是枢纽}\end{cases}$$

由分拣费用、运输费用、中转费用的可获得总费用为：

$$Z_0 = \sum_{i=1}^{n}\sum_{j=1}^{n} q_{ij}\Big(\sum_{k\in L_{ij}} s_k(n_k)\Big) + \Big(\sum_{R_{uv}>0} f_{uv} + \sum_{i=1}^{n}\sum_{j=1}^{n} q_{ij}\sum_{(u,v)\in L_{ij}} c_{uv}\Big) + \sum_{i=1}^{n}\sum_{j=1}^{n} q_{ij}\Big(\sum_{k\in L_{ij}-\{i,j\}} g_k\Big)$$

$$= \sum_{R_{uv}>0} f_{uv} + \sum_{i=1}^{n}\sum_{j=1}^{n} q_{ij}\Big(\sum_{k\in L_{ij}}(s_k(n_k)+g_k) + \sum_{(u,v)\in L_{ij}} c_{uv}\Big) - \sum_{i=1}^{n}\sum_{j=1}^{n} q_{ij}s_j(n_j) - \sum_{i=1}^{n}\sum_{j=1}^{n} q_{ij}(g_i+g_j)$$

注意到 $\sum_{i=1}^{n}\sum_{j=1}^{n} q_{ij}s_j(n_j) + \sum_{i=1}^{n}\sum_{j=1}^{n} q_{ij}(g_i+g_j)$ 为常数，而目标函数中添加一个常数并不影响其最优性，得多分配快递轴辐式网络设计优化模型如下：

$$\min Z = \sum_{R_{uv}>0} f_{uv} + \sum_{i=1}^{n}\sum_{j=1}^{n} q_{ij}\Big(\sum_{k\in L_{ij}}(s_k(n_k)+g_k) + \sum_{(u,v)\in L_{ij}} c_{uv}\Big) \qquad (1)$$

$$\text{s.t.}\quad R_{uv} = \sum_{i=1}^{n}\sum_{j=1,(u,v)\in L_{ij}} q_{ij}, \qquad (u,v)\in N\times N \qquad (2)$$

$$n_k = |\{(k,j): R_{kj}>0,\ (k,j)\in H\times M \cup M\times H\}|, \qquad k\in N \qquad (3)$$

$$\sum_{(u,v)\in L_{ij}} t_{uv} \leqslant T_{ij}, \qquad i,j\in N \qquad (4)$$

$$H\subset N \qquad (5)$$

$$L_{ij} = (i,k)//L_{kj}, \qquad L_{ij} = (i,k,\cdots,j),\ i,j\in N \qquad (6)$$

$$Y_k = 1, \qquad k\in L_{ij}-\{i,j\},\ i,j\in N \qquad (7)$$

$$1\leqslant \sum_{k\in L_{ij}} Y_k \leqslant 2, \qquad i,j\in N \qquad (8)$$

$$Y_k = 0,1, \qquad k\in N \qquad (9)$$

在模型（1）~（9）中，式（2）为路段的快递量；式（3）为由快递量决定的分拣方向数；式（4）为快递运输作业预算时间限制；式（5）表示所有枢纽都产生于节点集；式（6）为合并式路径约束；式（7）限制了快递运送路径的中间节点都是枢纽；式（8）表示快递运送路径上的枢纽个数等于1或2。

模型（1）~（9）与传统的轴辐式网络枢纽选址与分配模型有本质上的区别。第一，全面考虑了快递网络运输费用、中转费用和分拣费用；第二，考虑了运输作业时间预算对网络优化的限制；第三，没有事先限定枢纽的个数；第四，运输费用一般采用固定费用与可变费用之和的形式，比直接设定运输折扣更符合快递网络运营实际。

五、模型的求解算法设计

求解模型（1）~（9）的难度在于以下几个方面：

第一，枢纽集 $H\subset N$ 的确定是离散的；

第二，目标函数中路段运输费用为固定费用与可变费用之和，使得模型（1）~（9）不是凸规划；

第三，快递作业时间预算约束使模型同时考虑两项数量指标（时间与费用）；

第四，多分配快递轴辐式网络对路径的特别要求。

由于以上四方面的难处，需要以一定的方式迭代 H 和 $\{V_i, i\in M\}$，在每一步迭代时，除了固定运输费用已经确定外，需要求解既符合多分配快递轴辐式网络要求，又满足快递作业时间预算的条件最短路。所谓条件最短路可以从目标函数的形式看出，路径费用为单位快递量在路径上全部节点费用和路段可变费用，其中单位快递量的路段可变费用为 c_{uv}，单位节点费用为 $s_k(n_k)+g_k$。

对于给定的 H 和 $\{V_i, i\in M\}$，如果不考虑时间预算约束式（4），这是一个特殊的最短路问题，其求解方法如下（其中 r_{ij} 为路段长度，l_{ij} 为最短路长度）：

算法1 给定 H 和 $\{V_i: i\in M, M=N-H\}$ 且不考虑时间预算的条件最短路的求解算法

输入 点集 $N=\{1, 2, \cdots, n\}$，$H\subset N$，$M=N-H$，$\{V_i: i\in M\}$，$q_{ij}, i, j=1, 2, \cdots, n$，$c_{uv}, (u, v)\in N\times N$，$g_k$，$s_k(\cdot), k\in N$；

输出 $p_{ij}, l_{ij}: i, j=1, 2, \cdots, n\ (i\neq j)$。

第1步 对任何 $(i, j)\in H\times H\cup M\times H\cup H\times M$，其中 $i\neq j$，

$l_{ij}=r_{ij}=c_{ij}+s_j(|V_j|)+g_j$，$p_{ij}=j$；

第2步 对任何 $(i, j)\in M\times M$，其中 $i\neq j$，$l_{ij}=r_{ij}=+\infty$；

第3步 对任何 $(i, k, j)\in M\times H\times H\cup H\times H\times M$，若 $l_{ij}>r_{ik}+r_{kj}$，则 $l_{ij}=r_{ik}+r_{kj}$，$p_{ij}=k$；

第4步 对任何 $(i, k, j)\in M\times H\times M$，其中 $i\neq j$，若 $l_{ij}>r_{ik}+l_{kj}$，则 $l_{ij}=r_{ik}+l_{kj}$，$p_{ij}=k$；

第5步 对任何 $(i, j)\in N\times N$，$l_{ij}=s_i(n_i)+g_i+l_{ij}$。结束。

结合快递运输路径的形式可以看出：第1步求出经过两个节点的最短路长度和路段长度，第2步将分拨中心之间的最短路长度和路段长度置为无穷大，第3步求出 $M\times H\times H$ 和 $H\times H\times M$ 这两类经过3个节点的最短路长度，第4步求出 $M\times H\times M$ 这1类经过3个节点的最短路长度和经过4个节点的最短路长度，第5步为每一条路添加起点费用。注意，每一步最短路长度的求解都是以前面的计算结果为基础的。算法复杂度为 $O(n^3)$。

考虑时间预算时，问题变得困难很多，将算法1补充时间预算信息得到算法2，当不满足时间预算时，以运输时间最小为限制条件，其中，当前优化路径的运输时间记为 t_{ij}^p。

算法2 给定 H 和 $\{V_i: i\in M, M=N-H\}$ 的条件最短路的求解算法

输入 点集 $N=\{1, 2, \cdots, n\}$，$H\subset N$，$M=N-H$，$\{V_i: i\in M\}$，q_{ij}，T_{ij}，$i, j=1, 2, \cdots, n$，$c_{uv}, (u, v)\in N\times N$，$g_k$，$s_k(\cdot)$，$k\in N$；

输出 $p_{ij}, l_{ij}, t_{ij}^p: i, j=1, 2, \cdots, n\ (i\neq j)$。

第1步 对任何 $(i, j)\in H\times H\cup M\times H\cup H\times M$，其中 $i\neq j$，若 $t_{ij}\leqslant T_{ij}$，则 $l_{ij}=r_{ij}=c_{ij}+s_j(|V_j|)+g_j$，$p_{ij}=j$，$t_{ij}^p=t_{ij}$，否则 $l_{ij}=r_{ij}=+\infty$；

第2步 对任何 $(i, j)\in M\times M$，其中 $i\neq j$，$l_{ij}=r_{ij}=+\infty$；

第3步 对任何 $(i, k, j)\in M\times H\times H\cup H\times H\times M$，若 $t_{ik}+t_{kj}\leqslant T_{ij}$ 且 $l_{ij}>r_{ik}+r_{kj}$，则

$l_{ij} = r_{ik} + r_{kj}$，$p_{ij} = k$，$t_{ij}^p = t_{ik} + t_{kj}$；

第4步　对于$(i,j) \in M \times H \cup H \times M$，若$l_{ij} = +\infty$，则$t_{ij}^p = +\infty$，对任何$k \in H$，执行

{若$t_{ij}^p > t_{ik} + t_{kj}$，则$l_{ij} = r_{ik} + r_{kj}$，$p_{ij} = k$，$t_{ij}^p = t_{ik} + t_{kj}$；

若$t_{ij}^p < +\infty$，$t_{ij}^p = t_{ik} + t_{kj}$且$l_{ij} > r_{ik} + r_{kj}$，则$l_{ij} = r_{ik} + r_{kj}$，$p_{ij} = k$}；

第5步　对任何$(i,k,j) \in M \times H \times M$，其中$i \neq j$，若$t_{ik} + t_{kj}^p \leqslant T_{ij}$且$l_{ij} > r_{ik} + l_{kj}$，则

$l_{ij} = r_{ik} + l_{kj}$，$p_{ij} = k$，$t_{ij}^p = t_{ik} + t_{kj}^p$；

第6步　对任何$(i,j) \in M \times M$，其中$i \neq j$，若$l_{ij} = +\infty$，则$t_{ij}^p = +\infty$，对任何$k \in H$，执行

{若$t_{ij}^p > t_{ik} + t_{kj}^p$，则$l_{ij} = r_{ik} + r_{kj}$，$p_{ij} = k$，$t_{ij}^p = t_{ik} + t_{kj}^p$；

若$t_{ij}^p < +\infty$，$t_{ij}^p = t_{ik} + t_{kj}^p$且$l_{ij} > r_{ik} + l_{kj}$，则$l_{ij} = r_{ik} + l_{kj}$，$p_{ij} = k$}；

第7步　对任何$(i,j) \in N \times N$，$l_{ij} = s_i(|V_i|) + g_i + l_{ij}$。结束。

优化i至j的4节点路径时，算法2分析了形如(i,k,v,j)的路径，其中(k,v,j)是点k至j的优化路径，运输时间为t_{kj}^p，如果(i,k,v,j)的运输时间不满足预算要求，算法只能放弃路径(i,k,v,j)，其实点k至j还有大量路径，由于没有掌握它们的运输时间，使这些路径未能参与优化，也就是说，点k至j只考虑了一条路径(k,v,j)，局限了优化空间，所以算法2只能算得上一个启发式算法，但算法的复杂度仍然为$O(n^3)$。

鉴于模型（1）～（9）的复杂性，采用模拟退火算法框架嵌套算法2求解该模型。模拟退火算法是一种基于概率搜索的启发式算法，而嵌入的算法2求解条件最短路的复杂度为$O(n^3)$，所以能够解决大规模的多分配快递轴辐式网络的枢纽选址与分配问题。

模拟退火算法对H和$\{V_i: i \in M, M = N - H\}$进行搜索，每一步迭代中嵌套算法2求解给定$H$和$\{V_i: i \in M, M = N - H\}$的条件最短路，获得相应的目标函数值。算法的具体框架从略，下面仅仅给出初始解的构造方法、邻域构造。

初始解的构造：选择一个节点为枢纽，其他节点为分拨中心，由此产生唯一的分配方案为初始分配方案。所选择的枢纽节点的原则是对应的目标函数值最优。

邻域系分两个层次构造，第一层构造枢纽邻域：随机的选择节点$i \in N$，若$i \notin H$，则$H = H \cup \{i\}$，即新增一个枢纽；若$i \in H$且$|H| \geqslant 2$，则设$H = H - \{i\}$，即关闭一个枢纽。第二层构造分配方案的邻域：随机选择两个点$i \in M$，$j \in H$，若$j \notin V_i$，则$V_i = V_i \cup \{j\}$，即向分拨中心i的分配枢纽集中增加枢纽；若$j \in V_i$且$|V_i| \geqslant 2$，则$V_i = V_i - \{j\}$，即从分拨中心i分配枢纽集中剔除枢纽。

六、算例分析

算例对6个节点组成的快递网络进行枢纽选址与分配方案的综合优化，任意两点间的快递量、路段变动成本、各路段运输时间和运输时间预算值分别如表1、表2、表

3 和表 4 所示。各路段运输固定成本都为 900 元，分拣函数 $s_k(n_k) = s_k \cdot \ln(n_k)$，$k = 1, 2, \cdots, 6$，任一节点的单位分拣费用系数 s_k，$k = 1, 2, \cdots, 6$ 均为 10 元，单位中转成本 g_k，$k = 1, 2, \cdots, 6$ 分别为 10 元、8 元、6 元、8 元、7 元和 7 元。

表 1　　OD 矩阵　　单位：标准件

节点	1	2	3	4	5	6
1	0	100	200	15	8	40
2	80	0	100	15	7	10
3	230	60	0	280	15	6
4	30	15	320	0	100	120
5	80	17	17	100	0	110
6	30	20	16	140	110	0

表 2　　路段运输变动成本　　单位：元

节点	1	2	3	4	5	6
1	0	5	3	31	30	31
2	4	0	3	31	32	33
3	4	2	0	30	32	32
4	28	30	30	0	3	3
5	25	30	32	3	0	5
6	25	35	30	5	5	0

表 3　　路段运输时间　　单位：小时

节点	1	2	3	4	5	6
1	0	2	1	10	10	10
2	3	0	1	10	11	11
3	2	1	0	9	11	11
4	8	10	9	0	1	1
5	11	9	11	1	0	2
6	10	13	11	1	2	0

表 4　　运输时间预算约束　　单位：小时

节点	1	2	3	4	5	6
1	0	6	6	16	16	16
2	6	0	6	16	16	16

续 表

节点	1	2	3	4	5	6
3	6	6	0	16	16	16
4	16	16	16	0	6	6
5	16	16	16	6	0	6
6	16	16	16	6	6	0

采用如下模拟退火计划求解：初始温度取 2000，温度下降比例取 0.95，温度低于 10 时采用等步长下降，步长取 0.5，同一温度的迭代次数取 200，温度降至 0.5 或目标函数在 15 次迭代无改变时算法终止。

求得最优目标函数值为 132100 元，节点 1、节点 4 为枢纽，节点 2、节点 3、节点 5、节点 6 为分拨中心，其中，节点 3 同时与枢纽节点 1 和节点 4 相连接，各分拨中心与枢纽的连接关系如图 1 所示，这是一个多分配轴辐式网络，快递货物运送路径矩阵：

$$[p_{ij}]_{6\times6} = \begin{bmatrix} 0 & 2 & 3 & 4 & 4 & 4 \\ 1 & 0 & 1 & 1 & 1 & 1 \\ 1 & 1 & 0 & 4 & 4 & 4 \\ 1 & 1 & 3 & 0 & 5 & 6 \\ 4 & 4 & 4 & 4 & 0 & 4 \\ 4 & 4 & 4 & 4 & 4 & 0 \end{bmatrix}$$

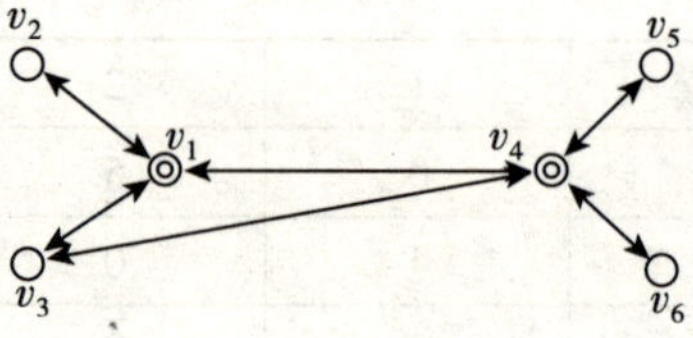

图 1　多分配轴辐式网络

在上述数据的基础上，将节点 3 至节点 4 的快递量双向均减至 80 件，最优解的目标函数值为 114130 元，枢纽集和分拨中心集不变，但节点 3 只与枢纽节点 1 相连接，各分拨中心与枢纽的连接关系如图 2 所示，这是一个单分配轴辐式网络，快递货物运送路径矩阵：

$$[p_{ij}]_{6\times6} = \begin{bmatrix} 0 & 2 & 3 & 4 & 4 & 4 \\ 1 & 0 & 1 & 1 & 1 & 1 \\ 1 & 1 & 0 & 1 & 1 & 1 \\ 1 & 1 & 1 & 0 & 5 & 6 \\ 4 & 4 & 4 & 4 & 0 & 4 \\ 4 & 4 & 4 & 4 & 4 & 0 \end{bmatrix}$$

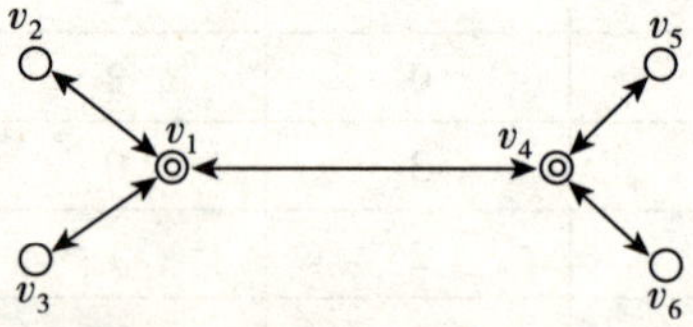

图 2　单分配轴辐式网络

因为随着节点 3 至节点 4 的快递量的下降，若仍采用多分配轴辐式网络，则节点 3 的分拣费用和路段 3 ~4 的运输固定费用之和超过了由于运输距离和中转环节增加而带来的费用增加，因此，单分配轴辐式网络更加经济，这充分体现了运量对网络结构的影响。

为进一步分析节点的单位分拣系数、中转参数以及运输固定费用对网络结构的影响，在原基础数据的中，首先，将各节点分拣参数均调至 1 元，最优目标函数值为 93139 元，节点 3、节点 4 和节点 6 为枢纽节点，节点 1、节点 2 和节点 5 为分拨中心，快递货物运送路径矩阵为：

$$[p_{ij}]_{6\times6}=\begin{bmatrix}0&3&3&3&3&3\\3&0&3&3&3&3\\1&2&0&4&4&6\\3&3&3&0&5&6\\4&4&4&4&0&6\\3&3&3&4&5&0\end{bmatrix}$$

第一，在上述调整数据的基础上，进一步将各节点中转参数增加10倍，最优目标函数值为429390元，节点1、节点3、节点4、节点5和节点6均为枢纽节点，节点2为分拨中心；第二，在第2步的基础上，将各路段运输固定费用降低至90元，此时，全连通网络为最优的网络结构，最优目标函数值为406110元。由此可知，随着分拣参数和运输固定费用的降低及中转参数的提高，快递货物将更趋近于采用多分配多枢纽轴辐式网络甚至是全连通网络展开运送。

七、结论

在快递货物运送网络设计中，将枢纽选址与分配方案两个决策问题，作为一个统一整体进行综合优化，在运输作业时间预算的约束下，以最小化快递网络运输费用、中转费用和分拣费用为目标，提出了枢纽选址决策与分配方案优化相结合的决策优化模型。最后，设计了基于条件最短路的组合模拟退火算法对算例进行计算和分析，证实了模型和算法的有效性，并研究了运量、路段运输固定费用、节点分拣系数、中转参数等对网络结构选择的影响。

参考文献

［1］O'KELLY. A Quadratic Integer Program for the Location of Interacting Hub Facilities［J］. European Journal of Operational Research，1987（2）：393－404.

［2］李阳．轴辐式网络理论及应用研究［D］．上海：复旦大学，2006.

［3］O'KELLY，D BRYAN，et al. Hub Network Design with Single and Multiple Allocation：A Computational Study［J］. Locafion Science，1996，4（3）：125－138.

［4］ANDREAD T，MOHAN KRISHNAMOORTHY. Efficient Algorithms for the Uncapacitated Single Allocation P－hub Median Problem［J］. Location Science，1996，4（3）：139－154.

［5］CLAUDIO B CUNHA，MARCOS ROBERTO SILVA. A Genetic Algorithm for the Problem of Configuring A Hub－and－spoke Network for A LTL Trucking Company in Brazil［J］. European Journal of Operational Research，2007（179）：747－758.

［6］SEUNG－JU JEONG，CHI－GUHN LEE，et al. The European Freight Railway System as A Hub－and－spoke Network［J］. Transportation Research Part A，2007（41）：523－536.

［7］DAEKI KIM，CYNTHIA BARNHART. Multi－modal Express Package Delivery：A Service Network Design Application［J］. Transportation Science，1999，33（4）：131－169.

［8］ANDREW P ARMACOST. Composite Variable Formulations for Express Shipment Service Network

Design ［D］. Massachusetts Institute of Technology，2000.

［9］CYNTHIA BARNHART，et al. Network Design for Express Shipment Delivery ［J］. Computational Optimization and Applications，2002（21）：239－262.

［10］CHENG－CHANG LIN，et al. The Multistage Stochastic Integer Load Planning Problem ［J］. Transportation Research Part E，2007（3）：143－156.

［11］CHENG－CHANG LIN，SHEU－HUA CHEN. An Integral Constrained Generalized Hub－and－spoke Network Design Problem ［J］. Transportation Research Part E，2008（4）：986－1003.

［12］倪玲霖，史峰，方晓平，等．全连通快递网络与轴辐快递网络的比较［J］．系统工程，2009，27（12）：45－55.

基于联合配送的城市物流配送路径优化研究*

葛显龙　许茂增　王伟鑫

摘　要： 面对大城市多区域组团发展模式造成的人群聚集区、商业中心相对分散等现实需求，提出"多对多"的城市网络化联合配送机制以解决城市跨区域配送问题，设计车辆与配送中心匹配矩阵，从全局视角对物流资源进行优化配置。以车辆运输距离、实载率等与成本密切相关的油耗成本为优化目标，建立面向城市多区域配送需求的车辆路径模型。同时，针对车辆路径问题求解效率不高，提出利用量子比特位设计染色体结构与利用云模型云滴随机性与稳定性改进交叉与变异概率的设置方式，设计云量子遗传算法以增强遗传算法的全局搜索能力，克服搜索速度慢及易早熟的缺陷。最后，结合算例对模型和算法进行了试验分析。

关键词： 城市物流配送　联合配送　车辆路径问题　云量子遗传算法

一、引言

随着城市经济的蓬勃发展与城市化进程的不断加快，我国已经形成一批特大城市与大城市群，在这些大城市中形成多个人群聚集区与商业中心，因此城市物流配送成为人们居住和生活的重要支撑，然而城市落后的交通基础和拥堵的交通现状，使得城市物流配送已经影响到居民日常生活。城市物流配送的核心是车辆路径问题（Vehicle Routing Problem，VRP），其产生于公路交通运输管理，自 1959 年提出以来[1]，一直是网络优化问题、运筹学与组合优化等领域的研究热点，由于其应用的广泛性和经济上的重大价值，一直受到国内外学者的广泛关注。

由于城市规模大、商业中心相对分散、基础交通落后，一般城市物流配送多采取分区式配送，根据客户群规模大小设置多个配送中心，每个配送中心负责一个区域的客户需求，因此，该问题即抽象为多配送中心车辆路径问题（Multi Depot Vehicle Routing Problem，MDVRP）。MDVRP 是由 VRP 衍生而来，经过 2013 年研究在模型建立和求解方法上取得了一定的成果。如，Andrea B. 等[2]构建以运输距离最短为优化目标的多车型 MDVRP 模型；Dondo R. 等[3]研究了带时间窗约束的 MDVRP；Rahimi V. A.

* 基金项目：国家社会科学基金（13CGL151），National social science fund；教育部人文社会科学研究青年基金项目（13YJC63000），Humanities and Social Sciences Youth Fund of Ministry Education。

作者简介：葛显龙，男（汉族），河南信阳人，博士，重庆交通大学讲师，主要研究方向：供应链管理与电子商务物流；许茂增，男，陕西大荔县人，重庆交通大学教授、博士生导师，主要研究方向：供应链管理与物流工程；王伟鑫，重庆大学机械工程学院。

发表情况：系统工程学报，2013（6）。

等[4]研究了多周期 MDVRP；Pessoa A. M. 等[5]通过引入“车队模式”定义，研究多车型 MDVRP；Seixas M. P. 等[6]研究了带时间窗的 MDVRP，分析了不同车辆的混合装载能力与行驶速度对配送的影响；王晓博等[7]针对电子商务客户多样化和个性化需求，建立了多车型多配送中心的装卸混合车辆调度模型；Liu T. T. 等[8]综述了 MDVRP 的定义、求解方法、问题的演变，并指出该问题在城市配送与电子商务时代应给与更多关注。但已有 MDVRP 的研究主要集中在如何将多配送中心问题转化为单配送中心，让每一个配送中心负责一个区域的配送，显然，这种分区式配送难以使得配送网络中的资源有效利用，当客户分散、配送规模增大或需求为变动时，分区式配送难以适应实际需求。

针对 MDVRP 已有文献在求解算法方面的研究主要集中在精确算法和智能启发式算法，其中精确算法的研究，如，Andrea B. 等[2]利用分支定界算法研究了多车型 MDVRP 模型；Bettinelli A. 等[9]利用分支定界算法研究了带时间窗的 MDVRP 模型；Righini G. 等[10]利用动态规划算法研究了最短路径的车辆路径问题。由于 MDVRP 模型在求解方面要远复杂于标准 VRP 模型，故精确算法求解 MDVRP 模型方面研究比较少，求解效果也不理想，现代智能启发式算法是重要的研究方向，Dondo R. 等[3]利用混合遗传算法研究了带时间窗的 MDVRP 模型；Necati A. 等[11]利用禁忌搜索算法研究了车辆可选择的 MDVRP；Pessoa A. M. 等[12]设计基于遗传算法和禁忌搜索启发式的混合算法求解 MDVRP 模型；张丽萍等[13]利用改进遗传算法研究了带回程的 MDVRP 模型；张海刚等[14]利用免疫遗传算法研究了双向车辆路径模型；张军等[15]设计了分区搜索算法对 MDVRP 模型进行求解；马华伟等[16]设计了两阶段启发式算法对 MDVRP 模型进行求解。常用启发式算法在求解大规模、需求复杂的 MDVRP 模型时存在收敛效率低、求解质量不高、易早熟等难以克服的缺陷，改进和设计新的启发式算法是复杂 VRP 模型求解算法的重要研究方向。如，Narayanan 等[17]1996 年提出了量子进化算法（Quantum - inspired evolutionary algorithms，QEA）的概念，指出 QEA 是基于量子态矢量表达基础上，将量子比特的概率幅表示方式应用于染色体的编码设计，使得一个染色体可以同时表达多个量子模态的叠加，从而提高了算法的收敛速度；Shuanfeng Zhao 等[18]提出采用实数编码混沌量子遗传算法，并通过 VRP 算例检验了算法的性能优越一般启发式算法；黄志宇[19]将量子进化算法应用于复杂项目调度问题的求解；Ling Wang 等[20]将量子进化算法应用于混沌系统的参数估计；钱洁等[21]总结归纳了近年来量子进化算法在算法机理设计和性能改进方面的研究成果，并提出了量子进化算法在模式理论、算法融合与创新、应用等方面进一步的研究内容。由于城市联合配送涉及不同主体物流资源共同使用等问题，在数学建模和求解算法方面均与传统的车辆路径问题有很大区别，而已有的研究文献多是将多配送中心简单转化为单配送中心，同时沿用传统车辆路径问题的研究成果，显然不能有效对物流资源进行优化配置。

针对城市多区域配送中物流资源难于集成共享的现实需求，本文提出“多对多”的网络配送机制，设计考虑多重因素的车辆停靠与配送中心的匹配矩阵，从配送系统的角度实现不同主体资源的有效共享。同时，在分析车辆运输成本与车辆实载量和车载率关系的基础上，建立以油耗为优化目标的城市多区域联合配送模型。最后，采用量子位设计染色体编码，利用云模型理论改进遗传算法交叉与变异概率的设置方式，设计云量子遗传算法对建立的MDVRP模型进行求解与分析。

二、问题描述

随着城市规模的扩大和商业中心的相对分散，城市多区域配送和连锁超市配送的需求越来越多，如何实现物流资源的有效整合，使物流资源能够尽可能发挥其应用的能力，降低城市物流配送成本成为当前城市物流配送问题研究的重点。城市多区域配送问题是典型的MDVRP，涉及多个配送中心共同参与完成配送需求，与单配送中心VRP问题的主要区别是MDVRP中不同配送中心如何共同参与到配送。目前，城市大型车辆行驶受限，大多企业的物流配送中主要采取分级配送，在市郊设置大型仓库，通过不受限的中小型车辆将商品送至各配送中线，由配送中心采取分区式配送模式负责各个区域的客户需求，如图1所示。

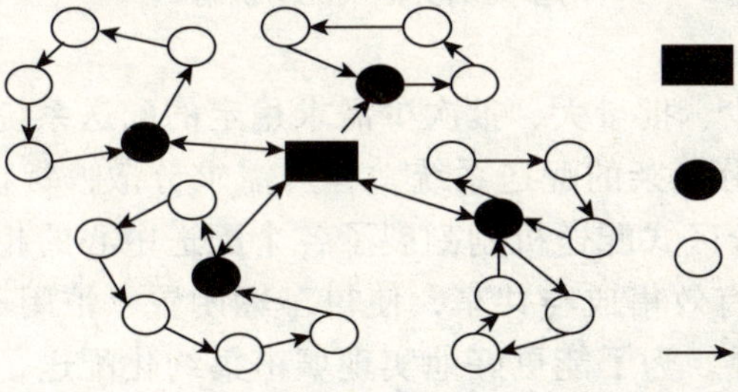

图1　多配送中心车辆路径问题示意

MDVRP一般描述为：在物流网络中由多个配送中心负责客户的配送需求，对于静态MDVRP中配送中心和客户的位置是已知的，同时假设仓库和配送中心的货物能够满足所有客户的需求，不同客户需求的货物均相互可以混装，但每个客户的货物需求量不允许超过配送车辆的最大载重量，并且仅能由一台车辆完成，不允许需求拆分与分批配送。假定车辆的最大载重量一定、不允许超载、配送一次的最大行驶距离一定，不允许超过。配送中心与客户之间以及客户相互之间的配送距离已知且保持畅通，当配送任务开始时车辆均从配送中心出发，对客户需求提供配送服务，在任务完成后要求车辆返回原配送中心。

三、建立城市多区域联合配送模型

（一）设计网络化联合配送机制

目前分区式物流配送是城市物流配送的主要形态，已有的文献研究也对该问题进行了较多研究。以往对多配送中心车辆路径问题的研究主要是设计某种规则，将多配送中心车辆路径问题转化为单配送中心问题，然后对每一个单配送中心车辆路径问题进行优化求解，进而实现整个问题的优化求解。其实，这种形式是采取项目制管理模式，采取分级管理分区配送，公司仓库为每个配送中心分拨，各个配送中心负责各自区域的客户需求。这种“一对多”的分区式配送机制在货物供应比较单一、需求稳定时能很好地满足配送需求，当货物种类增多、需求动态变化，分区配送机制则难以实现城市物流集约配送目标，如图2所示。

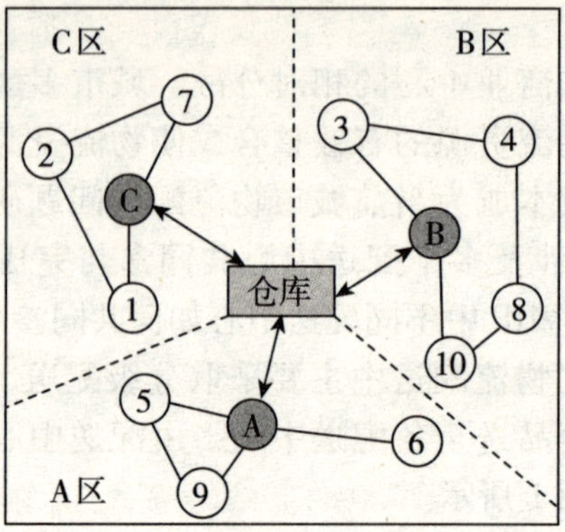

图2 “一对多”的分区式配送机制

分区式配送机制在客户少、批量大、批次少需求稳定的配送系统是很有效的。然而城市多区域配送是一个十分复杂的配送系统，客户需求分散，货物种类千差万别，并且配送需求复杂，显然，分区式配送机制割裂了各个配送中心的相互联系，客户固定划分，造成物流资源难以有效集成与共享，使得车辆闲置、忙闲不均、返程空驰、迂回运输等资源浪费现象严重。为了能更好地实现城市集约化配送，提出城市多区域网络化联合配送机制，从整体配送系统出发设计“多对多”的网络化配送结构，打破分区式配送机制中人为割裂不同资源不同区域的相互联系，从整体配送系统出发对需求客户进行优化配送服务，如图3所示。

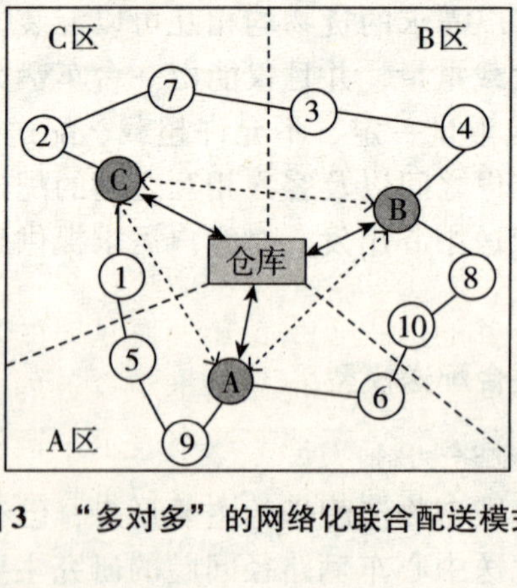

图3 “多对多”的网络化联合配送模式

在网络化联合配送机制中，不再对需求客户采取分区固定由某个配送中心负责配送，而是根据每次具体的配送任务采取动态化匹配方式，隶属不同主体的配送车辆可以在任意配送中心停靠与补充货物，并且不同配送中心的配送车辆可以依据当前任务的完成情况和配送成本对配送区域内的任何需求客户进行灵活响应，最大限度的提高城市物流响应能力。同时，当配送网络中某个配送中心出现缺货时或者货物需求不均衡时，可由其他配送中心进行相互供货，打破了分区式配送机制中分级管理的权限限制，最大可能地实现城市物流资源的集成与共享。因此，网络化联合配送机制强化了区域间的合作和配送资源的共享，实现了从整个配送系统出发统筹对城市物流资源进行优化配置，能很好地解决实际物流配送中资源浪费、物流能力不均衡的现实问题，能很好地解决现实中物流能力不均衡问题。同时，网络化联合配送机制可以实现以较少的物流资源满足动态复杂的城市物流配送需求，减少了影响城市交通与环境的车辆返空、交叉运输等资源浪费现象，提高城市物流配送效率。

（二）设计车辆停靠的最优匹配矩阵

在传统多配送中心车辆路径问题中，由于将客户划分为不同配送中心负责，车辆都是停靠固定配送中心，所以不存在车辆与配送中心匹配问题。然而，在城市多区域联合配送中涉及隶属不同配送中心车辆的任意停靠，如何选择车辆最优的停靠配送中心是资源共享与全局优化的关键。

在网络配送模式中，车辆在配送任务完成选择停靠配送中心，将受到多种因素的限制，如，配送中心的繁忙程度、车辆距配送中心的距离、配送中心货物保有量等。本文在综合考虑这些因素的基础上，设计车辆与配送中心的匹配矩阵，如表1所示。

表1　车辆与配送中心的匹配矩阵

配送中心 / 因素	A	B	C	…	因素权重
配送中心繁忙程度	Δ_{11}	Δ_{12}	Δ_{13}	…	∂_1
配送中心货物保有量	Δ_{21}	Δ_{22}	Δ_{23}	…	∂_2
车辆距配送中心距离	Δ_{31}	Δ_{32}	Δ_{33}	…	∂_3
车辆的实载率	Δ_{41}	Δ_{42}	Δ_{43}	…	∂_4

在表1中配送中心繁忙程度表示配送中心已有配送任务规模和是否拥有空闲车辆为其他客户提供服务有关，其计算公式为配送中心的配送任务量比配送网络中总的配送任务，目的是均衡配送网络中不同配送中心的运作负荷；配送中心货物保有量表示配送中心在保证已有配送任务的前提下是否能拥有足够的货物为停靠车辆配货量；车辆距配送中心距离表示车辆需要停靠时优先选择距离近的配送中心，其计算公式为配送中心货物总量减去已分配任务量；车辆实载率表示车辆的实际装载量与最大装载量的比率，是衡量车辆使用效率的重要指标；因素权重表示某个影响因素根据其重要程度赋予的数值。

车辆与配送中心最佳匹配算法：

Step1：对匹配矩阵中不同指标进行标准化处理：

对于收益性指标：$r_{ij} = (\Delta'_{ij} - \min(\Delta'_{ij}))/(\max(\Delta'_{ij}) - \min(\Delta'_{ij}))$；

对于成本型指标：$r_{ij} = (\max(\Delta'_{ij}) - \Delta'_{ij})/(\max(\Delta'_{ij}) - \min(\Delta'_{ij}))$。

Step2：采取专家比较打分方式确定，并进行归一化处理各影响因素的权重。

Step3：计算每个配送中心停靠的综合评价值：

$$W_j = \sum_i r_{ij}\partial_i \ , j \in \{A, B, C, \cdots\}$$

最后，依据综合评价值的大小，选择综合评价值最大的配送中心作为车辆最佳停靠的配送中心。

（三）建立以油耗成本为优化目标的数学模型

已有文献对车辆路径问题的研究主要以路径最短或车辆最少为优化目标，然而这两个目标均没有考虑运输量和车载率这两个对运输成本有着重要影响的因素，造成物流配送路径优化不够彻底，如在送货车辆路径问题中，车辆路径往往是一个封闭的哈密顿圈，由于车辆空载时油耗少，在送货问题中应选择离配送中心最近的一端开始配送，以降低配送成本。若仅以路径最短为优化目标，则忽略了对该细节的优化。

在物流配送成本主要有固定成本和可变成本构成，其中，车辆 + 实载率与可变成本有着密切关系，是衡量车辆有效利用的重要指标，实载率越高油耗成本也就越高，但货物每公里运输成本却比较低，因此，以油耗成木为优化目标能够对物流配送成本更为综合与彻底的优化。车辆实载率主要考虑在配送过程中车辆行驶距离与货物装载量两个方面的变量，由于二者的纲量不一样，在不同的文献中有不同的处理方式，文献［22］是将车辆行驶里程和装载率的乘积作为车辆实载率，然后将车辆实载率除以车辆最大装载量乘以单位油耗成本，这种方式很好地考虑了行驶距离和装载量，因此本文将沿用此方式。在非满载车辆路径问题中，配送车辆的实际装载量是不断变化的，则其实载率也随之不断变化，不同路段产生的油耗成本在也各不相同。记，在车辆第 i 段运输距离中实载率为 p_i 运输量为 g_i ，车辆的最大装载量为 Q，则车辆的实载率为 $p_i = g_i/Q$ 。由于车辆的油耗成本与装载量呈正向相关性，在此，沿用文献［22］的研究成果，记，车辆空载时的单位距离油耗成本为 e_1 ，满载时为 e_2 ，则车辆在第 i 段运输距离中的单位油耗为：

$$e'_i = e_1 + p_i(e_2 - e_1) \tag{1}$$

记车辆的装载量为 g_i ，运输距离为 s_i ，车辆在第 i 段运输距离中的油耗由式（1）得：

$$C = s_i[e_1 + p_i(e_2 - e_1)] = e_1 s_i + s_i p_i(e_2 - e_1) \tag{2}$$

以配送总油耗成本最小为优化目标，建立面向城市多区域配送需求的联合配送模型如下：

$$\min Z = \sum_{h=1}^{H}\sum_{k=1}^{K_h}\{e_1 d_{r_{hkn_{hk}}r_{hk0}} + \sum_{i=1}^{n_{hk}} d_{r_{hk(i-1)},\, r_{hki}}[e_1 + p_{r_{hk(i-1)}}(e_2 - e_1)]\} \tag{3}$$

$$\text{s.t. } p_{r_{hki}} = (\sum_{i=1}^{n_{hk}} q_{r_{hki}} - \sum_{j=1}^{i} q_{r_{hki}})/Q \ , h = 1, \cdots, H \ ; k = 1, \cdots, K_h \ ; i \in R_{hk} \tag{4}$$

$$\sum_{i=1}^{n_{hk}} q_{r_{hki}} \leqslant Q \ , h = 1, \cdots, H ; k = 1, \cdots, K_h \tag{5}$$

$$\sum_{i=1}^{n_{hk}} d_{r_{hk(i-1)},\, r_{hki}} + d_{r_{hkn_{hk}},\, r_{hk0}} \leqslant D \ , h = 1, \cdots, H ; k = 1, \cdots, K_h \tag{6}$$

$$\sum_{h=1}^{H}\sum_{k=1}^{K_h} n_{hk} = L \tag{7}$$

$$R_{hk} = \{r_{hki}/r_{hki} \in \{1, 2, \cdots, L_h\}, i = 1, 2, \cdots, n_{hk}\},$$
$$h = 1, \cdots, H; k = 1, \cdots, K_h \tag{8}$$

$$R_{hk_1} \cap R_{hk_2} = \phi, \forall hk_1 \neq hk_2 \tag{9}$$

其中，H 为城市多区域配送中配送中心的个数；L 为配送网络中客户的个数；L_h 为由第 h 个配送中心负责配送客户的个数；K_h 为第 h 个配送中心拥有车辆的个数；Q 为车辆的最大装载重量；D 为车辆的最大行驶距离；q_i 为第 i 个客户需求的货物量；n_{hk} 为由第 h 个配送中心的第 k 辆车负责配送的客户个数（当 $n_{hk}=0$ 表示该车辆未启用）；d_{ij} 为第 i 个客户到第 j 个客户的配送距离（可采用两点之间的直线距离）；r_{hki} 为在第 h 个配送中心的第 k 辆车的配送路径上顺序为 i 的客户（令 $r_{hk0}=0$ 表示车辆的出发地—配送中心）；R_{hk} 为第 h 个配送中心的第 k 辆车的配送路径。其中，n_{hk} 是决策变量，与 L_h、K_h 共同决定了 R_{hk} 需要配送的客户个数。

上述模型中，式（3）为模型的优化目标，即要求城市多区域配送任务所需要的总油耗成本最小；式（4）为车辆在客户 $r_{hk(i-1)}$ 到客户 r_{hki} 运输过程中的实载率，式（5）为保证每个配送中心的每辆车在配送过程中均不能超载；式（6）为保证每个配送中心的每辆车的行驶距离均不能超过车辆的最大行驶距离；式（7）为每个配送中心的每辆车负责配送的客户数之和等于的总客户数；式（8）为每个配送中心中每辆车负责配送的客户的集合；式（9）限制每个客户有且只有一辆车为其配送，无论其由哪个配送中心负责。

四、设计求解算法

（一）云量子遗传算法

Narayanan 和 Moore 等[17]人于 1996 年将量子多宇宙的概念引入遗传算法，提出量子遗传算法（Quantum Genetic Algorithm，QGA），QGA 是一种基于量子计算理论的新型启发式算法，利用量子比特位的态矢量设计染色体编码结构，通过量子比特位一个个体可以表达多个状态的叠加性增强种群个体的多样性，大大提高了算法的全局搜索能力。云量子遗传算法（Cloud Quantum Genetic Algorithm，CQGA）[23]是将李德毅院士[24]提出的云模型理论应用于 QGA，利用云模型中云滴的随机性与稳定倾向性改进标准 GA 中交叉概率与变异概率固定的设置方式或自适应遗传算法中人为的设置方式，CQGA 根据个体的适应度与种群平均适应度的比较动态选择参与交叉操作与变异操作的个体，当个体适应度低于种群平均适应度时赋予其较大的概率参与遗传操作，当其适应度高于种群平均适应度时赋予其较小的概率，降低其参与遗传操作而被破坏，大大提高了算法的收敛能力。

为了提高算法的求解能力以满足城市多区域联合配送模型求解的需求，对 CQGA 作以下两方面的改进：

（1）在保持 GA 中遗传操作对种群的进化驱动，增加量子门更新操作实现个体染色体基因的进化，通过遗传操作和量子门旋转双重进化驱动，提高算法的收敛能力；

（2）改进一般进化算法中只对当前种群中个体信息的利用，而忽略上代种群中优秀个体基因的保护，为此，设计种群扩张机制，将上代种群中优秀个体根据种群规模以一定的比例或个数直接进入下一代，以保护优秀个体基因在遗传过程中不被破坏，扩大种群空间的搜索范围，提高了算法的全局搜索能力。

在 CQGA 中，由云模型 X 发生器根据个体适应度生成交叉概率 Pc 和变异概率 Pm：

Pc 的生成算法：

$Ex=\bar{f}$ #$\bar{f}$ 种群平均值

$En=(f_{\max}-\bar{f})/C_1$ #C_1 为控制系数

$He=En/C_2$ #C_2 为控制系数

$En'=\mathrm{Norm}(En, He)$

$$Pc=\begin{cases} k_1 e^{-\frac{(f'-Ex)^2}{2(En')^2}} & f'\geqslant\bar{f} \\ k_3 & f'<\bar{f} \end{cases}$$

#f'为交叉操作中较大的适应值

Pm 的生成算法：

$Ex=f$ #f 变异个体

$En=(f_{\max}-f)/C_3$ #C_3 为控制系数

$He=En/C_4$ #C_4 为控制系数

$En'=\mathrm{Norm}(En, He)$

$$Pm=\begin{cases} k_2 e^{-\frac{(f-Ex)^2}{2(En')^2}} & f\geqslant\bar{f} \\ k_4 & f<\bar{f} \end{cases}$$

$k_1=k_4$ 为［0，1］内的常数，在此取

$k_1=k_3=1$，$k_2=k_4=0.5$

（二）设计云量子遗传算法

1. 量子比特染色体

利用量子比特位的叠加性增强种群个体的多样性，设计量子比特染色体结构，对于 L 个客户的 VRP 可以用 L 个概率幅的量子比特系统表示，如：

$$\begin{bmatrix} \alpha_1 & \alpha_2 & \cdots & \alpha_L \\ \beta_1 & \beta_2 & \cdots & \beta_L \end{bmatrix}，其中\ \alpha_i^2+\beta_i^2=1,\ i=1,\ \cdots,\ L \tag{10}$$

上述系统中共有 2^L 个状态叠加信息，将此 2^L 个状态随机构造成 $L\times L\times 2$ 的三维量子比特矩阵，利用三维量子比特矩阵表示量子染色体，通过解码转换为自然数编码结构的染色体。解码过程采取"先分线路后分车辆"的两步方法，首先，通过对构造的 $L\times L\times 2$ 三维矩阵进行观察，将每行每列只有一个 1 的矩阵保留下来，按照行为客户编号列为服务顺序，将矩阵转化为自然数顺序编码，如 6 个客户的 VRP 问题，量子染色体矩阵如下：

$$\begin{pmatrix} 0 & 0 & 1 & 0 & 0 & 0 \\ 1 & 0 & 0 & 0 & 0 & 0 \\ 0 & 0 & 0 & 0 & 1 & 0 \\ 0 & 1 & 0 & 0 & 0 & 0 \\ 0 & 0 & 0 & 0 & 0 & 1 \\ 0 & 0 & 0 & 1 & 0 & 0 \end{pmatrix}$$

按照以上矩阵规则生成客户服务顺序为：2→4→1→6→3→5，然后，以贪婪算法根据车辆的最大载重量生成车辆的服务路径，按照客户服务顺序当车辆超载时重新启用另一辆车，如（0，2，4，1，0，6，3，0，5，0），表示 6 个客户的配送服务需要三辆车

完成，0 表示配送中心。

2. 初始化种群

根据算法需要生成一定量的量子比特染色体结构的种群个体，然后按解码方法将量子比特种群转化为自然数编码种群，进行相应的遗传操作，实现种群进化，当种群需要进行量子门更新时，依照解码方法按逆顺序将自然数编码种群转换为量子比特种群，通过如此转换实现种群的双重进化。

3. 配送中心选择机制

当量子染色体解码为自然数编码时，由 0 将配送线路分开，如（0，2，4，1，0，6，3，0，5，0），则在第二个和第三个 0 需要选择最优匹配的配送中心，在此，利用车辆与配送中心匹配矩阵，计算 Δ 值，并根据影响因素的重要性赋予其权重，本文四个因素权重为：0.3、0.4、0.2、0.1，由车辆与配送中心匹配算法计算车辆停靠的最佳配送中心。

4. 适应度函数

考虑到目标函数是求极小化，设计 $fitness(x)=1/Z(x)$，其中，$Z(x)$ 是个体的目标函数值，通过转换可得目标函数值越小的个体适应度函数也就越大。

5. 选择算子

计算种群中每个个体的适应值，依据云模型 X 发生器中生成个体的交叉概率 Pc 和变异概率 Pm 大小，利用赌盘算子选择概率较大者参与遗传操作，生成下一代。

6. 交叉算子

根据赌盘算子选择出来的个体，随机选择两个个体 A 与 B 采取双点交叉法进行交叉操作，随机产生两个数 t_1，t_2（其实，$0<t_1<t_2<L+M+1$，L 为客户数、M 为配送中心数）。当 A 与 B 中 t_1 与 t_2 位置对应于0，否则改变 t_1 与 t_2 的值向离0最近的位置移动，将 t_1 与 t_2 中间子串放到子代的前端，其余部分按原顺序进行重组，按贪婪算法重新放置0的位置。

7. 变异算子

据赌盘算子选择出来的个体，随机选择一个个体 A 采取双点交换法进行变异操作，随机产生两个数 r_1，r_2（其实，$0<r_1<r_2<L+M+1$）选择个体进行变异操作。当个体 A 中 r_1 与 r_2 位置对应于非0，否则改变 r_1 与 r_2 的值向离非0最近的位置移动，交换 r_1 与 r_2 对应的两个数，生成新个体。

8. 种群扩展机制

考虑到一般进化算法中只利用当前种群中个体的信息，忽略或破坏上代优秀个体的信息，为此设计种群扩张机制，保留上代种群中适当数量个体不经过遗传操作直接进入下一代（本文取上代种群中10%的优秀个体），新代种群全部参与遗传操作，并只保留原种群数量的个体，如可实现优秀个体的最大权限保护，加速算法的全局收敛。

9. 量子门更新算子

量子门更新算子是量子进化算法中种群进化的关键操作，经由量子门引导旋转实现量子比特位中间状态向其他状态进化变换与转移，量子门更新算子是量子种群进化的关键，其设计方式将直接影响算法的性能。常见量子门有异或门、旋转门和hadamard

变换门，本文设计量子门旋转如下：

$$\begin{bmatrix} \alpha_{(m,n)}^{t+1} \\ \beta_{(m,n)}^{t+1} \end{bmatrix} = U(\delta\theta)\begin{bmatrix} \alpha_{(m,n)}^{t} \\ \beta_{(m,n)}^{t} \end{bmatrix} = \begin{bmatrix} \cos(\delta\theta) & -\sin(\delta\theta) \\ \sin(\delta\theta) & \cos(\delta\theta) \end{bmatrix}\begin{bmatrix} \alpha_{(m,n)}^{t} \\ \beta_{(m,n)}^{t} \end{bmatrix} \tag{11}$$

其中，δ 的取值与 α 和 β 的取值有关，记 $\delta = s(\alpha, \beta)$ 表示量子门旋转的方向，通过 δ 控制种群由低级向高级进化；θ 表示量子门旋转角，通过 θ 的取值控制种群进化的速度。

具体取值可在表 2 中[20]查取。

表 2　　旋转门查找

$x_{(m,n)}$	$b_{(m,n)}$	$Z(x) < Z(b)$	θ	$s(\alpha, \beta)$			
				$\alpha, \beta > 0$	$\alpha, \beta < 0$	$\alpha = 0$	$\beta = 0$
0	0	False	0	0	0	0	0
0	0	Ture	0	0	0	0	0
0	1	False	0	0	0	0	0
0	1	Ture	0.005π	−1	1	±1	0
1	0	False	0.01π	−1	1	±1	0
1	0	Ture	0.025π	1	−1	0	±1
1	1	False	0.005π	1	−1	0	±1
1	1	Ture	0.025π	1	−1	0	±1

其中，$x(m, n)$ 为量子比特位中的某一位，$b(m, n)$ 为当前种群中最优个体的染色体中与之对应位置的取值，$Z(x)$ 为目标函数，当 $x(m, n) = 0$，$b(m, n) = 1$ 时，且 $Z(x) < Z(b)$，由于目标函数值越小越好，为了进化到更优目标应增大此位取值为 0 的概率，也即增大 $|\alpha|^2$ 的取值，若 (α, β) 在一三象限时按顺时针方向旋转，若 (α, β) 在二四象限时按逆时针方向旋转。

10. 终止条件

在此可以选择以种群平均值与最优个体的适应值相等即为种群收敛，或者迭代次数超过设定的预测迭代次数。

条件 10 转条件 2，直至满足条件 10。

（三）算法复杂度分析

由于云量子遗传算法是利用云模型理论和量子理论改进标准遗传算法而设计的，下面对云量子遗传算法的计算时间复杂度进行分析。云量子遗传算法相比较标准遗传算法在染色体编码转换、量子门更新、交叉与变异概率生成、种群扩张四个方面不同，其他操作基本一致。

对于种群规模为 P，迭代次数为 T，问题规模为 L 的 VRP，迭代一次的算法时间复杂度为：初始化种群 $O(P \times L)$，解码 $O(P \times L)$，适应度计算 $O(P \times L)$，交叉与变异概率生成 $2 \times O(P)$，选择操作 $O(P^2)$，交叉操作 $O(p_c \times P \times L^2)$，变异操作 $O(p_m \times$

$P \times L)$，种群扩展机制 $O(P+10\%P)$，最有保留个体 $O(P)$，量子门旋转，$O(P \times L^2)$。

算法总的时间复杂度为：

则量子遗传算法的时间复杂度为：

$$O(P,\ T,\ L) = T \times 3 \times O(P \times L) + T \times 3 \times O(P^2) + T \times O(P^2 \times P_c) + T \times O(p_c \times P \times L^2) + T \times O(p_m \times P \times L) + T \times O(P + 10\%P) + T \times O(P) + T \times O(P \times L^2) \approx T \times O(P \times L^2) \tag{12}$$

由式（14）知，云量子遗传算法的计算时间复杂度与中群规模和 VRP 规模有关，在数量级上染色体编码转换、量子门更新、交叉与变异概率生成、种群扩张并没有增加算法的复杂度，因此，云量子遗传算法属于多项式算法，求解耗时与标准遗传算法相当。

五、仿真试验

（一）试验一

由城市多配送中心问题没有标准实例，随机生成的算例缺乏比较，本文以文献［25］中的算例对模型和算法进行验证，具体数据如表3所示，补充数据：车辆最大载重量为10t，最大行驶距离均为50km，空载时每公里耗油0.2升，满载时每公里耗油0.5升，配送网络中共有三个配送中心的坐标分别为：配送中心A（9.56km，6.03km）、B（6.44km，11.28km），C（11.14km，11.10km）。要求合理安排配送路线以最小的总油耗完成配送任务。

表3　客户需求信息

编号	需求量（升）	横坐标	纵坐标	编号	需求量（升）	横坐标	纵坐标
1	1.8	2.96	13.36	16	0.7	11.92	13.1
2	0.4	19.81	14.38	17	1.8	10.48	10.76
3	2	6.52	18.82	18	2	10	19.27
4	0.5	7.27	5.26	19	0.6	13.6	7.98
5	0.2	14.9	16.45	20	0.2	19.14	8.53
6	0.8	7.04	14.25	21	1.8	11.74	8.43
7	1.5	6.14	5.03	22	1	11.59	2.67
8	1.9	0.62	14.85	23	1.1	18.02	10.56
9	1	14.45	12.08	24	1.6	19.21	12.43
10	1.7	1.29	1.42	25	1.6	11.7	16.9
11	0.8	3.9	9.09	26	1	11.85	19.9
12	1.3	15.1	17.9	27	0.2	12.8	12.18
13	0.9	0.33	11.47	28	0.4	0.51	11.1
14	1.9	12.28	0.34	29	1.3	3.55	8.27
15	1.9	2.33	15.85	30	0.6	17.61	1.01

在文献［25］中，采用扫描法将30个客户分配给3个配送中心采取分区配送机制，利用禁忌搜索算法对每个单配送中心VRP进行求解，最后结果如表4所示。为了证明本文模型和算法的优势，利用本文的模型和算法对此算例重新求解，具体结果如表4所示。

表4　　　　计算结果对比分析

配送中心	行车路线	实载率（%）	行车距离（km）	总油耗（升）	总里程（km）
A	A-4-7-10-22-14-30-A	72	37.28	10.52	116.01
B	B-11-29-28-13-8-15-1-B	90	20.81	6.84	
C	C-6-3-18-26-12-5-25-C	89	29.57	9.62	
	C-17-21-19-20-23-24-2-9-27-16-C	94	28.35	8.45	
A	A-11-3-18-26-5-25-A	76	40.89		177.53
B	B-9-12-6-15-4-28-B	59	41.14		
	B-29-10-4-1-B	53	23.08		
C	C-19-14-22-21-8-16-17-25-20-C	115	42.18		
	C-24-27-2-13-23-C	42	31.04		

由表4可见，在文献［25］按扫描算法将多配送中心转化为单配送中心，通过对单配送中心VRP的求解实现配送网络的优化方法是一种局部优化，从整体来看并不是全局最优解。并且在文献中，计算结果中还存在错误，对25号客户进行了两次配送，而30号客户去没有进行配送，并且在C配送中心负责的第一条线路还出现了超载现象。而本文打破传统对MDVRP的研究方式，提出网络化联合配送机制，实现多资源集成共享，不同配送中心车辆可以共同使用，提高了物流资源利用效率。由此可见，无论行车距离还是实载率本文的求解结果均优越于文献［25］。

（二）试验二

下面将云量子遗传算法与VRP求解常用的量子遗传算法、禁忌搜索算法进行对比分析，对文献［25］中的算例，分别采用禁忌搜索算法[26]、量子遗传算法[27]和云量子遗传算法进行求解，对比分析其求解效果，各算法收敛如图4所示。

由图4可见，单从收敛代数来看禁忌搜索算法在25代左右即可收敛，云量子遗传算法由于改进染色体结构、交叉与变异概率的设置方式、遗传操作与量子门更新双重进化驱动等方面，提高了算法的收敛速度，需要40代左右就收敛了，结果也明显优越于量子遗传算法。下面从求解最优值、最劣值、平均值、计算时间、搜索成功率等综合指标对算法的稳定性和求解效果进行综合分析，重复计算算例20并统计结果，具体数据如表5所示。

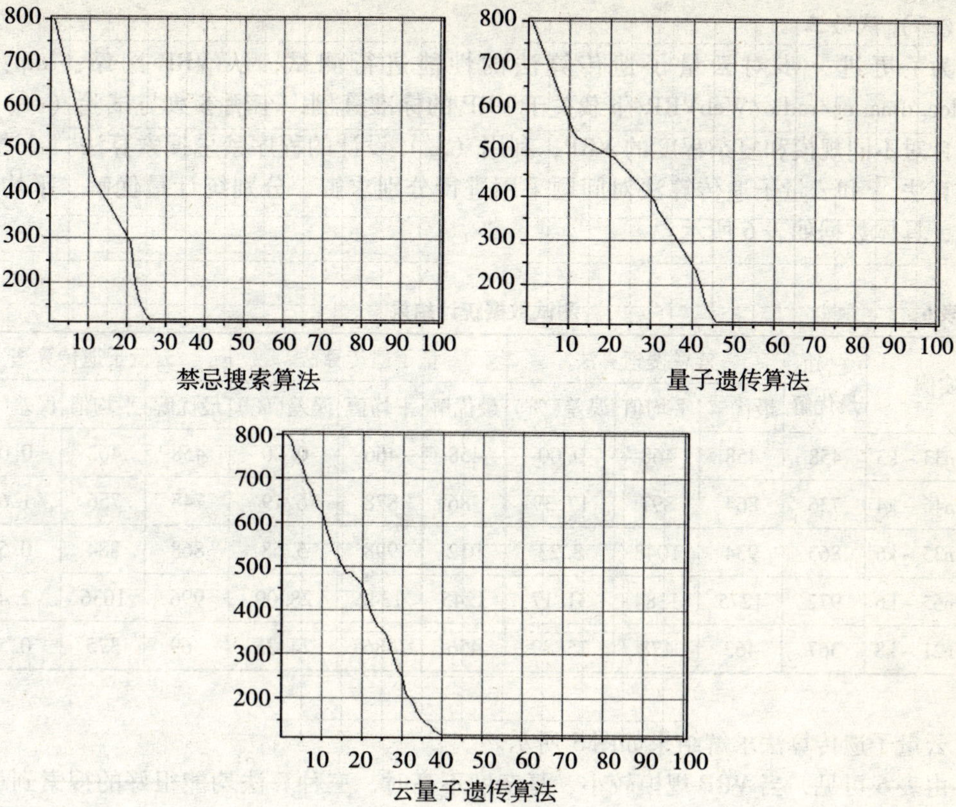

图4　算法收敛

表5　　**综合指标分析**

算法	仿真实验结果					
	最优值	最劣值	平均值	计算时间	搜索成功率（%）	平均搜索迭代次数
禁忌搜索算法	116.01	343.31	187.34	243	12	24.38
量子遗传算法	116.01	326.48	176.37	216	16	46.23
云量子遗传算法	116.01	162.38	156.32	168	53	39.54

通过表5可见，由于问题规模不大，三种算法均能够搜索到全局最优解，若只从迭代次数禁忌搜索算法显然效果比较好，但其计算时间是最长的，当问题规模增大时禁忌搜索算法将难以胜任。在最优值、最劣值、平均值、计算时间、搜索成功率、平均搜索迭代次数构成的综合指标方面，云量子遗传算法完全优越于量子遗传算法，这是由于云量子遗传算法是在量子遗传算法的基础上改进了交叉与变异概率的设置方式、增添了种群扩张机制，因此，云量子遗传算法在求解规模不大的VRP效果显然优越于禁忌搜索算法与量子遗传算法。

（三）试验三

为了更进一步对云量子遗传算法的性能进行测试，从 VRP 网站：http://neo. lcc. uma. es/radio/WebVRP/下载关于 VRP 的标准算例，车辆参数与试验（一）相同。针对不同规模和复杂程度的 VRP，利用（二）设计的程序禁忌搜索算法[26]、量子遗传算法[27]和云量子遗传算法对问题采用进行分别求解，分别统计最优解、平均值、误差，具体数据如表 6 所示。

表 6　　测试数据统计结果

实例	已知最优解	禁忌搜索算法			量子遗传算法			云量子遗传算法		
		最优解	平均值	误差（%）	最优解	平均值	误差（%）	最优解	平均值	误差（%）
M－n33－k3	458	458	468	0.00	458	466	0.00	458	462	0.00
M－n46－k4	736	864	897	17.39	786	878	6.79	748	756	1.63
M－n35－k6	863	934	1048	8.23	912	998	5.68	868	884	0.58
M－n65－k6	972	1275	1384	31.17	1245	1342	28.09	996	1036	2.47
M－n21－k8	367	462	478	25.89	456	486	24.25	369	375	0.54

云量子遗传算法求解结果如图 5 所示。

由表 6 可见，当 VRP 规模较小、复杂度不高时，三种算法均能很好的搜索到最优解，随着 VRP 规模的增大，禁忌搜索算法的求解质量开始急剧下降，当 VRP 复杂度增大时，量子遗传算法的求解质量也明显下降，而云量子遗传算法对 VRP 规模增大、复杂度提高的变化不大明显。图 5 的结果可见，云量子遗传算法搜索的结果与标准答案相差无几。因此，可以得出结论：云量子遗传算法能够较好胜任求解较大规模复杂的组合优化问题。

通过上述试验分析，本文设计的云量子遗传算法在求解效率和搜索质量上明显优于其他智能算法，能够保证城市多区域联合配送模型的求解需求。

六、结论

针对城市跨区域联合配送问题，改进传统采取分区式配送机制不能实现配送资源集成共享，提出“多对多”的网络化联合配送机制，综合考虑配送中心繁忙程度、货物保有量、距离和车载率因素设计了车辆与配送中心的匹配矩阵，从全局角度对物流资源进行优化配置。以运输距离、实载率等配送成本密切相关的油耗成本为优化目标，建立面向城市多区域配送需求的联合配送模型。同时，采用量子比特位设计遗传算法染色体结构，利用云模型云滴的稳定倾向性设计交叉与变异概率的设置方式，设计云量子遗传算法对建立的数学模型进行求解，为了增强算法的收敛速度，设计量子门旋转与遗传进化双重驱动进化，设计种群扩张机制增加上代种群优秀个体信息的利用。最后，通过三个算例对模型和算法进行了试验分析，从不同方面对算法进行检验，结果表明本文设计的模型和算法取得了较好的效果。

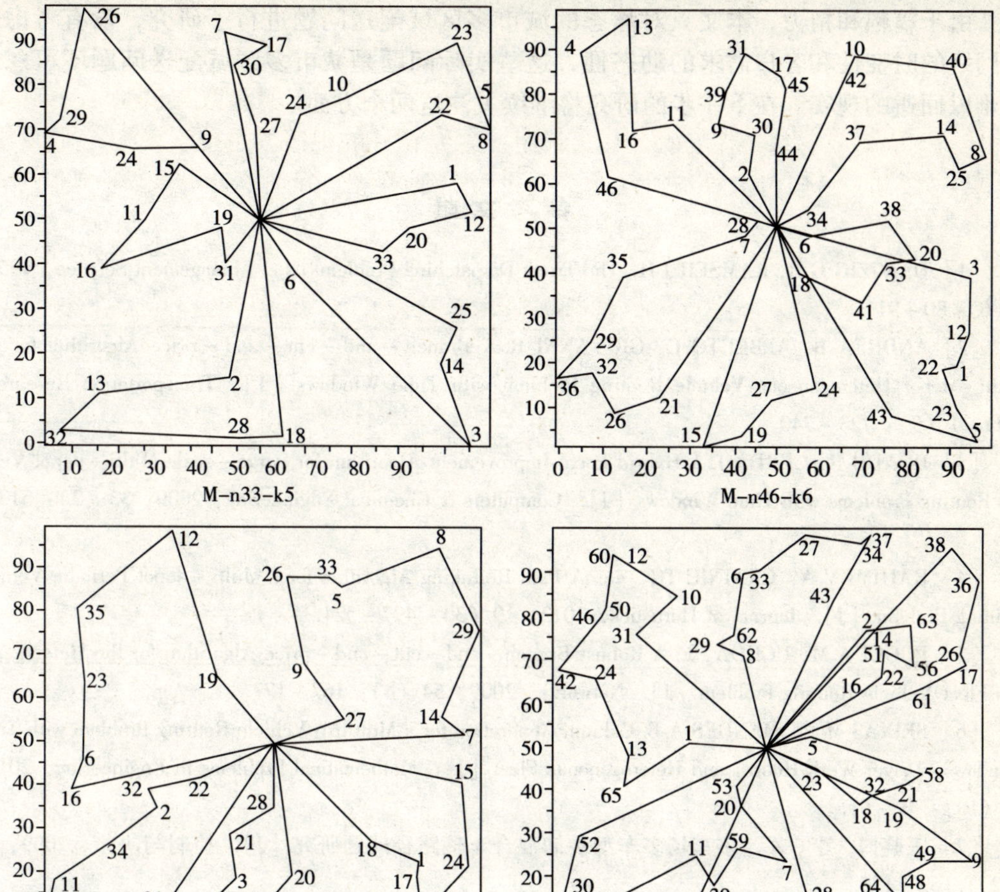

图 5　标准算例最优解路径

由于篇幅和精力，本文只对静态的城市多区域配送问题进行了研究，没有考虑交通网络的时变性和客户需求的动态性，这些实际问题是城市多区域配送问题不可忽视也难以回避的现实，在下一步的研究将继续关注这两个方面。

参考文献

[1] DANTZIG G B, RAMSER J H. The Truck Dispatching Problem [J]. Management Science, 1959, 4 (6): 80 -91.

[2] ANDREA B, ALBERTO C, GIOVANNI R. A Branch - and - cut - and - price Algorithm for the Multi - depot Heterogeneous Vehicle Routing Problem with Time Windows [J]. Transportation Research, 2011, 1 (9): 723 -740.

[3] DONDO R, CERDÁ J. A Hybrid Local Improvement Algorithm for Large - scale Multi - depot Vehicle Routing Problems with Time Windows [J]. Computers & Chemical Engineering, 2009, 33 (2): 513 - 530.

[4] RAHIMI V A, CRAINIC TG, etc. A Path Relinking Algorithm for a Multi - depot Periodic Vehicle Routing Problem [J]. Journal of Herustics, 2013, 19 (3): 497 -524.

[5] POGGI A M, UCHOA, E. A Robust Branch - and - cut - and - price Algorithm for the Heterogeneous Fleet Vehicle Routing Problem [J]. Networks, 2009, 54 (4): 167 -177.

[6] SEIXAS M P, MENDES A B. Column Generation for a Multitrip Vehicle Routing Problem with Time Windows, Driver Work Hours, and Heterogeneous Fleet [J]. Mathematical Problems in Engineering, 2013, 55 (10): 49 -61.

[7] 王晓博，李一军. 多车场多车型装卸混合车辆路径问题研究 [J]. 控制与决策，2009，24 (12): 169 -175.

[8] LIU T T, JIANG Z B, etc. A Review of the Multi - depot Vehicle Routing Problem [J]. Energy Procedia, 2011, 11 (13): 3381 -3389.

[9] BETTINELLI A, CESELLI A, RIGHINI G. A Branch - and - cut - and - price Algorithm for the Multi - depot Heterogeneous Vehicle Routing Problem with Time Windows [J]. Transportion Research Part C - Emerging Technologies, 2010, 19 (5): 723 -740.

[10] RIGHINI G, SALANI M. New Dynamic Programming Algorithms for the Resource Constrained Elementary Shortest Path Problem [J]. Networks, 2008, 3 (51): 155 -170.

[11] NECATI A, DENIZ A, MEHMET T T. Selective Multi - depot Vehicle Routing Problem with Pricing [J]. Transportation Research, 2011, 15 (19): 866 -884.

[12] POGGI A M, UCHOA, E. A Robust Branch - and - cut - and - price Algorithm for the Heterogeneous Fleet Vehicle Routing Problem [J]. Networks, 2009, 54 (4): 167 -177.

[13] 张丽萍，柴跃廷. 车辆路径问题的改进遗传算法 [J]. 系统工程理论与实践，2002，22 (8): 79 -84.

[14] 张海刚，吴燕翔，顾幸生. 基于免疫遗传算法的双向车辆调度问题实现 [J]. 系统工程学报，2007，22 (6): 649 -654.

[15] 张军，唐加福，潘震东，等. 分散搜索算法求解带货物权重的车辆路径问题 [J]. 系统工程学报，2010，25 (1): 90 -97.

[16] 马华伟，靳鹏，杨善林. 时变车辆路径问题的启发式算法 [J]. 系统工程学报，2012，27

(2): 256 - 263.

[17] NARAYANAN A, MOORE M. Quantum - Inspired Genetic Algorithms [C]. IEEE International Conference on Evolutionary Computation. Piscataway NJ: IEEE Press, 1996: 61 - 66.

[18] SHUANFENG ZHAO, GUANGHUA XUA, TANGFEI TAO, ect. Real - coded Chaotic Quantum - inspired Genetic Algorithm for Training of Fuzzy Neural Networks [J]. Computers and Mathematics with Applications, 2009 (57): 2009 - 2015.

[19] 黄志宇. 具有资源约束的项目调度问题中的量子进化算法 [J]. 计算机集成制造系统, 2009, 15 (9): 1779 - 1789.

[20] LING WANG, LINGPO LI. An Effective Hybrid Quantum - inspired Evolutionary Algorithm for Parameter Estimation of Chaotic Systems [J]. Expert Systems with Applications, 2010 (37): 1279 - 1285.

[21] 钱洁, 郑建国, 张超群, 等. 量子进化算法研究现状综述 [J]. 控制与决策, 2011, 26 (3): 321 - 328.

[22] 葛显龙, 王旭. 动态需求的多车型车辆调度问题及云遗传算法 [J]. 系统工程学报, 2012, 27 (6): 823 - 832.

[23] 葛显龙. 面向云配送模式的车辆调度问题及算法研究 [D]. 重庆大学, 2011.

[24] 李德毅. 不确定性人工智能 [M]. 北京: 国防工业出版社, 2005.

[25] 郎茂祥. 多配送中心车辆调度问题的模型与算法研究 [J]. 交通运输系统工程与信息, 2006, 6 (5): 65 - 86.

[26] 邢文训, 谢金星. 现代优化计算方法 [M]. 北京: 清华大学出版社, 2009.

[27] 王凌, 吴昊, 等. 混合量子遗传算法及其性能分析 [J]. 控制与决策, 2005, 20 (2): 156 - 162.

碳排量最小的车辆路径优化问题研究*

朱长征　李艳玲

摘　要：在经典的车辆路径优化模型的基础上考虑碳排量，建立了碳排量最小的车辆路径优化模型。在设计模型求解算法时，对传统的遗传算法从染色体结构、染色体交叉方式等方面进行了改进。最后结合算例对模型和算法进行了计算和仿真，取得了较好的结果。

关键词：车辆路径优化　碳排量　遗传算法

一、引言

能源与环境问题已经成为世界各国关注的焦点[1]。物流行业本身是能源消耗较大的产业之一，也是碳排放大户，因此低碳物流已成为国内外理论研究的新热点[2—5]。通过对车辆路径进行优化，减少运输过程中的迂回、对流等不合理的运输，能够极大地降低物流过程中的能源消耗和碳排放。

车辆路径优化问题是一类求解较难的组合优化问题。研究的目标主要包括行驶路径最短、运费最小、时间最短、使用的车辆数最少等[6—15]。随着能源短缺和环境污染等问题日趋严重，减少碳排放成为研究配送车辆路线优化问题的新视角。

目前基于碳排放最小的车辆路径优化方面的研究成果不多。Palmer（2007）以距离和碳排量为目标建立了具有时间窗的货运车辆综合优化模型，分析了不同拥堵条件下速度对模型优化结果的影响。Maden（2010）采用启发式算法研究了具有不同速度的车辆路径优化问题，并应用于英国的一实际案例的研究，将 CO_2 的排放量减少了7%。Fagerholt（2010）采用最短路径方法研究了具有时间窗的海运路线优化问题，并通过优化运输速度减少了碳排放量。Bauer（2010）建立了一个多式联运碳排量最小模型，并将其应用于东欧铁路网案例的研究。王钰青（2012）建立了碳排量最小的0－1规划TSP模型，以一个仓库服务三个客户的案例进行了分析。

从既有的碳排量最小的路径优化研究来看，多数集中在速度变化对碳排量的影响，很少考虑到载重量变化对碳排量的影响。实际上在涉及多客户的配送过程中，载重量是不断变化的，载重量的变化对碳排量也有显著的影响。本文与既有研究的区别在于主要考虑载重量变化对碳排量的影响，并对求解该模型的传统遗传算法进行了改进，实现降低车辆配送能耗、减少车辆排放的目的，将物流业可持续发展与节能减排和建

* 作者简介：朱长征，西安邮电大学管理工程学院物流管理系，主任；李艳玲，陕西师范大学数学与信息科学学院。
发表情况：计算机工程与应用。

设节约型社会的全新理念有效衔接。

二、模型构建

（一）问题描述

本文研究的碳排放最小的车辆路径优化问题可以描述为：一个物流配送中心，有装载量为 w 的车辆若干辆，负责对 n 个客户进行配送，客户的需求量为 g，求满足 CO_2 排放量最低的车辆行驶路径，并使用最少的车辆。

（二）假设前提

（1）只有一个物流配送中心；

（2）物流配送中心和每个客户的位置已知；

（3）每个客户的需求量已知；

（4）车辆在对客户进行配送时不得超过其装载量；

（5）每个客户的需求必须得到满足；

（6）车辆为一种车型，且装载量已知；

（7）每个客户只能且必须访问一次；

（8）CO_2 排放量与车辆的燃油消耗量成正比，车辆燃油消耗量与车辆行驶距离和载货量有关，随着载货量的变化，单位吨位的货物燃油消耗也不同。

（三）参数变量

m：物流配送中心车辆数量；

n：物流配送中心服务的客户数量；

w：车辆的装载量；

g_i：第 i 个客户的需求量；

d_{ij}：从客户 i 到客户 j 的配送距离；

t_{ij}：车辆由客户 i 驶向客户 j 过程中单位公里的 CO_2 排放量。

$$y_{ijk} = \begin{cases} 1(\text{若车辆 } k \text{ 经过客户 } i \text{ 驶向 } j) \\ 0(\text{其他情况}) \end{cases}$$

$$x_{ik} = \begin{cases} 1(\text{若客户 } i \text{ 需求由车辆 } k \text{ 满足}) \\ 0(\text{其他情况}) \end{cases}$$

（四）优化模型

本文以碳排量最小为目标，建立一定配送条件下碳排量最小的车辆路径优化模型。将物流配送中心编号为0，将客户依次编号为 $i(i=1, 2, \cdots, n)$。首先分析碳排量的计算公式，由上文（二）中的假设（8）可知，CO_2 排放量与车辆的燃油消耗量成正比，车辆燃油消耗量与车辆行驶距离和载货量有关，故可对实测数据进行线性回归分析，得到载重率与单位公里 CO_2 排放量间的线性关系（见后文），从而计算出单位公里的 CO_2 排放量及总的 CO_2 排放量 Z：

$$Z = \sum_{i=0}^{n} \sum_{j=0}^{n} \sum_{k=1}^{m} d_{ij} y_{ijk} t_{ij}$$

下面分析模型的约束条件。首先，车辆的载重量是有限的，故每辆车所服务的客户需求之和应小于等于车的载重量限制。即有：

$$\sum_{i=1}^{n} g_i x_{ik} \leqslant w , \quad k = 1, 2, \cdots, m$$

另外，每个客户必须有且仅有一辆车为他服务，故有：

$$\sum_{k=1}^{m} x_{ik} = 1 , \quad i = 1, 2, \cdots, n$$

且到达和离开每个客户的车辆只有一辆，故有：

$$\sum_{i=1}^{n} y_{ijk} = x_{jk}$$

其中，$j = 0, 1, \cdots, n$，$k = 1, 2, \cdots, m$

$$\sum_{i=0}^{n} y_{ijk} = x_{ik}$$

其中，$i = 0, 1, \cdots, n$，$k = 1, 2, \cdots, m$

还有，每辆车都从物流配送中心出发，最后回到物流配送中心，即有：

$$\sum_{i=0}^{n} \sum_{k=1}^{m} y_{0ik} = \sum_{j=0}^{n} \sum_{k=1}^{m} y_{j0k} , \quad k = 1, 2, \cdots, m$$

最后，参变量 x_{ik}，y_{ijk} 取值仅有 0，1 两种可能，即有：

$$y_{ijk} = 0 \text{ 或者 } 1$$

其中，$i = 0,1, \cdots, n$，$j = 0, 1, \cdots, n$，$k = 1, 2, \cdots, m$

$$x_{ik} = 0 \text{ 或者 } 1$$

其中，$i = 0, 1, \cdots, n$，$k = 1, 2, \cdots, m$

因此，我们建立了如下以碳排量最小为目标的车辆路径优化模型：

$$\min Z = \sum_{i=0}^{n} \sum_{j=0}^{n} \sum_{k=1}^{m} d_{ij} y_{ijk} t_{ij}$$

$$\text{s.t.} \quad \sum_{i=1}^{n} g_i x_{ik} \leqslant w \qquad k = 1, 2, \cdots, m$$

$$\sum_{k=1}^{m} x_{ik} = 1 \qquad i = 1, 2, \cdots, n$$

$$\sum_{i=1}^{n} y_{ijk} = x_{jk} \qquad j = 0, 1, \cdots, n ;\ k = 1, 2, \cdots, m$$

$$\sum_{i=0}^{n} y_{ijk} = x_{ik} \qquad i = 0, 1, \cdots, n ;\ k = 1, 2, \cdots, m$$

$$\sum_{i=0}^{n} \sum_{k=1}^{m} y_{0ik} = \sum_{j=0}^{n} \sum_{k=1}^{m} y_{j0k} \qquad k = 1, 2, \cdots, m$$

$$y_{ijk} = 0 \text{ 或者 } 1 \qquad i = 0,1, \cdots, n ;\ j = 0, 1, \cdots, n ;\ k = 1, 2, \cdots, m$$

$$x_{ik} = 0 \text{ 或者 } 1 \qquad i = 0, 1, \cdots, n ;\ k = 1, 2, \cdots, m$$

三、基于改进型遗传算法的设计

（一）染色体结构

为提高算法效率，本文采用自然数编码。该优化问题一条可行路线可编为长度 $n+m+1$ 的染色体 $(0, i_{11}, i_{i2}, \cdots, i_{is}, 0, i_{21}, i_{22}, \cdots, i_{2l}, 0, \cdots, 0, i_{m1}, \cdots, i_{mv}, 0)$，$i_{kj}$ 代表第 kj 个客户。这条染色体可以理解为第一辆车从物流配送中心 0 出发，经过客户 $i_{11}, i_{i2}, \cdots, i_{is}$ 后，回到物流配送中心，形成子路径 1，第二辆车从物流配送中心 0 出发，经过 $i_{21}, i_{22}, \cdots, i_{2l}$ 后，返回物流配送中心，形成子路径 2，如此往复，直到所有的客户的配送要求得到满足。

（二）车辆容量约束

按上文设计的染色体在交叉和变异过程中有可能产生不符合车辆容量约束的染色体，本文采用惩罚函数的方法处理约束，将容量约束加入到目标函数中去：

$$F(x) = f\sum_{i=0}^{n}\sum_{j=0}^{n}\sum_{k=1}^{m} d_{ij}y_{ijk}t_{ij} + M\sum_{k=1}^{m}\max\left(\sum_{i=1}^{n} g_i x_{ik} - w, 0\right)$$

其中 $M\sum_{k=1}^{m}\max\left(\sum_{i=1}^{n} g_i x_{ik} - w, 0\right)$ 为不满足容量约束时的惩罚值。为了满足容量约束，需要 $M \to \infty$，但为了计算方便，M 取与 $f\sum_{i=0}^{n}\sum_{j=0}^{n}\sum_{k=1}^{m} d_{ij}y_{ijk}t_{ij}$ 相比非常大的常数。

（三）适应度函数

以 $F(x)$ 的倒数作为适应度函数，即 $f(x) = 1/F(x)$，表示个体的碳排放量越大，其适应度越低。

（四）产生初始种群

随机产生 n 个客户的全排列 $i_1, i_2, \cdots, i_n$，相对应的客户需求量为 g_i，若满足 $\sum_{j=1}^{s-1} g_{ij} \leqslant w$ 且 $\sum_{j=1}^{s} g_{ij} > w$，那么将此排列中第 s 位到第 n 位的基因逐一往后移一位，将 0 插入到第 s 位。重复上面的操作，直到把 $m-1$ 个 0 全部插入到染色体，再在该染色体的最前面和最后面补上 0，就构成了一条初始染色体。如此重复，直到产生满足种群规模的染色体。

（五）自然选择

采用最佳保留的轮盘赌选择进行染色体的选择，这样可以保证最优个体能够生存到下一代，加速算法向最优解收敛[21]。

（六）染色体的交叉

如果采用常规的随机选择交叉点方式，会很难保证父代的优良组特征，甚至得到许多不可行解。因此本文采用最佳保留交叉，即在交叉过程中先随机产生两个交叉点，通过交叉点的右移或者左移得到两个新的交叉点，使两个交叉点两端的基因都是 0，两个交叉点中不含基因 0，然后按顺序交叉方式进行交叉。

运用上述交叉方式进行交叉操作，若 A、B 两个染色体参与交叉，产生 C、D 两个染色体。如果 C 的适应度大于或等于 A 的适应度，即 $f(C) \geqslant f(A)$，则保留 C，淘汰

A；如果 C 的适应度小于 A 的适应度，即 $f(C) < f(A)$，则保留 A。同理，如果 $f(D) \geqslant f(B)$，则保留 D，淘汰 B；如果 $f(D) < f(B)$，则保留 B。

（七）染色体的变异

染色体变异的概率很小，因此在遗传算法中变异操作一般起辅助作用。在这里采用 2－交换作为变异算子，即随机选取染色体上的两点，交换两点的基因值，产生一个新染色体。

四、算例分析

（一）算例选择

本文选择 Chritofides and Eilon 提出的测试问题进行研究，该测试问题中有一个配送中心，50 个客户需求点，车辆吨位为 8 吨，配送中心和各个客户的坐标及客户需求量见文献［22］中 APPENDIX 的 Details of problem 8。要求合理安排车辆的路线，使碳排量最小。

（二）载重量和距离与碳排量的关系

根据调研，一辆普通的 8 吨市内配送车辆，其燃油消耗和二氧化碳排放量与载重量的关系如表 1 所示。

表 1　　载重率与 CO_2 排放量的关系表

载重率 x	柴油消耗量（升/公里）	CO_2 排放系数（千克 CO_2/升）	对应载重率的 CO_2 排放量 t（千克/公里）
0（空载）	0.1842	2.61	0.4807
0.25	0.1973	2.61	0.5149
0.5	0.2105	2.61	0.5494
0.75	0.2236	2.61	0.5835
1.0（满载）	0.2368	2.61	0.6180

运用表 1 数据进行拟合，载重率与单位公里 CO_2 排放量的关系式为：

$$t = 0.481 + 0.137x$$

（三）结果及稳定性分析

将该实例中原来的英里单位换算成公里单位，将英担换算成吨位，取交叉概率 $P_C = 0.8$，变异概率 $P_m = 0.05$，运用 Matlab 7.0.1 软件使用本文设计的改进遗传算法进行编程，设置种群规模 $M = 200$，迭代次数 $T = 1000$ 次，得到最优的碳排量为 $Z = 708.2$ 千克，相应的车辆运行总距离 D ＝ 1306 公里，具体车辆运行路径如下：

车辆 1：0→47→12→5→9→50→21→29→35→36→11→0

车辆 2：0→17→37→33→16→44→42→19→41→40→13→4→0

车辆 3：0→1→22→48→8→26→7→23→43→24→18→0

车辆 4：0→2→27→14→25→15→45→39→10→49→46→0

车辆5：0→38→30→34→20→3→28→31→32→6→0

下面分析交叉概率和变异概率对模型结果的影响。分别取交叉概率 $P_C=0.6$，0.7，0.8，0.9，固定变异概率 $P_m=0.05$，进行仿真分析，运行结果如表2所示。可以看出交叉概率取四种不同的值，其最小碳排量的变化不大，结果的稳定性较好。

表2　　　　交叉概率对碳排量的影响

交叉概率 P_c	变异概率 P_m	最优碳排量（千克）
0.6	0.05	720.6
0.7	0.05	712.4
0.8	0.05	708.2
0.9	0.05	714.3

分别取变异概率 $P_m=0.05$，0.10，0.15，固定交叉概率 $P_C=0.8$，进行仿真分析，运行结果如表3所示。可以看出变异概率取三种不同的值，其最小碳排量的变化不大，结果具有较好的稳定性。

表3　　　　变异概率对碳排量的影响

交叉概率 P_C	变异概率 P_m	最优碳排量（千克）
0.8	0.05	708.2
0.8	0.10	712.4
0.8	0.15	714.3

五、结语

随着物流业节能减排活动的推进，低碳条件下的车辆路径优化成为物流领域的热点问题。首先结合经典的车辆路径优化模型，构建了碳排量最小的车辆路径优化模型。并对传统的遗传算法进行改进，设计出求解碳排量最小的车辆路径优化模型的算法。最后运用该模型和算法对一个经典算例进行分析，取得了较好的结果。证明运用该模型和算法可以较好的求解碳排量最小的车辆路径优化问题。

参考文献

[1] 马小军．国际战略视野下的能源与环境问题［J］．当代世界，2011，17（10）：9-15.

[2] 董千里，董展，关高峰．低碳物流运作的理论与策略研究［J］．科技进步与对策，2010，27（22）：100-102.

[3] 徐旭．低碳物流的内涵、特征及发展模式［J］．商业研究，2011，54（4）：183-187.

［4］范璐．低碳物流发展路径研究［J］．中国流通经济，2011，25（8）：46－51.

［5］欧阳泉．我国发展低碳物流面临的困境与路径选择［J］．改革与战略，2011，27（9）：135－137.

［6］DNATZIG G，RAMSER J. The Truck Dispatching Problem［J］．Management Science，1959，6（1）：80－91.

［7］BALINSKI M，QUAND R. On An Integer Program for a Delivery Problem［J］．Operations Research，1964，12（2）：300－304.

［8］PELEG D，UPFAL E. Generalized Packet Routing Problem［J］．Theor Comp Sci，1987，53（2）：281－293.

［9］姜大立，杨四龙，杜文．车辆路径问题的遗传算法研究［J］．系统工程理论与实践，1999，19（6）：40－45.

［10］崔雪丽，马良，范炳权．车辆路径问题（VRP）的蚂蚁搜索算法［J］．系统工程学报，2004，20（4）：32－37.

［11］吴洁明．物流配送车辆路径优化问题的仿真研究［J］．计算机仿真，2011，28（7）：357－360.

［12］毕军，付梦印，张宇河．一种改进的蚁群算法求解最短路径问题［J］．计算机工程与应用，2003，39（7）：357－360.

［13］陈迎欣．基于改进蚁群算法的车辆路径优化问题研究［J］．计算机应用研究，2012，29（6）：2031－2034.

［14］占焱发．基于遗传算法的车辆配送路径问题研究［D］．西安：长安大学，2010：29－35.

［15］但正刚，蔡临宁，杜丽丽，等．车辆路径优化问题的均衡性［J］．清华大学学报（自然科学版），2006，46（11）：1945－1948.

［16］PALMER，A. The Development of an Integrated Routing and Carbon Dioxide Emissions Model for Goods Vehicles［D］．Cranfield：Cranfield University，2007：83－90.

［17］MADEN W，EGLESE R W，BLACK D. Vehicle Routing and Scheduling with Time Varying Data：A Case Study［J］．Journal of the Operational Research Society 2010，61（3）：515－522.

［18］FAGERHOLT K，LAPORTE G，NORSTAD I. Reducing Fuel Emissions by Optimizing Speed on Shipping Routes［J］．Journal of the Operational Research Society. 2010，61（3）：523－529.

［19］BAUER J，BEKTAS T，CRAINIC T G. Minimizing Greenhouse Gas Emissions in Intermodal Freight Transport：An Application to Rail Service Design［J］．Journal of the Operational Research Society，2010，61（3）：530－542.

［20］王钰青，许茂增．基于最小碳排放的广义 TSP 模型研究［J］．数学的实践与认识，2012，42（8）：69－75.

［21］雷英杰．MATLAB 遗传算法工具箱及应用［M］．西安：西安电子科技大学出版社，2011：15－20.

［22］CHRISTOFIDES N，EILON S. An Algorithm for the Vehicle－dispatching Problem［J］．Operational Research Quarterly，1969，20（3）：309－318.

冷链物流随机需求配送路径问题模型分析*

杨平哲　马向国

摘　要： 生鲜果蔬菜、鲜乳类、肉蛋类及冷冻食品在物流过程中的各个环节都要进行严格的温度控制，以保证食品的质量。随着对生鲜食品及冷冻速食食品的需求不断扩大，为我国冷链物流的发展提供了巨大的潜力。冷链配送是冷链物流系统中最薄弱的环节，由于集约化程度低、缺乏第三方物流企业、标准不统一等问题使冷链物流企业面临严峻挑战。车辆路径问题是对物流配送车辆优化调度问题的统称，在实际生活中广泛存在着许多不确定因素，造成随机车辆路径问题。随着冷链物流的不断发展及随机车辆路径问题在实际生活中的广泛应用，本文主要分析了在冷链物流配送中由需求随机性造成的随机车辆路径问题。冷链物流商品具有易腐性，随着时间的延长商品的质量不断下降，商品易腐性是区别于常温配送商品的主要特点；主要区别于常温车辆路径问题中成本分析为商品的货损成本和制冷成本。本文主要分析了分冷链物流配送过程中各项成本的分析，并以总成本最小为目标构建了基于冷链物流的配送路径数学模型，最后利用 Sweeping 算法进行实例分析。

关键字： 冷链物流　随机需求配送路径　Sweeping

一、引言

随着人民生活水平的提高以及生活节奏的加快，消费者对于食品的消费理念正在向安全高、新鲜度好的要求转变，冷链物流能够实现低温储存以保障商品的质量。冷冻速食食品的需求不断扩大，为食品冷链物流行业迎来了较大发展空间，以肉制品、速冻食品、乳制品为代表的冷链食品发展较快。我国速冻食品的年产量在以每年 20% 的幅度递增，冷冻肉、保鲜蔬菜的消费量以每年 10% 的增幅逐年上升。

车辆路径问题是对物流配送车辆优化调度问题的统称，运输是物流的一个重要组成部分，合理运输能降低物流费用，提高物流速度，是发挥物流系统整体功能的中心环节。冷链物流企业如何科学合理的安排配送路径和车辆调度方案的研究越来越重视。通过合理安排车辆的调度亦可改善日益严重的交通问题，缩短配送时间，降低配送成本及货损成本等，同时减少配送过程中有害气体的排放及能源的损耗，减少对环境的破坏有利于实现绿色物流。

---

* 作者简介：杨平哲，女，河北省石家庄人，北京物资学院 2011 级管理科学与工程专业研究生，研究方向：物流工程；马向国，男（满族），内蒙古锡盟多伦人，北京物资学院物流学院副教授，研究方向：物流工程与物流系统仿真。

二、冷链物流

冷链物流的概念来源于低温储存和供应链管理，随着消费者对产品的质量要求越来越高，管理日趋完善，冷链物流随之越来越受到大家的关注。随着学术界对冷链物流研究的不断深入，冷链物流的定义也随之发生改变，尤其美国、欧盟和日本等冷链物流的先进国家提出的冷链物流概念比较完善。

关于冷链物流有许多不同的定义，本文采用以下定义：冷链物流（cold chain logistics）是指冷藏冷冻类产品或生鲜易腐农产品从产地收购或捕捞之后，在产品加工、储藏、运输、分销和零售，一直到消费者手中的各个环节始终处于产品所必需的低温环境下，以保证食品品质和性能，减少损耗，防止污染的特殊供应链系统。由定义可以看出，冷链的目的是保证冷藏冷冻类食品品质；核心要求是保持低温环境的供应链系统。

冷链物流需要供应链中各个环节之间高度协调、通畅的信息、高效的运作、资源的优化管理等，而配送作为冷链物流中的一个重要环节，在易腐品从生产者到最终消费者的过程中，配送时间占了80%以上，冷链物流配送问题成为配送企业实现利润最大化的关键。零售商为了提高服务质量及销售水平对于城市冷链物流配送企业的要求也越来越高，由此致使我国的冷链物流配送业面临着巨大的压力和挑战。

三、VRP 问题描述

车辆路径问题（Vehicle Routing Problem，VRP）是对物流配送车辆优化调度问题的统称，该问题最早由 Dantzing 和 Ramser 于 1959 年提出的，此后该问题一直成为物流科学、运筹学等学科的热点问题。VRP 问题可简单描述为在完全对称的网络图（Complete Symmetric Graph），$G=(V_0, E)$，其中顶点集合 V_0 表示配送中心和所有客户构成的集合 $V_0=\{0, 1, \cdots, M\}$；顶点 0 表示配送中心，集合 $V=V_0/\{0\}$ 表示具有配送需求的客户集合。配送中心拥有的车辆数量为 K，C_{ij} 表示由客户 i 到客户 j 发生的运输成本；在对称网络图中 $C_{ij}=C_{ji}$，当 $i=j$ 时 $C_{ij}=0$。d_{ij} 表示客户 i 到客户 j 之间的距离且满足三角不等式关系：$d_{ij}\leqslant d_{ik}+d_{kj}$。

VRP 的主要构成要素包括配送中心、客户、车辆、货物、交通网络、约束条件、目标函数等。冷链配送过程中需要专用冷藏车，冷藏车的固定成本远远高于普通配送车辆，合理安排冷藏提高车辆运力利于降低配送中心成本。

根据研究重点的不同，按照不同的分类标准可以将 VRP 分为不同的类型。例如，按任务性质分为纯送货或取货问题、送—取一体化问题；按任务性质分为对弧服务问题和对点服务问题及混合服务问题；按信息的已知情况分为确定性 VRP 和不确定性 VRP（随机 VRP 和模糊 VRP）等。

车辆路径问题是典型的 NP 问题，其求解方法可以分为精确算法和启发式算法。精确算法指可以求出优化问题最优解的算法，主要有分支定界法、割平面法、网络流法、动态规划；经典启发式算法主要有路线构造法、两阶段法、基于精确算法的启发式算法；现代启发式算法主要包括模拟退火、禁忌搜索、遗传算法、蚁群算法等。

确定性车辆路径问题中，通常假设所有信息（包括客户需求及数量、客户及配送中心的地理位置、车辆信息、路况信息等）都是已知的而且确定不变的，配送中心根据客户的地理位置及需求量安排车辆的配送路径。但是在现实生活中存在许多不确定因素，受到客观因素的影响不能确保所有信息均为已知，总会出现一些不确定性信息（如路段出现交通拥挤堵车等状况）；例如，某配送中心通过市场调查得到所欲潜在的顾客及潜在需求量的概率分布。随机车辆路径问题的信息虽然是不确定的但一般遵循一定的规律，但是当长期没有需求信息时定义此类问题模糊车辆路径问题。

引起随机车辆路径问题的随机因素主要可以分为五类：①需求的随机性，如客户需求量、服务时间的随机性、随机客户需求时间；②提供服务的车辆、司机（主观意识）及其他设施的随机性；③网络性能的随机性，天气变化、交通实时变化等原因可能使旅行时间或网络容量产生随机性变化；④未来时间段网络管理和运作的不确定性；⑤提供的数据具有偏差。

四、模型的建立

货物从配送中心到达最终的客户大致可以分为三个阶段：货物的装载过程、在车辆上的运输过程及到达客户后的卸载过程，车辆路径问题一般不考虑装载过程；基于冷链物流的 VRPSD 综合考虑了冷冻冷藏食品的特殊性及随机需求路径的特点。

在 VRPSD 中客户确切的需求量只有在车辆到达客户才能获知，首先按照顾客需求均值得到计划车辆行驶路径安排；由于需求的随机性致使预计配送线路发生路径失败现象，即某车辆在到达预计配送客户后由于车辆剩余货物不能满足该客户的需求而不能完成预优化配送路径。

本文主要考虑车辆由配送中心出发直至完成对客户服务过程中所发生的各项成本（如随运输增加而增加的运输成本、由于生鲜商品的易腐特性产生的货损成本、维持配送过程中恒定温度发生的制冷成本/能耗成本、配送中心持有车辆的固定成本等），建立以最小总成本为目标函数的数学模型。

（一）模型基本假设及约束条件

所有车辆均属于配送中心，必须由配送中心出发并最终返回配送中心。

配送中心拥有固定数量的配送车辆，每辆车的最大装载相同。

每位客户的需求量非负值且小于等于车辆的最大装载量，则可保证每辆车至少能保证完成对一位客户的服务需求。

所有客户的需求必须得到满足，且每位客户在一次配送需求中不能由不同车辆共同完成服务。

配送中心与所有顾客的地理位置已知。

车辆在行驶过程中不考虑不确定因素，以固定速度行驶。

车辆每次的货物装载量均不超过其最大量，客户需求是可分的。

配送中心拥有足够多的商品以满足顾客需求，不会出现缺货现象。车辆由配送中心出发后不会出现临时增加顾客需求的现象，无中途指派现象。

冷藏车辆在运送过程中能够始终保持商品所需要的存储温度。

不考虑商品装载的时间，但服务客户的时间受客户需求量的直接影响。

文中只考虑单纯送货情况，无取货任务。

（二）模型相关参数说明

K：配送中心拥有冷藏车的数量；

N：冷藏车允许的最大装载量；

M：配送中心需要服务的客户数量；

P：单位质量商品的价格；

P_1：单位质量制冷剂的价格；

θ_1：配送过程中单位时间内货损量；

θ_2：服务过程中单位时间内货损量；

η_1：配送过程中单位时间消耗制冷剂量；

η_2：服务过程中单位时间消耗制冷剂量；

D_i：客户 i 的需求分布且需求量分布服从正态分布，$D_i \sim N(\mu_i, \sigma_i^2)$；

t：卸载单位质量商品的所消耗时间；

T_i：服务客户 i 时所用的时间，则 $T_i = D_i t$；

v：车辆在配送过程中的行驶速度；

C_1：配送中心持有每辆车每天支付的固定成本；

C_2：冷藏车辆行驶单位里程产生的运输成本；

C_3：每发生一次路径失败后向客户支付的额外支付费用。

（三）成本分析

本文以最小总成本为目标分析车辆路径问题，冷链物流配送成本不仅包括常温物流配送中的运输成本、固定成本，而且包括配送过程中为保持车厢内一定的温度而增加的能耗成本、商品的损耗成本等。

1. 固定成本

车辆固定成本指配送中心拥有一辆车及完成配送任务时发生车辆的保养、维修、折旧等费用，以及驾驶员等人工成本。设配送中心拥有的车辆数为 K，每辆车的固定成本为 C_1，则配送中心固定成本为：

$$K \times C_1$$

2. 制冷成本

冷链物流要求在物流的各个环节产品始终处于低温环境以保证产品质量，因此在配送过程需要冷藏车内温度保持不变，则会产生因制冷而增加的能耗成本，称为制冷成本或能耗成本，制冷成本主要是制冷剂的费用。热负荷主要源于太阳辐射及高温地面产生的高温空气及水汽入侵时所携带的热量，但最主要的是车厢内部与外界的温度差所造成的热传导现象。

在对客户进行服务时必须使车门处于开启状态，增加了空气的流通速度，因此为了使车辆内温度不变，需降低车内温度，制冷成本高于配送过程中的制冷成本。将在整个配送过程中，制冷成本可以分为两部分：车辆行驶过程产生的能源成本及服务客户时产生的制冷成本即车门打开过程中的制冷成本。车厢的热负荷可以通过该车辆的表面积、厢体的劣化程度、车内体积及车内外的温差、空气流通速度等数据进行计算，最终得到车辆在车门关闭及开启时的热负荷。

K 辆车行驶过程中制冷成本（车辆空车行驶时不产生制冷成本）：

$$\frac{\left(\sum_{k=1}^{K}\sum_{i=0}^{M}\sum_{j=0}^{M}\mathrm{d}_{kij}X_{kij}+\mathrm{d}_{kro}X_{kro}Z_k\right)\eta_1 P_1}{v}$$

在对客户进行服务时，其货损成本同服务时间相关，服务过程制冷成本：

$$P_1\eta_2 t\sum_{i=1}^{M}D_i$$

K 辆车的制冷成本：

$$P_1\left[\frac{\left(\sum_{k=1}^{K}\sum_{i=0}^{M}\sum_{j=0}^{M}\mathrm{d}_{kij}X_{kij}+\mathrm{d}_{kro}X_{kro}Z_k\right)\eta_1}{v}+\eta_2 t\sum_{i=1}^{M}D_i\right]$$

3. 货损成本

冷藏商品受温度、湿度等因素的影响，在配送过程中质量随时间的延长而降低，影响到商品的销售。冷链物流配送时，冷藏车中货物的剩余量不仅与所服务的客户的需求量密切相关，而且与此过程中发生的货物的损耗量有直接联系。常温配送中车辆剩余量仅与初始值和需求量有关。图 1 与图 2 分别表示不考虑损耗及考虑损耗时的服务过程中的货物剩余量。

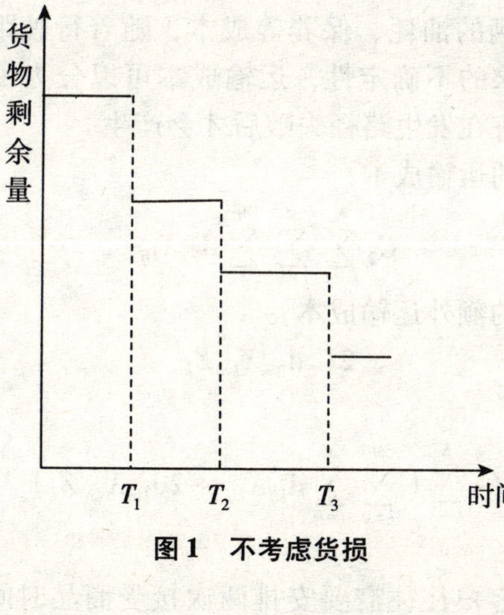

图 1　不考虑货损

货损冷链物流配送的食品具有易腐性，其主要影响因素有温度、湿度、储存环境中的氧气浓度、产品中水分含量等。假设车内温度始终保持在恒定温度，不考虑其他因素的影响，可简单假设产品的腐败仅与时间有关，随着时间的延长商品的腐败现象越严重。在配送过程中的货损成本主要包括两部分：一部分为车辆在行驶过程中随时间累计造成的货损；另一部分为在对客户进行服务时车门开启加速了靠近车门处的产品的损耗。在需求可分的情况下，在车辆发生路径失败返回配送的途中冷藏车内并无

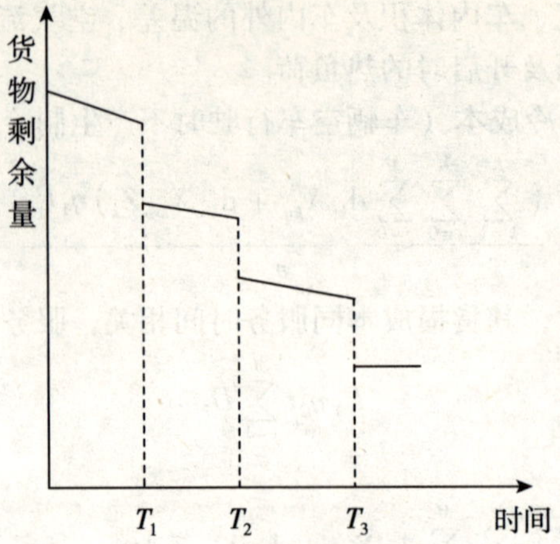

图2　考虑货损成本

商品，因此此时不会产生货损成本。

由上述分析知，总货损成本在计算过程中与总制冷成本十分相似，则总货损成本为：

$$P\left[\frac{\left(\sum_{k=1}^{K}\sum_{i=0}^{M}\sum_{j=0}^{M}\mathrm{d}_{kij}X_{kij}+\mathrm{d}_{kro}X_{kro}Z_k\right)\theta_1}{v}+\theta_2 t\sum_{i=1}^{M}D_i\right]$$

4. 运输成本

运输成本主要包括车辆的油耗、保养等成本，随着行驶距离的不断增加，运输成本也将不断增加。由于需求的不确定性，运输成本可以分为预计运输成本和额外运输成本；而额外运输成本只有在发生路径失败后才会产生。

按预计行驶路线产生的运输成本：

$$C_2\sum_{k=1}^{K}\sum_{i=0}^{M}\sum_{j=0}^{M}\mathrm{d}_{kij}X_{kij}$$

发生路径失败后增加的额外运输成本：

$$2C_2\mathrm{d}_{kro}X_{kro}Z_k$$

因此，总运输成本为：

$$C_2\sum_{k=1}^{K}\left(\sum_{i=0}^{M}\sum_{j=0}^{M}\mathrm{d}_{kij}X_{kij}+2\mathrm{d}_{kro}X_{kro}Z_k\right)$$

5. 额外支付成本

当发生路径失败时，客户往往需要安排两次接受商品时间，在接受货物及商品销售使用方面给客户造成不便；客户为了减少此种情况的发生，客户规定如果出现该状况后将会向配送中心要求一定的赔偿金，因此产生额外支付费用。

$$C_3\sum_{k=1}^{K}Z_k$$

6. 基于时间窗惩罚成本

在 VRP 基础上将加入必须在客户要求的时间范围内到达约束，形成了有时间窗的车辆路径问题（VRP with Time Windows）。现实生活中的邮政投递问题，火车或公共汽车的调度问题等均可以归纳为 VRPTW。根据客户对到达时间严格程度可将时间窗分为硬时间窗及软时间窗。硬时间窗（传统时间窗）指顾客对送达时间有十分严格的要求，即必须在规定的时间范围内送到，否则顾客将拒绝接受货物。但是现实生活中此时客户往往会接受货物，只是会降低其满意度，因此硬时间窗并不能很好的反应实际问题。软时间窗是指货物如果不能再顾客最期望的时间范围内送到，在顾客可接受的一定范围内只要支付一定的惩罚成本即可，超出客户接受范围客户将拒绝收货。软时间窗更具有一般性，可以通过设置较高的惩罚成本提高准时率。

针对常温 VRPTW 在车辆提前到达客户时选择等待（即直到到达约束时间后才开始为客户服务），并不会产生因违背时间窗的惩罚成本和其他费用，所以在常温配送中如果提前到达时一般会选择等待而不是在早于最佳时间窗内进行服务。在冷链物流配送过程中，制冷成本和货损成本均随着车辆总配送时间的增加而增加，等待时间的长短也直接影响着制冷成本和货损成本的总和。由此可知，如果车辆在早于预约时间到达时选择等待虽然不会产生惩罚成本，但会因为维持车内温度和商品质量下降而使制冷成本和货损成本增加，此时需要衡量惩罚成本与制冷成本和货损成本，在选择等待或提前进行服务两种决策中进行选择；当车辆到达早于客户可接受的时间时只能选择的等待，然后在进行成本分析。

（1）将从车辆到达客户 i 到开始对客户 i 的服务时的发生的各项成本总和称为惩罚成本。则在提前到达并选择提前服务时的成本为：

$$C_{pi}=\begin{cases}\infty,\ T_{Ai}<b_i\\(B_i-T_{Ai})\gamma,\ b_i\leqslant T_{Ai}<B_i\\0,B_i\leqslant T_{Ai}\leqslant C_i\\(T_{Ai}-C_i)\beta,\ C_i\leqslant T_{Ai}\leqslant c_i\\\infty,\ T_{Ai}>c_i\end{cases},\ i=1,2,\cdots,M$$

（2）提前到达并选择等待后的产生的成本为：

$$C_{pi}=\begin{cases}\infty,\ T_{Ai}<b_i\\(B_i-T_{Ai})(P\theta_1+\eta_1),\ b_i\leqslant T_{Ai}<B_i\\0,B_i\leqslant T_{Ai}\leqslant C_i\\(T_{Ai}-C_i)\beta,\ C_i\leqslant T_{Ai}\leqslant c_i\\\infty,\ T_{Ai}>c_i\end{cases},\ i=1,2,\cdots,M$$

其中（b_i，c_i）客户 i 可接受的时间窗，（B_i，C_i）客户 i 要求的最佳时间窗，T_{Ai} 为到达客户 i 的时间。γ，β 为不同的惩罚系数。

（四）数学模型的建立

在满足约束条件的前提下建立以总成本最小化的目标函数如下：

$$\min Z=K\times C_1+C_2\sum_{k=1}^{K}\left(\sum_{i=0}^{M}\sum_{j=0}^{M}\mathrm{d}_{kij}X_{kij}+2\mathrm{d}_{kro}X_{kro}Z_k\right)+C_3\sum_{k=1}^{K}Z_k+\sum_{i=1}^{M}C_{pi}+$$

$$\frac{(\sum_{k=1}^{K}\sum_{i=0}^{M}\sum_{j=0}^{M}\mathrm{d}_{kij}X_{kij}+\mathrm{d}_{kro}X_{kro}Z_k)(P_1\eta_1+P\theta_1)}{v}+(P_1\eta_2+P\theta_2)t\sum_{i=1}^{M}D_i$$

s. t. :

$$\sum_{k=1}^{K}Y_{ki}=1,\ i=1,\ 2,\ \cdots,\ M \tag{1}$$

$$Y_{ki}=\begin{cases}1 & 客户\ i\ 不由第\ k\ 辆车服务\\ 0 & 客户\ i\ 由第\ k\ 辆车服务\end{cases},\ i=1,\ 2,\ \cdots,\ M \tag{2}$$

$$\sum_{k=1}^{K}\sum_{i=1}^{M}Y_{ki}=M \tag{3}$$

$$\sum_{i}X_{kij}=Y_{jk},\ j=1,\ 2,\ \cdots,\ M;\ \forall k \tag{4}$$

$$\sum_{j}X_{kij}=Y_{ik},\ j=1,\ 2,\ \cdots,\ M;\ \forall k \tag{5}$$

$$\frac{\sum_{i=1}^{M}Y_{ki}(1+t)\mu_i+\theta_i\sum_{i=0}^{M}\sum_{j=0}^{M}\mathrm{d}_{kij}X_{kij}}{v}\leqslant N,\ k=1,\ 2,\ \cdots,\ K \tag{6}$$

$$X_{kij}=\begin{cases}0 & 第\ k\ 辆车不经过客户\ i\ 客户\ j\ 的路段\\ 1 & 第\ k\ 辆车经过客户\ i\ 客户\ j\ 的路段\end{cases} \tag{7}$$

$$Z_k=\begin{cases}0 & 车辆\ k\ 未发生路径失败\\ 1 & 车辆\ k\ 发生路径失败\end{cases},\ k=1,\ 2,\ \cdots,K \tag{8}$$

式（1）和式（2）确保计划中每个客户只有一辆车服务；式（3）确保每个客户的需求均被满足；式（4）和式（5）表示变量 X_{kij} 和 Y_{jk} 之间的关系；式（6）安排路径是每辆车的承载的货物不超过其最大容量；式（7）和式（8）为 0－1 变量。

五、改进 Sweeping 算法实例分析

①利用节约里程法计算各客户间的距离节约值；②确定扫描的起点，开始扫描。首先选择节约里程最大的路线，由配送中心出发向该路线的起点画出一条经过该路线起点的射线，然后按照预定的 Sweeping 规则根据安排余下顾客；在安排顾客时首先判断是否满足所有约束条件，如果不能满足则继续寻找下一位顾客，直至所有客户均被安排。

例如，按照需求均值进行初始分配，首先确定客户 1 作为一条线路的起始点，按照最大节约里程选择客户 2，检验需求总和小于车辆装载量，则将客户 2 作为第二个客户；如果最大节约里程客户，不满足要求，则依次寻找下一个客户，客户 8 与客户 1、2 的需要总和小于最大载重量，剩余容量小于任何一个客户的需求，所以可以得到一条线路 0—1—2—8—0。

以某一配送中心（depot）完成对某一类冷冻食品的配送，配送中心与各个客户之间的距离为已知。参数假设：$K=5$，$M=10$，$P=10$，$P_1=10$，$N=5t$，$\eta_1=0.05$，$\eta_2=0.1$，$\theta_1=0.01\%$，$\theta_2=0.02\%$，$C_1=500$，$C_2=2$，$C_3=200$。

表1　　配送中心与客户间的距离

距离＼客户	0（中心）	1	2	3	4	5	6	7	8	9	10
0（中心）	0	7	9	5	8	11	4	3	6	7	10
1	7	0	6	8	10	9	6	7	7	9	8
2	9	6	0	10	11	7	5	9	6	8	4
3	5	8	10	0	7	8	6	5	7	9	8
4	8	10	11	7	0	9	7	8	5	7	11
5	11	9	7	8	9	0	10	11	8	8	5
6	4	6	5	6	7	10	0	4	4	7	9
7	3	7	9	5	8	11	4	0	6	7	10
8	6	7	6	7	5	8	4	6	0	5	7
9	7	9	8	9	7	8	7	7	5	0	8
10	10	8	4	8	11	5	9	10	7	8	0

表2　　各个客户的需求量函数分布

需求＼客户	1	2	3	4	5	6	7	8	9	10
μ	1.8	1.6	2.3	2.5	2.7	2	1.8	1.5	2.2	2.4
δ^2	1	1	1	1	1	1	1	1	1	1

表3　　各客户之间的距离节约值

客户	1	2	3	4	5	6	7	8	9	10
1	0	8	2	3	7	3	1	4	3	7
2	8	0	2	4	11	6	1	7	6	13
3	2	2	0	4	6	1	1	2	1	5
4	3	4	4	0	8	3	1	7	6	5
5	7	11	6	8	0	3	1	7	8	14
6	3	6	1	3	3	0	1	4	2	3
7	1	1	1	1	1	1	0	1	1	1
8	4	7	2	7	7	4	1	0	6	7
9	3	6	1	6	8	2	1	6	0	7
10	7	13	5	5	14	3	1	7	7	0

在冷链物流配送中，由于货物的易腐性，配送时间的长短直接影响着货损成本和制冷成本；随着失败路径发生次数的增加，总行驶距离也会增加进而影响到配送时间的延长，造成货损成本、制冷成本等费用的增加；配送过程中产生的货损成本和制冷成本占有很大比重，合理安排配送路线有着重大意义。由于需求的随机性，不可避免地会发生路径失败，在满足约束的前提下应避免或降低发生路径失败次数，使得预计行驶距离与额外行驶距离总和最小，以实现成本最小化。表4为最终分析结果。

表4　　结果分析

实验次数	预计行驶距离	路径失败次数	额外行驶距离	总行驶距离	货损成本1	货损成本2	制冷成本	总成本
1	111	2	26	137	1141.67	102.88	413.06	4831.6
2	107	1	22	129	1075.00	105.50	389.11	4527.6
3	111	1	16	127	1058.33	106.88	383.14	4502.3
4	104	1	20	127	1058.33	98.75	382.98	4494.1
5	104	1	14	125	1041.67	101.25	377.03	4469.9

六、结束语

在现实生活中存在着许多随机车辆路径问题。本文建立在冷链物流的基础上，研究生鲜食品配送的特殊性，在考虑时间窗及客户需求的随机性情况下，建立了随机VRP求解模型，并采用遗传算法对模型进行求解验证模型的有效性。生鲜食品的配送在物流成本中占有很大比例，合理安排车辆配送能够提高配送效率可以降低配送及货损成本，提高服务水平增强客户满意度，保证食品的安全及消费者的健康等。

参 考 文 献

[1] 侯玲娟，周泓，梁春华．不确定需求和旅行时间下的车辆路径问题［J］．计算机集成制造系统，2011，17（1）：101－108.

[2] 苏朝霞．不确定需求条件下的物流车辆调度问题的研究［J］．科学之友，2009，7（20）.

[3] 吕萌，朱金福，王瑞凯．带有随机需求的车辆路径选择问题算法研究［J］．交通信息与安全，2012，2（30）.

[4] 张建勇，郭耀煌，李军．模糊需求信息条件下的车辆路径问题研究［J］．系统工程学报，2004，19（1）：74－78.

[5] 赵艳艳．食品冷链物流软时窗配送模式优化研究［J］．安徽农业科学，2009，37（17）：8235－8238.

[6] 朱金峰．城市冷链物流车辆路径模型优化研究［D］．济南：山东师范大学，2009.

[7] 陆琳．不确定信息车辆路径问题及其算法研究［D］．南京：南京航空航天大学，2007.

[8] 雷胜华．城市物流配送车辆调度问题的研究与应用［D］．北京：北京工业大学，2010.

烟草配送中心车辆路径的模糊DEA评价模型及应用*

胡红春　石庆升　胡晓宇

摘　要：为进一步优化烟草配送中心车辆路径系统，提出了一种基于数据包络分析（Data Envelopment Analysis，DEA）技术的车辆路径评价模型。简要介绍了DEA方法；确立了车辆数和行驶里程为输入参数，确立了客户满意度、配送总面积、可推行度及总客户数为输出参数；构建了模糊DEA评价模型。利用该模型对某配送系统的13个烟草配送中心的技术效率、规模效率及技术无效配送线路松弛变量进行了评价，并提出了各配送中心的优化方案。

关键词：烟草配送　模糊DEA　路径优化　规模效率　松弛变量

一、引言

烟草行业是我国的纳税大户，烟草税收对国家建设有着重要的作用。烟草配送中心是烟草物流中的重要环节，准确、方便、快捷、高效的烟草配送往往决定着烟草企业的兴衰。而烟草在配送过程中，需要耗费大量的人力、物力和财力，其路径优化问题十分重要。目前，国内外已经有不少关于配送中心路径优化的研究成果[1—6]。例如，文献［1］在建立烟草配送车辆路径优化问题模型的基础上，采用轮盘赌复制法、部分匹配交叉算法和适应度函数自适应调整等技术，设计了基于自然数编码的遗传算法，并以这种方法进行烟草车辆配送路径优化；文献［2］提出用仿生学的蚁群优化算法对卷烟配送路径的选择进行优化，以基本的蚁群优化算法模型和原理为理论基础，建立了相应的数学模型；文献［3］将基于种群密度的Lotka－Vollerra竞争方程的粒子种群算法应用到烟草配送优化问题；文献［4］将把烟草配送路径优化问题转化为网络图中的中国邮递员问题，并利用Floyd算法求解烟草配送最短路径。上述研究成果大多只针对一个配送中心的路径优化问题。而对于实际情况而言，单个配送中心的运营情况的改善是远远不够的，尚需关心整个卷烟配送体系运营效率的提高[7]。因此本研究运用DEA（Data Envelopment Analysis）方法对多个烟草配送中心的配送车辆路径进行比较

* 基金项目：河南省教育厅自然科学研究计划项目（2011A480001），中国物流学会研究课题（2010CSLKT129）。

作者简介：胡红春，男，河南郑州人，博士，高级工程师，中国烟草总公司职工进修学院，主要研究方向：烟草物流管理；石庆升，河南工业大学电气工程学院；胡晓宇，铜陵学院工商管理系。

和评价，以期对单个烟草配送中心和整个卷烟配送系统的管理提供参考意见。

二、DEA 方法的基本理论

数据包络分析技术是一种以相对效率概念为基础的非参数统计方法，由 Charnes 等人提出[8,9]。DEA 方法不必事先确定输入输出间的函数关系，也无须任何权重假设，因而避免了主观因素的影响，减少了误差。该方法使得生产函数的主要研究手段由单一的参数方法扩展到参数与非参数方法并重。DEA 的理论模型有多种[10—12]，其中应用最为广泛的是规模报酬不变的 CCR（Charnes，Cooper，Rhodes）模型和规模报酬可变的 BCC（Banker，Charnes，Cooper）模型。

CCR 模型考虑的是增加投入可以等比例扩大产出的情形。这是一个理想假设，与大多实际情况并不相符。为解决这一问题，Banker、Charnes 和 Cooper 在考虑规模报酬可变的情况下提出了 BCC。通过增加一个约束假设，使 CCR 模型修正为基于输入的 BCC 模型，其等效包络形式为：

$$
\begin{aligned}
&\min\theta^{*} \\
&\text{s.t.}\quad \sum_{j=1}^{n}\lambda_j x_j + s^{-} = \theta^{*} x_0 \\
&\qquad\ \ \sum_{j=1}^{n}\lambda_j y_j - s^{+} = y_0 \\
&\qquad\ \ \sum_{j=1}^{n}\lambda_i = 1,\ \lambda_j \geqslant 0,\ j = 1,\ 2,\ \cdots,\ n \\
&\qquad\ \ s^{+} \geqslant 0,\ s^{-} \geqslant 0
\end{aligned}
\tag{1}
$$

其中，θ^{*} 为决策单元的效率值，[0，1]；x_j、y_j 分别为投入和产出值，$j=1$，2，…，n；λ_j 为加权向量，$j=1$，2，…，n；s 为松弛因子。

三、DEA 评价模型的参数选择

DEA 法对于多输入多输出的复杂系统具有很强的适应性，且不需要统一各指标的量纲，这些特点都很适合于对复杂的配送中心配送车辆路径优化系统进行评价。

应用 DEA 法对车辆路径系统进行评价，首先要选择合适的输入输出指标。基于科学性、全面性、可比性及可操作性原则，结合配送中心的工作实际状况，经过反复优化、调整，最终确定如下的输入输出指标。

输入指标为：

（1）车辆数，即整个配送中心配送车辆路径系统所用车辆数。车辆数越小，配送车辆路径优化系统的优化效果越好。

（2）行驶里程，即整个配送中心配送车辆路径系统所有车辆行驶的总里程数。里程越短，整个配送车辆路径优化系统的优化效果越好。

输出指标为：

（1）客户满意度，即整个配送系统中所有被服务客户的满意程度。

（2）可推行度，即配送车辆路径优化方案被全部司机和配送人员采纳接受的可能性。

（3）配送面积，即该配送系统所有配送车辆路径配送的总面积。

（4）总客户数，即该配送系统服务的所有客户总数。

在输出指标中，客户满意度和可推行度带有很大的主观因素，不能用一个确定值来衡量，故称之为模糊指标[13—15]。

对于配送中心配送车辆路径优化方案来说，受很多因素的影响，增加输入不会导致输出等比例的增加，因此本研究采用基于输入的 BCC 模型对问题进行求解。

四、模糊 DEA 评价模型

因本研究的指标中含有模糊指标，故本研究将传统的 BCC 模型改进为模糊 BCC 模型。

$$\min\theta^*$$

$$\text{s. t.}\quad \begin{cases} \sum_{j=1}^{n}\lambda_j x_j + s^- = \theta^* x_0 \\ \sum_{j=1}^{n}\lambda_j L_{\alpha j} - s^+ = L_{\alpha 0} \\ \sum_{j=1}^{n}\lambda_j R_{\alpha j} - s^+ = R_{\alpha 0} \\ \sum_{j=1}^{n}\lambda_j = 1, \lambda_j \geqslant 0,\ j = 1,\ 2,\ \cdots,\ n \\ s^+ \geqslant 0,\ s^- \geqslant 0 \end{cases} \tag{2}$$

对于确定性输出指标 y_0，定义 $\min_{y0} = \max_{y0} = y_0$，以满足公式要求。

式（2）中参数的主要经济学含义是：λ_i 将各个有效点连接起来，形成有效的前沿面；s^+、s^- 为松弛变量，它使有效面沿着水平或者垂直的方向延伸，从而形成包络面；θ^* 表示决策单元距离包络面的投影。

模糊 BCC 模型专门衡量技术效率[16—18]，存在如下三种情形：

（1）$\theta^* = 1$，$s^+ = 0$，$s^- = 0$，则称该决策单元 j_0 为模糊 DEA 有效，即该决策单元技术有效。

（2）$\theta^* = 1$，但是 s^+，s^- 不同时为 0，则称该决策单元 j_0 为弱模糊 DEA 有效，$s_i^- > 0$ 表示第 i 个投入指标有 s_i^- 没有被充分利用；$s_i^+ > 0$ 表示有第 i 种产出指标和最大产出值尚有 s_i^+ 的不足。

（3）$\theta^* < 1$，决策单元 j_0 是非模糊 DEA 有效。

此外，借助投影分析可以找到可转变为模糊 DEA 有效的非模糊 DEA 有效单元，即计算出输入方面的改进和要达到的目标[19,20]，可为提高生产和管理提供参考信息。

五、某烟草配送系统 13 个配送中心车辆路径的模糊 DEA 评价

本研究对某烟草配送系统 13 个配送中心的线路系统进行了实例评价。评价了各配

送中心的总效率、纯技术效率、规模效率和规模效率的增减性；根据松弛变量和技术效率分析了经济评价对配送中心作业管理的实际意义。

13 个配送中心的输入输出数据如表 1、表 2（$\alpha=0.75$）所示。

表 1　　烟草配送中心数据

配送中心	车辆数/辆	行驶里程/km	配送总面积/km^2	客户总数/户
PSA	69	30217	8002	25903
PSB	72	29759	8177	28793
PSC	75	32074	8736	29078
PSD	68	28742	7998	27956
PSE	73	30912	8256	25673
PSF	64	26784	7659	20634
PSG	71	28906	8239	27165
PSH	57	20654	7365	20112
PSI	68	28093	8004	26730
PSJ	66	23046	7991	23907
PSK	63	25764	7543	20065
PSL	78	32076	8965	28052
PSM	70	29064	7765	26963

表 2　　线路系统满意度和可推行度数据　　单位:%

配送中心	客户满意度					可推行度				
	min	AVE	max	L_α^s	R_α^s	min	AVE	max	L_α^t	R_α^t
PSA	65	78	89	74.75	80.75	45	68	88	62.25	73
PSB	54	66	86	63	71	56	77	89	71.75	80
PSC	58	75	88	70.75	78.25	55	78	90	72.25	81
PSD	69	82	94	78.75	85	66	81	96	77.25	84.75
PSE	55	67	88	64	72.25	69	85	98	81	88.25
PSF	43	65	76	59.5	67.75	51	74	86	68.25	77
PSG	57	73	89	69	77	70	89	98	84.25	91.25
PSH	55	68	87	64.75	72.75	42	63	85	57.75	68.5
PSI	64	77	86	73.75	79.25	56	78	90	72.5	81
PSJ	37	55	67	50.5	58	58	81	90	75.25	83.25
PSK	55	70	80	66.25	72.5	49	71	83	65.5	74
PSL	45	67	91	61.5	73	68	83	96	79.25	86.25
PSM	44	66	79	60.5	69.25	46	69	83	63.25	72.5

将数据输入到 DEA 软件中，得到的结果如表 3 和表 4 所示。表中，总效率等于技术有效性和规模有效性的乘积；规模比值为总效率与技术效率的比值。规模收益不变，边际产出等于边际投入；规模收益递增，表示投入适当增加，产出会更高比例的增加；规模收益递减，表示投入增加可使产出增加，但产出增幅小于投入增幅。

表 3　烟草配送中心 DEA 输出效率评价

配送中心	总效率	技术效率	规模比值	规模增减性
PSA	0.956	0.972	0.983	减
PSB	0.988	1	0.988	减
PSC	0.971	1	0.971	减
PSD	1	1	1	—
PSE	0.955	0.965	0.99	减
PSF	0.971	0.976	0.995	增
PSG	1	1	1	—
PSH	1	1	1	—
PSI	0.982	0.988	0.994	减
PSJ	1	1	1	—
PSK	0.965	0.97	0.995	增
PSL	0.937	1	0.937	减
PSM	0.948	0.953	0.996	增

表 4　烟草配送中心 DEA 输出松弛变量评价

配送中心	松弛变量							
	s_1^-	s_2^-	s_1^+	s_2^+	s_3^+	s_4^+	s_5^+	s_6^+
PSA	0	1612.612	0	753.913	0	0.792	10.461	8.038
PSB	0	0	0	0	0	0	0	0
PSC	0	0	0	0	0	0	0	0
PSD	0	0	0	0	0	0	0	0
PSE	0	1989.147	0	727.098	0	0.091	0	0.061
PSF	0	3377.244	70.892	1944.169	0.44	0	0	0.41
PSG	0	0	0	0	0	0	0	0
PSH	0	0	0	0	0	0	0	0
PSI	0	0	0	0	0.74	1.995	0.774	0.503

续 表

配送中心	松弛变量							
	s_1^-	s_2^-	s_1^+	s_2^+	s_3^+	s_4^+	s_5^+	s_6^+
PSJ	0	0	0	0	0	0	0	0
PSK	0	1876.444	77.364	2172.423	0	1.709	0	1.142
PSL	0	0	0	0	0	0	0	0
PSM	0	0	159.442	0	16.045	13.774	11.697	10.335

1. 技术效率分析

配送中心 PSD、PSG、PSH、PSJ 的总效率、技术效率都为 1 且松弛变量为 0，说明这些配送中心处于效率前沿面上。另外，PSB、PSC 和 PSL 的技术效率为 1，这 7 个配送中心 DEA 均有效。配送中心间技术效率的对比如图 1 所示。

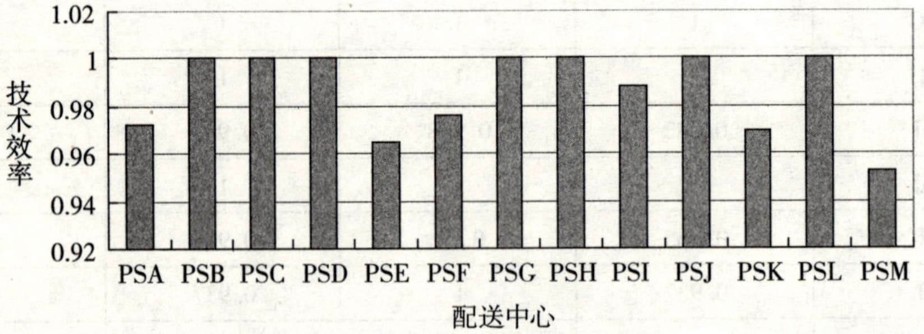

图 1　烟草配送中心技术效率对比

对于效率处于生产前沿面上的效率为 1 的公司，则可以从它们在前沿面上被参考的次数做出优劣分析。各公司参考的具体数据如表 5 所示，被参考次数如图 2 所示。同时，从表 3 可以算出，13 个配送中心的平均技术效率为 0.986，行业内的效率差距不大。

表 5　烟草配送中心参考情况

配送中心	参考点	被参考次数
PSA	PSC　PSD　PSH	0
PSB	PSB	1
PSC	PSC	3
PSD	PSD	4
PSE	PSJ　PSH　PSK　PSG	0

续 表

配送中心	参考点	被参考次数
PSF	PSJ PSH PSG	0
PSG	PSG	4
PSH	PSH	6
PSI	PSC PSD PSH PSJ	0
PSJ	PSJ	5
PSK	PSH PSG PSD	0
PSL	PSL	2
PSM	PSD PSH PSJ	0

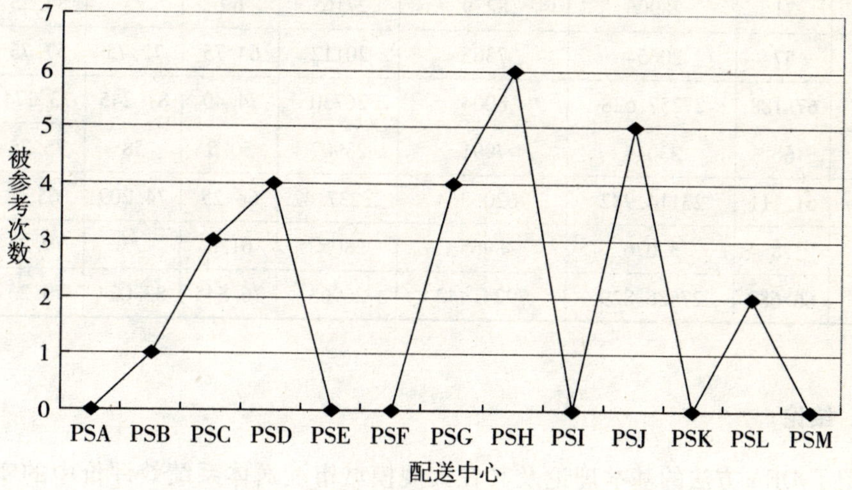

图 2 烟草配送中心被参考情况

2. 规模效率分析

从表 3 中看出，不同配送中心的规模有效性和规模增减性存在着差异。但根据实际情况，模型的输出变量如配送面积是由上级部门指定的，规模的设定受多方面因素的影响，因此本研究对规模效率不做特别的分析。

3. 技术无效配送线路的松弛变量分析

对于模糊 DEA 技术无效的配送中心，可以根据其松弛变量的分布和数值做出改进。存在松弛变量，表示可以减少投入和增加产出；松弛变量越大，可改进的数值越大。

对于模糊 DEA 无效的单元，可以通过优化投入要素的配置，提高要素的生产效率来提高产出。依据投入或产出部分的调整公式对非 DEA 决策有效单元进行调整。

$$x'_{j0} = \theta_{j0}^{*} x_{j0} - s_j^-, \qquad y'_{j0} = y_{j0} + s_j^+,$$

其中，x'_{j0} 为决策单元 j_0 调整后的投入量，y'_{j0} 为决策单元 j_0 调整后的产出量。最终得到了13个配送中心模糊DEA改进后理想数据，如表6所示。

表6　　改进后各配送参数的理想值

配送中心	车辆数	行驶里程/km	配送面积/km²	客户数	L^s_α	R^s_α	L^t_α	R^t_α
PSA	67.09	27768.127	8002	26656.91	74.75	81.542	72.711	81.038
PSB	72	29759	8177	28793	63	71	71.75	80
PSC	75	32074	8736	29078	70.75	78.25	72.25	81
PSD	68	28742	7998	27956	78.75	85	77.25	84.75
PSE	70.463	27848.409	8256	26400.1	64	72.341	81	88.311
PSF	62.454	22759.667	7729.892	22578.17	59.94	67.75	68.25	77.41
PSG	71	28906	8239	27165	69	77	84.25	91.25
PSH	57	20654	7365	20112	64.75	72.75	57.75	68.5
PSI	67.188	27757.628	8004	26730	74.49	81.245	73.274	81.503
PSJ	66	23046	7991	23907	50.5	58	75.25	83.25
PSK	61.111	23114.982	7620.364	22237.42	66.25	74.209	65.5	75.142
PSL	78	32076	8965	28052	61.5	73	79.25	86.25
PSM	66.683	27686.829	7924.442	26963	76.545	83.024	79.25	82.835

六、结论

介绍了DEA方法的基本理论及其在大规模城市配送体系绩效评价中的实际运用。以行驶里程、车辆数为输入，以配送面积、客户数、客户满意度、可推行度为输出，运用DEA方法对13个烟草配送中心的线路优化系统进行了评价。针对实际问题中含有主观色彩的模糊输出指标，建立了一种模糊DEA模型，并在理论上分析了模糊DEA在卷烟配送路径优化系统绩效考核中的实用性。最后，将模型引入实例进行求解，根据结果分析了配送系统的技术有效性，进而分析了每个烟草配送中心配送车辆路径优化方案的可接受程度以及需要改进的空间。

参考文献

［1］叶安新．基于遗传算法的烟草配送车路径优化问题［J］．计算机系统应用，2011，20（4）：241-244.

［2］陈建军．蚁群算法在物流配送路径优化中的研究［J］．计算机仿真，2011，28（2）：268-271.

［3］王红玲，郑纲．烟草配送路径优化的研究与应用［J］．中国商贸，2012，7（2）：140-141.

［4］莫韦嶙，谭勇，张宝华．烟草配送系统中路径优化问题［J］．物流工程与管理，2009，31（6）：86－87.

［5］NIKOLAKOPOULOU G，KORTESIS S，SYNEFAKI A，et al. Solving a Vehicle Routing Problem by Balancing the Vehicles Time Utilizat Ion［J］．Euro J Oper Res，2004，152（1）：520－527.

［6］GHOSEIRI K，GHANNADPOUR S F. Multi－objective Vehicle Routing Problem with Time Windows Using Goal Programming and Genetic Algorithm［J］．Applied Soft Computing. 2010（10）：1096－1107.

［7］胡红春，吴耀华，廖莉．物流配送车辆线路的优化及其应用［J］．山东大学学报：工学版，2007，37（4）：104－107.

［8］马占新．数据包络分析模型与方法［M］．北京：科学出版社，2010.

［9］王佳．基于数据包络分析方法的供应商评价研究［D］．广州：暨南大学，2009.

［10］高娟华．基于DEA模型的零售业上市企业运营效率评价研究［D］．天津：天津财经大学，2010.

［11］CHARNES，COOPER，RHODES. Measuring the Efficiency of Decision Making Units［J］．European Journal of Operational Research，1978（2）：429－444.

［12］BANKER，CHARNES，COOPER. Some Models for Estimating Technical and Scale Inefficiencies in Data Development Analysis［J］．Management Science，1984，30（9）：1078－1093.

［13］于剑．论模糊C均值算法的模糊指标［J］．计算机学报，2003，26（8）：968－973.

［14］李晓冰．基于自适应模糊加权指数的FCM聚类测量图像分割方法［J］．红外技术，2013，35（3）：146－149.

［15］FADILI M J，RUAN S，BLOYET D，et al. On the Number of Clusters and the Fuzziness Index for Unsupervised FCA Application to BOLD FMRI Time Series［J］．Medical Image Analysis，2001，5（1）：55－67.

［16］SUN WEI，LI YANG，WANG DAI，et al. The Efficiencies and Their Changes of China's Resources－based Cities Employing DEA and Malmquist Index Models［J］．Journal of Geographical Sciences，2012，22（3）：509－520.

［17］李电生，员丽芬．港口群物流系统效率测度——基于多子系统模糊DEA模型分析［J］．北京交通大学学报：社会科学版，2010，9（2）：42－47.

［18］GUO TENGYUN，XU YONG，WANG ZHIQIANG. The Analyses of Metropolitan Efficiencies and Their Changes in China Based on DEA and Malmquist Index Models［J］．Acta Geographica Sinica，2009，64（4）：408－416.

［19］魏权龄．数据包络分析［M］．北京：科学出版社，2004.

［20］金怀玉，焦立新．基于DEA的安徽省区域经济发展效率评价［J］．沈阳工业大学学报：社会科学版，2010，3（3）：230－235.

零部件循环取货越库物流系统关键因子研究*

——仿真实验设计与分析方法

施　文　刘志学　刘　丹

摘　要：汽车和物流产业是国家重点扶持的两大振兴产业。在众多汽车制造企业产能扩大的背景下，以零部件平均物流时间（Cycle Time，CT）为绩效评价指标，深入研究了基于第三方物流的零部件循环取货越库物流模式（简称3PL－MRCD）的优化设计问题。建立了符合企业实际运作的离散系统随机仿真模型，即零部件循环取货与越库内部运作的集成模型。与现有供应链仿真模型相比，由于存在较多的仿真因子，提出首先运用序贯分支法（Sequential Bifurcation，SB）筛选3PL－MRCD系统关键因子，再应用响应面法（Response Surface Methodology，RSM）找到关键因子最优运作水平的方法步骤（SB－RSM），解决了大型仿真系统的优化设计问题。基于调研的数据进行仿真实验，结果表明SB－RSM可准确找出影响CT的关键因子最优取值，该值使CT达到较为理想的水平。对大型仿真系统的优化而言，SB－RSM比传统RSM更具实验效率与效力，SB－RSM为产能扩大3PL物流决策的制定提高了可靠的解决方案，具有良好的应用价值。

关键词：产能扩大　零部件入厂物流　越库配送　仿真　序贯分支法　响应面元模型

一、引言

汽车零部件物流由入厂物流（供应物流或采购物流）、生产物流和出厂物流（售后物流）组成，其中入厂物流是连接零部件供应商与装配企业之间物料供应活动的重要来源。目前，国内汽车制造企业零部件入厂物流大多采用基于3PL的循环取货越库配送（Milk－run Cross－docking，3PL－MRCD）物流模式[1]。据预测，国内汽车需求增长率在未来10年内将保持在10%左右[2]。在此利好形势下，众多汽车制造商纷纷设立新厂，包括武汉东风本田、神龙汽车和东风乘用车三大整车厂。产能的扩大势必带来的零部件物流量的增加，这对3PL物流运作提出更高的要求，3PL是否需要调整影响

---

* 基金项目：国家自然科学基金资助项目（71072034；71003042）。

作者简介：施文，男，湖北武汉人，湖北经济学院物流与工程管理学院，讲师，博士研究生；刘志学，华中科技大学管理学院，教授；刘丹，华中科技大学管理学院。

发表情况：管理科学学报，2013，16（6）：22－34。

3PL－MRCD 物流绩效（零部件平均物流时间，见后文）的所有因子，即 3PL－MRCD 的各项物流环节，如运输车辆数，越库中心库台数，性能更优的装卸载设备等？哪些因子对系统绩效起关键作用？如何设计供应链以适应新的物流需求是其工作的一项重要任务。

二、文献综述

（一）Milk－run 与 Cross－docking

国内外有关汽车零部件物流的研究多数集中于上游零部件 Milk－run 问题，王旭等[3]研究零部件 Milk－run 的最佳路径。左晓露等[1]探讨了基于 3PL 的汽车零部件物流 Milk－run 模式在国内的实施问题。Nemoto 等[4]对日本汽车制造厂在泰国的零部件 Milk－run 展开研究，发现制造商有能力全面控制整个采购流程。Kaneko 和 Nojiri[5]探讨日本汽车零部件"Just－in－time"配送物流的空间结构，认为基于 3PL 的越库物流模式在小批量、高频率的零部件配送模式中极为重要，但未提出任何理论模型。有关越库的技术性研究始于 20 世纪 90 年代，Ross 和 Jayaraman[6]研究了越库作为供应链某一层级的网络选址问题。Ma 等[7]，Musa 等[8]分析了货物经越库转运或直接运输的网络设计问题。Lee 等[9]采用禁忌搜索算法研究了越库中心的车辆路径优化调度问题。Yu 和 Egbelu[10]，Chen 和 Lee[11]，Vahdani 和 Zandieh[12]研究了越库卸载区与装载区各一个库台（1 对 1）的单库台车辆调度模型，Chen 和 Song[13]在此基础上，拓展到 1 对 2 或 2 对 1 的多库台模型。

3PL－MRCD 物流是零部件从供应商经 CDC 到厂边仓库的全过程。现有文献多将 Milk－run 和 Cross－docking 分开研究，尤其缺乏针对汽车行业两者运作的集成模型，主要原因是两方面单独的许多问题已为 NP 难或 NP 完全，需用启发式或元启发式算法求解，两者集成后使得建模和求解都更为复杂。此外，所建模型大多为确定性的静态模型，它难以反映主机厂产能扩大对系统绩效的动态影响变化，使 3PL 难以从整个零部件实物流的角度获得全局的改进运作方案。鉴于这两方面，本文首先采用仿真的方法建立更符合 3PL－MRCD 实际运作的离散（随机动态）模型。

（二）仿真实验设计与分析

对于复杂系统的设计问题，计算实验（针对确定性仿真）[14]或仿真实验（针对随机性仿真）方法通常是获得可行解的唯一途径[15]。针对类似的随机仿真系统，YalçInkaya 和 Mirac Bayhan[16]，Shang 等[17]，Kumar 和 Nottestad[18]，Shukla 等[19]，Noguera 和 Watson[20]通过仿真实验的统计数据采用基于响应面（RSM）元模型的仿真优化方法找到了输入因子的最佳组合，解决了地铁、仓库、生产及供应链等系统的优化设计问题。

上述文献虽基于传统 RSM 优化设计了不同的系统，但其模型中因子个数较少，约为 5 个，且都为直觉判断或事先给定的"关键因子"，从而缺乏定量分析。当面对更为复杂（因子数量较多且无法判定重要性）的系统时，若仍直接采用 RSM，仿真运行次数将成指数倍增加，这将大大提高计算机与仿真分析者的工作量。Pareto（80－20）原理和稀疏效应定理（Sparsity－of－effects）[21]表明：系统中仅有少部分因子对绩效真正起作用。对于3PL－MRCD系统而言，关键因子是众多因子中对物流绩效改进起重要作用的因子，它使得3PL只需优化改进关键因子对应的物流运作便可能达到主机厂的生产要求，从而减轻3PL的工作负担。

综合以上两方面文献可知，3PL－MRCD系统是存在较多因子的复杂随机动态系统，主机厂产能扩大后3PL的物流决策是复杂的管理问题。本文基于零部件入厂物流建立了更符合实际运作的离散事件模型。由于该模型是一类存在较多因子的随机仿真模型，本文提出采用序贯分支法（Sequential Bifurcation，SB）和响应面法（Response Surface Methodology，RSM）相结合的方法（SB－RSM）筛选并优化模型中的关键因子，分析比较产能扩大后3PL物流运作的最佳改进方案，为3PL运作决策的调整提供可靠的解决思路。

三、问题描述

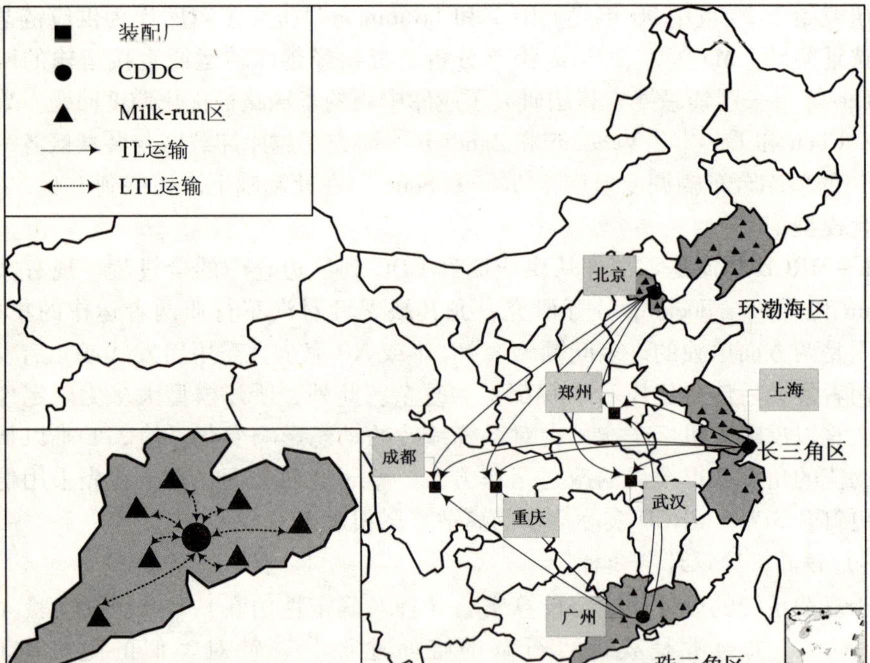

图1　国内汽车零部件物流

图1展示了整个3PL－MRCD零部件物流流程。国内多数零部件供应商（图中“▲”）分布于长三角、珠三角、环渤海湾三大区域，而某些主机厂（装配厂）位于距离较远的中西部地区，见图1“■”，如武汉的东风本田、东风神龙以及重庆的长安福特等，它们通过合资的方式成立了为其服务的第三方物流企业（3PL），如：东本储运、东风—捷富凯、长安民生等。由于运输距离较长，基于规模经济的角考虑，3PL在汽车

三大产业带设立区域越库中心（Cross - docking center，CDC），见图1“●”。汽车制造商、零部件供应商和3PL事先签订合作协议，委托3PL实施零部件采购物流的Milk - run（见图1左下角小图），即根据零部件的补货频率、补货数量、供应商的分布和需求特征等因素，划分若干Milk - run区。一般情况下，从单个Milk - run区取货的零部件数量小于整车（Less - than - truckload，LTL），因此该车将LTL零部件先支线运输至区域CDC，在CDC内经过一定时间的集并后，再整车（Truck Load，TL）干线运输至主机厂附近的厂边仓库。

图2中间部分展示了CDC内部的基本结构。CDC两端分别是卸载区和装载区，库台是其最重要的组成部分，一般地，单个库台仅容纳一辆货车。当LTL车辆抵达CDC（图2中左边卡车），CDC调度室视卸货区库台的占用状态决定该车下一步的位置，若有库台空闲，LTL车辆则任一分配至其中一库台；反之，若库台已全部占用，LTL车辆需先到车辆等候区排队，直到有空闲库台。LTL车辆停靠在库台时，零部件下一步路线取决于装载区TL车辆的达到情况：①若此时有未装满的TL车辆停靠在装载区库台，则通过传送设备将零部件直接送至该TL车辆所在库台，其中，卸载区库台与传送设备始端及装载区库台与传送设备末端的两段运输由叉车或拖车完成；②若装载区库台没有可用的LTL车辆，则先由叉车将零部件转移至暂存区，待LTL车辆到达后，再由叉车运至该LTL车辆所在的库台。由于经过暂存区的零部件已有一定存储时间，故TL车辆优先装载②的零部件。TL车辆在装载区满载后立即干线运输至厂边仓库。

主机厂一般要求零部件供应商配合其实施JIT生产，保证JIT配送[1]。因此，本文以零部件平均物流时间（Cycle Time，CT）作为绩效指标，CT是衡量系统作业效率高低的标准，部分越库文献也将此作为研究目标[10—13]。由于3PL - MRCD模型同时集成了CDC的内外部运作，即零部件物流路径涵盖Milk - run取货、支线运输、CDC内部转移和干线运输，因此本研究中的CT实际上包括了零部件的Milk - run取货时间、支线运输时间、CDC内的作业时间和干线运输时间四部分。

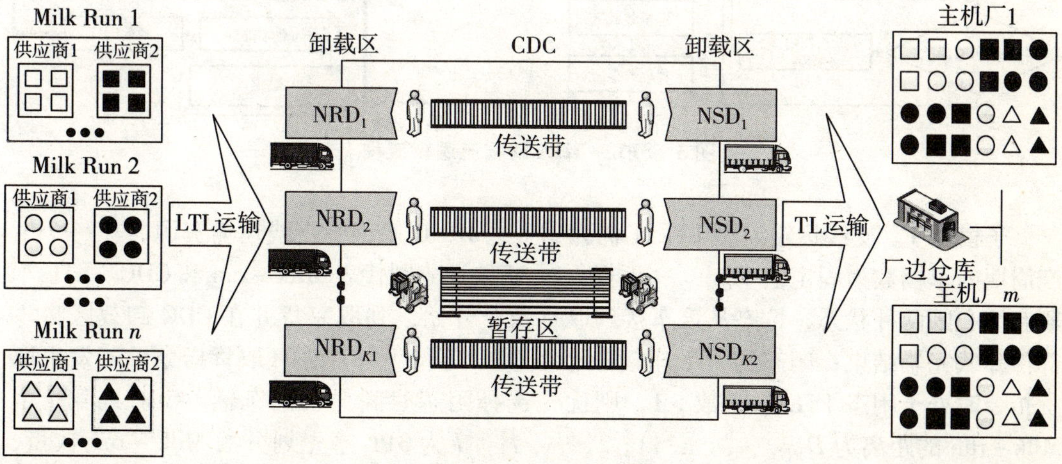

图2　3PL - MRCD零部件物流

四、仿真模型

（一）逻辑模型

本文选择 Rockwell 公司开发的离散/连续系统仿真软件包 ARENA 13.0 作为仿真工具[22]。ARENA 特别适合于模拟生产、供应链等离散物流系统[23,24]。为了建模和测试的顺利进行，本文将 3PL－MRCD 模型分割为九个相互联系的子模型（Submodel），各个子模型以粗线条连接，如图 3 所示。

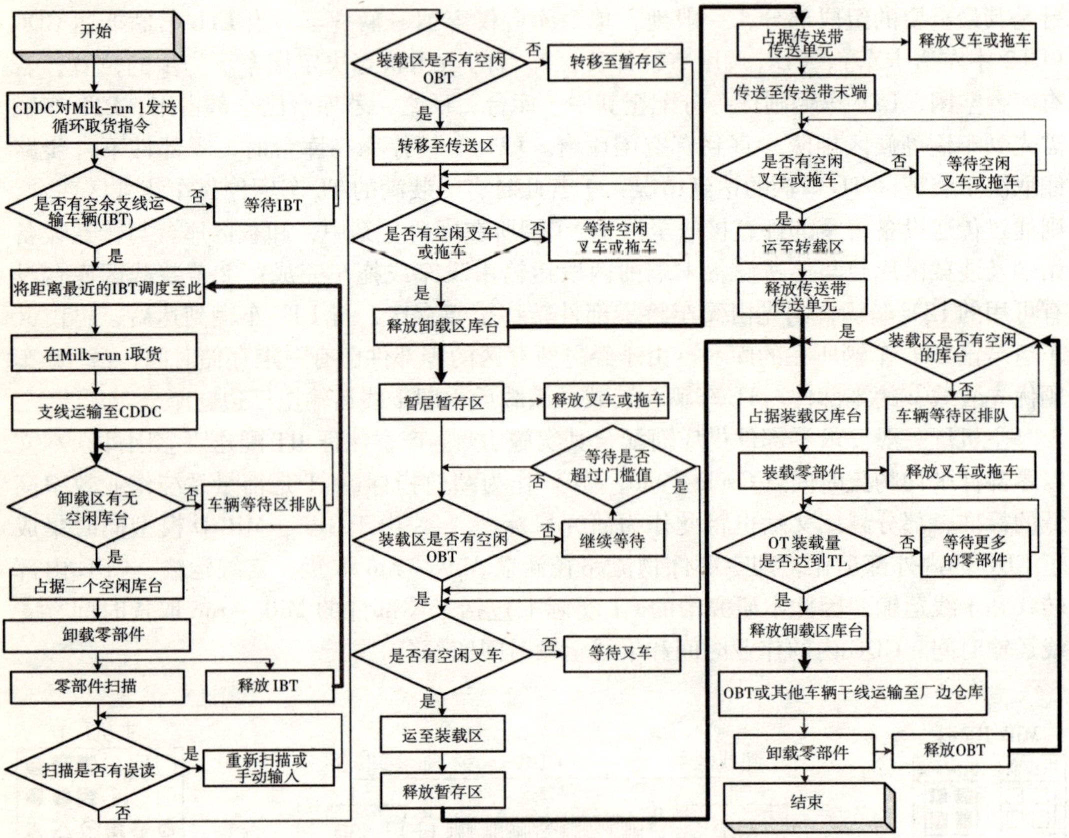

图 3　3PL－MRCD 物流逻辑流程

子模型 1　支线运输模型 LTL 车辆为 3PL－MRCD 模型中支线运输资源，在一个生产周期内车辆数为固定值 $TQ_{M,C}$，下标大写 M 和 C 分别代表 Milk－run 和 CDC。LTL 车辆有忙和闲两种状态，忙态从该车接到取货指令开始，到取完货并在 CDC 卸载区将零部件卸载完毕结束；闲态的 LTL 车辆停靠在 CDC 等待下一次循环取货指令。若发出取货指令时处于闲态 LTL 车辆数 >1，则优先选择闲态时间最长的车辆。CDC 与第 i 个 Milk－run 的距离为 $D_{M(i),C}$，$i \in \{1, 2, \cdots, I\}$，$I$ 为 3PL 事先划分的 Milk－run 数量，（空车或载货的）LTL 车辆支线运输平均速度为 $V_{M,C}$。

子模型2 循环取货模型

CDC 对第 i 个 Milk - run 发出循环取货指令的平均间隔时间 $BT_{M(i)}$ 服从均值为 $\mu_{BT_{M(i)}}$ 的指数分布。第 i 个 Milk - run 供应商数量为 $S_{M(i)} = \{S_{M(1)}, \cdots, S_{M(I)}\}$，$S = \sum_{i=1}^{I} S_{M(i)}$ 代表供应商总数。第 i 个 Milk - run 单次循环取货的供应商所占比例为 α，即每次循环取货的供应商数为 $\alpha \times S_{M(i)}$。单个供应商零部件取货时间 PsT_S 服从参数为（a_{PsT_S}，b_{PsT_S}）的均匀分布，供应商单位零部件装载时间 LT_S 服从参数为（a_{LT_S}，b_{LT_S}，c_{LT_S}）的三角分布。取完货后 LTL 零部件装载量 $Q_{LTL} = \min\{LTL_{\max}, \max[\mathrm{Norm}(\mu_{LTL}, \sigma_{LTL}^2), LTL_{\min}]\}$ 服从改进的正态分布，其中，$LTL_{\max}$ 为 LTL 车辆的容量，$LTL_{\min}$ 为单次循环取货应达到的最小装载量。

子模型3 卸载区模型

LTL 车辆到达 CDC 触发卸载区事件。卸载区库台数为 NRD_C（下标大写 C 表示 CDC），若 LTL 车辆到达时库台占用数等于 NRD_C，则该车先到车辆等候区排队等待直到某一库台空闲，等待区为先到先服务（FIFO）排队规则。每一库台配备足够规模的人力资源，单位数量零部件卸货时间 UT_C 服从参数为（a_{UT_C}，b_{UT_C}，c_{UT_C}）的三角分布。因此，某 LTL 车辆的卸货时间为 $UT_C \times Q_{LTL}$。

扫描与卸货在卸载区库台同步完成，标签损坏或朝向错误时有发生，需要工人二次扫描或手动输入条码，一次扫描通过率为 β，单位数量零部件扫描时间服从均匀分布，参数为（a_{ST_C}，b_{ST_C}）。零部件下一步路线取决于卸载区库台是否停靠有可用的 TL 车辆，若有，零部件则直接由传送设备送至该 TL 车辆所在库台，否则进入暂存区存储。

子模型4 传送区模型

传送带为不可聚集式输送设备，即传送带上被输送的零部件空间间隔不会改变。传送区传送带数量为 NC_C，传送带的长度均为 CL_C，传送速度为 CV_C。传送带由许多不断移动的等长单元组成，该单元容纳不多于一个单位的零部件，假设零部件平均单元大小为 CS_C，故单位零部件在传送带上所占的平均尺寸为 CS_C。

子模型5 暂存区模型

若装载区未停靠 TL 车辆，零部件则先转移到暂存区直到 TL 车辆到达，暂存区的固定容量为 CC，暂存区中的零部件服从 FIFO 排队规则，即优先装载存储时间较长的零部件。若零部件在暂存区的逗留时间超过门槛值 TT，而此时仍无到达的 TL 车辆，这些零件由额外的车辆直接运至主机厂（非厂边仓库），额外的车辆为 3PL 再外包的运输车辆，该部分零部件不计入系统绩效。此外，暂存区的零部件比传送区的具有更高的优先级，即 TL 车辆优先装载暂存区零部件。

子模型6 叉车与拖车模型

叉车和拖车是 CDC 内部的两种运输资源，负责零部件在卸货区、传送区、暂存区和装载区四个站点间的物流，站点间的距离等于 $D_{C(x,y)}$，其中 $x \neq y = r, s, c, t$，r 为卸货区，s 为装载区，c 为传送区，t 为暂存区。叉车和拖车数量分别为 NF_C 和 NT_C，运输速度为 FV_C 和 TV_C，每车运输容量为 FC_C 和 TC_C。叉车和拖车在运输能力上有所差别，故优先选择叉车作业，且 $D_{C(r,t)}$ 和 $D_{C(t,s)}$ 较远，这两段运输仅能用叉车完成。

子模型7　装载区模型

装载区库台数为 NSD_C，若 TL 车辆到达时，装载区无空闲库台，则车辆到卸货区车辆等待区排队等待，默认情况下等候区排队规则为 FIFO。库台配备相应数量的操作工人，整车 TL 车辆的零部件装载量为 Q_{TL}，单位数量零部件装载时间 LT_C 服从参数为（$a_{LT_C}, b_{LT_C}, c_{LT_C}$）的三角分布，因此，每辆 TL 车辆的装载时间为 $LT_C \times Q_{TL}$。

子模型8　干线运输模型

CDC 距厂边仓库的距离为 $D_{C,F}$，下标 F 表示厂边仓库（Factory warehouse），干线运输的平均速度为 $V_{C,F}$。与 LTL 车辆相同，TL 车辆有忙与闲两种状态，忙态由 TL 车辆接到 CDC 调度指令开始，到厂边仓库卸货完毕时结束；闲态的 TL 车辆载着空容器回到 CDC 等待下一调度，其中 TL 车辆数量为 $TQ_{C,F}$。厂边仓库单位零部件卸货时间 UT_F 服从参数为（$a_{UT_F}, b_{UT_F}, c_{UT_F}$）的三角分布，因此，TL 车辆厂边仓库卸货时间等于 $Q_{TL} \times UT_F$。

子模型9　控制逻辑模型

在这个子模型中，实体没有相应的物理意义，它们被用来实现模型中的某种逻辑或改变系统状态。由于第 i 个 Milk - run 每次取货的数量 Q_{LTL} 服从随机分布，采用控制逻辑将每次随机产生的 Q_{LTL} 打包赋予 LTL 车辆。此外，每隔 1 分钟，仿真系统自动查找暂存区中逗留时间超过门槛值的零部件，并将符合该条件的零部件清理出暂存区，即通过额外 TL 车辆装载离开。

（二）模型参数与假设

本文模型为终态（Terminating）仿真模型，表 1 为系统的主要参数设置，其数据来源为调研的武汉某汽车 3PL 企业。该汽车制造企业以 30 天为一个计划生产周期，因此，共有 30 个仿真日，另有 5 个仿真日的系统 Warm - up 时间。由于是随机性仿真，为了提高仿真输出的精确度和实验设计的效率，每个仿真场景的重复次数为 10。

表 1　　仿真系统部分参数设置

参数类别	参数	说明	默认值	单位
循环取货	I	所划分的 Milk - run 数量	5	个
	S	供应商总数	60	个
	$BT_{M(i)}$	第 i 个 Milk - run 循环取货间隔时间	EXPO {4.5, 3.75, 3, 5, 3.2}	小时
	PsT_S	单个供应商取货时间	UNIF（10, 15）	分钟
	LT_S	单位数量零部件供应商装载时间	TRIA（1, 2, 3）	分钟
	$S_{M(i)}$	第 i 个 Milk - run 供应商数量	{10, 12, 15, 9, 14}	个
	α	循环取货的供应商所占比例	40%	—

续 表

参数类别	参数	说明	默认值	单位
支线运输	$TQ_{M,C}$	支线运输车辆数	30	辆
	Q_{LTL}	LTL 车辆零部件装载量	min {40, max [NORM (25, 5^2), 10]}	件
	$D_{M(i),C}$	第 i 个 Milk - run 到 CDC 的距离	{150, 250, 120, 130, 200}	公里
	$V_{M,C}$	支线运输的平均速度	75	公里/小时
越库运作	NRD_C	CDC 卸载区库台数	10	个
	NSD_C	CDC 装载区库台数	10	个
	UT_C	单位数量零部件卸货时间	TRIA (1, 2, 3)	分钟
	ST_C	单位数量零部件扫描时间	EXPO (20)	秒
	CV_C	传送带传送速度	12	米/分钟
	CS_C	传送带零部件单位大小	1	—
	TT	暂存区存储时间门槛值	24	小时
	LT_C	单位数量零部件装货时间	TRIA (2, 3, 4)	分钟
	NF_C	CDC 叉车数	15	个
	FV_C	叉车运输速度	20	公里/小时
	FC_C	叉车平均容量	1	件
	TV_C	拖车运输速度	10	米/分钟
	$D_{C(r,s)}$	卸载区至装载区的距离	100	米
	$D_{C(r,c)}$	卸载区至传送区的距离	15	米
	Q_{TL}	TL 车辆的零部件装载量	40	件
干线运输	$D_{C,F}$	CDC 到厂边仓库的距离	1069	公里
	$V_{C,F}$	干线运输平均速度	75	公里/小时
	$TQ_{C,F}$	干线运输车辆数	50	辆
	UT_F	厂边仓库单位零部件卸货时间	TRIA (1.5, 2.5, 3.5)	分钟

本模型的基本假设包括以下几点：

（1）每日工作 12 小时，8：00—20：00；

（2）支线运输与干线运输交通状况良好；

（3）CDC 暂存区容量无限；

（4）任一卸载区库台至装载区库台距离为一固定值；

（5）CDC 内部操作工人数足以满足库内零部件操作需求；

（6）卸载区（装载区）库台同质，即卸载区（装载区）每一库台的卸载时间（装载时间）服从相同的参数分布；

（7）汽车零部件在供应商处已完成包装，CDC 内无包装流程；

（8）需求在该计划周期内处于恒定状态；

（9）初始时刻 LTL 车辆与 TL 车辆停靠在 CDC；

（10）整个供应链完全信息共享，因此主机厂发送采购指令后，3PL 立即发车循环取货。

五、因子筛选及仿真优化

上述 3PL－MRCD 仿真模型仅是一种实验手段，并未给出长期时间内 3PL 的最佳改进方案。仿真优化（Simulation Optimization）是基于仿真的目标优化问题，即基于模型仿真给出的输入（因子）输出（响应，统计学术语）关系通过优化算法得到最佳的输入量[25]。本模型中影响系统绩效因子共有 58 个，其中可变因子 21 个（不可变因子包括：I、S、$S_{M(i)}$、$D_{M(i),M(j)}$、$D_{M(i),C}$ 等供应链结构既定值），具有“高维性”。因此，本文采用 SB－RSM 集成的方法筛选并优化 3PL－MRCD 的关键因子。SB 和 RSM 都是包含一系列步骤的序贯方法。SB 类似于计算机领域著名的二叉搜索，它不仅评估哪个因子是最重要的，而且评估它们的重要程度。相比其他计算机筛选技术，SB 法更为高效[26]。目前，该方法已应用于生态仿真、热能动力等领域，然而较少用于解决复杂的供应链管理问题且与（随机）仿真优化组合较少。

（一）SB 筛选关键因子

21 个可控因子高低水平如表 2 所示，本文定义单个因子从低水平变为高水平不会减少仿真输出的期望，如第 9 号因子 NRD_C（收货区库台数）由 20（低水平）变为 10（高水平）的过程中，CT 单调不降（非严格单调递增），这符合现实情形。高低水平的判断源于 3PL 企业和分析员的先验知识，对无法判定的因子需个别处理。

表 2　　3PL－MRCD 系统影响因子（参数分布见表 1）

序号	参数	低水平	高水平	CT
1	PsT_S	（10，15）	（15，20）	单调不降
2	LT_M	（1，2，3）	（2，3，4）	单调不降
3	UT_C	（1，2，3）	（3，4，5）	单调不降
4	ST_C	（20）	（30）	单调不降
5	LT_C	（2，3，4）	（4，5，6）	单调不降
6	UT_F	（1.5，2.5，3.5）	（2.5，3.5，4.5）	单调不降
7	α	40%	60%	单调不降
8	β	1%	2%	单调不降

续 表

序号	参数	低水平	高水平	CT
9	NRD_C	20	10	单调不降
10	NSD_C	20	10	单调不降
11	NF_C	20	10	单调不降
12	$TQ_{M,C}$	40	20	单调不降
13	$TQ_{C,F}$	70	50	单调不降
14	TT	24	36	单调不降
15	LTL 车辆排队规则	SPT	FIFO	单调不降
16	FV_C	30	20	单调不降
17	$V_{M,C}$	100	75	单调不降
18	$V_{C,F}$	100	75	单调不降
19	TV_C	5	10	单调不降
20	NT_C	20	10	单调不降
21	CV_C	24	12	单调不降

首先将21个因子聚合到一个大的因子组，检测该因子组是否有显著效应。若有，转入下一步；否则，表明21个因子对CT无显著影响，停止SB。下一步将21个因子分为两个子组，即分支（Bifurcation），检测两个子组的显著性。依次步骤，将重要的因子组不断分割为两个更小的子组，放弃检验出不重要的子组，最终筛选出关键因子。

由于3PL－MRCD模型因子间存在交互作用（interaction effect），如TL车辆对CT的影响与LTL车辆数有关，故一个有效元模型（metamodel）是具有二阶交互作用和噪声的一阶多项式[26]：

$$y_{CT} = \beta_0 + \beta_1 x_1 + \cdots + \beta_{21} x_{21} + \beta_{1;2} x_1 x_2 + \cdots + \beta_{20;21} x_{20} x_{21} + \varepsilon \quad (1)$$

$$x_j = \frac{z_j - (h_j + l_j)/2}{(h_j - l_j)/2} \quad (2)$$

其中，y_{CT} 表示元模型响应的预测值，β_j 为因子 j 的主效应（*main effect*）（$j = 1, \cdots, 21$），$\beta_{j';j}$ 为因子 j' 与 j 间的交互作用（$1 \leqslant j' < j \leqslant 21$），噪声 ε 是随机仿真模型产生的随机误差项，x_j 是通过式（2）标准化后的值（$j = 1, \cdots, 21$），即 $[-1, 1]$，标准化意味着因子可以按主效应大小排序，即最重要的因子的主效应值最大，最不重要的因子效应值接近于0[25]。式（2）中 z_j 为 x_j 的原始值，h_j 和 l_j 对应 z_j 的上下限，即表2中因子的高低水平。

为了便于表述，本文采用以下符号及定义：

$w_{j;r}$，第1到 j 号因子处于高水平，第 $j+1$ 到21号因子处于低水平的因子组合在第 r 次仿真重复（replicates 或 replications）时获得的CT观测值；

$w_{-j;r}$，第1到 j 号因子处于低水平，$j+1$ 到21号因子处于高水平的因子组合在第 r

次仿真重复时获得的 CT 观测值；

$\beta_{j'-j}$，第 j' 到 j 号因子的主效应之和或群组响应值，即 $\beta_{j'-j} = \sum_{h=j'}^{j}\beta_h$。

根据式（1）及上述定义可知，第 r 次仿真重复的群组效应和单个因子效应的一个无偏估计量分别为式（3）和式（4）。进行 m 次重复仿真，从而得到群组效应的均值 $\bar{\beta}_{j'-j}$ 和标准差 $s(\bar{\beta}_{j'-j})$，见式（5）。同理可得出每个估计效应的均值 $\bar{\beta}_j$ 和标准差 $s(\bar{\beta}_j)$，见式（6）。最后通过 t－test 检验效应的显著性。

$$\hat{\beta}_{j'-j;\,r} = \frac{[w_{j;\,r} - w_{-(j);\,r}] - [w_{(j'-1);r} - w_{-(j'-1);\,r}]}{4} \tag{3}$$

$$\hat{\beta}_{j;r} = \frac{[w_{j;\,r} - w_{-(j);\,r}] - [w_{(j-1);\,r} - w_{-(j-1);\,r}]}{4} \tag{4}$$

$$\bar{\beta}_{j'-j} = \frac{\sum_{r=1}^{m}\hat{\beta}_{j'-j;\,r}}{m},\quad s(\bar{\beta}_{j'-j}) = \sqrt{\frac{\sum_{r=1}^{m}(\hat{\beta}_{j'-j;\,r} - \bar{\beta}_j)^2}{m(m-1)}} \tag{5}$$

$$\bar{\beta}_j = \frac{\sum_{r=1}^{m}\hat{\beta}_{j;r}}{m},\quad s(\bar{\beta}_j) = \sqrt{\frac{\sum_{r=1}^{m}(\hat{\beta}_{j;\,r} - \bar{\beta}_j)^2}{m(m-1)}} \tag{6}$$

由于 3PL－MRCD 是随机性仿真系统，故对每个因子组合进行 $m=5$ 次重复仿真实验。表 3 给出了前四个因子组合（场景）的 CT 观测值及计算所得的群组效应值，即场景一，21 个因子都置于低水平，此时 CT 最小；场景二，21 个因子都处于高水平，此时 CT 最大；场景三，首次分支后 1～16 号因子处于低水平，17～21 号因子置于高水平的因子组合；场景四，首次分支后 1～16 号因子处于高水平，17～21 号因子置于低水平。表中数据显示：场景一时，CT 的平均值为 $\bar{w}(0) = 18.856$；场景二时，$\bar{w}(21) = 95.092$。因此，1～21 号因子群组效应估计量由式（3）获得，$\bar{\beta}_{1-21} = 38.118$，该群组效应的标准差 $s(\bar{\beta}_{1-21}) = 2.550$，可见群组效应显著。第 2 步，将当前群组的 21 个因子分成 2 个子组，其中，第一个子组放入 16（2^4）个因子，第 2 个子组放入剩余的 5 个因子。由表 3 可见，场景三 $\bar{w}(-16) = 33.415$；场景四 $\bar{w}(16) = 85.437$，得到 1～16 号因子和 17～21 号因子两个子群效应估计值及标准差为 $\bar{\beta}_{1-16} = 32.064$，$s(\bar{\beta}_{1-16}) = 1.787$，$\bar{\beta}_{17-21} = 6.053$，$s(\bar{\beta}_{17-21}) = 2.949$，说明 1－16 号群组为较重要的子组，关键因子的确定需进一步分支筛选，如表 3 所示。

表 3　3PL－MRCD 仿真中前四个场景重复 5 次的仿真 CT 观测值及计算结果

重复	$\bar{w}(0)$	$\bar{w}(-16)$	$\bar{w}(16)$	$\bar{w}(21)$	$\bar{\beta}_{1\sim16}$	$\bar{\beta}_{17\sim21}$	$\bar{\beta}_{1\sim21}$
1	18.875	33.307	74.807	97.779	30.101	9.350	39.452
2	18.834	28.823	93.009	88.611	33.490	1.397	34.888
3	18.917	38.115	88.496	98.945	32.602	7.411	40.013

续 表

重复	$\bar{w}(0)$	$\bar{w}(-16)$	$\bar{w}(16)$	$\bar{w}(21)$	$\hat{\beta}_{1\sim16}$	$\hat{\beta}_{17\sim21}$	$\hat{\beta}_{1\sim21}$
4	18.831	38.134	87.414	90.545	30.248	5.608	35.856
5	18.821	28.696	83.460	99.579	33.880	6.498	40.379
均值	18.856	33.415	85.437	95.092	32.064	6.053	38.118
标准差	0.040	4.683	6.846	5.120	1.787	2.949	2.550

图 4 展示了 SB 的整个步骤计算结果，当子组主效应检验不显著为正时，停止进一步的分支。3PL－MRCD 模型 SB 过程停止在第 13 步，共进行了 23 × 5 ＝115 次仿真运行获得的 4 个关键因子，图 4 中以填充模块标识，其中 23 为实验点数，5 为每一实验点的重复次数。最重要的因子的排序为 $TQ_{C,F} > TQ_{M,C} > NRD_C > V_{C,F}$。由 SB 筛选的结果可知，干线运输车辆数 $TQ_{C,F}$ 是影响 CT 的最关键物流运作，随着主机厂产能扩大，干线运输将首先出现运力不足的问题，这将导致零部件在 CDC 内的过度积压，延长零部件在暂存区内的等待时间，从而增加在制品库存，这不利于主机厂 JIT 生产的实施。因此，3PL 应首先增加 $TQ_{C,F}$，保证干线运输的运能。此外，适当增加支线运输车辆数、CDC 卸载区库台数和更换性能跟更好的车辆对 CT 改进也将有较为显著的帮助。

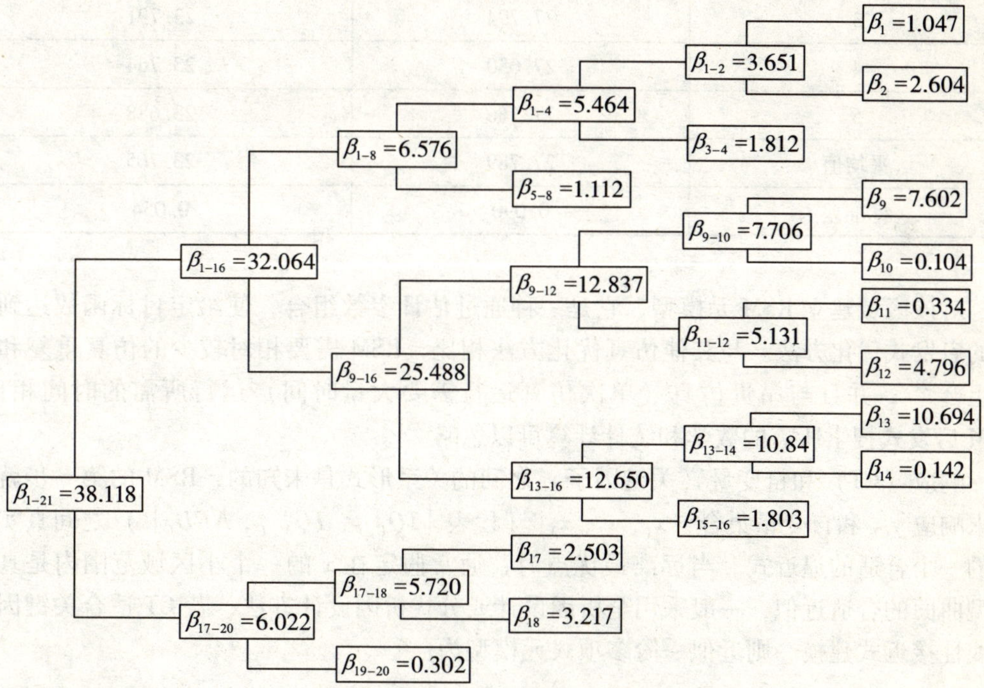

图 4　3PL－MRCD 模型 SB 步骤

（二）RSM 优化关键因子

SB 虽筛选出模型中的关键因子，但企业盲目地调整关键因子将可能造成资源的浪费，其最优取值需由优化算法确定。由于关键因子中 $V_{C,F}$ 的低水平值已为边界值，故优化中仅分析 $TQ_{C,F}$，$TQ_{M,C}$ 和 NRD_C 剩余三个因子。通过进一步的灵敏度分析发现，关键因子参数水平 {70,40, 20} 仍不是能最小化 CT 时的最佳取值，表 4 中参数组合 {80, 70, 30} 和 {100,100, 50} 的 CT 平均值明显优于 {70,40, 20} 的结果，即 $\overline{CT_5}=23.765<27.789$。{80,70, 30} 和 {100,100, 50} 在随机仿真模型中 5 次重复运行观测结果一致是因为为了提高比较的精度，对不同因子组合使用了公共随机数（common random number, CRN）[24]。仿真结果的重复说明此时系统中关键因子已有闲置资源，该组合下的绩效值（$\overline{CT_5}=23.765$）为关键因子能使 CT 达到的最小值，因此关键因子最佳的参数组合取值界于［{70, 40, 20}, {80, 70, 30}］之间，如表 4 所示。

表 4　　关键因子三组参数组合

<table>
<tr><th>重复 \ 组合</th><th>{70, 40, 20}</th><th>{80, 70, 30}</th><th>{100, 100, 50}</th></tr>
<tr><td>1</td><td>27.884</td><td colspan="2">23.837</td></tr>
<tr><td>2</td><td>27.851</td><td colspan="2">23.746</td></tr>
<tr><td>3</td><td>27.794</td><td colspan="2">23.791</td></tr>
<tr><td>4</td><td>27.650</td><td colspan="2">23.764</td></tr>
<tr><td>5</td><td>27.766</td><td colspan="2">23.688</td></tr>
<tr><td>平均值</td><td>27.789</td><td colspan="2">23.765</td></tr>
<tr><td>标准差</td><td>0.090</td><td colspan="2">0.054</td></tr>
</table>

对该区域建立 RSM 元模型，它是一种通过估计参数组合，使给定目标函数达到最小的启发式优化方法。与其他仿真优化方法相比，RSM 需要相对较少的仿真重复和因子组合[21]，并且与昂贵仿真（单次仿真运行需要大量时间）运行所需的时间相比，RSM 启发式搜索所需的数学和统计计算可以忽略[25]。

响应（CT）和自变量（关键因子）之间的关系形式是未知的，RSM 的第一步就是寻求响应 y_{CT} 和自变量集合 $\{x_1, x_2, x_3\}$（代表 $\{TQ_{C,F}, TQ_{M,C}, NRD_C\}$）之间真实函数的一个合适的逼近式。当远离最优点时，通常假定在 x 的一个小区域范围内是真实模型曲面的合适近似，一般采用全析因设计或分式析因设计方法，若 CT 适合关键因子的线性接近式建模，则近似一阶多项式元模型为：

$$y_{CT}(x)=\beta_0+\sum_{i=1}^{3}\beta_i x_i+\sum_{i=1}^{3}\sum_{i'\neq i}^{3}\beta_{i;i'}x_i x_{i'}+\varepsilon \tag{7}$$

式中 β_0，β_i，$\beta_{i;i'}$ 是未知参数，通过仿真实验的观测数据由最小二乘法估计，ε 为模型的随机误差项。为确定下一步因子的方向，RSM 将式中拟合的梯度用到最速下降法之中到达最优点区域，若最优点位置方差分析显示系统有曲度出现，则改用更高阶的多项式，一般为中心复合设计拟合的二阶元模型：

$$y_{CT}(x) = \beta_0 + \sum_{i=1}^{3}\beta_i x_i + \sum_{i=1}^{3}\sum_{i'\neq i}^{3}\beta_{i,i'}x_i x_{i'} + \sum_{i=1}^{3}\beta_{ii}x_i^2 + \varepsilon \tag{8}$$

最后，RSM 对式（8）应用规范分析检查最优区域的外形并用数学规划求得极值，见式（9）：

$$\min E[(y_{CT} \mid x_i)](i = 1, 2, 3)$$
$$\text{s.t.}\begin{cases}70 \leqslant x_1 \leqslant 80\\ 40 \leqslant x_2 \leqslant 70\\ 20 \leqslant x_3 \leqslant 30\end{cases} \tag{9}$$

采用全析因设计方法拟合三因子一阶响应面元模型，拟合结果见式（10）。由于模型存在曲度，故将一阶模型替换式（7）为二阶模型式（8）。对该区域采用 3 因子中心复合设计，包括 2^3 组全析因设计，6 组轴点设计及 1 组中心点设计，其中，非中心点仿真重复次数为 5，中心点仿真重复次数为 10，总的实验次数为 $8\times5+6\times5+10=80$，最终拟合的二阶响应面方程为式（11）。决定系数 $R^2=0.976$ 和调整的 $R^2_{adj}=0.959$ 说明式（11）能够极好地代表 3PL－MRCD 仿真系统，由式（9）和式（11）求得最优的因子组合｛80，62，23｝，此时 $\widehat{CT}^*=23.695$。

$$\widehat{y_{CT}} = 62.266 - 0.394x_1 - 0.391x_2 - 0.649x_3 + (3.446E-003)x_1x_2 + (6.703E-003)x_1x_3 + (2.182E-003)x_2x_3 \tag{10}$$

$$\widehat{y_{CT}} = 119.710 - 1.476x_1 - 0.864x_2 - 1.002x_3 + (3.446E-003)x_1x_2 + (6.703E-003)x_1x_3 + (2.182E-003)x_2x_3 + (7.213E-003)x_1^2 + (4.171E-003)x_2^2 + (7.062E-003)x_3^2 \tag{11}$$

六、仿真实验比较

（一）不同运作方案比较

图 5 展示了产能扩大后，3PL 的四种运作方案的比较结果，它们为四种因子在不同水平下进行 25 次独立仿真实验后得到的系统绩效指标值，每一组合仍使用 CRN。

“方案一”曲线表示主机厂产能增大后，3PL 未做任何物流调整时 CT 呈现出的趋势，由该曲线可看出，CT 的期望值较大，波动较为明显，系统处于极不稳定的状态，说明此时零部件物流绩效已严重违背了主机厂 JIT 的生产要求，3PL 物流运作急需改进。“方案二”曲线表示仅调整关键因子的绩效值，由图 5 可知 CT 有明显的改善，其期望值大幅度缩减，波动也较小，系统状态相对稳定。这说明找出影响系统绩效的关键物流运作是 3PL 解决产能扩大问题的关键。“方案三”时，系统绩效仍有一定的改进幅度，CT 期望值与标准差进一步向 3PL 期望的方向变化，此时为关键因子所能发挥的最大效用。“方案一”与“方案三”曲线间的差值为关键因子的绩效改进的最大贡献值，本模型中该值达到了 93.4%。由此可见，3PL 只优化少数关键的物流运作，便可使绩效恢复到较为理想的水平，这将大大减少 3PL 的工作量。“方案四”曲线表示改进

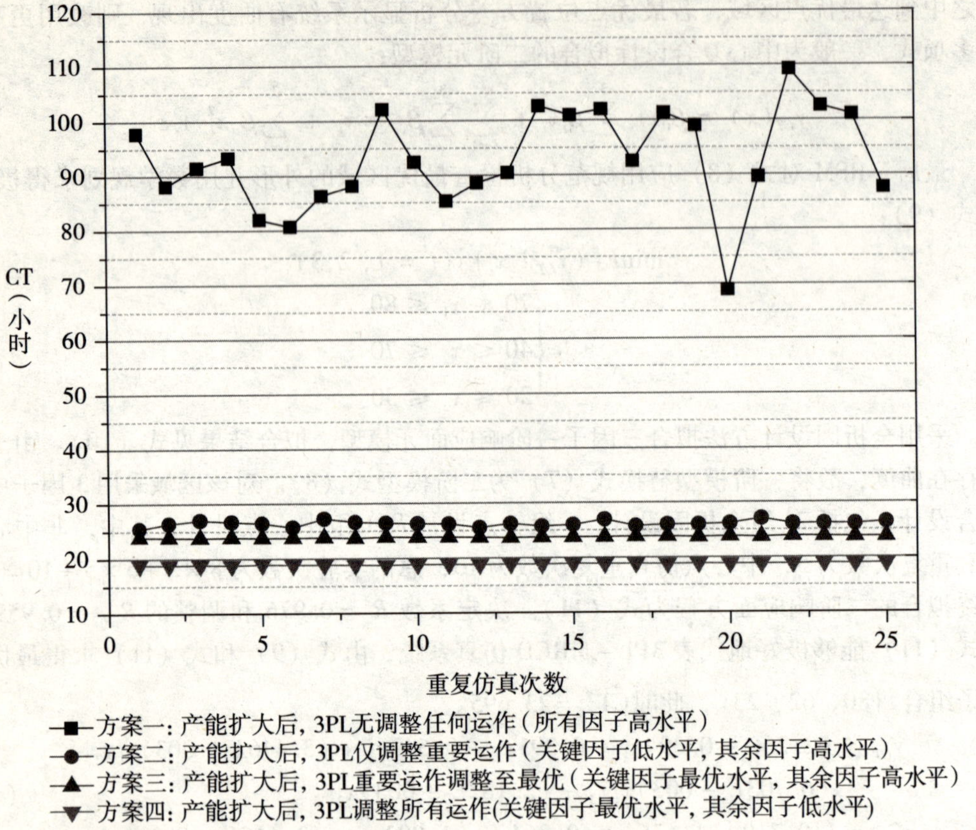

图5　不同因子水平的仿真结果比较

所有物流运作得到的绩效，该组绩效值为四种组合下的最优值，但 3PL 所需改进的运作内容也最多，耗费的成本与资源也最大，“方案三”与“方案四”曲线间的差值为非关键因子的绩效改进贡献值。本模型中，非关键因子贡献值约为 6.5%。

由上述分析可知，在主机厂产能扩大的过程中，3PL 首先应重点改进关键的物流运作，使其效用最大化。企业盲目地调整物流运作可能会增加成本的投入，造成资源的浪费，如本文中增加装载区库台数对绩效改进贡献不大。若关键运作最优水平的绩效仍无法满足主机厂的 JIT 生产要求，则再按图 4 中因子重要性逐步改进其他的物流运作，使系统逐步达到最佳绩效。以上计算分析结果充分显示，提出的数学模型和方法是可靠且实用的，具有较高的操作性和可行性。

（二）SB－RSM 与 RSM 比较

为了比较所提 SB－RSM 方法与传统 RSM（以下表示成 RSM_C）两种优化方法的实验效率与统计效力，本文基于前文中 YalçInkaya 和 Mirac Bayhan[16] 等文献的方法，采用分辨率为Ⅴ的最小化中心复合设计对 21 个因子直接拟合响应面，该设计虽精简了大量的实验点，但 21 个因子仍需 506 个实验点来拟合式（8）。由于实验点过多，每一实验点仅进行 $m=1$ 次仿真重复。显然，RSM_C 的最优解的绩效为图 6 中的“方案四”曲线（$\overline{CT}=18.8815$）。因此，本文最终比较 SB－RSM 最优组合和能使传统 RSM 达到 SB－

RSM 最优绩效时的因子组合。

表 5 第 1 列展示了 SB – RSM 与 RSM_C 比较的几个维度。由该表可知，SB – RSM 所需实验点（因子组合）数 23 + 15（= 38）远小于 RSM_C 所需的 506 个；即使 SB – RSM 对每个实验点进行至少 5 次的仿真重复，其总的仿真次数 115 + 80 = 195 仍低于 RSM_C 所需的一半。因此，对因子数目较多的大型复杂的仿真模型优化设计而言，SB – RSM 可以更快速地找到系统的最佳运作方案，即 SB – RSM 的实验效率远高于 RSM。另外，表 5 也展示了 RSM_C 近似达到 SB – RSM 最优绩效目标（$\hat{y}_{CT}^* = 23.695$）时因子组合，以及该组合得出的 $\hat{y}_{CT}$，$\bar{w}_{CT}$ 和 $\mathrm{var}(\bar{w}_{CT})$。虽然 SB – RSM 元模型的预测值大于 RSM_C 的结果，即 23.695 > 22.844，但验证性实验显示 $|\bar{w}_{SB-RSM} - \hat{y}_{SB-RSM}| = |23.812 - 23.695| < |\bar{w}_{RSM_C} - \hat{y}_{RSM_C}| = |24.468 - 22.844|$，这说明 SB – RSM 具有更高的预测精度。此外，SB – RSM 最优解的稳定性也优于 RSM_C，1.439 < 2.354，这主要因为 RSM_C 实验点过多，导致每个实验点仅进行了一次仿真重复，从而忽视了 3PL – MRCD 仿真模型中的随机误差干扰。

表 5　　SB – RSM 与 RSM 的比较

性质	SB – RSM		RSM_C
	SB	RSM 关键因子	
所需实验点（因子组合）数	23	15	506
单个实验点仿真重复次数	5	非中心点 5，中心点 10	1
所需仿真运行总次数	115	80	506
因子组合	（80，62，23）		（15.99，2.26，2.03，22.94，4.62，2.9，0.57，0.11，**21**，13，19，**59**，**78**，35，FIFO，25，96.14，96.75，d5.97，11.89，15.71）
系统绩效预测值 $\hat{y}_{CT}$	23.695		22.844
25 次验证实验 $\bar{w}_{CT}$	23.812		24.468
25 次验证实验 var（$\bar{w}_{CT}$）	1.439		2.354

注：粗体为 RSM_C 对应 SB – RSM 关键因子的取值，如 $TQ_{C,F}$ 在 SB – RSM 和 RSM_C 取值分别为 80 和 78。

七、结束语

为分析国内汽车需求持续增长环境下，主机厂产能扩大对汽车零部件物流产生的影响，以及 3PL 企业如何优化配置其物流运作以满足新的物流需求，首先构建从供应商到越库再到主机厂边仓库的 3PL – MRCD 随机仿真模型，该模型可辅助决策者进行零部件实物流的仿真实验，采集不同模型参数下的运行数据，统计与跟踪各项性能指标的变化趋势。由于该模型较为复杂，存在数量较多的仿真因子，提出采用序贯分支法和响应面法相结合的方法（SB－RSM）筛选并优化对系统绩效起重要影响的关键因子，得到系统绩效最优时的关键因子资源配置。通过比较不同物流运作的因子组合，发现在主机厂产能增大的过程中，3PL集中调整零部件关键因子对应的物流运作，使其效用最大化可极大改进系统绩效并维持正常的零部件供应。此外，仿真实验显示SB－RSM比传统RSM更具效率和效力。

本文所建立的仿真模型及提出的仿真实验与优化方法能辅助汽车行业3PL企业决策者设置最优运作参数，为企业决策的制定和绩效的改进提供一定的理论基础和决策依据。当然，本研究也尚存不足，拟从以下诸方面进一步改进：①3PL－MRCD模型考虑更多的实际因素，如支线和干线运输速度变化、越库内部操作资源故障、工人的调度和轮班制度等；②考虑多维绩效评价指标，如零部件物流量和成本等；③建立加入供给、需求等不确定性因素的响应面元模型进行稳健仿真优化（robust simulation optimization），该问题是仿真优化的热点[27,28]；④比较RSM与其他元模型拟合的优劣，如神经网络或Kriging等。

参考文献

［1］左晓露，刘志学，郑长征．汽车零部件循环取货物流模式的分析与优化［J］．汽车工程，2011，33（1）：79－84.

［2］国务院发展研究中心产业经济研究部，中国汽车工程学会，大众汽车集团（中国）．中国汽车行业发展报告（汽车蓝皮书）［R］．北京：社会科学文献出版社，2010.

［3］王旭，陈栋，王振锋．汽车零部件Milk－run车辆调度优化模型和算法［J］．计算机应用，2011，31（4）：1125－1128.

［4］NEMOTO T，HAYASHI K，HASHIMOTO M. Milk－run Logistics by Japanese Automobile Manufacturers in Thailand［J］．Procedia－Social and Behavioral Sciences，2010，2（3）：5980－5989.

［5］KANEKO J，NOJIRI W. The Logistics of Just－in－Time Between Parts Suppliers and Car Assemblers in Japan［J］．Journal of Transport Geography，2008，16（3）：155－173.

［6］ROSS A，JAYARAMAN V. An Evaluation of New Heuristics for the Location of Cross－docks Distribution Centers in Supply Chain Network Design［J］．Computers & Industrial Engineering，2008，55（1）：64－79.

［7］MA H，MIAO Z，LIM A，RODRIGUES B. Crossdocking Distribution Networks with Setup Cost and Time Window Constraint［J］．Omega，2011，39（1）：64－72.

［8］MUSA R，ARNAOUT J P，JUNG H. Ant Colony Optimization Algorithm to Solve for the Transportation Problem of Cross－docking Network［J］．Computers & Industrial Engineering，2010，59（1）：85－92.

［9］LEE Y H，JUNG J W，LEE K M. Vehicle Routing Scheduling for Cross－docking in the Supply Chain［J］．Computers & Industrial Engineering，2006，51（2）：247－256.

［10］YU W，EGBELU P J. Scheduling of Inbound and Outbound Trucks in Cross Docking Systems with Temporary Storage［J］．European Journal of Operational Research，2008，184（1）：377－396.

［11］CHEN F，LEE C Y. Minimizing the Makespan in a Two－machine Cross－docking Flow Shop Problem［J］．European Journal of Operational Research，2009，193（1）：59－72.

[12] VAHDANI B, ZANDIEH M. Scheduling Trucks in Cross - docking Systems: Robust Meta - heuristics [J]. Computers & Industrial Engineering, 2010, 58 (1): 12 - 24.

[13] CHEN F, SONG K L. Minimizing Makespan in Two - stage Hybrid Cross Docking Scheduling Problem [J]. Computers & Operations Research, 2009, 36 (6): 2066 - 2073.

[14] 盛昭瀚，张 维．管理科学研究中的计算实验方法［J］．管理科学学报，2011，14 (5): 1 - 10.

[15] CHEN V C P, TSUI K L, BARTON R R, MECKESHEIMER M. A Review on Design, Modeling and Applications of Computer Experiments [J]. IIE Transactions, 2006, 38 (4): 273 - 291.

[16] YALC INKAYA O, MIRAC BAYHAN G. Modelling and Optimization of Average Travel Time for A Metro Line by Simulation and Response Surface Methodology [J]. European Journal of Operational Research, 2009, 196 (1): 225 - 233.

[17] SHANG J, LI S, TADIKAMALLA P. Operational Design of a Supply Chain System Using the Taguchi Method, Response Surface Methodology, Simulation, and Optimization [J]. International Journal of Production Research, 2004, 42 (18): 3823 - 3849.

[18] KUMAR S, NOTTESTAD D A. Capacity Design: An Application Using Discrete - event Simulation and Designed Experiments [J]. IIE Transactions, 2006, 38 (9): 729 - 736.

[19] SHUKLA S K, TIWARI M K, WAN H D, SHANKAR R. Optimization of the Supply Chain Network: Simulation, Taguchi, and Psychoclonal Algorithm Embedded Approach [J]. Computers & Industrial Engineering, 2010, 58 (1): 29 - 39.

[20] NOGUERA J H, WATSON E F. Response Surface Analysis of a Multi - product Batch Processing Facility Using a Simulation Metamodel [J]. International Journal of Production Economics, 2006, 102 (2): 333 - 343.

[21] MYERS R H, MONTGOMERY D C, ANDERSON - Cook C M. Response Surface Methodology: Process and Product Optimization Using Designed Experiments [M]. New York: John Wiley & Sons, 2009.

[22] KELTON W D, SADOWSKI R P, STURROCK D T. Simulation with ARENA [M]. 4th ed. New York: McGraw - Hill, 2007.

[23] BANKS J, CARSON J S, NELSON B L. Discrete - event Simulation [M]. 4th ed. Upper Saddle River, NJ: Prenticd - Hall, 2005.

[24] LAW A M. Simulation Modeling and Analysis [M]. 4th ed. Boston: McGraw - Hill, 2007.

[25] KLEIJNEN J P C. Design and Analysis of Simulation Experiments [M]. New York: Springer, 2008.

[26] WAN H, ANKENMAN B E, NELSON B L. Controlled Sequential bifurcation: A New Factor - screening Method for Discrete - event Simulation [J]. Operations Research, 2006, 54 (4): 743 - 755.

[27] DELLINO G, KLEIJNEN J P C, MELONI C. Robust Optimization In Simulation: Taguchi and Response Surface Methodology [J]. International Journal of Production Economics, 2010, 125 (1): 52 - 59.

[28] DELLINO G, KLEIJNEN J P C, MELONI C. Robust Optimization in Simulation: Taguchi and Krige Combined [J]. INFORMS Journal on Computing, 2012, 24 (3): 471 - 484.

碳交易机制对物流配送路径决策的影响研究*

李 进 张江华

摘 要：针对碳排放交易机制下的物流配送路径问题，引入考虑车辆载重和速度的碳排放度量方法，以TSP为基本参考模型，建立碳排放交易机制下的物流配送路径优化模型。将该模型与传统的仅考虑经济费用的路径优化模型进行比较，说明碳排放交易机制下的路径安排策略能够有效减少碳排放。通过数值实验探讨了碳交易、碳价格和碳配额对物流配送路径策略、碳排放量和总成本的影响。并根据数值实验结果提炼出了一些对物流企业如何控制成本和降低碳排放的配送决策建议。

关键词：碳交易 物流配送 路径优化 TSP 低碳

一、引言

根据联合国政府间气候变化专门委员会（Intergovernmental Panel on Climate Change，IPCC）发布的评估报告，温室气体造成全球气候变暖和极端天气的出现，严重危害生态系统和人类安全。温室气体主要来源于人类活动导致的二氧化碳（CO_2）的排放，如生产、物流环节中化工燃料的燃烧。为此，联合国、欧盟等许多国家和组织纷纷通过立法和设计机制来限制碳排放的总量。碳交易是被联合国、欧盟和世界许多其他国家广为采用的一种市场机制，可以有效调节碳排放的总量，如欧盟就制定和实施了碳排放交易的限额交易体系（cap - and - trade system）。目前我国碳交易已进入实质性阶段，由多部委联合制定的《“十二五”国家应对气候变化科技发展专项规划》已经正式公布，重点强调“研究建立我国碳排放权交易市场的技术支撑体系”，并同意北京市、天津市、上海市等七省市开展碳排放权交易试点。

物流配送是碳排放的主要来源之一，根据《斯特恩报告》（Stern Report）的数据[1]，全球温室气体排放中物流运输占了14%。我国物流业燃油消耗占总消耗的34%左右，二氧化碳排放量占18.9%，能耗成本已经占据了物流企业40%，甚至80%的比重。在可见的将来，政府将对物流业实行碳排放管制，因此，政府如何利用碳排放交易机制降低物流企业的碳排放？碳排放对物流企业运营层面决策有什么样的影响等是具有挑战且具有现实意义的研究课题。为了减少碳排放，企业一方面可以使用具有低能耗技术的设施、设备及车辆，另一方面，也可以优化其生产、物流中的运营决策。Benjaafar 等[2]认为优化运营决策是大量减少碳排放的一种更为有效和低成本的方法。

---

* 作者简介：李进，浙江工商大学信息学院，副教授；张江华，山东大学管理学院。

发表情况：系统工程理论与实践。

现有物流配送路径问题的研究大多基于旅行商（Traveling Salesman Problem，TSP）模型和车辆路径问题（Vehicle Routing Problem，VRP）模型，这方面的研究成果非常丰富，如潘震东和唐加福等[3]、李响和李勇建等[4]，Najera 和 Bullinaria[5]，等，但这些研究都以提高经济效益为目标，缺少对物流配送过程中碳排放的考量。少数研究已开始认识到碳排放对物流配送决策的影响。Kim 等[6]研究了在给定的多式联运和仅使用卡车的运输网络中考虑货运成本与碳排放量的多目标优化问题。Suzuki[7]以最小化油耗为目标研究了带时间窗的旅行商问题，采用压缩退火算法进行求解。Hoen 等[8]考察了两种碳排放管制机制（排放征税与排放限制）对运输模式选择的影响，建议政策制定者应该对货运排放量加以限制。Harris 等[9]研究了使用传统基于成本优化的方法带来的总物流成本与来自运输和车场耗电产生的二氧化碳排放之间的关系。也有学者研究了空运和海运中采用优化速度的方式来节约油耗进而降低碳排放的方法，如 Cariou[10]、Corbett 等[11]、Fagerholt 等[12]。Bektas 和 Laporte[13]将车辆路径问题与碳排放相结合，提出了污染路径问题（Pollution－Routing Problem，PRP），采用了一个考虑载重和速度的碳排放度量模型。

以上文献对考虑碳排放的物流配送路径决策问题进行了研究，然而碳交易机制下的物流配送决策问题却鲜有研究。近年来，少数学者已开始关注碳交易机制对生产、库存等运营决策的影响，如杜少甫等[14]研究了碳排放许可与交易机制对排放依赖型企业生产策略的影响，建立了企业生产优化模型，得到了有排放限额下的最优生产策略；Klingelhöfer[15]采用线性规划及其灵敏度分析方法研究了碳排放交易与企业技术更新投资；Hua 等[16]研究了碳排放交易机制下企业如何进行库存中的碳足迹管理，计算出了最佳订购量，并进行了数值分析；但还未见文献对碳交易机制下的物流配送路径决策问题进行研究。

因此，在上述文献的基础上，本文将研究碳交易机制下的物流配送路径决策问题。本文共分五个部分：本部分为引言；第二部分将建立碳交易机制下的物流配送路径优化模型；第三部分将从理论上论证分析碳交易机制对物流配送路径决策的影响；第四部分则利用数值实验说明碳交易、碳配额和碳价格对物流配送路径策略、碳排放量和总成本的影响；最后一部分对本文的研究进行了总结和展望。

二、模型的建立

（一）问题描述

本文所研究的碳交易机制是一种限额交易体系（cap－and－trade system），即物流企业被分配给予一定的碳排放配额，如果企业实际物流配送中的碳排放量超过碳配额，可以利用碳交易市场购买额外的碳排放许可权，另外，企业也可以出售其多余的碳排放许可权。假设碳排放的价格只取决于一个国家、地区或世界上的碳排放总额，与分配给单个企业的碳配额的多少没有关系。碳交易机制就是确保自利的企业在追求经济成本最小化目标的同时兼顾环保目标的实现。本文将基于经典的 TSP 模型进行研究，即假设一货车从配送中心出发，遍访所有客户各一次，最后返回配送中心，各客户的需求是已知且确定的，车辆的载重能力不小于所有客户的总需求。目标函数中将考虑能耗费用、车辆使用费用（与车辆使用的时间有关，包括折旧、司机工资等）和碳交易的费用（或收益）。

本文所使用的符号和决策变量如下：

$G = (V, E)$：物流配送网络；

V：节点集，$V = \{0, 1, \cdots, n\}$，其中0表示配送中心，其余节点表示客户；

E：弧集，$E = \{(i, j) \mid i, j \in V, i \neq j\}$；

d_{ij}：弧(i, j)的旅行距离；

v_{ij}：弧(i, j)的车辆行驶速度；

c_f：单位油耗的费用；

c_h：单位时间的车辆使用费用；

q_i：客户i的需求量；

L：车辆的最大装载能力；

P：碳交易价格；

Q：物流配送中的碳配额；

x_{ij}：为决策变量，表示弧(i, j)是否被车辆访问，若弧(i, j)被访问则$x_{ij} = 1$，否则$x_{ij} = 0$；

y_{ij}：为决策变量，表示经过弧(i, j)时的车辆载货量，若弧(i, j)被访问则$y_{ij} \geqslant 0$，否则$y_{ij} = 0$；

Z：为决策变量，表示碳排放的交易量，为一实数。

（二）碳排放的度量

物流配送中的碳排放量与运输模式、燃油类型、油耗量和旅行距离等多个因素有关[17]。为了问题计算的方便，本文引入陆路运输方式下的碳排放度量方法[8]。假设车辆在配送过程中经过弧(i, j)从节点i到节点j的碳排放量为EM_{ij}。该碳排放量与车辆在弧(i, j)上的油耗量FC_{ij}和燃油排放因子FE（Fuel Emissions Factor）有关，存在如下关系：

$$EM_{ij} = FE \cdot FC_{ij} \tag{1}$$

其中，燃油排放因子FE为单位燃油的二氧化碳排放量，即车辆将燃油转化成碳排放的能力，与所使用的车型和燃油类型有关，在给定的物流配送过程中一般设定为一常数，参照欧洲碳排放计算标准[8]，取$FE = = 2.62$kg/L。

弧(i, j)上的油耗量FC_{ij}的计算大多研究采用的是仅与距离有关的计算方法[6,8]，这使得油耗的计算不太合理，为此，本文将比较全面的考虑距离、载重和速度等多个因素对油耗计算的影响，采用如下计算公式[13]：

$$FC_{ij} = (\alpha_{ij}(w + y_{ij}) + \beta v_{ij}^2) d_{ij} \tag{2}$$

其中，α_{ij}为与弧(i,j)有关的常数（与道路的坡度、阻力等有关），w为空车重量，β为与所使用的车型有关的常数（与车辆的马力、迎风面积等有关），根据物流企业的运输实际情况，一般$\alpha_{ij} \in [0.09, 0.2]$，$\beta$与车型有关，范围变化较大，对于本文数值实验中使用的20t货车，取$\beta = 3.4$。式（2）表明不仅增大运输距离会增加油耗，提高载重和速度也会带来油耗使用的上升，另外式（2）还充分考虑了空车行驶中的油耗，这种计算方法更加准确和符合实际情况。

（三）模型

碳交易机制下以总成本最小为目标的物流配送路径问题的混合整数规划模型如下：

$$\min TC(X, Y, Z) = \sum_{(i,j)\in E} c_f FC_{ij} x_{ij} + \sum_{(i,j)\in E} c_h \frac{\mathrm{d}_{ij}}{v_{ij}} x_{ij} - PZ \quad (3)$$

$$\text{s.t.} \quad \sum_{i\in V} x_{ij} = 1 , \ \forall j \in V \quad (4)$$

$$\sum_{j\in V} x_{ij} = 1 , \ \forall i \in V \quad (5)$$

$$\sum_{j\in V} y_{ji} - \sum_{j\in V} y_{ij} = q_i , \ \forall i \in V \setminus \{0\} \quad (6)$$

$$q_j x_{ij} \leqslant y_{ij} \leqslant (L - q_i) x_{ij} , \ \forall (i, j) \in E \quad (7)$$

$$\sum_{(i,j)\in E} EM_{ij} x_{ij} + Z = Q \quad (8)$$

$$\sum_{i\in S}\sum_{j\in S} x_{ij} \leqslant |S| - 1 , 2 \leqslant |S| \leqslant n - 2 , S \subset V \quad (9)$$

$$X = (x_{ij}) , Y = (y_{ij}) , x_{ij} \in \{0, 1\} , y_{ij} \geqslant 0 , \ \forall (i, j) \in E , Z \in \mathrm{R} \quad (10)$$

其中，式（3）为目标函数，使得总成本最小，总成本包括三个部分，即能耗费用、车辆使用费用和碳交易费用；式（4）和式（5）表示对每个节点来说，仅有一条边进和一条边出；式（6）为流守恒约束；式（7）表示在每个弧上的车辆载重能力约束；式（8）为碳守恒约束，即物流配送中的碳排放量与交易的碳排放量之和等于企业的碳配额。式（9）保证了没有任何子回路产生；式（10）为决策变量约束，X 和 Y 分别为对应含有 x_{ij} 和 y_{ij} 的向量，x_{ij} 为 0 - 1 变量，y_{ij} 为非负变量，Z 为一实数型变量，当 $Z>0$ 时，表示企业出售 Z 单位的碳排放许可证，当 $Z<0$ 时，表示企业购买 $|Z|$ 单位的碳排放许可证，而当 $Z=0$ 时表示企业没有进行碳交易。

从以上模型可以看出，式（3）和式（8）中由于包含 $x_{ij}y_{ij}$ 这一项导致它们是非线性的，根据问题的特性和求解的方便，对它们进行线性变换如下：

式（3）变换后为：

$$\min TC(X, Y, Z) = \sum_{(i,j)\in E} c_f(\alpha_{ij} w + \beta v_{ij}^2) \mathrm{d}_{ij} x_{ij} + \sum_{(i,j)\in E} c_f \alpha_{ij} \mathrm{d}_{ij} y_{ij} + \sum_{(i,j)\in E} c_h \frac{\mathrm{d}_{ij}}{v_{ij}} x_{ij} - PZ \quad (11)$$

式（8）变换后为：

$$FE \cdot \left(\sum_{(i,j)\in E} (\alpha_{ij} w + \beta v_{ij}^2) \mathrm{d}_{ij} x_{ij} + \sum_{(i,j)\in E} \alpha_{ij} \mathrm{d}_{ij} y_{ij} \right) + Z = Q \quad (12)$$

上述给出的碳交易机制下的物流配送路径模型记为 PT。而不包含对碳排放的考量，仅以经济成本最小为目标，即以能耗和车辆使用费用总成本最小为目标的物流配送路径模型记为 PC，其模型如下：

$$\min TC(X, Y) = \sum_{(i,j)\in E} c_f(\alpha_{ij} w + \beta v_{ij}^2) \mathrm{d}_{ij} x_{ij} + \sum_{(i,j)\in E} c_f \alpha_{ij} \mathrm{d}_{ij} y_{ij} + \sum_{(i,j)\in E} c_h \frac{\mathrm{d}_{ij}}{v_{ij}} x_{ij} \quad (13)$$

约束为：式（4）~式（7）、式（9）；

决策变量为：$X = (x_{ij})$，$Y = (y_{ij})$，$x_{ij} \in \{0, 1\}$，$y_{ij} \geq 0$，$\forall (i, j) \in E$。

使得碳排放量最小的物流配送路径模型记为 PE，模型如下：

$$\min CE(X,Y) = FE \cdot (\sum_{(i,j)\in E} (\alpha_{ij}w + \beta v_{ij}^2) \mathrm{d}_{ij} x_{ij} + \sum_{(i,j)\in E} \alpha_{ij} \mathrm{d}_{ij} y_{ij}) \quad (14)$$

约束条件及决策变量同模型 PC。

可见 PC、PE 为 PT 的变型问题。假设 PT 模型的最优解为 X^t，Y^t，Z^t，碳排放量为 CE^t，总成本为 TC^t；PC 模型的最优解为 X^c，Y^c，碳排放量为 CE^c，总成本为 TC^c；PE 模型的最优解为 X^e，Y^e，碳排放量为 CE^e，总成本为 TC^e。显然有如下关系成立：$CE^t \geq CE^e$，$CE^c \geq CE^e$，$TC^c \leq TC^e$。

三、碳交易机制对物流配送路径决策影响的理论分析

这一部分将从理论上论证碳交易、碳价格和碳配额对物流配送路径策略、碳排放量和总成本的影响，而对于由于问题过于复杂，难以从理论上论证的内容，我们将在第四部分通过数值仿真来加以探讨。

定理 1 对于模型 PT，给定碳价格 P，不管碳配额 Q 如何变化，物流配送路径策略（X^t, Y^t, Z^t）和碳排放量 CE^t 均不变。

证明：由模型 PT 的碳平衡约束式（12）可知：

$$Z = Q - FE \cdot (\sum_{(i,j)\in E} (\alpha_{ij}w + \beta v_{ij}^2) \mathrm{d}_{ij} x_{ij} + \sum_{(i,j)\in E} \alpha_{ij} \mathrm{d}_{ij} y_{ij}) = Q - CE(X, Y) \quad (15)$$

将式（15）代入式（11）有：

$$\min TC(X,Y,Z) = TC(X,Y) - PZ = TC(X,Y) + P \cdot CE(X,F) - PQ \quad (16)$$

这样约束条件就与 Q 没有关系，而 PQ 为目标函数的常数项，故碳配额 Q 的变化不会对配送路径策略（X^t，Y^t，Z^t）和碳排放量 CE^t 产生影响。

根据定理 1，考虑碳配额变化对碳排放的交易量和总成本的影响，可以得出如下推论：

推论 1 对于模型 PT，给定碳价格，那么，

（1）如果碳配额 Q 减少，则碳排放的交易量 Z 减少，总成本 TC^t 增加；

（2）如果碳配额 Q 增加，则碳排放的交易量 Z 增加，总成本 TC^t 减少。

证明：由式（15）和式（16）易证上述结论成立。

定理 1 说明，碳配额的大小没有影响物流企业的配送路径安排，企业的碳排放量与碳配额的大小没有关系。这是由于本文考虑的碳排放量仅与碳价格有关，没有考虑碳配额的影响。但这并不意味着碳排放的限额交易机制是无效的。事实上，碳排放的限额交易机制旨在控制一个国家、地区或世界上的总碳排放量，该机制并不能保证所有的企业都减少碳排放，一些企业也可能会保持甚至增加其碳排放。碳排放限额交易机制通过控制碳配额的总量来影响碳价格，进而影响企业的配送策略和碳排放量的。但是，分配给一个企业的碳配额的多少不会影响碳价格，也不会对企业的配送策略和碳排放量产生影响。

推论 1 给出了一个直观的结论，当碳配额减少时，企业可交易的碳排放许可证减少，将不得不购买碳排放许可证，这无疑会增加总成本；相反当碳配额增加时，企业

可交易的碳排放许可证增加，企业会出售多余的碳排放许可证，从而减少了总成本。

定理2 对于模型 PT，存在一个临界碳配额 Q_0 且 $Q_0 = CE^t$，有：

（1）当 $Q < Q_0$ 时，企业需要购买（$Q_0 - Q$）单位的碳排放许可证；

（2）当 $Q > Q_0$ 时，企业需要出售（$Q - Q_0$）单位的碳排放许可证；

（3）当 $Q = Q_0$ 时，企业既不需要购买也不需要出售碳排放许可证，即不进行碳排放权交易。

证明：由式（15），令 $Z = Q - CE^t$，取 $Q_0 = CE^t$，分别由 $Z < 0$，$Z > 0$ 和 $Z = 0$，易证上述条件成立。

定理2表明，企业是否进行碳排放交易取决于碳配额的大小。当碳配额小于一临界值时，企业需要购买一定的碳排放许可证；当碳配额大于该临界值时，企业将出售其多余的碳排放许可证；碳排放交易量就是碳配额和临界值之间的差值。当碳配额刚好等于临界值时，企业不需要进行碳排放许可证的交易。

定理3 模型 PT 与模型 PC 相比，有，

(1) $CE^t \leqslant CE^c$；

(2) $TC^t - TC^c$ 的上限值为 $P(CE^c - Q)$；当 $Q \geqslant CE^c$ 时，$TC^t \leqslant TC^c$；

(3) 当碳交易量 $Z < 0$ 时，$TC^t > TC^c$。

证明：①由式（16）可知，$\forall (X, Y)$，有：

$$TC(X^t, Y^t, Z^t) \leqslant TC(X, Y, Z)$$

$$TC(X^t, Y^t) + P \cdot CE(X^t, Y^t) - PQ \leqslant TC(X, Y) + P \cdot CE(X, Y) - PQ$$

$$\text{故} \quad CE(X^t, Y^t) - CE(X,Y) \leqslant \frac{1}{P}(TC(X, Y) - TC(X^t, Y^t)) \tag{17}$$

特别地，取 $X = X^c$，$Y = Y^c$，则

$$CE(X^t, Y^t) - CE(X^c, Y^c) \leqslant \frac{1}{P}(TC(X^c, Y^c) - TC(X^t, Y^t)) \tag{18}$$

又由于 $TC(X^c, Y^c) \leqslant TC(X^t, Y^t)$ 且 $P > 0$，所以有 $\Delta CO_2 = CE(X^t, Y^t) - CE(X^c, Y^c) \leqslant 0$，即 $CE^t \leqslant CE^c$。

②根据式（16）可知，$\Delta TC = TC(X^t, Y^t, Z^t) - TC(X^c, Y^c) = TC(X^t, Y^t) + P \cdot CE(X^t, Y^t) - PQ - TC(X^c, Y^c)$，再由式（18），有：$\Delta TC \leqslant P(CE(X^c, Y^c) - Q)$，即 $\Delta TC \leqslant P(CE^c - Q)$。

当 $Q \geqslant CE^c$ 时，$\Delta TC \leqslant 0$，即 $TC^t \leqslant TC^c$。

③当 $Z < 0$ 时，由式（16）可知，$TC(X^t, Y^t, Z^t) = TC(X^t, Y^t) - PZ^t > TC(X^t, Y^t) \geqslant TC(X^c, Y^c)$，故 $TC^t > TC^c$。

定理3（1）说明，碳排放的限额交易机制能够有效引导企业减少碳排放，这也是该机制在碳排放控制中得以普遍应用的原因之一。定理3（2）说明，碳排放限额交易机制所带来的成本增量存在一个上限值，与碳价格和碳配额有关，当碳配额超过一临界值（模型 PC 的碳排放量）时，企业将会出售碳排放许可证从而减少了总成本，当碳配额较小时，数值仿真（见表2）表明碳交易机制一般会增加企业的总成本。定理3（3）说明，当企业购买碳排放许可证时，企业的总成本将会增加，而当企业出售碳排

放许可证时，数值仿真（见表2）表明企业的总成本一般会减少，当企业既不购买也不出售碳排放许可证时，数值仿真（见表2）表明企业的总成本可能不变，也可能增加。

定理3给出了碳交易机制下企业在一定条件下可以同时减少碳排放和总成本的可能性，故有如下推论：

推论2 当 $CE^t \neq CE^c$，且 $Q > CE^c$ 时，碳排放交易机制下企业可以同时减少碳排放和总成本。

证明：由定理3（1）的证明可知，当 $CE^t \neq CE^c$ 时，$\Delta CO_2 < 0$；由定理3（2）的证明可知，当 $Q > CE^c$ 时，$\Delta TC \leqslant C(CE^c - Q) < 0$。

定理4 模型PT、PC和PE之间存在如下关系：

（1）当 $P = 0$ 时，$X^t = X^c, Y^t = Y^c$；

（2）当 $P = +\infty$ 时，$X^t = X^e, Y^t = Y^e$；

（3）当 $c_h = 0$ 时，$X^t = X^c = X^e, Y^t = Y^c = Y^e$；

（4）$CE^e \leqslant CE^t \leqslant CE^c$。

证明：①模型PT比模型PC多了一个碳平衡约束，根据定理1的证明，将碳平衡约束代入到目标函数后得到式（16），此时模型PT与模型PC的约束条件是相同的，只是所考虑的目标函数不同。由式（16）可知，当 $P = 0$ 时，$\min TC(X, Y, Z) = TC(X, Y)$，所以 $X^t = X^c$，$Y^t = Y^c$。

②由式（17）可知，当 $P = +\infty$ 时，$CE(X^t, Y^t) - CE(X,Y) \leqslant 0$，即 $CE(X^t, Y^t) \leqslant CE(X, Y)$，$\forall(X, Y)$；特别地，取 $X = X^e$，$Y = Y^e$，则有：$CE(X^e, Y^e) \leqslant CE(X^t, Y^t) \leqslant CE(X^e, Y^e)$，即 $CE(X^t, Y^t) = CE(X^e, Y^e)$，故 $X^t = X^e$，$Y^t = Y^e$。

③由式（13）可知，

$$TC(X, Y) = \frac{c_f}{FE} CE(X, Y) + c_h \sum_{(i, j) \in E} \frac{d_{ij}}{v_{ij}} x_{ij} \tag{19}$$

当 $c_h = 0$ 时，$\min TC(X, Y) = \frac{c_f}{FE} CE(X, Y)$，故 $X^c = X^e$，$Y^c = Y^e$。

根据式（16）和式（19），有：

$$\begin{aligned} \min TC(X, Y, Z) &= TC(X,Y) + P \cdot CE(X,Y) - PQ \\ &= (\frac{c_f}{FE} + P) \cdot CE(X,Y) + c_h \sum_{(i, j) \in E} \frac{d_{ij}}{v_{ij}} x_{ij} - PQ \end{aligned} \tag{20}$$

当 $c_h = 0$ 时，$\min TC(X, Y, Z) = (\frac{c_f}{FE} + P) \cdot CE(X, Y) - PQ$，这里 PQ 为常数项，故 $X^t = X^e$，$Y^t = Y^e$。

所以，$X^t = X^c = X^e$，$Y^t = Y^c = Y^e$。

④由定理3（1）的证明易知 $CE^e \leqslant CE^t \leqslant CE^c$ 成立。

定理4（1）和（2）说明，对于限额交易的碳排放交易机制来说，当碳排放许可证是免费的时候，企业将不考虑碳排放的影响，采用最小化其经济成本的配送路径安排；当碳排放许可证的获得非常昂贵时，为了降低总成本，企业将尽量减少其碳排放，采用使得碳排放量最小的物流配送路径安排。定理4（3）得到的结论是显然的，当 $c_h=0$ 时，意味着总经济成本中只包含油耗，由于油耗直接影响碳排放的大小，此时企业的经济目标和环保目标是一致的，故模型 PT、PC 和 PE 的配送路径安排是相同的。定理4（4）表明碳交易机制通过调节配送路径安排使得其碳排放量介于模型 PE 和模型 PC 产生的碳排放量之间，从而实现了经济目标和环保目标的平衡。

四、数值实验

在本部分，我们将利用数值实例来验证上文中论述的内容，同时将碳配额、碳价格对物流配送策略、碳排放量和总成本的影响展开更加深入的研究和分析，以总结出一些有价值的管理建议。

（一）实验设置

数值实验采用符合实际物流配送应用的数据，以我国上海、浙江、江苏、安徽、江西五个省市的20个城市节点组成的城际物流配送网络作为研究对象，选择上海作为物流配送中心，其他城市作为客户点，各城市的位置如表1所示[18]，客户的货物需求量取［500，5000］之间随机产生的整数（单位：kg）。由一辆货车完成所有客户的巡回配送，该车辆的载重能力 $L=20\text{t}$，自重 $w=20\text{t}$。与碳排放量有关的参数设置为[13]：$\alpha_{ij}=0.15$，$\beta=3.4$，$FE=2.62\text{kg/L}$，$P=3$ 元/kg，$Q=1000\text{kg}$，$c_f=7.0$ 元/L，$c_h=30$ 元/h，车辆在每个弧段的速度 v_{ij} 取［40，100］之间的随机整数（单位：km/h）。鉴于实际物流配送中单车一次访问的节点数目一般不超过20个[7]，基于上述数据产生节点数 $n=10$，15，20 的三组测试问题，每组测试问题随机产生10个测试实例，每个测试实例随机产生的客户总需求不超过车辆的载重能力限制，测试结果为这10次计算的平均值。

表1　城际物流配送网络节点的相对坐标

城市	X坐标（km）	Y坐标（km）	城市	X坐标（km）	Y坐标（km）
上海	4177	2244	温州	4139	2615
连云港	3929	1892	安庆	3766	2364
南京	3918	2179	蚌埠	3777	2095
无锡	4062	2220	合肥	3780	2212
徐州	3751	1945	黄山	3896	2443
扬州	3972	2136	芜湖	3888	2261
杭州	4061	2370	鹰潭	3789	2620
椒江	4207	2533	景德镇	3796	2499
金华	4029	2498	九江	3678	2463
宁波	4201	2397	南昌	3676	2578

本文使用 Lingo 11.0 求解所建立的混合线性整数规划模型，求解器利用分支定界法进行运算，所有测试实例的运算时间控制在 2h 以内，当 $n=10$ 和 15 时求得的是全局最优解，当 $n=20$ 时可能出现局部最优解，运行计算机 CPU 为 P8400 1.58GHz PC。

（二）碳排放对物流配送路径决策的影响

表 2　　　　模型 PT 与 PC 的实验结果对比

n	TC^c	CE^c	Q	TC^t	$Q_0=CE^t$	Z	ΔCO_2	ΔTC	$P\cdot(CE^c-Q)$
10	3103.956	843.461	800	3234.338	843.461	−43.461	0	130.382	130.383
			843.461	3103.956	843.461	0	0	0	0
			850	3084.338	843.461	6.539	0	−19.618	−19.617
			900	2934.338	843.461	56.539	0	−169.618	−169.617
15	3804.273	1064.744	1000	3976.063	1050.141	−50.141	−14.603	171.790	194.232
			1050	3826.063	1050.141	−0.141	−14.603	21.790	44.232
			1050.141	3825.640	1050.141	0	−14.603	21.367	43.809
			1100	3676.063	1050.141	49.859	−14.603	−128.210	−105.768
20	4808.985	1365.762	1300	5000.472	1354.630	−54.630	−11.132	191.487	197.286
			1350	4850.472	1354.630	−4.630	−11.132	41.487	47.286
			1354.630	4836.582	1354.630	0	−11.132	27.597	33.396
			1400	4700.472	1354.630	45.370	−11.132	−108.513	−102.714

为了考察碳排放对物流配送路径安排的影响，对配送网络 $n=10$，15，20 的问题，分别求解模型 PC 和 PT，得到了如表 2 所示的实验结果。表 2 的求解结果也验证了定理 1～3 是成立的。由表 2 可以看出，给定碳价格，当碳配额 Q 变化时，碳足迹 CE^t 均不变，说明定理 1 是成立的。当碳配额 Q 减少时，碳排放的交易量 Z 减少，总成本 TC^t 增加；当碳配额增加时，碳排放的交易量 Z 增加，总成本 TC^t 减少，这验证了推论 1 的正确性。从表 2 的 Q，Q_0 和 Z 对应的列可以看出，对于同一规模的每组问题，存在一个临界碳配额 $Q_0=CE^t$，当 $Q<Q_0$ 时，企业需要购买（Q_0-Q）单位的碳排放许可证，反之当 $Q>Q_0$ 时，企业需要出售（$Q-Q_0$）单位的碳排放许可证，当 $Q=Q_0$ 时，企业既不需要购买也不需要出售碳排放许可证，即说明了定理 2 是成立的。

由表 2 还可以看出，对于所有测试的问题，$\Delta CO_2 \leqslant 0$，表明碳排放的限额交易机制能够有效减少企业的碳排放，即说明了定理 3（1）是正确的；由表 2 的倒数第一二列可知，$\Delta TC \leqslant P\cdot(CE^c-Q)$，且当 $Q \geqslant CE^c$ 时，$\Delta TC \leqslant 0$，这验证了定理 3（2）的正确性；同时也可以看出当 $Z<0$ 时，总有 $\Delta TC>0$，表明只要企业购买碳排放许可证，必然会导致其总成本的增加，这符合定理 3（3）的结论。从表 2 还可以看出，当 $CE^t \neq CE^c$ 且 $Q>CE^c$ 时，总有 $\Delta CO_2<0$，$\Delta TC<0$，表明只要碳配额超过一定的量（模型 FC 的碳排放量），企业就可以同时减少碳排放和总成本，这验证了推论 2 的

结论。

为了分析模型PE、PC与PT的总成本和碳排放之间的关系，分别求解模型PE、PC与PT，求解结果如表3所示。从表3可以看出，在不同规模问题下，模型PE给出了碳排放量最小的物流配送路径安排方案，而模型PC产生的碳排放量最大，模型PT产生的碳排放量介于两者之间，即满足定理4（4）的关系：$CE^e \leqslant CE^t \leqslant CE^c$，说明碳交易机制可以有效地调节经济目标和环保目标，产生更加合理的碳排放。虽然模型PE产生了最小的碳排放，但总费用明显增加，而模型PT却存在同时减少碳排放和总费用的可能性（如 $n=10$ 时）。

表3　模型PE、PC与PT的总成本和碳排放对比

n	TC^e	TC^c	TC^t	CE^e	CE^c	CE^t
10	3179. 273	3103. 956	2634. 338	820. 492	843. 461	843. 461
15	3825. 639	3804. 273	3976. 063	1050. 141	1064. 744	1050. 141
20	5001. 479	4808. 985	5900. 472	1349. 070	1365. 762	1354. 630
Ave.	4002. 130	3905. 738	4170. 291	1073. 234	1091. 322	1082. 744

（三）碳配额、碳价格对碳排放和总成本的影响

首先考察碳配额对碳排放和总成本的影响。对具有不同规模的每组测试问题，以该组测试问题的最小碳排放量为中心，设置6个碳配额的参数值 Q，并根据不同的碳配额计算各测试问题的碳排放和总成本，计算结果如图1所示。由图1可见，在 $n=10$，15，20的三组测试问题下，碳配额都没有影响企业的碳排放，随着分配给企业的碳配额的增加，总成本逐渐减少，说明在碳交易机制下，碳配额是一种关键资源，直接影响企业的成本，增加碳配额可以节约企业成本，减少碳配额会增加企业的成本。

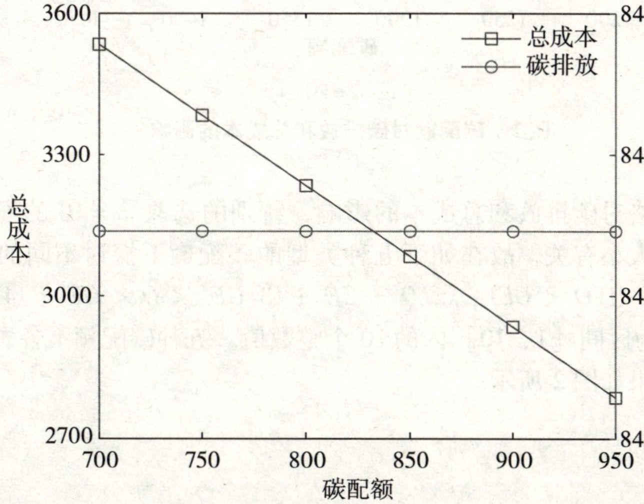

a. $n=10$

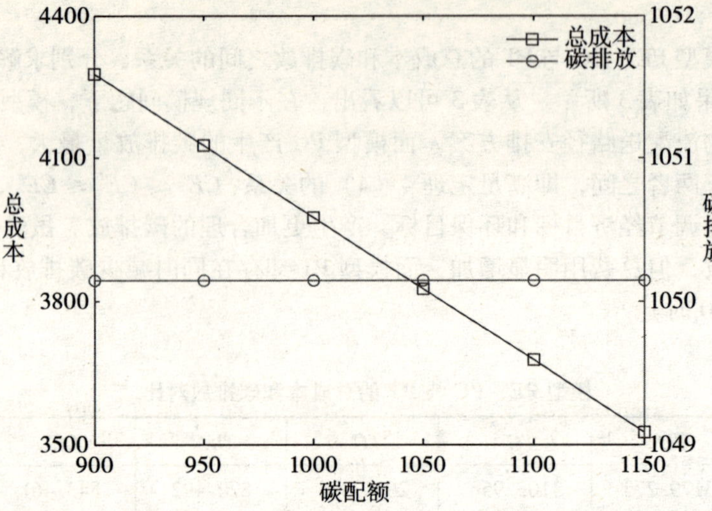

b. $n=15$

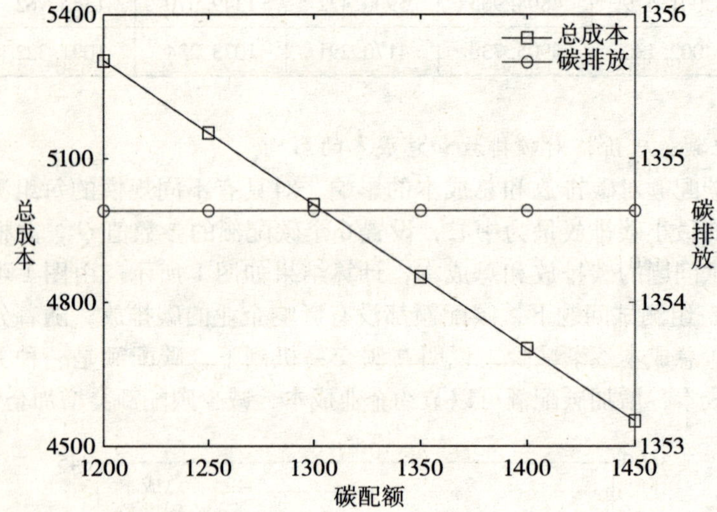

c. $n=20$

图 1　碳配额对碳排放和总成本的影响

下面探讨碳价格对碳排放和总成本的影响，特别的选取 $n=10$ 的配送网络，由于总成本与碳配额的大小有关，故在如下五种类型的碳配额下探讨不同的碳价格对碳排放和总成本的影响：① $Q<CE^e$；② $Q=CE^e$；③ $CE^e<Q<CE^c$；④ $Q=CE^c$；⑤ $Q>CE^c$。碳价格为区间［1，10］内的10个整数值。五种碳配额下各碳价格的碳排放和总成本的计算结果如图 2 所示。

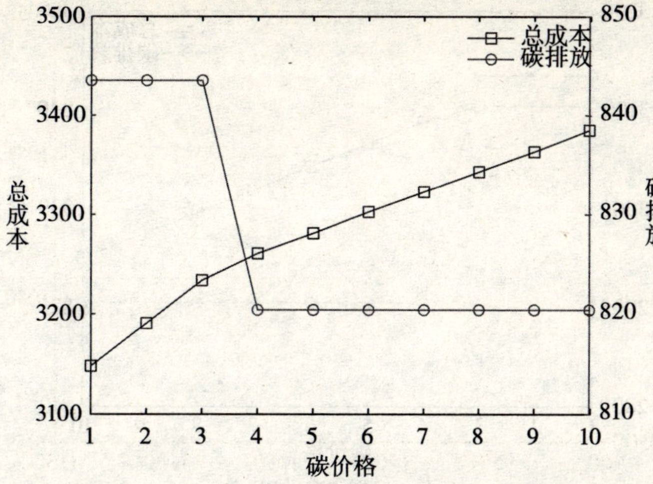

a. $n=10$，$Q<CE^e$

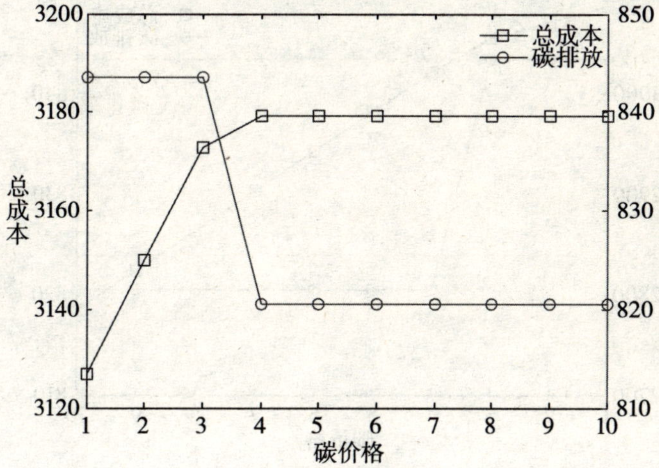

b. $n=10$，$Q=CE^e$

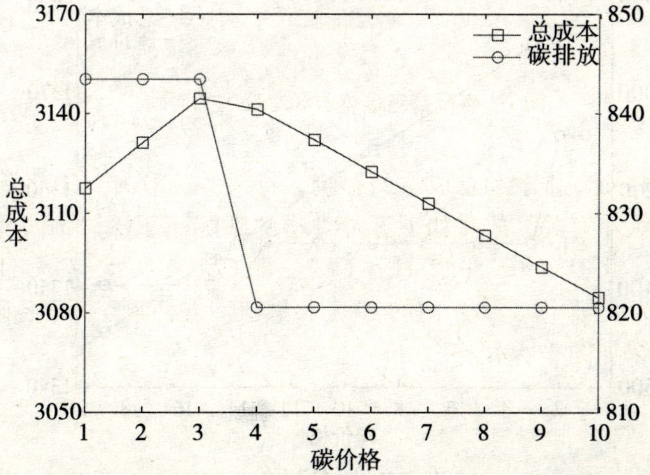

c. $n=10$，$CE^e<Q<CE^c$

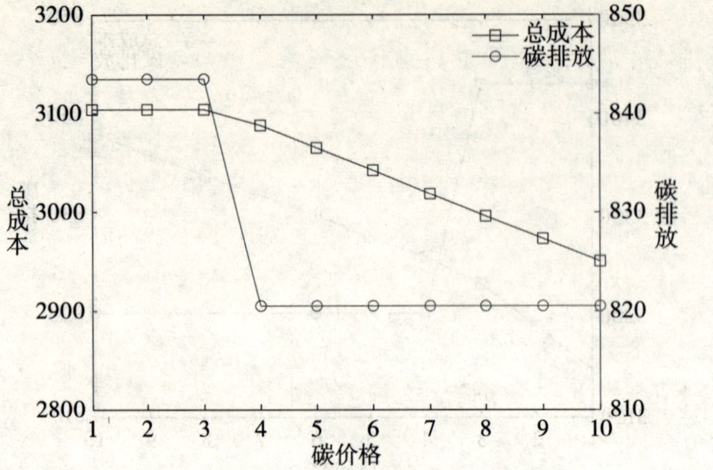

d. $n=10$，$Q=CE^c$

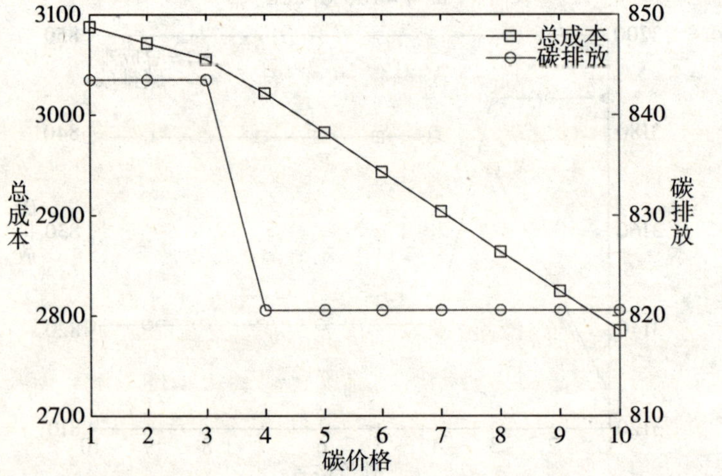

e. $n=10$，$Q>CE^c$

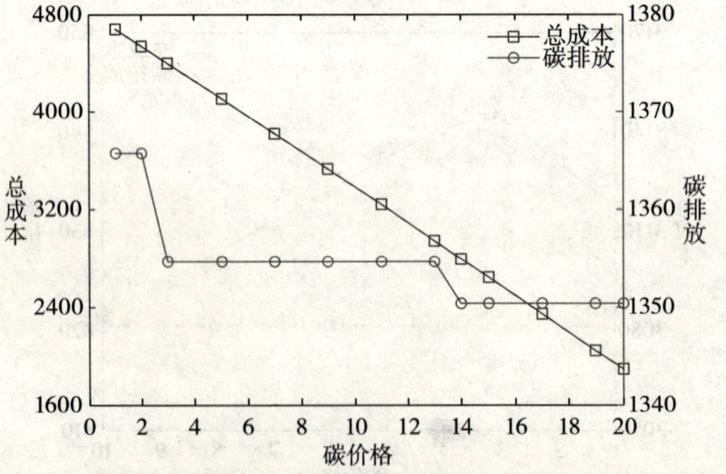

f. $n=20$，$Q>CE^c$

图 2　碳价格对碳排放和总成本的影响

从图2可以看出，随着碳价格的上升，碳排放为一“阶梯形”下降曲线。碳价格越高时，企业排放碳或购买碳排放许可证的成本也就越高，为了减少总成本，企业将努力降低碳排放或减少购买碳排放许可证。之所以出现“阶梯形”下降的曲线，是由于在碳价格较低时，企业采用经济费用最小化的配送策略比碳排放量最小化的配送策略容易减少总成本，而在碳价格较高时，企业采用碳排放量尽量小的配送策略更能节约总成本，只有当碳价格超过一定临界值时，企业的碳排放才会“阶跃式”下降，如本例中当$P \geq 4$时，企业就会选用最小化碳排放的配送策略，这就形成了只有达到临界价格后才下降的“阶梯型”碳排放曲线。由图2还可以看出，随着碳价格的上升，总成本在不同碳配额下出现了五种变化曲线：总成本先增加后增幅变小；总成本先上升后维持不变；总成本先上升后下降；总成本先维持不变后减少；总成本先减少后减少幅度增大，总成本曲线的拐点均发生在临界碳价格处。这表明企业的总成本依赖于碳配额的大小。

在问题规模较大时，碳排放曲线仍具有明显的阶梯下降趋势，总成本曲线仍取决于碳配额，如图2（f）所示为$n=20$，$Q>CE^c$时的碳价格对碳排放和总成本的影响曲线，可以看出，碳排放为一阶梯型下降曲线，且具有多个临界碳价格，总成本曲线仍表现为总体下降，临界碳价格之后减少幅度增大的趋势。由以上分析可以得出一个有趣的结论，若初始临界碳价格为P_0，同时减少总成本和碳排放的条件是：$Q>CE^e$，且$P \geq P_0$。

五、结束语

低碳物流已经是大势所趋，物流企业将面临如何在配送运营决策中做好碳排放管理的新问题。本文研究了碳交易机制对物流配送路径决策的影响，基于经典的TSP模型，建立了具有环保要求的碳交易机制下物流配送路径决策模型，并与传统的以降低经济成本为目标的路径决策模型进行了对比，探讨了碳交易、碳配额、碳价格对配送路径决策、碳排放量和总成本的影响。利用实际数据进行了数值仿真，实验结果总结出了一些重要的管理建议。

仿真分析表明，由于同时考虑了经济成本和环保要求，碳交易机制下的物流配送路径最优决策实际上是在追求最小化经济成本和最小化碳排放之间的平衡，当碳价格为0时，模型的目标就是最小化经济成本，当碳价格很高时模型的目标则是最小化碳排放。与仅考虑经济成本的模型PC相比，碳排放限额交易机制能够有效促使企业减少碳排放，但可能会带来企业成本的上升，当碳配额较大时企业也可以同时减少碳排放和总成本。碳配额与碳价格对企业的配送路径决策、碳排放和总成本具有较大的影响。分配给单个企业的碳配额的多少不会改变企业的碳排放量，但会影响企业的总成本。企业是否购买碳排放许可证取决于碳配额的大小：当碳配额小于临界值时，企业需要购买碳排放许可证，当碳配额大于临界值时，企业将出售碳排放许可证，而当碳配额等于临界值时，企业不需要进行碳排放许可证交易。随着碳价格的上升，碳排放为一“阶梯形”下降曲线，只有当碳价格超过临界价格后碳排放才开始减少，总成本的变化则取决于碳配额的大小。

本文的研究对于碳交易机制下物流配送操作具有十分重要的现实意义，对于我国物流运输行业节能减排政策的制定具有重要的参考价值。本文假设碳配额未对碳价格产生影响以及只考虑了单个企业的运营决策问题，这使得一些结论距离实际应用还有一定的差距，那么对于碳价格依赖于碳配额情况下多个企业如何进行合作博弈，以及如何考虑需求的不确定性和多模式下的配送决策等问题则是需要进一步的研究。

参考文献

[1] STERN N. Stern Review: the Economics of Climate Change [R]. HM Treasury, London, 2006.

[2] BENJAAFAR S, LI YZ, DASKIN M. Carbon Footprint and the Management of Supply Chains: Insights from Simple Models [R]. Minneapolis: University of Minnesota, 2009.

[3] 潘震东，唐加福，韩毅．带货物权重的车辆路径问题及遗传算法［J］．管理科学学报，2007，10（3）：23－29.

[4] 李响，李勇建，蔡小强．随机产率和随机需求下的再制造系统的回收定价决策［J］．系统工程理论与实践，2009，29（8）：19－27.

[5] NAJERA AG, BULLINARIA JA. An Improved Multi－objective Evolutionary Algorithm for the Vehicle Routing Problem with Time Windows [J]. Computers&Operations Research, 2011 (38): 287－300.

[6] KIM NS, JANIC M, WEE B. Trade－off between Carbon Dioxide Emissions and Logistics Costs Based on Multiobjective Optimization [J]. Transportation Research Record, 2009 (2139): 107－116.

[7] SUZUKI Y. A New Truck－routing Approach for Reducing Fuel Consumption and Pollutants Emission [J]. Transportation Research Part D: Transport and Environment, 2011, 16 (1): 73－77.

[8] HOEN KMR, TAN T, FRANSOO JC, et al. Effect of Carbon Emission Regulations on Transport Mode Selection in Supply Chains [R]. Retrieved from the Eindhoven University of Technology website: http://alexandria. tue. nl/repository/books/672727. pdf, 2010.

[9] HARRIS I, NAIM M, PALMERC A, et al. Assessing the Impact of Cost Optimization Based on Infrastructure Modeling on CO_2 Emissions [J]. International Journal of Production Economics, 2011, 131 (1): 313－321.

[10] CARIOU P. Is Slow Steaming A Sustainable Means of Reducing CO_2 Emissions from Container Shipping [J]. Transportation Research Part D, 2011 (16): 260－264.

[11] CORBETT JJ, WANG H, WINEBRAKE JJ. The Effectiveness and Costs of Speed Reductions on Emissions from International Shipping [J]. Transportation Research Part D, 2009 (14): 593－598.

[12] FAGERHOLT K, LAPORTE G, NORSTAD L. Reducing Fuel Emissions by Optimizing Speed on Shipping Routes [J]. Journal of the Operational Research Society, 2010 (61): 523－529.

[13] BEKTAS T, LAPORTE G. The Pollution－routing Problem [J]. Transportation Research B: Methodological, 2011, 45 (8): 1232－1250.

[14] 杜少甫，董骏峰，梁樑，等．考虑排放许可与交易的生产优化［J］．中国管理科学，2009，17（3）：52－86.

[15] KLINGELHÖFER HE. Investments in Eop－technologies and Emissions Trading－results from a Linear Programming Approach and Sensitivity Analysis [J]. European Journal of Operational Research, 2009 (196): 370－383.

[16] HUA GW, CHENG TCE, WANG SY. Managing Carbon Footprints in Inventory Management [J]. International Journal of Production Economics, 2011, 132 (2): 178 - 185.

[17] SUNDARAKANI B, DE SOUZA R, GOH M, et al. Modeling Carbon Footprints Across the Supply Chain [J]. International Journal of Production Economics, 2010, 128 (1): 43 - 50.

[18] 马良，朱刚，宁爱兵．蚁群优化算法［M］．北京：科学出版社，2008.

基于公共配送点的快递社区末端共同配送模式*

何明珂　贾衍慧

摘　要： 随着消费观念的转变，网络经济在我国国民经济里占据到越发重要的位置，同时给相关快递行业带来了很大的发展机会。但承担线下配送任务的第三方快递公司和电商自营的配送系统却在火暴的网络经济中饱受诟病，宅配服务效率和质量不能满足消费者要求使得"最后一公里"成为电子商务发展的一大瓶颈。由此催生了基于公共配送点的快递社区末端共同配送模式的诞生。本文在对快递社区末端共同配送模式现状进行分析的基础上，以解决目前影响其发展的主要问题为目标，运用博弈思想分析其发展策略，为这种新型配送模式的发展提供了参考。

关键字： 快递　社区公共配送点　末端共同配送　博弈　Shapely 值

一、引言

随着消费观念的转变，网购日渐成为大众日常购物的一种习惯，网络经济在我国国民经济里占据到越发重要的位置。网购数量的提升同时给相关快递行业带来了很大的发展机会，为其提供了半数以上的订单①。但相比于线上的火暴景象，承担线下配送任务的第三方快递公司和电商自营的配送系统却饱受诟病，使"最后一公里"成为电子商务发展的一大瓶颈。其中，影响网购宅配服务效率和质量的因素主要有：①电商节假日大搞促销活动导致爆仓问题严重拖延收货时间；②收货人空闲时点与配送员上门时点难以准确同步、造成重复配送降低"门到门"服务质量；③物流网络体系建设速度无法满足宅配需求的急速增长，而"大物流"投资成本高昂但见效缓慢[1]。因此，建设短距物流不失为一种直接有效的解决方式。2011 年年末北京市商务委、北京市快递协会、"北京城市一百物流公司"共同推动了基于公共配送点的快递社区末端共同配送系统的建立，开始探索冲破"最后一公里"困局的有效途径。

共同配送以集约化为指导思想，最早产生于日本。Leda 等（1992）通过建模分析估算了 1977 年开始实行共同配送系统的福冈市滕井区的效益，发现共同配送对改善的商业中心区域严重拥堵的交通环境有着积极作用和重要意义[2]。此外，德国也在共同配送领域进行了大量实践。Kohler（1999）研究了德国 Kassel 的共同配送系统，指出共同配送可以显著降低货车的出行时间及用车数量[3]。共同配送在我国正处于起步阶段，还没有得到普遍实践，但相关研究已有很多，如何明珂（1995）对食品流通领域共同

---

* 作者简介：何明珂，北京工商大学，教授，博士生导师；贾衍慧，北京工商大学商学院，管理科学与工程。

① 数据来源：阿里巴巴创业网 http：//info. china. alibaba. com/news/detail/v0 - d1025609354. html.

配送效益的研究[4]，王之泰（1998）对共同配送降低成本的研究[5]，周敏（2004）对共同配送经济效益合理分配问题的研究[6]，琚春华等（2011）对共同配送多种成本分配模型的研究等[7]。

本文在对快递社区末端共同配送模式现状进行分析的基础上，以解决目前影响其发展的主要问题为目标，运用博弈思想分析其发展策略，为这种新型配送模式的发展提供参考。

二、快递社区末端共同配送模式现状分析

（一）快递社区末端共同配送模式分析

快递社区末端共同配送模式是针对收件地址为居民住宅和高校学生宿舍的快递配送模式，以设立在社区周边和高校内部的公共配送点作为快递公司和电商企业的共同配送中心，以一公里为服务半径，统筹协调配送区域内各快递公司和电商企业的包裹，促使他们共同利用公共配送点的仓储、人员、车辆等资源，以集约化的形式完成快递包裹靠近顾客的末端配送活动。

（二）快递社区末端共同配送运作主体与运作形式分析

1. 快递社区末端共同配送运作主体

快递社区末端共同配送的运作主体是各社区公共配送点。作为末端新的第三方物流节点，社区公共配送点组织快递公司和电子商务企业，在互信互惠的基础上成立虚拟的物流配送联盟：快递公司和电商发出的包裹实物按区域流向各社区公共配送点，再由社区公共配送点交付至收件人；虚拟的物流配送信息通过社区公共配送点在联盟企业和收件人之间进行实时交换和共享，如图1所示。

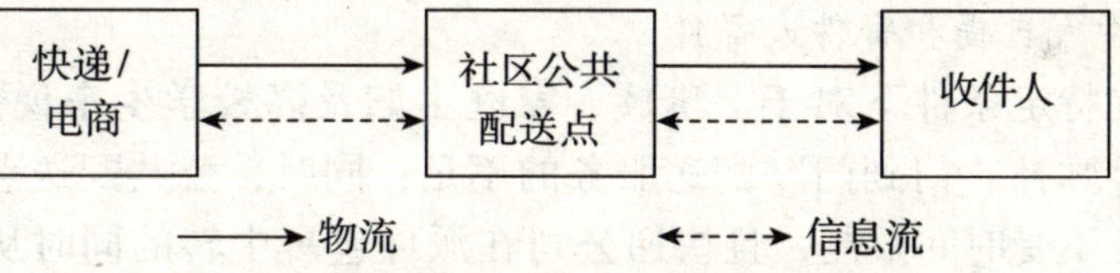

图1　快递社区末端共同配送示意

2. 社区公共配送点运作分析

社区公共配送点将联盟中快递公司区域中转站递送的包裹进行中转接收，并按收货人指定的收货方式提供配送服务。其中，作为配送环节最后一公里上靠近收货人的第三方枢纽，社区公共配送点的配送服务包括门到门配送以及自提保管。

（三）快递社区末端共同配送模式的优势

1. 加速快递公司中转站包裹的配送

由于对末端物流资源的整合运用，公共配送点完成最后一公里配送工作的效率将大大提高，可以满足共同配送联盟的服务需求；快递公司和电商企业可以在业务量激增时快速消化中转站积压的大量包裹，同时可以减少配送次数，进而降低成本、提高效率。

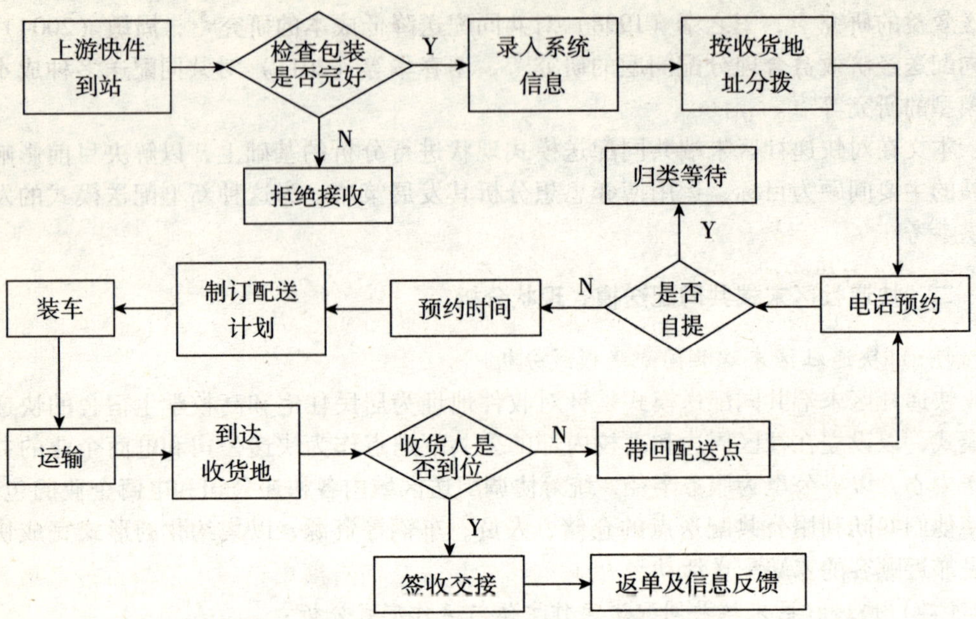

图2　社区公共配送点的派件/自提流程

2. 提高终端配送节点的作业效率和效益

公共配送点的服务半径平均为15分钟路程，配送员上门时间预约的准确率将大大提高，从而减少配送员的等待时间、提高整条配送链的效率；同时，在发生重复配送的情况下，相比较于各快递公司平均3~5公里的区域配送半径，公共配送点重复配送的成本将大大降低。

3. 方便收件人自提和寄件人寄件

快件自提在特定条件下对于上班族、家庭主妇及高校学生来说更加方便和安全，公共配送点能够弥补“门到门”配送服务的不足；同时，公共配送点在地理位置上同样临近寄件人且不受时间限制，且快递公司在派件包裹中转的同时从公共配送点接收寄件包裹，可以提高收派系统的整体效率。

（四）影响快递社区末端共同配送模式进一步发展的瓶颈

1. 快递公司不愿委托过多派件业务

公共配送点虽然以快递配送末端的第三方合作企业出现，但不可避免地在一定程度上被快递公司看做潜在的竞争对手，因此快递员顾虑末端配送专业化使现有工作受到威胁，快递公司担忧共同配送隔断与消费者的直接接触而影响品牌推广，造成了快递公司的消极态度。但影响委托派件量最主要的原因在于派件的利润分成。快递业利润率逐年下降，快递员派件提成本身很低，即使共同配送提高派件效率，但快递员自然不愿将派件提成再分与公共配送点，快递公司也不愿降低利润来承担这部分费用。

2. 电商对共同配送联盟还持观望态度

自营物流的电商对宅配的改进尤为关注，但也十分谨慎。目前快递业与公共配送点的合作还不成熟，社区末端共同配送的网络规模效应还未形成；加之社区末端共同配送在一定程度上阻碍了电商直接提供个性化服务来树立品牌形象的途径，因此电商仍在观望公共配送点的发展态势。

3. 快递公司不愿进行联合收件

收件是整个快递配送活动的开始，是快递公司的利润源泉，同样也是公共配送点的期望利润点。虽然末端资源的整合使双向的物流联盟能够提高收派件的整体效率，但公共配送点代收件的提成系数影响到快递公司参与联合收件联盟后的利润，因此只有能够综合考虑快递公司和社区公共配送点整体利润的提成费率，才能促使末端收派件联盟的形成。

三、快递社区末端共同配送模式发展策略分析

业务量是快递末端共同配送模式得以存在和发展的关键。因此，面对瓶颈，公共配送点应致力于增加快递公司代派件和代收件业务委托量，发展并巩固末端收派件联盟，形成快递末端共同配送的规模和网络效应，从而有助于拓展电商派件业务以及模式的进一步发展。

（一）以基于政府补贴和业务创新的派件优惠促进派件联盟

将“快递末端派件”博弈看做完全信息动态博弈。其中，公共配送点先于快递公司采取行动，在代派件（高收费，优惠）策略中进行选择；快递公司则根据公共配送点的行动在（积极参与，消极对抗）策略中进行选择。博弈树如图3所示。

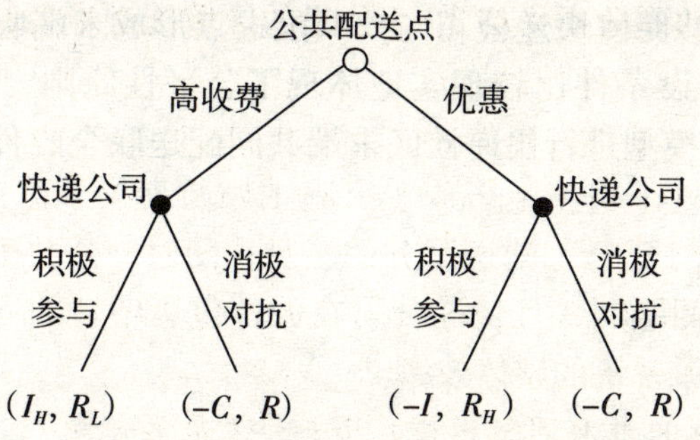

图3　快递末端派件博弈树

公共配送点根据不同行动策略得到收益 I_H、$-C$、$-I$，快递公司根据不同行动策略得到收益 R_L、R、R_H。其中，若快递公司消极对抗，公共配送点的收益将是付出的固定成本及人力、水电等变动成本，$-C<0$；若快递公司积极参与，公共配送点的收益将由代派件收费决定，优惠条件下公共配送点收入难以弥补支出，易知 $-C<-I<0<I_H$。另外，共同配送降低快递公司派件成本，但公共配送点高收费又降低快递公司利润，因此 $R_H>R>R_L$。

由逆向归纳法得到的子博弈精练纳什均衡为：公共配送点“优惠”，快递公司在此条件下选择“积极参与”。博弈结果表明，公共配送点为吸引快递公司参与末端共同配

送将在亏损条件下选择代派件收费优惠策略。但现实情况是，公共配送点以赢利为目的而非公益性质，如果预测到只能采取优惠策略而导致亏损，那么公共配送点将不会进入末端共同配送市场。因此，如果政府鼓励末端共同配送系统的建立，公共配送点应寻求政府补贴，将选择“优惠”策略的收益由 $-I$ 变为 $I'>0$，从而吸引快递公司积极参与，并为模式的进一步发展提供基础。

同时，公共配送点不能长久依靠政府补贴来维持快递公司的参与，因此在收费条件下需要业务创新来提高快递公司的长期收益预期。即将单次博弈扩展至无限次重复博弈，利用业务创新使得快递公司预期收益增长率为 p。则：

$$R_L + R_L(1+p)q + R_L(1+p)q^2 + \cdots + R_L(1+p)q^n + \cdots > R + Rq + Rq^2 + \cdots + Rq^n + \cdots \tag{1}$$

其中，q 为时间贴现因子，$0<q<1$，则：

$$R_L + R_L(1+p)\frac{q}{1-q} > R + R\frac{q}{1-q} \tag{2}$$

整理得：

$$q > \frac{R-R_L}{pR_L} \tag{3}$$

在式（3）的条件下，快递公司会更看重长期收益。此时，公共配送点需要以①快递公司品牌推广；②派件客户信息反馈；③退货业务处理等业务创新增加快递公司业务量，使得快递公司预期收益增长，从而侧重于长期合作。

（二）以基于合作博弈均衡的代收件提成费率促进收件联盟

有效的利润分配能够促使快递公司与公共配送点形成末端收件联盟。在相同的条件下，Shapley 值法的假设条件比较现实地体现了公平性原则[7]，因此本文采用基于 Shapley 值法的利润分配模型进行快递社区末端共同配送联合收件利益的分配，即提成费率的确定。

首先定义如下变量：

D ——社区公共配送点；

E ——快递公司；

T_{RC} ——配送员的培训成本；

R_{UC} ——配送资源使用和占用成本；

G_C ——取件成本；

D_C ——派件成本；

S_C ——仓储和库存管理成本；

I_C ——信息处理成本；

O_{FC} ——其他固定成本；

β ——公共配送点代收件提成费率；

P ——快递公司对顾客的单位收件收费；

n^L ——快递公司不参与联合收件时的收件量；

n^H ——联合收件时联盟的收件量；

c^H ——快递公司不参与联合收件时的单位服务成本；

c_E^L ——快递公司参与联合收件时的单位服务成本；

c_D^L ——公共配送点收件的单位服务成本；

f_E^H ——快递公司不参与联合收件时的固定成本；

f_E ——快递公司参与联合收件时的固定成本；

f_D ——公共配送点收件的固定成本。

其次求出特征函数。定义一个在联合收件局中人合作集合 $S = \{\varphi, \{D\}, \{E\}, \{D, E\}\}$ 上的函数 $v(\cdot)$，表示不同局中人合作时的收益水平：

联盟是空集时：$v(\phi) = 0$。

没有达成联合收件联盟时：快递公司不委托公共配送点代收其快件，公共配送点收益 $v(\{D\}) = v_D = 0$；快递公司收益 $v(\{E\}) = v_E = Pn^L - c^H n^L - f_E^H$ (4)

其中变动成本和固定成本分别为：

$$c^H n^L = G_C + D_C + S_C + I_C \tag{5}$$

$$f_E^H = T_{RC} + R_{UC} + O_{FC} \tag{6}$$

达成社区末端联合收件联盟后，联盟的总收益为：

$$v(\{D, E\}) = v_{D,E} = \beta P n^H - c_D^L n^H - f_D + (1-\beta) P n^H - c_E^L n^H - f_E \tag{7}$$

其中公共配送点变动成本和固定成本分别为：

$$c_D^L n^H = G_C^D + S_C^D + I_C^D \tag{8}$$

$$f_D = T_{RC}^D + R_{UC}^D + O_{FC}^D \tag{9}$$

快递公司变动成本和固定成本分别为：

$$c_E^L n^H = G_C^E + D_C^E + S_C^E + I_C^E \tag{10}$$

$$f_E = T_{RC}^E + R_{UC}^E + O_{FC}^E \tag{11}$$

由于公共配送点有靠近顾客的优势，同时有效整合末端物流资源，因此认为 $n^H > n^L$，$c_E^L < c^H$。

最后确定代收件提成费率 β。

第一，快递公司参与联合收件的预期收益不小于其单独收件收益，即：

$$(1-\beta) P n^H - c_E^L n^H - f_E \geqslant v(\{E\}) = v_E = Pn^L - c^H n^L - f_E^H \tag{12}$$

因此：

$$\beta \leqslant \left(1 - \frac{n^L}{n^H}\right) + \frac{(c^H n^L - c_E^L n^H) + (f_E^H - f_E)}{Pn^H} \tag{13}$$

令 $\alpha = \dfrac{n^L}{n^H}$ 为表明公共配送点能力的渠道系数，且 Pn^H 相对于快递公司固定成本差值 $f_E^H - f_E$ 忽略不计，则：

$$\beta \leqslant 1 - \alpha + \alpha \frac{c^H}{P} - \frac{c_E^L}{P} \tag{14}$$

第二，公共配送点联合收件的期望收益大于0，即：

$$\beta P n^H - c_D^L n^H - f_D \geqslant 0 \tag{15}$$

因此：

$$\beta \geqslant \frac{c_D^L n^H + f_D}{Pn^H} \tag{16}$$

第三，设联合收件联盟博弈 $B(N, V)$ 中，$\phi(V) = (\phi_1(v), \phi_2(v), \cdots, \phi_n(v))$ 为合作联盟博弈的 Shapely 值[8]，其中：

$$\phi_i(v) = \sum_j \frac{(|S_{ij}|-1)!(n-|S_{ij}|)!}{n!}[v(S_{ij}) - v(S_{ij} - \{i\})] \tag{17}$$

$\phi_i(v)$ 为第 i 个利益个体合理分配比例，S_{ij} 为包含个体 i 的第 j 个子集，$|S_{ij}|$ 是 S_{ij} 中元素的个数，n 为局中人数量，$n=2$，$N = \{D, E\}$。则：

$$\begin{aligned}\phi_E(v) &= \frac{(1-1)!(2-1)!}{2!}[v_E - v(\phi)] + \frac{(2-1)!(2-2)!}{2!}[v_{D,E} - v_D] \\ &= \frac{1}{2}v_E + \frac{1}{2}v_{D,E}\end{aligned} \tag{18}$$

$$\begin{aligned}\phi_D(v) &= \frac{(1-1)!(2-1)!}{2!}[v_D - v(\phi)] + \frac{(2-1)!(2-2)!}{2!}[v_{D,E} - v_E] \\ &= \frac{1}{2}v_{D,E} - \frac{1}{2}v_E\end{aligned} \tag{19}$$

将式（15）和式（16）相加得：

$$\phi_E(v) + \phi_D(v) = v_{D,E} \tag{20}$$

联盟利润分配分别为：

$$\frac{\phi_E(v)}{\phi_E(v) + \phi_D(v)} = \frac{(1-\beta)Pn^H - c_E^L n^H - f_E}{v_{D,E}} \tag{21}$$

$$\frac{\phi_D(v)}{\phi_E(v) + \phi_D(v)} = \frac{\beta Pn^H - c_D^L n^H - f_D}{v_{D,E}} \tag{22}$$

将式（19）、式（20）代入式（22），得：

$$v_{D,E} - v_E = 2(\beta Pn^H - c_D^L n^H - f_D) \tag{23}$$

整理得：

$$\begin{aligned}\beta &= \frac{P(n^H - n^L) + (c^H n^L + c_D^L n^H - c_E^L n^H) + (f_E^H + f_D - f_E)}{2Pn^H} \\ &= \frac{P\left(1 - \frac{n^L}{n^H}\right) + \left(c^H \frac{n^L}{n^H} + c_D^L - c_E^L\right) + \frac{1}{n^H}(f_E^H + f_D - f_E)}{2P} \\ &= \frac{1}{2}(1-\alpha) + \frac{1}{2P}(c^H\alpha + c_D^L - c_E^L) + \frac{1}{2Pn^H}(f_E^H + f_D - f_E) \\ &\approx \frac{1}{2}(1-\alpha) + \frac{1}{2P}(c^H\alpha + c_D^L - c_E^L) + \frac{f_D}{2Pn^H}\end{aligned} \tag{24}$$

式（24）可分别变换为：

$$\beta \approx \left(\frac{c^H}{2P} - \frac{1}{2}\right)\alpha + \frac{1}{2P}(c_D^L - c_E^L + P) + \frac{f_D}{2Pn^H} \tag{25}$$

$$\beta \approx \frac{1}{2}(1-\alpha) + \frac{1}{2P}\left(\frac{G_C + D_C + S_C + I_C}{n^H} + C_D^L - C_E^L\right) + \frac{f_D}{2Pn^H} \tag{26}$$

β 是关于 c^H 的增函数；由快递公司经营理性可知 $\frac{c^H}{P}<1$，即 $\frac{c^H}{2P}-\frac{1}{2}<0$，因此 β 是关于 α 的减函数，如图 4 所示。

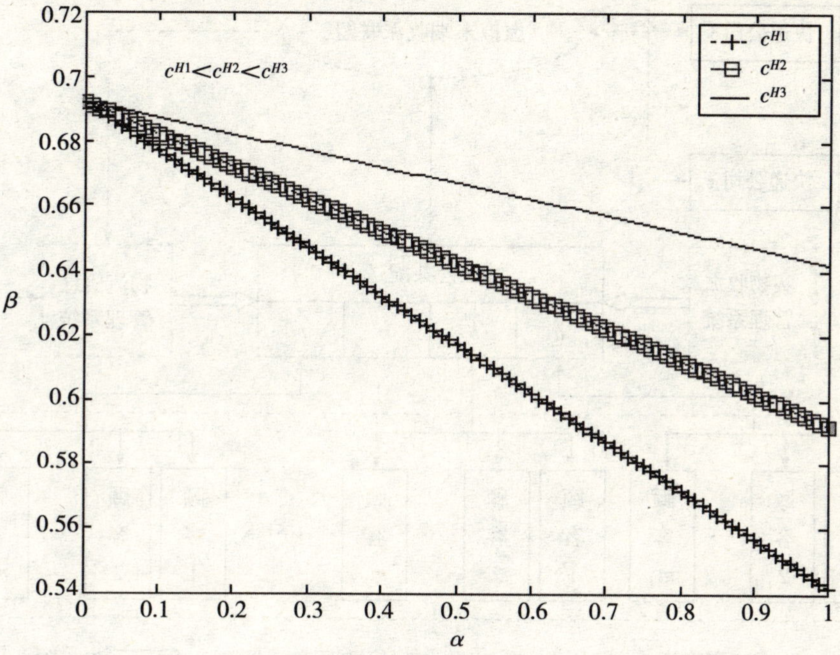

图 4　β 函数示意

因此，对于公共配送点，提供优质收件服务能够吸引更多寄件业务，同时在利润分配中占据更多优势；对快递公司而言，单位服务成本 c^H 影响其联盟利润分配，在参考末端收派联盟的条件下，快递公司可以通过社区末端共同配送减少派件成本 D_C 和仓储库存管理成本 S_C，从而减少单位服务成本，因此，收件利益能够激励快递公司更加积极参与共同配送，进而形成末端收派联盟。

（三）快递末端收派联盟的形成

对派件和收件联盟的促进使末端共同配送联盟得以保持和巩固，并且形成新的双向的实物流与信息流的快递末端共同收派系统，如图 5 所示。

完善后的社区末端共同配送收派系统将快递公司、城市一百物流公司以及社区公共配送点组成虚拟的末端收派联盟，在社区公共配送点“实物收派系统”和“物流信息管理系统”的共同作用下完成快递宅配最后一公里的配送作业。这种新型的配送模式将使快递宅配的信息标准化、运作区域化和服务集中化得到更大的发展。

四、结论

本文在对快递社区末端共同配送模式现状进行分析的基础上，以解决目前影响其发展的主要问题为目标，运用博弈思想分析其发展策略，为这种新型配送模式的发展

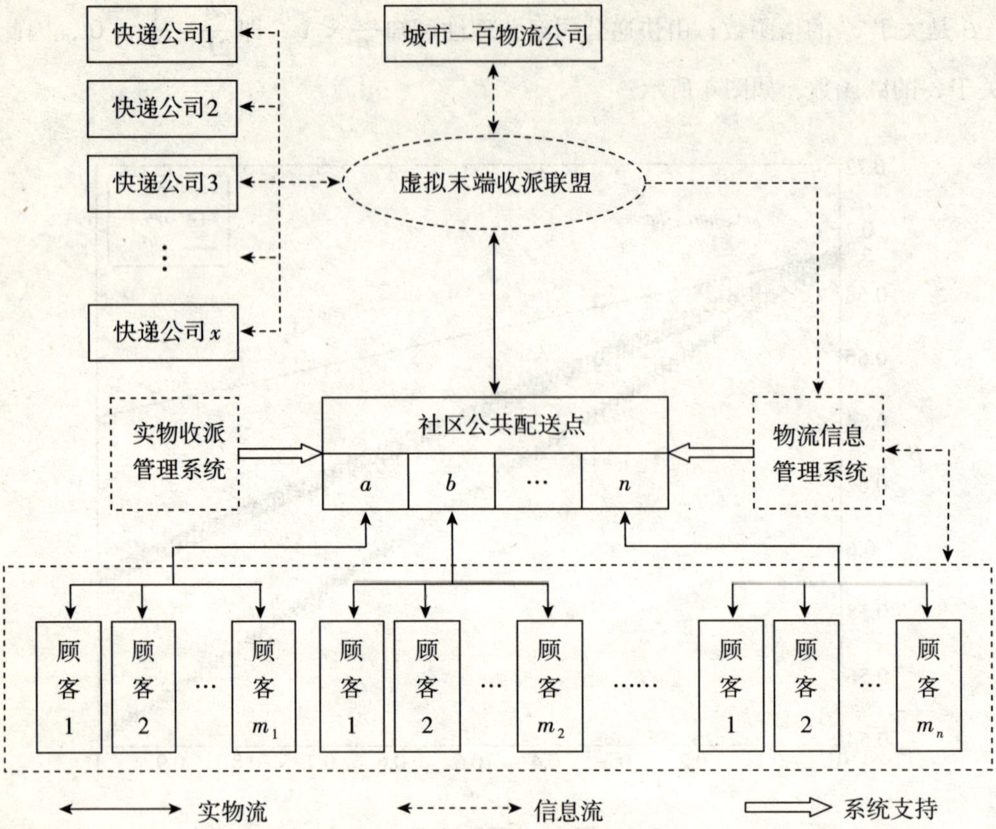

图5　社区末端共同配送模式的收派系统

提供了参考。但本文在分析中没有考虑到公共配送点品牌以及联盟中快递公司寡头竞争因素对合作模式的影响。以上不足将是进一步研究的方向。

参考文献

[1] 豆瑞星. 网宅生活的最后一公里 [J]. 互联网周刊，2011 (13)：32－34.

[2] 王孝坤，杨飞，杨东援. 面向社会效益的城市共同配送研究进展 [J]. 物流技术，2007 (3)：1－4.

[3] KOEHLER. City Logistics In Kassel [J]. City Logistics，1999 (1)：261－271.

[4] 何明珂，石一兵. 在我国食品流通领域实施集约化共同配送的有关问题 [J]. 北京商学院学报，1995 (6)：58－60.

[5] 王之泰. 现代物流管理 [M]. 北京：中国工人出版社，2001：244－245.

[6] 周敏. 共同配送的经济效益合理分配模型 [J]. 物流技术，2004 (3)：38－41.

[7] 琚春华，高春园，鲍福光，等. 基于多种方法的共同配送成本分配模型研究 [J]. 铁道运输与经济，2011 (2)：57－63.

[8] 彭育松，周敏. 合作博弈下的共同配送利益合理分配模型 [J]. 云南财贸学院学报，2006 (1)：60－64.

基于混合粒子群算法的群岛泊位分配问题研究*

李仁健　彭建良　李修琳

摘　要：针对群岛泊位分配问题，以船舶总在港时间为优化目标，建立了群岛泊位分配问题模型，并提出了一种混合粒子群算法进行求解。该算法中，在更新粒子状态时加入模拟退火和免疫调节操作，增强了粒子群算法的全局搜索能力。此外，该算法中所发展的分段编码法使得粒子解码后能满足船舶类型约束。最后，以舟山群岛大宗商品泊位分配问题为例，通过实证研究，验证了混合粒子群算法的有效性。

关键词：群岛泊位分配　混合粒子群算法　模拟退火　人工免疫

一、引言

2011 年6 月30 日，国务院正式批复同意设立浙江舟山群岛新区。舟山群岛新区将逐步建成中国大宗商品储运中转加工交易中心。群岛泊位分配问题是群岛物流体系建设和发展的焦点问题，科学合理的泊位分配方案能够有效提高港口的作业效率，减少进港船舶的在港时间，从而提高国际物流岛的运营效率和服务质量。

一直以来，泊位分配问题（Berth Allocation Problem，BAP）的研究受到了国内外学者的广泛关注，Steenken 等人对此做了较为全面的总结[1,2]。日本的著名学者 Imai 从不同的角度对 BAP 做了大量的研究：1997 年，针对亚洲的集装箱港口研究了静态 BAP[3]；2001 年，针对公共泊位系统研究了动态 BAP[4]；2005 年，对比研究了连续型 BAP 和离散型 BAP 及其优缺点[5]；2008 年，针对多用户集装箱码头研究了泊位和起重机联合调度问题[6]。Lokuge 等人[7]研究了集装箱港口的自动泊位分配问题，提出应用智能软件系统管理港口的运营。Wang 等人[8]将泊位分配问题转化为一个多阶段决策问题，提出了一种随机集束搜索算法寻找有效边界。Seyedalizadeh 等人[9]提出了一种基于遗传算法（GA）的连续型 BAP 求解方法。Rudinei 等人[10]提出了一种基于模拟退火（SA）的聚类搜索（CS）方法求解 BAP。杜玉泉等人[11]从行为运筹学的角度，采用深度集成的方法研究了面向服务的泊位和岸桥联合调度问题。国内外学者在 BAP 方面的研究都已较为成熟且深入。但是对于多品种大宗商品在群岛环境下的泊位分配问题（Archipelago Berth Allocation Problem，ABAP）的研究，还没有引起关注。

本文研究动态环境下的 ABAP，所谓的动态是相对于静态而言（在调度时，所有的船舶都已抵港等待靠泊），指所考虑的船舶可以在其他船舶靠泊后才到达[12]。首先，

---

* 作者简介：彭建良，浙江工商大学，教授，硕士生导师；李修琳，浙江工商大学，讲师；李仁健，浙江工商大学计算机与信息工程学院。

根据 ABAP 的特点，考虑港区距离、货物品种、泊位类型与水深、航道水深等因素，以船舶总在港时间为目标函数，构建 ABAP 模型；其次，在离散粒子群算法（DPSO）的基础上，结合模拟退火法、人工免疫算法，设计了一种适用于求解 ABAP 的混合粒子群算法（HPSO）；最后，以舟山群岛大宗商品泊位分配问题为例进行实证研究，将本文提出的 HPSO 算法与 DPSO 算法进行对比分析。

二、问题描述与模型构建

（一）问题描述

ABAP 具体描述如下：设有若干条装有不同种类货物的船舶进入港区，需要竞争使用不同类型泊位进行装卸作业。码头调度员按照船舶装载的货物种类分配相应类型的泊位；船舶收到泊位分配指令后选择合适的航道航行至相应的港区，若此时泊位空闲就开始作业，否则在锚地等待；船舶作业完成后离开港区。ABAP 以船舶总在港时间最短为优化目标。船舶总在港时间是指船舶从到达港区到离开港区所经历的时间，其中包括船舶在港区的航行时间、等待时间和作业时间。ABAP 的求解就是要寻找到一种合适的分配方案，在满足约束条件下为每条船舶安排合适的泊位和作业顺序。

（二）模型构建

为了进一步描述 ABAP 模型，首先对本文使用的数学符号进行定义：n 为到港船舶数量，V 为到港船舶集；m 为港区泊位数量，B 为港区泊位集；r 为货物种类；K 为货物种类集；A、L、S、O、W 分别为船舶的到港时间、离港时间、航行时间、作业时间和等待时间；T 为船舶的吨位；C 为泊位的核定靠泊能力；N 为航道通航能力；D 为泊位能够接收的货物种类；G 为船舶装载的货物种类；X_{ij} 为决策变量：

$$X_{ij}=\begin{cases}1, & \text{船舶 } i \text{ 在泊位 } j \text{ 上得到服务；}\\ 0, & \text{其他。}\end{cases}$$

以船舶总在港时间为优化目标构建 ABAP 模型如下：

$$\min Z=\sum_{i=1}^{n}(L_i-A_i)=\sum_{j=1}^{m}\sum_{i=1}^{n}(S_{ij}+O_{ij}+W_{ij})\cdot X_{ij} \tag{1}$$

$$\text{s.t.}\quad \sum_{j=1}^{m}X_{ij}=1;\ i\in V \tag{2}$$

$$\sum_{j=1}^{m}\sum_{i=1}^{n}X_{ij}=n;\ i\in V;\ j\in B \tag{3}$$

$$(C_j-T_i)X_{ij}\geqslant 0;\ i\in V;\ j\in B \tag{4}$$

$$(N_j-T_i)X_{ij}\geqslant 0;\ i\in V;\ j\in B \tag{5}$$

$$\text{若 } X_{ij}=1,\ D_j=G_i;\ i\in V;\ j\in B \tag{6}$$

其中，式（1）为目标函数，式（2）表示每条船舶有且仅有一次停泊机会；式（3）表示所有到港船舶都能得到服务；式（4）表示泊位的靠泊能力要满足船舶的要求；式（5）表示航道的通航能力要满足船舶的要求；式（6）表示船舶的类型要与泊位的类型相对应。

三、适合于求解 ABAP 的混合粒子群算法

（一）混合粒子群算法

粒子群优化算法（Particle Swarm Optimization，PSO）是在 1995 年由美国学者 Kennedy 和 Eberhart 提出的一种新兴的群智能优化算法[15]。基本 PSO 操作简单，易于实现，但不能用于直接求解离散以及组合优化问题，其算法本身还存在着算法精度不高、容易陷入局部最优的缺点。本文提出的 ABAP 是具有复杂约束条件的组合优化问题，并且对算法精度有很高要求，因此必须对基本 PSO 进行改进。

PSO 的本质是粒子从其个体极值以及种群中获取更新信息，而粒子获取个体以及群体信息的方式并不是唯一的。本文首先引入了 GA 中的交叉和变异操作，通过粒子同个体极值和群体极值的交叉以及粒子自身变异的方式来更新粒子状态，提出了一种离散粒子群算法（DPSO）。但是在这种更新方式过程中，粒子过于贪婪地获取信息，算法容易早熟收敛，计算精度也不高。模拟退火法（SA）能以一定概率接受差的解；人工免疫算法（IA）的调节功能能够有效促进种群的多样性，这都有助于提高算法的全局搜索能力和计算精度。因此，本文在 DPSO 的基础上，结合 SA、IA 的算法思想，设计了一种适合于求解 ABAP 的混合粒子群（HPSO）算法。

（二）适合于求解 ABAP 的混合粒子群算法设计

1. 粒子的编码方式

本文中，粒子的个体编码采用整数编码的方式，每个粒子代表一个泊位分配方案，粒子的长度由船舶数决定。在 ABAP 问题中，船舶类型要和泊位类型相对应，为此本文提出了一种基于船舶类型约束的分段编码法。其基本思想是按照船舶类型的不同对粒子进行分段编码，粒子编码遵循以下原则：粒子按船舶类型不同分为若干段，同一类型船舶的编号组成一段粒子，该段粒子的编码由相应类型泊位的编号组成。这种编码方式巧妙地解决了船舶类型约束问题，因此特别适用于 ABAP 模型。两种类型泊位的编码方案如图 1 所示。

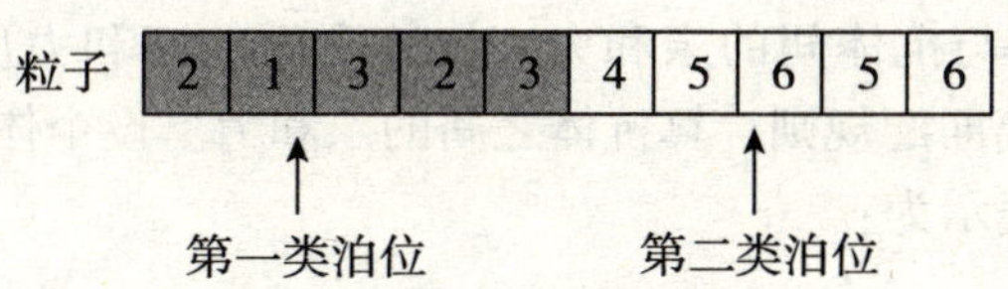

图 1　粒子分段编码示意

上述编码方案表示：1 号船舶在 2 号泊位接受服务，2 号船舶在 1 号泊位接受服务，依此类推，船舶接受服务的先后顺序由到达时间的先后顺序决定。1 ~ 5 号为同一类型船舶，1 ~ 3 号泊位与其对应；6 ~ 10 号为另一类型船舶，4 ~ 6 号泊位与其对应。两段粒子分别代表两种类型泊位的分配方案。

2. 粒子的更新方式

本文中的粒子更新分为两个步骤：

第一步，采用潘全科等人[14]提出的PSO位置更新公式更新粒子：

$$X_i^{k+1} = c_2 g(c_1 g(wf(X_i^k), pB_i^k), gB_i^k) \tag{7}$$

函数 $wf(X_i^k)$ 的操作过程类似于遗传算法中的变异操作：首先在粒子中随机产生两个变异位，然后将这两个位置互换，系数 w 是操作这一项的概率。函数 $c_1 g(X_i^k, pB_i^k)$ 代表粒子向个体最优值学习，其操作过程类似于遗传算法中的交叉操作，本文采用两点交叉的方式实现粒子与个体最优值的交叉：首先随机产生两个交叉位置，然后将两个粒子中的对应位置进行交换，系数 c_1 是操作这一项的概率。函数 $c_1 g(X_i^k, gB_i^k)$ 代表粒子向群体最优值学习，其操作过程与函数 $c_1 g(X_i^k, pB_i^k)$ 的操作相同，系数 c_2 是操作这一项的概率。

第二步，用模拟退火（SA）策略选择粒子组成新种群。第一步中的粒子位置更新公式实现了PSO的离散化处理，但是仍然保留了PSO易于陷入局部最优的缺点。SA算法能以一定的概率接受较差的解，这在一定程度上提高了粒子的全局搜索能力。因此，本文在用式（7）完成粒子更新后，用SA中的Metropolis准则判断是否接受新解。

3. 粒子的免疫操作

上节中的PSO位置更新方式，粒子过于贪婪地从个体最优位置和群体最优位置获取信息，使得算法能在前期较快收敛，但在后期粒子的多样性逐渐丧失，算法极易陷入局部最优。SA能在一定程度上提高算法的全局搜索能力，但对保持粒子多样性的贡献不明显。本文引入免疫算法（IA）中的免疫调节机制，促进粒子的多样性，从而提高算法的全局搜索能力和计算精度。免疫操作过程如下：

步骤1：随机产生 m 个备用粒子组成备用种群，m 为种群规模。

步骤2：计算抗体与抗原间的亲和力。抗体对应于问题的解，抗原对应于问题的本身，抗体与抗原间的亲和力反应抗体与抗原的匹配程度，也就是解的好坏。针对本文的群岛泊位分配问题，亲和力函数 A 取适应度函数 Z 的倒数：

$$A = \frac{1}{Z} = \frac{1}{\sum_{i=1}^{n}(L_i - A_i)} = \frac{1}{\sum_{j=1}^{m}\sum_{i=1}^{n}(S_{ij} + O_{ij} + W_{ij}) \cdot X_{ij}}$$

步骤3：计算抗体与抗体间的亲和力。抗体之间的亲和力反应抗体之间的相似程度。本文采用海明距离匹配规则计算抗体之间的亲和力。设个体编码的长度为 L，抗体 x_1，x_2 的相似度可以表示为：

$$H(x_1, x_2) = \sum_{i=1}^{L}(x_{1i} \times x_{2i}), \text{其中}, x_{1i} \times x_{2i} = \begin{cases} 1, & x_{1i} = x_{2i} \\ 0, & x_{1i} \neq x_{2i} \end{cases}$$

抗体 x_1，x_2 之间的亲和度可以表示为：$S(x_1, x_2) = \dfrac{H(x_1, x_2)}{L}$

步骤4：计算抗体浓度。抗体浓度反应种群中相似抗体所占比例，抗体 x_i 的浓度可以表示为：

$$C_{x_i} = \frac{1}{m}\sum_{j=1}^{m} B(x_i, x_j); B(x_i, x_j) = \begin{cases} 1, & S(x_i, x_j) > \theta \\ 0, & \text{其他} \end{cases}; i = 1, 2, \cdots, m$$

其中，m 为种群规模；$\theta \in (0, 1)$ 为预先设定的一个阀值。

步骤5：计算抗体的期望繁殖率。抗体的期望繁殖率由抗体与抗原之间的亲和力 A 以及抗体浓度 C 两部分共同决定。抗体 x_i 的期望繁殖率可以表示为：

$$P_{x_i} = \alpha \frac{A_{x_i}}{\sum_{i=1}^{m} A_{x_i}} - (1 - \alpha) \frac{C_{x_i}}{\sum_{i=1}^{m} C_{x_i}}$$

式中，$\alpha \in (0, 1)$ 为多样性评价参数。

步骤6：比较更新后的粒子与备用种群中的粒子的期望繁殖率，选择期望繁殖率大的粒子组成新种群。

4. 求解 ABAP 的免疫粒子群算法流程

步骤1：确定种群规模，随机初始化种群。

步骤2：计算种群中每个粒子的适应度值，记录个体历史最优位置和群体历史最优位置。

步骤3：按照交叉变异的概率，粒子分别与个体历史最优位置和群体历史最优位置进行交叉，再进行变异操作。并判断新产生的粒子是否满足约束条件，修改不符合约束条件的粒子。

步骤4：利用模拟退火策略选择粒子进入下一步操作。

步骤5：用免疫机制对粒子进行多样性评价，选择期望繁殖率高的粒子组成新种群，完成粒子状态的更新。

步骤6：判断是否满足终止条件，满足则输出最优解，不满足则返回步骤2。

四、仿真实验

（一）基础数据

本文以舟山国际物流岛为例，进行仿真实验。舟山港的货物以大宗商品为主，2013 年 2 月的数据显示：油品、煤炭、矿砂、建材这四种大宗商品吞吐量占全港货物吞吐量的90%，因此本文选取这四种类型的泊位进行研究。考虑到大宗物品船舶规模较大，选取 5 万吨级以上的大型泊位，泊位基础数据如表 1 所示。

表1　　泊位基础数据表

泊位编号	类型	核定吨位（吨）	作业效率（吨/小时）	所属港区
1	油品	250000	6000	定海
2	油品	50000	4500	定海
3	油品	80000	5000	定海
4	油品	300000	6000	定海
5	油品	300000	6000	老塘山
6	油品	100000	6000	洋山
7	矿砂	250000	5000	马迹山
8	矿砂	300000	6000	马迹山

续 表

泊位编号	类型	核定吨位（吨）	作业效率（吨/小时）	所属港区
9	矿砂	180000	5000	绿华
10	建材	120000	4000	老塘山
11	建材	50000	3000	老塘山
12	建材	50000	3000	老塘山
13	建材	200000	4000	绿华
14	煤炭	50000	3000	六横
15	煤炭	150000	3500	六横

船舶的到港时间间隔服从正态分布，正态分布的均值μ为船只平均到港时间间隔，标准差σ设为1。船舶载重采取随机抽取的方式，油品、矿砂、建材以及煤炭类船舶载重取值区间分别为5万~15万吨、8万~15万吨、3万~15万吨、3万~15万吨。船舶在港区内的航行时间均为22公里/小时。船舶数量分别取40，60和80。为了方便计算，到港时间以第一艘船到港当天的0点为基准。

（二）算法结果对比及分析

本文算法程序采用MATLAB R2012a进行编写。程序运行的硬件环境为Intel（R）Core（TM）i3/3.07GHz/4.00GB。算法参数设置如下：种群规模设为30；迭代次数分两种情况：问题规模为15×40时，迭代次数设为1000，问题规模为15×60和15×80时，迭代次数设为2000；惯性系数设为0.1，社会系数和认知系数设为1。

为了验证本文提出的HPSO的算法性能，按照问题规模设计3组实验，用DPSO和本文提出的HPSO分别运行10次，以船舶总在港时间为评价指标进行对比，运行结果如图2、图3和图4所示。

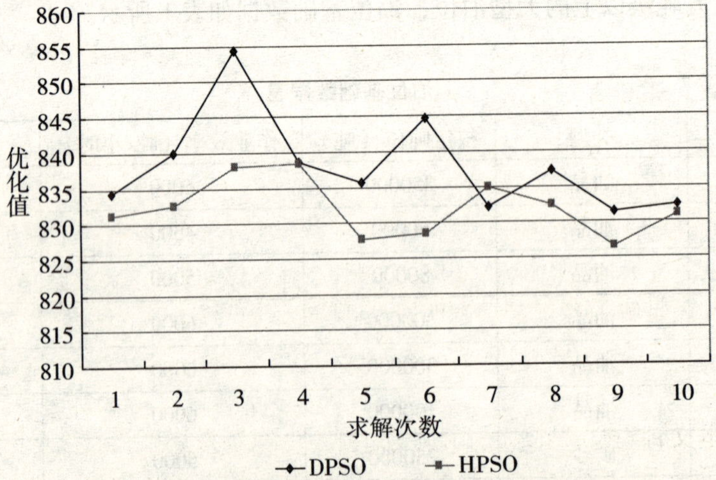

图2 问题规模15×40的运行结果对比

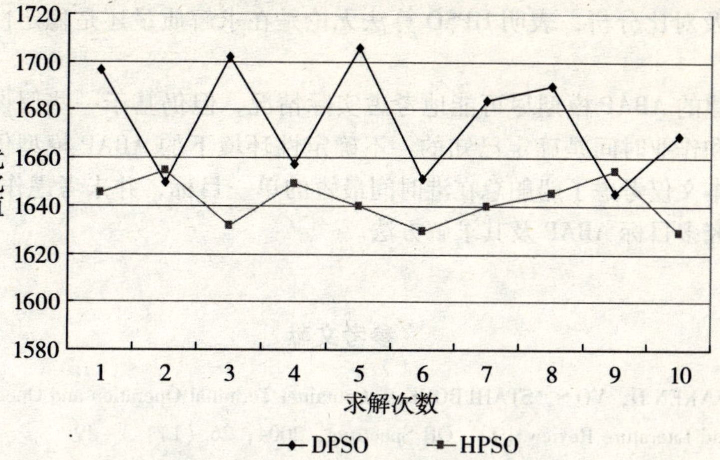

图 3　问题规模 15 ×60 的运行结果对比

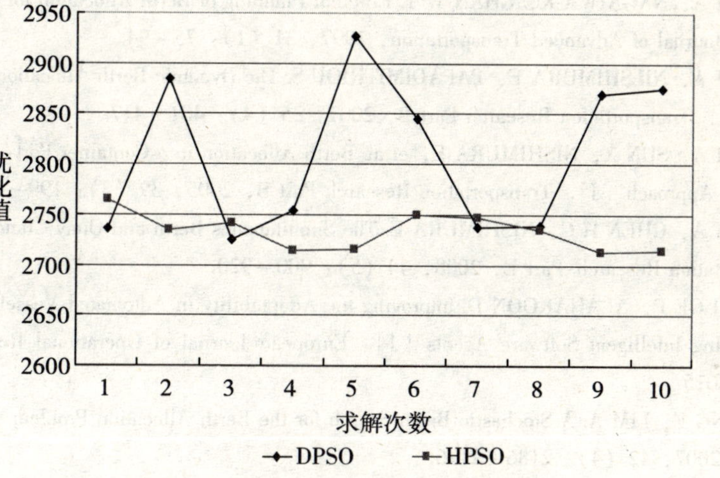

图 4　问题规模 15 ×80 的运行结果对比

图 2、图 3 和图 4 分别显示了问题规模为 15 ×40、15 ×60、15 ×80 时，HPSO 和 DPSO 的 10 次优化值分布情况。从解的质量上来说，HPSO 所求得的解总体上明显优于 DPSO，并且随着问题规模的扩大，HPSO 的优越性也变得更加明显。从解的稳定性上来说，HPSO 的求解稳定性明显好于 DPSO，并且随着问题规模的不断扩大，DPSO 的求解稳定性越来越差，而 HPSO 仍能保持较好的求解稳定性。由此可以得出，HPSO 无论是在解的质量还是解的稳定性上都明显优于 DPSO。

五、结束语

首先，本文针对群岛泊位分配问题的特点，构建了群岛泊位分配问题（ABAP）模型，拓展了一般的 BAP 模型。其次，在 DPSO 算法的基础上，加入了模拟退火以及人工免疫思想，设计了一种适合于求解 ABAP 模型的混合粒子群（HPSO）算法。

最后，以舟山群岛大宗商品泊位分配问题为例进行实证研究，通过三种不同规模的算例测试以及对比分析，表明 HPSO 算法无论是在求解质量还是稳定性方面都表现更好。

本文构建的 ABAP 模型尽可能地考虑实际情况，但仍基于一些假设条件，如船舶的到港时间和作业时间是确定已知的，不确定性环境下的 ABAP 模型仍有待进一步研究。此外，本文仅考虑了船舶总在港时间最短的单一目标，并未考虑作业成本等因素，今后还需研究多目标 ABAP 及其求解方法。

参考文献

[1] STEENKEN D, VO S, STAHLBOCK R. Container Terminal Operation and Operations Research: A Classification and Literature Review [J]. OR Spectrum, 2004, 26 (1): 3-49.

[2] STAHLBOCK R, VO S. Operations Research at Container Terminals: A Literature Update [J]. OR Spectrum, 2008, 30 (1): 1-52.

[3] IMAI A, NAGAIWA K, CHAN W T. Efficient Planning of Berth Allocation for Container Terminals in Asia [J]. Journal of Advanced Transportation, 1997, 31 (1): 75-94.

[4] IMAI A, NILSHIMURA E, PAPADIMITRIOU S. The Dynamic Berth Allocation Problem for a Container Port [J]. Transportation Research Part B, 2001, 35 (4): 401-417.

[5] IMAI A, SUN X, NISHIMURA E, et al. Berth Allocation in a Container Port: Using a Continuous Location Space Approach [J]. Transportation Research Part B, 2005, 39 (3): 199-221.

[6] IMAI A, CHEN H C, NISHIMURA E. The Simultaneous Berth and Quay Crane Allocation Problem [J]. Transportation Research. Part E, 2008, 44 (5): 900-920.

[7] LOKUGE P, ALAHAKOON D. Improving the Adaptability in Automated Vessel Scheduling in Container Ports Using Intelligent Software Agents [J]. European Journal of Operational Research, 2007, 177 (3): 1985-2015.

[8] WANG F, LIM A. A Stochastic Beam Search for the Berth Allocation Problem [J]. Decision Support Systems, 2007, 42 (4): 2186-2196.

[9] SEYEDALIZADEH G S, BABAZADEH A, ARABSHAHI N. Analysis of the Continuous Berth Allocation Problem in Container Ports Using a Genetic Algorithm [J]. Journal of Marine Science and Technology, 2010, 15 (4): 408-416.

[10] RUDINEI M O, GERALDO R M, et al. Clustering Search for the Berth Allocation Problem [J]. Expert Systems with Applications, 2012, 39 (5): 5499-5505.

[11] 杜玉泉，陈秋双，姬晓涛. 面向服务的泊位和岸桥联合调度 [J]. 计算机集成制造系统，2011，17 (9)：2051-2060.

[12] 周鹏飞，康海贵. 面向随机环境的集装箱码头泊位—岸桥分配方法 [J]. 系统工程理论与实践，2008 (1)：161-169.

[13] KENNEDY J, EBERHART R. Particle Swarm Optimization [C]. Proc of IEEE Int Conf on Neural Networks. Piscataway, 1995: 1942-1948.

[14] 潘全科，王文宏，朱剑英，等. 基于粒子群优化和变领域搜索的混合调度算法 [J]. 计算机集成制造系统，2007，13 (2)：323-328.

[15] 高尚，杨静宇. 混沌粒子群优化研究 [J]. 模式识别与人工智能，2006，19 (2)：

266 – 270.

[16] LIANG C, HUANG Y, YANG Y. A Quay Crane Dynamic Scheduling Problem by Hybrid Evolutionary Algorithm for Berth Allocation Planning [J]. Computers and Industrial Engineering, 2009, 56 (3): 1021 – 1028.

[17] EDUARDO L, BELEN M, J. MARCOS M. Artificial Intelligence Hybrid Heuristic Based on Tabu Search for the Dynamic Berth Allocation Problem [J]. Engineering Applications of Artificial Intelligence, 2012, 25 (6): 1132 – 1141.

基于情境感知的物流园区供应链智能信息推送服务研究*

洪　琼　张　浩

摘　要：针对物流园区供应链节点的任务环境引入情境感知计算分析模型，设计了一个物流园区供应链智能信息服务框架，并基于本体的方法构建了园区多维分层用户情境元模型，最后，从两阶段情境上下文推理方法和情境模式匹配与服务信息推送两个方面，对园区智能信息推送服务进行了具体设计，解决了物流服务信息推送精度低和时效性弱的问题。

关键词：物联网　情境感知　本体　信息推送

一、引言

情境感知（Context - Aware）是普适计算[1]研究领域的核心内容，最早由 Schilit 于 1994 年提出，通过 WiFi、RFID、信息传感及网络业务等现代信息通信技术（ICT）获取和处理目标用户所处环境的相关信息，从而进一步了解用户的行为选择动机，其提供了用于改善用户体验设计的一个重要方向——“主动服务设计”，特别是在用户个性化服务需求响应方面，可以为用户提供较为精确的主动式推送服务。

现代物流园区是多个物流实体在空间上集中布局的场所，是具有一定规模的综合物流服务与管理设施的集结点，其中信息化建设对于构建融合商流、信息流、资金流为一体的现代物流园区的作用日益突出。以现代信息技术为支撑整合园区的供应、仓储、运输、配送、信息处理等环节，优化企业业务流程，合理分配和调度相关物流资源成为了物流园区可持续发展的必然趋势和迫切要求。

目前国内物流园区在信息化水平建设方面取得了一定的成绩，但由于信息不对称、移动工作任务频繁、专业分工高度化等问题[2]，使得在物流资源的调度与整合方面仍处于被动的境地。本文基于情境感知的视角研究物流园区供应链智能信息推送服务机制，针对园区供应链节点的任务环境引入情境感知计算分析模型，将物流园区信息协

---

* 基金项目：江苏省教育厅高校哲学社会科学基金资助项目（2012SJB630004）；淮安市科技规划项目（HAS2012095）。

作者简介：洪琼，女，安徽六安市霍山县人，淮安信息职业技术学院讲师，硕士，物流师，研究方向：物流与供应链管理、知识管理；张浩，男，安徽蚌埠市霍山县人，淮阴工学院交通工程学院讲师，硕士，研究方向：物流工程，计算机应用。

发表情况：现代情报，2013（5）。

同管理的行为抽象提炼成“角色、事件、流程、结果”等要素，构建多维度多层次的信息协同机制，解决物流服务信息推送精度低和时效性弱的问题。

二、情境感知计算

情境是对计算服务运行时空特征（如位置、时间、环境参数、用户活动等）的形式化描述的总称，情境感知计算则是对情境的定义、建模、处理和利用的综合过程，其主要内容有：

（1）情境的表示和建模。情境感知计算环境中，情境形式丰富，处理复杂，建立统一的上下文情境表示模型至关重要，目前较常见的可分为形式上的建模和语义上的建模[3]，前者对不同的情境信息用相同的结构表示，如键值对模型、标记语言模型、图形化建模等；后者支持情境语义的统一，如本体模型、扩展的UML语言等。

（2）情境的过滤、推理和融合。由于原始情境信息主要通过底层设备，如传感器、移动设备等采集，存在着不精确和冗余的特点，因此必须进行底层信息的过滤，抽取准确、一致的情境信息，同时底层情境必须通过推理演化出更高一级的情境为应用层服务，情境的过滤、推理和融合构成了情境演化的主体，目前主要采用贝叶斯网络、模糊推理、证据理论和人工神经网络等[4]方法解决。

（3）情境的存储、查询和应用。情境信息具有瞬时性、关联性特征，Gaia提出了一种情境感知文件系统，利用目录的形式表示情境上下文，并采用一阶谓词方式处理查询请求[5]。Sharat Khungar利用关系数据库支持情境的分布式存储和查询[5]，情境的具体应用亦是当前研究的热点和难点。

三、物流园区供应链智能信息服务框架

情境感知（Context Aware）是指在用户需要时利用情境信息向用户提供适合于当前情形（如任务、地点、时间和人物等）的信息或服务，通过感知用户情境自动地获取和发现用户需求，实现信息服务与用户的自适应，并提高信息服务的准确性和可靠性，是协助信息服务系统提高性能和质量的重要支持手段和方法[6,7]。因此，为更好地实现物流园区智能信息推送服务，本文基于情境感知的方法，对其体系框架及关键技术展开系统研究，如图1所示。

在该框架中，首先从与任务相关的工作流引擎、传感设备等内外部信息源搜集用户当前任务情境信息。其次，为实现来自异构情境信息源的交互处理，利用本体建模工具构建任务单元本体元模型，建立供应链节点用户间交互业务情境模型。在此基础上实现基于本体相似匹配与推送。可以提供基于时间、地点、用户、查询及任务情境的多维信息推送服务，同时维护情境信息自动更新，实现自适应化。

实现情境感知的物流园区供应链智能信息推送服务，主要包括情境信息的感知和处理、园区供应链节点企业情境本体模型构建、交互业务情境模型、情境元模型、基于情境感知的园区智能信息匹配和推送等几个方面。本文重点探讨物流园区供应链情境建模和智能信息推送服务设计。

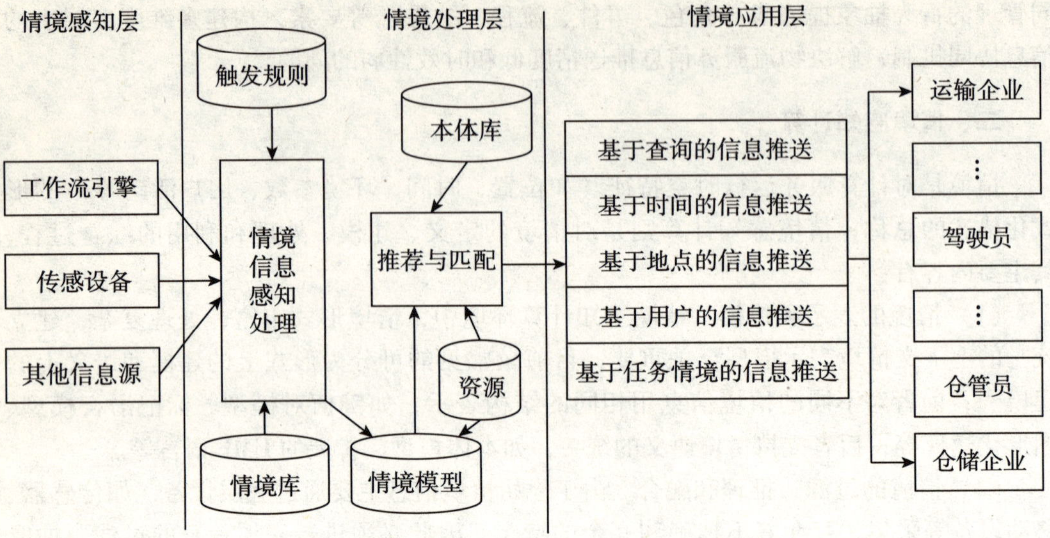

图 1　情境感知的物流园区智能信息服务框架

四、物流园区供应链情境建模

本体定义为共享概念模型的明确的形式化规范说明[8]，利用本体可解决信息组织、信息检索和异构信息系统的互操作问题。本文依托商贸类物流园区的基本业务如仓储保管、运输、货代等，围绕园区管委会、物流需求方、物流供给方、政府部门、物流中介和辅助服务方等五大主体的用户需求构建园区情境本体元模型，如图 2 所示。同时针对园区供应链不同节点企业之间的交互业务，建立节点企业之间交互业务情境模型，如图 3 所示。

在园区供应链智能信息推送服务中，情境是用来刻画用户特征信息的集合，包括“角色、环境、事件”，角色包括园区物流服务链的节点企业及其岗位角色，环境信息包括园区资源分布、资源状况、资源用途等，事件包括交互业务、其他事件、历史交易及客户档案等。园区多维分层用户情境元模型如图 4 所示。

五、智能信息推送服务设计

本文采用情境感知建模研究中的 Context Toolkit 模型，它采用了分层和模块化的结构设计，其包括了传感器、部件、翻译、汇聚中心等核心组成部分，通过采用情境部件和情境翻译模块对环境情境信息进行抽象，可以有效地分离情境信息的获取和情境信息的使用，有效降低情境感知系统的设计复杂度。

（一）两阶段情境上下文推理方法

由于传感网监测对象的状态具有模糊性和复杂性，给采集信息带来较大的鲁棒性，因此可采用分阶段的情境上下文推理方法来降低数据噪声[9]，首先利用模糊逻辑方法来处理底层情境数据：监测对象状态集合为 $T\ \{t_1,\ t_2,\ \cdots,\ t_{n-1},\ t_n\}$，目标传感器集

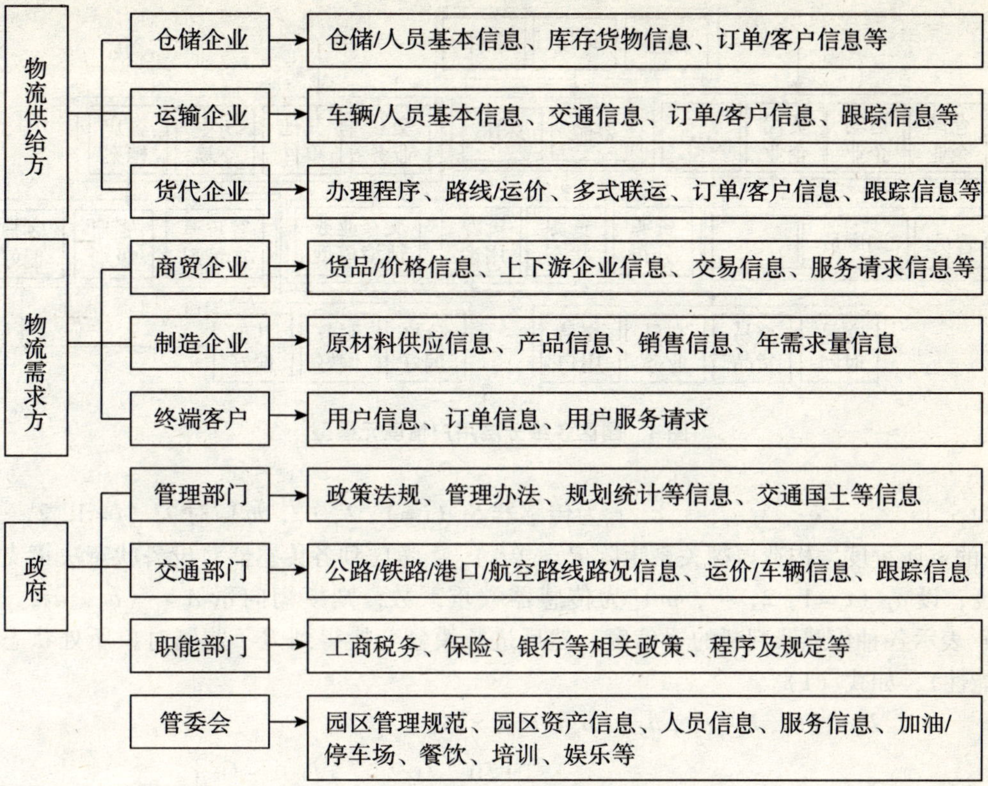

图 2　园区供应链节点企业通用本体元模型

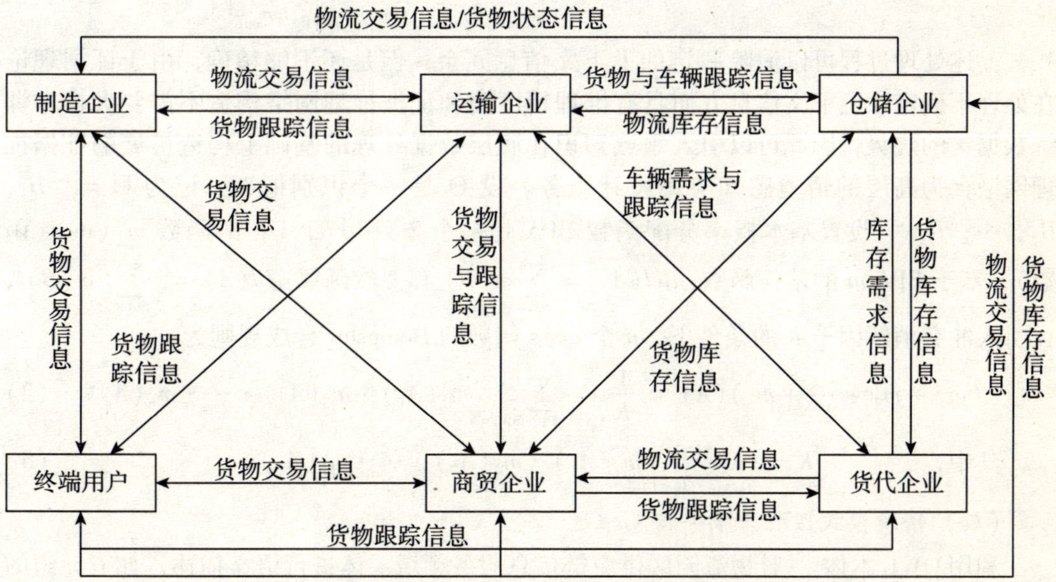

图 3　园区供应链节点企业之间的交互业务情境模型

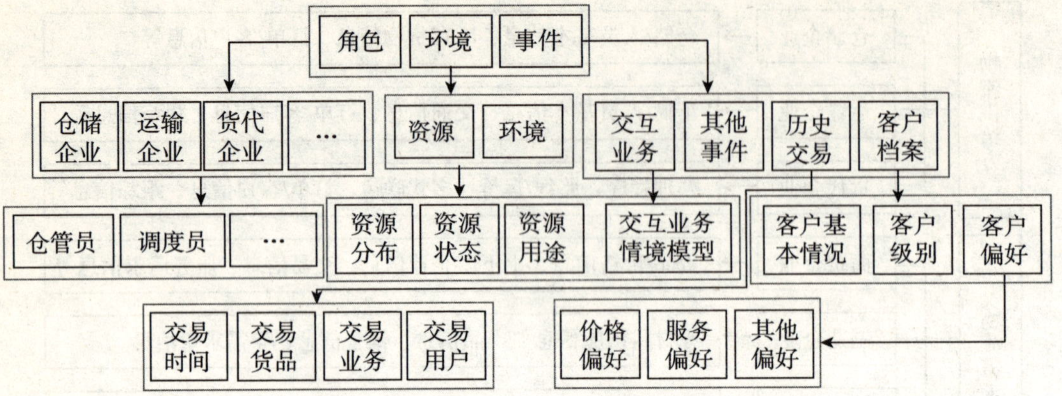

图4　园区多维分层用户情境元模型

合为 $S\ \{s_1, s_2, \cdots, s_{m-1}, s_m\}$，$r_{ij}$为传感器 S_i（$i=1, 2, \cdots, m$）对 T_j（$j=1, 2, \cdots, n$）的隶属程度，构造模糊关系矩阵 $R=(r_{ij})_{mn}$，考虑到各传感器对设备状态决策支持程度，设 a_i（$i=1, 2, \cdots, m$）为传感器权重系数，则模糊向量 $A=(a_1, a_2, \cdots, a_m)$ 表示各种传感器判断的置信度，然后进行模糊变换得到 B（监测对象所处状态的可能性），如式（1）。

$$B=(b_1, b_2, \cdots, b_{n-1}, b_n)=A\times R$$

$$=(a_1, a_2, \cdots, a_{n-1}, a_n)\times\begin{bmatrix} r_{11} & r_{12} & \cdots & r_{1n-1} & r_{1n} \\ r_{21} & r_{22} & \cdots & r_{2n-1} & r_{2n} \\ \cdots & \cdots & \cdots & \cdots & \cdots \\ r_{m1} & r_{m2} & \cdots & r_{mn-1} & r_{mn} \end{bmatrix} \tag{1}$$

上述处理过程可以消除一定的上下文信息冗余，但是还不够精确，由于证据理论在处理不确定性上下文信息方面具有推理精度高和证据推理网络构造不需要大样本训练数据集的优势，因此可以引入领域知识在底层数据处理的基础上构造扩展的证据推理网络，为高层的情境感知应用设计服务。设 Θ 是一个识别框架，记为 $\Theta=\{H_1, H_2, \cdots, H_n\}$，设置基本概率分配函数 BPA 是一个 $2^\Theta\rightarrow[0, 1]$ 的函数 m（mass 函数），基于 BPA m 的信任函数：$Bel(A)=\sum_{B\subseteq A}m(B)$ 和似然函数：$Pl(A)=\sum_{B\cap A\neq\varnothing}m(B)$，在引入冲突消解因子 K 的条件下，n 个 mass 函数的 Dempster 合成规则为：

$$(m_1+m_2+\cdots+m_n)(A)=\frac{1}{K}\sum_{A_1\cap A_2\cap\cdots\cap A_n=A}m_1(A_1)\cdot m_2(A_2)\cdot\cdots\cdot m_n(A_n) \tag{2}$$

其中，
$$K=\sum_{A_1\cap\cdots\cap A_n\neq\varnothing}m_1(A_1)\cdot m_2(A_2)\cdot\cdots\cdot m_n(A_n) \tag{3}$$

（二）情境模式匹配与服务信息推送

利用 OWL 本体[10]对物流园区供应链信息服务领域主体进行语义描述，如五元组的形式 PersonalContext =（Identity，State，Workflow，location，time），其中 Identity 标示上下文信息的来源，State 代表传感器信息源的状态，Workflow 表示当前工作流中的状态，Location 和 Time 分别是上下文发生的地点和时间，并定义本体语义化的用户情境为带权重的本体概念矩阵 $Uc \in [0, 1]$，权重代表概念与用户情境的关系紧密程度。通过构建通用本体层次概念结构树[11,12]，建立基于本体的语义相似匹配方法，完成情境模式的匹配与信息推送机制。

本体层次概念树中节点距离边权重的加权有向距离和来对节点间的相似度进行计算，每个节点标示一个本体中的概念，节点间的边标示概念间的语义关系。

定义：$wt(c, p) = \frac{1}{n} \frac{IC(c) - IC(p)}{nIC(c) + IC(p)} \cdot d(p)$，其中，$wt(c, p)$ 为概念层次结构树中父节点概念 p 与子节点概念 c 之间连接边的权重，$d(p)$ 是父概念节点 p 所处的概念层次，n 为父概念包含子概念的数目。

假设 A，B 为本体层次概念结构树中的两个概念节点，则将 A、B 表示的两个概念间语义相似度计算公式定义为[8]：

$$sim(A, B) = \begin{cases} 1 & A = B \\ \dfrac{a}{Dis(A,B) + a} \cdot \dfrac{dep(A) + dep(B)}{|dep(A) - dep(B)| + 1} \cdot den(A, B) & A \neq B \end{cases} \tag{4}$$

$Dis(A, B)$ 表示概念节点 A 与 B 的语义距离，$dep(A)$ 表示概念节点 A 在树中的深度，$den(A, B) = n/m$（节点的密度），式中 n 表示概念节点 A、B 两点最近共同祖先的子节点个数，m 表示 A、B 与最近共同祖先所组成的子树的深度。

通过物联网技术根据不同用户主体面临任务环境的差异，构建物流园区任务情境感知信息处理模型，提供泛在的数据交换和分发服务，进行业务信息的智能推送服务，增强系统对复杂任务环境下需求满足的时效性和适应性。

参 考 文 献

[1] KWON O，CHOI S，PARK G NAMA. A Context – aware Multi – agent Based Web Service Approach to Proactive Need Identification for Personalized Reminder Systems [J]. Expert Systems with Applications，2005 (29)：17 – 32.

[2] 肖亮．基于物联网技术的物流园区供应链集成管理平台构建 [J]. 电信科学，2011 (4)：54 – 60.

[3] DEY A K. Context – Aware Computing：The Cyber Desk Project [J]. AAAI 1998 Spring Symposium on Intelligent Environments，1998：51 – 54.

[4] 王立才，孟祥武，张玉洁．上下文感知推荐系统 [J]. 软件学报，2012，23 (1)：1 – 20.

[5] 李蕊，李仁发．上下文感知计算及系统框架综述 [J]. 计算机研究与发展，2007，44 (2)：269 – 276.

[6] YANG S，SHAO N. Enhancing Pervasive Web Accessibility with Rule – based Adaptation Strategy [J]. Expert Systems with Applications，2007 (32)：1154 – 1167.

[7] 潘旭伟，李泽彪，祝锡永，等．自适应个性化信息服务：基于情境感知和本体的方法 [J]. 中国图书馆学报，2009 (11)：41 – 48.

[8] 周莉，潘旭伟，谢玉开．情境感知的电子商务个性化商品信息服务 [J]. 图书情报工作，2011 (5)：130 – 134.

［9］李向阳，李玲娟，陈建新，等．面向情境感知的不确定性数据融合策略［J］．计算机技术与发展，2012（2）：127－130.

［10］王少一，苏绣，蒋许锋．基于上下文感知的地理信息服务发现与匹配技术研究［J］．地理信息世界，2012（2）：71－75.

［11］郭树行，兰雨晴，金茂忠，等．基于情境树相似性的知识检索技术［J］．计算机集成制造系统，2008（12）：2473－2483.

［12］GARLAN D，SIEWIOREK D，SMAILAGIC A，et al. Project Aura：Towards Distraction－free Pervasive Computing［J］. IEEE Pervasive Computing，2002，1（2）：22－31.

附　录

第十二次中国物流学术年会获论文名单
（共360篇）

一等奖（13篇）

1. 物流业与制造业的产业关联研究——基于投入产出表的比较分析

梁红艳　福州大学八方物流学院

王　健　福州大学

2. 多分配快递轴辐式网络的枢纽选址与分配优化方法

倪玲霖　浙江财经大学

史　峰　中南大学

3. The Bullwhip Effect on Product Orders and Inventory：A Perspective of Demand Forecasting Techniques（基于需求预测技术视角的生产订单和库存的牛鞭效应研究）

马云高　西安交通大学

王能民　西安交通大学

车阿大　西北工业大学

黄宇菲　西安交通大学

徐金鹏　西安交通大学

4. 基于服务策略的双渠道供应链定价与需求研究

许明星　福建师范大学协和学院

王　健　福州大学

5. 物流景气指标分类与景气指数编制实证研究

郭　茜　北京物资学院

6. 基于风险分散策略的存货质押业务混合质物价格风险度量

何　娟　西南交通大学

王　建　西南交通大学

蒋祥林　复旦大学

7. 基于联合配送的城市物流配送路径优化研究

葛显龙　重庆交通大学

许茂增　重庆交通大学

王伟鑫　重庆大学

8. Trends in road freight transportation carbon dioxide emissions and policies in China（我国公路货运运输的碳排放趋势及政策研究）

李红启　北京航空航天大学交通学院

卢　越　北京航空航天大学

张　军　北京航空航天大学

9. 我国物流企业技术进步与技术效率变化研究——基于 DEA 的 malmquist 指数的实证分析

钟祖昌　广东外语外贸大学

曾楚宏　广东外语外贸大学

侯广辉　广东外语外贸大学

10. 应急物流运作效果的再思考——基于全球四案例的应急物流运作研究

李　喆　武汉大学经济与管理学院

海　峰　武汉大学经济与管理学院

11. 基于天气期权的“公司+农户”型农产品供应链协调模型

伏红勇　西南政法大学管理学院

但　斌　重庆大学经济与工商管理学院

12. 基于顾客分类的生鲜农产品二次补货策略

但　斌　重庆大学经济与工商管理学院

丁　松　重庆大学经济与工商管理学院

13. 宁波基本建成现代化国际港口城市研究

荆林波　中国社科院财经院

夏秋耘　宁波市委政研室

孙开钊　中国社科院财经院

依绍华　中国社科院财经院

李　蕊　中国社科院财经院

二等奖（31 篇）

1. 基于混合粒子群算法的群岛泊位分配问题研究

李仁健　浙江工商大学计算机与信息学院

彭建良　浙江工商大学

李修琳　浙江工商大学

2. 农超对接的农产品物流系统绩效评价体系研究

潘福斌　厦门理工学院管理学院

廖秀萍　蓝月亮（中国）有限公司

宋　达　厦门理工学院商学院

3. 航运集群生态系统的内生机理、发展路径与政策选择——以大连航运服务业为例

汪旭晖　东北财经大学工商管理学院

张其林　　东北财经大学工商管理学院

4. 组合分拣线优先轮询控制机理

冉文学　　云南财经大学物流学院

刘　丽　　云南财经大学物流学院

5. 城市物流配送与交通拥挤的关联机制及其对策研究

罗雅婷　　昆明理工大学

戢晓峰　　昆明理工大学

6. 物流企业并购整合研究——以嘉里物流收购大荣货运为例

陈成栋　　福建闽江学院

7. 快递末端整合的收益分配机制研究

成玫颖　　北京交通大学经济管理学院

徐　杰　　北京交通大学经济管理学院

8. 交通拥堵收费政策效应研究

杨浩雄　　北京工商大学

刘　彤　　北京工商大学

9. Coordination in Multi－Echelon Supply Chain under Supply and Demand Uncertainty（供需双不确定性下的多级供应链的协调研究）

何　勇　　东南大学

赵　萱　　加拿大劳里埃大学

10. 保兑仓融资模式下收益共享契约的参数设计

林　强　　天津大学管理与经济学部

李　苗　　天津大学

11. 零部件循环取货越库物流系统关键因子研究：仿真试验设计与分析

施　文　　湖北经济学院物流与工程管理学院

刘志学　　华中科技大学管理学院

刘　丹　　华中科技大学管理学院

12. 连锁零售企业基于 RFID 的物流信息系统经济性评估

戚铭尧　　清华大学深圳研究生院

张　卿　　清华大学深圳研究生院

张　莹　　清华大学深圳研究生院

刘二超　　清华大学深圳研究生院

13. 应急物流本体知识表示与应急配送带权路径推理

张　立　　解放军后勤工程学院

姜大立　　解放军后勤工程学院

宁亚辉　　解放军后勤工程学院

14. 物流园区网络协同运作研究

吴文征　　国银金融租赁有限公司

鞠颂东　　北京交通大学

15. 存货质押契约比较研究

田红英	成都职业技术学院
黄远新	远成集团有限公司、西南交通大学
郑　磊	西南交通大学交通运输与物流学院
黄海菲	西南交通大学交通运输与物流学院

16. 震后交通管制条件下多出救点应急物资调运问题

马祖军	西南交通大学经济管理学院物流与应急管理研究所
李双琳	西南交通大学交通运输与物流学院

17. 供应链碳足迹测算与治理

李　齐	南华工商学院
白　熹	美国 Lehigh 大学 Rossin 工程学院

18. 整车物流企业联盟收益分配研究

黄远新	远成集团有限公司、西南交通大学
田红英	成都职业技术学院
庄小云	西南交通大学
黄海菲	西南交通大学

19. 价格波动下钢铁企业原材料采购多期优化模型

伍景琼	昆明理工大学交通工程学院
蒲　云	西南交通大学
伍锦群	娄底职业技术学院

20. Capacity Planning and Allocation with Multi - channel Distribution（多渠道分销系统的产能计划及分配研究）

谢文明	上海交通大学
江志斌	上海交通大学
赵映雪	对外经济与贸易大学
洪俊杰	对外经济与贸易大学

21. 我国典型物流公共信息平台商业模式的比较研究

吴　勇	西安交通大学管理学院
冯耕中	西安交通大学管理学院
王能民	西安交通大学管理学院

22. 烟草配送中心车辆路径的模糊 DE 评价模型及应用

胡红春	中国烟草总公司职工进修学院
石庆升	河南工业大学电气工程学院
胡晓宇	铜陵学院工商管理系

23. Coordinating Loan Strategies for Supply Chain Financing with Limited Credit（基于有限信用的供应链金融协调策略研究）

晏妮娜	中央财经大学
孙宝文	中央财经大学

24. 碳排量最小的车辆路径优化问题研究

朱长征 西安邮电大学

李艳玲 陕西师范大学

25. 违约相关背景下供应链整体违约风险度量——基于 Copula 函数模型

李 倩 长安大学经济与管理学院

张圣忠 长安大学经济与管理学院

26. 冷链物流随机需求配送路径问题模型分析

杨平哲 北京物资学院

马向国 北京物资学院

27. 产业转移下区域物流与区域经济的协同度分析——以四川省为例

贺玉德 西南交大

28. 汽车制造业多级物流服务供应链的供应商选择

甘卫华 华东交通大学

章 涵 华东交通大学

29. 供应链下物流流程与分销网络优化及实证研究

周兴建 武汉纺织大学管理学院

30. Mean - Variance Aanlysis of Fast Fashion Supply Chains with Returns Policy（考虑退货策略的快销时尚产品供应链的均值方差分析）

李 健 北京化工大学

蔡灿明 香港理工大学大学纺织及制衣学系

郑大昭 香港理工大学物流及航运学系

31. State - feedback control of inventory system based on modern control theory（基于现代控制理论的库存状态反馈控制研究）

赵 川 对外经济贸易大学

何明珂 北京工商大学

赵映雪 对外经济贸易大学

杨长春 对外经济贸易大学

三等奖（118 篇）

1. 基于锁定效应的供应链管理研究

王明正 北京物资学院

王海英 北京物资学院

2. 京津冀低碳物流能力评价指标体系的构建——基于模糊物元法的研究

李 丽 北京工商大学经济学院

潘建伟 北京物资学院

3. 碳交易机制对物流配送路径决策的影响研究

李 进 浙江工商大学

张江华 山东大学

4. 供应链伙伴特性对跨企业知识交易影响路径的实证研究——基于关系质量的中介效应

陈　伟　　四川外国语大学

张旭梅　　重庆大学

5. 物流服务供应链多任务委托代理分析

朱卫平　　上海工程技术大学

姚红光　　上海工程技术大学

石丽娜　　上海工程技术大学

赵佳妮　　上海工程技术大学

李智忠　　上海工程技术大学

6. 蔬果主产地农户主导型合作组织营销服务体系的构建——流通渠道重构为中心

万国伟　　浙江树人大学

安部淳　　日本岐阜大学

7. 基于情境感知的物流园区供应链智能信息推送服务研究

洪　琼　　淮安信息职业技术学院商学院

张　浩　　淮阴工学院

8. 大型工程多周期多目标物资采购量分配优化模型

尹丛笑　　华中科技大学自动化学院

陈　曦　　雅砻江流域水电开发有限公司

陈　晞　　雅砻江流域水电开发有限公司

刘振元　　华中科技大学自动化学院

9. 基于结构—文化—风险的航运战略联盟构建模型

高志军　　上海海事大学

刘　伟　　上海海事大学

10. 多阶段动态车辆路径问题实时优化策略

熊　浩　　长沙理工大学

11. 基于DEA的湖北省物流产业可持续发展能力评价

魏　华　　武汉长江工商学院电子商务学院

12. 农村商品流通网络整合发展研究

张喜才　　北京商业管理干部学院

13. 试论军事混合流

金秀满　　解放军后勤学院

何　斌　　解放军后勤学院

金　峰　　解放军后勤学院

14. 基于自动分拣的高校快递终端网络构建

蔡陈其　　云南财经大学物流学院

李严锋　　云南财经大学物流学院

15. 铁路生产效率测定及其技术经济因素分析——基于 DEA—模糊物元—Tobit 模型

张志坚　华东交通大学

张　诚　华东交通大学

于兆宇　吉林铁道职业技术学院

16. 路况依赖下选址—路径—库存成本和碳排放多目标模型与算法

戢守峰　东北大学工商管理学院

唐金环　东北大学工商管理学院

喻海飞　东北大学工商管理学院

朱宝林　东北大学工商管理学院

17. 基于超效率 DEA 模型的我国铁路运输业效率实证分析

张　诚　华东交通大学

杨香珍　华东交通大学

18. 我国物流能力发展的区域差异研究

张广胜　嘉兴学院

张　诚　华东交通大学

施晓敏　嘉兴学院

19. 中国航空物流网络的多分辨率小波分解研究

姚红光　上海工程技术大学

20. 配送中心多拣选设备订单分批问题研究

张连富　吉林大学交通学院

王占磊　吉林大学交通学院

王超群　吉林大学交通学院

郝树沼　吉林大学交通学院

21. 基于断裂点理论的区域军事物流保障范围的研究

冯海川　解放军军事经济学院

张　飞　解放军军事经济学院

22. 基于 EPC 物联网的乳制品供应链追溯平台研究

刘同娟　北京物资学院

马向国　北京物资学院

23. 逆向供应链中退货快速处理的委托代理问题

李明芳　河北科技大学经济管理学院

蒋　佳　河北科技大学经济管理学院

薛景梅　河北科技大学经济管理学院

24. 基于服务模块化的服务型供应链研究

方智勇　武汉软件工程职业学院

张荣耀　华中科技大学

25. 淘宝网第三方物流服务质量顾客满意度的调研研究

徐涛涛　北京理工大学

程浩涛 北京城市学院

董　旭 首都经济贸易大学

26. 东北三省制造业支柱产业与物流业联动发展的实证研究

赵英霞 哈尔滨商业大学

田秀杰 哈尔滨商业大学

27. 区域物流能力对经济增长影响分析——以江西省为例

王艳玲 吉林铁道职业技术学院

于兆宇 吉林铁道职业技术学院

28. 非弹性影响下经营性高速公路收费模型的建立与实证

李严锋 云南财经大学物流学院

马　维 云南财经大学物流学院

29. 基于ISM的供应链弹性影响因素分析

朱新球 华侨大学工商管理学院

30. 借鉴国外经验完善我国物流业营业税改征增值税政策的研究

钟　乐 北京交通大学经济管理学院

王冬梅 北京交通大学经济管理学院

31. 基于非参数核估计的安全库存的计算方法研究

田　征 大连海事大学

庞红杰 大连海事大学

32. 基于BP神经网络的物流园区风险评价研究

安　然 交通运输部科学研究院

杨　勇 交通运输部科学研究院

谭晓伟 长安大学

33. 基于公共配送点的快递社区末端共同配送模式

贾衍慧 北京工商大学商学院

何明珂 北京工商大学

34. 知识共享对供应链信用风险传染的影响研究

张圣忠 长安大学经济与管理学院

喻冬冬 长安大学经济与管理学院

35. 供应链碳减排投入的演化博弈研究

付秋芳 广东外语外贸大学国际工商管理学院

忻莉燕 广东外语外贸大学国际工商管理学院

马健瑛 广东外语外贸大学国际工商管理学院

36. 基于DEA - Malmquist指数的江西省物流产业效率研究

丁　茹 华东交通大学

甘卫华 华东交通大学

37. 德邦物流公司物流服务能力绩效评价及优化研究

侯落平 北京城市学院

徐涛涛　　北京理工大学

38. Relational Mechanisms, Market Contracts and Cross - enterprise Knowledge Trading in Supply Chain: Empirical Research Based on Chinese Manufacturing Enterprises（供应链中的关系机制、市场契约和跨企业知识贸易：基于中国制造企业的实证研究）

张旭梅　　重庆大学

陈　伟　　四川外国语大学国际商学院

39. 港口物流要素空间集聚动力机制与经济效应分析

隋博文　　钦州学院商学院

40. Bertrand 模型在中国物流园区协同发展研究

黄世政　　国立中山大学企业管理学系

陈燕燕　　中国人民大学深圳校友会

41. 建设孟中印缅经济走廊交通运输研究

刘金鑫　　大湄公河次区域物流研究中心

42. 基于混合凹凸成本的物流网络流量分配问题研究

周　晓　　福建江夏学院工商管理学院

安增军　　福建江夏学院工商管理学院

辛　琦　　福建江夏学院经济贸易学院

43. 制造业物流信息平台的构建

张　彤　　北京电子科技职业学院

44. 应急物资投送保障链系统和谐性研究

王　敏　　解放军军事交通学院

45. 物流企业配送规划模型构建研究

谢振华　　常州机电职业技术学院

46. 动态配送车辆路径优化策略的研究

张涵跃　　天津科技大学

李　典　　天津科技大学

47. 公平偏好下基于批发价契约的两级供应链 Nash 讨价还价模型

覃燕红　　重庆理工大学

李言芹　　重庆交通大学

48. B2C 中混合决策的双渠道定价策略研究

杨浩雄　　北京工商大学

胡　静　　北京工商大学

49. 基于萤火虫算法的线路优化研究

谢晨斌　　华东交通大学

甘卫华　　华东交通大学

50. 北京市鲜活农产品物流系统优化方案——基于信息系统的断裂点理论及凯因模型的分析

田　雪　　北京物资学院

杨江龙　北京物资学院
刘　康　北京物资学院

51. Quality Supervision and Coordination of Logistic Service Supply Chain（物流服务供应链的质量监控与协调研究）
谢　冬　天津大学
刘伟华　天津大学
徐海涛　天津大学
刘春玲　天津大学
葛美莹　天津大学

52. 基于财务衡量的物流改善价值动力分析
黄湘民　清大知行物流咨询有限公司、吉利大学物流学院
钱　进　中共常州市委办公室

53. 海峡两岸贸易额的组合预测研究——基于“大三通”后数据的实证分析
杨月锋　福建农林大学

54. 基于系统动力学的国际陆港仿真研究
车　文　昆明理工大学交通工程学院

55. 高强度快递需求区域移动仓库选址算法
戢晓峰　昆明理工大学
覃文文　昆明理工大学
梁斐雯　昆明理工大学

56. 救灾维稳通用物资军地联储数量分配研究
王海兰　解放军军事交通学院
李　欣　解放军军事交通学院
龙绵伟　解放军军事交通学院

57. 基于夏普利值法的多温共配费用分摊和收入分配
吕俊杰　北京工商大学
孙双双　北京工商大学
何明珂　北京工商大学

58. 单元货物带托盘或不带托盘运输的快速装卸技术
杨小虹　广州市中宝物流有限公司

59. 大规模定制环境下物流服务供应链订单分配研究
徐海涛　天津大学
刘伟华　天津大学
杨　怡　天津大学
谢　东　天津大学
葛美莹　天津大学

60. 基于精益物流理念下的企业物流运营能力评估体系构建
杜道锋　北汽福田汽车股份有限公司

61. 基于碳减排的多设施韦伯问题研究

郑　森　　北京交通大学经济管理学院

周建勤　　北京交通大学

62. 仓储型物流企业服务能力评价研究

刘沈艳　　北京物资学院

周卓见　　天津财经大学

张　静　　北京物资学院

63. Collaborative Design of RFID Systems for Multi - purpose Supply Chain Applicatiomns（基于多用途的供应链 RFID 系统协同设计应用研究）

代宏砚　　中央财经大学

徐　静　　清华大学

64. RCK 框架下物流业与制造业联动进程中的多重均衡分析

黄先军　　安庆师范学院

65. 随机需求下的供应链应收账款融资和商业信用联合决策研究

占济舟　　南京审计学院

何　平　　南京审计学院科研处

66. 物流产业发展与地区产业结构演变

王红阳　　重庆青年职业技术学院

杜　丹　　重庆青年职业技术学院

67. 泛北部湾中国区域港口物流资源整合优化研究——基于中国—东盟互联互通的视角

王景敏　　钦州学院

68. 主销区粮食物流快速响应能力影响因素研究

吴志华　　南京财经大学营销与物流管理学院

胡非凡　　南京林业大学经济管理学院

徐艳丹　　南京财经大学营销与物流管理学院

69. 危险品泄漏事故后动态路网应急疏散研究

陈钢铁　　西华大学交通与汽车学院

贺政纲　　西南交通大学交通运输与物流学院

70. 生产物流中的移动机器人智能路径规划研究

郭　跃　　宁波工程学院

徐　思　　江西财经职业学院

71. 主体风险规避情形下多属性逆向拍卖利润分配研究

田　剑　　江苏科技大学

陈　曲　　徐州财经高等职业技术学校

72. 基于精益军事供应链的供应商激励机制研究

蒋丽华　　解放军海军工程大学勤务学院军需物资油料系

朱孔国　　山东青年政治学院图书馆

73. 上海国际航运中心人才集聚竞争力评价研究

瞿群臻　上海海事大学经济管理学院
王明新　上海海事大学经济管理学院

74. 基于商品供需网络的城市物流仓储设施均衡模型及应用

杨　鹏　湖南财政经济学院
史　峰　中南大学
徐贤浩　华中科技大学

75. 新农村物流发展影响因子的灰色关联分析——以杭州市7县（市、区）为例

唐绮遥　浙江工商大学信息学院
彭建良　浙江工商大学信息学院

76. 我国运输业发展水平对社会物流成本影响研究——基于多元线性回归分析法

林勋亮　广东财经大学工商管理学院
陈　挺　广东财经大学

77. 低碳运输发展对策研究——以广西甩挂运输为例

彭　欣　广西财经学院
钟　苹　南宁职业技术学院
彭思羽　广西财经学院

78. 制造商跟随零售商建立直销渠道的双渠道供应链模式研究

曾敏刚　华南理工大学工商管理学院
肖永住　华南理工大学工商管理学院
王旭亮　华南理工大学工商管理学院

79. 基于“农超对接”的第三方共同配送模式及成本分摊问题研究

王　晶　北京工商大学
贾　琪　北京工商大学
杨浩雄　北京工商大学

80. A Multi - period Order Allocation Model of Two - echelon Logistics Service Supply Chain Based on Cumulative Prospect Theory（基于累积前景理论的两级物流服务供应链的多期订单分配模型）

刘春玲　天津大学管理与经济学部
刘伟华　天津大学管理与经济学部
梁志成　天津大学管理与经济学部
王一家　天津大学管理与经济学部
谢　冬　天津大学管理与经济学部

81. 我国物流金融理论研究与实践探索

马晓燕　重庆社会科学院
高云帆　中国农业银行重庆市分行

82. 基于隶属度制造业与物流业的协调性分析——以珠三角为例

李松庆　广东工业大学

顾占波 广东工业大学管理学院

83. 福田汽车集团南海客车厂物流规划与设计

张 芸 法布劳格物流咨询（北京）有限公司

84. 物流创新服务——采购执行的增值价值与模式拓展

陈言国 福建师范大学

85. 物流产业专利信息分析

汪传雷 安徽大学商学院

张莉莉 安徽大学管理学院

李从春 安徽省科技情报研究所

86. 关于军事物流的再认识

马宏伟 解放军后勤学院

87. 汽车零部件物流配送中心工艺布局仿真优化

王 琳 天津科技大学

周 琪 同济大学

88. 云计算下基于 Petri 网的供应链模型分析

何景师 东莞职业技术学院

王 磊 海南大学

89. 绿色供应链视角的我国食品安全监管体系探讨

杨浩军 苏州经贸职业技术学院

90. 基于 DEMATEL 方法的低碳经济下供应商选择影响因素分析

甘俊伟 西南交通大学

贺政纲 西南交通大学

廖 伟 西南交通大学

91. 面向电子商务的高效“货到人”拣选系统

王志伟 云南财经大学物流学院

冉文学 云南财经大学物流学院

杨国敏 云南财经大学物流学院

刘 丽 云南财经大学物流学院

王 露 江西农业大学计算机科学与技术学院

92. 基于 Internet 平台的 C to C 电子商务信用评价研究

张兰怡 福建农林大学交通与土木工程学院

阙丹文 福建农林大学交通与土木工程学院

93. 我国钢铁物流园区发展现状和对策研究

魏国辰 北京物资学院商学院

赵明凤 北京物资学院研究生部

94. 基于共同配送的电子商务“最后一公里”配送问题的探析

路欢欢 上海市标准化研究院

晏绍庆 上海市标准化研究院

95. 一种测量温度的 RFID 双标签装置

张向东　河北科技师范学院

杨江龙　北京物资学院

96. 基于动态指标权重的物流服务供应链调度绩效评价研究

梁志成　天津大学管理与经济学部

刘伟华　天津大学管理与经济学部

王一家　天津大学管理与经济学部

王　倩　天津大学管理与经济学部

徐海涛　天津大学管理与经济学部

97. 基于着色理论的配送中心运输车调度系统

王文彬　山东理工大学交通与车辆工程学院交通运输系

孙　亮　山东理工大学交通与车辆工程学院交通运输系

张晓丽　山东理工大学交通与车辆工程学院交通运输系

孙瑞英　山东理工大学交通与车辆工程学院交通运输系

宋笃冰　山东理工大学交通与车辆工程学院交通运输系

98. 考虑船舶速遣的连续泊位与岸桥协同优化

韩子龙　大连海事大学

李向文　大连海事大学

99. 公路快速货运网络化甩挂运输模式与实施条件

何民爱　山东交通学院

100. 基于风险偏好组合的物流服务供应链质量监督博弈

王一家　天津大学

刘伟华　天津大学

梁志成　天津大学

王　倩　天津大学

杨　怡　天津大学

101. 中间体组织：铁路货运嵌入社会大物流系统的新模式

路海平　铁道科学研究院

鞠颂东　北京交通大学

102. 我国公路港及公路运输主枢纽型物流园区发展趋势研究

肖玉徽　海口经济学院

邬　跃　北京物资学院

103. 应急供应链管理研究

龚卫锋　解放军后勤学院军事物流系

孙　敏　北京市投资促进局

104. 东北亚地区笔记本电脑产地型配销中心竞争态势研究

王友丽　江西财经大学

黄文吉　台湾开南大学

吴岳璟　台湾海洋大学

105. 我国内陆港运营及通关模式

郝玉柱　北京物资学院

刘振峰　交通运输部管理干部学院

106. 连锁零售物流业态运作模式初探

李方峻　湖北城市建设职业技术学院

陶君成　湖北经济学院

107. 供应链管理环境下的连锁超市客户关系管理

姜方桃　金陵科技学院

张　琪　金陵科技学院

108. 关于促进武汉市现代物流业发展的思考

熊文杰　武汉商学院商贸物流学院

109. 工程建设项目物流决策支持系统优化分析

况　漠　广州大学现代产业学院 MPM 中心

潘信凝　广州大学

110.《医药仓储管理实务》课程教学方案系统设计

钱芝网　上海理工大学

111. 城市物流规划流程与方法研究

杜文龙　营口理工学院

张世泽　营口理工学院

白秋颖　营口理工学院

112. Research on BPM - Based Supply Chain System（基于业务流程管理的供应链系统研究）

于　鑫　北京联合大学

梁成升　濮阳职业技术学院

李淑芬　北京联合大学

孙　雪　北京联合大学

113. 基于免疫蚁群算法时间最短应急物流路径优化算法研究

张立毅　天津商业大学信息工程学院

费　腾　天津商业大学

张晓琴　天津商业大学

李艳琴　防灾科技学院

114. 神华物流社会化经营的战略思考

王永成　神华物资集团有限公司

115. 我国饮料行业渠道管理的现状、困惑及创新

王淑翠　杭州师范大学

116. 基于物流服务供应链能力集成的国际陆港规划与设计

徐德洪　西安外事学院国际经济与物流学院

李　阳　　西安外事学院科研处

117. 物流服务供应链中客户感知的双因素分析

荆文君　　重庆邮电大学经济管理学院

邱　迪　　重庆邮电大学经济管理学院

118. Collective Recycling Responsibility in Closed – Loop Fashion Supply Chains with a Third Party：Financial Sharing or Physical Sharing?（基于第三方物流的闭环时尚供应链共同回收责任研究：财务共享或实物共享?）

聂佳佳　　西南交通大学

黄宗盛　　西南交通大学

赵映雪　　对外经贸大学

石　园　　华南理工大学

优秀奖（198 篇）

1. 我国铁路煤炭运输概况及影响因素浅析

蔡盛洁　　北京物资学院

2. 基于博弈论的食品可追溯信息传递机制分析

张丽萍　　北京物资学院

杨江龙　　北京物资学院

3. 基于 CODP 的物流服务供应链时间调度模型

杨　怡　　天津大学

刘伟华　　天津大学

徐海涛　　天津大学

谢　冬　　天津大学

刘春玲　　天津大学

4. 河北省蔬菜物流与蔬菜生产价格、市场需求动态关系分析

郭佟佟　　北京物资学院

姜　旭　　北京物资学院

5. 物联网技术在医患信息系统中的应用研究

杨国敏　　云南财经大学物流学院

冉文学　　云南财经大学物流学院

6. 我国物流业全要素生产率及其影响因素分析

高秀丽　　广大海洋大学

孟飞荣　　广大海洋大学

7. 上门投递包裹服务体验对客户自提意愿的影响研究

徐俊杰　　安庆师范学院

8. 基于神经网络物流配送企业人力资源绩效考核

颜桂梅　　福建农林大学金山学院

林宇洪　　福建农林大学交通与土木工程学院

邱荣祖　　福建农林大学交通与土木工程学院

9. RDC 选址的三层动态规划模型实证分析

王海灵　　新疆大学科学技术学院

10. 政府管制对医药行业供应链合作及收益分配影响分析

吕　红　　重庆社会科学院

11. 物流金融促进银企合作信息对称的探讨

罗娟娟　　厦门海洋职业技术学院

12. 基于交通可达性的势能模型物流中心服务范围界定

张仪彬　　西南交通大学峨眉校区交通运输系

龙小强　　广州市交通运输研究所

彭雯秀　　西南财经大学天府学院

陈彦如　　西南交通大学经济管理学院

13. 基于模糊聚类与多类支持向量机的战备物资储备模式选择研究

赵振华　　解放军后勤工程学院信物系

姜大立　　解放军后勤工程学院信物系

刘　军　　解放军后勤工程学院信物系

14. 第 N 方物流定义界定：乱象与规范

李亦亮　　安庆师范学院

15. 城市社区物流服务共同化模式及实施策略研究

李朝敏　　嘉兴职业技术学院

16. 定期租船模式下出租人船舶租赁运营决策模型

潘意志　　广东罗定职业技术学院

17. 生鲜农产品供应链信息系统协同化研究——“菜联网”工程的实践

王　勇　　武汉理工大学、武汉长江工商学院、家事易农业科技有限公司

杨家其　　武汉理工大学

游泽宇　　家事易农业科技有限公司

18. 北京顺丰电子商务物流配送问题与对策研究

仲　毅　　北京城市学院

徐涛涛　　北京理工大学

19. Loss－averse Inventory and Borrowing Decisions with Constraints on Working Capital in Fashion and Textiles Industry（时尚纺织行业中基于损失规避及营运资金约束的库存及融资决策研究）

马利军　　深圳大学管理学院

薛巍立　　东南大学经济管理学院

赵映雪　　对外经济贸易大学国际贸易与经济学院

林旭东　　深圳大学管理学院

20. 浙江省中小物流企业激励机制影响因素调查研究

宣玲玲　　浙江交通职业技术学院

21. 加快建设包括江海联运、内河航运和港口资源整合的航运联盟研究

蒋　革　浙江工业大学之江学院

冯定忠　浙江工业大学

宗晓晓　浙江工业大学

任长兴　浙江省港航管理局

杨志成　浙江海事局

22. 汽车制造企业仓储系统的货位分配优化决策

黄银娣　南京林业大学

吴阿敏　江苏农林高等职业学校

徐　振　南京林业大学

余　伟　南京林业大学

23. 基于M1S50的木材供应链追踪体系的设计

冯惠英　福建林业职业技术学院人文社科系

林宇洪　福建农林大学交通与土木工程学院

邱荣祖　福建农林大学交通与土木工程学院

24. 物流配送对B2C电子商务客户满意度的影响程度及评价指标体系研究

周建军　四川托普信息技术职业学院

25. 存货质押融资定价模型研究

宋志兰　云南财经大学

冯剑兴　云南财经大学

26. 基于LabVIEW的物流包装材料无害化生产过程数据采集系统设计

阎　芳　北京物资学院

郭奕崇　北京物资学院

李俊韬　北京物资学院

霍灵瑜　北京物资学院

27. 以大型人工浮岛为基础举国之力将三沙市建设成南海经济特区

席　平　西安欧亚学院国际陆港研究所

赵军镜　西安欧亚学院物流贸易学院

徐德洪　西安欧亚学院物流贸易学院

28. 寄售式战备物资储备中的轮换更新问题研究

赵振华　解放军后勤工程学院信物系

姜大立　解放军后勤工程学院信物系

29. 冷链物流服务过程质量评价的研究

陈红丽　北京物资学院

陆　华　北京物资学院

杜志平　北京物资学院

栗巾瑛　北京物资学院

30. 基于 RFID 与条码的肉食品加工信息追溯系统的设计

林宇洪　福建农林大学交通与土木工程学院

兰龙辉　福建农林大学交通与土木工程学院

邱荣祖　福建农林大学交通与土木工程学院

31. 服务主导逻辑下汽车新产品开发的服务感应度测算

温海涛　吉林大学

王伟婧　吉林大学

吴　丹　一汽大众汽车有限公司

32. 公路零担物流企业时效控制的风险管理研究

杨　毅　云南大学商旅学院

李中明　云南大学

杨莹莹　云南大学

33. Review on the Research for Separated Continuous Linear Programming：With Applications on Service Operations（独立连续线性规划的研究综述及其在服务运作中的应用）

王小青　中山大学岭南学院

34. 江西物流业与制造业联动发展研究

吴　群　江西财经大学

35. 区域物流产业系统耗散结构的形成与演化方向辨别——以长三角地区为例

周凌云　淮阴工学院，南京大学

穆　东　北京交通大学

周　晶　南京大学

36. 软时间窗下的多目标路径优化研究

胡德慧　云南财经大学

钱　瑛　云南财经大学

熊　琦　云南财经大学

37. B2C 电商企业物流模式的决策分析

张　丽　上海工程技术大学

李　程　上海工程技术大学

38. 基于 WebGIS 的木材物流网络优化决策系统

林玉英　福建农林大学交通与土木工程学院

39. 中国企业在全球化绿色供应链中的因应策略研究

金玉然　辽宁科技大学

李天柱　电子科技大学经济与管理学院

西凤茹　辽宁科技大学

张　健　辽宁科技大学

40. 基于时间可靠性的城市物流配送系统优化策略

张宏达　昆明理工大学

戢晓峰　昆明理工大学

吉　选　　昆明理工大学

41. 基于对外开外环境下的我国物流产业安全问题研究

刘伯超　　常州机电职业技术学院

42. 废旧航空器材逆向物流效益分析

王　科　　95661 部队

姜大立　　后勤工程学院

43. 企业需求导向下人才关键能力的识别与评价——以高职物流专业为例

于兆宇　　吉林铁道职业技术学院

张　诚　　华东交通大学

44. 零售商公平关切下再制造品渠道定价与协调机制

丁雪峰　　三峡大学经济与管理学院

魏芳芳　　三峡大学经济与管理学院

但　斌　　重庆大学经济与工商管理学院

45. 基于 Flexsim 的自动化立体仓库仿真与优化

王　丽　　北京物资学院

吕　耀　　北京物资学院

46. 供应链安全项目对供应商评价体系的影响分析——基于 AHP 模型的研究

李彦和　　上海海关学院

47. 基于核心企业的供应链文化构建

钟世臣　　广州南洋理工职业学院

48. 现代军事物流体系形成机理研究

李福奎　　解放军军事交通学院

49. 新型城镇化对辽宁物流业的影响与对策分析

张润卓　　辽宁经济管理干部学院（辽宁经济职业技术学院）

50. 基于可视化供应链的生鲜乳及其制品冷链物流模式构建研究

张建军　　内蒙古农业大学

51. 基于共轭梯度算法的鲜花冷链物流中心选址方法

郝京京　　昆明理工大学

戢晓峰　　昆明理工大学

伍景琼　　昆明理工大学

李杰梅　　昆明理工大学

52. 轿运车物流效率提升模式研究

王家宾　　江苏科技大学（张家港）商学院

黄　颖　　江苏科技大学（张家港）商学院

孙　倩　　江苏科技大学（张家港）商学院

程　真　　江苏科技大学（张家港）商学院

潘玉进　　江苏玖隆钢铁物流有限公司

53. 广西农产品流通体系构建中对日本农业物流运作模式的借鉴

张　梅　　南宁职业技术学院

54. 超市冷冻食品物流现状与对策分析

熊红菊　　上海市第二轻工业学校

倪　虹　　上海市第二轻工业学校

55. B2C 电子商务企业的物流危机管理

刘贵容　　重庆邮电大学移通学院

刘　枚　　重庆邮电大学移通学院

刘　军　　电子科技大学成都学院

56. 军事物流系统集成研究

金　峰　　解放军后勤学院研究生二队

曾　勇　　清华大学工业工程系

57. 基于物流园区的蔬菜冷链物流模式研究

喻庆芳　　昆明理工大学交通工程学院

58. 肉制品加工企业建立可追溯体系的动因分析与对策研究

李忠诚　　北京物资学院

59. 基于 CRM 的速递物流核心竞争力分析

谷再秋　　长春大学管理学院

朱庆伟　　日照职业技术学院

60. KH 公司库存管理策略的研究及应用

李可贤　　云南冶金昆明重工有限公司

61. 我国保税港区的功能与实现途径研究——基于广州南沙保税港区的思考

杜　敏　　广州市广播电视大学

孙邦成　　广州港集团有限公司

62. 第三方物流企业软实力的内涵、特征及评价

李作聚　　北京财贸职业学院

63. 基于 BP 神经网络的军队服务采购供应商评价

田文灏　　解放军军事经济学院军事物流与采购系

王清华　　解放军军事经济学院军事物流与采购系

64. The Analysis on the Sensitivity of Steel Production Cost to Iron Ore Price and Some Enlightenments for Chinese Steel Enterprises（钢铁生产成本对铁矿石价格的灵敏度分析及其对中国钢铁企业的启示）

乔　晗　　中国科学院大学管理学院

毛英明　　北京大学软件与微电子学院

汤　铃　　北京化工大学经济管理学院

赵映雪　　对外经济贸易大学国际经济贸易学院

65. 基于模糊多准则决策的枢纽型物流中心选址研究

刘安业　　哈尔滨工业大学交通科学与工程学院

66.《物流客户服务课程标准》设计研究

王 丹 深圳宝安职业技术学校

67. 福建省农产品冷链物流发展现状及对策分析

侯秀英 福建农林大学

刘娜翠 福建农林大学

卓伟谦 福建农林大学

68. 安吉整车物流网络布局优化研究

张 磊 安徽大学物流管理

田会芳 安徽大学物流管理

69. 山东省新型城镇化进程中物流体制研究与探索——以德州地区为例

张家鹏 德州职业技术学院

70. Research on Supply Network Planning Model of the Enterprises, Considering Resilience and Cost（考虑弹性和成本的企业供应网络规划模型研究）

殷芹芹 唐山钢铁集团有限责任公司

徐 杰 北京交通大学经济管理学院

71. 精益－6σ 思想在 TPL 企业的应用研究

彭本红 南京信息工程大学

章 娇 南京信息工程大学

72. Algorithm Evolution from Traveling Salesman Problem to Vehicle Routing Problem（从旅行商问题到车辆路径规划问题的算法演化）

姚永松 北京物资学院

张 哲 北京物资学院

张建华 北京师范大学珠海分校

73. Multi－parameter Multi－objective Algorithm to Solve VRP（多参数多目标解决车辆路径规划问题的算法）

张建华 北京师范大学珠海分校

张 哲 德国杜伊斯堡埃森大学

74. An Ant Colony Algorithm Hybridized with Iterated Local Search for the QAP（基于迭代局部搜索的蚁群算法解决二次分配问题）

夏明萍 北京联合大学自动化学院

亓呈明 北京联合大学自动化学院

75. 基于集配中心的军地物流协同决策研究

胡振邦 中国人民解放军 62403 部队

76. The Researches on Logistics Industry development in Beijing based on Diamond Model（基于钻石模型的北京物流业发展研究）

胡丽霞 北京财贸职业学院

77. 津冀港口群物流运输体系建设对策研究

李 虹 天津滨海职业学院

78. 仓储型物流服务供应商考核体系构建
付荣华　　广州番禺职业技术学院
79. 考虑突发事故的产品协同设计任务协调效率
邢青松　　重庆交通大学
80. 基于RSCF方法的订单特征分析研究
王成林　　北京物资学院
刘　崇　　北京物资学院
81. 浅谈企业物流外包工程的合同风险管理
黄友文　　广州科技职业技术学院
82. 以湖北省为例浅析新型城镇化建设与物流发展研究
何文杰　　武昌理工学院
83. 物流业应用物联网的制约要素与发展措施
赵广华　　浙江财经大学现代物流经济研究所
84. 深入开展供应链绩效评价实证研究
张世龙　　中国海洋大学
85. Profit Allocation in Manufacturing and Logistics Industry Alliance Based on Interval Shapley Value（基于区间Shapley值的制造业与物流业联盟利益分配）
王晓艳　　合肥学院管理系
蒋立琦　　对外经济贸易大学
86. 我国应急物流发展模式探讨
黄定政　　后勤学院
王宗喜　　后勤学院
87. 高素质技能型物流人才培养的若干思考
杨爱明　　湖北城市建设职业技术学院
高姝璧　　湖北城市建设职业技术学院
88. 基于物联网技术的农产品供应链安全策略初探——以秦皇岛市为例
魏　霜　　秦皇岛职业技术学院
魏　超　　秦皇岛市广播电视台
89. 供应链一体化背景下的物流管理模式分析
李一辉　　长江职业学院
90. 绿色供应链视域下中小企业战略伙伴研究
邱立国　　湖南信息职业技术学院
91. 基于物联网的煤炭公路运输防控体系构建研究
谭章禄　　中国矿业大学（北京）
张长鲁　　中国矿业大学（北京）
92. 蓝色经济区框架下山东半岛港口群的SWOT分析
谢京辞　　山东大学

93. 基于流程穿刺与数据挖掘的内部审计模式应用

曹旭光　山东外贸职业学院

刘　珉　山东外贸职业学院

94. 一般系统论在物流园区功能布局规划上的应用

韩功华　北京中物联物流规划研究院

95. 基于合作博弈理论的快递员串件行为分析

阮　平　电子科技大学中山学院

96. 区域物流资源的分布有效性研究：粤清远个案

喻　立　清远职业技术学院外语与经贸学院

97. 社会物流成本与物流管理水平定量关系研究

刘宏伟　安徽大学

王志远　安徽大学

伦墨华　北京京北职业技术学院

98. 基于投入产出法的我国省际物流业发展比较研究——以物流大省为例

侯祥鹏　江苏省社会科学院

99. 厦门市餐厨垃圾回收市场治理模式探讨——基于利益相关者的分析

朱　丹　厦门理工学院管理学院

黄佳文　厦门理工学院管理学院

100. 物流服务供应链任务分配：基于提供商理性预期和报价竞争的视角

葛美莹　天津大学

刘伟华　天津大学

谢　冬　天津大学

刘春玲　天津大学

杨　怡　天津大学

101. 基于物品假设和过程假设的物流系统框架构建

陈汝斌　中北大学

102. 基于直觉模糊集多属性决策的供应链战略合作伙伴选择研究

刘家财　福建农林大学交通与土木工程学院

李正红　福建农林大学交通与土木工程学院

赵文健　福州大学阳光学院

冷丽艳　福建农林大学交通与土木工程学院

103. 淘宝实施第四方物流的必要性及可行性研究

王海鹏　北京物资学院

魏国辰　北京物资学院

104. 南昌市第三方物流企业服务能力现状与对策研究

吕　品　南昌工学院

曹静雅　南昌工学院

105. 台湾百货公司物流配送服务顾客导向竞局分析——以个案物流企业为例
蔡 让　北京交通大学经济管理学院
王耀球　北京交通大学经济管理学院

106. 电子商务与快递物流协同发展研究
肖志雄　安徽大学管理学院

107. Association Analysis of Port Logistics and Regional Economy Based on Gray Correlation Method：A Case Study of Zhejiang Province（基于灰色关联的港口物流与经济协同分析——以浙江省为例）
王欣妮　浙江工商大学计算机与信息工程学院
周志韬　浙江工商大学计算机与信息工程学院
杨烨娣　浙江工商大学计算机与信息工程学院
彭建良　浙江工商大学计算机与信息工程学院

108. 基于 CPFR 的供方可选择的协同补货模型与仿真
戢守峰　东北大学工商管理学院
喻海飞　东北大学工商管理学院
唐金环　东北大学工商管理学院
董云龙　东北大学工商管理学院

109. Evaluation and Selection of Suppliers under Multi－product Purchase Based on Fuzzy Multi－objective Integer Programming Model（多产品采购环境下的供应商模糊多目标整数规划模型评价和选择）
魏庄品　深圳市国泰安信息技术有限公司

110. 构建新型农产品冷链物流体系的探讨
谢 明　湖南交通职业技术学院

111. 中国—东盟自由贸易区物流标准体系建设研究
吴砚峰　广西职业技术学院
李建春　广西职业技术学院

112. 基于 AHP 和 DIDF 赋权的第三方物流企业竞争力评价
杨国胜　泰州学院

113. 中韩自贸区战略下的物流合作方案的研究
苏 帅　山东政法学院

114. 配送中心作业时间测定研究
张西林　江苏师范大学商学院

115. A Study on Development of China Logistics Parks with Hotelling Model
（基于 Hotelling 模型在中国物流园区发展之研究）
黄世政（Shi－Zheng Huang）　国立中山大学企业管理学系
郑玮玲（Wei－Ling Cheng）　国立中山大学企业管理学系
蔡宪唐（Hsien－Tang Tsai）　国立中山大学企业管理学系

116. 随机需求下闭环供应链网络设施竞争选址模型研究
杨玉香 中国计量学院
虎陈霞 中国计量学院
吴增源 中国计量学院
黄祖庆 中国计量学院
钮 亮 中国计量学院

117. 物流信息关乎国家安全，安全意识亟待强化
黄惠良 北京明伦高科科技发展有限公司
吴志华 南京财经大学

118. 运输问题发收平衡调整与通用 EXCEL 求解模板
郑鸿钧 上海开放大学光明食品集团分校

119. 改进 ACO 在应急物流配送路径选择的应用
费 腾 天津商业大学
张立毅 天津商业大学
李艳琴 防灾科技学院

120. 基于 IFPN 的供应链柔性诊断研究
韩正涛 广东工业大学管理学院

121. 考虑公平偏好与风险规避的双渠道供应链最优定价策略
魏光兴 重庆交通大学管理学院
林 强 重庆交通大学管理学院
吴 庆 电子科技大学管理学院

122. 基于 MTM 方法的汽车物流 JIS 零件平台装卸货
孟 伟 上海大众汽车有限公司

123. RFID 技术及其在物流工程中的应用
耿 钰 北京联合大学

124. 海洋经济条件下浙江沿海港口跨越式发展的战略思考
方照琪 浙江交通职业技术学院
孙秋高 浙江交通职业技术学院

125. 基于市场导向的广西木材物流服务体系构建
王永富 广西生态工程职业技术学院

126. 加快我国货运服务系统建设的思考与认识
谢雨蓉 国家发展和改革委员会综合运输研究所

127. 高职骨干院校物流重点专业建设现状及对策——以浙江交通职业技术学院为例
孙秋高 浙江交通职业技术学院
刘欲晓 浙江交通职业技术学院
方照琪 浙江交通职业技术学院

128. 我国茧丝绸中小企业在物流金融视角下的融资发展模式分析
郭 薇 苏州工业职业技术学院

129. 物流信息化与物流产业生产效率研究——以江苏省为例
卢剑炜　　常州轻工职业技术学院
姚洪权　　吉林财经大学

130. 农产品直销模式研究——以日本直卖所的发展为例
徐　涛　　日本中村学园大学流通科学部

131. 应用型本科院校培养快递人才的课程体系建设研究
汤炎非　　海口经济学院
肖玉徽　　海口经济学院
梁维意　　海口经济学院

132. 宁夏发展城市配送的问题及对策分析
陈志新　　宁夏职业技术学院
文永丽　　宁夏职业技术学院

133. 世界与中国航运软实力水平测评
赵倩儒　　大连海事大学
李向文　　大连海事大学
张梦圆　　大连海事大学

134. 煤炭企业物资管理与物流信息化研究
苗习生　　冀中能源国际物流集团有限公司

135. 上海综合保税区向自由贸易区转型模式研究
李人晴　　上海建桥学院

136. 基于直销理论的北京果蔬现代“产消”对接流通模式探讨
张天琪　　北京农业职业学院

137. 第三方物流企业顾客服务策略研究
魏洪茂　　福州海峡职业技术学院

138. 中小企业采购成本控制的问题研究
张　静　　北京物资学院
魏国辰　　北京物资学院
刘沈艳　　北京物资学院
张　萍　　河南理工大学
辛　刚　　信阳市浉河区71960部队

139. 我国农产品流通的供应链模式分析
于荟萃　　中南大学
谢如鹤　　广州大学

140. “公司+农户”系统自组织与他组织复合演化研究
李杰梅　　昆明理工大学
吴　浩　　昆明理工大学

141. Analysis of Problems of Suppliers Selection in Manufacturing Supply Chain Network on Fuzzy Theory（基于模糊理论的制造业供应链网络中的供应商分析问题研究）

陈宁宁 济南大学

葛金田 济南大学

李　明 山东建筑大学

142. 基于集成场理论的制造业与物流业网链融合发展机理研究

董千里 长安大学

143. 物流企业盈利模式探讨

李长宏 铁龙物流

144. Demand Based on MRO，Procurement Management Research of Logistics Enterprise（基于 MRO，物流企业供应商管理研究）

金海水 北京物资学院商学院

145. 绿色港口建设实证分析——以江阴申夏港区港口集团公用码头为例

吴新燕 江苏信息职业技术学院

146. 瓦楞纸板（箱）减量化设计加工研究现状

肖志坚 浙江东方职业技术学院

147. “社会化”视角下广西北部湾港口保税物流培训模式探析

杨　清 广西职业技术学院

凌学军 北海港股份有限公司总经理

148. 我国信息业与物流业关联性评价

王春豪 石河子大学

149. 中物华商粮食供应链管理模式创新

盛刻索 中物华商国际物流股份有限公司

150. 物流管理专业实践教学研究综述

李家斌 河南工程学院

151. 基于广东快递市场需求导向的高职快递人才培养目标的研究

殷　华 广东机电职业技术学院

152. 新《邮政法》视角下的快递物流企业并购研究

丁天明 江苏经贸职业技术学院

153. 基于协同论的物流服务价格博弈分析

邹　筱 湖南工业大学

张世良 湖南工业大学商学院

彭云辉 湖南工业大学 MBA 教育中心

154. 发展现代物流体系 服务常州现代化建设

钱　进 中共常州市委办公室

155. 农超对接风险识别与防范对策研究

陈　军 重庆交通大学

曹群辉 重庆交通大学

156. 中日低碳物流的发展与对比研究

李国辉　　南昌工学院

157. 我国药品冷链物流发展问题研究

梁　旭　　辽宁中医药大学经济管理学院

158. 物流服务业竞争力评价指标体系构建——以安徽为例

陈永平　　安徽财经大学工商管理学院

159. 我国农产品物流配送发展的影响因素及对策分析

刘　威　　河南工业大学

160. 电子商务环境下的物流管理创新

李德库　　冀中能源国际物流集团有限公司

161. 粤港澳合作下的珠海市冷链物流发展策略

沈　凯　　北京师范大学珠海分校物流学院

庞静娅　　河北联合大学迁安学院

162. 供应链社会责任传导失灵因素分析及对策研究

黄　颖　　江苏科技大学（张家港）商学院

张衍文　　江苏科技大学（张家港）商学院

163. 优化军队战备物资储备 满足应战应急需求

王大军　　解放军后勤学院

丁　玲　　解放军后勤学院

韩　旭　　解放军后勤学院

164. 电子商务环境下供应链牛鞭效应对策研究

杜　丹　　重庆青年职业技术学院

蔡　伟　　重庆青年职业技术学院

165. 物流园区绿色低碳建设途径初探——以浙江长兴综合物流园区为例

钱　言　　杭州师范大学钱江学院

沈玉燕　　杭州师范大学

166. 供应链整合视角下上海国际贸易中心建设研究

孙　浩　　上海海关学院

167. 基于电子商务下物流配送研究——以凡客诚品为例

解　琨　　云南财经大学

张开娇　　云南财经大学学生

168. 物流服务质量测评及管理研究评述

李毅斌　　长安大学经济与管理学院

董千里　　长安大学经济与管理学院

169. 物流企业在北京市产业结构升级过程中的发展路径研究

白晓娟　　北京物资学院

刘　俐　　北京物资学院

李彦萍　　北京物资学院

170. 河北省港口物流与区域经济协同发展研究

姜　旭　北京物资学院

郭佟佟　北京物资学院

171. 关于加快现代物流业发展，助推郴州经济转型升级的调研与思考

程　欣　中共郴州市北湖区委党校

雷　菁　郴州市发展和改革委员会

172. 物流服务的响应柔性及其可靠性测度

张光明　武汉大学经济与管理学院

张越洋　武汉大学经济与管理学院

173. 浅谈绿色包装在出口零件包装的应用

张　萌　长春一汽国际物流有限公司

王　波　长春一汽国际物流有限公司

李　薇　长春一汽国际物流有限公司

刘曜源　长春一汽国际物流有限公司

174. 零和与非零和竞争模式下供应链动态博弈协调研究

缪兴锋　广东轻工职业技术学院

175. 面向网购的低碳供应链协同运作的动态激励模型研究

吴义生　南京工程学院

176. Game Analysis of Cooperation between Government and Enterprise on Storing Emergency Supplies（政府与企业应急物资存储合作博弈分析）

马向国　北京物资学院

杨平哲　北京物资学院研究生部

177. 基于交易价值视角的供应链联盟模式研究

周　杰　西南政法大学管理学院

李　平　西南政法大学管理学院

178. 基于孵化理论的领衔式3PL企业发展研究

王　利　江苏科技大学

李白艳　无锡汽车工程职业技术学院

李　健　江苏科技大学

179. B2C模式下城市配送方式及其效率评价

樊雪梅　吉林大学

谢　媛　吉林大学

卓　健　吉林大学

王　博　吉林大学

安　阳　吉林大学

180. 电子商务环境下双渠道供应链协调的价格折扣模型

徐广业　西南政法大学管理学院

但　斌　重庆大学经济与管理学院

181. 非常规天然气 MRO 多维库存分类和控制方法构建

蒲　忠　西南石油大学经济管理学院
钟学燕　西南石油大学经济管理学院
杨　力　西南石油大学经济管理学院
文士豪　中国石油西南油气田川东北高含硫气田开发建设项目部
蔡春华　中国石油西南油气田川东北高含硫气田开发建设项目部

182. 在物流专业课程中引入引导文教学法初探

林　婕　上海市工业技术学校

183. Implementation of Logistics enterprises´Brand Competition Strategy in China（中国物流企业品牌战略实施途径分析）

陈　平　佛山职业技术学院管理系
况　漠　广州大学工商学院

184. 新一届政府改革与邮政普遍服务基金的征收

刘建新　中国交通运输协会快运分会

185. ERP 消除“隐藏工厂”现象

潘玥舟　天津渤海职业技术学院

186. 日本第三方物流企业的实证研究

米　娜　北京物资学院物流学院
邬　跃　北京物资学院物流学院

187. 军事应急物流军民融合层次划分

刘　俊　武警后勤学院
董千里　长安大学

188. 我国物流企业品牌建设现状研究

付丽茹　北京财贸职业学院
解进强　北京物资学院

189. 基于资源整合与差异化的中小物流企业竞争策略研究

于　斌　常州机电职业技术学院

190. 佛山市生产性服务业与制造业互动发展的实证分析

刘刚桥　顺德职业技术学院

191. 现代学徒制人才培养模式的探索与实践

周建亚　武汉商贸职业学院物流学院
王兆信　荣庆物流供应链有限公司
邹　海　远成集团有限公司
廖阳露　武汉商贸职业学院

192. 供应链管理中信息共享机制探析

梁　雯　安徽大学
叶春森　安徽大学
吴海辉　安徽大学

秦　浩　安徽大学
刘兰凤　安徽大学

193. 链合创新下绿色供应链组织间知识共享的系统分析

曹翠珍　山西财经大学
赵国浩　山西财经大学

194. 基于分批到货的农产品配送中心逆向物流 EOQ 模型分析

余真翰　成都东软学院
杨浩磊　成都东软学院

195. 低碳经济视角下钢铁企业铁路运输低碳化发展的研究与实践

侯海云　鞍山钢铁物流管理中心

196. 论农村物流体系的统一与协调

吴　震　中华合作时报社
郭未名　中华合作时报社
曲丽赢　中华合作时报社

197. 蔬果主产地农户主导型合作组织营销服务体系的构建

万国伟　浙江树人大学管理学院、浙江省现代服务业研究中心、日本岐阜大学
安部淳　日本岐阜大学应用生物科学部

198. 四川运输业营改增初探

陈云飞　四川电力运输有限责任公司
汪元友　四川省现代物流协会
陈亚莉　四川省交通运输厅
余　思　四川交通职业技术学院

2013年物流文献检索

（上海海事大学物流情报研究所《物流文摘》提供）

一、现代物流

【序号】20121085
【题名】基于物流一体化的河北省现代物流产业体系研究
【作者】许良
【机构】燕山大学
【刊名】燕山大学学报（哲学社会科学版）. 2012（3）. -114-119
【分类号】F259.2

【序号】20121086
【题名】重庆现代物流发展的经济影响因素分析
【作者】王明慧
【机构】渝黔铁路有限责任公司
【刊名】科技和产业. 2012（7）. -51-53
【分类号】F224

【序号】20121087
【题名】基于区域经济发展的现代物流服务体系构建
【作者】喻立
【机构】清远职业技术学院
【刊名】商业时代. 2012（20）. -35-36
【分类号】F259.2

【序号】20121088
【题名】促进广西现代物流发展的立法研究——基于区域经济一体化的视角
【作者】杨云秀
【机构】四川大学
【刊名】物流技术. 2012（13）. -79-81
【分类号】F259.27

【序号】20121089
【题名】产业集聚视角下的现代物流业发展分析
【作者】张世军
【机构】信阳农业高等专科学校
【刊名】物流技术. 2012（13）. -94-96+137
【分类号】F259.2

【序号】20121090
【题名】基于物联网的现代物流协同机制研究

【作者】窦楠
【机构】西南财经大学
【刊名】物流技术.2012（13）.－128－131
【分类号】F49

【序号】20121091
【题名】关于现代物流与市场营销发展下四个转变的研究
【作者】姜依忻
【机构】青岛科技大学
【刊名】中国市场.2012（28）.－20－21＋33
【分类号】F259.2

【序号】20121092
【题名】现代物流企业的财务风险
【作者】刘荣蓉
【机构】中国远洋物流有限公司
【刊名】水运管理.2012（7）.－28－30
【分类号】F253.7

【序号】20121093
【题名】甘肃省现代物流业发展的体制性障碍因素分析及对策探析
【作者】杨鼎新
【机构】甘肃联合大学
【刊名】甘肃联合大学学报（社会科学版）.2012（4）.－31－33
【分类号】F259.27

【序号】20121094
【题名】现代物流思想在建筑企业中的应用状况研究
【作者】初冬
【机构】中石油东北炼化工程有限公司
【刊名】科技创新与应用.2012（17）.－248
【分类号】F426.92

【序号】20121095
【题名】现代物流业对区域经济发展贡献率研究——以山东省为例
【作者】赵嘉
【机构】中国海洋大学
【刊名】山东社会科学.2012（7）.－166－169
【分类号】F259.27

【序号】20121096
【题名】运输企业发展现代物流的策略
【作者】周卿
【机构】保定职业技术学院
【刊名】经营管理者.2012（13）.－233＋288
【分类号】F259.2

【序号】20121097
【题名】浅析现代物流仓储管理的特点和任务
【作者】刘礼容
【机构】重庆交通大学
【刊名】中小企业管理与科技（上旬刊）.2012（7）.－48－49
【分类号】F252

【序号】20121098
【题名】保障现代物流业健康发展的六项举措
【作者】王进
【机构】秦皇岛市运输管理处
【刊名】经济研究导刊.2012（19）.－168－169
【分类号】F259.2

【序号】20121099
【题名】现代物流发展趋势与竞争战略
【作者】赵红
【机构】内蒙古包钢物资供应公司
【刊名】畜牧与饲料科学.2012（21）.－101－102
【分类号】F259.22

【序号】20121100
【题名】铁路货运发展现代物流的模式与方法
【作者】罗静
【机构】哈尔滨铁路局党校
【刊名】哈尔滨铁道科技.2012（2）.－10－11＋23
【分类号】F532

【序号】20121101
【题名】重庆发展现代物流业的优势
【作者】黄婷
【机构】西南大学
【刊名】中国外资.2012（12）.－217
【分类号】F259.27

【序号】20121102
【题名】现代物流规划的分析与探索
【作者】刘莉
【机构】黑龙江职业学院
【刊名】现代经济信息.2012（12）.－239
【分类号】F252

【序号】20121103
【题名】铁路货运企业向现代物流方向转变过程中信息化实现及关键技术研究
【作者】柏青
【机构】宁东铁路股份有限公司
【刊名】科技传播.2012（12）.－58－59
【分类号】F530.6

【序号】20121104
【题名】现代物流之领军价值——浅析现代物流的发展脉络和前景
【作者】王娜
【机构】唐山市交通运输局
【刊名】中国包装工业.2012（7）.－34
【分类号】F259.2

【序号】20121105
【题名】电子商务时代我国现代物流发展研究
【作者】季源
【机构】浙江财经学院
【刊名】中国商贸.2012（18）.－132－133
【分类号】F724.6

【序号】20121106
【题名】传统储运企业向现代物流企业转型的研究——以宝供物流企业集团“倒金字塔”式转型为例
【作者】常浩
【机构】山东大学
【刊名】中国商贸.2012（18）.－134－135
【分类号】F259.23

【序号】20121107
【题名】广州现代物流业发展的现状、定位与对策分析
【作者】张志强
【机构】暨南大学
【刊名】中国商贸.2012（18）.－136－137

【分类号】F259.2

【序号】20121108
【题名】关于九三垦区发展现代物流业的几点思考
【作者】丁宁
【机构】黑龙江省农垦九三管理局交通运输局
【刊名】民营科技.2012（6）.－184
【分类号】F324.1

【序号】20121109
【题名】交通运输与现代物流关系探讨
【作者】王延波
【机构】黑龙江省红色边疆农场交通科
【刊名】民营科技.2012（6）.－187
【分类号】F512

【序号】20121110
【题名】宜昌市农产品现代物流体系发展对策
【作者】黄世秀
【机构】湖北三峡职业技术学院
【刊名】江苏商论.2012（6）.－79－81
【分类号】F326.6

【序号】20121111
【题名】SX 省现代物流业发展现状及问题分析
【作者】牛毅
【机构】太原城市职业技术学院
【刊名】山西经济管理干部学院学报.2012（12）.－58－59＋93
【分类号】F259.27

【序号】20121112
【题名】论总部经济模式与三明现代物流业发展
【作者】连兆大
【机构】三明学院
【刊名】三明学院学报.2012（3）.－14－17
【分类号】F127

【序号】20121113
【题名】江苏现代物流发展与经济增长的实证研究
【作者】刘大建
【机构】苏州工业职业技术学院
【刊名】中国经贸导刊.2012（17）.－11－12
【分类号】F224

【序号】20121114
【题名】现代物流园区管理系统的设计与实现
【作者】许立勇
【机构】广东省广业信息产业集团有限公司
【刊名】现代计算机（专业版）.2012（17）.－55－58
【分类号】TP311.52

【序号】20121115
【题名】对铁路货运向现代物流发展措施的思考
【作者】李本宁
【机构】包头职业技术学院
【刊名】包头职业技术学院学报.2012（2）.－49－52
【分类号】F532

【序号】20121116
【题名】现代物流对农业产业化的影响：以中国辣椒之都为例

【作者】王应政
【机构】武汉理工大学
【刊名】贵州农业科学. 2012（6）. －231－234
【分类号】F259. 2

【序号】20121117
【题名】乐山现代物流业发展战略研究
【作者】李葆青
【机构】交通运输部科学研究院
【刊名】交通建设与管理. 2012（6）. －92－93
【分类号】F259. 2

【序号】20121118
【题名】铁路货运向现代物流业拓展的思考
【作者】吴志强
【机构】北京铁路局办公室
【刊名】铁道货运. 2012（6）. －23－27
【分类号】F532

【序号】20121119
【题名】现代物流技术在铁路工程项目中的应用
【作者】赵清修
【机构】中铁物资集团华北有限公司
【刊名】石家庄铁路职业技术学院学报. 2012（2）. －95－98
【分类号】F532

【序号】20121120
【题名】物联网技术在现代物流中的应用研究
【作者】甘泉
【机构】平顶山学院
【刊名】信息与电脑（理论版）. 2012（6）. －111－112
【分类号】F253. 9

【序号】20121121
【题名】现代物流企业柔性人力资源管理模式研究
【作者】沈芳
【机构】浙江工商大学
【刊名】物流技术. 2012（11）. －31－33
【分类号】F272. 92

【序号】20121122
【题名】现代物流发展与农产品对外贸易关系研究
【作者】顾佳佳
【机构】浙江财经学院
【刊名】物流技术. 2012（11）. －51－52＋97
【分类号】F326. 6

【序号】20121123
【题名】基于低碳经济的现代物流发展研究
【作者】周吉碧月
【机构】浙江工商大学杭州商学院
【刊名】中国商贸. 2012（17）. －135－136
【分类号】F259. 2

【序号】20121124
【题名】基于钻石模型的现代物流业竞争力研究——以浙江省为例
【作者】张梦迪
【机构】浙江工商大学杭州商学院
【刊名】中国商贸. 2012（17）. －139－140
【分类号】F259. 27

【序号】20121125
【题名】基于360度的现代物流企业绩效影响因素研究
【作者】沈良
【机构】浙江工商大学
【刊名】中国商贸.2012（17）.－141－142
【分类号】F253

【序号】20121126
【题名】借鉴国外经验优化我国现代物流业税收环境
【作者】陈芳
【机构】湖北科技学院
【刊名】国际商务财会.2012（6）.－23－25
【分类号】F253.7

【序号】20121127
【题名】内蒙古现代物流业与制造业联动关系研究
【作者】柴国君
【机构】内蒙古财经学院
【刊名】物流科技.2012（6）.－34－37
【分类号】F259.27

【序号】20121128
【题名】论现代物流对大连沿海经济的作用与影响
【作者】陶毅
【机构】大连海事大学
【刊名】物流科技.2012（6）.－31－33
【分类号】F127

【序号】20121129
【题名】现代物流业的发展对区域经济的影响及对策
【作者】刘占勇
【机构】开滦（集团）有限责任公司物资分公司
【刊名】东方企业文化.2012（11）.－239＋238
【分类号】F259.2

【序号】20121130
【题名】国际贸易背景下的现代物流转型升级研究——以浙江省义乌物流业为例
【作者】唐哲玄
【机构】浙江工商大学杭州商学院
【刊名】中国商贸.2012（16）.－177－178
【分类号】F259.27

【序号】20121131
【题名】关于重庆现代物流业发展现状及对策研究
【作者】王雯
【刊名】企业导报.2012（10）.－145
【分类号】F259.27

【序号】20121132
【题名】温州发展现代物流产业的政策研究
【作者】黄云碧
【机构】温州职业技术学院
【刊名】现代商业.2012（15）.－21－22
【分类号】F259.2

【序号】20121133
【题名】技校《现代物流基础》与专业主干课程重复内容教学策略初探
【作者】田园园

【机构】广东茂名市交通高级技工学校
【刊名】物流工程与管理．2012（6）．－165－166
【分类号】F250－4

【序号】20121134
【题名】现代物流产业组织形态变化规律与变革机制研究
【作者】袁雪妃
【机构】东北财经大学
【刊名】兰州学刊．2012（10）．－123－128
【分类号】F259.2

【序号】20121135
【题名】《物流设施与设备》课程教学研究——基于现代物流发展趋势
【作者】刘佳星
【机构】宁波城市职业技术学院
【刊名】企业研究．2012（20）．－202－203
【分类号】F252－4

【序号】20121136
【题名】关于河北省现代物流业发展的战略思考
【作者】蒙玉玲
【机构】石家庄经济学院商学院
【刊名】河北学刊．2012（6）．－225－228
【分类号】F259.27

【序号】20121137
【题名】现代物流业法律体系的规范与完善
【作者】杨伟萍
【机构】九江职业大学
【刊名】群文天地．2012（19）．－251
【分类号】D922.294

【序号】20121138
【题名】发挥通道优势发展现代物流
【作者】赵金云
【机构】甘肃省公路航空旅游投资集团有限公司
【刊名】财会研究．2012（19）．－259
【分类号】F259.2

【序号】20121139
【题名】各方协同助推电商物流与城市物流发展
【作者】林振强
【刊名】物流技术与应用．2012（11）．－36－42＋44＋4
【分类号】F724.6

【序号】20121140
【题名】建立铁路现代物流中心的思考
【作者】李春军
【机构】青岛铁路经营集团烟台物流分公司
【刊名】铁路采购与物流．2012（10）．－45－46
【分类号】F532

【序号】20121141
【题名】现代物流对中原经济区经济增长的贡献度分析
【作者】任晔
【机构】郑州电力高等专科学校
【刊名】物流技术．2012（19）．－44－47
【分类号】F259.27

【序号】20121142
【题名】河北省沿海地区现代物流业发展策略研究

【作者】赵松岭
【机构】河北金融学院
【刊名】物流技术. 2012（10）. -27
【分类号】F259. 27

【序号】20121143
【题名】基于新疆农产品视角的《现代物流管理》课程教学方法探析
【作者】李莉
【机构】新疆农业大学
【刊名】经济研究导刊. 2012（30）. -265 -267 +319
【分类号】F252 -4

【序号】20121144
【题名】现代物流中心选址分析
【作者】袁恺曈
【机构】兰州交通大学
【刊名】交通科技与经济. 2012（6）. -35 -38
【分类号】F252

【序号】20121145
【题名】打造现代物流业人力资源开发模式的分析
【作者】张跃
【机构】川外重庆南方翻译学院
【刊名】物流技术. 2012（17）. -149 -151 +176
【分类号】F259. 2

【序号】20121146
【题名】现代物流行业物联网关键技术及应用研究
【作者】张文瀛
【机构】北京交通大学
【刊名】物流技术. 2012（17）. -378 -380
【分类号】TP391. 44

【序号】20121147
【题名】信息化管理对现代物流的意义和应用实践
【作者】魏伟
【机构】渤海石油物资供应有限责任公司
【刊名】才智. 2012（28）. -233
【分类号】F253. 9

【序号】20121148
【题名】现代物流业对中原经济区建设提供产业支撑的对策研究
【作者】朱晓燕
【机构】河南财政税务高等专科学校
【刊名】商业文化（下半月）. 2012（9）. -139
【分类号】F259. 27

【序号】20121149
【题名】现代物流信息化系统多重层次及其优化方法分析
【作者】张祎
【机构】广西机电职业技术学院
【刊名】商业文化（下半月）. 2012（9）. -284 -285
【分类号】F253. 9

【序号】20121150
【题名】区域现代物流支撑能力综合评价研究——以辽宁沿海经济地带为例
【作者】王利
【机构】辽宁师范大学
【刊名】海洋开发与管理. 2012（11）. -31 -36
【分类号】F127

【序号】20121151
【题名】中原经济区现代物流业发展的税

收优惠政策建议
【作者】文小才
【机构】河南财政税务高等专科学校
【刊名】管理工程师．2012（6）．－5－8
【分类号】F812.42

【序号】20121152
【题名】加强我国现代物流业发展的税收政策改革研究
【作者】邸光才
【机构】武威职业学院
【刊名】生产力研究．2012（10）．－66－67
【分类号】F812.42

【序号】20121153
【题名】大物流背景下现代物流企业财务管理的优化
【作者】郑军
【机构】成都铁路局财务处
【刊名】商业时代．2012（31）．－39－40
【分类号】F253.7

【序号】20121154
【题名】区域经济基础对广西北部湾经济区发展现代物流业之影响力分析
【作者】何荣友
【机构】广西外国语学院
【刊名】中国—东盟博览．2012（9）．－17
【分类号】F259.27

【序号】20121155
【题名】RFID与现代物流管理发展
【作者】王超维
【机构】陕西能源职业技术学院
【刊名】科技传播．2012（22）．－30＋34
【分类号】TP391.44

【序号】20121156
【题名】发展现代物流业，提升海西三明生态工贸区产业集群竞争力
【作者】程德通
【机构】三明学院
【刊名】价值工程．2012（29）．－153－155
【分类号】F259.27

【序号】20121157
【题名】传统仓储企业向现代物流转型的战略选择之我见
【作者】陈绍敏
【机构】吉林省交通厅物资供应站
【刊名】北方经济．2012（20）．－40
【分类号】F259.2

【序号】20121158
【题名】信息化促进道路运输企业向现代物流业转型
【作者】刘红娟
【机构】长安大学
【刊名】价值工程．2012（31）．－144－145
【分类号】F542

【序号】20121159
【题名】中国港口和现代物流发展的机遇与对策
【作者】陈文玲
【机构】国务院研究室综合研究司
【刊名】中国流通经济．2012（11）．－15－19
【分类号】F259.2

【序号】20121160
【题名】基于互联网技术的现代物流综合管理平台
【作者】吴岚
【机构】广西昊华科技股份有限公司
【刊名】企业科技与发展. 2012（22）. -19-22
【分类号】TP311. 52

【序号】20121161
【题名】产业重构背景下广东现代物流业竞争力提升对策研究
【作者】李超锋
【机构】广东轻工职业技术学院
【刊名】湖南工程学院学报（社会科学版）. 2012（3）. -24-27
【分类号】F259. 27

【序号】20121162
【题名】论煤炭物流在现代物流业发展中的作用——以山西省为例
【作者】王启业
【机构】山西大学
【刊名】技术经济与管理研究. 2012（11）. -125-128
【分类号】F426. 21

【序号】20121163
【题名】用现代物流技术支撑卷烟柔性生产
【作者】徐跃明
【刊名】物流技术与应用. 2012（10）. -112-115
【分类号】F426. 8

【序号】20121164
【题名】宁波现代物流转型发展的路径及其探索
【作者】张延
【机构】宁波市政府
【刊名】宁波经济（三江论坛）. 2012（9）. -20-22
【分类号】F259. 27

【序号】20121165
【题名】绿色低碳经济下的现代物流
【作者】王健
【机构】沧州市交通运输局运输管理处
【刊名】现代商业. 2012（26）. -29
【分类号】F259. 2

【序号】20121166
【题名】长吉图开发开放先导区现代物流产业发展对策研究
【作者】王轲宇
【机构】长春工程学院
【刊名】现代商业. 2012（26）. -66
【分类号】F259. 27

【序号】20121167
【题名】现代物流业信息化发展现状分析
【作者】高连宏
【机构】潍坊学院
【刊名】山东纺织经济. 2012（9）. -72-74
【分类号】F253. 9

【序号】20121168
【题名】基于教学评价的现代物流双语教学探讨
【作者】张东芳
【机构】烟台大学
【刊名】教育教学论坛. 2012（14）. -2
【分类号】G642. 41

【序号】20121169
【题名】信息技术在现代物流管理中的应用
【作者】宋宝贵
【机构】临沂大学沂水分校
【刊名】物流技术 .2012（17）.－426－427
【分类号】TP399－C2

【序号】20121170
【题名】中国现代物流企业制度建立的问题及建议
【作者】赵崧淞
【机构】北京交通大学
【刊名】物流技术 .2012（17）.－20－23
【分类号】F259.23

【序号】20121171
【题名】现代物流企业分销渠道体系的研究
【作者】张莉
【机构】四川商务职业学院
【刊名】物流技术 .2012（17）.－138－140
【分类号】F274

【序号】20121172
【题名】电子商务背景下欠发达地区发展现代物流的对策与路径
【作者】黄兰
【机构】川外重庆南方翻译学院
【刊名】物流技术 .2012（17）.－152－153
【分类号】F252

【序号】20121173
【题名】现代物流企业成本核算问题探讨
【作者】马小丽
【机构】西昌学院
【刊名】物流技术 .2012（17）.－184－186
【分类号】F253.7

【序号】20121174
【题名】计算机仿真技术在现代物流中的应用
【作者】金海
【机构】新疆巴音郭楞职业技术学院
【刊名】物流技术 .2012（17）.－387－389
【分类号】F253.9

【序号】20121175
【题名】现代物流管理实践教学探讨
【作者】李瑞吉
【机构】长春职业技术学院
【刊名】现代营销（学苑版）.2012（9）.－38
【分类号】F252－4

【序号】20131001
【题名】皖江城市带现代物流网络体系的构建研究
【作者】毕学成
【机构】安徽师范大学
【刊名】皖西学院学报 .2012（6）.－74－79
【分类号】F259.27

【序号】20131002
【题名】探讨国际货运代理业向现代物流的转型
【作者】侯利祯
【机构】深圳市伟成国际货运代理有限公司

【刊名】中国外资．2013（1）．-80
【分类号】F259.2

【序号】20131003
【题名】港口物流与现代物流业发展的互动关系实证研究——基于上海与浙江的比较
【作者】张晴
【机构】浙江万里学院
【刊名】物流技术．2012（23）．-86-89+92
【分类号】F259.27

【序号】20131004
【题名】现代物流助推中原经济区发展的影响因素分析
【作者】李玉民
【机构】郑州大学
【刊名】物流技术．2012（23）．-3-5+9
【分类号】F259.27

【序号】20131005
【题名】关于促进武汉市现代物流业发展的思考
【作者】熊文杰
【机构】武汉商业服务学院
【刊名】物流技术．2012（23）．-107-109
【分类号】F259.27

【序号】20131006
【题名】长吉图开发开放先导区现代物流产业发展影响因素辨析
【作者】王莉
【机构】长春工程学院
【刊名】物流技术．2012（23）．-130-132
【分类号】F259.27

【序号】20131007
【题名】提升现代物流业能力；促进宿迁经济发展
【作者】涂在友
【机构】宿迁学院
【刊名】物流技术．2012（23）．-174-176
【分类号】F259.27

【序号】20131008
【题名】现代物流企业从业人员心理需求分析及激励方法研究
【作者】李京颐
【机构】北京联合大学
【刊名】物流技术．2012（23）．-181-183
【分类号】F272.92

【序号】20131009
【题名】现代物流电子商务平台的金融担保体系研究
【作者】李晓鹏
【机构】天津师范大学津沽学院
【刊名】物流技术．2012（23）．-151-153
【分类号】F713.36

【序号】20131010
【题名】现代物流管理与成本控制探讨
【作者】魏辉
【机构】辽宁省国有资产经营有限公司
【刊名】辽宁经济．2012（12）．-92-93
【分类号】F251

【序号】20131011
【题名】现代物流企业财务管理的问题

研究
【作者】张玮华
【机构】浙江越秀外国语学院
【刊名】传承、创新、智慧与合作：首届物流工程国际会议论文集 . 2012. –4
【分类号】F259. 1

【序号】20131012
【题名】传统运输行业如何向现代物流企业转型探讨
【作者】张涛
【机构】华润水泥投资有限公司物流部
【刊名】中国新技术新产品 . 2012（24）. –233 –234
【分类号】F512

【序号】20131013
【题名】安庆市发展现代物流业的思考与建议
【作者】段春晖
【机构】安庆职业技术学院
【刊名】鸡西大学学报 . 2013（2）. –63 –64
【分类号】F259. 27

【序号】20131014
【题名】北京中小物流企业发展现代物流初探
【作者】杨文忠
【机构】北京工业职业技术学院
【刊名】中国证券期货 . 2013（1）. –157 –158
【分类号】F259. 23

【序号】20131015
【题名】吉林省现代物流业发展态势分析
【作者】钟伟
【机构】吉林财经大学
【刊名】现代管理科学 . 2013（1）. –82 –84 +87
【分类号】F259. 27

【序号】20131016
【题名】中原经济区现代物流业发展的税收优惠政策建议
【作者】文小才
【机构】河南财政税务高等专科学校
【刊名】管理工程师 . 2012（6）. –5 –8
【分类号】F812. 42

【序号】20131017
【题名】广州市现代物流发展现状及策略研究
【作者】李樱
【机构】广州市交通运输研究所
【刊名】公路与汽运 . 2012（6）. –82 –86
【分类号】F259. 2

【序号】20131018
【题名】吉林省现代物流业的发展现状与对策研究
【作者】沙颖
【机构】吉林财经大学
【刊名】现代管理科学 . 2012（12）. –112 –114
【分类号】F259. 2

【序号】20131019
【题名】共生理论下现代物流与浙江经济的比较统计与协同发展策略
【作者】徐旭磊
【机构】浙江财经学院东方学院
【刊名】特区经济 . 2012（12）. –52 –54

【分类号】F259. 27

【序号】20131020
【题名】现代物流与生鲜农产品时空价值研究
【作者】李东光
【机构】聊城大学
【刊名】物流科技 . 2012 （12）. －74－76
【分类号】F252

【序号】20131021
【题名】传统物流管理与现代物流管理的研究
【作者】刘惠谦
【机构】扬州市扬子江投资发展集团有限公司
【刊名】经济师 . 2012 （12）. －241－242
【分类号】F252

【序号】20131022
【题名】基于产业联动视角的武汉市现代物流业发展灰色关联分析
【作者】姜霞
【机构】中南民族大学
【刊名】价格月刊 . 2013 （1）. －69－72
【分类号】F259. 27

【序号】20131023
【题名】绥芬河现代物流发展研究与对策
【作者】薛双
【机构】哈尔滨商业大学
【刊名】黑龙江科技信息 . 2012 （34）. －113
【分类号】F259. 27

【序号】20131024
【题名】钻井物资管理中现代物流技术的应用分析
【作者】范海潮
【机构】渤海钻探工程有限公司
【刊名】中国石油和化工标准与质量. 2012 （15）. －226
【分类号】F253. 9

【序号】20131025
【题名】铁路运输企业发展现代物流的思考
【作者】许子敏
【机构】北京铁路局货运处
【刊名】铁道货运 . 2012 （12）. －5－9＋3
【分类号】F532. 6

【序号】20131026
【题名】内蒙古道路货运与现代物流业的融合
【作者】闫旺
【机构】内蒙古自治区交通运输管理局
【刊名】山西交通科技 . 2012 （6）. －91－93
【分类号】F542

【序号】20131027
【题名】基于北斗导航的现代物流综合运输服务系统
【作者】朱俊涛
【机构】北京千方科技集团有限公司
【刊名】数字通信世界 . 2012 （12）. －74－76
【分类号】F253. 9

【序号】20131028
【题名】基于 DIM 范式的现代物流产业组

织研究
【作者】袁雪妃
【机构】东北财经大学
【刊名】山东工商学院学报.2012（6）.-68-73
【分类号】F252

【序号】20131029
【题名】促进现代物流业发展的地方立法研究——以广西为例
【作者】傅远佳
【机构】钦州学院商学院
【刊名】河南工程学院学报（社会科学版）.2012（4）.-39-43
【分类号】F259.2

【序号】20131030
【题名】现代物流与市场营销的几点思考
【作者】吴学炎
【机构】湖北青年职业学院
【刊名】商场现代化.2012（33）.-91-92
【分类号】F252

【序号】20131031
【题名】发展现代物流促郴州承接产业转移
【作者】丁辉
【机构】郴州职业技术学院
【刊名】中小企业管理与科技（上旬刊）.2012（12）.-128-129
【分类号】F259.27

【序号】20131032
【题名】浅谈现代物流企业知识管理的基本方法
【作者】张国库
【机构】浙江大学管理学院
【刊名】现代商业.2012（34）.-98-99
【分类号】F259.23

【序号】20131033
【题名】浅谈现代物流发展的国际趋势
【作者】胡成
【机构】广东技术师范学院
【刊名】现代营销（学苑版）.2012（12）.-2
【分类号】F259.1

【序号】20131034
【题名】对通川区发展现代物流业的调查与思考
【作者】陈南希
【机构】中共通川区委党校
【刊名】达州新论.2012（4）.-62-64
【分类号】F259.27

【序号】20131035
【题名】浅谈现代物流
【作者】张园
【机构】白城师范学院
【刊名】华章.2012（34）.-68
【分类号】F259.2

【序号】20131036
【题名】论煤炭物流在现代物流业发展中的作用——以山西省为例
【作者】王启业
【机构】山西大学
【刊名】技术经济与管理研究.2012（11）.-125-128
【分类号】F426.21

【序号】20131037
【题名】现代物流管理使企业获得更大竞

争力
【作者】何志明
【机构】广东中烟工业有限公司广州卷烟厂
【刊名】现代企业教育.2012（21）.-228
【分类号】F252

【序号】20131038
【题名】区域现代物流支撑能力综合评价研究——以辽宁沿海经济地带为例
【作者】王利
【机构】辽宁师范大学
【刊名】海洋开发与管理.2012（11）.-31-36
【分类号】F127

【序号】20131039
【题名】基于现代物流理论的施工企业物资管理探讨
【作者】马锋
【机构】西南科技大学
【刊名】科技信息.2012（30）.-161
【分类号】F252

【序号】20131040
【题名】现代物流中心选址分析
【作者】袁恺瞳
【机构】兰州交通大学
【刊名】交通科技与经济.2012（6）.-35-38
【分类号】F252

【序号】20131041
【题名】建立铁路现代物流中心的思考
【作者】李春军
【机构】青岛铁路经营集团烟台物流分公司
【刊名】铁路采购与物流.2012（10）.-45-46
【分类号】F532

【序号】20131042
【题名】关于河北省现代物流业发展的战略思考
【作者】蒙玉玲
【机构】石家庄经济学院
【刊名】河北学刊.2012（6）.-225-228
【分类号】F259.27

【序号】20131043
【题名】基于低碳经济的保定市现代物流业发展研究
【作者】赵松岭
【机构】河北金融学院
【刊名】物流技术.2012（21）.-163-164+174
【分类号】F259.27

【序号】20131044
【题名】物联网技术在现代物流管理中的应用
【作者】高迎冬
【机构】河北交通职业技术学院
【刊名】物流技术.2012（21）.-175-177
【分类号】F253.9

【序号】20131045
【题名】现代物流产业组织形态变化规律与变革机制研究
【作者】袁雪妃
【机构】东北财经大学
【刊名】兰州学刊.2012（10）.-123-128

【分类号】F259.2

【序号】20131046
【题名】加快发展我国现代物流产业的研究
【作者】黄建华
【机构】福建省湄洲湾职业技术学校
【刊名】南昌教育学院学报.2013（3）.－193－194
【分类号】F259.22

【序号】20131047
【题名】现代物流金融及其在铁路物流中的应用探讨
【作者】孟金
【机构】中国铁路物资柳州物流有限公司
【刊名】物流科技.2013（3）.－16－19
【分类号】F532

【序号】20131048
【题名】简述铁路物资管理与现代物流系统
【作者】孙玉微
【机构】石家庄电力机务段
【刊名】物流工程与管理.2013（3）.－38－39
【分类号】F532

【序号】20131049
【题名】中职院校现代物流教学方法的探讨与创新
【作者】杨倩
【机构】北京工贸技师学院机电分院通州校区
【刊名】中国证券期货.2013（3）.－298－299
【分类号】F252－4

【序号】20131050
【题名】现代物流运送流程在临床取送药品中的应用与研究
【作者】刘桃英
【机构】荆州市中心医院
【刊名】齐鲁护理杂志.2013（4）.－94－95
【分类号】R47

【序号】20131051
【题名】现代物流法律法规存在的问题及完善对策
【作者】董红信
【机构】连云港职业技术学院
【刊名】经济研究导刊.2013（7）.－133－134
【分类号】D922.296

【序号】20131052
【题名】现代物流与传统物流比较研究
【作者】阮辉阳
【机构】福建厦门烟草工业有限责任公司
【刊名】东方企业文化.－2013（4）.－239
【分类号】F252

【序号】20131053
【题名】浅析现代物流管理的现状及发展建议
【作者】刘克勇
【机构】山东省德州学院经济管理系
【刊名】黑龙江科技信息.2013（5）.－147
【分类号】F259.2

【序号】20131054
【题名】云南省十六州市现代物流综合竞争力研究

【作者】王艳
【机构】北京物资学院
【刊名】中国市场.2013（6）.-13-15
【分类号】F259.27

【序号】20131055
【题名】第三利润源泉——现代物流（之四）
【作者】刘放
【刊名】商场现代化.2013（5）.-10
【分类号】F259.2

【序号】20131056
【题名】甘肃农产品现代物流体系建设研究
【作者】李宝军
【机构】兰州交通大学
【刊名】物流工程与管理.2013（2）.-18-20
【分类号】F326.6

【序号】20131057
【题名】在现代物流静态路径规划中的应用研究 GIS
【作者】梁爽
【机构】国家测绘地理信息局第二地形测量队
【刊名】测绘标准化.2013（1）.-23-24
【分类号】F252

【序号】20131058
【题名】现代物流在我国发展趋势研究
【作者】阮辉阳
【机构】福建厦门烟草工业有限责任公司
【刊名】企业研究.2013（6）.-178
【分类号】F259.2

【序号】20131059
【题名】贵港市现代物流业的发展瓶颈及对策
【作者】姜爱月
【机构】贵港职业学院
【刊名】现代经济信息.2013（7）.-253
【分类号】F259.27

【序号】20131060
【题名】广西北部湾经济区现代物流业发展需要大力发展关联产业
【作者】潘连乡
【机构】广西外国语学院
【刊名】经营管理者.2013（6）.-21
【分类号】F259.27

【序号】20131061
【题名】浅谈铁路现代物流理论与实践
【作者】张福林
【机构】哈尔滨铁路局运输代理中心
【刊名】哈尔滨铁道科技.2013（1）.-13-14
【分类号】U294.1

【序号】20131062
【题名】论农产品批发市场发展现代物流
【作者】岑丽阳
【机构】广西经济管理干部学院工商管理系
【刊名】山西财经大学学报.2013（S1）.-49
【分类号】F323.7

【序号】20131063
【题名】现代物流人才评价指标研究
【作者】方巍巍
【机构】义乌工商学院

【刊名】科技经济市场.2013（3）.－79－80
【分类号】F252－4

【序号】20131064
【题名】煤炭企业集团发展现代物流业对策研究
【作者】李源
【机构】河南机电高等专科学校
【刊名】物流科技.2013（4）.－75－76
【分类号】F426.21

【序号】20131065
【题名】加快我国铁路物流向现代物流转型
【作者】肖翔
【机构】北京交通大学
【刊名】物流科技.2013（4）.－105－107
【分类号】F532

【序号】20131066
【题名】山西省现代物流发展影响因素的实证分析
【作者】彭大力
【机构】山西青年职业学院
【刊名】太原师范学院学报（自然科学版）.2013（1）.－40－43＋86
【分类号】F259.27

【序号】20131067
【题名】基于现代物流理念的旅游产业供应链资源整合问题研究
【作者】张杰
【机构】四川工程职业技术学院
【刊名】物流技术.2013（3）.－256－258
【分类号】F252

【序号】20131068
【题名】现代物流环境下电力物流企业的发展趋势分析
【作者】孔新荣
【机构】四川省电力公司攀枝花电业局
【刊名】广东科技.2013（Z1）.－75＋22
【分类号】F426.61

【序号】20131069
【题名】浅谈成都现代物流业的发展现状及其对策
【作者】胡世刚
【机构】西华大学管理学院
【刊名】现代商业.2013（8）.－26
【分类号】F259.27

【序号】20131070
【题名】经济管理类课程教学中大学生创新能力培养刍议
【作者】邓勤
【机构】湖南师范大学商学院
【刊名】当代教育理论与实践.2013（4）.－29－32
【分类号】F259.23－4

【序号】20131071
【题名】行动导向的案例教学法在《现代物流概论》课程中的应用与反思
【作者】陈克勤
【机构】武汉铁路职业技术学院
【刊名】湖北成人教育学院学报.2013（2）.－120－122
【分类号】F259.23－4

【序号】20131072
【题名】基于RFID的现代物流管理系统

研究
【作者】高连周
【机构】河南交通职业技术学院
【刊名】长沙铁道学院学报（社会科学版）. 2013（1）. -28-29
【分类号】TP391. 44

【序号】20131073
【题名】关于供应链管理与企业现代物流管理的研究
【作者】于涛
【机构】辽宁省调兵山市铁煤集团
【刊名】科技创新与应用 . 2013（11）. -261
【分类号】F252

【序号】20131074
【题名】第三利润源泉——现代物流（之六）
【作者】刘放
【刊名】商场现代化 . 2013（7）. -10
【分类号】F259. 2

【序号】20131075
【题名】中国港口和现代物流发展的机遇与挑战
【作者】陈文玲
【机构】中国国际经济交流中心
【刊名】经济研究参考 . 2012（19）. -61-63
【分类号】F552

【序号】20131076
【题名】铁路货运向现代物流发展的分析
【作者】吴小光
【机构】太原铁路局大同车务段
【刊名】现代企业教育 . 2013（6）. -205-206
【分类号】F532

【序号】20131077
【题名】铁路现代物流基地发展浅析
【作者】刘健
【机构】重庆重铁物流有限公司
【刊名】科技致富向导 . 2013（9）. -387+369
【分类号】F259. 2

【序号】20131078
【题名】安庆市发展现代物流业的思考与建议
【作者】段春晖
【机构】安庆职业技术学院
【刊名】鸡西大学学报 . 2013（2）. -63-64
【分类号】F259. 27

【序号】20131079
【题名】铁路发展现代物流的市场定位
【作者】陈京亮
【机构】中铁快运股份有限公司
【刊名】中国铁路 . 2013（2）. -36-38
【分类号】F532

【序号】20131080
【题名】滁州市现代物流业发展的 PEST 和 SWOT 分析
【作者】陈怀远
【机构】安徽滁州党校
【刊名】特区经济 . 2013（2）. -139-140
【分类号】F259. 27

【序号】20131081
【题名】中原经济区现代物流业发展的税

收优惠政策建议
【作者】文小才
【机构】河南财政税务高等专科学校
【刊名】管理工程师.2012（6）.-5-8
【分类号】F812.42

【序号】20131082
【题名】共生理论下现代物流与浙江经济的比较统计与协同发展策略
【作者】徐旭磊
【机构】浙江财经学院
【刊名】特区经济.2012（12）.-52-54
【分类号】F259.27

【序号】20131083
【题名】基于产业联动视角的武汉市现代物流业发展灰色关联分析
【作者】姜霞
【机构】中南民族大学
【刊名】价格月刊.2013（1）.-69-72
【分类号】F259.27

【序号】20131084
【题名】传统运输行业如何向现代物流企业转型探讨
【作者】张涛
【机构】华润水泥投资有限公司
【刊名】中国新技术新产品.2012（24）.-233-234
【分类号】F512

【序号】20131085
【题名】探讨国际货运代理业向现代物流的转型
【作者】侯利祯
【机构】深圳市伟成国际货运代理有限公司
【刊名】中国外资.2013（1）.-80
【分类号】F259.2

【序号】20131086
【题名】吉林省现代物流业发展态势分析
【作者】钟伟
【机构】吉林财经大学
【刊名】现代管理科学.2013（1）.-82-84+87
【分类号】F259.27

二、企业物流

【序号】20122085
【题名】基于系统动力学的物流企业集群创新系统运行机制研究
【作者】慕静
【机构】天津科技大学
【刊名】华东经济管理.2012（9）.-50-54
【分类号】F259.23

【序号】20122086
【题名】集装箱物流企业信息化建设思路浅议
【作者】杨秀杰
【机构】沈阳理工大学

【刊名】科技信息 . 2012（23）. –148
【分类号】F253.9

【序号】20122087
【题名】企业物流成本控制问题浅析
【作者】陈天容
【机构】重庆商务高级技工学校
【刊名】经济研究导刊 . 2012（23）. –133 –135
【分类号】F253.7

【序号】20122088
【题名】科特勒理论视角下的企业物流系统与营销系统互动研究
【作者】于晅
【机构】青岛酒店管理职业技术学院
【刊名】商业时代 . 2012（22）. –29 –30
【分类号】F274

【序号】20122089
【题名】基于 DEA 模型和模糊综合评价的第三方物流企业选择
【作者】李玉民
【机构】郑州大学管理工程学院
【刊名】物流科技 . 2012（8）. –6 –9
【分类号】F224

【序号】20122090
【题名】中国物流企业税收筹划策略研究
【作者】于红濮
【机构】吉林大学经济学院
【刊名】经济研究导刊 . 2012（22）. –25 –27
【分类号】F253.7

【序号】20122091
【题名】辽宁省逆向物流企业调查与分析
【作者】李化
【机构】沈阳工程学院
【刊名】经济研究导刊 . 2012（22）. –165 –167
【分类号】F259.23

【序号】20122092
【题名】现代物流企业人力资源管理
【作者】李立民
【机构】上海大屯能源股份有限公司
【刊名】经营管理者 . 2012（15）. –128
【分类号】F272.92

【序号】20122093
【题名】珠三角民营物流企业薪酬管理研究
【作者】卢圣杆
【机构】华南理工大学
【刊名】中国商贸 . 2012（22）. –173 –174
【分类号】F272.92

【序号】20122094
【题名】关于如何提高物流企业绩效的探讨
【作者】刘莉
【机构】黑龙江职业学院工商管理学院
【刊名】企业导报 . 2012（14）. –115
【分类号】F253

【序号】20122095
【题名】论现代物流企业财务管理问题与对策
【作者】李玲
【机构】中铁快运股份有限公司武汉分公司
【刊名】现代商业 . 2012（21）. –252 –

253

【分类号】F253.7

【序号】20122096

【题名】物流企业服务质量测评及实证研究

【作者】周正嵩

【机构】江苏大学

【刊名】技术经济与管理研究.2012（7）.-29-32

【分类号】F253.3

【序号】20122097

【题名】基于物流理念的企业销售渠道优化与评价

【作者】张丽

【机构】中国铁路物资北京有限公司

【刊名】铁路采购与物流.2012（7）.-42-44+61

【分类号】F252

【序号】20122098

【题名】信息技术在物流企业管理中的应用

【作者】程蓉

【机构】随州职业技术学院

【刊名】软件导刊（教育技术）.2012（7）.-83-85

【分类号】F253.9

【序号】20122099

【题名】供应链环境竞争下中小企业物流管理问题探讨

【作者】蔡冬晓

【机构】西南财经大学公共管理学院

【刊名】商业时代.2012（20）.-37-38

【分类号】F253

【序号】20122100

【题名】贵州省中小物流企业信息化发展现状与对策

【作者】熊云龙

【机构】贵州财经大学信息学院

【刊名】信息系统工程.2012（7）.-131-132

【分类号】TP399-C2

【序号】20122101

【题名】云服务在港口物流企业中的应用研究

【作者】闫寒

【机构】天津开发区职业技术学院

【刊名】江苏商论.2012（7）.-73-75

【分类号】F49

【序号】20122102

【题名】基于ISM物流企业跨国并购中文化整合的影响因素分析

【作者】李晚春

【机构】西安思源学院

【刊名】山东纺织经济.2012（7）.-52-53

【分类号】F259.23

【序号】20122103

【题名】传统运输企业向综合物流企业转型实例研究

【作者】林影

【机构】福建省交通建设投资有限公司

【刊名】价值工程.2012（20）.-150-151

【分类号】F259.23

【序号】20122104

【题名】改进模糊综合评价法的物流企业

绩效评价
【作者】黄蓉
【机构】重庆师范大学数学学院
【刊名】重庆师范大学学报（自然科学版）. 2012（4）. -124 -126
【分类号】F224

【序号】20122105
【题名】高职院校物流企业会计培养模式研究
【作者】赵异民
【机构】山东服装职业学院
【刊名】物流工程与管理 . 2012（7）. -191 -192 +180
【分类号】G712. 4

【序号】20122106
【题名】浅谈我国物流企业工程管理的创新策略
【作者】芦广明
【机构】包钢物资供应公司
【刊名】物流工程与管理 . 2012（7）. -36 -37
【分类号】F259. 23

【序号】20122107
【题名】论企业销售物流系统存在的弊端及优化策略
【作者】骆笑薇
【机构】中国化工橡胶桂林有限公司
【刊名】物流工程与管理 . 2012（7）. -41 -42
【分类号】F252

【序号】20122108
【题名】基于层次分析法的物流企业绩效评价方法研究
【作者】邬常涛
【机构】中国矿业大学
【刊名】信息与电脑（理论版）. 2012（7）. -161 -162
【分类号】F253

【序号】20122109
【题名】制造企业精益供应物流的整合优化与成本分摊问题
【作者】陈瑶
【机构】上海对外贸易学院
【刊名】管理工程学报 . 2012（3）. -55 -63
【分类号】F426. 471

【序号】20122110
【题名】作业成本法下天津滨海新区物流企业成本核算应用研究
【作者】王婧
【机构】天津滨海职业学院
【刊名】生产力研究 . 2012（7）. -251 -253
【分类号】F253. 7

【序号】20122111
【题名】基于模糊矩阵分析法的物流企业文化竞争力研究
【作者】耿元
【机构】北京交通大学经济管理学院
【刊名】物流技术 . 2012（13）. -191 -193 +308
【分类号】F224

【序号】20122112
【题名】不完全契约视角下物流企业安全信息披露的博弈分析
【作者】王海灵
【机构】新疆大学科学与技术学院
【刊名】物流技术 . 2012（13）. -147 -

249
【分类号】F224.32

【序号】20122113
【题名】物流企业竞争力的模糊综合评价
【作者】任建美
【机构】西昌学院
【刊名】物流技术.2012（13）.－293－295＋371
【分类号】F259.23

【序号】20122114
【题名】基于不完全信息的物流企业赊账决策优化模型的研究
【作者】于冰
【机构】河北广播电视大学
【刊名】物流技术.2012（13）.－301－303
【分类号】F253.7

【序号】20122115
【题名】物流企业成本统计中的Excel应用
【作者】李莺
【机构】山东烟台市公安消防支队
【刊名】财会月刊.2012（20）.－93－96
【分类号】F253.7

【序号】20122116
【题名】浅析我国企业物流成本的控制
【作者】曹键
【机构】北京物资学院商学院
【刊名】物流技术.2012（13）.－20－22＋26
【分类号】F253.7

【序号】20122117
【题名】基于作业成本法的物流企业成本控制研究
【作者】许文静
【机构】河北科技师范学院财经学院
【刊名】物流技术.2012（13）.－63－65
【分类号】F253.7

【序号】20122118
【题名】知识经济时代物流企业人力资源管理新理念
【作者】李林
【机构】四川大学
【刊名】物流技术.2012（13）.－103－104＋131
【分类号】F272.92

【序号】20122119
【题名】物流企业管理人员胜任素质和工作满意度对工作绩效影响研究
【作者】郭名
【机构】北京交通大学经济管理学院
【刊名】物流技术.2012（13）.－7－8
【分类号】F272.92

【序号】20122120
【题名】金融危机背景下影响我国物流企业跨国并购的因素分析及对策研究
【作者】董光辉
【机构】河北省科技工程学校后勤服务中心
【刊名】物流技术.2012（13）.－111－113
【分类号】F259.23

【序号】20122121
【题名】中小企业物流融资的可行性分析
【作者】汤晓阳

【机构】河南商业高等专科学校
【刊名】物流技术.2012（13）.－173－175
【分类号】F253

【序号】20122122
【题名】作业成本法在集约型物流企业会计成本核算中的应用
【作者】杨洪礼
【机构】河北汽车（集团）有限责任公司
【刊名】物流技术.2012（13）.－264－266
【分类号】F253.7

【序号】20122123
【题名】我国第三方汽车物流企业SWOT分析
【作者】郑秀恋
【机构】吉林财经大学
【刊名】物流技术.2012（13）.－282－284
【分类号】F259.23

【序号】20122124
【题名】试论物流企业提高资金管理效率的几个要点
【作者】熊健华
【机构】广东南粤物流股份有限公司
【刊名】时代金融.2012（20）.－67＋70
【分类号】F253.7

【序号】20122125
【题名】基于供应链管理的物流企业营销对策分析
【作者】郝淼
【机构】青岛职业技术学院物流学院
【刊名】现代商贸工业.2012（18）.－27－28
【分类号】F274

【序号】20122126
【题名】我国企业物流研究综述
【作者】刘永胜
【机构】北京物资学院商学院
【刊名】物流技术.2012（17）.－353－356＋366
【分类号】F259.2

【序号】20122127
【题名】烟草企业物流配送网络设计研究
【作者】叶小龙
【机构】上海烟草集团（北京）
【刊名】中国流通经济.2012（2）.－77－82
【分类号】F252

【序号】20122128
【题名】ERP在石化企业物流管理中的应用研究
【作者】孟聪
【机构】中石化催化剂齐鲁分公司
【刊名】物流技术与应用.2012（2）.－100－101
【分类号】F426.72

【序号】20122129
【题名】汽车制造企业物流成本竞争力的综合评价研究
【作者】乐德林
【机构】广州汽车集团乘用车有限公司
【刊名】物流技术.2012（1）.－126－129＋132
【分类号】F426.471

【序号】20122130
【题名】特许连锁经营企业物流配送系统

模式分析
【作者】张伶俐
【机构】西南民族大学管理学院
【刊名】中国商贸．2012（2）．－152－153
【分类号】F721.7

【序号】20122131
【题名】3PL企业物流金融业务的风险管理研究
【作者】陈彧
【机构】天津滨海职业学院物流管理系
【刊名】中国商贸．2012（5）．－141－142
【分类号】F259.2

【序号】20122132
【题名】西部零售连锁企业物流配送模式研究
【作者】雒伟
【机构】甘肃政法学院
【刊名】物流科技．2012（2）．－44－46
【分类号】F721

【序号】20122133
【题名】探析家电零售连锁企业物流配送问题
【作者】刘敏
【机构】苏州经贸职业技术学院
【刊名】物流科技．2012（2）．－79－82
【分类号】F252

【序号】20122134
【题名】中小企业物流能力评价模型和指标体系实证分析
【作者】程世平
【机构】西南交通大学经济管理学院
【刊名】洛阳理工学院学报（社会科学版）．2012（1）．－55－60
【分类号】F224

【序号】20122135
【题名】我国第三方物流企业物流金融风险研究——以存货质押融资为例
【作者】夏洪胜
【机构】暨南大学管理学院
【刊名】未来与发展．2012（3）．－109－112
【分类号】F259.23

【序号】20122136
【题名】企业物流外包的相关问题分析
【作者】刘怡
【机构】郑州铁路职业技术学院
【刊名】中国商贸．2012（1）．－190＋230
【分类号】F252

【序号】20122137
【题名】关于企业物流成本控制的对策研究
【作者】马妍
【机构】军事交通学院
【刊名】物流工程与管理．2012（1）．－27－28＋31
【分类号】F252

【序号】20122138
【题名】浅析企业物流成本控制
【作者】张丽
【机构】东北财经大学津桥商学院
【刊名】商业会计．2012（4）．－6－8
【分类号】F253.7

【序号】20122139
【题名】制造业企业物流成本的会计核算研究
【作者】陶燕
【机构】武汉商业服务学院
【刊名】商业会计．2012（2）．－90－91
【分类号】F275

【序号】20122140
【题名】中小企业物流外包风险分析
【作者】戴志勇
【机构】重庆工商大学
【刊名】企业技术开发．2012（5）．－1－2
【分类号】F252

【序号】20122141
【题名】基于供应链管理的企业物流外包研究
【作者】杨金高
【机构】浙江财经学院东方学院
【刊名】中国商贸．2012（12）．－141－142
【分类号】F252

【序号】20122142
【题名】企业物流库存管理系统的改善措施
【作者】肖军
【机构】物流技术与应用
【刊名】货运车辆．2012（4）．－54－56
【分类号】F252

【序号】20122143
【题名】我国企业物流成本管理研究
【作者】江劲松
【机构】深圳创维—RGB电子有限公司
【刊名】山西财经大学学报．2012（S2）．－47
【分类号】F253.7

【序号】20122144
【题名】企业物流配送模式简述
【作者】王思宇
【机构】陕西省产品质量监督检验所
【刊名】中国市场．2012（10）．－20－21＋32
【分类号】F252

【序号】20122145
【题名】商业企业物流模式发展现状及其优化选择
【作者】赵镭屹
【机构】北京理工大学管理与经济学院
【刊名】商业时代．2012（9）．－43－44
【分类号】F721

【序号】20122146
【题名】制造业企业物流成本控制透析
【作者】张智慧
【机构】山东理工大学商学院
【刊名】中国市场．2012（6）．－49－51
【分类号】F252

【序号】20122147
【题名】制造类企业物流经营模式决策方法研究
【作者】付蓬勃
【机构】北京交通大学交通运输学院
【刊名】交通运输系统工程与信息．2012（2）．－15－20＋61
【分类号】F252

【序号】20122148
【题名】B2C 电子商务企业物流配送模式选择研究
【作者】张宇
【机构】西安交通大学经济与金融学院
【刊名】人文杂志．2012（3）．－187－193
【分类号】F724.6

【序号】20122149
【题名】试析企业物流外包
【作者】曾海珠
【机构】成都航空职业技术学院
【刊名】物流技术．2012（7）．－33－34＋59
【分类号】F252

【序号】20122150
【题名】基于供应链优化的第三方物流企业物流金融模式分析
【作者】段晓鹏
【机构】北京物资学院研究生部
【刊名】湖北财经高等专科学校学报．2012（2）．－46－49
【分类号】F252

【序号】20122151
【题名】基于 SD 的制造企业物流运作成本仿真与优化
【作者】王超
【机构】北京交通大学经济管理学院
【刊名】系统工程理论与实践．2012（6）．－1241－1250
【分类号】F253.7

【序号】20122152
【题名】基于模糊层次分析法的汽车制造企业物流模式选择研究
【作者】王浩澂
【机构】柳州职业技术学院经济管理系
【刊名】物流技术．2012（9）．－158－160＋212
【分类号】F721

【序号】20122153
【题名】制造企业物流外包价值网构成及影响要素研究
【作者】白晓娟
【机构】北京物资学院物流学院
【刊名】物流技术．2012（9）．－202－205
【分类号】F721

【序号】20122154
【题名】供应链系统下的企业物流管理研究
【作者】骆宏
【机构】黑龙江大学
【刊名】对外经贸．2012（5）．－108－110
【分类号】F274

【序号】20122155
【题名】连锁经营企业物流配送模式分析
【作者】钱莹
【机构】深圳信息职业技术学院商务管理学院
【刊名】深圳信息职业技术学院学报．2012（2）．－92－96
【分类号】F252

【序号】20122156
【题名】基于作业成本法的企业物流成本控制
【作者】蔡飞
【机构】上海市长途汽车运输公司

【刊名】理论学习与探索．2012（3）．－85－87
【分类号】F253.7

【序号】20122157
【题名】浅析我国企业物流成本的控制
【作者】曹键
【机构】北京物资学院商学院
【刊名】物流技术．2012（13）．－20－22＋26
【分类号】F253.7

【序号】20122158
【题名】浅议钢铁企业物流成本
【作者】张红雷
【机构】安阳钢铁股份有限公司
【刊名】中国科技投资．2012（24）．－1
【分类号】F721

【序号】20122159
【题名】基于仿真的制造企业物流成本分析与预测
【作者】张文兵
【机构】北京工业职业技术学院
【刊名】中国商贸．2012（2）．－146－147
【分类号】F253.7

【序号】20122160
【题名】企业物流业务发展核心竞争能力综合评价指标体系研究
【作者】王炳同
【机构】石家庄邮电职业技术学院
【刊名】物流科技．2012（2）．－73－75
【分类号】F252

【序号】20122161
【题名】水路运输企业物流绿色度评价指标研究
【作者】操露
【机构】南京航空航天大学金城学院
【刊名】物流科技．2012（3）．－78－81
【分类号】F552.6

【序号】20132001
【题名】精益供应链环境下企业物流供应商的评价与选择
【作者】程赐胜
【机构】长沙理工大学交通运输工程学院
【刊名】长沙理工大学学报（自然科学版）．2012（4）．－5－11
【分类号】F252

【序号】20132002
【题名】基于物联网的企业物流信息平台的构建
【作者】胡文海
【机构】甘肃民族师范学院
【刊名】物流技术．2012（21）．－431－433
【分类号】TP315

【序号】20132003
【题名】关于生产企业物流虚拟漫游实验平台的研究
【作者】钟足峰
【机构】湛江师范学院商学院
【刊名】物流技术．2012（21）．－392－393＋396
【分类号】F253.9

【序号】20132004
【题名】全球经济一体化背景下中小企业物流战略研究

【作者】刘健桂
【机构】柳州师范高等专科学校
【刊名】物流技术 . 2012（21）. －112－114
【分类号】F253

【序号】20132005
【题名】论商业企业物流模式的选择
【作者】李兆辉
【机构】大庆市大同区项目开发服务中心
【刊名】中国新技术新产品 . 2013（1）. －219
【分类号】F252

【序号】20132006
【题名】煤炭企业物流成本控制探究
【作者】王淼
【机构】淄博职业学院
【刊名】物流技术 . 2012（23）. －190－192＋202
【分类号】F253. 7

【序号】20132007
【题名】煤炭企业物流向社会物流转型方向选择研究
【作者】李彦洋
【机构】北京交通大学经济管理学院
【刊名】物流科技 . 2013（1）. －1－4
【分类号】F426. 21

【序号】20132008
【题名】试析企业物流成本的核算与管理
【作者】解永乐
【机构】河北大学管理学院
【刊名】物流技术 . 2012（23）. －15－17
【分类号】F253. 7

【序号】20132009
【题名】企业物流营销能力影响因素分析及其优化策略
【作者】张琳
【机构】河南商业高等专科学校
【刊名】物流技术 . 2012（23）. －90－92
【分类号】F259. 23

【序号】20132010
【题名】关于企业物流成本控制的研究
【作者】赵欣
【机构】吉林电子信息职业技术学院
【刊名】物流技术 . 2012（23）. －101－103
【分类号】F253. 7

【序号】20132011
【题名】市场营销下的企业物流管理模式创新
【作者】顾天石
【机构】江苏信息职业技术学院
【刊名】物流技术 . 2012（23）. －128－129＋153
【分类号】F252

【序号】20132012
【题名】MATLAB 和 TOPSIS 算法在企业物流招标评估中的应用研究
【作者】高洪波
【机构】江苏城市职业学院电信系
【刊名】物流技术 . 2012（23）. －277－278＋296
【分类号】F224

【序号】20132013
【题名】企业物流质量成本体系构建
【作者】李贵华
【机构】沈阳工业大学

【刊名】物流科技．2013（1）．－15－17
【分类号】F253.3

【序号】20132014
【题名】快速消费品生产企业物流信息化建设案例研究
【作者】唐献兰
【机构】柳州师范高等专科学校
【刊名】柳州师专学报．2012（6）．－48－52
【分类号】F426.8

【序号】20132015
【题名】降低企业物流运作成本方式分析
【作者】周世忠
【机构】石河子大学商学院
【刊名】边疆经济与文化．2013（1）．－11－12
【分类号】F426.4

【序号】20132016
【题名】供应链系统下的企业物流管理研究
【作者】刘阳
【机构】长安大学
【刊名】价值工程．2012（36）．－19－20
【分类号】F259.2

【序号】20132017
【题名】煤炭企业物流管理模式研究
【作者】任侠
【机构】恒源煤矿经营管理部
【刊名】科技创新与应用．2012（30）．－253
【分类号】F426.21

【序号】20132018
【题名】试析我国中小企业物流管理模式
【作者】郭鹏
【机构】江西旅游商贸职业学院
【刊名】艺术科技．2012（4）．－164＋168
【分类号】F259.23

【序号】20132019
【题名】中小企业物流成本控制
【作者】曾兰桂
【机构】上海交通大学
【刊名】技术与市场．2012（11）．－61＋63
【分类号】F253.7

【序号】20132020
【题名】餐饮连锁企业物流配送模式研究
【作者】郭晓枫
【机构】上海海事大学
【刊名】物流科技．2012（11）．－103－105
【分类号】F719.3

【序号】20132021
【题名】企业物流外包战略中的风险防范
【作者】冉光学
【机构】重庆商务职业学院
【刊名】人力资源管理．2012（11）．－192－193
【分类号】F252

【序号】20132022
【题名】制造企业物流成本管理研究
【作者】庄景荣
【机构】福建蓝海专用汽车制造有限公司
【刊名】企业导报．2012（20）．－48－50

【分类号】F253.7

【序号】20132023
【题名】供应链一体化下制造企业物流成本管理探讨
【作者】唐云
【机构】仪化东丽聚酯薄膜有限公司
【刊名】商业会计.2012（21）.－87－89
【分类号】F253.7

【序号】20132024
【题名】烟草商业企业物流配送满意度模糊评价
【作者】蔡萍萍
【机构】浙江省嘉兴市烟草公司配送中心
【刊名】中国烟草学报.2012（5）.－66－72
【分类号】F721

【序号】20132025
【题名】化工销售类企业物流运作优化探讨
【作者】苏少峰
【机构】中国石化化工销售华南分公司
【刊名】现代经济信息.2012（22）.－249－250
【分类号】F252

【序号】20132026
【题名】绍兴纺织企业物流管理调查研究
【作者】游春晖
【机构】绍兴文理学院
【刊名】绍兴文理学院学报（哲学社会科学）.2012（6）.－80－84
【分类号】F426.81

【序号】20132027
【题名】关于企业物流人才需求的探究——从青岛市企业物流专业人才现状看人才需求
【作者】孙艳艳
【机构】青岛黄海学院
【刊名】佳木斯教育学院学报.2012（11）.－442－443
【分类号】F250－4

【序号】20132028
【题名】云管理策略在离散型企业物流管理中的应用
【作者】翟仕卿
【机构】上海海事大学
【刊名】中国商贸.2012（31）.－167－168
【分类号】F253.9

【序号】20132029
【题名】浅析服装企业物流
【作者】孙宇
【机构】渤海大学管理学院
【刊名】商业经济.2012（24）.－55－56＋90
【分类号】F426.86

【序号】20132030
【题名】安全视角的煤矿企业物流系统优化探讨
【作者】张斌
【机构】山西西山煤电集团公司
【刊名】企业导报.2012（21）.－92＋112
【分类号】F426.21

【序号】20132031
【题名】自动识别技术在企业物流过程中的应用

【作者】戚卫峰
【机构】欧姆龙自动化（中国）有限公司
【刊名】企业导报.2012（22）.－255－257
【分类号】F253.9

【序号】20132032
【题名】对中小企业物流管理的现状及思考
【作者】刘广义
【机构】通化师范学院工商管理学院
【刊名】东方企业文化.2012（23）.－19
【分类号】F259.23

【序号】20132033
【题名】基于竞争优势的企业物流战略探析
【作者】王米娜
【机构】武汉东湖学院
【刊名】市场论坛.2012（11）.－48－49
【分类号】F252

【序号】20132034
【题名】转型预期下企业物流服务单位的成本管理问题初探
【作者】史艳红
【机构】山西财经大学工商管理学院
【刊名】物流工程与管理.2012（11）.－74－76
【分类号】F253.7

【序号】20132035
【题名】现代企业物流管理系统分析
【作者】孔辉
【机构】山东外事翻译职业学院
【刊名】知识经济.2012（21）.－11－12
【分类号】F252

【序号】20132036
【题名】烟草商业企业物流成本合理化控制初探
【作者】李薇
【机构】陕西省烟草公司汉中分公司
【刊名】中小企业管理与科技（下旬刊）.2012（11）.－85－86
【分类号】F721

【序号】20132037
【题名】数据挖掘在油品销售企业物流管理中的应用
【作者】沈妍
【机构】苏州大学计算机科学与技术学院
【刊名】徐州工程学院学报（自然科学版）.2012（3）.－56－58
【分类号】TP311.13

【序号】20132038
【题名】中小企业物流管理的安全经济学分析
【作者】王奎
【机构】苏州电瓷厂有限公司
【刊名】内蒙古科技与经济.2013（5）.－27－29
【分类号】F253

【序号】20132039
【题名】大型煤炭企业物流体系建设的战略思考
【作者】孙虎
【机构】陕西省煤炭运销集团黄陵分公司
【刊名】煤炭经济研究.2013（2）.－20－22＋29
【分类号】F426.21

【序号】20132040
【题名】关于山西煤炭企业物流管理的探讨
【作者】王文彦
【机构】中国矿业大学（北京）管理学院
【刊名】山西煤炭管理干部学院学报. 2013（1）. －25－26
【分类号】F426. 21

【序号】20132041
【题名】生产企业物流成本控制体系探讨
【作者】鹿亚芹
【机构】河北农业大学
【刊名】中国乡镇企业会计. 2013（3）. －88－89
【分类号】F253. 7

【序号】20132042
【题名】企业物流业务外包的利益与风险分析
【作者】孙玲玉
【机构】渤海大学管理学院
【刊名】商业经济. 2013（8）. －49－50＋55
【分类号】F252

【序号】20132043
【题名】企业物流管理信息化问题及对策分析
【作者】何梅芳
【机构】贵港职业学院
【刊名】中国管理信息化. 2013（5）. －49－50
【分类号】F270. 7

【序号】20132044
【题名】中小型服装企业物流仓储管理案例优化探析
【作者】商浩鑫
【机构】东华大学服装学院
【刊名】浙江纺织服装职业技术学院学报. 2013（1）. －83－87
【分类号】F426. 86

【序号】20132045
【题名】企业物流外包决策研究
【作者】周廖青
【机构】中铁港航局集团有限公司
【刊名】铁路采购与物流. 2013（2）. －51－53
【分类号】F252

【序号】20132046
【题名】休闲食品加工企业物流成本控制
【作者】刘敬平
【机构】重庆交通大学
【刊名】科技与企业. 2013（6）. －74
【分类号】F426. 82

【序号】20132047
【题名】企业物流联盟存在的问题和对策分析
【作者】张洁
【机构】四川交通职业技术学院
【刊名】企业导报. 2013（4）. －102－103
【分类号】F253. 9

【序号】20132048
【题名】浅论企业物流成本管理策略
【作者】孙丹
【机构】佳木斯大学经济管理学院
【刊名】商场现代化. 2013（5）. －89－90
【分类号】F253. 7

【序号】20132049
【题名】基于绿色供应链的制药企业物流中心 选址的研究
【作者】韩伟伟
【机构】福州大学八方物流学院
【刊名】物流工程与管理 . 2013（2）. -85-86+76
【分类号】F426.72

【序号】20132050
【题名】电子商务下企业物流管理模式分析
【作者】李建伟
【机构】青海盐湖工业股份有限公司
【刊名】物流工程与管理 . 2013（2）. -44-45
【分类号】F252

【序号】20132051
【题名】企业物流管理的现代化创新与应用
【作者】俞雯
【机构】贵阳学院经济管理学院
【刊名】物流工程与管理 . 2013（2）. -46-48
【分类号】F252

【序号】20132052
【题名】企业物流管理课程案例教学探讨
【作者】谢美娥
【机构】武汉科技大学城市学院
【刊名】物流工程与管理 . 2013（2）. -150-151+155
【分类号】F252-4

【序号】20132053
【题名】企业物流外包问题分析
【作者】宋尚昆
【机构】东北石油大学经济管理学院
【刊名】辽宁工程技术大学学报（社会科学版）. 2013（2）. -137-139
【分类号】F252

【序号】20132054
【题名】钢铁企业物流模式探析
【作者】谢国
【机构】安阳钢铁集团有限责任公司
【刊名】河南冶金 . 2013（1）. -23-26
【分类号】F426.31

【序号】20132055
【题名】基于模糊数学及 AHP 分析法的企业物流结构分析
【作者】郑咏梅
【机构】广东省中山市技师学院
【刊名】中国职工教育 . 2013（6）. -136-137
【分类号】F224

【序号】20132056
【题名】分析企业物流成本管理存在的问题与应对措施
【作者】贾铭
【机构】云南机电职业技术学院
【刊名】经营管理者 . 2013（5）. -133
【分类号】F253.7

【序号】20132057
【题名】风险矩阵法在企业物流外包风险评估中的应用
【作者】孙长飞
【机构】江苏海事职业技术学院
【刊名】青岛大学学报（工程技术版）. 2013（1）. -68-71
【分类号】F252

【序号】20132058
【题名】基于绿色供应链的制药企业物流中心选址
【作者】韩伟伟
【机构】福州大学八方物流学院
【刊名】中国市场. 2013（10）. -14-15+54
【分类号】F426. 72

【序号】20132059
【题名】我国中小零售企业物流系统运营效率研究
【作者】汪欣
【机构】安徽城市管理职业学院
【刊名】北华大学学报（社会科学版）. 2013（2）. -46-49
【分类号】F224

【序号】20132060
【题名】加强物流包装管理降低企业物流成本
【作者】姚建凤
【机构】无锡商业职业技术学院
【刊名】中国市场. 2013（10）. -36-38
【分类号】F253. 7

【序号】20132061
【题名】制造企业物流成本核算体系构建
【作者】夏萍
【机构】新乡学院管理学院
【刊名】财会月刊. 2013（5）. -14-15
【分类号】F253. 7

【序号】20132062
【题名】中小物流企业物流联盟模式优化研究
【作者】王宏伟
【机构】许昌学院经济与管理学院
【刊名】价格月刊. 2013（5）. -69-71
【分类号】F253

【序号】20132063
【题名】山西制造企业物流管理信息化建设研究
【作者】史艳红
【机构】山西财经大学
【刊名】物流科技. 2013（4）. -43-45
【分类号】F425

【序号】20132064
【题名】基于 ERP 系统的企业物流运输信息系统的开发研究
【作者】周正文
【机构】株洲时代新材料科技股份有限公司
【刊名】中国管理信息化. 2013（10）. -48-50
【分类号】F253. 9

【序号】20132065
【题名】企业物流成本控制措施探讨
【作者】曲良
【机构】廊坊职业技术学院
【刊名】现代商贸工业. 2013（8）. -118
【分类号】F253. 7

【序号】20132066
【题名】基于物联网的集团型企业物流信息平台架构研究
【作者】钱妍
【机构】北京物资学院
【刊名】物流技术. 2013（3）. -231-233
【分类号】F253. 9

【序号】20132067
【题名】企业物流外包对物流系统影响的实证研究
【作者】闫丽霞
【机构】中原工学院
【刊名】物流技术 . 2013（3）. －21－23
【分类号】F252

【序号】20132068
【题名】基于客户聚类的企业物流配送中心选址研究
【作者】李峰
【机构】东北农业大学工程学院
【刊名】物流技术 . 2013（3）. －161－162＋255
【分类号】F224

【序号】20132069
【题名】供应链系统下的企业物流管理研究
【作者】罗霄
【机构】华北水利水电学院管理与经济学院
【刊名】中国商贸 . 2013（5）. －109－110
【分类号】F252

【序号】20132070
【题名】中小企业物流管理的现状及思考
【作者】王宏志
【机构】黑龙江农业工程职业学院
【刊名】价值工程 . 2013（9）. －178－179
【分类号】F259. 23

【序号】20132071
【题名】煤矿企业物流模式决策的计算机仿真研究
【作者】谢春杰
【机构】河北能源职业技术学院
【刊名】煤炭技术 . 2013（5）. －269－271
【分类号】F253. 9

【序号】20132072
【题名】服装制造企业物流运营方式研究——以石狮市为例
【作者】欧伟强
【机构】福建师范大学协和学院
【刊名】福建商业高等专科学校学报. 2013（1）. －46－50
【分类号】F426. 86

【序号】20132073
【题名】区域性零售企业物流运营现状与发展战略
【作者】汪欣
【机构】安徽城市管理职业学院管理系
【刊名】西南农业大学学报（社会科学版）. 2013（2）. －13－16
【分类号】F721

三、第三方物流

【序号】20123076
【题名】企业引进第三方物流降低物流成

本的必要性研究
【作者】陈强
【机构】瓮福（集团）有限责任公司
【刊名】物流工程与管理．2012（7）．－38－40
【分类号】F253.7

【序号】20123077
【题名】基于我国第三方物流发展存在的问题分析
【作者】王爱萍
【机构】西安铁路职业技术学院
【刊名】经营管理者．2012（15）．－212
【分类号】F259.2

【序号】20123078
【题名】第三方物流跨国企业在华经营面临挑战的实证研究
【作者】杨晓雁
【机构】上海对外贸易学院国际经贸学院
【刊名】华东经济管理．2012（8）．－71－74
【分类号】F259.23

【序号】20123079
【题名】B2C 电商自营物流与第三方物流的绩效研究
【作者】王宏伟
【机构】西南交通大学
【刊名】价值工程．2012（21）．－160－161
【分类号】F259.2

【序号】20123080
【题名】第三方物流绩效评价管理体系研究
【作者】刘光
【机构】重庆城市管理职业学院
【刊名】物流技术．2012（13）．－250－252
【分类号】F252

【序号】20123081
【题名】基于改进的 TOPSIS 方法的第三方物流服务商选择
【作者】马睐
【机构】长安大学经济与管理学院
【刊名】铁道运输与经济．2012（7）．－56－61
【分类号】F224

【序号】20123082
【题名】时间驱动作业成本法在第三方物流企业中的应用
【作者】房玲
【机构】中国海洋大学管理学院
【刊名】经营与管理．2012（7）．－101－103
【分类号】F253.7

【序号】20123083
【题名】基于交换理论思考第三方物流的良性发展
【作者】王顺林
【机构】宁波职业技术学院
【刊名】物流科技．2012（7）．－1－5
【分类号】F252

【序号】20123084
【题名】第三方物流核心服务定价方式新探
【作者】桂思思
【机构】华中师范大学信息管理系
【刊名】科技创业月刊．2012（7）．－80－81

【分类号】F252

【序号】20123085
【题名】航运企业如何转型开展第三方物流业务
【作者】张晖
【机构】中国航油集团物流有限公司
【刊名】东方企业文化．2012（13）．－244－245
【分类号】F552

【序号】20123086
【题名】浅析第三方物流企业重大事件处理机制——以广州亚运会为例
【作者】谢灿
【机构】湖南电气职业技术学院经管系
【刊名】科教文汇（下旬刊）．2012（6）．－61－62＋68
【分类号】F259.2

【序号】20123087
【题名】浅议我国第三方物流企业发展的问题与对策
【作者】陈亮
【机构】石家庄职业技术学院
【刊名】中小企业管理与科技（下旬刊）．2012（6）．－164－165
【分类号】F259.23

【序号】20123088
【题名】第三方物流企业物流金融业务风险管理研究
【作者】潘鹏鹏
【机构】浙江财经学院东方学院
【刊名】中国商贸．2012（18）．－140－141
【分类号】F259.23

【序号】20123089
【题名】资源整合视域下广西第三方物流企业发展对策研究
【作者】吴海琼
【机构】广西经济管理干部学院
【刊名】大众科技．2012（6）．－295－296＋278
【分类号】F259.23

【序号】20123090
【题名】第三方物流企业TDABC物流成本核算体系——基于天水物流公司的案例研究
【作者】刘海潮
【机构】大连理工大学
【刊名】管理案例研究与评论．2012（3）．－195－204
【分类号】F253.7

【序号】20123091
【题名】兵团第三方物流市场需求预测分析
【作者】朱叶
【机构】塔里木大学
【刊名】塔里木大学学报．2012（2）．－97－104
【分类号】F259.27

【序号】20123092
【题名】条码技术应对第三方物流企业竞争力研究
【作者】余珂
【机构】河南省标准研究院
【刊名】现代营销（学苑版）．2012（6）．－213－214
【分类号】F253.9

【序号】20123093
【题名】从资源观角度分析第三方物流企

业的核心竞争力
【作者】陆雪翡
【机构】浙江商业职业技术学院经贸系
【刊名】经营与管理 .2012（6）. –108 –110
【分类号】F253

【序号】20123094
【题名】基于 Kano 模型的广东第三方物流企业顾客满意度实证分析
【作者】胡勇军
【机构】广州航海高等专科学校
【刊名】物流技术 .2012（11）. –79 –82
【分类号】F259.23

【序号】20123095
【题名】第三方物流企业仓单质押融资模式与风险分析
【作者】刘国红
【机构】汉中职业技术学院
【刊名】物流科技 .2012（6）. –56 –58
【分类号】F832.4

【序号】20123096
【题名】我国第三方物流公共政策探讨
【作者】李娅岚
【机构】西南交通大学公共管理学院
【刊名】知识经济 .2012（11）. –104 –105
【分类号】F259.2

【序号】20123097
【题名】第三方物流与连锁超市融合的发展模式分析
【作者】施和平
【机构】江西景德镇高等专科学校
【刊名】中国商贸 .2012（16）. –183 –184
【分类号】F721

【序号】20123098
【题名】烟草行业第三方物流企业的选择研究
【作者】仪星照
【机构】西南大学经济管理学院
【刊名】商业文化（下半月）. 2012（5）. –34 –35
【分类号】F426.8

【序号】20123099
【题名】第三方物流企业的物流中心选址模型建立与图论算法应用
【作者】富宏亮
【机构】中国船舶燃料青岛有限公司
【刊名】硅谷 .2012（10）. –117 –118
【分类号】F224

【序号】20123100
【题名】农产品第三方物流相关理论浅析
【作者】刘顺
【机构】吉林大学军需科技学院
【刊名】经营管理者 .2012（10）. –121 –122
【分类号】F326.6

【序号】20123101
【题名】引入股权机制的第三方物流融资模式优化研究
【作者】罗娜
【机构】北京理工大学
【刊名】江苏商论 .2012（5）. –60 –62
【分类号】F252

【序号】20123102
【题名】电子商务模式下第三方物流企业顾客信任度影响因素分析
【作者】张言彩
【机构】淮阴师范学院
【刊名】中国经贸导刊.2012（14）.-38-40
【分类号】F259.23

【序号】20123103
【题名】中小型第三方物流企业的发展策略研究
【作者】朱立国
【机构】昆明理工大学津桥学院
【刊名】现代商业.2012（14）.-29-30
【分类号】F259.23

【序号】20123104
【题名】浅议中国第三方物流业的电子商务化——中国邮政的电子商务化及其电子邮政战略发展
【作者】钟燕媚
【机构】河源市高级技工学校
【刊名】职业.2012（14）.-183
【分类号】F616

【序号】20123105
【题名】基于数据仓库的第三方物流企业客户关系管理研究
【作者】程志君
【机构】昆明冶金高等专科学校
【刊名】物流科技.2012（5）.-5-8
【分类号】F259.23

【序号】20123106
【题名】基于第三方物流的河南省农产品物流问题研究
【作者】赵中萍
【机构】河南煤化焦煤集团中马村矿
【刊名】中小企业管理与科技（上旬刊）.2012（5）.-197-198
【分类号】F326.6

【序号】20123107
【题名】基于DEA与模糊综合评判的第三方物流服务商评价研究
【作者】魏倩
【机构】重庆交通大学
【刊名】中小企业管理与科技（下旬刊）.2012（4）.-215-216
【分类号】F224

【序号】20123108
【题名】构建第三方物流金融合作存在的问题与对策
【作者】戴军
【机构】东华理工大学经济与管理学院
【刊名】老区建设.2012（8）.-17-19
【分类号】F252

【序号】20123109
【题名】我国第三方物流包装问题初探
【作者】薛小英
【机构】福州大学八方物流学院
【刊名】福建商业高等专科学校学报.2012（2）.-65-68
【分类号】F259.2

【序号】20123110
【题名】浙江省台州市第三方物流资源整合研究
【作者】丁杰
【机构】浙江汽车职业技术学院
【刊名】中国证券期货.2012（10）.-

181

【分类号】F259.27

【序号】20123111

【题名】我国第三方物流企业诚信问题研究

【作者】王景利

【机构】哈尔滨金融学院金融系

【刊名】征信.2012（5）.-66-68

【分类号】F259.23

【序号】20123112

【题名】基于第三方物流的汽车产品回收网络设计

【作者】荣凯

【刊名】财务与金融.2012（5）.-60-63+69

【分类号】F426.471

【序号】20123113

【题名】第三方物流外包服务综合绩效评估模型的构建

【作者】刘一君

【机构】上海应用技术学院经济与管理学院

【刊名】学术探索.2012（10）.-94-96

【分类号】F252

【序号】20123114

【题名】大型体育赛事中第三方物流的运用研究

【作者】林闯

【机构】四川理工学院体育部

【刊名】物流技术.2012（19）.-89-91

【分类号】G808.2

【序号】20123115

【题名】基于蚁群算法的数据挖掘在第三方物流中的应用

【作者】郭建红

【机构】北京交通大学交通运输学院

【刊名】物流技术.2012（19）.-130-132+181

【分类号】TP311.13

【序号】20123116

【题名】第三方物流企业绩效评价体系构建的研究

【作者】孙婕

【机构】山东商业职业技术学院

【刊名】商业文化（下半月）.2012（10）.-383-384

【分类号】F253

【序号】20123117

【题名】基于客户满意度的第三方物流公司发展探讨

【作者】王欣妮

【机构】浙江工商大学

【刊名】物流技术.2012（19）.-63-65

【分类号】F259.23

【序号】20123118

【题名】供应链管理下基于第三方物流的采购模型

【作者】徐以超

【机构】东华大学

【刊名】经营管理者.2012（18）.-5-6+4

【分类号】F252

【序号】20123119

【题名】涉及第三方物流服务质量的供应

链协调
【作者】尤建新
【机构】同济大学经济与管理学院
【刊名】同济大学学报（自然科学版）.2012（9）.－1422－1427
【分类号】F253.9

【序号】20123120
【题名】第三方物流企业的客户关系管理研究
【作者】潘石
【机构】中盐甘肃省盐业集团有限责任公司
【刊名】才智.2012（28）.－8－9
【分类号】F274

【序号】20123121
【题名】计算机信息管理在第三方物流中的应用
【作者】李涛
【机构】河南省核工业地质局
【刊名】信息通信.2012（5）.－131－132
【分类号】TP315

【序号】20123122
【题名】浅析基于电子商务的第三方物流发展策略
【作者】朱耿
【机构】河南省成人教育教学研究室
【刊名】商业文化（下半月）.2012（9）.－64－66
【分类号】F724.6

【序号】20123123
【题名】新形势下第三方物流企业仓储服务创新问题的研究
【作者】任建美
【机构】西昌学院经济与管理学院
【刊名】物流技术.2012（17）.－179－180＋258
【分类号】F253.4

【序号】20123124
【题名】浅析我国第三方物流发展趋势及投资策略分析
【作者】杨亚彤
【机构】中国矿业大学
【刊名】科技创新导报.2012（26）.－32
【分类号】F259.2

【序号】20123125
【题名】第三方物流增值服务在供应链运作体系中的应用研究
【作者】孔令华
【机构】上海海事大学经济管理学院
【刊名】齐鲁师范学院学报.2012（5）.－138－142
【分类号】F252

【序号】20123126
【题名】基于顾客的第三方物流服务商满意度评价指标体系的构建——以淘宝网为例
【作者】易秋香
【机构】安徽三联学院
【刊名】长春理工大学学报（社会科学版）.2012（11）.－134－135
【分类号】F274

【序号】20123127
【题名】第三方物流服务的时效性研究
【作者】荣力锋
【机构】西南交通大学交通运输与物流学院

【刊名】价值工程.2012（29）.－19－20
【分类号】F252

【序号】20123128
【题名】海南反季节瓜菜第三方物流体系研究
【作者】刘行
【机构】海南大学经济与管理学院
【刊名】农业研究与应用.2012（6）.－33－40
【分类号】F326.6

【序号】20123129
【题名】企业第三方物流信息系统关键技术及数据挖掘关键算法研究
【作者】任荣
【机构】北方民族大学
【刊名】电子商务.2012（11）.－52－53
【分类号】TP311.52

【序号】20123130
【题名】第三方物流在动态质押供应链融资模式中的作用
【作者】毛敏
【机构】西南交通大学交通运输与物流学院
【刊名】价值工程.2012（32）.－19－20
【分类号】F832.4

【序号】20123131
【题名】扬州第三方物流发展问题研究
【作者】闫秀峰
【机构】扬州工业职业技术学院
【刊名】中国市场.2012（45）.－18－19
【分类号】F259.27

【序号】20123132
【题名】我国第三方物流服务的发展现状与问题研究
【作者】闫高杰
【机构】天津海运职业学院
【刊名】港口科技.2012（11）.－3－6
【分类号】F259.2

【序号】20123133
【题名】信息化背景下第三方物流平台构建
【作者】郭晓阳
【机构】郑州大学西亚斯国际学院
【刊名】商业时代.2012（25）.－39－40
【分类号】F252

【序号】20123134
【题名】我国第三方物流发展思路
【作者】王鸿雁
【机构】山东银座商城股份有限公司
【刊名】合作经济与科技.2012（18）.－4－6
【分类号】F259.2

【序号】20123135
【题名】基于延伸售后保证的第三方物流运作模式
【作者】计国君
【机构】厦门大学管理学院
【刊名】技术经济.2012（9）.－127－132
【分类号】F224

【序号】20123136
【题名】第三方物流企业的顾客满意管理

体系
【作者】丰佳栋
【机构】内蒙古财经大学
【刊名】物流科技．2012（10）．－63－65
【分类号】F274

【序号】20123137
【题名】浅析第三方物流发展中存在的问题与对策
【作者】李惠敏
【机构】吉林财经大学信息经济学院
【刊名】物流工程与管理．2012（9）．－3－4
【分类号】F252

【序号】20123138
【题名】第三方物流企业之间的物流联盟问题探讨
【作者】陈珂
【机构】中国电子科技集团公司第三十八研究所
【刊名】物流工程与管理．2012（9）．－43－44
【分类号】F253

【序号】20133001
【题名】依托集团优势发展第三方物流
【作者】夏旭东
【机构】中国煤矿机械装备有限责任公司
【刊名】北方经贸．2012（12）．－70－71
【分类号】F252

【序号】20133002
【题名】金融危机下中小型第三方物流信息系统方案设计
【作者】程驰
【机构】江苏省盐城技师学院经贸与服装系
【刊名】科技风．2012（23）．－245
【分类号】TP315

【序号】20133003
【题名】荆州市农产品第三方物流发展研究
【作者】黄贝
【机构】长江大学管理学院
【刊名】物流技术．2012（21）．－44－46
【分类号】F259.27

【序号】20133004
【题名】第三方物流服务商的选择方法
【作者】叶福稳
【机构】集美大学航海学院
【刊名】物流技术与应用．2013（1）．－104－105
【分类号】F259.2

【序号】20133005
【题名】经济学视角下我国第三方物流企业的发展与管理
【作者】肖文珍
【机构】华北水利水电学院水利职业学院
【刊名】中国商贸．2012（33）．－141－142
【分类号】F259.23

【序号】20133006
【题名】浅析电子商务环境下东北地区第三方物流发展问题
【作者】王美艳
【机构】吉林工商学院
【刊名】中国外资．2013（2）．－255
【分类号】F259.27

【序号】20133007
【题名】第三方物流在我国对外贸易中的应用研究
【作者】王莉
【机构】吉林工商学院经济贸易分院
【刊名】中国外资.2013（2）.-9
【分类号】F259.2

【序号】20133008
【题名】基于TOPSIS法的军队第三方物流供应商评价研究
【作者】唐斐琼
【机构】海军航空工程学院
【刊名】物流技术.2012（23）.-443-445
【分类号】F252

【序号】20133009
【题名】基于SOA-BPM组合架构的第三方物流信息系统研究
【作者】张彤
【机构】北京电子科技职业学院经济管理学院
【刊名】物流技术.2012（23）.-419-422
【分类号】TP311.52

【序号】20133010
【题名】基于融通仓的第三方物流金融服务运作模式研究
【作者】谢娉娉
【机构】云南民族大学
【刊名】物流技术.2012（23）.-29-31
【分类号】F252

【序号】20133011
【题名】第三方物流服务的顾客满意度研究
【作者】张广敬
【机构】江苏联合职业学院徐州分院
【刊名】物流技术.2012（23）.-60-61+64
【分类号】F253

【序号】20133012
【题名】基于电子商务的第三方物流运作策略研究
【作者】钟波兰
【机构】长沙航空职业技术学院
【刊名】物流技术.2012（23）.-71-74
【分类号】F724.6

【序号】20133013
【题名】基于作业成本核算的第三方物流企业管理升级
【作者】刘潇亭
【机构】吉林工业职业技术学院商学院
【刊名】物流技术.2012（23）.-77-79
【分类号】F253.7

【序号】20133014
【题名】基于作业成本法的第三方物流企业成本核算应用分析
【作者】向乐乐
【机构】重庆交通大学财经学院
【刊名】物流技术.2012（23）.-93-95
【分类号】F253.7

【序号】20133015
【题名】基于特征加权模糊聚类算法的第三方物流企业运营模式分类研究
【作者】王海燕

【机构】大连海事大学交通运输管理学院
【刊名】物流技术 .2012（23）.－301－303＋392
【分类号】F253

【序号】20133016
【题名】第三方物流公司的杜邦财务分析——以中海海盛为例
【作者】李晓宇
【机构】长春医学高等专科学校
【刊名】物流技术 .2012（23）.－306－308
【分类号】F253.7

【序号】20133017
【题名】基于改进的启发式算法的第三方物流运输优化研究
【作者】李玉华
【机构】吉林农业科技学院
【刊名】物流技术 .2012（23）.－323－325
【分类号】F253

【序号】20133018
【题名】第三方物流在企业中的现状和发展趋势
【作者】刘敦
【机构】上海交通大学
【刊名】技术与市场 .2013（1）.－84＋86
【分类号】F259.23

【序号】20133019
【题名】第三方物流企业运行机制分析——基于商业生态系统视角
【作者】欧阳泉
【机构】宁波职业技术学院工商管理系
【刊名】理论探讨 .2013（1）.－106－109
【分类号】F253

【序号】20133020
【题名】第三方物流与精益生产企业的合作策略研究
【作者】梁天池
【机构】苏州大学东吴商学院
【刊名】企业导报 .2013（1）.－121
【分类号】F252

【序号】20133021
【题名】对如何发展铁路第三方物流应对国际金融危机的探讨
【作者】陈虎
【机构】广东省广州市广梅汕铁路有限责任公司
【刊名】财经界（学术版）.2013（1）.－9
【分类号】F532

【序号】20133022
【题名】第三方物流企业灰色关联度风险评估研究——基于供应链金融的视角
【作者】秦立公
【机构】桂林理工大学管理学院
【刊名】会计之友 .2013（3）.－32－37
【分类号】F259.23

【序号】20133023
【题名】第三方物流在动态质押供应链融资模式中的作用
【作者】毛敏
【机构】西南交通大学交通运输与物流学院
【刊名】价值工程 .2012（32）.－19－20

【分类号】F832.4

【序号】20133024
【题名】烟草行业组建专业化第三方物流公司初探
【作者】朱孟高
【机构】山东电子职业技术学院
【刊名】经营与管理.2012（12）.－83－84
【分类号】F426.8

【序号】20133025
【题名】关于S公司对第三方物流供应商招标及管理工作
【作者】赵加斐
【机构】同济大学经济与管理学院
【刊名】江苏科技信息.2012（12）.－49－50
【分类号】F252

【序号】20133026
【题名】基于TOPSIS法和灰色关联度法的军队第三方物流供应商评价分析
【作者】彭绍雄
【机构】海军航空工程学院
【刊名】物流科技.2012（12）.－83－87
【分类号】E234

【序号】20133027
【题名】基于改进模糊物元法的第三方物流供应商选择
【作者】张赠富
【机构】闽西职业技术学院经济系
【刊名】西安电子科技大学学报（社会科学版）.2012（6）.－21－25
【分类号】F259.23

【序号】20133028
【题名】吉林省电子商务环境下第三方物流发展的问题与对策分析
【作者】周连忠
【机构】长春工业大学
【刊名】商场现代化.2012（32）.－95
【分类号】F724.6

【序号】20133029
【题名】第三方物流运作模式探讨
【作者】张铁宝
【机构】山西大学商务学院电子商务系
【刊名】物流工程与管理.2012（11）.－56－57＋60
【分类号】F259.23

【序号】20133030
【题名】跨境电子商务第三方物流模式研究
【作者】曹淑艳
【机构】对外经济贸易大学信息学院
【刊名】电子商务.2013（3）.－23－25
【分类号】F724.6

【序号】20133031
【题名】基于客户的电信企业第三方物流信息系统研究
【作者】陆鹏威
【机构】中国电信股份有限公司江苏分公司
【刊名】江苏通信.2013（1）.－63－65
【分类号】F626

【序号】20133032
【题名】第三方物流企业与制造企业的战

略联盟策略研究
【作者】李欣之
【机构】对外经贸大学
【刊名】现代商业．2013（4）．-104-105
【分类号】F259.23

【序号】20133033
【题名】中国家电制造企业第三方物流模式浅析
【作者】章冀
【机构】徐州广播电视大学
【刊名】现代营销（学苑版）．2013（2）．-114-115
【分类号】F252

【序号】20133034
【题名】基于第三方物流的供应链库存协同管理研究
【作者】刘晓琳
【机构】赤峰学院经济与管理学院
【刊名】赤峰学院学报（自然科学版）．2013（2）．-44-46
【分类号】F253.4

【序号】20133035
【题名】第三方物流研究述评
【作者】惟璇
【机构】胡武汉交通职业学院
【刊名】物流工程与管理．2013（3）．-5-8
【分类号】F252

【序号】20133036
【题名】精益六西格玛模式下的第三方物流供应商的选择评价指标体系研究
【作者】刘研
【机构】福州大学八方物流学院
【刊名】物流工程与管理．2013（3）．-46-48
【分类号】F252

【序号】20133037
【题名】第三方物流视角下物流金融风险评估研究
【作者】孔凡超
【机构】云南财经大学商学院
【刊名】物流工程与管理．2013（3）．-60-62
【分类号】F259.2

【序号】20133038
【题名】电子商务时代的第三方物流发展研究
【作者】欧阳晓波
【机构】宜春职业技术学院
【刊名】经济研究导刊．2013（9）．-213-214
【分类号】F724.6

【序号】20133039
【题名】第三方物流与第四方物流协同发展的路径探析
【作者】周正祥
【机构】长沙理工大学交通经济研究所
【刊名】公路与汽运．2013（1）．-80-83
【分类号】F259.2

【序号】20133040
【题名】关于我国第三方物流发展的几点思考
【作者】王静
【机构】辽宁理工职业学院
【刊名】现代经济信息．2013（4）．-211

【分类号】F259.2

【序号】20133041
【题名】黑龙江省农产品第三方物流模式优劣势分析
【作者】王微
【机构】东北农业大学
【刊名】现代农业科技.2013（3）.-333+335
【分类号】F326.6

【序号】20133042
【题名】第三方物流在动产融资监管业务中的风险及规避方法
【作者】廖鑫凯
【机构】厦门中远物流有限公司
【刊名】物流技术与应用.2013（4）.-118-121
【分类号】F832.2

【序号】20133043
【题名】第三方物流在第三终端市场配送中的应用分析
【作者】肖瑜
【机构】中国药科大学国际医药商学院
【刊名】现代商贸工业.2013（7）.-15-16
【分类号】F252

【序号】20133044
【题名】从康师傅·顶通看我国第三方物流的发展
【作者】李艳霞
【机构】广州市土地房产管理职业学校
【刊名】物流工程与管理.2013（2）.-53-55
【分类号】F259.2

【序号】20133045
【题名】基于多任务委托代理的第三方物流激励机制
【作者】徐鑫
【机构】安徽大学数学科学学院
【刊名】安徽大学学报（自然科学版）.2013（2）.-25-30
【分类号】O227

【序号】20133046
【题名】重庆保税港区第三方物流发展战略研究
【作者】李金蓉
【机构】重庆理工大学人文社会科学学院
【刊名】重庆与世界（学术版）.2013（1）.-20-23+32
【分类号】F752.5

【序号】20133047
【题名】电子商务环境下国内第三方物流企业营销理念创新研究
【作者】韩丽敏
【机构】晋中职业技术学院
【刊名】太原城市职业技术学院学报.2013（3）.-69-70
【分类号】F274

【序号】20133048
【题名】如何通过信息化提高第三方物流企业工作效率及服务质量
【作者】高学用
【机构】长安大学
【刊名】电子测试.2013（5）.-252+256
【分类号】F253

【序号】20133049
【题名】第三方物流法律体系构建刍议

【作者】彭建安
【机构】武汉大学法学院
【刊名】中共中央党校学报 .2013（2）. -105 -108
【分类号】D922. 29

【序号】20133050
【题名】发展我国第三方物流的对策和建议
【作者】王瑶
【机构】四川财经职业学院
【刊名】企业导报 .2013（5）. -131
【分类号】F259. 2

【序号】20133051
【题名】第三方物流合同法律问题研究
【作者】李智姝
【机构】沈阳广播电视大学
【刊名】湖北警官学院学报 .2013（4）. -94 -96
【分类号】D923. 6

【序号】20133052
【题名】第三方物流企业管理创新的适配路径分析
【作者】王鹤春
【机构】沈阳师范大学管理学院
【刊名】科学学与科学技术管理 .2013（4）. -128 -135
【分类号】F259. 23

【序号】20133053
【题名】浅议第三方物流战略构成与设计思路
【作者】王蓓
【机构】陕西工业职业技术学院
【刊名】电子制作 .2013（6）. -262
【分类号】F252

【序号】20133054
【题名】金融物流模式下对第三方物流企业的激励
【作者】徐庆
【机构】青岛大学国际商学院
【刊名】复旦学报（自然科学版）. 2013（2）. -139 -143
【分类号】F832. 4

【序号】20133055
【题名】新疆第三方物流业在电子商务环境下的发展对策分析
【作者】李宗楠
【机构】新疆财经大学工商管理学院
【刊名】经营管理者 .2013（7）. -24
【分类号】F259. 27

【序号】20133056
【题名】第三方物流企业逆向物流服务决策分析
【作者】谢峰
【机构】安徽财贸职业学院旅游管理学院
【刊名】北华大学学报（社会科学版）. 2013（2）. -50 -52
【分类号】F253

【序号】20133057
【题名】浅析苏宁第三方物流中存在的若干问题
【作者】袁辉
【机构】徐州经贸高等职业学校
【刊名】经营管理者 .2013（8）. -45
【分类号】F721. 7

四、第四方物流

【序号】20124017
【题名】发展第四方物流的政府制度设计
【作者】赵广华
【机构】浙江财经学院
【刊名】经济社会体制比较.2012（4）.-220-230
【分类号】F259.2

【序号】20124018
【题名】我国第四方物流咨询企业现状与竞争策略探究
【作者】朱婷
【机构】东南大学经济管理学院
【刊名】市场周刊（理论研究）.2012（6）.-34-35
【分类号】F259.23

【序号】20124019
【题名】第四方物流在钢铁企业供应链管理中的应用研究
【作者】刘庆伟
【机构】宝山钢铁股份有限公司
【刊名】冶金经济与管理.2012（3）.-42-45
【分类号】F252

【序号】20124020
【题名】回收再制造第四方物流网络优化研究
【作者】林群
【机构】沈阳理工大学
【刊名】沈阳理工大学学报.2012（3）.-1-6
【分类号】F713.2

【序号】20124021
【题名】论我国第四方物流发展困境及策略
【作者】朱彤
【机构】重庆电子工程职业学院
【刊名】物流技术.2012（11）.-36-38
【分类号】F259.2

【序号】20124022
【题名】宁波市第四方物流产业发展探析——基于SCP分析范式
【作者】沈灿琴
【机构】宁波大学商学院
【刊名】经营与管理.2012（5）.-114-116
【分类号】F259.27

【序号】20124023
【题名】基于SOA的第四方物流应急物资管理系统设计与实现
【作者】王朝霞
【机构】西藏大学
【刊名】西藏大学学报（自然科学版）.2012（1）.-115-122
【分类号】TP393.09

【序号】20124024
【题名】第四方物流在C2C电子商务中的可行性研究
【作者】张运通
【机构】河北大学

【刊名】物流技术. 2012（9）. -61-63
【分类号】F724.6

【序号】20124025
【题名】经济增长视角下的第四方物流发展探析
【作者】钟无涯
【机构】深圳大学经济学院
【刊名】哈尔滨商业大学学报（社会科学版）. 2012（5）. -105-109
【分类号】F252

【序号】20124026
【题名】农产品冷链第四方物流发展模式分析
【作者】姚卓顺
【机构】苏州工业职业技术学院经贸管理系
【刊名】科技和产业. 2012（10）. -9-11
【分类号】F259.2

【序号】20124027
【题名】用第四方物流的模式运作医用高植耗材
【作者】闫伟
【机构】第二炮兵总医院医学工程科
【刊名】中国医学装备. 2012（9）. -46-48
【分类号】R197.3

【序号】20124028
【题名】基于 Web 服务的第四方航空物流信息平台研究
【作者】沈羚茵
【机构】上海工程技术大学航空运输学院
【刊名】科技信息. 2012（29）. -7-8
【分类号】F561

【序号】20124029
【题名】基于 SOA 的第四方航空物流信息平台架构分析
【作者】徐精晶
【机构】上海工程技术大学航空运输学院
【刊名】物流科技. 2012（8）. -21-24
【分类号】TP393.09

【序号】20124030
【题名】宁波第四方物流市场拓展策略研究
【作者】庄胜男
【机构】浙江工业大学物流工程
【刊名】科技创新与应用. 2012（26）. -269-270
【分类号】F259.27

【序号】20124031
【题名】基于第四方物流的现代港口物流发展模式研究
【作者】梁世贞
【机构】上海海事大学经济管理学院
【刊名】物流科技. 2012（9）. -96-99
【分类号】F552

【序号】20134001
【题名】第四方物流与第四代港口的耦合机理
【作者】赵广华
【机构】浙江财经学院工商管理学院
【刊名】物流技术. 2012（21）. -22-27
【分类号】F252

【序号】20134002
【题名】第四方物流企业协同运作模式研究——以五环通公司为例
【作者】刘播
【机构】湖北中南财经政法大学工商管理学院
【刊名】中国集体经济.2012(27).-102-103
【分类号】F259.23

【序号】20134003
【题名】基于第四方物流的我国企业供应链模式优化研究
【作者】吴梦云
【机构】江苏大学财经学院
【刊名】物流技术.2012(23).-383-385
【分类号】F274

【序号】20134004
【题名】第四方物流模式下供应链资源整合中的成员选择决策
【作者】姚建明
【机构】中国人民大学商学院
【刊名】商业经济与管理.2013(2).-5-14
【分类号】F252

【序号】20134005
【题名】第四方物流在我国的发展对策研究
【作者】郭金玲
【机构】河北衡水学院经济与管理系
【刊名】中国管理信息化.2013(4).-41-42
【分类号】F259.2

【序号】20134006
【题名】VMI 模式下第四方物流库存优化研究
【作者】崔天威
【机构】上海工程技术大学航空运输学院
【刊名】中国商贸.2012(29).-135-137
【分类号】F253.4

【序号】20134007
【题名】带有费用折扣的第四方物流路径问题的研究
【作者】崔妍
【机构】东北大学信息科学与工程学院
【刊名】系统仿真学报.2013(4).-714-721
【分类号】F252

【序号】20134008
【题名】基于 BP 神经网络的煤炭企业第四方物流供应链内部风险评价研究
【作者】汪莹
【机构】中国矿业大学管理学院
【刊名】中国煤炭.2012(11).-7-11
【分类号】F426.21

【序号】20134009
【题名】第四方物流发展与经济增长关系探析
【作者】钟无涯
【机构】深圳大学经济学院
【刊名】未来与发展.2012(11).-86-89
【分类号】F259.2

【序号】20134010
【题名】我国 B2C 电子商务第四方物流交

易平台建设初探
【作者】姜忠辉
【机构】中国海洋大学管理学院
【刊名】青岛行政学院学报 . 2012（6）. -24 - 29
【分类号】F724.6

【序号】20134011
【题名】第四方物流模式下供应链资源整合中的成员选择决策
【作者】姚建明
【机构】中国人民大学商学院
【刊名】商业经济与管理 . 2013（2）. -5 -14
【分类号】F252

【序号】20134012
【题名】基于模糊评价法的第四方物流运输商选择
【作者】葛新
【机构】沈阳工业大学
【刊名】经营与管理 . 2013（3）. -116 -118
【分类号】F252

五、供应链管理

【序号】20125039
【题名】物流服务供应链管理控制体系框架研究
【作者】李毅斌
【机构】长安大学
【刊名】华东经济管理 . 2012（9）. -55 -58
【分类号】F252

【序号】20125040
【题名】基于博弈论的全球供应链管理风险分析
【作者】杨天树
【机构】广东省高速公路发展股份有限公司
【刊名】财经界（学术版）. 2012（8）. -67 -68
【分类号】F274

【序号】20125041
【题名】建筑业绿色供应链管理模型与实施分析
【作者】王秋良
【机构】大连理工大学
【刊名】四川建筑科学研究 . 2012（4）. -292 -296
【分类号】F274

【序号】20125042
【题名】供应链管理下的质量控制与协调研究评析
【作者】邓继文
【机构】德州大陆架石油工程技术有限公司
【刊名】科技与企业 . 2012（16）. -37
【分类号】F274

【序号】20125043
【题名】绿色旅游供应链管理视角下的绿道旅游开发模式研究
【作者】郭栩东
【机构】肇庆学院旅游学院
【刊名】资源开发与市场.2012（8）. -764 -768
【分类号】F592

【序号】20125044
【题名】供应链管理体系下的物流管理问题探讨
【作者】刘文涛
【机构】贵州财经大学
【刊名】商业时代.2012（23）. -38 -39
【分类号】F274

【序号】20125045
【题名】Web2.0 时代供应链管理模式探究
【作者】金晓耕
【机构】华中师范大学信息管理学院
【刊名】科技创业月刊.2012（8）. -92 -93
【分类号】F274

【序号】20125046
【题名】供应链集权管理模式下的 RFID 在 VMI 系统中应用的效益分析
【作者】张凯
【机构】青岛大学
【刊名】科技和产业.2012（7）. -74 -79 +93
【分类号】F224

【序号】20125047
【题名】基于物联网的农产品供应链管理研究
【作者】禄琳
【机构】黑龙江省农垦科学院电子技术开发研究所
【刊名】现代化农业.2012（7）. -57 -60
【分类号】F323.7

【序号】20125048
【题名】跨国公司全球供应链管理背景下的上海国际贸易中心建设
【作者】匡增杰
【机构】上海海关学院
【刊名】世界贸易组织动态与研究.2012（4）. -27 -32
【分类号】F752.8

【序号】20125049
【题名】河北省食用农产品质量安全保障体系研究——基于供应链管理的视角
【作者】谭立群
【机构】河北经贸大学商学院
【刊名】河北经贸大学学报.2012（4）. -71 -74
【分类号】F322

【序号】20125050
【题名】汽车零部件企业敏捷供应链管理研究
【作者】王美会
【机构】华北电力大学
【刊名】物流科技.2012（7）. -102 -104
【分类号】F426.474

【序号】20125051
【题名】绿色供应链管理的系统动力学建

模研究
【作者】荣超
【机构】中北大学
【刊名】科技创新与生产力．2012（7）．-64-67
【分类号】F274

【序号】20125052
【题名】基于供应链管理的食品安全风险预警系统研究
【作者】胡春林
【机构】上海英联食品饮料有限公司
【刊名】经济师．2012（7）．-35-37
【分类号】R155.5

【序号】20125053
【题名】低碳经济时代绿色供应链管理研究
【作者】崔立民
【机构】中石油昆仑燃气有限公司
【刊名】中国商贸．2012（19）．-120-121
【分类号】F274

【序号】20125054
【题名】我国零售业供应链管理探讨
【作者】林小兰
【机构】北京信息职业技术学院
【刊名】商业时代．2012（18）．-26-27
【分类号】F274

【序号】20125055
【题名】基于供应链管理的专业市场转型升级路径研究——以泉州A公司为例
【作者】林晓彬
【机构】江苏大学管理学院
【刊名】江苏商论．2012（6）．-28-31
【分类号】F274

【序号】20125056
【题名】一体化供应链管理服务模式的探讨
【作者】傅同军
【机构】开滦集团国际物流有限责任公司
【刊名】交通建设与管理．2012（6）．-80-81
【分类号】F274

【序号】20125057
【题名】物联网技术及其应用于企业物流与供应链管理的作用探讨
【作者】孙思
【机构】江苏省盐业集团有限责任公司
【刊名】苏盐科技．2012（2）．-25-26+42
【分类号】F253.9

【序号】20125058
【题名】供应链物流能力的进化过程和形成机理研究
【作者】申文
【机构】武汉理工大学
【刊名】武汉理工大学学报（信息与管理工程版）．2012（3）．-382-386
【分类号】F252

【序号】20125059
【题名】基于质量安全的食用农产品供应链管理创新研究
【作者】郭全洲
【机构】石家庄职业技术学院
【刊名】财务与金融．2012（3）．-73-78

【分类号】F323.7

【序号】20125060
【题名】基于供应链管理的物流企业流程优化研究
【作者】仝若贝
【机构】河南科技学院
【刊名】物流技术.2012（11）.－119－121
【分类号】F253

【序号】20125061
【题名】基于物联网的供应链管理发展新趋势
【作者】李春杰
【机构】黑龙江职业学院
【刊名】物流工程与管理.2012（6）.－63－64
【分类号】F274

【序号】20125062
【题名】电子行业绿色供应链管理实施的系统动力学研究
【作者】陈小青
【机构】杭州电子科技大学管理学院
【刊名】绿色科技.2012（10）.－184－186＋189
【分类号】F274

【序号】20125063
【题名】电子商务与煤炭供应链管理探讨
【作者】侯玉生
【机构】开滦集团国际物流公司
【刊名】企业导报.2012（19）.－45－46
【分类号】F426.21

【序号】20125064
【题名】供应链管理环境下产业集群的构建研究
【作者】李圣状
【机构】长春大学旅游学院经济管理分院
【刊名】商场现代化.2012（28）.－26
【分类号】F270

【序号】20125065
【题名】基于供应链管理的图书馆管理
【作者】陈秀菊
【机构】福州大学八方物流学院
【刊名】兰台世界.2012（32）.－82－83
【分类号】G251

【序号】20125066
【题名】基于供应链管理的物流绩效评价体系设计
【作者】康静静
【机构】西华大学管理学院
【刊名】商业时代.2012（30）.－52－53
【分类号】F253

【序号】20125067
【题名】连锁零售企业供应链管理中的需求预测
【作者】张晓红
【机构】山东商业职业技术学院工商管理学院
【刊名】商业时代.2012（30）.－37－38
【分类号】F274

【序号】20125068
【题名】基于供应链管理的国境口岸重大呼吸道传染病防控应急物资配置机制的建立
【作者】黄健华

【机构】北京出入境检验检疫局
【刊名】中国国境卫生检疫杂志 .2012（5）. -301 -305
【分类号】R185

【序号】20125069
【题名】基于绿色供应链管理的现代企业物流管理模式研究
【作者】于文婷
【机构】西安国家航空产业基地投资发展有限公司
【刊名】物流技术 .2012（19）. -170 -172
【分类号】F253

【序号】20125070
【题名】基于供应链管理的我国农产品质量安全问题分析
【作者】詹帅
【机构】哈尔滨商业大学管理学院
【刊名】物流工程与管理 .2012（10）. -58 -60 +86
【分类号】F274

【序号】20125071
【题名】煤炭企业物流供应链管理探讨
【作者】李文波
【机构】永城煤电集团聚龙物流贸易有限公司
【刊名】企业导报 .2012（18）. -53 -54
【分类号】F426. 21

【序号】20125072
【题名】供应链管理对食品质量安全的意义
【作者】吴欣桐
【机构】西南石油大学经济管理学院
【刊名】商业文化（下半月）. 2012（9）. -58
【分类号】F274

【序号】20125073
【题名】VMI 与 TPL 集成的供应链管理模式
【作者】汤中明
【机构】湖北第二师范学院经济与管理学院
【刊名】技术经济与管理研究 .2012（1）. -49 -53
【分类号】F274

【序号】20125074
【题名】基于职业能力培养的供应链管理课程教改设计
【作者】洪琼
【机构】淮安信息职业技术学院商学院
【刊名】物流科技 .2012（11）. -43 -45
【分类号】F252 -4

【序号】20125075
【题名】供应链管理思想下农产品物流动态联盟组织模式研究
【作者】汤晓丹
【机构】内蒙古财经大学
【刊名】物流科技 .2012（11）. -4 -6
【分类号】F326. 6

【序号】20125076
【题名】供应链管理环境下的采购管理研究
【作者】姜弋戈
【机构】燕山大学经济管理学院
【刊名】企业导报 .2012（20）. -83
【分类号】F274

【序号】20125077
【题名】食品安全背景下我国农产品供应链管理研究
【作者】潘庆丽
【机构】贵港职业学院
【刊名】农业经济.2012（11）.－114－116
【分类号】F323.7

【序号】20125078
【题名】从戴尔的BTO透视供应链管理——戴尔BTO模式案例分析
【作者】高妙永
【机构】集美大学外国语学院商务英语系
【刊名】经济研究导刊.2012（31）.－202－203
【分类号】F274

【序号】20125079
【题名】浅谈云计算的供应链管理系统
【作者】闫睿
【机构】成都理工大学管理科学学院
【刊名】现代商业.2012（31）.－67－68
【分类号】F274

【序号】20125080
【题名】基于供应链管理的物流外包模式研究
【作者】贺丽花
【机构】苏州工业园区服务外包职业学院
【刊名】科技资讯.2012（28）.－245
【分类号】F252

【序号】20125081
【题名】生产性服务业供应链管理模式的构建与分析
【作者】张娜
【机构】北京邮电大学经济管理学院
【刊名】中国市场.2012（45）.－56－57
【分类号】F719

【序号】20135001
【题名】供应链管理课程教学方法改革研究
【作者】王叶峰
【机构】浙江万里学院
【刊名】山西财经大学学报.2012（S4）.－184－185
【分类号】F274－5

【序号】20135002
【题名】射频识别技术在供应链管理中的应用
【作者】刘剑
【机构】军事医学科学院科技部
【刊名】中国医学装备.2012（12）.－51－53
【分类号】F274

【序号】20135003
【题名】基于供应链管理的货币现金需求预测方法研究
【作者】姜子叶
【机构】南京大学经济学院
【刊名】现代管理科学.2012（12）.－101－103
【分类号】F274

【序号】20135004
【题名】供应链管理模式下采购策略研究
【作者】杨国荣
【机构】江西旅游商贸职业学院经济管理分院
【刊名】商业时代.2012（33）.－33－34

【分类号】F274

【序号】20135005
【题名】财务供应链管理的财务流程优化研究探析
【作者】田桂菊
【机构】中国水电顾问集团中南勘测设计研究院
【刊名】中国外资．2012（23）．－124＋126
【分类号】F275

【序号】20135006
【题名】供应链管理——物流企业的竞争法宝
【作者】姬杨
【机构】吉林建筑工程学院管理学院
【刊名】改革与开放．2012（22）．－46
【分类号】F253

【序号】20135007
【题名】基于供应链管理的第三方物流企业融通仓模式探讨
【作者】王庭剑
【机构】北京物资学院
【刊名】物流科技．2012（12）．－24－27
【分类号】F253

【序号】20135008
【题名】VMI 与 TPL 集成的供应链管理模式
【作者】汤中明
【机构】湖北第二师范学院经济与管理学院
【刊名】技术经济与管理研究．2013（1）．－49－53
【分类号】F274

【序号】20135009
【题名】供应链管理体系下的物流创新研究
【作者】王晓星
【机构】陕西交通职业技术学院
【刊名】科技信息．2012（33）．－769＋635
【分类号】F274

【序号】20135010
【题名】物联网在粮食供应链管理中的应用研究
【作者】李帷
【机构】中储粮油脂（天津）有限公司
【刊名】科协论坛（下半月）．2012（12）．－117－119
【分类号】F323. 7

【序号】20135011
【题名】日本食品供应链管理模式的经验借鉴
【作者】赖涪林
【机构】上海财经大学财经研究所
【刊名】科学发展．2012（11）．－100－106
【分类号】F416. 82

【序号】20135012
【题名】基于“风险分担”的供应链管理策略研究
【作者】李丹凝
【机构】西南交通大学交通运输与物流学院
【刊名】铁路采购与物流．2012（12）．－46－48
【分类号】F224

【序号】20135013
【题名】基于物联网技术的电脑备件供应链管理系统
【作者】秦新生
【机构】华南师范大学增城学院
【刊名】电子世界．2012（24）．-82-83
【分类号】F416.6

【序号】20135014
【题名】航天企业物资供应链管理方法研究
【作者】程艳婷
【机构】中国航天科工集团第六研究院41所
【刊名】东方企业文化．2012（24）．-110
【分类号】F274

【序号】20135015
【题名】试论供应链管理中的产融结合之道
【作者】王春娟
【机构】浙江物产元通汽车集团有限公司
【刊名】商业经济．2012（24）．-72-73
【分类号】F274

【序号】20135016
【题名】供应链管理是现代电子商务的核心竞争力
【作者】张杨
【机构】同济大学软件学院
【刊名】中小企业管理与科技（上旬刊）．2012（12）．-50-51
【分类号】F274

【序号】20135017
【题名】供应链管理库存在我国的应用研究
【作者】李宁
【机构】东北财经大学津桥商学院
【刊名】物流工程与管理．2012（12）．-69-70+74
【分类号】F274

【序号】20135018
【题名】基于电子商务的协同供应链管理研究述评
【作者】孔令夷
【机构】西安邮电大学管理工程学院
【刊名】山东工商学院学报．2013（1）．-77-82
【分类号】F713.36

【序号】20135019
【题名】基于核心企业的畜产品供应链管理研究
【作者】张雅燕
【机构】江西农业大学经管学院
【刊名】安徽农业科学．2013（2）．-625-626+629
【分类号】F326.3

【序号】20135020
【题名】基于供应链管理的猪肉质量安全可追溯研究
【作者】杨淑萍
【机构】德州学院
【刊名】全国商情（理论研究）．2012（23）．-27-28
【分类号】F203

【序号】20135021
【题名】我国农产品供应链管理信息系统的构建
【作者】林杰

【机构】长春理工大学
【刊名】产业与科技论坛 . 2012（21）. -30 - 31
【分类号】F323. 7

【序号】20135022
【题名】石化企业物资管理供应链管理理论的应用研究
【作者】陈立新
【机构】中石化华北分公司物资装备供应中心
【刊名】中国管理信息化 . 2013（8）. -68 - 69
【分类号】F274

【序号】20135023
【题名】时尚女装供应链管理研究
【作者】章卫
【机构】上海交通大学
【刊名】物流科技 . 2013（3）. -69 - 70 + 91
【分类号】F274

【序号】20135024
【题名】关于企业实施绿色供应链管理的问题研究
【作者】白世贞
【机构】哈尔滨商业大学管理学院
【刊名】物流工程与管理 . 2013（3）. -117 - 119
【分类号】F274

【序号】20135025
【题名】供应链管理下的供应商协同平台探讨
【作者】张新宇
【机构】中国铁道科学研究院
【刊名】物流工程与管理 . 2013（3）. -122 - 123
【分类号】F274

【序号】20135026
【题名】外贸供应链管理模式的理论思考与宁波实践探索
【作者】钱世雄
【机构】宁波市外经贸局对外贸易管理处
【刊名】宁波经济（三江论坛）. 2013（2）. -18 - 19 + 27
【分类号】F752. 6

【序号】20135027
【题名】实施煤炭供应链管理战略的基本考量与政策建议
【作者】钱平凡
【机构】国务院发展研究中心产业经济研究部
【刊名】中国煤炭 . 2013（2）. -5 - 8 + 26
【分类号】F426. 21

【序号】20135028
【题名】我国采购与供应链管理专业人才需求分析
【作者】张艳琼
【机构】苏州大学东吴商学院
【刊名】企业导报 . 2013（3）. -205
【分类号】F274

【序号】20135029
【题名】基于学生满意度的供应链管理课程教学方法探讨
【作者】李柏勋
【机构】广东商学院工商管理学院
【刊名】科技信息 . 2013（6）. -177
【分类号】F274

【序号】20135030
【题名】基于强化学习算法的供应链管理订单策略研究
【作者】刘梦婷
【机构】北京信息科技大学
【刊名】数据通信.2013（1）.-22-25
【分类号】F274

【序号】20135031
【题名】供应链管理中有效客户响应（ECR）的应用
【作者】刘丽丽
【机构】江西师范大学商学院
【刊名】现代商业.2013（5）.-23
【分类号】F274

【序号】20135032
【题名】基于供应链管理的高职人才培养模式
【作者】黄娟
【机构】顺德职业技术学院
【刊名】职教论坛.2013（8）.-65-67
【分类号】G712

【序号】20135033
【题名】供应链管理的快速反馈营销系统与4Ps营销系统仿真
【作者】何小洲
【机构】重庆大学经济与工商管理学院
【刊名】重庆大学学报（社会科学版）.2013（2）.-63-69
【分类号】F274

【序号】20135034
【题名】浅谈供应链管理下供应商管理的优化措施
【作者】常三霞
【机构】中国石化中原油田分公司物资供应处
【刊名】企业导报.2013（4）.-89
【分类号】F274

【序号】20135035
【题名】基于供应链管理思想指导公路建设材料采购
【作者】吴岳
【机构】长沙理工大学交通运输工程学院
【刊名】现代商贸工业.2013（7）.-168-169
【分类号】F274

【序号】20135036
【题名】全球化背景下食品供应链管理研究
【作者】王殿华
【机构】天津科技大学
【刊名】苏州大学学报（哲学社会科学版）.2013（2）.-109-114+192
【分类号】F416.82

【序号】20135037
【题名】煤炭供应链管理策略分析
【作者】綦宗华
【机构】大连外轮理货有限公司
【刊名】港口科技.2013（3）.-41-43
【分类号】F426.21

【序号】20135038
【题名】浅谈中小物流企业供应链管理存在的问题及对策
【作者】胡涛
【机构】十堰职业技术学院
【刊名】经营管理者.2013（5）.-103
【分类号】F274

【序号】20135039
【题名】基于 ERP 系统理论视觉的企业供应链管理研究
【作者】牛丽
【机构】大连海洋大学经济管理学院
【刊名】现代商业 . 2013（7）. －172－174
【分类号】F274

【序号】20135040
【题名】浅谈供应链管理在煤炭企业中的应用
【作者】赵裕山
【机构】上海大屯能源股份有限公司
【刊名】经营管理者 . 2013（10）. －195
【分类号】F274

【序号】20135041
【题名】制造企业绿色供应链管理对物流能力的影响研究
【作者】刘莉
【机构】湖南工业大学财经学院
【刊名】价值工程 . 2013（7）. －14－17
【分类号】F274

六、配送

【序号】20126078
【题名】基于多目标的 TSP 模型在物流配送中的应用
【作者】韦美雁
【机构】湖南科技学院计算机与通信工程系
【刊名】湖南科技学院学报 . 2012（8）. －35－38
【分类号】F253. 9

【序号】20126079
【题名】基于路网的动态配送系统软件开发与设计
【作者】侯一萌
【机构】南京农业大学工学院
【刊名】中国科技信息 . 2012（15）. －77－78
【分类号】F253. 9

【序号】20126080
【题名】物联网环境下物流配送一贯化作业管理模式新探
【作者】林君暖
【机构】广西经济管理干部学院信息管理系
【刊名】南宁职业技术学院学报 . 2012（4）. －65－68
【分类号】TP391. 44

【序号】20126081
【题名】带偏好的区域物流配送中心选址方法及应用
【作者】冯利朋
【机构】重庆文理学院经济管理学院
【刊名】统计与决策 . 2012（14）. －179－181

【分类号】F224

【序号】20126082
【题名】电子商务环境下配送车辆路径规划方法研究
【作者】宋微
【机构】渤海大学
【刊名】信息技术.2012（7）.-46-48
【分类号】F252

【序号】20126083
【题名】HOPFIELD求解物流配送车辆优化调度问题的应用分析
【作者】邱春龙
【机构】漳州职业技术学院经济管理系
【刊名】中国外资.2012（14）.-14-16
【分类号】F251

【序号】20126084
【题名】低碳视角下物流企业配送车辆更新决策研究
【作者】邹晔
【机构】西南交通大学
【刊名】物流工程与管理.2012（7）.-54-56
【分类号】F252

【序号】20126085
【题名】震后应急物资配送的模糊动态定位—路径问题
【作者】代颖
【机构】西南交通大学
【刊名】管理科学学报.2012（7）.-60-70

【分类号】F252

【序号】20126086
【题名】城市配送末端节点布局双层规划模型及算法
【作者】张戎
【机构】同济大学
【刊名】同济大学学报（自然科学版）.2012（7）.-1035-1040
【分类号】F259.2

【序号】20126087
【题名】复合式烟草配送中心存取系统研究
【作者】陈培荣
【机构】北京物资学院
【刊名】物流技术.2012（13）.-210-214
【分类号】F252

【序号】20126088
【题名】大型物流配送中心的运营管理策略
【作者】侯凌燕
【机构】北京信息科技大学
【刊名】物流技术.2012（13）.-39-41
【分类号】F259.2

【序号】20126089
【题名】B2C电子商务环境下物流配送模式研究
【作者】宁明志
【机构】乐山师范学院
【刊名】物流技术.2012（13）.-146-148
【分类号】F252

【序号】20126090
【题名】物流配送中心多目标优化选址的仿真设计
【作者】李艳

【机构】安徽工业大学
【刊名】计算机仿真.2012（7）.－234－237＋268
【分类号】F252

【序号】20126091
【题名】基于退火算法的物流配送网的求优研究
【作者】段敬民
【机构】三门峡职业技术学院
【刊名】中国工程科学.2012（7）.－109－112
【分类号】TP301.6

【序号】20126092
【题名】配送中心拣选作业理论研究
【作者】邵刘霞
【机构】北京物资学院
【刊名】中国市场.2012（28）.－11－12＋16
【分类号】F253.4

【序号】20126093
【题名】蚁群算法在高校物品配送路径优化中的应用
【作者】姚璐
【机构】武汉科技大学
【刊名】科技创业月刊.2012（7）.－44－45
【分类号】G647

【序号】20126094
【题名】基于GIS的震后物流配送中心运输与指派问题研究
【作者】叶志斌
【机构】浙江交通职业技术学院
【刊名】科技创业月刊.2012（7）.－160－161＋173
【分类号】F252

【序号】20126095
【题名】TSP问题在物流配送车辆运行路线中的应用分析
【作者】戴宗瑞
【机构】山东圣翰财贸职业学院
【刊名】软件导刊.2012（6）.－93－95
【分类号】TP301.6

【序号】20126096
【题名】在线动态物流正逆向配送之研究
【作者】王瑛
【机构】安徽省安庆职业技术学院
【刊名】求索.2012（6）.－41－42＋96
【分类号】F252

【序号】20126097
【题名】一种改进粒子群算法在物流配送路径问题中的应用
【作者】肖丽
【机构】重庆教育学院计算机科学系
【刊名】湖南科技大学学报（自然科学版）.2012（2）.－88－92
【分类号】TP301.6

【序号】20126098
【题名】B2C环境下物流配送服务满意度评价研究
【作者】李翔
【机构】华北电力大学经济与管理学院
【刊名】华北电力大学学报（社会科学版）.2012（3）.－40－45
【分类号】F224

【序号】20126099
【题名】成本控制下考虑多商品物流配送

线路安排的鲁棒优化模型
【作者】朱丽
【机构】天津理工大学理学院
【刊名】天津理工大学学报.2012（3）.-76-79
【分类号】F224

【序号】20126100
【题名】严格时间窗下多作业配送调度模型与算法
【作者】戚峰
【机构】兰州交通大学
【刊名】兰州交通大学学报.2012（3）.-69-74+83
【分类号】F252

【序号】20126101
【题名】基于粒子群算法的多配送中心选址研究
【作者】赵韦
【机构】武汉理工大学物流工程学院
【刊名】武汉理工大学学报（交通科学与工程版）.2012（3）.-501-505
【分类号】F253.9

【序号】20126102
【题名】基于配载约束的配送优化问题及其求解算法
【作者】靳志宏
【机构】大连海事大学
【刊名】系统工程学报.2012（3）.-390-398
【分类号】U492

【序号】20126103
【题名】基于混合差分进化算法的联合补货-配送优化模型
【作者】王林
【机构】华中科技大学管理学院
【刊名】中国管理科学.2012（3）.-86-93
【分类号】F224

【序号】20126104
【题名】基于禁忌搜索的生产—库存—配送协同计划问题研究
【作者】王运发
【机构】天津大学
【刊名】信息与控制.2012（3）.-391-396+400
【分类号】F224

【序号】20126105
【题名】TS 算法视域下物流配送车辆优化调度问题研究
【作者】陈晓明
【机构】广东司法警官职业学院
【刊名】物流技术.2012（11）.-86-88
【分类号】F253.9

【序号】20126106
【题名】B2C 电子商务物流配送模式探讨及选择
【作者】张建奇
【机构】桂林电子科技大学
【刊名】物流工程与管理.2012（6）.-85-86
【分类号】F252

【序号】20126107
【题名】电子商务环境下的物流配送
【作者】邢斌
【机构】武汉外语外事职业学院
【刊名】武汉冶金管理干部学院学报.2012（2）.-16-19

【分类号】F724.6

【序号】20126108
【题名】配送中心选址问题研究——基于模糊层次权重决策分析法
【作者】方新
【机构】西南交通大学
【刊名】江汉大学学报（自然科学版）.2012（3）.-22-25
【分类号】F224

【序号】20126109
【题名】考虑路况条件的物流配送路径优化研究
【作者】韩晶晶
【机构】中南林业科技大学
【刊名】现代商贸工业.2012（11）.-78-79
【分类号】F252

【序号】20126110
【题名】自然灾害应急物流配送网络优化分析研究
【作者】徐威
【机构】西南交通大学
【刊名】西华大学学报（自然科学版）.2012（3）.-30-33
【分类号】F252

【序号】20126111
【题名】基于地理信息系统（GIS）的城市物流配送优化调度研究
【作者】邱春龙
【机构】漳州职业技术学院经济管理系
【刊名】赤峰学院学报（自然科学版）.2012（10）.-68-69
【分类号】F252

【序号】20126112
【题名】基于改进粒子群算法的物流配送车辆调度
【作者】马冬青
【机构】华北计算技术研究所
【刊名】计算机工程与应用.2012（10）.-6
【分类号】F252

【序号】20126113
【题名】基于 CPN 的物流配送系统模型正确性的证明
【作者】郑文艳
【机构】德州学院
【刊名】计算机工程与应用.2013（11）.-5
【分类号】TP301

【序号】20126114
【题名】连锁超市门店选址与配送中心选择集成决策研究
【作者】陈成栋
【机构】闽江学院管理学系
【刊名】福建师范大学学报（自然科学版）.2012（6）.-7
【分类号】F274

【序号】20126115
【题名】混流制造车间物料配送路径优化
【作者】高贵兵
【机构】湖南科技大学能源与安全工程学院
【刊名】计算机工程与应用.2013（1）.-9
【分类号】TP301.6

【序号】20126116
【题名】带容量约束配送中心选址的改进粒子群算法
【作者】楚湘华

【机构】哈尔滨工业大学
【刊名】计算机工程与应用.2013（7）.-5
【分类号】TP18

【序号】20126117
【题名】基于AHP和目标规划的物流配送中心集成选址模型研究
【作者】蒋美仙
【机构】浙江工业大学机械工程学院
【刊名】浙江工业大学学报.2012（5）.-562-566
【分类号】F252

【序号】20126118
【题名】不确定需求下配送中心选址研究
【作者】成律
【机构】浙江工业大学机械工程学院
【刊名】浙江工业大学学报.2012（5）.-567-569+586
【分类号】F224

【序号】20126119
【题名】医药物流网点管理与智能配送系统的研究
【作者】桑世庆
【机构】嘉兴职业技术学院
【刊名】中国外资.2012（20）.-157-158
【分类号】F426.72

【序号】20126120
【题名】基于风险偏好的采购与配送集成优化
【作者】周宝刚
【机构】渤海大学
【刊名】工业技术经济.2012（10）.-28-33
【分类号】F224

【序号】20126121
【题名】论基层烟草公司卷烟配送模式的创新
【作者】娜仁图雅
【机构】内蒙古财经大学商务学院物流管理系
【刊名】现代营销（学苑版）.2012（10）.-262-263
【分类号】F426.8

【序号】20126122
【题名】烟草配送中心多阶段物流系统分析及应用
【作者】丁一
【机构】上海海事大学物流研究中心
【刊名】烟草科技.2012（10）.-16-20
【分类号】F426.8

【序号】20126123
【题名】农产品配送中心应用CRM的成本与效益分析
【作者】陈柏龙
【机构】南京农业大学经济管理学院
【刊名】天津农业科学.2012（5）.-74-77
【分类号】F326.6

【序号】20126124
【题名】青岛李沧建设城市配送中心的建议
【作者】李茂江
【机构】青岛市经济发展研究院
【刊名】中国经贸导刊.2012（30）.-67-68
【分类号】F259.27

【序号】20126125
【题名】交通管制下城市配送问题分析
【作者】桑小娟
【机构】南京晓庄学院
【刊名】现代商贸工业.2012（22）.-164-166
【分类号】F252

【序号】20126126
【题名】物流配送受扰延迟问题的干扰管理模型研究
【作者】丁秋雷
【机构】东北财经大学工商管理学院
【刊名】中国管理信息化.2012（22）.-59-61
【分类号】F253.9

【序号】20126127
【题名】我国图书物流配送模式的选择与策略分析
【作者】陈琴
【机构】中共南平市委党校
【刊名】大众科技.2012（10）.-198-200
【分类号】G251

【序号】20126128
【题名】配送中心选址问题的和谐搜索算法
【作者】张雷
【机构】运城学院公共计算机教学部
【刊名】微型机与应用.2012（20）.-83-86
【分类号】TP301.6

【序号】20126129
【题名】中原经济区建设视角下的郑州城市配送问题研究
【作者】王宁
【机构】武汉软件工程职业学院
【刊名】科技创业月刊.2012（11）.-43-44
【分类号】F259.27

【序号】20126130
【题名】安泽物流配送中心选址问题探析
【作者】李庆
【机构】山西煤炭运销集团临汾安泽有限公司
【刊名】山西财经大学学报.2012（S3）.-123-124+137
【分类号】F259.2

【序号】20126131
【题名】A集团福建公司配送中心选址问题研究
【作者】石秋霞
【机构】武汉职业技术学院商学院
【刊名】中国科技信息.2012（21）.-129+134
【分类号】F224

【序号】20126132
【题名】基于Java Web的物流配送系统的研究
【作者】管永刚
【机构】淮阴工学院人事处
【刊名】电脑知识与技术.2012（30）.-7224-7226
【分类号】TP311.52

【序号】20126133
【题名】供求不确定条件下配送中心选址研究
【作者】罗海星
【机构】北京交通大学

【刊名】科学技术与工程 . 2012（30）. -8100-8102
【分类号】F252

【序号】20126134
【题名】连锁超市的配送系统设计和优化分析——以苏果超市为例
【作者】甘泉
【机构】巢湖学院经济管理与法学学院
【刊名】重庆科技学院学报（社会科学版）. 2012（20）. -136-138
【分类号】F721.7

【序号】20126135
【题名】基于 bi-level 迭代算法的物料循环配送研究
【作者】朱晓莹
【机构】同济大学机械与能源工程学院
【刊名】计算机应用研究 . 2012（11）. -4176-4179
【分类号】F252

【序号】20126136
【题名】动态环境下有时间窗的成套配送车辆路径问题
【作者】石兆
【机构】中南大学交通运输工程学院
【刊名】计算机工程与应用 . 2012（32）. -23-29+42
【分类号】U116.2

【序号】20126137
【题名】烟酒物流配送系统分拣机械手的搬运稳定性的应用分析
【作者】秦利俊
【机构】上海赛科利汽车模具技术应用有限公司
【刊名】科技创新与应用 . 2012（30）. -107
【分类号】TP241

【序号】20126138
【题名】配送中心订单处理作业流程仿真研究
【作者】赵月霞
【机构】南京农业大学工学院
【刊名】物流科技 . 2012（11）. -7-9+89
【分类号】TP391.9

【序号】20126139
【题名】基于县村两级的农资配送服务平台设计
【作者】刘妍
【机构】国家农业信息化工程技术研究中心
【刊名】农机化研究 . 2012（11）. -97-101
【分类号】TP311.52

【序号】20126140
【题名】基于群智能混合算法的物流配送路径研究
【作者】朱亚琪
【机构】东华大学信息科学与技术学院
【刊名】微型电脑应用 . 2012（10）. -1-4
【分类号】TP301.6

【序号】20126141
【题名】水电工程施工物料配送中心三维选址的能耗优化研究
【作者】晋良海
【机构】三峡大学水利与环境学院
【刊名】水电能源科学 . 2012（11）. -138-140+217
【分类号】TV51

【序号】20126142
【题名】探究遗传算法应用于物流的配送运输
【作者】殷俊峰
【机构】临沂大学费县分校
【刊名】现代营销（学苑版）. 2012（11）. -209 -210
【分类号】F252

【序号】20126143
【题名】《仓储与配送管理》教学改革与实践
【作者】周慧
【机构】九江学院商学院
【刊名】合作经济与科技 . 2012（20）. -126 -127
【分类号】F253.4 -4

【序号】20136001
【题名】山东省基本药物配送情况的综合评价
【作者】陈钟鸣
【机构】潍坊医学院管理学院
【刊名】中国药房 . 2012（48）. -4540 -4542
【分类号】R95

【序号】20136002
【题名】城市物流配送系统的环境影响评估
【作者】杨建华
【机构】北京科技大学东凌经济管理学院
【刊名】城市问题 . 2012（12）. -37 -41
【分类号】F259.2

【序号】20136003
【题名】应急物资配送网络构建研究
【作者】王海军
【机构】华中科技大学管理学院
【刊名】技术经济与管理研究 . 2013（2）. -51 -54
【分类号】F252

【序号】20136004
【题名】物流配送受扰延迟问题的干扰管理两阶段决策方法
【作者】丁秋雷
【机构】东北财经大学工商管理学院
【刊名】运筹与管理 . 2012（6）. -84 -93
【分类号】F252

【序号】20136005
【题名】时变网络条件下带时间窗的食品冷链配送定位—运输路径优化问题
【作者】石兆
【机构】中南大学交通运输工程学院
【刊名】计算机应用研究 . 2013（1）. -183 -188
【分类号】TP301.6

【序号】20136006
【题名】城市配送中物流节点分散化问题的解决路径
【作者】田业钧
【机构】北京师范大学经济与工商管理学院
【刊名】城市发展研究 . 2012（12）. -98 -101
【分类号】F259.2

【序号】20136007
【题名】汽车零件配送中心入库研究
【作者】汤明

【机构】华南理工大学工商管理学院
【刊名】价值工程．2012（35）．－22－23
【分类号】F426.471

【序号】20136008
【题名】应急物流中公路物资运输配送方案决策支持的研究
【作者】陈泳婷
【机构】西南交通大学交通运输与物流学院
【刊名】信息系统工程．2012（12）．－108－109＋111
【分类号】F252

【序号】20136009
【题名】优化军事物流配送运输保障
【作者】陈兵
【机构】军事经济学院襄阳士官学校
【刊名】价值工程．2012（35）．－18－20
【分类号】E234

【序号】20136010
【题名】对物流配送作业若干问题的优化研究
【作者】齐晗
【机构】安徽电子信息职业技术学院
【刊名】安徽电子信息职业技术学院学报．2012（6）．－86－88
【分类号】F252

【序号】20136011
【题名】有配送能力限制的易腐农产品配送中心选址方法
【作者】狄卫民
【机构】河南农业大学经济与管理学院
【刊名】计算机应用研究．2013（1）．－202－205
【分类号】TP301.6

【序号】20136012
【题名】物流配送中心选址适合度研究
【作者】刘伯超
【机构】常州机电职业技术学院经济管理系
【刊名】商业时代．2012（35）．－34－35
【分类号】F252

【序号】20136013
【题名】医院后勤物资配送服务流程信息化管理应用
【作者】刘元明
【机构】湖北医药学院附属太和医院
【刊名】经济师．2013（1）．－252－253＋256
【分类号】R197.3

【序号】20136014
【题名】最小化车辆数的供应商直接配送策略
【作者】余海燕
【机构】西安交通大学管理学院
【刊名】系统工程理论与实践．2012（12）．－2672－2676
【分类号】F274

【序号】20136015
【题名】基于遗传算法的配送车辆路径规划
【作者】郭秀红
【机构】长春职业技术学院汽车分院
【刊名】四川兵工学报．2013（1）．－94－96
【分类号】TJ810

【序号】20136016
【题名】直达配送式保障路径优化问题研究
【作者】隋建辉
【机构】65723 部队
【刊名】舰船电子工程 . 2013（1）. －115－117
【分类号】U116. 2

【序号】20136017
【题名】苏州市网络订餐与配送服务模式分析——基于消费者视角
【作者】胥洪娥
【机构】苏州市职业大学管理工程系
【刊名】苏州教育学院学报 . 2012（6）. －58－61
【分类号】F719. 3

【序号】20136018
【题名】基于 WebGIS 的快餐订购与配送系统
【作者】李小光
【机构】河北联合大学矿业工程学院
【刊名】矿山测量 . 2012（6）. －53－56
【分类号】TP311. 52

【序号】20136019
【题名】小康型乡镇卫生院药品配送模式的探索及应用
【作者】郑勇
【机构】成都市双流县永安中心卫生院
【刊名】实用医院临床杂志 . 2013（1）. －172－175
【分类号】R952

【序号】20136020
【题名】基于免疫粒子群优化算法的物流配送车辆调度算法
【作者】席娜
【机构】江西经济管理干部学院计算机系
【刊名】物流技术 . 2012（23）. －312－313＋415
【分类号】F252

【序号】20136021
【题名】多分辨率多目标物流配送中心选址模型研究
【作者】崔永杰
【机构】深圳大学土木工程学院
【刊名】物流科技 . 2013（1）. －118－121
【分类号】F224

【序号】20136022
【题名】基于运输问题的钢铁企业烧结矿和球团矿协同配送研究
【作者】马越峰
【机构】内蒙古科技大学
【刊名】物流技术 . 2012（23）. －241－243＋334
【分类号】TF046

【序号】20136023
【题名】基于中国邮递员问题的图书配送线路优化
【作者】张敏
【机构】哈尔滨商业大学图书馆
【刊名】物流技术 . 2012（23）. －320－322
【分类号】G239. 2

【序号】20136024
【题名】基于分区的多配送中心多车型车辆调度问题与遗传算法设计
【作者】马宇红

【机构】西北师范大学学报编辑部
【刊名】科技导报.2013（2）.-61-67
【分类号】F252

【序号】20136025
【题名】连锁便利店物流配送中存在的问题与对策探讨
【作者】李小娟
【机构】陕西省行政学院
【刊名】山东纺织经济.2013（1）.-107-108
【分类号】F721.7

【序号】20136026
【题名】配送中心设施布局规划与分拣系统仿真研究
【作者】文静
【机构】黄河水利职业技术学院
【刊名】企业导报.2012（24）.-276-277
【分类号】TU984.13

【序号】20136027
【题名】基于遗传算法的物流配送路径优化算法
【作者】张静
【机构】山东科技大学信息科学与工程学院
【刊名】中国科技信息.2013（1）.-98-99
【分类号】TP301.6

【序号】20136028
【题名】浅析物资配送与现代化管理措施
【作者】王芳
【机构】中铁二十三局集团第一工程有限公司
【刊名】价值工程.2012（36）.-21-23
【分类号】F259.2

【序号】20136029
【题名】电子商务下网购物流配送问题研究
【作者】李善伟
【机构】山东盛运物流有限公司
【刊名】企业导报.2012（24）.-182-183
【分类号】F724.6

【序号】20136030
【题名】基于改进粒子群算法在矿山车辆配送路径中的应用
【作者】郑建茹
【机构】保定学院
【刊名】煤炭技术.2013（1）.-207-208
【分类号】TP301.6

【序号】20136031
【题名】层次分析法在农产品物流配送中心选址中的应用
【作者】谈益楠
【机构】北京交通大学
【刊名】科技和产业.2012（12）.-68-70
【分类号】F224

【序号】20136032
【题名】改进的遗传算法在多目标物流配送路径中的应用
【作者】姜代红
【机构】徐州工程学院信电工程学院
【刊名】科学技术与工程.2013（3）.-762-765
【分类号】TP301.6

【序号】20136033
【题名】基于泛在制造信息的动态物料配送批量决策
【作者】武保全
【机构】重庆大学自动化学院
【刊名】现代制造工程. 2013（1）. –16–19+37
【分类号】TH165. 1

【序号】20136034
【题名】浅析电子商务的物流配送
【作者】琚慧婷
【机构】江西城市职业学院
【刊名】家教世界. 2012（24）. –172
【分类号】F724. 6

【序号】20136035
【题名】基于CPN的物流配送系统模型正确性的证明
【作者】郑文艳
【机构】德州学院计算机系
【刊名】计算机工程与应用. 2013（11）. –5
【分类号】TP301

【序号】20136036
【题名】带容量约束配送中心选址的改进粒子群算法
【作者】楚湘华
【机构】哈尔滨工业大学
【刊名】计算机工程与应用. 2013（7）. –5
【分类号】TP18

【序号】20136037
【题名】我国电子商务社会化物流配送模式的探讨
【作者】续秀梅
【机构】北京电子科技职业学院
【刊名】中国市场. 2012（49）. –11–12+16
【分类号】F259. 2

【序号】20136038
【题名】基于系统动力学的某餐饮企业配送中心建设研究
【作者】仲昇
【机构】江西财经大学
【刊名】物流工程与管理. 2012（12）. –53–55
【分类号】F224

【序号】20136039
【题名】B2C电子商务下物流统一配送模式市场可行性分析
【作者】孙梦洁
【机构】武汉理工大学物流工程学院
【刊名】物流工程与管理. 2012（12）. –83–84+18
【分类号】F252

【序号】20136040
【题名】发展国际物流配送中心的政策分析
【作者】张彬
【机构】渤海大学管理学院
【刊名】现代经济信息. 2013（6）. –74–75
【分类号】F259. 2

【序号】20136041
【题名】基于动态规划法的物流配送路径的随机选择
【作者】赵慧娟
【机构】东华大学旭日工商管理学院
【刊名】计算机应用与软件. 2013（4）. –110–112
【分类号】TP301. 6

【序号】20136042
【题名】7－11 配送中心成本管理与控制
【作者】于静怡
【机构】渤海大学管理学院
【刊名】商业经济.2013（8）．－51－52＋87
【分类号】F253.7

【序号】20136043
【题名】第三方物流在第三终端市场配送中的应用分析
【作者】肖瑜
【机构】中国药科大学国际医药商学院
【刊名】现代商贸工业.2013（7）．－15－16
【分类号】F252

【序号】20136044
【题名】浅析电子商务环境下物流配送模式研究
【作者】王虹
【机构】武汉信息传播职业技术学院
【刊名】科技创业月刊.2013（4）．－20－21＋25
【分类号】F252

【序号】20136045
【题名】汽车零部件物流越库配送系统的多重响应优化
【作者】施文
【机构】华中科技大学管理学院
【刊名】汽车工程.2013（3）．－277－284
【分类号】U468

【序号】20136046
【题名】基于电子商务的张家港农产品物流配送模式分析
【作者】卜丽桃
【机构】沙洲职业工学院
【刊名】东方企业文化.2013（8）．－26－27
【分类号】F326.6

【序号】20136047
【题名】需求带时间窗的环保多车型组合配送路径优化
【作者】李淑琴
【机构】上海海事大学物流研究中心
【刊名】广西大学学报（自然科学版）.2013（2）．－388－394
【分类号】U492.22

【序号】20136048
【题名】震后初期应急物资配送的模糊多目标选址—多式联运问题
【作者】李双琳
【机构】西南交通大学交通运输与物流学院
【刊名】中国管理科学.2013（2）．－144－151
【分类号】F252

【序号】20136049
【题名】连锁超市配送中心选址文献综述
【作者】张劼彧
【机构】正德职业技术学院
【刊名】现代经济信息.2013（7）．－229
【分类号】F721

【序号】20136050
【题名】城市公共配送系统形成机理研究
【作者】郝书池
【机构】广州城市职业学院商贸系

【刊名】商业时代.2013（10）.－42－44
【分类号】F252

【序号】20136051
【题名】建设无锡铁路城市物流配送中心的初步设想
【作者】裴鹏
【机构】上海铁路局货运处
【刊名】上海铁道科技.2013（1）.－88－89
【分类号】F252

【序号】20136052
【题名】基于混合蚁群算法的物流配送路径优化研究
【作者】王慕抽
【机构】温州大学
【刊名】物流科技.2013（4）.－50－52
【分类号】TP301.6

【序号】20136053
【题名】养老服务中配送车辆路径问题研究
【作者】王鸿雁
【机构】华中科技大学
【刊名】物流科技.2013（4）.－24－27
【分类号】F719

【序号】20136054
【题名】危险品配送中心选址及路线选择问题研究
【作者】乔联宝
【机构】南京大学工程管理学院
【刊名】物流科技.2013（4）.－37－42
【分类号】F252

【序号】20136055
【题名】电子商务环境下城市公共配送中心选址研究
【作者】姜燕宁
【机构】广州大学地理科学学院
【刊名】物流科技.2013（4）.－61－64
【分类号】F259.2

【序号】20136056
【题名】城市末端物流配送问题研究
【作者】何俊生
【机构】重庆交通大学交通运输学院
【刊名】物流科技.2013（4）.－102－104
【分类号】F252

【序号】20136057
【题名】基于PLC控制的纺丝油剂配送系统设计
【作者】宦金庆
【机构】江苏仪化设备工程有限公司
【刊名】合成技术及应用.2013（1）.－49－53
【分类号】TQ340.5

【序号】20136058
【题名】分层有色Petri网在物流配送系统仿真建模中的应用
【作者】郑文艳
【机构】德州学院计算机系
【刊名】计算机系统应用.2013（4）.－164－168＋160
【分类号】F252

【序号】20136059
【题名】基于Dijkstra算法的物流配送具体分析

【作者】迭铁权
【机构】中原油田物资供应处中心库
【刊名】现代商贸工业.2013（8）.－155－156
【分类号】F252

【序号】20136060
【题名】城市电子商务物流配送新模式的探讨
【作者】武峰
【机构】广州大学华软软件学院
【刊名】电子商务.2013（4）.－21－22
【分类号】F252

【序号】20136061
【题名】BtoC电子商务模式中物流配送对策研究
【作者】李小娟
【机构】陕西省行政学院
【刊名】现代商贸工业.2013（8）.－158
【分类号】F252

【序号】20136062
【题名】生鲜农产品网上超市物流配送模式选择研究
【作者】王艳玮
【机构】陕西师范大学国际商学院
【刊名】经济与管理.2013（4）.－69－74
【分类号】F326.6

【序号】20136063
【题名】一种物流配送车辆路径智能优化算法研究
【作者】赵若彤
【机构】长安大学经济与管理学院
【刊名】计算机与数字工程.2013（4）.－529－531＋537
【分类号】TP301.6

【序号】20136064
【题名】矩阵算法在物流配送管理系统中的应用
【作者】孙颖馨
【机构】长春理工大学光电信息学院
【刊名】价值工程.2013（10）.－163－164
【分类号】F253.9

【序号】20136065
【题名】SPS模式下零部件配送质量的混流装配线总装排序
【作者】蔺宇
【机构】天津大学管理与经济学部
【刊名】工业工程.2013（2）.－112－116
【分类号】TH186

【序号】20136066
【题名】项目教学法在《仓储配送管理》教学中的应用研究
【作者】陈俊
【机构】六安职业技术学院
【刊名】湘南学院学报.2013（2）.－99－103
【分类号】G712.4

【序号】20136067
【题名】GRASP在多对一配送网络中ITIO问题上的应用
【作者】裴英梅
【机构】上海理工大学管理学院
【刊名】工业工程.2013（2）.－48－52
【分类号】F252

【序号】20136068
【题名】江苏卫视好享购物流配送问题及提升对策
【作者】沈正舜
【机构】淮阴师范学院经济与管理学院
【刊名】青春岁月.2013（8）.-440-441
【分类号】F252

【序号】20136069
【题名】浅谈案例教学法在《物流配送管理》教学中的应用
【作者】王晓程
【机构】广东科技学院
【刊名】青春岁月.2013（7）.-204-205
【分类号】F252-4

【序号】20136070
【题名】化工销售华南分公司物流配送现状及其改善对策
【作者】邬毅琳
【机构】中国石化化工销售有限公司华南分公司物流部
【刊名】现代营销（学苑版）.2013（2）.-2
【分类号】F426.7

【序号】20136071
【题名】论基层烟草公司卷烟配送模式的创新——巴彦淖尔市烟草公司“1+2”组合配送模式的思考
【作者】娜仁图雅
【机构】内蒙古财经大学商务学院物流管理系
【刊名】现代营销（学苑版）2012（10）.-2
【分类号】F426.8

【序号】20136072
【题名】带硬时间窗的战场物资配送车辆路径优化
【作者】王连锋
【机构】第二炮兵工程大学七系
【刊名】系统工程与电子技术.2013（3）.-10
【分类号】O22

【序号】20136073
【题名】基本药物配送企业电子监管政策实施情况评价分析——基于南京市的实证调研
【作者】蒋蓉
【机构】中国药科大学国际医药商学院
【刊名】上海医药.2013（5）.-42-46
【分类号】F259.2

【序号】20136074
【题名】存在车辆租赁及共享且有时间窗的多配送中心开环VRP
【作者】刘家利
【机构】西南交通大学经济管理学院
【刊名】系统工程理论与实践.2013（3）.-666-675
【分类号】F252

七、仓储管理

【序号】20127025
【题名】现代仓储管理技术在防汛物资储备管理中的应用
【作者】李恩慧
【机构】唐山市防汛抗旱物资储备站
【刊名】南水北调与水利科技.2012（2）.-168-169
【分类号】TV697.1+3

【序号】20127026
【题名】现代化管理方法在物资仓储管理中的运用
【作者】陈金英
【机构】兖矿集团杨村矿供应站
【刊名】科技信息.2012（25）.-461
【分类号】TP317

【序号】20127027
【题名】基于RFID的插件式仓储管理系统设计
【作者】刘晓林
【机构】中国人民解放军78179部队
【刊名】计算机与现代化.2012（8）.-176-178
【分类号】TP317

【序号】20127028
【题名】多品种跨批量制造企业精益仓储研究与应用
【作者】张娜
【机构】重庆大学
【刊名】机械.2012（8）.-52-55
【分类号】F276

【序号】20127029
【题名】基于RFID技术的仓储管理系统研究
【作者】孙国强
【机构】中国石油天然气股份有限公司西部管道分公司
【刊名】信息系统工程.2012（8）.-51+61
【分类号】F253.9

【序号】20127030
【题名】基于RFID技术的仓储管理系统方案设计
【作者】谭裴
【机构】中国移动通信集团设计院有限公司
【刊名】软件导刊.2012（7）.-81-82
【分类号】E075

【序号】20127031
【题名】行动导向教学法在《仓储管理》教学中的运用
【作者】孙统超
【机构】四川交通职业技术学院经济管理系
【刊名】职教通讯.2012（21）.-50-53
【分类号】F253.4-4

【序号】20127032
【题名】对物流企业物资仓储管理的探析
【作者】宰守同
【机构】河南石油勘探局油建工程建设有限责任公司
【刊名】经营管理者.2012（14）．-94
【分类号】F276

【序号】20127033
【题名】基于信息距离的仓库管理系统易用性测度研究
【作者】董翔英
【机构】军事交通学院汽车工程系
【刊名】物流技术.2012（13）．-414-416+443
【分类号】E075

【序号】20127034
【题名】精益化仓储管理对策
【作者】杨文忠
【机构】北京工业职业技术学院
【刊名】物流技术.2012（13）．-360-362
【分类号】F276.1

【序号】20127035
【题名】国有企业采购和仓储管理研究
【作者】贺岭
【机构】河北钢铁集团邯郸钢铁集团有限责任公司供应部
【刊名】中国外资.2012（13）．-69
【分类号】F276.1

【序号】20127036
【题名】基于QtE的智能仓储管理便携式终端设计
【作者】陈勇
【机构】重庆邮电大学
【刊名】重庆邮电大学学报（自然科学版）．2012（3）．-369-373
【分类号】TP368.1

【序号】20127037
【题名】RFID技术在消防装备仓储管理上的应用
【作者】杨明
【机构】北京市昌平区消防支队
【刊名】消防技术与产品信息.2012（6）．-54-56
【分类号】TP391.44

【序号】20127038
【题名】基于ZigBee技术的仓库管理系统的设计
【作者】王亚利
【机构】河北农业大学信息科学与技术学院
【刊名】安徽农业科学.2012（16）．-9151-9153
【分类号】TP311.52

【序号】20127039
【题名】RFID在仓储管理中的应用
【作者】崔素艳
【机构】天津科技大学
【刊名】金融经济.2012（10）．-102-104
【分类号】TP391.44

【序号】20127040
【题名】《仓储管理》课程中实施案例教学的思考
【作者】王立君
【机构】沈阳理工大学
【刊名】当代经济.2012（10）．-108-109

【分类号】F253.4 -4

【序号】20127041
【题名】RFID 技术仓储管理中的应用
【作者】冯耀辉
【机构】中国人民解放军 68127 部队
【刊名】中国市场.2012（41）. -25 -26
【分类号】TP391.44

【序号】20127042
【题名】RFID 技术在仓储管理中的应用
【作者】石雷
【机构】绥化学院经济管理学院
【刊名】现代经济信息.2012（19）. -80 -81
【分类号】F253.9

【序号】20127043
【题名】农产品冷链智能仓储管理信息系统的初步研究
【作者】叶勇
【机构】东北林业大学工程技术学院
【刊名】经济研究导刊.2012（29）. -213 -214
【分类号】F253.9

【序号】20127044
【题名】基于物联网技术的自动化冷藏仓储管理系统设计研究
【作者】尤冰
【机构】哈尔滨商业大学
【刊名】商业经济.2012（19）. -38 -39
【分类号】F253.9

【序号】20127045
【题名】K - means 聚类算法在仓储管理中的应用
【作者】金清良
【机构】浙江工商大学信息学院
【刊名】物流技术与应用.2012（11）. -88 -90
【分类号】F253.4

【序号】20127046
【题名】辅料数字化仓储管理系统开发
【作者】杨振宏
【机构】龙岩烟草工业有限责任公司
【刊名】信息与电脑（理论版）. 2012（10）. -59 -60
【分类号】TP311.52

【序号】20127047
【题名】中国民营企业仓储管理现状分析
【作者】郭智忠
【机构】南京化工职业技术学院经济管理系
【刊名】中国证券期货.2012（11）. -62 -63
【分类号】F276.5

【序号】20127048
【题名】仓储管理系统中库存控制方法研究
【作者】杨丽敏
【机构】河北钢铁股份有限公司邯郸分公司
【刊名】中国管理信息化.2012（23）. -70 -71
【分类号】F253.4

【序号】20127049
【题名】基于物联网的仓储管理系统设计
【作者】章瑾
【机构】武汉工程大学计算机学院

【刊名】武汉船舶职业技术学院学报.2012（5）.-61-63
【分类号】TP311.52

【序号】20127050
【题名】基于Qt/E的智能仓储管理便携式终端设计
【作者】陈勇
【机构】重庆邮电大学
【刊名】重庆邮电大学学报（自然科学版）.2012（3）.-369-373
【分类号】TP368.1

【序号】20127051
【题名】基于工作过程的仓储管理实务实训教学课改
【作者】孙统超
【机构】四川交通职业技术学院经济管理系
【刊名】物流技术.2012（9）.-254-256
【分类号】F252-4

【序号】20127052
【题名】RFID技术在消防装备仓储管理上的应用
【作者】杨明
【机构】北京市昌平区消防支队
【刊名】消防技术与产品信息.2012（6）.-54-56
【分类号】TP391.44

【序号】20127053
【题名】对润滑油仓储管理向第三方物流过渡的思考
【作者】侯秀琴
【机构】中国石油华北润滑油销售分公司
【刊名】北京石油管理干部学院学报.2012（3）.-29-31
【分类号】F426.22

【序号】20137001
【题名】浅析B2C电商仓储管理
【作者】王稀达
【刊名】现代家电.2012（24）.-43-45+5
【分类号】F253.4

【序号】20137002
【题名】基于物联网技术的固定资产及仓储管理系统
【作者】李颖
【机构】北京时代凌宇科技有限公司
【刊名】物联网技术.2013（1）.-81-83
【分类号】TP391.44

【序号】20137003
【题名】基于岗位对接的“仓储管理”课程教学探析
【作者】王乐乐
【机构】西安外事学院物流管理系
【刊名】中国证券期货.2013（1）.-274
【分类号】F253.4-4

【序号】20137004
【题名】基于工作过程的课程开发与设计
【作者】屈颖
【机构】广东交通职业技术学院
【刊名】广东交通职业技术学院学报.2012（4）.-51-54
【分类号】F253.4-4

【序号】20137005
【题名】浅谈RFID技术在大型超市仓储

管理系统中的应用
【作者】刘冠男
【机构】渤海大学管理学院
【刊名】商业经济．2013（1）．－69－71
【分类号】TP391.44

【序号】20137006
【题名】提升仓储管理效率的对策及实践
【作者】苏黎玲
【机构】衢州电力局
【刊名】浙江电力．2012（12）．－93－95
【分类号】TM73

【序号】20137007
【题名】紧身内衣企业成品仓储管理系统的设计与应用
【作者】卞玉芳
【机构】盐城国际妇时装有限公司
【刊名】现代商业．2012（34）．－80－81
【分类号】TP315

【序号】20137008
【题名】基于批次管理的装甲装备维修器材仓储管理信息系统数据库模型设计
【作者】王胜德
【机构】装甲兵工程学院
【刊名】物流科技．2013（3）．－81－84
【分类号】F253.4

【序号】20137009
【题名】仓储管理系统中的库存控制方法探讨
【作者】奚昕
【机构】南京地铁运营有限责任公司
【刊名】物流工程与管理．2013（3）．－44－45＋21
【分类号】F253.4

【序号】20137010
【题名】浅谈 AP1000 核电厂建造阶段甲供物项的仓储管理
【作者】杨帅
【机构】中电投电力工程有限公司
【刊名】黑龙江科技信息．2013（5）．－138－139
【分类号】TM623

【序号】20137011
【题名】强化技工院校校办企业仓储管理之我见
【作者】张远州
【机构】肇庆市技师学院
【刊名】职业．2013（5）．－59
【分类号】G717

【序号】20137012
【题名】面向移动手持终端的物流仓储管理系统
【作者】徐安国
【机构】黄山学院信息工程学院
【刊名】福建电脑．2013（1）．－137－138
【分类号】TN929.5

【序号】20137013
【题名】中小型服装企业物流仓储管理案例优化探析
【作者】商浩鑫
【机构】东华大学服装学院
【刊名】浙江纺织服装职业技术学院学报．2013（5）．－83－87
【分类号】F426.86

【序号】20137014
【题名】PDA在部队仓储管理中应用的价值
【作者】李德辉
【机构】中国人民解放军62402部队
【刊名】中国市场．2013（6）．-20-21
【分类号】E075

公司简介

法布劳格在整个供应链环节中为客户提供个性化的增值服务

生产物流 — 信息系统方案 — 物流园区策划 — 战略咨询 — 网络布局运输方案 — 库房配送中心设计 — 供应链专家

物流园区策划

- 园区项目建议书
- 预可研和可研报告
- 园区概念方案
- 园区布局和交通
- 园区投资和收益
- 园区融资方案
- 园区招商策划
- 园区运营策划
- 园区委托管理

库房和配送中心设计和实施

- 原材料库、电商库、零担中转中心、快递分拨中心、冷库等
- 自动化解决方案、人工操作方案、自动化 & 人工解决方案
- 库房建筑要求、物流设施技术、库内布局、标准作业、KPI、信息系统
- 项目管理、运营现场辅导、持续优化改善

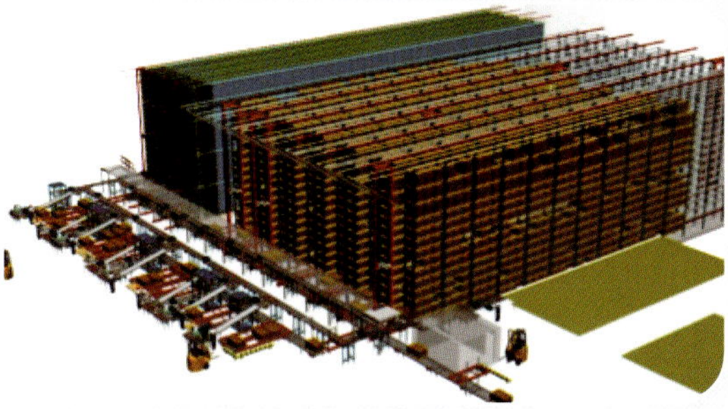

网络布局和运输方案

- 网络布局和运输方案：
- 潜在 RDC 选址评估
- RDC 的库存策略和操作方案
- 制定整体运输方案和成本测算
- 卡车资源和路径规划及优化提升

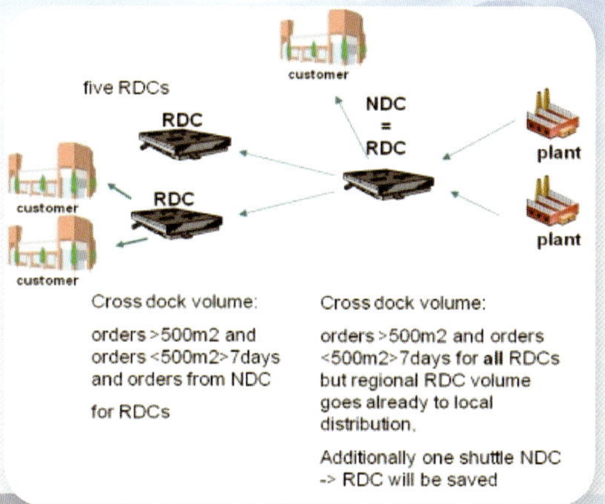

物流战略咨询

- 物流战略咨询：
- 总体物流战略定位
- 市场进入策略方法
- 组织管理重组或变革
- 外包决策定义和方案
- 地域需求分析
- 投资和发展战略

物流信息系统方案

- WMS　　Track&Trace　　TMS　　路径优化系统　　园区管理系统等

生产企业物流设计和实施

- 1. 入厂物流

  库房内部功能布局、设备和人员配置、仓库管理软件功能

  物流管理的操作流程优化改善、制定标准作业文档、KPI 考核指标

  库存策略、分拣策略、排序方案

  包装和器具标准化方案和非标器具方案

  车间及生产线边物流区域布局规划

  上线喂料模式的规划和现场优化改善

- 2. 备配件物流

  网络选址与布局

  运输体系规划

  备配件仓库设计

- 3. 供应商物流

  零部件供应商采购策略

  零部件供应商管理策略

  零部件运输管理方案

  零部件供应商物流保证能力审核

- 4. 现场物流改善支持

  库房布局优化

  操作流程优化

  降低运营成本

  根据德国 VDA 认证标准建立规范

- 5. 物流信息系统功能模块和接口规划

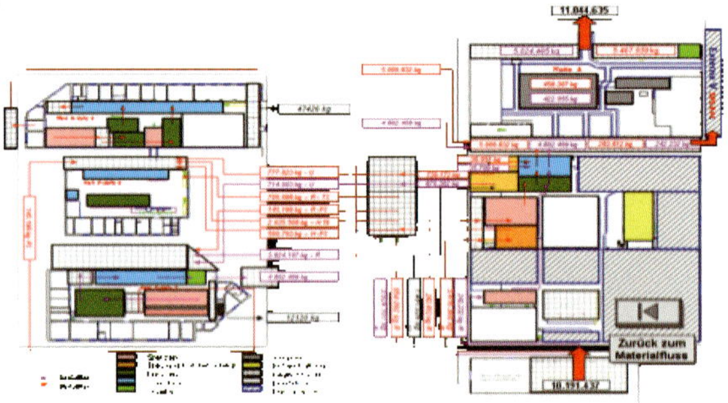

法布劳格中国公司

网站：www.fablog.net.cn　　邮箱：china@fablog.cn

法布劳格北京公司

北京市朝阳区胜古中路 2 号 F 座企发大厦 427–435 室

电话：+86(10) 5126 2838

传真：+86(10) 6437 4386

法布劳格华东分公司

上海市徐汇区百色路 100 号格兰云天大酒店 31 栋别墅

电话：+86(21) 6044 5282/83/84

传真：+86(21) 6493 0001

法布劳格成都代表处

成都市高新区天府二街 138 号 蜀都中心 5–2506&2507

电话：+86(28) 8339 5856

传真：+86(28) 8339 8528